fremde impulse

COPPENRATH

Markus Harzenetter · Walter Hauser
Udo Mainzer · Dirk Zache (Hg.)

Baudenkmale im Ruhrgebiet

fremde impulse

COPPENRATH

Musiktheater im Revier, Gelsenkirchen,
Baustelle 1959.

GELSENKIRCHEN - DIE VIELSEITIGE STADT
ORCHESTER

Inhalt

Geleitwort

»Fremde Impulse – Baudenkmale im Ruhrgebiet« – im reichhaltigen Programm des Kulturhauptstadtjahres RUHR.2010 bildet dieses Kooperationsprojekt des Landschaftsverbandes Rheinland (LVR) und des Landschaftsverbandes Westfalen-Lippe (LWL) ein bedeutendes Mosaikstück.

Rauchende Schlote, staubige Halden, Dreck und Fördertürme – dieses Bild verbanden bis vor wenigen Jahren noch viele Menschen mit dem Ruhrgebiet. Davon, dass die bunte Realität im drittgrößten Ballungsraum Europas heute ganz anders aussieht, können sich die Besucherinnen und Besucher der Kulturhauptstadt Europas RUHR.2010 auch in diesem Aufsatzband überzeugen: Der ehemalige »Kohlenpott« präsentiert sich als Ort sehenswerter Kulturzeugnisse, als eine Region in vielfachem Wandel – und dies nicht erst seit der Industrialisierung im 19. Jahrhundert.

Das Projekt »Fremde Impulse – Baudenkmale im Ruhrgebiet« zeigt am Beispiel historischer Gebäude, dass Migration und Einflüsse von außen entscheidend zur gesellschaftlichen Vielfalt und zum kulturellen Reichtum der Region beigetragen haben. Sie haben das heutige Ruhrgebiet seit Jahrhunderten stark geprägt und immer wieder neu geformt. In Nordrhein-Westfalen und ganz besonders im Ruhrrevier leben seit langem Menschen unterschiedlicher Herkunft zusammen. Nicht nur in jüngster Zeit nach der Öffnung der Grenzen zwischen West- und Osteuropa, sondern schon seit vielen Jahrzehnten kommen Menschen aus dem Süden und Osten Europas, aus der Türkei und aus vielen anderen Ländern der Welt in die Region. Dies spiegelt sich in mannigfacher Weise auch im Baubestand des Ruhrgebietes wider.

Dem Motto der Kulturhauptstadt RUHR.2010 »Wandel durch Kultur – Kultur durch Wandel« sind der LVR und der LWL seit langem verpflichtet. In unseren eigenen Kultureinrichtungen, zu denen auch die beiden Denkmalpflegeämter und die LWL- und LVR-Industriemuseen gehören, setzen wir diese Zielsetzung aktiv um. Ihre Aufgabe ist es, das kulturelle Erbe des Landes zu bewahren und zu pflegen, es zu erforschen und es der Öffentlichkeit zugänglich zu machen.

Die Kulturhauptstadt Europas RUHR.2010 gibt den beiden Landschaftsverbänden die Gelegenheit, ihre einmaligen kulturellen Netzwerke einem breiten Publikum zu präsentieren. Mit den großen Ausstellungen »AufRuhr 1225! Ritter, Burgen und Intrigen« des LWL-Archäologiemuseums und »Helden« des LWL-Industriemuseums, mit der internationalen Kunstausstellung »Feuerländer« des LVR-Industriemuseums und dem LVR-Tag der Begegnung 2010, dem LWL-Tag MitMenschen 2010 sowie nicht zuletzt mit dem Gemeinschaftsprojekt des LWL und des LVR »Fremde Impulse – Baudenkmale im Ruhrgebiet« gelingt das auf herausragende Art und Weise. Dabei ist die gute Zusammenarbeit von Rheinländern und Westfalen ein gelungenes Beispiel für die wechselseitigen Impulse, die zu einer Bereicherung für alle führen.

Ein herzliches Danke an die Ideengeber des Projektes, das LWL-Amt für Denkmalpflege in Westfalen, das LVR-Amt für Denkmalpflege im Rheinland und die beiden Industriemuseen von LVR und LWL sowie an alle, die an diesem Projekt kreativ und erfolgreich zusammengearbeitet haben – und den Leserinnen und Lesern viel Vergnügen bei der Lektüre dieses Bandes im Kulturhauptstadtjahr RUHR.2010!

Dr. Wolfgang Kirsch
Landesdirektor LWL

Harry K. Voigtsberger
Landesdirektor LVR

Vorwort

Der Denkmalbestand im Ruhrgebiet ist reich und vielschichtig, umfangreich und komplex. Baudenkmale sind überall ein besonders charakteristischer Teil der Stadt- und Ortsbilder. Sie sind touristische Anziehungspunkte, Ausflugsziele, Lernorte und Geschichtszeugnisse. Pflege und Erhalt der Baudenkmale und des kulturellen Erbes sind ein gesamtgesellschaftliches Anliegen. Baudenkmale zeigen authentisch und direkt Geschehnisse und Beziehungen, Erinnertes und Vergessenes. Denkmale halten so viele Antworten vor, wie Fragen an sie gestellt werden, denn sie sind entstanden an einem bestimmten Ort, für einen bestimmten Zweck unter bestimmten gesellschaftlichen Koordinaten.

Das Kooperationsprojekt der beiden Landschaftsverbände LVR und LWL stellt in dieser Publikation unter dem Titel »Fremde Impulse – Baudenkmale im Ruhrgebiet« in Aufsätzen und einer katalogartigen Präsentation rund 150 Baudenkmale mit besonderer Aussagekraft zu diesem Thema vor. Die besondere Geschichte dieser Region, die wir heute Ruhrgebiet nennen, wird so unter einem neuen Aspekt erzählt. Die aufgeworfenen Fragestellungen werden auch in weiteren Kooperationen aufgegriffen:

Die Konrad-von-Soest-Gesellschaft bereitet in Zusammenarbeit mit der Technischen Universität Dortmund, dem Stadtarchiv Dortmund, der Stadtkirche St. Reinoldi und dem Historischen Verein für Dortmund und die Grafschaft Mark im Rahmen des Projektes »Fremde Impulse. Baudenkmale im Ruhrgebiet« eine öffentliche Tagung vor zum Thema »Dortmund als Hansestadt: Fernhandel und Kulturtransfer«, die am 19. und 20. November 2010 in der Stadtkirche St. Reinoldi Dortmund stattfinden wird. Die Stadtarchive des Ruhrgebietes haben unter dem Obertitel »Fremd(e) im Revier« Ausstellungen entwickelt, die im Laufe des Jahres 2010 zu unterschiedlichen Zeitpunkten eröffnen. Die Ausstellung des Bochumer Archivs »Bochum – das fremde und das eigene« fungiert dabei als ein Ankerpunkt.

Unser herzlicher Dank gilt den beiden Projektleiterinnen Barbara Seifen (LWL) und Angelika Schyma (LVR) für ihre engagierte und kompetente Betreuung dieses breit angelegten Projektes. Allen, die in vielfältiger Weise zum Gelingen dieser Publikation und des gesamten Projektes »Fremde Impulse – Baudenkmale im Ruhrgebiet« beigetragen haben, den Autorinnen und Autoren in diesem Band, der Lektorin, dem Grafiker und dem Coppenrath Verlag, dem Team aus internen und externen Mitarbeiterinnen und Mitarbeitern der Denkmalämter und Industriemuseen der beiden Landschaftsverbände LVR und LWL gebührt großer Dank: Frank Ahland, Ulrich Barth, Anke Asfur, Sabine Becker, Dietmar Bleidick, Angelika Brockmann-Peschel, Ulrich Bücholdt, Karin Dahm-Zeppenfeld, Stefanie Dowidat, Birgit Gropp, David Gropp, Jana Golombek, Dietrich Hackenberg, Hans Hanke, Christian Hoebel, Axel Heimsoth, Sybille Haseley, Godehard Hoffmann, Oliver Karnau, Markus Krause, Denis Kretzschmar, Ute Küppers-Braun, Mareike Liedmann, Christoph Machat, Suna Niemetz, Stefan Nies, Dietmar Osses, Barbara Pankoke, Claus Peter, Roland Pieper, Klaus Pirke, Ulrich Reinke, Karsten Rößmann, Frauke Schlüter, Saskia Schöfer, Angelika Schyma, Klaus Seelig, Barbara Seifen, Uwe Siekmann, Thomas Spohn, Dirk Strohmann, Dorothea Teßmer-Schwarze, Danae Votteler.

Unser Dank gilt auch den Unteren Denkmalbehörden des Ruhrgebietes für ihre bereitwillige Unterstützung des Projektes. Zahlreiche Museen, Stadtarchive, Firmenarchive, Vereine und Einzelpersonen haben unverzichtbare Hinweise und Ergänzungen gegeben. Abschließend danken wir der RUHR.2010 für die ergänzende Förderung und Anerkennung des Projektes »Fremde Impulse – Baudenkmale im Ruhrgebiet« als Kooperationspartner der Kulturhauptstadt RUHR.2010.

Dr. Markus Harzenetter
Dr. Walter Hauser
Prof. Dr. Udo Mainzer
Dirk Zache

Fremde Impulse – Baudenkmale im Ruhrgebiet

Ermunterungen zu historischen Streifzügen durch die Kulturhauptstadt RUHR.2010

Barbara Seifen und Angelika Schyma

Fremde Impulse, Wandel und Veränderung sind bestimmend nicht nur für die Existenz des Einzelnen, sondern auch für Entwicklungsprozesse in jeder Gesellschaft und in jeder Kultur. »Migration gehört zur Conditio humana wie Geburt, Vermehrung, Krankheit und Tod; denn der Homo sapiens hat sich als Homo migrans über die Welt ausgebreitet. Auch die europäische Geschichte wurde entscheidend geprägt durch Migration und Integration.«[1] Veränderungen bergen sowohl Konfliktpotenzial als auch Chancen und Möglichkeiten. Austausch und Migration, das heißt, die mit einem Wechsel des Wohnsitzes verbundene Wanderungsbewegung von Individuen oder Gruppen im geografischen oder sozialen Raum sind der »Normalfall«[2] gesellschaftlicher und kultureller Entwicklung – dies gilt insbesondere auch für das Ruhrgebiet.[3] Die Kulturgeschichte dieser Region ist deutlich von äußeren Einflüssen geprägt und seit jeher mehr vom Wandel und weniger von der Konstanz bestimmt.

Das Projekt »Fremde Impulse – Baudenkmale im Ruhrgebiet« geht von der These aus, dass sich am Beispiel des historischen Baubestandes und an den bis in die Gegenwart überlieferten Baudenkmalen vieles über Wandel, Austausch und Migration in dieser Region ablesen lässt. »Fremde Impulse« wurde von den beiden Denkmalämtern der Landschaftsverbände Rheinland und Westfalen (LVR und LWL) entwickelt. Beratend wirken darüber hinaus die beiden Industriemuseen von LWL und LVR mit. Im Rahmen des Projektes sollen ausgewählte Baudenkmale als Geschichtszeugnisse sowohl den auswärtigen Gästen im Jahr 2010 als auch den im Ruhrgebiet lebenden Menschen mit unterschiedlichen Medien anschaulich vermittelt werden.

Die seit Mitte des 19. Jahrhunderts immer mehr an Dynamik gewinnende Industrialisierung und Urbanisierung – die gerade im Ruhrgebiet spektakuläre technischen Kulturdenkmale hinterlassen hat – bildet nur den (vorläufigen) Endpunkt eines seit Jahrhunderten andauernden Prozesses. Das heutige Ruhrgebiet war schon immer eine wichtige Transitregion für West-Ost-Verbindungen. Es verfügt im mittleren Teil über hervorragende Böden für die landwirtschaftliche Nutzung, was bis zur Industrialisierung von existenzieller Bedeutung für die Bevölkerung war. An der Trasse des Hellweges, der schon in mittelalterlichen Zeiten als Handelsweg genutzt wurde, entwickelten sich Kirchdörfer und Städte – Dortmund und Duisburg gehören dazu. Die beiden Flüsse Ruhr und Lippe bildeten früh Verkehrslinien. Entlang der Ruhr wurden lange vor dem 19. Jahrhundert im Stollenbergbau Mager- und Anthrazitkohle für den Eigenbedarf sowie für das ansässige Schmiedehandwerk, aber auch für den Handel, abgebaut und Richtung Duisburg verschifft. Im Süden der Region befindet sich das an Rohstoffen und schon in vorindustrieller Zeit an Gewerbe reiche Bergland. Die Emscher-Niederung im Norden – ursprünglich eher sumpfig und unwegsam – war dagegen bis ins 19. Jahrhundert nur dünn besiedelt. Mit dem Übergang vom Stollen- zum Tiefbergbau begann ab Mitte des 19. Jahrhunderts die Nordwanderung des Bergbaus und damit die grundlegendste Veränderung der Region.

Aus allen diesen Zeitabschnitten finden sich reiche materielle Zeugnisse. So sind Bauwerke und historische Strukturen, zum Beispiel ehemalige Grenzverläufe, Besitzungen, alte Siedlungsstellen, zentrale Quellen, die das Gebiet der Kulturhauptstadt RUHR.2010 in seiner Entwicklung begreifbar und die Lebensumstände im Ruhrgebiet gestern und heute anschaulich werden lassen.[4]

Die Denkmalpflege gehört zu den nachhaltigen Disziplinen im Baugeschehen und steht somit im Fokus der RUHR.2010-Ziele. Gemeinsam mit anderen Kulturinstitutionen und örtlichen Partnern präsentiert das Projekt »Fremde Impulse« vielfältige Beispiele aus dem großen Denkmalbestand der Region. Es vermittelt damit auch die Bedeutung, die Wirkung und die Präsenz der Denkmalpflege und ihre langfristigen Einflussmöglichkeiten in diesem seit langem dicht besiedelten städtischen Ballungsgebiet. Wenn das Projekt »Fremde Impulse« ausgewählte Baudenkmale im Ruhrgebiet in den Mittelpunkt stellt, so ist damit allerdings kein Anspruch auf Vollständigkeit in der Darstellung der Geschichte des Ruhrgebietes verbunden. Dies ist bereits unter verschiedenen Gesichtspunkten und sehr umfassend an anderer Stelle geschehen.[5] Das Projekt will zeigen, welche Erkenntnisse über die regionale Geschichte und ihre verschiedenen Entwicklungsabschnitte – insbesondere unter den Aspekten Wandel und Veränderung – sich konkret am Beispiel des vorhandenen Denkmalbestandes gewinnen lassen. Etwa 10 000 Baudenkmale gibt es insgesamt im Ruhrgebiet.

»Gemengelage Ruhrgebiet« in Duisburg-Beek an der Autobahn A 42, im Hintergrund das Thyssen-Stahlwerk im Ortsteil Bruckhausen. Die Straßenbahn hält vor den Baudenkmalen Oberhof, 1665 erbaut, und der evangelischen Kirche, 1280 erstmals belegt, in Beek.

Gerade hier, wo der Anteil der Bevölkerung mit sogenanntem Migrationshintergrund stetig wächst und der persönliche Bezug zur Geschichte des Wohnortes für viele schon aufgrund der eigenen Lebensgeschichte nicht gegeben sein kann, muss es im öffentlichen Interesse sein und damit Teil des Auftrags der Denkmalpflege werden, den Menschen die Vergangenheit und historische Entwicklung der Region anhand der Baudenkmale anschaulich zu vergegenwärtigen.[6] »Denkmalpflege und Architektur sind nicht autonom, sondern zeigen den Zustand einer Gesellschaft, zeigen ihre Probleme, ihre Werte, zeigen, wer in einer Gesellschaft was zu sagen hat und wie eine Gesellschaft leben will.«[7]

Der Titel »Fremde Impulse« ist ein wenig spielerisch gemeint; die Mehrdeutigkeit der Begriffskombination ist bewusst gewählt. Sie soll deutlich machen, dass vieles, was uns heute bekannt und vertraut erscheint, irgendwann einmal fremd war, das heißt als fremder Impuls das Gewohnte und Bewährte ergänzte. Und er soll ebenso zeigen, dass vieles, was heute vielleicht fremd erscheint, es nicht auf Dauer sein wird, sondern sich in Bekanntes und Vertrautes verwandeln wird. Wir halten es mit der Deutung, dass jede und jeder erst einmal überall auf der Welt fremd ist und die Zuschreibung von »fremd« immer subjektiv definiert bleiben wird, dass sie nicht objektiv ist und nicht objektiv sein kann.[8] Aus unterschiedlichsten Gründen können oder müssen Menschen freiwillig oder unfreiwillig wandern: Arbeitsmigranten, Angeworbene, Flüchtlinge, Zwangsarbeiter, Zugezogene, Durchziehende, Pilger, Geschäftsleute, Auszubildende – sie alle haben mit Migration zu tun.[9] Menschen aus aller Welt kommen auch heute ins Ruhrgebiet, um hier zu leben, zu arbeiten, zu studieren. Sie bringen ihre Sitten, Ideen und Verhaltensweisen, also auch wieder fremde Impulse mit.

Entscheidend aber ist in diesem Zusammenhang: Allein in dem Maße, in dem es eine Kultur versteht, fremde Impulse aufzunehmen und zu integrieren, kann sie als dynamisch und fortschrittlich gelten. Dies ist gerade im heutigen Ruhrgebiet in vielfältiger Weise zu entdecken.

Der Titel »Fremde Impulse« bezieht sich ganz naheliegend auf etwas, das zunächst in der Region nicht vorhanden war. Diese geografische Definition des Fremden muss aber im jeweiligen zeitlichen Kontext verstanden werden. Während in früheren Zeiten schon manch ein Nachbardorf weitgehend unbekannt hinter Grenzen liegen und jemand von dort als Fremder empfunden werden konnte – obwohl es immer schon Wanderungsbewegungen und Reisende in allen gesellschaftlichen Schichten gegeben hat –, sind heute in fast ganz Europa die Grenzen offen. Weite Reisen in ferne Länder sind für viele möglich. Erinnerungen an Erlebnisse in der Fremde bleiben, Gewohnheiten von dort werden mitgebracht und ins eigene Leben einbezogen. Heimat und Fremde – zwei Seiten einer Medaille, die zusammengehören: ohne Fremde keine Heimat und ohne Heimat keine Fremde.

Unter einem Impuls verstehen wir im Rahmen dieses Projektes einen Einfluss, der von außen oder durch jemanden von außen auf die Region oder auf einen bestimmten Ort eingewirkt hat und hier als auslösendes Element Entwicklungen in Gang setzen, wesentlich verstärken oder zumindest weiter befördern konnte. Ein Impuls muss jedoch nicht sofort wirksam oder sichtbar werden, er kann auch eine langsame Veränderung hervorrufen, nur kurz wirken oder auf Dauer sogar ohne Wirkung bleiben – auch dazu finden sich Beispiele in der Denkmallandschaft des Ruhrgebietes.[10]
Ziel des Projektes »Fremde Impulse« ist es, mithilfe der Baudenkmale und ihrer Geschichte exemplarisch die Überlagerungen und Umbrüche im Ruhrgebiet transparent zu machen und darüber hinaus auch die städtebauliche und historische »Gemengelage« dieser Stadtlandschaft punktuell zu erläutern. Die Denkmale berichten von fremden Einflüssen in der weit zurückreichenden Geschichte des Ruhrgebiets auf Kunst und Architektur, auf Glaube und Herrschaft, auf die Bevölkerung, auf Kapital und Technologie. Besonders im 19. und 20. Jahrhundert prägten so grundlegende Veränderungen die Region, dass der stete Wandel seit dieser Zeit sogar als sein herausgehobenes Merkmal ihrer Geschichte verstanden werden kann. Die früheren Phasen und Entwicklungen der Kulturlandschaft im Bereich der RUHR.2010 sind in großer zeitlicher Tiefe seit dem Mittelalter durch Baudenkmale überliefert. Die Spanne reicht von erhaltenen Zeugnissen aus der Römerzeit bis zu teils futuristisch anmutenden Verwaltungsbauten von heute. Beispielhaft können an ihnen die Wechselwirkungen zwischen dem heutigen Ruhrgebiet und anderen Regionen in Europa dargestellt werden.

Straßenbild in Essen-Katernberg an der Kokerei Zollverein.

Wie aber sind diese fremden Impulse an den Baudenkmalen konkret ablesbar? Nicht immer ist auf Anhieb ersichtlich, ob das Bauwerk mit zuwandernden Personen, mit fremdem Kapital oder andernorts entwickelten Ideen und Techniken in Verbindung steht. Unsere wichtigsten Zeugnisse, die Denkmale selbst und die für sie jeweils formulierten Begründungen des Denkmalwerts, mussten unter diesem Aspekt neu gelesen und weitere Quellen mussten gefunden und gedeutet werden.[11]

Bauliche Strukturen entstehen, verändern sich und vergehen aus vielen und sehr verschiedenen Gründen: Dazu können wirtschaftliche Aspekte, sich wandelnde Nutzungszwecke, Repräsentationsansprüche sowie gestalterische und künstlerische Absichten gehören. Die Erhaltung von Gebäuden ist abhängig von ihrer Nutzbarkeit auch für einen anderen als den ursprünglichen Zweck. Sie ist zudem abhängig von der materiellen Qualität des Bauwerks und seinem Bauzustand, aber auch von dem Veränderungsdruck, der auf dem Gebäude oder auf dem Ort liegt, an dem es sich befindet. Im Verlauf von Veränderungen, Umbauten und erst recht beim Abriss von baulichen Relikten gehen Zusammenhänge, Spuren, Hinweise auf die Vergangenheit verloren. Das bauliche Dokument ist unter Umständen nur noch mühsam auf seine Geschichte hin zu entziffern. Häufig wird erst durch Denkmalschützer der historische Wert eines Objektes erkannt und so als substanzielle Quelle für die wissenschaftliche Forschung entdeckt und erhalten.

Die im Projekt »Fremde Impulse« vorgestellten Beispiele sollen einen abwechslungsreichen Eindruck davon geben, welche Erkenntnisse über Migration und Wandel im Laufe der Jahrhunderte sich am Beispiel des Denkmalbestandes ablesen lassen. Die Suche nach geeigneten Denkmalen führte zur Gliederung in fünf Themenbereiche, in denen wir fremde Impulse besonders anschaulich aufzeigen können: Kunst und Architektur, Glaube, Leute, Herrschaft, Technologie und Kapital. Zwei weitere Themen behandeln die Strahlkraft, die das Ruhrgebiet »nach außen« entwickelte, und seine Verflechtungen mit dem Umland als nicht nur nehmende, sondern auch als gebende Region. Das Ruhrgebiet wäre ohne sein »Umland« und die seit der Industrialisierung wichtigen nationalen wie weltweiten Absatzmärkte nicht lebensfähig; wechselseitige Impulse und gegenseitige Abhängigkeiten spielten – und spielen immer noch – eine wichtige Rolle. Diese Themen zeigen, wie facettenreich fremde Impulse im und auf den Raum des heutigen Ruhrgebiets wirkten, wie sie ihn in der Geschichte immer wieder neu und vielfach entscheidend prägten.

»Fremde Impulse« lädt ein zu Besichtigungen im Sinne von historischen Streifzügen durch das RUHR.2010-Gebiet.[12] Mit den ausgewählten, sehr unterschiedlichen Denkmalen, die sich über das gesamte Ruhrgebiet verteilen, sind allerdings kaum feste Routen zu entwickeln. Angeboten werden aber mögliche Besichtigungspunkte und Stationen, die thematisch oder geografisch zusammen passen und erfahren oder ergangen werden können.[13] Zu den Medien und Vermittlungsformen des Projektes gehören über die vorliegende Publikation hinaus die Website www.fremde-impulse.de, eine Kartenbox mit 80 Denkmalkarten und eine Wanderausstellung, die an insgesamt zehn Orten – davon acht im Ruhrgebiet – Station macht.[14] Speziell der Vermittlung an Schülerinnen und Schüler dient eine Kooperation mit dem Projekt »Denkmal aktiv«, dem Schulförderprogramm der Deutschen Stiftung Denkmalschutz.[15]

Mit diesen Projektbausteinen soll Vergnügen an der spannenden Vielfalt der Denkmale in der Region RUHR.2010 geweckt werden. Sie stehen zugleich für den Versuch, sich mit den »Fremden Impulsen« an ein breiteres Publikum zu wenden – auch im Sinne eines kosmopolitischen Verständnisses, wie es Navid Kermani kürzlich in der Süddeutschen Zeitung beschrieben hat: »Gerade die kulturellen Institutionen Deutschlands müssen sich von innen verändern, müssen sich öffnen, wie es die Gesellschaft um sie herum längst getan hat, und den homogenisierten, national-staatlich bestimmten Kulturbegriff überwinden, der ideengeschichtlich auf das 19. Jahrhundert zurückweist. […] Für ein kosmopolitisches Verständnis von Kultur zu werben, hat dabei keine vorrangig sozialen Motive. Um ihrer eigenen Qualität und Lebendigkeit willen sind die Künste ebenso wie die Wissenschaft und das intellektuelle Leben einer Stadt auf äußere Einflüsse, den Austausch mit Künstlern und Gelehrten fremder Länder und den Blick auf andere Kulturen angewiesen.«[16]

Heute wirken im Zuge der Globalisierung in weiter Ferne beheimatete Unternehmensgruppen und Investoren auf das Wirtschaftsleben im Ruhrgebiet ein. Die Beispiele – Schließung des Nokia-Werks in Bochum im Jahr 2008 und die Diskussionen um den Opel-Standort Bochum im Jahr 2009 – sind gegenwärtig.

Durch die Vielschichtigkeit der heutigen Ruhrregion, die sich von innen nach außen heraus immer wieder neu definieren musste und konnte – von der Landwirtschafts- zur Bergbauregion, von der Montanindustrie zur Hightech-Schmiede und vom industriell geprägten Ballungsraum zum Standort für Bildung und Forschung –, gelingt es hoffentlich, auch diese Einflüsse langfristig zu integrieren. Der Wandel, bestimmt durch fremde Impulse, kann als eines der herausragenden Merkmale des Ruhrgebietes gelten. Er spiegelt sich auch und vor allem in seiner (städte-)baulichen Struktur und damit nicht zuletzt im Denkmalbestand.

Gelsenkirchen, Schloss Horst. Der Renaissancebau wurde von 1554 bis um 1580 errichtet. Architekturimpulse kamen aus Frankreich und Italien, die Bauzier ist nach niederländischer Art gestaltet.

1 Klaus J. Bade u. a. (Hg.), Enzyklopädie Migration in Europa. Vom 17. Jahrhundert bis zur Gegenwart, Paderborn 2007, S. 19.
2 Hier auch in Anspielung auf: Klaus J. Bade und Jochen Otmer, Normalfall Migration, Bundeszentrale für politische Bildung, Bonn 2004.
3 Siehe dazu: Stefan Goch und Karsten Rudolph (Hg.), Wandel hat eine Heimat. Nordrhein-Westfalen in Geschichte und Gegenwart, Oberhausen 2009.
4 Zum Gebiet der RUHR.2010 gehören die kreisfreien Städte Bochum, Bottrop, Dortmund, Duisburg, Essen, Gelsenkirchen, Hagen, Hamm, Herne, Oberhausen, Mühlheim an der Ruhr sowie die Landkreise Ennepe-Ruhr-Kreis, Kreis Recklinghausen, Kreis Unna, Kreis Wesel mit all ihren Städten und Gemeinden. Insgesamt sind es 53 politische Gemeinden.
5 Genannt seien hier stellvertretend: Thomas Parent, Das Ruhrgebiet. Vom goldenen Mittelalter zur Industriekultur, (4. Aufl.) Ostfildern, 2007; Kai-William Boldt und Martina Gelhar, Das Ruhrgebiet, Darmstadt 2008; Wolfgang Köllmann, Werner Abelshauser und Franz-Josef Brüggemeier (Hg.), Das Ruhrgebiet im Industriezeitalter. Geschichte und Entwicklung, 2 Bde., Düsseldorf 1990; Axel Föhl: Architekturführer Ruhrgebiet, Berlin 2010.
6 Gesetz zum Schutz und zur Pflege der Denkmäler im Lande Nordrhein-Westfalen, DSchG NRW, § 1, 1, in der Fassung vom 11. März 1980: »Denkmäler sind zu schützen, zu pflegen, sinnvoll zu nutzen und wissenschaftlich zu erforschen. Sie sollen der Öffentlichkeit im Rahmen des Zumutbaren zugänglich gemacht werden.«
7 Peter Conradi in seiner Rezension von: Michael S. Falser, Zwischen Identität und Authentizität. Zur politischen Geschichte der Denkmalpflege in Deutschland, Dresden 2008, in: sehepunkte, 8, 2008, Nr. 11 [15.11.2008], www.sehepunkte.de.
8 Siehe dazu: Friedrich Balke u. a. (Hg.), Schwierige Fremdheit. Über Integration und Ausgrenzung in Einwanderungsländern, Frankfurt 1993.
9 Zur Definition des Begriffes Migration, ihren Formen und Klassifikationen siehe: Dirk Hoerder, Jan Lucassen und Leo Lucassen, Terminologien und Konzepte der Migrationsforschung, in: Bade 2007 (wie Anm. 1), S. 28–53.
10 Siehe dazu die Beiträge in diesem Band von Ute Küppers-Braun, »Prinzessinnen brauchen ein Schloss«, und von Klaus Pirke über die „St. Antony-Hütte" in Oberhausen.
11 An diesen Rechercheaufgaben wirkten Wissenschaftlerinnen und Wissenschaftler aus den Disziplinen Geschichte und Kunstgeschichte sowie Wirtschafts- und Architekturgeschichte mit: Frank Ahland, Anke Asfur, Dietmar Bleidick, Ulrich Bücholt, Karin Dahm-Zeppenfeld, Dietrich Hackenberg, Axel Heimsoth, Ute Küppers-Braun, Mareike Liedmann, Stefan Nies, Roland Pieper, Klaus Pirke und Frauke Schlüter. Ihnen allen sei an dieser Stelle ausdrücklich für ihre Arbeit gedankt.
12 Ziele der RUHR.2010: »Die Bevölkerung der Region und die europäischen Gäste für das kulturelle Schaffen der Region sensibilisieren, das kulturelle und architektonische Erbe der Region für alle zugänglich machen. Die europäische Öffentlichkeit mit Persönlichkeiten und Ereignissen aus der Geschichte und Kultur der Region vertraut machen. Stärkung des sozialen Zusammenhalts initiieren. Anspruchsvollen und innovativen Kulturtourismus befördern.«
13 Diese Routen werden als Tagestouren, Halbtagestouren und Rundgänge angeboten. Aktuelles dazu unter www.fremde-impulse.de.
14 Die Wanderausstellung »Fremde Impulse« hat folgende Stationen: LWL-Industriemuseum Zeche Hannover, Bochum (26.3.–4.6.2010), Schloss Cappenberg, Selm (9.6.–12.6.2010), LVR-Landeshaus, Köln (15.6.–1.7.2010), LVR-Industriemuseum St. Antony.Hütte, Oberhausen (4.7.–10.8.2010), LWL-Landeshaus, Münster (12.8.–2.9.2010), Kulturbunker, Duisburg-Bruckhausen (5.9.–22.9.2010), Europahalle/Rathaus, Castrop-Rauxel (26.9.–6.10.2010), Schloss Horst, Gelsenkirchen (8.10.–20.10.2010), Haus Witten, Witten (24.10.–5.11.2010), LVR-Industriemuseum Zinkfabrik Altenberg, Oberhausen (7.–21.11.2010).
15 Für das Schuljahr 2010/11 haben die Deutsche Stiftung Denkmalschutz und die LVR- und LWL-Denkmalämter eine Zusammenarbeit im Rahmen von »denkmal aktiv – Kulturerbe macht Schule« vereinbart. »denkmal aktiv« ist das Schulprogramm der Deutschen Stiftung Denkmalschutz, das bundesweit schulische Projekte zum kulturellen Erbe fachlich und organisatorisch begleitet und finanziell unterstützt. Unter der Überschrift »Fremde Impulse – Baudenkmale im Ruhrgebiet« sind alle weiterführenden Schulen der Sekundarstufe I und II sowie Einrichtungen der Lehreraus- und -fortbildung im Ruhrgebiet dazu aufgerufen, sich mit einem Projekt zu einem Kulturdenkmal an »denkmal aktiv« zu beteiligen und Baudenkmale in den Mittelpunkt der Betrachtung zu stellen, die von europäischen Einflüssen auf das Ruhrgebiet und vom Wandel in der Geschichte der Region berichten. Infos siehe: www.denkmal-aktiv.de.
16 Navid Kermani, Projekt Durchzug. Eine Akademie für das 21. Jahrhundert, in: Süddeutsche Zeitung vom 26. Mai 2009, S. 11.

Denkmalpflege im Ruhrgebiet

Eberhard Grunsky, Marita Pfeiffer und Barbara Seifen

Das Thema »Denkmallandschaft Ruhrgebiet« wäre noch vor vierzig Jahren kaum vorstellbar gewesen.[1] Bis in die Zeit um 1970 galt das Ruhrgebiet als »Denkmal-Wüste«, in der seit dem 19. Jahrhundert Bauten und Strukturen aus früheren Epochen, die allein als denkmalträchtig galten, durch immer neue Innovationsschübe des Molochs Industrie zerstört worden sind. Die bauliche Entwicklung in Regionen mit ausgeprägter Industrialisierung galt offensichtlich unter Denkmalpflegern – so darf wohl verallgemeinert werden – lange Zeit als Inbegriff des Negativen. Diese Grundhaltung mag vielen unter uns heute als Zeichen einer weit entfernten, jedenfalls schon sehr fremden Vergangenheit erscheinen.

Die heute Ruhrgebiet genannte Region hat aber in großer Zahl besondere Bauleistungen vom frühen Mittelalter bis in die jüngste Vergangenheit aufzuweisen, die vielfältige Verflechtungen mit Nachbarlandschaften und mit der internationalen Entwicklung zeigen. Die Erwartung, man könne das Ruhrgebiet über eine in sich geschlossene, eigenständige, von Nachbarregionen deutlich abgegrenzte kulturelle Entwicklung definieren, muss enttäuscht werden. Provinzielle Beschränktheit gehört nicht zu den Wesensmerkmalen der Region der diesjährigen Kulturhauptstadt RUHR.2010. Im städtebaulichen Gemenge zwischen Xanten und Hagen, Mühlheim und Hamm, Hamminkeln und Breckerfeld, darin natürlich auch Duisburg, Oberhausen, Essen, Gelsenkirchen, Bochum und Dortmund, sind weit mehr Denkmale von überregionalem und internationalem Rang verstreut, als dem allgemeinen Bild von der Region entspricht.

Zum Denkmalbestand

Im Gebiet der Kulturhauptstadt RUHR.2010 gibt es noch mehr als achtzig Kirchen, die deutlich ihre Entstehung vor der Industrialisierung zeigen. Zu den glanzvollen Zeugnissen der Kunst um und kurz nach dem Jahr 1000 gehören die Bauwerke, die Skulpturen und die Kirchenschätze der Stifte und Klöster von Essen und Werden, Xanten und Cappenberg. In jedem auch noch so knapp gefassten Überblick über die Geschichte der Kunst in Deutschland spielt der ottonische Westbau des Essener Münsters eine wichtige Rolle. Der Zusammenhang des Aufrissmotivs und der antikisierenden Einzelformen mit der Aachener Pfalzkapelle Karls des Großen ist längst bekannt und in seiner historischen Begründung eingehend analysiert worden. Mit der Pfarrkirche St. Luzius in Essen-Werden und mit der Außenkrypta der Werdener Abteikirche sind weitere der wenigen Reste ottonischer Baukunst in Deutschland hier in der Region zu finden. In der allgemeinen Kunstgeschichtsschreibung spielen Essen und Werden regelmäßig eine zentrale Rolle als frühmittelalterliches Kunstzentrum. Dass sich dieses mitten im Ruhrgebiet befindet, hat man sich aber meist nicht klargemacht. Gleiches gilt für andere große Leistungen der mittelalterlichen Sakralarchitektur. Der spätromanische Neubau der Werdener Abteikirche etwa wird in der Architekturgeschichte völlig berechtigt als letzter Höhepunkt für den Bautypus der rheinischen Emporenbasilika abgehandelt. Der sogenannte rheinische Übergangsstil ist also hier mitten im Ruhrgebiet besonders eindrucksvoll präsent.

Die Liste der bedeutenden mittelalterlichen Kirchen mit zum Teil nicht weniger bedeutender Ausstattung, wie Teile des Domschatzes von Xanten oder der Stiftskirche in Cappenberg, ließe sich eindrucksvoll fortsetzen. Die großen Dortmunder Stadtkirchen, die Salvatorkirche in Duisburg oder die kleineren Kirchen des 12. und 13. Jahrhunderts wie beispielsweise jene in Bochum-Stiepel, in Dortmund-Mengede, in Dortmund-Brechten, in Kamen-Methler oder in Duisburg-Mündelheim sollen hier wenigstens genannt werden.[2] Ebenso der Xantener Dom St. Viktor, die ehemalige Stiftskirche, die anstelle von Vorgängerbauten nach Zerstörungen und Bränden im 13. bis

links:
Essen, Dom SS. Kosmas und Damian, ehem. Stiftskirche, sog. Münster. Dreiseitige Arkadenwand des ottonischen Westbaus.

rechts:
Dortmund-Brechten, evangelische Pfarrkirche. Erbaut in der 2. Hälfte des 13. Jahrhunderts, mit Wand- und Gewölbemalereien aus der Erbauungszeit.

frühen 16. Jahrhundert in ihrer heutigen Gestalt errichtet wurde und den Reichtum des Stiftes widerspiegelt.

Neben dem an Zahl und vor allem wegen seiner architektonischen Qualität sehr beachtlichen Bestand älterer Kirchenbauten gibt es im Ruhrgebiet noch über dreißig große Burgen- und Schlossbauten, die durch ihre Bausubstanz wichtige Zeugnisse für die wechselvolle Geschichte der Region sind. Einige von ihnen haben aus gutem Grund einen festen Platz in der deutschen Kunstgeschichte. Dass Schloss Horst in Gelsenkirchen überregionale Bedeutung als Baukunstwerk hat, ist seit langem bekannt. Seine gründliche Erforschung in den letzten Jahren durch den Förderverein Schloss Horst in Zusammenarbeit mit der Stadt Gelsenkirchen und den Ämtern für Bau- und Bodendenkmalpflege des LWL hat dies noch deutlicher herausgearbeitet.[3] Das Schloss wurde 1554 bis 1570 vom Arnheimer Stadtbaumeister Arndt Johannsen to Boecop aus den Niederlanden als Vierflügelanlage errichtet. Obwohl größere Teile längst untergegangen sind, gehört der erhaltene Restbestand mit seinem ungewöhnlich reichen, auch in der Detailausführung besonders qualitätvollen Skulpturenschmuck zu den besten Beispielen der Renaissance in Nordwestdeutschland. Neben den schlossartigen Abteigebäuden des 18. Jahrhunderts in Essen-Werden zeigt Haus Beck (1766–1777) in Bottrop, ein Spätwerk von Johann Conrad Schlaun, dass auch das Zeitalter des Barock im heutigen Ruhrgebiet eindrucksvolle Bauleistungen hinterlassen hat.[4]

Das gängige Bild vom Ruhrgebiet als einer reinen Industrielandschaft, deren ältere Geschichte nicht mehr in anschaulichen Zeugnissen präsent ist, erweist sich bei genauerem Hinsehen als grobes Klischeebild. Obwohl der Industrialisierungsprozess in großem Umfang älteren Baubestand und frühere städtebauliche Strukturen zerstört oder gravierend verfremdet hat, bleibt verblüffend, wie viel trotz allem immer noch erhalten ist. Die Qualität der vorhandenen Denkmale muss den Vergleich mit anderen Regionen nicht scheuen. Historische Stadt- und Ortskerne wie Hattingen, Blankenstein und die Freiheit Westerholt sowie eine beachtliche Zahl von städtischen und ländlichen Einzelobjekten veranschaulichen noch einiges von städtebaulichen, wirtschaftlichen und sozialen Strukturen, die für die Geschichte der Region sehr aufschlussreich und auch zum Verständnis der großen Denkmale wichtig sind.

Dennoch kann kein Zweifel daran bestehen, dass der Bergbau und die von den Kohlevorkommen abhängigen Zweige der Schwerindustrie etwa seit Mitte des 19. Jahrhunderts den Charakter und das Gesicht der Region entscheidend geprägt haben. Der sprunghafte Industrialisierungsprozess manifestiert sich unübersehbar in den Stadtbildern und in der Landschaft des Ruhrgebietes durch Fördertürme und -gerüste, durch Maschinenhallen und Kesselhäuser, durch Hochöfen und Schornsteine, Kühltürme und Wassertürme, durch Kraftwerke und Kokereien, durch Gießereien und Gasometer, durch Lagerhäuser und Silos, durch Abraumhalden, Verkehrsbänder und Transportleitungen und vieles mehr – und natürlich durch eine Vielzahl von Arbeitersiedlungen. Industrialisierung, Städtewachstum und Wohnungsnot sind Schlüsselbegriffe zum Verständnis des Siedlungswesens und seiner Rolle für das Gesicht des Ruhrgebiets.

Hinzu kommt die Verstädterung ehemals ländlicher Gebiete und die Umstrukturierung alter Stadtkerne zu dem, was heute oft unter dem Begriff »moderne City« verstanden wird. Gerade im Ballungsraum Ruhrgebiet mit den zahlreichen einzelnen, aber dicht benachbarten Stadtzentren spielen raumplanerische Überlegungen dazu, wo eine sinnvolle Ergänzung des Angebotes stattfinden soll, um keine gegenseitige Beeinträchtigung des Miteinanders der Standorte zu schaffen, eine wesentliche Rolle für die Gestaltung der Zukunft

links:
Dortmund-Bövinghausen,
Maschinenhalle Zeche Zollern II.

rechts:
Castop-Rauxel, Ortsteil Ickern, Innenraum der Antoniuskirche, Alfred Fischer, 1922 bis 1925 errichtet. Blick nach Westen.

dieser Region. Welche Folgen die großflächigen Einkaufszentren außerhalb der Stadtkerne auf die Geschäftswelt in der Stadt haben, ist bekannt. Das größte Beispiel derartiger Anlagen ist das Einkaufszentrum Ruhr-Park in Bochum, das schon 1964 als zweites seiner Art in Deutschland eröffnet wurde.[5] In den letzten Jahren sind in vielen Orten als Antwort darauf innerstädtisch großflächige Einzelhandelszentren realisiert worden.[6] Auch im Gebiet der RUHR.2010 ist die Frage, wie unsere Städte zukünftig aussehen sollen, welche Bedeutung Konsum und Geschäftswelt erhalten, welchen Stellenwert wir andererseits dem für alle frei nutzbaren öffentlichen Raum ohne Handel und Gewinn einräumen können, längst nicht klar beantwortet.

Bauen im 20. Jahrhundert

Im Ruhrgebiet sind seit Beginn des 20. Jahrhunderts in großer Zahl Bauten entstanden, die für die Entwicklung der modernen Architektur entscheidende Bedeutung haben. In der allgemeinen Architekturgeschichtsschreibung wird aber die Rolle des Ruhrgebiets nur völlig unzureichend gewürdigt. Die Aufzählung einiger Namen macht deutlich, dass in den ersten drei Jahrzehnten eine stattliche Reihe von Spitzenkräften der in Deutschland tätigen Architekten für die Region gearbeitet hat.[7] Josef Maria Olbrich, Peter Behrens, Henry van de Velde, Bruno Möhring, Georg Metzendorf, Wilhelm Kreis, Paul Bonatz, Bruno Paul, Erich Mendelsohn, Otto Bartning und andere haben hier gebaut.
Henry van de Veldes Hohenhof in Hagen von 1906 gehört zu den frühesten und besten Leistungen der internationalen Reformbewegung zu Beginn des Jahrhunderts. Bruno Möhrings Maschinenhalle der Zeche Zollern 2/4 in Dortmund von 1903 ist nach langen Auseinandersetzungen in den 1960er und 1970er Jahren inzwischen als eine der Inkunabeln für die neue Industriebaukunst ohne historisierendes Beiwerk allgemein anerkannt. Das Verwaltungsgebäude, Torhaus und Lagerhaus der Gutehoffnungshütte in Oberhausen, 1921 bis 1925 von Peter Behrens errichtet, ist eines der frühen Schlüsselwerke des Neuen Bauens der 1920er Jahre in Deutschland. Zusammenhänge mit der beginnenden Moderne in den Niederlanden und mit Bauten des amerikanischen Architekten Frank Lloyd Wright sind hier zu nennen.

Es gibt aber auch Bauten von in der Region ansässigen Architekten, die dem damals jüngsten Stand der internationalen Entwicklung entsprachen und in einzelnen Fällen vorbildhaft wirkten. Alfred Fischers Antoniuskirche in Castrop-Rauxel-Ickern, von 1922 bis 1925 gebaut, steht mit ihrem parabelförmigen Betongewölbe am Anfang einer langen Reihe vergleichbarer Lösungen in Deutschland. Mit den bekannten Zechenbauten der Architekten Fritz Schupp und Martin Kremmer hat das Neue Bauen mit seinem Pathos der kargen Form wesentlich zum spezifischen Gesicht des Ruhrgebietes beigetragen.

Für das weite Feld des Wohnungsbaus in der Formensprache der frühen Moderne sei hier die Siedlung Spinnstuhl in Gelsenkirchen vom Architekten Josef Rings genannt, die 1928 ausgeführt wurde. »Bauen als Ausdruck des Gemein-

links:
Gelsenkirchen-Hassel, Wohnhäuser in der Siedlung Spinnstuhl, Josef Rings, 1928 erbaut.

rechts:
Marl-Drewer, Aula der Haupt- und Grundschule, Hans Scharoun, Planung ab 1960, ab 1964 errichtet, 1970 fertiggestellt.

schaftsbewusstsein«, so Rings, zeigt sich in den strengen Kuben der Bauten und in ihrer städtebaulichen Anlage. Sie weisen diese Siedlung oder auch die Typenhaussiedlungen in Duisburg, 1926 bis 1928 errichtet, als ein »Zeugnis kollektiver und sozialer Gesinnung« aus, die Bruno Taut 1929 als Grundlage des progressiven Wohnungsbaues der 1920er Jahre bezeichnet hat. Diese Beispiele ließen sich ohne weiteres durch vergleichbare auch in Dortmund oder Mülheim ersetzen.

Es gilt allgemein als ausgemacht, dass der Bauboom der 1950er und 1960er Jahre in erster Linie negativ zu beurteilen sei. Von Denkmalpflegern stammt das inzwischen geflügelte Wort, dass in diesem Zeitabschnitt mehr Denkmale vernichtet worden seien als durch die Bombenteppiche des Zweiten Weltkrieges. Durch diese schreckliche Vereinfachung wird der Blick darauf verstellt, dass in der Nachkriegszeit – auch im Ruhrgebiet – zahlreiche sehr ehrgeizige Bauprojekte realisiert wurden, in denen sich Träume und Hoffnungen aus der Notzeit des Krieges und der Jahre unmittelbar danach zu Entwürfen für eine bessere Zukunft verdichtet haben. Die Erwartung, die Gestaltungsmöglichkeiten der modernen Architektur könnten ein entscheidender Beitrag dazu sein, den Weg in eine bessere, demokratische Zukunft entschlossen einzuschlagen, hat vor allem den Schulbau der Nachkriegszeit geprägt. In den beiden Schulen, die ab 1956 beziehungsweise ab 1960 nach Plänen von Hans Scharoun in Lünen und Marl gebaut wurden, wird das besonders anschaulich.[8] Die nach den Prinzipien des »organhaften Bauens« gestalteten Baukomplexe mit ihrem verschachtelten Raumgefüge sind vom völligen Verzicht auf starre Ordnungsprinzipien bestimmt. Individuelle und intuitive Kreativität und die Auseinandersetzung mit freiheitlichen pädagogischen Systemen haben die spezifische Gestalt der Schulen geprägt.

Die denkmalpflegerische Bewertung der Bauten aus jüngerer und jüngster Zeit ist nicht abgeschlossen – sie kann nicht abgeschlossen sein, sondern wird mit der notwendigen Distanz von der nächsten Generation fortgesetzt.

Zum Umgang mit dem Denkmalbestand

Die meisten Baudenkmale, die Gebäude wie Wohnhäuser, Geschäftshäuser, Kirchen, Klöster, Schlösser, Schulen und Verwaltungsbauten umfassen, werden im Ruhrgebiet wie andernorts auch nach den üblichen Regeln der Denkmalpflege behandelt. Es geht um Substanzerhalt, um Materialgerechtigkeit bei Reparaturmaßnahmen, um die Bewahrung historischer Konstruktions- und Bauweisen, um die Suche nach sinnvollen Nutzungen. Letztlich geht es auch immer um die Abwägung, welche Veränderungen möglich sind, ohne den Charakter und den Dokumentationswert des jeweiligen Objektes entscheidend zu verändern oder gar den Denkmalwert in Frage zu stellen.

Ein besonders wichtiges Thema der Denkmalpflege sind die zahlreichen Siedlungen im Ruhrgebiet. Mit dem Kampf der Bewohner von Arbeitersiedlungen gegen die Zerstörung ihrer Wohnquartiere in den späten 1960er und in den 1970er Jahren und mit Roland Günters Veröffentlichung über die Krupp-Siedlungen in Essen[9] haben sich Arbeitersiedlungen in Nordrhein-Westfalen nach 1970 zu einer zentralen denkmalpflegerischen Aufgabe entwickelt. Die 1970er Jahre lassen sich charakterisieren als »Pionierphase« mit großen Projekten zur Erfassung und zur intensiven Erforschung des Bestandes. Die Arbeiten von Franziska Bollerey und Kristiana Hartmann sind exemplarisch für viele andere Bestandserhebungen und historische Untersuchungen.[10] Außerdem wurden die 1970er Jahre von einigen spektakulären Auseinandersetzungen zwischen Bewohnerinitiativen, Wohnungsgesellschaften und Stadtverwaltungen um die Erhaltung von herausragenden Beispielen geprägt. Duisburg-Rheinhausen und Flöz Dickebank in Gelsenkirchen haben neben einigen anderen bundesweites Aufsehen erregt. Ein Markstein in der damaligen Entwicklung war ein internationaler Kongress zum Thema »Erhaltung von Arbeiter-Siedlungen« im September 1976, der auf Initiative des damaligen Gelsenkirchener Oberstadtdirektors Heinrich Meya zustande kam.[11] Seit Inkrafttreten des nordrhein-westfälischen Denkmalschutzgesetzes im Jahr 1980 sind im Ruhrgebiet zahlreiche Siedlungen durch Eintragung in die Denkmallisten der Kommunen beziehungsweise durch Denkmalbereichssatzungen geschützt. An vielen Anlagen lassen sich beispielhafte Erhaltungs- und Sanierungsergebnisse zeigen. Hohe Qualität wurde vor allem bei einigen Projekten der Internationalen Bauausstellung IBA Emscher Park (1989–1999) erreicht. An ihnen wird deutlich, dass die Erhaltung von älteren Arbeitersiedlungen in ihrer historischen Substanz mit ihren denkmalkonstituierenden Eigenschaften durchaus mit einer baulichen Weiterentwicklung für heutige Ansprüche an zeitgemäßes Wohnen vereinbart werden kann. Exemplarisch dafür steht die Siedlung Teutoburgia in Herne, die als ein Musterprojekt der IBA Emscher Park beispielhaft saniert wurde. Der hohe Veränderungsdruck, dem die Siedlungen unterliegen, insbesondere wenn sie Haus für Haus privatisiert werden, führt nicht selten zu verfremdenden Umbauten. Die Rahmenbedingungen für die Erhaltung und Pflege historisch bedeutender Siedlungen haben sich durch den Schwund an Fördermitteln für Aufgaben der Stadterneuerung und der Denkmalpflege in den letzten Jahren erheblich verschlechtert. »Der gar nicht zu überschätzende soziale, kulturelle, funktionale und bauliche Eigenwert der Siedlungen, der zugleich das Gesicht, ja die Würde dieser ganzen Region prägt«[12], wird heute nicht mehr in gleicher Weise wie zur Zeit des Kongresses von 1976 von den Beteiligten erkannt und geschätzt.

Ein spezielles Problem der Denkmalpflege im Ruhrgebiet mit anderen komplexen Fragen im Umgang mit der historischen Substanz ist die Erhaltung von Objekten der Industriegeschichte in ihrer ganzen Spannweite und in ihrem ganzen Reichtum. Unter dem Eindruck wirtschaftlicher Strukturprobleme der 1960er Jahre – erinnert sei an das damalige »Zechensterben« – stellte sich die Frage, was mit den Zeugnissen der industriellen Vergangenheit zu geschehen habe. Die nordrhein-westfälische Landesregierung erklärte dazu im Frühjahr 1970 in einem landespolitischen Fünfjahresprogramm, dem sogenannten Nordrhein-Westfalen-Programm 1975: »In Zukunft wird die Landesregierung verstärkt die Erhaltung wertvoller Bauwerke sichern, die für die technische und wirtschaftliche Entwicklung des Landes charakteristisch sind. Dazu gehören u. a. Fördertürme, Maschinenhallen, Schleusen und Schachtgebäude. Diese Aufgabe muß jetzt in Angriff genommen werden.« Als langfristiges Ziel verkündete sie die »Wiederherstellung und Erhaltung der künstlerischen und technischen Baudenkmäler des Landes«.

In den späten 1960er Jahren hatten die Denkmalämter in Bonn und Münster begonnen, das Ruhrgebiet nicht mehr ausschließlich als eine Region zu betrachten, deren Geschichte nur in einigen mehr oder weniger verfremdeten Relikten aus vorindustrieller Zeit anschaulich präsent ist. Roland Günter, damals Inventarisator im rheinischen Teil des Ruhrgebietes, und Eberhard Neumann, als Gebietsreferent im westfälischen Teil tätig, hatten maßgeblichen Anteil an der Entwicklung. Roland Günters drastische Schilderung der Gefahr, dass durch das Tempo der technischen und wirtschaftlichen Entwicklung in wenigen Jahren die letzten Reste von zweihundert Jahren technisch-industrieller Kultur verschwinden könnten, war durchaus kein Horrorgemälde. Bruno Möhrings Maschinenhalle der Zeche Zollern 2/4 in Dortmund-Bövinghausen, immerhin eines der Hauptwerke für die Anfänge der modernen Architektur in Deutschland, konnte nur durch unorthodoxe öffentlichkeitswirksame Aktivitäten, durch die Unterstützung von höchst renommierten Fachleuten aus dem In- und Ausland und nicht zuletzt durch langjährige Hartnäckigkeit gerettet werden. 1973 und 1974 haben die Landschaftsverbände Rheinland und Westfalen-Lippe in ihren Denkmalämtern Planstellen für die speziellen Aufgaben der Industriedenkmalpflege geschaffen.

Gladbeck, Maschinenhalle Zweckel, Stiftung Industriedenkmalpflege und Geschichtskultur.

Im Denkmalschutzgesetz des Landes Nordrhein-Westfalen von 1980 haben für das Ruhrgebiet spezifische denkmalpflegerische Probleme dadurch besondere Berücksichtigung gefunden, dass die Bedeutung für die Entwicklung der Arbeits- und Produktionsverhältnisse als eines der Kriterien für die Denkmaleigenschaft genannt ist. Die Denkmalpolitik des Landes und der Landschaftsverbände hat seither viel dafür getan, das alte Vorurteil abzubauen, das Ruhrgebiet sei eine geschichtslose Landschaft. Die Industriemuseen der Landschaftsverbände sind gewissermaßen legitime Kinder der Denkmalpflege. Durch sie wird eine Gruppe von herausragenden Industriedenkmalen mit dem Schwerpunkt im Ruhrgebiet erhalten, restauriert und einer öffentlichen Nutzung zugeführt. Mit dem Grundstücksfonds des Landes wurde ein Instrument zum Ankauf und zur Wiedervermarktung von Industriebrachen auch dazu genutzt, hochrangige Industriedenkmale vor dem Abriss zu bewahren. Dadurch wurde vor allem Zeit gewonnen, um ohne den akuten Druck eines Abbruchantrages nach geeigneten Lösungen für die künftige Nutzung, deren Trägerschaft und Finanzierung suchen zu können.

Ab 1989 wurde die wirtschaftliche, ökologische und kulturelle Erneuerung von der Internationalen Bauausstellung IBA Emscher Park vorangetrieben. Eine der wesentlichen Zielsetzungen dabei war es, die Modernisierung mit einer kulturellen Perspektive zu verknüpfen. Der Erhaltung von Industriedenkmalen wurde in diesem Rahmen ein hoher Stellenwert zuerkannt. Damit wurde für viele Denkmale, deren Problemlage früher eher Resignation ausgelöst hat, ein neuer Weg in die Zukunft eröffnet. Mit Rücksicht auf die bisher unbekannten Dimensionen von Schadensbereichen, die in einem wesentlich anderen Maßstab Sicherungsmaßnahmen und große Investitionen verlangen, müssen bei Industriedenkmalen neben erprobten Verfahrensweisen neue Wege im Umgang mit der Substanz beschritten werden. Der Katalog zum Abschluss der IBA zeigt eindrucksvoll, dass das ehrgeizige Strukturprogramm zur Erneuerung der Emscherregion auch für einen besonders schwierigen Denkmalbestand nachhaltige Erfolge verbuchen konnte.

Die Schachtanlage Zollverein XII in Essen gehört zu den außergewöhnlichsten Belegen dafür, dass die Erhaltung und Umnutzung von scheinbar nutzlos gewordenen Baudenkmalen wesentliche Faktoren der notwendigen Modernisierung des Ruhrgebietes sind und dass Denkmalpflege in dem vielschichtigen Modernisierungsprozess nicht als eine isolierte Aufgabe für wenige Spezialisten gesehen werden darf. Der Slogan »Aufbruch statt Abbruch«[13] bestimmt inzwischen weit über das Ende der IBA Emscher Park im Jahre 1999 hinaus den Modernisierungsprozess im Ruhrgebiet. In den ehemaligen Industrieanlagen und den von Industrie geprägten Städten und Landschaftsbereichen steckt ein Reichtum an Möglichkeiten für neue Nutzungen, für zukunftsorientierte Entwicklungen, als Tourismusziel.[14] Die »lange Zeit als Negativa verbuchten Merkmale dieser Region« wurden und werden »als Besonderheit und Potenzial für die Zukunft« fruchtbar gemacht.[15]

Ein Grundsatz der Internationalen Bauausstellung IBA Emscher Park war, der Rettung von Industriedenkmalen ausreichende Reifezeit zu geben.[16]

Stiftung Industriedenkmalpflege und Geschichtskultur

Wie sinnvoll dieser Weg ist, der in Nordrhein-Westfalen seit Jahren beschritten wird und weltweit Beachtung findet, zeigen auch die einschlägigen Erfahrungen der Stiftung Industriedenkmalpflege und Geschichtskultur, einer Institution, die sich als »Kind« der Internationalen Bauausstellung IBA Emscher Park versteht. Mit der Stiftung wurde ein über die Bauausstellung hinaus wirksames, langfristiges Modell ins Leben gerufen, um hochrangige bauliche Zeugnisse des Industriezeitalters vor dem Abriss zu bewahren. Die Stiftungsgründung erfolgte im Jahr 1995 durch das Land Nordrhein-Westfalen und die damalige Ruhrkohle AG (jetzt RAG Aktiengesellschaft); 1997 wurde die Arbeit mit der Einrichtung der Geschäftsstelle der Stiftung Industriedenkmalpflege und Geschichtskultur auf der Kokerei Hansa in Dortmund aufgenommen.[17] Der Zweck der gemeinnützigen Stiftung besteht darin, »die ihr übertragenen Industriedenkmale zu schützen und zu erhalten, sinnvoll zu nutzen, wissenschaftlich zu erforschen und öffentlich zugänglich zu machen«.[18] Inzwischen werden 13 Denkmalstandorte in Nordrhein-Westfalen betreut – elf Objekte befinden sich auf stillgelegten Schachtanlagen des Steinkohlenbergbaus, zwei sind ehemalige Kokereien.[19] Zu den vordringlichsten Aufgaben zählen Sicherungsarbeiten an den denkmalgeschützten Gebäuden und technischen Anlagen. Viele Bauten sind vom Verfall gezeichnet und bergen Gefahren: Fassaden oder Schornsteine, aus denen sich Mauerwerk großflächig löst, sowie Dächer oder Fördergerüste, die einzustürzen drohen, sind keine Seltenheit.

Vom Verfall bedroht war auch die »Maschinenhalle Zweckel« in Gladbeck, die 1997 von der Stiftung übernommen und binnen weniger Jahre auf eine neue, denkmalgerechte Nutzung vorbereitet wurde. 1909 im Auftrag des königlich-preußischen Staates als »elektrische Zentrale« der Zeche Zweckel erbaut, diente das repräsentative Gebäude dazu, das Bergwerk mit Strom und Druckluft zu versorgen. Nach Stilllegung des Betriebs im Jahre 1963 blieben die Maschinenhalle und die Fördergerüste über Schacht 1 und Schacht 2, die noch bis 1995 der Wasserhaltung benachbarter Zechen dienten, erhalten.[20] Die Stiftung Industriedenkmalpflege und Geschichtskultur leitete 1999 die ersten Baumaßnahmen am Denkmal ein. Sie umfassten die Erneuerung des Dachs und der Dachentwässerung sowie die Reinigung und Instandsetzung der Backsteinfassaden. Mit einer großen und eigens auf das Denkmal ausgerichteten Theaterinszenierung im Jahr 2000 stellten sich schon die Weichen für die heutige Nutzung

Gladbeck, Maschinenhalle Zweckel, Innenansicht.

Dortmund, Kokerei Hansa,
Blick vom Stadtteil Huckarde.

als Kulturort für die Stadt Gladbeck und wichtige Spielstätte der jährlichen Ruhrtriennale, dem internationalen Festival für Musik, Schauspiel und Tanz. In weiteren Bauabschnitten bis 2003 wurden umfassende Sicherungs- und Reparaturmaßnahmen ausgeführt sowie die notwendige Ausstattung für Veranstaltungen geschaffen.[21]

Die Maschinenhalle war in mehrfacher Hinsicht begünstigt. Zunächst, weil sie, unter Denkmalschutz gestellt, in die Obhut der Stiftung kam, dann erforscht, saniert und mit einem neuen »Motor« (Kultur) angetrieben wurde. Sie ist heutzutage durch Kulturveranstaltungen belebt und in der Bevölkerung als beliebtes Denkmal verankert. Von Vorteil für die gesamte Entwicklung war aber auch, dass die Maschinenhalle Zweckel als Stiftungsstandort nicht unter unmittelbarem ökonomischem Verwertungszwang stand. Ihr konnte die notwendige Zeit bis zum Finden einer sinnvollen und denkmalgerechten Nutzung gegeben werden. Die Eingriffe in den historischen Bestand waren wohlüberlegt und minimal im Sinne eines behutsamen Umgangs mit dem Denkmal. So verfügt die Veranstaltungshalle bis heute weder über eine Heizungsanlage, noch über eine Bühne oder gar Zuschauertribünen. Doch scheint dies einer Nutzung für Veranstaltungen nicht entgegenzustehen. Bei der Maschinenhalle Zweckel konnten Forschung, Denkmalpflege und Umnutzung bei gegenseitigem Respekt Hand in Hand gehen und auf diese Weise Erfolge auf breiter Basis erzielen. Wesentlich für die große Akzeptanz insbesondere in der Bevölkerung war wohl auch, dass es sich bei der Maschinenhalle um ein im architektonischen Sinne »schönes« und wohlproportioniertes Gebäude handelt, das – in formaler Anlehnung an historische Schloss- und Repräsentationsbauten – vertraute Sehgewohnheiten bedient.

Ein wenig anders verhält es sich bei der eher »sperrig« erscheinenden Kokerei Hansa in Dortmund. 1928 in Betrieb genommen und bis 1992 in Nutzung, war die Großkokerei ein bedeutendes Element in der Verbundwirtschaft der Dortmunder Montanindustrie. Seit 1997 befindet sich die stillgelegte Industrieanlage in der Obhut der Stiftung Industriedenkmalpflege und Geschichtskultur; 1998 wurde die Anlage mit den wesentlichen Produktionsbereichen der 1920er Jahre unter Denkmalschutz gestellt.

In den Jahren 1998 bis 2003 wurden auf der Kokerei Hansa sogenannte Denkmalpfade für Besucher errichtet.[22] In drei Bauabschnitten konnten die wesentlichen Produktionsstätten durch ein neu angelegtes Wegesystem aus begehbaren Bandbrücken, Rohrbrücken und Stegen erschlossen werden. Daneben umfassten die Maßnahmen auch Dach- und Fassadensanierungen an drei Turmbauten. Eine Schrägbandbrücke sowie eine Becherwerksbrücke wurden verglast und begehbar gemacht, ein Kohlenbunker für Besucher erschlossen, Öffnungen im Obergeschoss des Sorten- und Kohlenturmes wurden wiederhergestellt und mit klarsichtigem Sicherheitsglas versehen, um einen Panoramablick zu gewähren. Entlang dem Weg erfolgten die notwendigen Verkehrssicherungs- und Dekontaminierungsmaßnahmen an Gebäuden und Anlagen. Inzwischen kann die Kokerei Hansa im Rahmen von Führungen auf mehreren Erlebnispfaden besichtigt werden.

Die bautechnischen Erfahrungen beim Ausbau des Wegenetzes konnte die Stiftung Industriedenkmalpflege und Geschichtskultur auch für die Kokerei Zollverein in Essen nutzen, die mittlerweile zum UNESCO-Welterbe zählt.[23] Doch während auf Zollverein der Ausbau eines Kokereiparcours mit der Einrichtung eines temporären Ausstellungshauses in der ehemaligen Kohlenmischanlage[24] und der spektakulären Ausstellung »Sonne, Mond und Sterne. Natur und Kultur der Energie«[25] im Jahr 1999 einherging, lag der Umnutzung der Kokerei Hansa ein völlig anderes und sehr ungewöhnliches Konzept zu Grunde, das die historische Architektur und Technik mit der sich ausbreitenden »Industrienatur« zu einem neuen Gesamtensemble vereinen sollte.[26] Grundsätzlich stellt sich seitdem die Frage, wie viel Natur das Industriedenkmal verkraften kann. Die Stiftung setzt Prioritäten: Um Gebäude und Anlagen vor Zerstörung zu schützen und um Blickachsen zu bewahren, wird das Grün in vielen Bereichen alljährlich entfernt beziehungsweise zurückgeschnitten. Daneben werden verbindlich Areale der Industrienatur ausgewiesen. Diese »Industriewaldflächen« werden vom Projekt Industriewald Ruhrgebiet betreut, das hier keine Forstwirtschaft im traditionellen Sinn betreibt, sondern die Flächen der Natur überlässt, die sich auf diese Weise weitgehend unbeeinflusst von menschlichen Eingriffen entfalten kann.

Neben den Reservaten der unberührten »Wildnis« gibt es auf Hansa auch neu angelegte Areale, die mit traditionellen und vertrauten Elementen aus der Gartenkunst unerwartete, gleichsam fremde Akzente setzen und Besuchern neue Orientierungsmöglichkeiten offerieren: Plätze mit großen Kübelpflanzen und Bänken, Staudenfelder, Birkenhaine und Wasserbecken mit Seerosen.

Im Vergleich zur Maschinenhalle Zweckel hat die Kokerei Hansa als Denkmal bislang einen schwierigeren Weg hinter sich. Während das Gladbecker Monument weitgehend parteiübergreifende Akzeptanz fand, geriet die Kokerei Hansa in die Mühlen parteipolitischer Auseinandersetzung. Neben den – letztlich erfolgreichen – Befürwortern gab es nicht wenige Stimmen, die für einen Abbruch des Denkmals plädierten. Sie nutzen das alte Image der Kokerei als »Dreckschleuder« und Luftverschmutzer, um das »hässliche« Objekt in Misskredit zu bringen. Doch seit die Stiftung die einst »verbotene Stadt« sukzessive für Besucher geöffnet und sich die Kokerei zum touristischen Anziehungspunkt entwickelt hat, sind die Gegenstimmen leiser geworden. Auch die Industrienatur stimmt mit ihrem üppigen Grün versöhnlich und trägt zur Steigerung des Freizeit- und Erholungswerts bei.

Industriedenkmale um ihrer selbst willen als Zeugnisse der Industrialisierung zu erhalten, um die vom Strukturwandel betroffenen Menschen vor den drohenden Identitätsverlusten zu bewahren, war noch vor zehn Jahren politischer Landeswille. Inzwischen sind die Zeiten, in denen den Denkmalen Zeit gegeben werden konnte, um neue sinnvolle Nutzungen für sie zu finden, passé. Der Druck, wirtschaftlich zu agieren, hat sich wieder erhöht. Künftig dürften die Erhaltungschancen für akut gefährdete Anlagen der Industrie – und besonders der Schwerindustrie – schlechter stehen als noch vor einigen Jahren. Doch damit kehrt wohl lediglich »Normalität« in die Industriedenkmalpflege ein, wie sie spätestens seit dem Boom der 1990er Jahre zu erwarten war und mit der die klassische Baudenkmalpflege tagtäglich konfrontiert wird. Normalität heißt in diesem Fall: Nicht müde zu werden, bei drohenden großen Verlusten intelligente Konzepte zu entwickeln, um (kleine) Erfolgsgeschichten zu schreiben.

Gelsenkirchen-Ückendorf, ehem. Pfarrkirche Heilig Kreuz, Josef Franke, erbaut 1927 bis 1929, derzeit ohne Nutzung.

Ausblick

Ein neuer Schwerpunkt für die Denkmalpflege im Ruhrgebiet wird der Funktionswandel kirchlicher Gebäude sein. Die Deutsche Bischofskonferenz hat zu dem Problem 2003 eine grundlegende und ausführliche Arbeitshilfe herausgegeben, für die das Bistum Essen 2001 maßgebliche Vorarbeit geleistet hat.[27] Die Evangelische Landeskirche von Westfalen veröffentlichte im gleichen Jahr zum selben Thema die Bielefelder Handreichungen.[28] Beim Evangelischen Kirchbautag in Dortmund im Jahr 2008 stand im Mittelpunkt der

Veranstaltung die Frage nach der künftigen Nutzung von Kirchengebäuden, die wegen der abnehmenden Zahl der Gläubigen und sinkender Finanzen als Gotteshäuser aufgegeben werden sollen. Die zahlreichen denkmalwerten Kirchenbauten des Ruhrgebietes sind besonders von dieser Thematik betroffen und erfordern von allen Beteiligten einschließlich der Denkmalpflege durchdachte und vielfältige Lösungen.

Mit dem gängigen Wunschbild, Denkmale könnten die vermeintlich heile Welt der sogenannten guten alten Zeit heraufbeschwören, hat die »Denkmallandschaft Ruhrgebiet« ganz offensichtlich nichts zu tun. Das sollte ihr nicht als Mangel angekreidet werden. Der umfangreiche Bestand an herausragenden Denkmalen belegt nachdrücklich, dass das Wunschbild und nicht die »Denkmallandschaft« mangelhaft ist. Sie spiegelt – und wie sollte es auch anders sein – in den Brüchen und den Überlagerungen verschiedener Epochen die tatsächliche Geschichte der Region. Diese Geschichte war kontrastreich und ist in vielem nicht bequem. Gerade deshalb ist die Auseinandersetzung mit ihr besonders notwendig und außerdem auch reizvoll. Als »Steine des Anstoßes« sind die Denkmale dieser Landschaft unverzichtbar.

1 Dieser Beitrag wurde zusammengestellt von Barbara Seifen auf Grundlage von: Eberhard Grunsky, »Denkmallandschaft Ruhrgebiet«, Vortrag gehalten bei der Tagung »Denkmalschutz schafft Arbeitsplätze und Investition« des Arbeitskreises der Denkmalpfleger im Ruhrgebiet am 9. März 1995 in Oberhausen; Eberhard Grunsky, »Denkmäler und Modernisierung des Ruhrgebietes« in: Wie viel Sicherung ist nötig? Beispiele aus der Praxis, Gemeinsame Tagung 1997 des SFB 315 und der Ruhrkohle Bergbau AG (Arbeitsheft 15 des SFB 315), Bergbau und Denkmal, 3, Karlsruhe 1998, S. 113–123; Marita Pfeiffer, Von schweren Hinterlassenschaften. Über Gründung, Arbeitsweisen und Erfahrungen der Stiftung Industriedenkmalpflege und Geschichtskultur, in: Die Denkmalpflege, 65, 2007, H. 1, S. 45–53. Weitere wichtige Grundlagen sind außerdem: Ulrich Reinke, Das Ruhrgebiet als Denkmallandschaft, in: Westfalen, 72, 1994, S. 1–20; Denkmalschutz-Informationen, hrsg. vom Deutschen Nationalkomitee für Denkmalschutz, 26, 2002, (Sonderausgabe »30 Jahre Industriedenkmalpflege in Deutschland«); Axel Föhl, Bauten der Industrie und Technik in Nordrhein-Westfalen, hrsg. von der Stiftung Industriedenkmalpflege und Geschichtskultur, Berlin 2000; Marita Pfeiffer und Claus Stiens, Einblicke in Industriedenkmalpflege und Denkmalschutz, Schwerpunkt Nordrhein-Westfalen, hrsg. von der Stiftung Industriedenkmalpflege und Geschichtskultur, Dortmund 2003. Siehe auch: www.industriedenkmal-stiftung.de unter der Rubrik »Industriedenkmalpflege« zu den Themen Geschichte, Maßnahmen, Projekte und Denkmalschutz.

2 Siehe zu diesem Aspekt auch den Beitrag von Roland Pieper über die frühen Kirchen und Klöster in diesem Band.

3 Siehe dazu den Beitrag von Elmar Alshut über Schloss Horst in diesem Band.

4 Siehe dazu den Beitrag von Dorothea Teßmer-Schwarze über Haus Beck in diesem Band.

5 Siehe dazu den Beitrag von Stefan Nies und Dorothea Teßmer-Schwarze »Im Kadett zum One Stop Shopping« in diesem Band.

6 Rolf Junker und Holger Pump-Uhlmann, Notwendiger Schub oder maßloser Druck?, in: Denkmalpflege in Westfalen-Lippe, H. 2, 2008, S. 4–9. Denkmalpflegerischer Umgang mit großflächigem Einzelhandel, hrsg. von der Vereinigung der Landesdenkmalpfleger in der Bundesrepublik Deutschland, Göttingen, 2008.

7 Siehe dazu die Beiträge von Rouven Lotz über den Hagener Impuls sowie von Frank Maier-Solgk über die Architektur im Ruhrgebiet im 20. und 21. Jahrhundert, beide in diesem Band.

8 Siehe den Beitrag von Dorothea Teßmer-Schwarze über die Scharoun-Schulen in Lünen und Marl in diesem Band.

9 Roland Günter, Krupp und Essen, in: Martin Warnke (Hg.), Das Kunstwerk zwischen Wissenschaft und Weltanschauung, Gütersloh 1970, S. 128–174.

10 Franziska Bollerey und Kristiana Hartmann, Siedlungen aus dem Regierungsbezirk Düsseldorf, Essen 1983; Dies., Siedlungen aus den Regierungsbezirken Arnsberg und Münster, Dortmund 1978; Franziska Bollerey, Kristiana Hartmann und Ursula von Petz, Bibliographie zum Arbeiterwohnungsbau im Ruhrgebiet, Dortmund 1982; Franziska Bollerey und Kristiana Hartmann, Im Grünen wohnen – im Blauen planen, Hamburg 1990.

11 Erhaltung von Arbeitersiedlungen, zusammenfassender Bericht des Kongresses am 12. September 1976 in Gelsenkirchen, hrsg. von der Stadt Gelsenkirchen.

12 Martin Einsele, Einleitungsreferat, in: Erhaltung von Arbeitersiedlungen 1976 (wie Anm. 11), S. 9–26, hier S. 25.

13 So der Titel eines Aufsatzes von Wolfgang Ebert, in: Bauwelt, 85, 1994 (Stadtbauwelt 123), S. 1992–1997.

14 Siehe dazu: Stephan Reiß-Schmidt, Alles Museum?, in: Bauwelt, 85, 1994 (Stadtbauwelt 123), S. 1937.

15 Helene Kleine, Die Internationale Bauausstellung Emscher Park. Strategien und Konzepte zur Erhaltung von Industriedenkmälern, in: Deutsche Kunst und Denkmalpflege, 50, 1992, S. 129–136, hier S. 136.

16 Internationale Bauausstellung Emscher Park (Hg.), IBA '99, Katalog der Projekte, Gelsenkirchen 1999.

17 Im Folgenden wird der Beitrag von Marita Pfeiffer, Von schweren Hinterlassenschaften. Über Gründung, Arbeitsweisen und Erfahrungen der Stiftung Industriedenkmalpflege und Geschichtskultur, in: Die Denkmalpflege, 65, 2007, H. 1, S. 45–53, leicht verändert und gekürzt wiedergegeben.

18 Vgl. Satzung der Stiftung Industriedenkmalpflege und Geschichtskultur, 1996.

19 Vgl. Stiftung Industriedenkmalpflege und Geschichtskultur: Denkmalstandorte, Essen 2001. Siehe auch: www.industriedenkmal-stiftung.de

20 Vgl. Tatjana Louis und Axel Scheibe, Lesebuch Zweckel. Bergbaugeschichte aus Gladbeck, hrsg. von der Stiftung Industriedenkmalpflege und Geschichtskultur, Essen 2001.

21 Die Fördermaschinen und Umformer sind die einzigen in der Halle verbliebenen Maschinen. Nach Stilllegung der Zeche 1963 wurden Aggregate und Drucklufterzeuger entfernt und auf anderen Zechen eingesetzt.

22 Von der Stiftung geschultes Personal (darunter auch ehemalige Bergleute und Koker) führt Besuchergruppen über die Industrieanlagen. Die Erläuterungen reichen von Geschichte, Produktions- und Arbeitsbedingungen über Umweltprobleme und bis hin zum Strukturwandel. Vor Ort (und zum Teil auch im Internet) besteht die Möglichkeit, historisches Filmmaterial über die Industrieanlagen und die Arbeitsbedingungen zu sehen, Teilbereiche können auf eigene Faust (u. a. per Audioguide) besichtigt werden.

23 Dietmar Osses, Dietmar und Joachim Strunk, Kohle Koks Kultur. Die Kokereien der Zeche Zollverein, hrsg. von der Stiftung Industriedenkmalpflege und Geschichtskultur, Dortmund 2002.

24 Marita Pfeiffer, Angst vorm »leeren« Denkmal? Bedeutung, Umbau und Nutzung der Mischanlage auf der Kokerei Zollverein, in: Udo Mainzer (Hg.), Zeche und Kokerei Zollverein. Das Weltkulturerbe, Worms 2006 (Arbeitshefte der rheinischen Denkmalpflege, 70), S. 183–192.

25 Sonne, Mond und Sterne. Kultur und Natur der Energie, hrsg. von der Ausstellungsgesellschaft »Feuer & Flamme« Ulrich Borsdorf u. a., Ausst.-Kat. Kokerei Zollverein, im Rahmen des Finales der Internationalen Bauausstellung Emscher Park, Essen 1999,.

26 Hubertus Ahlers und Sabine M. Hoffmeister, Die Kokerei Hansa. Skulptur Kultur Natur im Aufbruch, hrsg. von der Stiftung Industriedenkmalpflege und Geschichtskultur, Dortmund 2001.

27 Herbert Fendrich, Essener Leitlinien – Erhalt, Nutzung, Nutzungsänderung, Nutzungserweiterung von Kirchen im katholischen Ruhrbistum, in: Hans Hanke (Hg.), Vom neuen Nutzen alter Kirchen, Bochum 2003.

28 Roland Berner, Bielefelder Handreichung, in: Hanke 2003 (wie Anm. 27).

Zuwanderung und Differenzierung der konfessionellen Strukturen im Ruhrgebiet der Moderne

Stefan Goch

Als mit der Französischen Revolution die Moderne begann, war der Raum des späteren Ruhrgebiets eine etwas abgelegene, weitgehend agrarisch geprägte und dünn besiedelte Gegend jenseits der großen Ereignisse. Nach der Neuordnung des Wiener Kongresses gehörte das Gebiet des späteren Ruhrgebiets mit der bis in die Gegenwart fortbestehenden administrativen Grenze zu den beiden im Westen geschaffenen preußischen Provinzen Rheinland und Westfalen. Die Einwohnerzahl des vorindustriellen Ruhrgebiets wird auf etwa 230 000 Menschen geschätzt.

Mit der Industrialisierung und dem Aufstieg zur größten Montanregion Europas setzte um die Mitte des 19. Jahrhunderts eine bald vor allem durch Zuwanderung geprägte Bevölkerungs- und Siedlungsentwicklung in der Region ein, die man erst seit etwa der Zeit um den Ersten Weltkrieg »Ruhrgebiet« nennen sollte. Da der enorme Arbeitskräftebedarf des Steinkohlenbergbaus, der Eisen- und Stahlindustrie und der weiteren in ihrer Vielfalt unterschätzten Betriebe des montanindustriellen Komplexes bald nicht mehr aus der näheren Umgebung gedeckt werden konnte, bestimmten verschiedene Zuwanderungsbewegungen die Bevölkerungsentwicklung der Region. Dabei folgte sie ebenso wie die Siedlungsentwicklung bis zur Gegenwart der ökonomischen Entwicklung.

Die Zuwanderer brachten die Vorstellungswelten, Mentalitäten und Verhaltensweisen ihrer jeweiligen Heimat als zunächst für die Zuwanderregion und -gesellschaft in der einen oder anderen Weise fremde Impulse mit. Beim schwierigen Übergang in die Moderne und der Herausbildung einer differenzierten und dann auch demokratischen Gesellschaft waren es oft religiöse beziehungsweise konfessionelle Prägungen und Religionsgemeinschaften, die für die Region neu waren. Religionen und Konfessionen prägten Denken und Handeln, Institutionen und alltägliche Lebensweisen bis zu Säkularisierungstendenzen in der modernen Gesellschaft, und bis zur Gegenwart wird trotz des Bedeutungsverlustes von Religionen in ihnen immer wieder nach Orientierung im konflikthaften gesellschaftlichen Zusammenleben gesucht.

Im vorindustriellen Ruhrgebiet hatte sich die Reformation in der Grafschaft Mark, in der Freien Reichsstadt Dortmund und im Herzogtum Cleve durchgesetzt, überwiegend katholisch waren die zu Kurköln gehörigen rheinischen Gebiete und das Vest Recklinghausen sowie die zum Bistum Münster gehörigen Gebiete geblieben und ebenso natürlich die alten Reichsabteien Essen und Werden. Die zersplitterte räumliche Struktur hatte aber dazu geführt, dass die beiden Konfessionen oft eng nebeneinander bestanden, vielfach sich auch jeweils andersgläubige Gruppen in unterschiedlichen Mehrheitsverhältnissen gegenüberstanden. Im Alltag mussten für die konfessionellen Konflikte pragmatische Kompromisse gefunden werden, wie in Gelsenkirchen, wo die Kirche von beiden Konfessionen genutzt wurde. Tolerante Geistliche, die wie in Dortmund auch die Angehörigen der andersgläubigen Minderheit tauften, trauten und beerdigten, waren in der Region erwünscht. Im Industrialisierungs- und Urbanisierungsprozess veränderten sich dann die konfessionellen beziehungsweise religiösen Strukturen, wobei die kulturellen Prägungen der Zuwanderer auf eine alte Regionalkultur trafen, die sich selbst unter dem Druck von Industrialisierung und Urbanisierung wandelte.

Entwicklung der Industriegesellschaft des Ruhrgebiets

Das Vorkommen von Steinkohle war die eigentliche Voraussetzung für die Entwicklung der Region. Der Aufschwung des Ruhrbergbaus war einerseits verursacht durch die Ausbreitung der Dampfmaschinen und Eisenbahnen und andererseits begründet im gestiegenen Bedarf nach Eisen und Stahl, zu deren Herstellung Kohle beziehungsweise Koks in großen Mengen benötigt wurde. Der Bergbau, die Eisen- und Stahlindustrie und die Eisenbahnen standen in einem Verhältnis sich gegenseitig stimulierender Wirtschaftszweige. Wichtige Voraussetzungen der Industrialisierung des Ruhrgebiets waren

internationale Verflechtungen wie ausländische Direktinvestitionen in der Frühphase der Industrialisierung, ein umfangreicher Technologietransfer ins Ruhrgebiet, die Gewinnung ausländischer Absatzmärkte und der Import von Rohstoffen, vor allem Erzen. Dem Ruhrgebiet fehlten anfangs Know-how und Kapital, sodass am Beginn der Industrialisierung oft Industriepioniere standen, die nicht aus der Region und vielfach aus dem Ausland stammten (vgl. z. B. KT7, KT11, KT13, KT19–23).

Der wachsende Arbeitskräftebedarf im Ruhrgebiet konnte schon bald nicht mehr durch das natürliche Bevölkerungswachstum und Zuzug aus der näheren Umgebung Rheinland-Westfalens gedeckt werden So kamen dann Zuwanderer insbesondere aus Hessen, Nassau und anderen Teilen Deutschlands sowie aus den Niederlanden, angezogen aus verarmten Gegenden durch die hohen Löhne der Montanindustrie. Diese ersten Zuwanderungsbewegungen veränderten die konfessionellen Strukturen. In den zuvor fast vollständig katholischen oder protestantischen Gebieten tauchten nun Angehörige der jeweils anderen Konfession auf und errichteten bald eigene Gemeinden. Die Grundmuster der Verteilung der jeweiligen teilräumlichen Dominanz der Konfessionen blieben abgeschwächt aber bestehen.

Die vor allem im Norden des entstehenden Ruhrgebiets dominanten Katholiken begannen im Industrialisierungsprozess recht rasch mit Reaktionen auf den gesellschaftlichen Wandel. Sie waren zur Selbstorganisation auch deshalb in der Lage, weil sie nach dem Übergang der katholischen Gebiete an das protestantische Preußen bereits ein Eigenbewusstsein und Formen der Interessenartikulation entwickelt hatten. Eingebettet in überregionale Entwicklungen und unabhängig vom Zuwanderungsprozess erfolgte nach der Gründung des Deutschen Reiches mit dem »Kulturkampf« zwischen der preußisch-protestantischen Obrigkeit und der katholischen Kirche eine ausgesprochene Mobilisierung des katholischen Bevölkerungsteils, der sich um seine Kirche scharte und ein dichtes Organisationsnetz schuf. Damit bildete sich religiös, kulturell und gesellschaftspolitisch ein alle Lebensbereiche erfassendes katholisches Lager oder Milieu heraus. Mit einer relativ geschlossenen Lebenswelt gingen die Katholiken der Region so als Sondergesellschaft in die Industriegesellschaft. Ihr politischer Ausdruck wurde die eng in das katholische Organisationsgeflecht eingebundene Zentrumspartei, die zu Zeiten des Kaiserreichs nahezu von allen Katholiken der Region gewählt wurde. Zahlreiche katholische Geistliche, die sprichwörtlichen »roten Kapläne«, nahmen sich frühzeitig der wachsenden Arbeiterschaft an und unterstützten auch die Organisierung in christlichen Arbeitervereinen. Der erste katholische Knappenverein wurde 1863 in Bottrop gegründet, der erste Arbeiterverein 1867 in Recklinghausen. Christliche Gewerkschaften entstanden in den 1890er Jahren vor allem im Umfeld des Katholizismus und, nicht konfliktfrei, trat auch die katholische Zentrumspartei immer wieder für Arbeiterinteressen ein. Die Mobilisierung der Arbeiterschaft im Umfeld der katholischen Kirche und des politischen Katholizismus wurde auch dadurch befördert, dass die vielen katholischen Arbeiter im Ruhrgebiet einer überwiegend protestantischen Unternehmerschaft gegenüberstanden, sodass sich religiöse, konfessionelle und soziale Konflikte miteinander verbanden. Die katholischen Arbeitervereine organisierten schließlich um 1925 17 Prozent der katholischen Arbeiter, in manchem katholisch dominierten Ort oder Stadtteil auch deutlich mehr.

Die katholische Kirche reagierte auch mit karitativen Angeboten, getragen vielfach von den Schwesternschaften, auf die fehlenden öffentlichen Leistungen angesichts der defizitären Urbanisierung. Sie bot Hilfen im täglichen Leben in »Preußens Wildem Westen« und baute ihre Strukturen mit neuen Pfarrgemeinden, Kirchen und karitativen Einrichtungen aus. Das konfessionelle Selbstbewusstsein und die religiöse Mobilisierung führten aber gleichzeitig auch zu verstärkter Abgrenzung der Konfessionen untereinander.[1] Entlang der Konfessionslinie bildete sich so ein langfristig wirksames politisch-kulturelles Zweilagersystem heraus, nachdem in den 1870er Jahren dem politischen Katholizismus mit einer spezifischen »Kombination von traditionaler Wertorientierung und religiös-sozialer Integration«[2] der Durchbruch gelungen war.

Auch im Bereich der protestantischen Kirche, die unter dem landherrlichen Kirchenregiment in den beiden preußischen Provinzen Rheinland und Westfalen organisiert war, bildete sich ein sozialer Protestantismus aus, der paternalistisch und obrigkeitstreu orientiert war, weniger auf selbstständige Interessenartikulation der Arbeiterschaft setzte und vor allem auf ein friedliches Verhältnis zwischen Arbeitgebern und Arbeitnehmern zielte. In dem Zwei-Lager-System waren die protestantischen Bemühungen mit einem eigenen Arbeitervereinswesen auch eine Reaktion auf die katholischen Organisationserfolge. Neben dem katholischen Lager mit seinen vielfältigen Integrationsangeboten bildeten die nicht-katholischen Gruppen ein bürgerlich-nationales Lager, das nationalsozialpatriarchalisch orientierte und protestantische Arbeiter band, mangels Bürgertum in den Industriedörfern aber nicht sehr bürgerlich sein konnte. Wie die Zentrumspartei »politischer Ausschuss« des katholischen Lagers war, wurden die Nationalliberalen meist politischer Ausdruck des protestantisch-nationalen Lagers, das mancherorts allerdings auch durch deutsch- oder freikonservative Kandidaten vertreten werden konnte.[3]

rechts:
Gelsenkirchen, evangelische Kirche an der König-Wilhelm-Straße (heute Kurt-Schumacher-Straße), 1907.

linke Seite, links:
Luftbild von Gelsenkirchen-Schalke, Fotografie von 1929.

linke Seite, rechts:
Gelsenkirchen, Zeche Nordstern, Schacht I/II, Steiger und Bergleute der 8. Sohle zum Beginn des Abbaus, 1897

Im baulichen Bild der Städte und Industriedörfer des wachsenden Ruhrreviers wurde die Konkurrenz der beiden christlichen Konfessionen immer wieder an den Kirchbauten sichtbar, wenn man sich mit der Höhe der Kirchtürme gegenseitig zu übertrumpfen suchte. Bei den bis in die 1960er Jahre bestehenden Konfessionsschulen waren auch schon die Kinder voneinander getrennt, und wo man in einem Gebäude untergebracht war, war natürlich der Schulhof konfessionell geteilt – eingezeichnet oder mit Zaun oder Mauer.

In den 1870er Jahren war das Arbeitskräftepotenzial der näheren Umgebung des Ruhrgebiets weitgehend erschöpft und ausländische Arbeitskräfte konnten schon aus rechtlichen Gründen kaum angeworben werden, wie beispielsweise die vielfach saisonartig arbeitenden »Hollandgänger« oder die bereits in der Industrialisierungsphase gekommenen Italiener, die als Fachkräfte beim Tunnelbau und bei der Errichtung der Eisenbahnlinien arbeiteten. Die Werber der Zechen sorgten daraufhin für eine Zuwanderung aus allen preußischen Provinzen und zunehmend aus den Ostprovinzen (Posen, Schlesien, West- und Ostpreußen). Die ersten Bergarbeiter aus dem Osten des Deutschen Reiches wurden 1869 während eines Streiks im Waldenburger Revier ins Ruhrgebiet abgeworben. Kurz danach, in den 1870er Jahren, begann die kontinuierliche Zuwanderung aus den Ostprovinzen insbesondere in das nördliche Ruhrgebiet. 1893 stammten schon 24,87 Prozent der Ruhrbergleute aus den vier preußischen Ostprovinzen.[4]

In den vier preußischen Ostprovinzen lebten zu einem hohen Anteil Polen, die bis 1918 nicht über einen eigenen Nationalstaat verfügten. Bei den bis zur Gegenwart einfach als »Polen« bezeichneten Zuwanderern handelte es sich also rechtlich um so genannte Inlandspolen mit preußischer

Staatsbürgerschaft. Bis zum Ersten Weltkrieg dürften nach den vorliegenden Schätzungen über 300 000 Polen ins Ruhrgebiet gekommen sein. Viele weitere Zuwanderer blieben nur vorübergehend im Ruhrgebiet und kehrten nach mehr oder weniger langer Zeit wieder in die Heimat zurück. Eine Integration der Zuwanderer im Sinne ihrer Anpassung an die Kultur und das Wertesystem der Einheimischen hat es bis zum Ersten Weltkrieg höchstens in Ansätzen gegeben. Viele der »Ruhrpolen«, geschätzt werden etwa 130 000, wanderten nach Ende des Ersten Weltkrieges in den neu geschaffenen polnischen Nationalstaat ab, knapp ein Drittel der nach dem Ersten Weltkrieg im Ruhrgebiet lebenden »Polen« ließen sich insbesondere während der belgisch-französischen Ruhrbesetzung von 1923 bis 1925 nach Belgien und Frankreich abwerben. Vermutlich blieben die schon im Ruhrgebiet geborenen Kinder der ersten Zuwanderer eher im Ruhrgebiet, während die vor dem Ersten Weltkrieg zugewanderten Polen die Region verließen.[5]

Neben einer gewissermaßen »normalen« Trennungslinie zwischen Einheimischen und aus anderen sozialen und kulturellen Kontexten stammenden Zuwanderern, die allerdings durch Vorurteile über die angebliche Lohndrückerei der »Ruhrpolen« verschärft wurde, wurde bei den gesellschaftlichen Eliten und führenden Schichten wie Vorgesetzten im Bereich der Arbeit, bei Vertretern der Obrigkeit bis hin zur Geistlichkeit und der Lehrerschaft eine verbreitete Geringschätzung der polnischen Zuwanderer beobachtet. Die Polen wurden als Angehörige einer »niederen Kultur« angesehen.[6] Jenseits solcher gesellschaftlichen Vorurteile war für die weitgehend ausgebliebene Integration der polnischen Zuwanderer aber vor allem eine polenfeindliche Germanisierungspolitik des preußisch-deutschen Obrigkeitsstaates verantwortlich. Der staatliche Druck verschärfte die Gegensätze zwischen Deutschen und Polen und förderte das Bewusstsein der eigenen Nationalität bei den Polen und deren Absonderung. Gegen den Assimilierungsdruck bildeten die polnischen Zuwanderer ein dichtes Netz eigener Vereine. 1912 bestanden im Ruhrgebiet 875 polnische Vereine mit fast 82 000 Mitgliedern. Viele existierten dabei im kirchlichen Umfeld. Die religiös orientierten Arbeitervereine waren die mitgliederstärksten Organisationen. Dabei wurden die Polen zunächst fast ausschließlich von den deutschen Geistlichen seelsorgerisch mitbetreut. Es kamen aber auch immer wieder polnische Ordensgeistliche ins Ruhrgebiet. Nach wechselnden polnischsprachigen Geistlichen forderten dann insbesondere die Bottroper Polen ihren deutschen Pfarrer auf, sich um einen eigenen polnischsprachigen Geistlichen zu bemühen. Die Bemühungen hatten 1885 Erfolg. Dieser erste polnische Priester entfaltete rege Aktivitäten, sodass bei dessen Verlassen des Reviers etwa 20 polnische Arbeitervereine bestanden. Nachfolger dieses ersten polnischen Geistlichen wurde 1889 Pfarrer Dr. Liss, der eine rege Tätigkeit im Sinne eines polnischen Nationalkatholizismus entfaltete. Unter seinem Einfluss vergrößerte sich in nur drei Jahren die Zahl der polnischen Arbeitervereine auf etwa 100. Da ihm die polnische Geistlichkeit wegen seines Konfliktkurses gegen die Germanisierungspolitik immer wieder Steine in den Weg legte, kehrte Liss schließlich in seine Heimat zurück. Erst um die Jahrhundertwende gelang es wieder, dauerhaft polnische Geistliche ins Ruhrgebiet zu holen, und nun erlernten auch deutsche Pfarrer die Sprache der neuen Bewohner des Reviers (G31).[7] Mit der Gemeinschaftsbildung um die katholische

oben:
Duisburg-Hamborn, Beeker Straße 238, Gaststätte St. Joseph; im Hinterhof eine ehemalige Notkirche (Abb. Mitte und rechts).

linke Seite, links:
Jubiläumskarte des Evangelischen Arbeiterbundes zum 25-jährigen Bestehen der Vereine Gelsenkirchen und Schalke, 1907.

linke Seite, rechts:
Masurinnen vor der Kirche, undatiert.

Kirche, dem Vereinswesen, eigenen Zeitungen, neben den christlichen und sozialdemokratischen Richtungsgewerkschaften einer eigenen Gewerkschaft und schließlich auch eigenen Kandidaten bei Wahlen entstand vor dem Ersten Weltkrieg eine relativ geschlossene Teilkultur, in der die polnischen Zuwanderer in den Zechenkolonien meist räumlich eng beieinander lebten, dort ihre Muttersprache sprachen, ihre eigenen Sitten und Gebräuche pflegten, hauptsächlich untereinander heirateten, ihre Freizeit in eigenen Vereinen verbrachten und gewerkschaftlich und politisch in eigenen Verbänden organisiert waren. Neben den situativen Bedingungen und der Organisierung in einem eigenen Vereinswesen schweißte die preußische Germanisierungspolitik die polnische Minderheit zusammen, die zunehmend auch ein autonomes Nationalbewusstsein entwickelte. Schließlich diente das Geflecht der eigenen Vereine und Einrichtungen auch der kollektiven Selbsthilfe und Betreuung in den defizitär urbanisierten Industriedörfern. Neben den deutschsprachigen und den polnischen Zuwanderern aus den agrarisch geprägten Ostprovinzen fand sich schließlich eine dritte Gruppe unter den Zuwanderern aus Nordostdeutschland – die Masuren. Bei den Masuren handelte es sich um eine überwiegend evangelische Bevölkerungsgruppe, die einen altpolnischen Dialekt sprachen und monarchistisch und preußisch orientiert waren, zumal sie seit Jahrhunderten unter preußischer Herrschaft lebten. Sie grenzten sich deutlich von den katholischen Polen ab. Selbst bezeichneten sich die Masuren als »Altpreußen«.

Auch die Masuren als spezifische Gruppe der Zuwanderergesellschaft des Ruhrgebiets blieben mindestens in der ersten Generation meist unter sich und bewahrten traditionelle Anschauungen und Verhaltensweisen. Im Unterschied zu den polnischen Zuwanderern kümmerte sich die Obrigkeit aktiv um die Integration der masurischen Zuwanderer und förderte deren Treue zu Kaiser und Reich, während man bemüht war, die masurische Kultur zugunsten einer »Verdeutschung« zurückzudrängen. So erhielten die Masuren in den evangelischen Gemeinden masurischsprachige Geistliche, die sich etwa seit der Zeit der Jahrhundertwende um diese Zuwanderergruppe kümmerten. Die Masuren neigten aber auch dazu, jenseits der evangelischen Kirche eigene kleine Gebetskreise und Sekten zu bilden, die auch eigene Strukturen und auch Einrichtungen wie Gebetshäuser schufen (G30, G32). Daneben bestanden wohl auch unterschiedliche freikirchliche und pietistische Formen einer der (evangelischen) Amtskirche fern stehenden Religiosität.[8]

Mit dem Wachsen der Industriedörfer und -städte kamen auch Juden in die Zentren der Industrielandschaft und bauten insbesondere den Einzelhandel, auf den sie traditionell verwiesen waren, auf oder bildeten die Schicht, aus der sich

Gelsenkirchen Buer, Synagoge an der Maelostraße, eingeweiht am 12. November 1922, zerstört am 9./10. November 1938. Innenansicht.

die wenigen Angehörigen der freien Berufe rekrutierten. In den nur schmalen Mittelschichten der Arbeiterregion waren die Juden wohl überwiegend zu finden. An verschiedenen Orten entstanden neue, oft liberale jüdische Gemeinden, die auch ansehnliche Synagogen errichteten. Die Synagoge in Essen wurde um 1900 für die inzwischen 4000 Mitglieder zählende Jüdische Gemeinde Essens errichtet, auch als Ausdruck des jüdischen Selbstbewusstseins und der Integration in die lokale Gesellschaft (G21, G25–27).[9]

Weimarer Republik

Der Erste Weltkrieg und die im Ruhrgebiet bürgerkriegsähnliche Anfangsphase der Weimarer Republik, die aufeinanderfolgenden Krisen sowie dann ein erster Strukturwandel in der Ruhrindustrie wirbelten die Ruhrgebietsbevölkerung durcheinander, entfremdeten Teile von den Kirchen und veränderten die Milieustrukturen. Politisch wurde nun in vielen Ruhrgebietsstädten die in Sozialdemokraten und Kommunisten gespaltene Arbeiterbewegung, die lange nicht gegen die sozialkatholische Konkurrenz angekommen war, stark.[10]

Das eher defensiv zusammengehaltene katholische Lager hatte es auch angesichts seiner sozialen Inhomogenität schwer, sich in der pluralistischen Weimarer Republik, zumal angesichts der Krisenhaftigkeit gerade auch im Ruhrgebiet, zu orientieren. Säkularisierungstendenzen, auch sichtbar an Verlusten der katholischen Zentrumspartei, kamen hinzu. Das heterogene katholische Lager wurde durch die Identifikationsmöglichkeiten, die das Leben im Umfeld der katholischen Gemeinden und ihrer Verbände bot, und auch durch ein dichtes Netz persönlicher Kontakte zusammengehalten. So setzte man sich in den katholischen Kreisen gegen die Erosionserscheinungen des katholischen Lagers auch im Kontext einer Erneuerungsbewegung insbesondere mit der Propagierung des konfessionellen Sonderbewusstseins zur Wehr.

Die neuen Verhältnisse der demokratischen Weimarer Republik verwirrten viele der eng an den preußisch-deutschen Obrigkeitsstaat gebundenen Protestanten. Auch auf der protestantischen Seite bestanden ein breites Vereinswesen und eine milieuhafte Abstützung eher der Parteien rechts von der Mitte, insbesondere im Umfeld der evangelischen Gemeinden mit ihren häufig bei der Deutsch-Nationalen Volkspartei organisierten Pfarrern. Innerhalb der protestantischen Kirche bildeten zersplitterte völkisch orientierte Gruppen als Sammlungsbewegung »Deutsche Christen« ein vorübergehendes Phänomen einer Unterstützung des Nationalsozialismus mit einigem Einfluss insbesondere im Umfeld der sogenannten Machtergreifung. Nach der Anfangsphase des »Dritten Reichs« wurde das Ruhrgebiet angesichts der Eingriffe in das kirchliche Leben aber bald zu einem der Zentren der Bekennenden Kirche.

Die enge Verbundenheit der Masuren mit ihrer Herkunftsregion – auch verbunden mit überschäumenden nationalen Emotionen – zeigte sich noch zu Anfang der Weimarer Republik, als in der Folge des für Deutschland verlorenen Ersten Weltkrieges Volksabstimmungen in Ostpreußen über die Frage der weiteren Zugehörigkeit der masurische Gebiete zum Deutschen Reich stattfanden. Zehntausende aus dem nördlichen Ruhrgebiet reisten mit Sonderzügen in ihre alte Heimat zur Abstimmung. Allerdings dürfte der sich zur masurischen Sprache und Kultur (aktiv) bekennende Bevölkerungsteil aufgrund der Integration der Zuwanderer während der Weimarer Zeit geschrumpft sein. Der letzte protestantische Pfarrer, der regelmäßig in masurischer Sprache predigte, ging 1934 in den Ruhestand.

Neben den verschiedenen Milieus in der Ruhrgebietsbevölkerung entwickelte sich in den 1920er Jahren aus früheren Anfängen eine indifferente Populärkultur. Besonders deutlich zeigte sich die entstehende Massen(konsum)kultur im Aufkommen neuer Massenmedien wie Kino und Radio und auch der Generalanzeigerpresse. Weiterhin entwickelte sich ab

Ende der 1920er Jahre der zunehmend kommerzialisierte (Hochleistungs-)Sport zur Unterhaltung für große Zuschauermassen, im Ruhrgebiet besonders beim Fußball. Es ist anzunehmen, dass die Populärkultur Bindungen an Milieus und politische und religiöse Lager lockerte. Die wütenden Angriffe aus bürgerlich-nationalen Kreisen gegen den vermeintlich aufkommenden »Kulturbolschewismus« und die »Entsittlichung«, gegen »Schmutz und Schund«, das Klagen des Katholizismus über den Verfall der Sitten und die verzweifelten Versuche der Arbeiterkulturbewegung, Elemente der Populärkultur aufzugreifen, zeigen, dass die Erosionsgefahren erkannt wurden.

Nachdem zunächst während des Ersten Weltkrieges aus den besetzten Gebieten im Osten russische und polnische Juden zur (Zwangs-)Arbeit in die deutsche Industrie geholt worden waren, kamen nach dem Ersten Weltkrieg weitere sogenannte Ostjuden als galizische Flüchtlinge oder Juden aus Polen, die von antisemitischen Stimmungen und pogromartigen Ausschreitungen flüchteten, ins Ruhrgebiet und fanden in der Nachkriegskonjunktur Arbeit in der Ruhrindustrie (G28). Schon zu Beginn der 1920er Jahre brach die Zuwanderung von »Ostjuden« wieder ab. Viele der ins Ruhrgebiet zugezogenen polnischen und russischen Juden wanderten angesichts der wirtschaftlich schwierigen Situation mit Inflation und Ruhrbesetzung weiter nach Palästina oder in die USA. In den jüdischen Gemeinschaften des Ruhrgebiets bestand jetzt aber eine ostjüdische Gruppe, die sich sozial, mental und auch in der Strenge der Auslegung der jüdischen Religion und ihrer Verhaltensanforderungen von den eingesessenen Juden, die sich der (bürgerlichen) deutschen Gesellschaft verbunden fühlten, deutlich unterschieden und damit auch antisemitische Stereotypen aktualisierten.

Nationalsozialismus

Neben den bestehenden Milieus und politischen Lagern stiegen die Nationalsozialisten auf. Nach Anfängen nationalistischer, völkischer und nationalsozialistischer Gruppierungen, die schon in den frühen 1920er Jahren, oft im Kontext der von der Ruhrbesetzung ausgelösten »nationalen Welle«, entstanden, aber recht bedeutungslos geblieben waren, erlebten die Nationalsozialisten erst ab dem Ende der 1920er Jahre im Ruhrgebiet einen raschen Aufstieg. Bei den Wahlergebnissen (mit steigender Wahlbeteiligung) zeigte sich, dass der Aufstieg der NSDAP insbesondere auf Kosten des protestantisch-nationalen Lagers und mithilfe ehemaliger Nichtwähler vor sich ging.[11]

Unter dem nationalsozialistischen Regime des »Dritten Reichs« wurde der öffentliche Einfluss der christlichen Kirchen zurückgedrängt, die Christen in ihren Aktivitäten in ihre eigenen Kirchen verwiesen, ihre Reproduktionsfähigkeit eingeschränkt. Die Presse wurde kontrolliert, das Vereinswesen »gleichgeschaltet« oder verboten und schließlich auch der konfessionelle Einfluss auf das Schulwesen beseitigt. Christen und ihre Versammlungen und Aktivitäten wurden bespitzelt und schikaniert, wo sich Resistenz und Kritik zeigte oder gar ansatzweise Widerstand äußerte, schlugen die Nationalsozialisten und ihre Helfer zu. Die Reste der Teilkultur polnischen Zuwanderer wurden im »Dritten Reich« durch Auflösung der Vereine und Verhaftungen weitgehend zerschlagen (G31).

Der Mord an den Juden, für den alte antisemitische Vorurteile mobilisiert werden konnten, vollzog sich auch in der Zuwandererregion Ruhrgebiet in den gleichen Bahnen wie im ganzen »Dritten Reich«. Die Verfolgung und Ermordung der Juden vollzog sich unter aller Augen, viele bereicherten sich beispielsweise an den sogenannten Arisierungen, die Ruhrgebietsstädte verloren Teile der bürgerlichen Mittelschicht, Handelsunternehmern und Bildungsbürger.[12]

Im Zweiten Weltkrieg wurden massenhaft Zwangsarbeiter aller Kategorien zur Aufrechterhaltung der Kriegsproduktion ins Ruhrgebiet deportiert. Die Zwangsarbeiter und Kriegsgefangenen, besonders oft dann aus Osteuropa, stellten einen hohen Anteil der Beschäftigten in den verschiedenen Industriezweigen – im Ruhrbergbau 38 Prozent, in der eisenschaffenden Industrie 33 Prozent, in der Metallwirtschaft 37,6 Prozent.[13]

Bundesrepublik

Nach der Befreiung vom Nationalsozialismus entstand im Ruhrgebiet angesichts des Kohlenmangels in Europa und der Wichtigkeit der Grundstoffindustrien für den Wiederaufbau unter Förderung der Alliierten und deutscher Stellen die alte schwerindustrielle Struktur wieder. Durch die einseitige, politisch motivierte Förderung der Montanindustrie wurde in der frühen Nachkriegszeit somit eine altindustrielle Sektoralstruktur wiedererrichtet, die ab Ende der 1950er Jahre wesentliche Ursache eines krisenhaft verlaufenden Strukturwandels sein sollte. Im Wiederaufbau gelang relativ problemlos die Aufnahme von Flüchtlingen, Vertriebenen und Zuwanderern aus der sowjetisch besetzten Zone und dann der DDR. 1953 lebten 1,8 Millionen Flüchtlinge in Nordrhein-Westfalen, 1960 ein Viertel aller Flüchtlinge und Vertriebenen der Bundesrepublik. Im Ruhrbergbau stellten sie ein Drittel der »Neubergleute«. Bis zum Mauerbau der DDR beruhte der Bevölkerungszuwachs der Ruhrgebietsstädte ganz wesentlich auf der Zuwanderung von Vertriebenen und Flüchtlingen (G34). Allerdings veränderte sich die konfessionelle Landkarte durch die erneute Zuwanderung kaum, die Durchmischung nahm zwar zu, die Verteilungsmuster der Konfessionen blieben aber abgeschwächt erhalten.[14]

Die beiden christlichen Kirchen reorganisierten ihre Strukturen relativ bruchlos, doch entstand das vielfältige Vereinswesen nach der Erfahrung des Nationalsozialismus nicht in allen Lebensbereichen wieder, wenn beispielsweise lagerübergreifend Einheitsorganisationen wie die Gewerkschaft oder die Sportvereine (mit Ausnahmen) geschaffen wurden. Nach 1945 entstanden im Bereich des Ruhrgebiets entlang der alten preußischen Provinzgrenzen aus der ehemaligen preußischen Kirchenprovinz die Evangelische Kirche von Westfalen mit Sitz in Bielefeld und die Evangelische Kirche im Rheinland mit Sitz in Düsseldorf. Die katholische Kirche sah die Notwendigkeit, ihre Strukturen dem nach 1945 im Wiederaufbauboom erneut expandierenden Ruhrgebiet anzupassen. Im Wiederaufbau nach den Zerstörungen des Zweiten Weltkrieges sowie in einer erneuten Phase nachholender Urbanisierung erfolgte (nicht nur) seitens der katholischen Kirche bis in die 1960er Jahre ein ehrgeiziges Kirchenbau- und Pfarrgründungsprogramm für das Ruhrgebiet. Neben Gründungen neuer Pfarreien und Kirchenbauten wurden auch zahlreiche konfessionelle Einrichtungen geschaffen. Diese Programme sind im Kontext der allgemeinen Wiederaufbaustimmung verständlich und sollten die Bevölkerung an das katholische Milieu binden. Dabei wurden auch bemerkenswerte Initiativen ergriffen wie die (ökumenische) »Gemeinsame Sozialarbeit der Konfessionen«, mit der man im Rahmen der verbreiteten Neuordnungsvorstellungen nach der Befreiung vom Nationalsozialismus christliche Grundsätze in die Betriebe zu tragen hoffte. Auch ging man an eine grundlegende Neustrukturierung: So stellten die drei Bischöfe der jeweils für Teile des Ruhrgebiets zuständigen Bistümer 1951 den Antrag an Rom, Planungen für ein Ruhr-Bistum aufzunehmen. Dabei ging es um die schon 1927 diskutierte Schaffung eines Bistums mit Sitz in Essen, dass vor allem den Kern des Ruhrgebiets umfassen sollte, um nicht zu groß zu werden. Nach Verhandlungen konnte das Bistum Essen zu Beginn des Jahres 1958 gegründet werden.[15]

Unter den Bedingungen der Bundesrepublik setzte wohl spätestens seit den 1960er Jahren eine deutliche Säkularisierung ein. Die Aktivitäten der Kirchen konnten letztlich die mit wachsender Mobilität und neuen Lebensformen einer sich wandelnden Gesellschaft verbundene Säkularisierung nicht stoppen, zumal das Vereins- und Selbsthilfenetz im Umfeld der Kirchengemeinden schrumpfte und viele soziale und karitative Aufgaben nun von der öffentlichen Hand wahrgenommen wurden. Mit der Säkularisierung, dem rasanten Wandel von Lebensformen und religiöser Praxis begann in den 1960er Jahren ohne klar sichtbaren Einschnitt eine neue Phase nunmehr geringerer Bedeutung der mit den beiden großen christlichen Kirchen verbundenen alltäglichen Denk- und Verhaltensweisen und Kultur (nicht nur) der Ruhrgebietsgesellschaft.

In der Zeit des sogenannten Wirtschaftswunders war der deutsche Arbeitsmarkt trotz erheblicher Wanderungsbewegungen von Flüchtlingen und Vertriebenen nach Westdeutschland schon bald leer gefegt. Mit dem Erschöpfen der Arbeitskraftreserven Ende der 1950er Jahre und dem Ende der Zuwanderung aus der DDR nach dem Mauerbau 1961 wurden zunehmend ausländische Arbeitskräfte angeworben, die durch die Übernahme minderqualifizierter Tätigkeiten dem westdeutschen Arbeitskräftepotenzial den Weg in höher qualifizierte Arbeitsstellen öffneten. Bilaterale Abkommen über die Anwerbung und Vermittlung ausländischer Arbeitnehmer wurden mit Italien (1955), Spanien (1960), Griechenland (1960), der Türkei (1961), Portugal (1964), Tunesien (1965), Marokko (1965) und Jugoslawien (1968) abgeschlossen. Wiederum wurden – wie in Zeiten der Industrialisierung – die Menschen von den Unternehmen offensiv angeworben, allerdings gab es bei den »Entsendeländern« durchaus auch ein Interesse an einer geregelten Entlastung ihrer Arbeitsmärkte. Die ausländischen Arbeitskräfte wurden in den Siedlungen untergebracht, wo schon die Zuwanderer aus den preußischen Ostprovinzen gelebt hatten, manchmal auch dort, wo die Zwangsarbeiter während des »Dritten Reichs« untergebracht worden waren. Im Ruhrgebiet wurden ausländische Arbeitnehmer vor allem vom Bergbau angeworben. 1982 betrug der Ausländeranteil an den Beschäftigten der Ruhrkohle AG 16,8 Prozent, 1989 dann 18,2 Prozent, unter Tage 1982 sogar 25,1 Prozent und 1989 26,2 Prozent und bei der Kohlegewinnung vor Ort, der härtesten Arbeit, sogar etwa 50 Prozent.[16]

Um die katholischen italienischen, spanischen, portugiesischen sowie kroatischen Zuwanderer kümmerte sich außerhalb der Betriebe vor allem die katholische Kirche beziehungsweise in sozialen Belangen die Caritas. Die evangelische Kirche und die Diakonie war Anlaufstelle

Duisburg-Marxloh, Neue Moschee, eröffnet 2008.

für Menschen aus Griechenland und Rumänien, und die Arbeiterwohlfahrt widmete sich den Serben. In der demokratischen Bundesrepublik war es nun problemlos möglich, auch fremdsprachige Priester einzustellen und spezielle Gottesdienste, seelsorgerische Aktivitäten und Hilfen anzubieten. 1988 bestanden 27 katholische Missionen der »Ausländerseelsorge«, die allerdings perspektivisch in die bestehenden Gemeinden eingegliedert werden sollten, um die Bildung von »Parallelgemeinden« oder isolierter »Nationalkirchen« zu vermeiden und Integration zu fördern.[17]

Die Zuwanderung der »Gastarbeiter« veränderte die konfessionellen und religiösen Strukturen im Ruhrgebiet zunächst wenig, Italiener und Zuwanderer von der iberischen Halbinsel trafen auf vorhandene (katholische) Strukturen, Griechen und Jugoslawen mit ihren für die Region neuen konfessionellen Zugehörigkeiten zur orthodoxen Kirche blieben relativ unbedeutend und hinterließen nur begrenzte Spuren.

Deutliche Veränderungen der religiösen Strukturen der Region brachte die türkische Zuwanderung, die schon in der Zahl die anderen Zuwanderungsbewegungen übertrifft. Von 1961 bis zum Anwerbestopp 1973 kamen 866 677 Arbeitnehmer und Arbeitnehmerinnen aus der Türkei in die Bundesrepublik, etwa viermal so viele hatten sich registrieren lassen. Zwischen 1964 und 1983 kamen insgesamt 2 415 658 Migranten aus der Türkei in die Bundesrepublik, von denen nach Abzug der Fortzüge 973 946 in der Bundesrepublik blieben, auch weil im Interesse der Wirtschaft an eingearbeiteten ausländischen Arbeitskräften das vorgesehene Rotationsprinzip aufgegeben wurde. Die in der Türkei angeworbenen Arbeitnehmer erhofften sich von der Arbeit in der Bundesrepublik materiellen Wohlstand, die Schaffung von Voraussetzungen für eine bessere berufliche Zukunft und Unabhängigkeit und Freiheit gegenüber den Familien- und Gesellschaftsstrukturen in der Türkei. Gegen Ende der 1960er Jahre kamen die politischen Verhältnisse in der Türkei als ein Wanderungsmotiv hinzu. 1987 waren im Ruhrgebiet 44 Prozent der Bevölkerung katholisch, 41 Prozent evangelisch, 5 Prozent islamisch und nur 2 Prozent gehörten anderen Konfession an, während sich schon 8 Prozent zu keiner Religionsgemeinschaft mehr bekannten.[18]

Mit dem Anwerbestopp von 1973 aufgrund der krisenhaften Wirtschaftsentwicklung, ansteigender Arbeitslosenzahlen und zahlreicher weiterer Maßnahmen zur Begrenzung der Zuwanderung änderte sich aber gerade für die aus der Türkei stammenden Arbeitskräfte die Situation. Etwa 40 Prozent der türkischen Zuwanderer blieben bis zur Rückkehrförderung von 1983 in der Bundesrepublik, während aus den anderen Anwerbestaaten in der gleichen Zeit nur 10 bis 25 Prozent blieben. Die Gründe lagen in der wirtschaftlich weiterhin schwierigen Situation der Türkei während in den anderen Anwerbestaaten die Wirtschaft nun florierte. Viele türkische Arbeitnehmer entwickelten nun Perspektiven für einen längeren Aufenthalt in der Bundesrepublik. So wurden die 1970er Jahre das Jahrzehnt des Familiennachzugs. Während 1970 im Bergbau noch 72 Prozent der türkischen Arbeitnehmer in Wohnheimen lebten, waren es Ende der 1970er Jahre nur noch 17 Prozent. Nun lebten 47 Prozent in Werkswohnungen und 23 Prozent in anderen Fremdwohnungen. Mit dem Auszug aus den Wohnheimen kam es aber zu einer segregierten Wohnweise in den Ruhrgebietsstädten und in den Stadtteilen. Durch den Familiennachzug überschritt die Zahl der türkischen Migranten 1995 die 2-Millionen-Grenze. 1997 waren 46 Prozent der Ausländer im RVR-Gebiet Türken.[19] Bei den sogenannten Gastarbeitern dauerte es einige Zeit, bis sie sich über ihre Einwanderersituation wirklich bewusst wurden. Die Bundesrepublik reagierte lange, wenn nicht in mancher Hinsicht bis zur Gegenwart, mit Verweigerung der Erkenntnis, Einwanderungsland geworden zu sein. Inzwischen steigt auch die Zahl türkischer Rentner unter den Migranten der ersten Generation. Nachdem aus unterschiedlichen Gründen die ursprüngliche Lebensplanung, in die Türkei zurückzukehren, aufgegeben wurde, entscheiden sich nun viele für einen endgültigen Verbleib in der Bundesrepublik.

Mit der Anwerbung von Arbeitskräften aus Marokko, Tunesien, Jugoslawien und vor allem aus der Türkei kamen zahlreiche Menschen mit islamischer Religion und eigenen ethnischen Prägungen ins Ruhrgebiet, und zwar in so großer Zahl, dass sich eigenethnische Strukturen beziehungsweise ein spezielles türkisches Zuwanderermilieu herausbilden konnte. Eher ausnahmsweise sahen Arbeitgeber in den türkischen Zuwanderern nicht nur billige, anspruchslose Arbeitskräfte. Dabei scheinen es gerade Unternehmen der Schwerindustrie im Ruhrgebiet gewesen zu sein, die, wie NRW-Sozialminister Grundmann 1962 formulierte, »nach dem letzten Kriege etwas hinzugelernt« hatten und auf islamische Gebräuche Rücksicht nahmen.[20]

Zunächst wurde auch insgesamt die islamische Religion in der deutschen Öffentlichkeit nicht negativ gesehen, aus dem katholischen Milieu gab es sogar lobende Stimmen über die Religiosität der Zuwanderer, die im Gegensatz zur säkularisierten deutschen Bevölkerung stünde. Während wohl zunächst die Großbetriebe der Region Kristallisationsorte erster Vergemeinschaftungen oft in Form türkischer Arbeitervereine mit mehr oder weniger großer Nähe zu gewerkschaftlichen oder politischen Bestrebungen waren, entwickelten sich, begünstigt durch Familiennachzug und weltweit agierende Strömungen des Islams, durchaus unterschiedliche islamische Religionskulturen, die nun um verschiedene Kulturvereine bestehen und gestärkt durch Segregation in den Ruhrgebietsstädten eigene Teilmilieus herausbilden. Nachdem Arbeitervereine und auch gewerkschaftliche Aktivitäten nicht mehr wie in der ersten Generation der Zuwanderer die Menschen zusammenführen können, hat sich ein Netz unterschiedlicher Kulturvereine gebildet.

Von außen für die deutsche Öffentlichkeit wie deutsche Behörden weitgehend unverstanden, spiegelten sich in den Organisationen auch die politischen Konflikte in der Türkei wider. Ende der 1990er Jahre war in Nordrhein-Westfalen die überwiegende Mehrheit der Organisationen der türkischen Einwanderer religiös orientiert, es gab etwa doppelt so viele Moschee- wie Sportvereine. Große Organisationen beziehungsweise Verbünde unter den zugewanderten Menschen aus der Türkei sind mit lokalen Differenzierungen die mit dem türkischen Staat verbundene Türkisch-Islamische Union der Anstalt für Religion (DITIB), die etwa die Hälfte der türkischen Gemeinden in Nordrhein-Westfalen trägt, die an einer stärkeren Durchsetzung islamischer Grundsätze in Politik und Gesellschaft orientierte Islamische Gemeinschaft Milli Görüs und der eher zentralistische Verband Islamischer Kulturzentren (VIKZ). Hinzu kommen weniger organisierte moderne Interpretationen der islamischen Religion.[21]

Angesichts der Vorstellung, als »Gastarbeiter« irgendwann in das Herkunftsland zurückzugehen, waren für die religiösen Aktivitäten zunächst nur Provisorien geschaffen worden – wie Beträume auf Hinterhöfen und in alten Betriebshallen. Mit der Aufgabe des Rückkehrwunsches und der Vorstellung eines längeren Aufenthaltes in der Bundesrepublik wurden schließlich zunehmend auch feste, dauerhaftere Einrichtungen und eben auch Moscheen geschaffen (G38). Mithilfe der türkischen Religionsbehörden, deren Aufgabe auch die religiöse Betreuung der Türken im Ausland ist, konnten auch islamische Vorbeter und Lehrer in die Bundesrepublik geholt werden. Der erste islamische Theologe trat 1976 eine Stelle in Dortmund an. Als eine der größten Moscheen in der Bundesrepublik wurde die im traditionellen osmanischen Stil erbaute Moschee in Duisburg-Marxloh am 26. Oktober 2008 eröffnet. Beim Bau neuer Moscheen kam es rasch zu Auseinandersetzungen um den Bau von Minaretten und den freitäglichen Gebetsruf. Die Auseinandersetzungen erinnerten dabei zum Teil an die Auseinandersetzungen der christlichen Kirchen um den jeweils höchsten Kirchturm und die prächtigste Kirche.

Nach dem Zusammenbruch der realsozialistischen Staaten des Ostblocks kamen erneut viele Menschen aus Osteuropa, insbesondere auch aus Polen ins Ruhrgebiet. Für die katholisch geprägten Zuwanderer aus Polen finden sich auch in der Gegenwart wieder spezielle Angebote der katholischen Kirche (G37).

Eine relativ große Gruppe, die vielfach trotz oft vorhandenem deutschen Pass als »Ausländer« wahrgenommen wird, sind die sogenannten Spätaussiedler, die als Nachfahren deutscher Familien aus Osteuropa in die Bundesrepublik kamen und zum Teil nicht-deutschstämmige Verwandte mitbrachten. Wie bei Menschen anderer Nationalität bringen auch diese Zugezogenen nach dem Wandel, der sich in der Bundesrepublik vollzogen hat, andere Lebens- und Verhaltensweisen mit ins Ruhrgebiet. Allein in den fünf Jahren von 1988 bis 1992 wanderten als Asylbewerber oder Aussiedler 2,2 Millionen Menschen aus den ehemals kommunistisch regierten Staaten des Ostblocks in die Bundesrepublik zu.[22] Für die aus Osteuropa, besonders aus Russland, zugewanderten russisch-orthodoxen Christen besteht als wichtiger kirchlicher Ort eine russisch-orthodoxe Kirche in Datteln (G35). Eine serbisch-orthodoxe Kirche für Zuwanderer aus dem ehemaligen Jugoslawien besteht in Dortmund (G36). Für die griechisch-orthodoxen Christen, in der Bundesrepublik seit der Anwerbung von Griechen drittstärkste christliche Kirche, bestehen seit den 1960er Jahren verschiedene, teils mit anderen christlichen Glaubensgemeinschaften gemeinsam genutzte Örtlichkeiten für Gottesdienste.

Neben der innereuropäischen Wanderung von Arbeitnehmern und ihren Familien spielten immer mehr auch internationale Migrationsbewegungen und Flüchtlingsströme eine Rolle. Die legitime Flucht vor Unrecht und Gewalt sowie die Suche von Menschen nach ihrem persönlichen Überleben und Glück verursacht weltweite Wanderungsbewegungen. Angesichts der Wohlstandsunterschiede haben legale und illegale Wanderungsbewegungen in die reicheren Staaten eingesetzt, die letztlich auch auf der Unfähigkeit beruhen, weltweit ein halbwegs auskömmliches Leben zu gewährleisten. 1993 lebten 1,9 Millionen Flüchtlinge in der Bundesrepublik, 1998 waren es etwa 1,1 Millionen Menschen.[23] Der Anteil der nichtdeutschen Bevölkerung im Ruhrgebiet lag und liegt entgegen mancher Wahrnehmung durchaus im Durchschnitt des Landes Nordrhein-Westfalen: Mit lokalen Abweichungen betrug der Anteil der nichtdeutschen Bevölkerung in den Jahren 2006 und 2007 in den kreisfreien Städten 14 Prozent, in den Kreisen etwa 8 Prozent.[24] Nachdem das auf dem Prinzip der Abstammung beruhende deutsche Staatsbürgerschaftsrecht zu Beginn des Jahres 2000 durch ein neues, allerdings bei der politischen Kompromissbildung verwässertes Geburtsrecht umgestellt worden ist, sinkt durch Einbürgerung tendenziell der Ausländeranteil der Bevölkerung.

Aussagekräftiger für die Einschätzung von Wanderungsbewegungen und die Differenzierung der Bevölkerung als die Zahl der Ausländer ist die Berücksichtigung aller »Personen mit Migrationshintergrund«. Als solche werden Personen bezeichnet, die selbst nicht in Deutschland geboren, sondern seit 1950 zugezogen sind oder bei denen dies auf mindestens ein Elternteil zutrifft. 2005 lebten 1118900 Personen mit Migrationshintergrund im Ruhrgebiet, etwa die Hälfte von ihnen (557702) hatten eine ausländische Staatsangehörigkeit, davon 42,9 Prozent eine türkische, 9,4 Prozent eine der Nachfolgestaaten Jugoslawiens, 5,2 Prozent eine italienische, 5,1 Prozent eine polnische, 4,1 Prozent eine griechische, 1,5 Prozent eine portugiesische, 1,4 Prozent eine spanische und 28,8 Prozent hatten andere Staatsangehörigkeiten. Nach den Anwerbeabkommen sind von diesen ausländischen Staatsangehörigen etwa 760000 Menschen gekommen. Aussiedler zählen nicht dazu. Während in den Städten des Ruhrgebiets nach der Fortschreibung der Bevölkerungszahlen der Anteil der Menschen mit Migrationshintergrund insgesamt zwischen etwa 20 und 30 Prozent schwankt, beträgt er bei den unter 18-jährigen zum Teil deutlich über 40 Prozent, erreicht etwa in Duisburg auch 50,5 Prozent (2008) und in Hagen 55,7 Prozent.[25]

Insgesamt ist festzustellen, dass zugewanderte Menschen sich stärker in religiösen Organisationen engagieren als die Einheimischen und damit die religiösen Gemeinschaften stärken. Die Gemeinschaften sind Teil der Einwanderergesellschaft und bieten auch Raum für die Entstehung von mehr oder weniger abgegrenzten ethnischen Milieus in der Zuwanderergesellschaft. Währenddessen schritt in der einheimischen Bevölkerung der Prozess der Säkularisierung und Entkirchlichung fort, sodass die großen christlichen Kirchen insgesamt an Bedeutung verloren haben. Mit dem sozioökonomischen Strukturwandel differenzierten sich die Lebensformen, stieg die beruflich bedingte Mobilität und reduzierten sich die familiären Formen des Zusammenlebens. Mit der Berufstätigkeit der Frauen veränderte sich auch deren Rolle bei der Weitergabe von Religiosität. Die Bindekraft der großen christlichen Kirchen hat in den vergangenen Jahrzehnten nachgelassen, was sich vor allem auch in einer nachlassenden Teilnahme an kirchlichen Veranstaltungen zeigt und sich schon seit längerer Zeit in massiven Austritten niederschlägt. So ist die Zahl der Konfessionslosen im Ruhrgebiet deutlich gestiegen, in der Bundesrepublik sind es knapp 30 Prozent der Bevölkerung.[26]

Vor diesem Hintergrund befinden sich die evangelische und die katholische Kirche im Ruhrgebiet in einem Prozess der Neustrukturierung und -organisation zur Anpassung an die geschrumpfte Mitgliederzahl. Mithilfe des Landes Nordrhein-Westfalen suchen sie auch nach Möglichkeiten der Umnutzung der kirchlichen Bauwerke. Mit dem damit verbundenen Abbau kirchlicher Infrastrukturen verabschiedete man sich auch von der umfassenden Durchdringung aller Lebensbereiche der Bevölkerung.

Auch sind religiöse Formen uneinheitlicher geworden. Bei den großen christlichen Kirchen gestalten nicht nur die Priester selbst das Gemeindeleben nicht mehr überall in gleicher Weise, auch gestalten die verbliebenen aktiven Kirchenmitglieder das Gemeindeleben in unterschiedlicher Weise und mit einem unterschiedlichen Grad an Integration in die kirchlichen Strukturen. Gleichzeitig ist unter christlich orientierten Menschen das religiöse Leben neben den großen

Konfessionen und Religionen in den letzten Jahrzehnten auch pluralistischer geworden durch den Einfluss der Neuapostolischen Kirche, der Freikirchen, der Altkatholischen Kirche und ein Ausgreifen amerikanischer oder englischer Sekten und Freikirchen wie Methodisten, Baptisten, Adventisten, Zeugen Jehovas, Quäker, Pfingstbewegung und Mormonen. Bei den Freikirchen ist das Bild uneinheitlich – einerseits wird auch dort über nachlassende Beteiligung am religiösen Leben geklagt, andererseits treten verschiedene solcher Gemeinschaften offensiv auf und finden einigen Anhang. Die freikirchlichen, evangelikalen und pfingstlerisch-charismatischen Gruppierungen haben in der Bundesrepublik eine Gesamtzahl von knapp 1,2 Millionen Mitgliedern, die größte Kirche ist dabei die Neuapostolische, die etwa ein Drittel dieser Mitglieder stellt. Diese christlichen Gemeinschaften sind im Bereich des Ruhrgebiets vor allem im Südosten stärker vertreten, aber insgesamt trotz eines Wachstums dieser Gruppierungen jenseits der großen christlichen Kirchen nur von begrenzter Bedeutung.

Orthodoxe Kirchen hatten 2003 nach eigenen Angaben in der Bundesrepublik 1,4 Millionen Mitglieder, davon etwa ein Viertel in Nordrhein-Westfalen. Etwa 99 Prozent der orthodoxen Christen haben einen Migrationshintergrund, etwa zwei Drittel kamen erst in den letzten 15 Jahren in die Bundesrepublik, nur Griechen und Serben sind zum Teil schon seit den 1960er Jahren als »Gastarbeiter« gekommen. Im Ruhrgebiet gibt es aktuell 13 orthodoxe Gemeinden der Griechisch-Orthodoxen Metropolie, der Serbisch-Orthodoxen Kirche, der Rumänisch-Orthodoxen Kirche und des Moskauer Patriarchats.[27]

Die drittstärkste Religion in der Bundesrepublik ist mittlerweile der Islam, etwa 3,2 Millionen Muslime leben in der Bundesrepublik (3,9 Prozent der Bevölkerung), davon ein Drittel in Nordrhein-Westfalen und viele in den Ballungsräumen Nordrhein-Westfalens und damit natürlich auch im Ruhrgebiet und besonders stark in Duisburg, Hamm und Gelsenkirchen. Durch die Zuwanderung sind die muslimischen Vereine und Verbände deutlich gewachsen, aber auch sie klagen über Mitgliederrückgänge, wobei wohl zwischen den verschiedenen Verbänden zu differenzieren ist. Konflikte mit der muslimischen Bevölkerung beruhen eher auf sozialen Differenzierungen, Mentalitätsunterschieden, generationsspezifischen Prägungen, Bildungsproblemen und weiteren Ursachen, weniger in eigentlich religiösen Unterschieden. Geschürt durch Parteien und Politiker, besonders im Wahlkampf, ist in der Bundesrepublik eine Islamophobie erweckt worden, die gerade im Kontext der Errichtung von Moscheen immer wieder offen hervortritt.

Nach dem Völkermord an den europäischen Juden kehrten nur wenige Überlebende in die Bundesrepublik zurück und blieben dort. Die Situation der kleinen jüdischen Gemeinden änderte sich grundlegend mit der Zulassung der Zuwanderung sogenannter jüdischer Kontingentflüchtlinge aus den Nachfolgestaaten der zerfallenen Sowjetunion. Die Zuwanderung der wenig jüdisch geprägten und über ihre Religion informierten Menschen stürzte die rasch wachsenden jüdischen Gemeinden in tief greifende Konflikte etwa zu Fragen interreligiöser Partnerschaften, der Definition des Judentums sowie zu soziokulturellen und politischen Prägungen. Etwa 180 000 Juden leben aktuell in der Bundesrepublik Deutschland. Die großen jüdischen Gemeinden in Nordrhein-Westfalen, wo 2007 31 000 jüdische Menschen lebten, befinden sich, abgesehen von Duisburg, außerhalb des Ruhrgebiets. Im Ruhrgebiet sind etwa 8000 Juden Gemeindemitglieder, wobei sich seit 1990 durch die Zuwanderer die Größe der allerdings deutlich überalterten Gemeinden etwa verzehnfacht hat. Angesichts der Zuwanderung wurden die Betsäle der jüdischen Gemeinden zu klein und neue Synagogengebäude entstanden beispielsweise in Duisburg, Recklinghausen, Bochum und Gelsenkirchen (G26, G40).[28]

Es gibt viele weitere religiöse Gemeinschaften im Ruhrgebiet, ein Forschungsprojekt der Ruhr-Universität Bochum ermittelte in Nordrhein-Westfalen jüngst 228 solcher Gemeinschaften und 2055 Gliederungen solcher Gemeinschaften. Viele dieser Gruppen finden sich auch im Ruhrgebiet, wie etwa die östliche Religionen, die in Nordrhein-Westfalen ungefähr 60 000 bis 80 000 Anhänger haben. So wurde beispielsweise 2002 in Hamm-Uentrop der hindu-tamilische Tempel der »Göttin mit den Augen der Liebe« (Sri Kamadchi Ampal) eröffnet, er ist der größte hindu-tamilische Tempel Europas (G41).[29]

Wie schon zu Zeiten des Industrialisierungsprozesses ist die Bevölkerung des Ruhrgebiets eine bunt zusammengewürfelte Mischung von Menschen unterschiedlicher Herkunft, unterschiedlicher religiöser und kultureller Orientierungen und mit unterschiedlichen Erfahrungen, die auch recht unterschiedlich lebt. Diese Unterschiedlichkeit ist Ergebnis ganz verschiedener Wanderungsbewegungen und moderner wirtschaftlicher, gesellschaftlicher, kultureller und politischer Strukturen. Das Zusammenleben ist nicht konfliktfrei und vielfach auch durch Vorurteile geprägt. Wie die europäischen Gesellschaften

insgesamt verarbeitet die Ruhrgebietsgesellschaft den »Abschied von der Illusion der homogenen Nation«. Es bleibt die Hoffnung, dass sie als eine fast auf der »grünen Wiese« entstandene Zuwanderergesellschaft des Industriezeitalters mit dem notwendigen fortdauernden »Aushandeln eines konfliktarmen Miteinanders«[30] zurechtkommt. Insofern ist zu wünschen, dass die Ruhrgebietsgesellschaft ihrem nicht ganz zutreffenden Selbstbild als »Schmelztiegel« zukünftig doch gerecht wird und die Auskunft »Ich bin Türke« nicht als Widerspruch zur Aussage »Ich bin Duisburger (Dortmunder, Gelsenkirchener etc.)« begreift, sondern als Hinweis auf eine Familiengeschichte.[31]

Duisburg, Neue Synagoge, Zvi Hecker, 1999 eingeweiht. Fünf unverputzte Strebepfeiler aus Beton – zwei davon im Bild –, die an ein aufgefächertes Buch erinnern, ragen weit in die umliegende Grünfläche mit dem Garten der Erinnerung hinein.

1 Klaus Tenfelde, Religion und Religiosität der Arbeiter im Ruhrgebiet, in: Thomas Schilp und Barbara Welzel (Hg.), Mittelalter und Industrialisierung. St. Urbanus in Huckarde, Bielefeld 2009, S. 184; Wilhelm Damberg und Gisela Muschiol (Hg.), Das Bistum Münster. Eine illustrierte Geschichte 805–2005, Münster 2004, S. 153 f.; Wilhelm Damberg und Johannes Meier, Das Bistum Essen 1958–2008. Eine illustrierte Kirchengeschichte der Region von den Anfängen des Christentums bis zur Gegenwart, Münster 2008, S. 118 ff.; Baldur Hermanns, Das Ruhrbistum Essen als gesellschaftlicher und sozialethischer Handlungsraum, in: Rainer Bovermann, Stefan Goch und Heinz-Jürgen Priamus (Hg.), Das Ruhrgebiet, Ein starkes Stück Nordrhein-Westfalen, Essen 1996, S. 133 f. Z. B. zu den Arbeitervereinen: Michaela Bachem-Rehm, Die katholischen Arbeitervereine im Ruhrgebiet 1870–1914. Katholisches Arbeitermilieu zwischen Tradition und Emanzipation, Stuttgart 2004; Claus Haffert, Die Katholischen Arbeitervereine Westdeutschlands in der Weimarer Republik, Essen 1994. Am Beispiel Bochum: Antonius Liedhegener, Christentum und Urbanisierung, Katholiken und Protestanten in Münster und Bochum 1830–1933, Paderborn 1997; zu Gelsenkirchen: Vera Bücker, Der Kulturkampf im Ruhrgebiet, in: Stefan Goch und Lutz Heidemann (Hg.), 100 Jahre Bismarck. Ein Stadtteil »mit besonderem Erneuerungsbedarf«, Beiträge zur Geschichte und Zukunft eines Gelsenkirchener Stadtteils, Essen 2001, S. 80 ff.

2 Karl Rohe, Die Ruhrgebietssozialdemokratie im Wilhelminischen Kaiserreich und ihr politischer und kultureller Kontext, in: Gerhard A. Ritter (Hg.), Der Aufstieg der deutschen Arbeiterbewegung. Sozialdemokratie und Freie Gewerkschaften im Parteiensystem und Sozialmilieu des Kaiserreichs, München 1990, S. 319.

3 Günter Brakelmann, Traugott Jähnichen und Norbert Friedrich (Hg.), Kirche im Ruhrgebiet, (2. Aufl.) Essen 1998, S. 41 f. Karl Rohe, Die Vorgeschichte. Das Parteiensystem in den preußischen Westprovinzen und in Lippe-Detmold 1871–1933, in: Ulrich von Alemann (Hg.), Parteien und Wahlen in Nordrhein-Westfalen, Köln 1985, S. 27. Zum evangelischen Arbeitervereinswesen für die Region hauptsächlich: Günter Brakelmann, Die Anfänge der Evangelischen Arbeitervereinsbewegung in Gelsenkirchen 1882–1890, in: Kurt Düwell und Wolfgang Köllmann (Hg), Rheinland-Westfalen im Industriezeitalter, Beiträge zur Landesgeschichte des 19. und 20. Jahrhunderts, Bd. 2: Von der Reichsgründung bis zur Weimarer Republik, Wuppertal 1983, S. 40–55; Stefan Goch, Die Gedankenwelt der protestantischen Arbeiterbewegung im Ruhrgebiet vor dem Ersten Weltkrieg, in: Andrea Gawrich und Hans Lietzmann (Hg.), Politik und Geschichte. »Gute Politik« und ihre Zeit, Wilhelm Bleek zum 65. Geburtstag, Münster 2005, S. 157–171.

4 Wolfgang Köllmann, Frank Hoffmann und Andreas E. Maul, Bevölkerungsgeschichte, in: Wolfgang Köllmann u. a. (Hg.), Das Ruhrgebiet im Industriezeitalter, Geschichte und Entwicklung, 2 Bde., Bd. 1, Düsseldorf 1990, S. 180; Christoph Kleßmann, Einwanderungsprobleme im Auswanderungsland: Das Beispiel der »Ruhrpolen«, in: Klaus J. Bade (Hg.), Deutsche im Ausland, Fremde in Deutschland. Migration in Geschichte und Gegenwart, München 1992, S. 303. Zahlenangabe nach Otto Taeglichsbeck, Die Belegschaft der Bergwerke und Salinen im Oberbergamtsbezirk Dortmund nach der Zählung vom 16. Dezember 1893, Zweiter Theil, Dortmund 1896, S. XII.

5 John J. Kulczycki, The Foreign Worker and the German Labor Movement: Xenophobia and Solidarity in the Coal Fields of the Ruhr, 1871–1914, Oxford 1994, S. 20; Klaus J. Bade, Ausländer, Aussiedler, Asyl. Eine Bestandsaufnahme, München 1994, S. 39 f.; Christoph Kleßmann, Polnische Bergarbeiter im Ruhrgebiet 1870–1945. Soziale Integration und nationale Subkultur einer Minderheit in der deutschen Industriegesellschaft, Göttingen, 1978, S. 152, 156. Vgl. Herbert Kirrinis, Zur Bevölkerungsstruktur der Emscherzone, in: Geographische Rundschau, 17, 1965, H. 5, S. 206 f.; Joseph Michalek, Die polnischen Volksorganisationen in Deutschland. Eine historische Studie zur Polenfrage vor der Wiedererstehung Polens, Diss. Köln 1923, S. 113, 199 f.

6 Wolfgang Knackstedt, Polen im Ruhrgebiet, in: Anselm Faust (Hg.), Nordrhein-Westfalen. Landesgeschichte im Lexikon, Düsseldorf 1993, S. 314. Vgl. die Beobachtung bei: Johannes Kaczmarek, Die polnischen Arbeiter im rheinisch-westfälischen Industriegebiet. Eine Studie zum Problem der sozialen Anpassung, Diss. Köln 1922, S. 30 f.

7 Susanne Peters-Schildgen, Schmelztiegel Ruhrgebiet. Die Geschichte der Zuwanderung am Beispiel Herne bis 1945, Essen 1997, S. 96 f.; Tenfelde 2009 (wie Anm. 1), S. 181; Michalek 1923 (wie Anm. 5), S. 100 ff.; Kulczycki 1994 (wie Anm. 5), S. 42.

8 Zeitgenössisch: Oskar Mückeley, Die ostpreußischen Sekten, Gemeinschaften und kirchlichen Versammlungen im rhein.-westf. Industrie-Bezirk, Gelsenkirchen 1913; Oskar Mückeley, Die kirchliche Versorgung der evangelischen Masuren im rheinisch-westfälischen Industrie-Bezirk, Gelsenkirchen 1930; vgl. auch Oskar Mückeley, Die Ost- und Westpreußen-Bewegung im rhein.-westfäl. Industriebezirk: Eine Festschrift zur Abstimmungs-Gedenkfeier, Gelsenkirchen 1926. Vgl. die eher bösartige Charakterisierung bei: Kaczmarek 1922 (wie Anm. 6), S. 59 f., 53 f.; Kirrinis 1965 (wie Anm. 5), S. 207 f.

9 Jan-Pieter Barbian, Michael Brocke und Ludger Heid (Hg.), Juden im Ruhrgebiet. Vom Zeitalter der Aufklärung bis in die Gegenwart, Essen 1998.

10 Z. B. Karin Hartewig, Das Unberechenbare Jahrzehnt. Bergarbeiter und ihre Familien im Ruhrgebiet 1914–1924, München 1993; zu Milieus und politischen Lagern: Karl Rohe, Wolfgang Jäger und Uwe Dorow, Politische Gesellschaft und politische Kultur, in: Köllmann 1990 (wie Anm. 4), Bd. 2, S. 477–586.

11 Rohe/Jäger/Dorow 1990 (wie Anm. 10), S. 487–492; auch: Wolfgang Jäger, Bergarbeitermilieus und Parteien im Ruhrgebiet. Zum Wahlverhalten des katholischen Bergarbeitermilieus bis 1933, München 1996, S. 46. Vgl. Hartewig 1993 (wie Anm. 10), S. 308 ff., zum Ideologiegemisch der Nationalsozialisten: Detlev Peukert, Volksgenossen und Gemeinschaftsfremde. Anpassung, Ausmerze und Aufbegehren unter dem Nationalsozialismus, Köln 1982, S. 43 ff.

12 Michael Zimmermann, Verfolgung und Widerstand im Nationalsozialismus. Ergebnisse und Aufgaben der Geschichtsschreibung, Eine Einführung, in: Anselm Faust (Hg.), Verfolgung und Widerstand im Rheinland und in Westfalen 1933–1945, Köln 1992, S. 23; Barbian/Brocke/Heid 1998 (wie Anm. 9).

13 Werner Abelshauser, Wirtschaft, Staat und Arbeitsmarkt 1914–1945, in: Köllmann 1990 (wie Anm. 4), Bd. 1, S. 485; Ulrich Herbert, Geschichte der Ausländerpolitik in Deutschland. Saisonarbeiter, Zwangsarbeiter, Gastarbeiter, Flüchtlinge, München 2001, S. 120–172; ausführlich: Ulrich Herbert, Fremdarbeiter, Politik und Praxis des »Ausländer-Einsatzes« in der Kriegswirtschaft des Dritten Reiches, Berlin und Bonn 1985. Vgl. Beiträge in Klaus Tenfelde und Hans-Christoph Seidel (Hg.), Zwangsarbeit im Bergwerk. Der Arbeitseinsatz im Kohlenbergbau des Deutschen Reiches und der besetzten Gebiete im Ersten und Zweiten Weltkrieg, Bd. 1: Forschungen, Essen 2005.

14 Köllmann/Hoffmann/Maul 1990 (wie Anm. 4), S. 189; Dagmar Kift, Aufnahme in Bergbau und Industrie. Zur Integration der Flüchtlinge und Vertriebenen im Zuwanderungsland Nordrhein-Westfalen in vergleichender Perspektive, in: Marita Krauss (Hg.), Integrationen. Vertriebene in den deutschen Ländern nach 1945, Göttingen 2008, S. 120–147; Uwe Kleinert, Flüchtlinge und Wirtschaft in Nordrhein-Westfalen 1945–1961. Arbeitsmarkt – Gewerbe – Staat, Düsseldorf 1988; Klaus J. Bade (Hg.), Neue Heimat im Westen, Vertriebene, Flüchtlinge, Aussiedler, Münster 1990.

15 Vgl. z. B. Baldur Hermanns (Hg.), Beginn und Neuordnung christlich-sozialen Engagements nach 1945, Essen 1997; Hermanns 1996 (wie Anm. 1), S. 127 ff.; Damberg/Meier 2008 (wie Anm. 1), S. 152 f., 179 ff., 241 f.

16 Werner Abelshauser, Deutsche Wirtschaftsgeschichte seit 1945, München 2004, S. 319 f.; Herbert 2001 (wie Anm. 13), S. 193 f., 213 f.; Karin Hunn, »Nächstes Jahr kehren wir zurück ...«. Die Geschichte der türkischen »Gastarbeiter« in der Bundesrepublik, Göttingen 2005, S. 33–70 ausführlich am Beispiel des deutsch-türkischen Abkommens, S. 71 ff. zum guten Ausbildungsstand türkischer »Gastarbeiter« und zum Bergbau S. 218–222.

17 Nikolaj Thon, Ethnische Vielfalt und Einheit im Glauben, Die Orthodoxe Kirche, in: Markus Hero, Volkhard Krech und Helmut Zander (Hg.), Religiöse Vielfalt in Nordrhein-Westfalen. Empirische Befunde und Perspektiven der Globalisierung vor Ort, Paderborn 2007, S. 118 f.; Damberg/Meier 2008 (wie Anm. 1), S. 243.

18 Tenfelde 2009 (wie Anm. 1), S. 172.

19 Hunn 2005 (wie Anm. 16), S. 234 f.; Ulrich Herbert, Geschichte der Ausländerpolitik in Deutschland, Saisonarbeiter, Zwangsarbeiter, Gastarbeiter, Flüchtlinge, München 2001, S. 234 f.; Klaus Tenfelde, Schmelztiegel Ruhrgebiet? Polnische und türkische Arbeiter im Bergbau, Integration und Assimilation in der montanindustriellen Erwerbsgesellschaft, in: Mitteilungsblatt des Instituts für soziale Bewegungen, H. 36, 2006, S. 20. Berechnet nach Angaben des RVR und des LDS. Vgl. Faruk Sen, Die Situation der türkischen Migranten heute, in: Aytac Erylmaz und Mathilde Jamin (Hg.), Fremde Heimat. Eine Geschichte der Einwanderung aus der Türkei, Essen 1998, S. 369 f.

20 Karin Hunn, »Irgendwann kam das Deutschlandfieber auch in unsere Gegend ...«. Türkische »Gastarbeiter« in der Bundesrepublik Deutschland – Von der Anwerbung bis zur Rückkehrförderung, in: Jan Motte und Rainer Ohliger (Hg.), Geschichte und Gedächtnis in der Einwanderungsgesellschaft. Migration zwischen historischer Rekonstruktion und Erinnerungspolitik, Essen 2004, S. 83. Vgl. Hunn 2005 (wie Anm. 16), S. 101–109, mit Zitat.

21 Faruk Sen, Migrantenselbstorganisationen. Schonräume oder Mobilitätsfallen, in: Stefan Goch und Karsten Rudolph (Hg.), Wandel hat eine Heimat. Nordrhein-Westfalen in Geschichte und Gegenwart, Oberhausen 2009, S. 292; Raida Chbib, Heimisch werden in Deutschland: Die religiöse Landschaft der Muslime im Wandel, in: Markus Hero, Volkhard Krech und Helmut Zander (Hg.): Religiöse Vielfalt in Nordrhein-Westfalen. Empirische Befunde und Perspektiven der Globalisierung vor Ort, Paderborn 2007, S. 126 f., 132 ff.

22 Herbert 2001 (wie Anm. 19), S. 276.

23 Herbert 2001 (wie Anm. 19), S. 288 f.

24 Ministerium für Generationen, Familie, Frauen und Integration des Landes Nordrhein-Westfalen (Hg.), Zuwanderungsstatistik Nordrhein-Westfalen 2008, Düsseldorf 2009, S. 17 ff.

25 Berechnet nach Daten des RVR; vgl. Dagmar Kift, Migration und Integration: Der Mythos vom »Schmelztiegel Ruhrgebiet«, in: Achim Prossek u. a. (Hg.), Atlas der Metropole Ruhr. Vielfalt und Wandel des Ruhrgebiets im Kartenbild, Köln 2009, S. 146 f.; auch Sen 2009 (wie Anm. 21), S. 290.

26 Vera Bücker und Peter Noss, Glauben und Glaubensgemeinschaften im Ruhrgebiet, in: Prossek 2009 (wie Anm. 25), S. 171; Volkhard Krech, Kleine Religionsgemeinschaften in Deutschland. Eine religionssoziologische Bestandaufnahme, in: Hartmut Lehmann (Hg.), Religiöser Pluralismus im vereinten Europa. Freikirchen und Sekten, Göttingen 2005, S. 123.

27 Thon 2007 (wie Anm. 17), S. 84–99; Krech 2005 (wie Anm. 26), S. 123; Volkhard Krech, Bewegungen im religiösen Feld: Das Beispiel Nordrhein-Westfalens, in: Hero/Krech/Zander 2007 (wie Anm. 21), S. 32; Erich Geldbach und Peter Noss (Hg.), Vielfalt und Wandel. Lexikon der Religionsgemeinschaften im Ruhrgebiet, Essen 2009, S. 46–55.

28 Z. B. Julius H. Schoeps, Willi Jasper und Bernhard Vogt (Hg.), Russische Juden in Deutschland: Integration und Selbstbehauptung in einem fremden Land, Weinheim 1996; Ludger Heid, Jüdische Gemeinden im Ruhrgebiet, in: Otto R. Romberg und Susanne Urban-Fahr (Hg.), Juden in Deutschland nach 1945. Bürger oder »Mit«-Bürger?, (2. Aufl.) Bonn 2000, S. 146–153. Vgl. Krech 2005 (wie Anm. 26), S. 123 ff.; Krech 2007 (wie Anm. 27), S. 32 f.; Geldbach/Noss 2009 (wie Anm. 27), S. 36–43.

29 Als knapper Überblick: Volkhard Krech, Was glauben die Menschen in NRW?, in: Klaus Tenfelde (Hg.), Religion in der Gesellschaft. Ende oder Wende?, Essen 2008, S. 49–65. Ausführlicher: Robert Kötter, Identität ohne Abgrenzung: Östliche Religionen, in: Hero/Krech/Zander 2007 (wie Anm. 21), S. 153–161; Geldbach/Noss 2009 (wie Anm. 27), S. 504–508.

30 Imke Sturm-Martin, Annäherung in der Diversität. Europäische Gesellschaften und neue Zuwanderung seit dem Zweiten Weltkrieg, in: Archiv für Sozialgeschichte, 49, 2009, S. 230.

31 Vgl. Klaus J. Bade, Legenden, die sich selbst überleben, in: Erylmaz/Jamin 1998 (wie Anm. 19), S. 16.

Reflexe Das Ruhrgebiet und die Welt

Hans H. Hanke

Sicherlich ist das Ruhrgebiet durch Impulse von Außen das geworden, was es ist. Und es ist bekanntermaßen eine Exportregion. Welche Reflexe warfen also die Impulse in die Welt zurück? Klar ist: Wollte man auf einem Globus alle Orte markieren, die mit Menschen, Produkten und Dienstleistungen aus dem Revier in Berührung gekommen sind, blieben kein Kontinent und wohl keine Insel ohne zahllose Punkte.

Bei der Frage nach der Außenwirkung denken nicht wenige Menschen zuerst an die »Waffenschmiede«. Stolz trommelte man mit diesem Begriff bis 1945 und erhoffte sich damit einen Wettbewerbsvorteil in der Konkurrenz mit den nicht weniger produktiven Rüstungszentren in Oberschlesien, Bayern, Bremen, Württemberg oder Berlin. Essen hatte sich mit dem Spanisch-Niederländischen Krieg von 1568 bis 1648 sowie dem Dreißigjährigen Krieg 1618 bis 1648 bereits schon einmal zu einem »internationalen« Rüstungszentrum entwickelt. Das endete um 1800.[1] »Kanonenkönig« Krupp setzte erneut auf diesen Erwerbszweig. Zwischen 1865 und 1902 lieferte er an mehr als 30 Staaten etwa 40000 Kanonen – eine von vielen wichtigen Grundlagen für den weiteren Aufstieg und die Produktionspalette der Firma. Nach dem Friedensvertrag von Versailles war der »Bochumer Verein für Bergbau und Gußstahlproduktion« der einzige Betrieb in Deutschland, der Geschosse für Geschütze herstellen durfte und dann bemüht war, dass er in dieser Sparte wirtschaftlich und ideologisch führend blieb. »Der Gott der Eisen wachsen ließ, der wollte keine Knechte«, lautete 1935 das Motto des »Bochumer Vereins« als »nationalsozialistischer Musterbetrieb«. In der Zeit nach 1945 spielte das Ruhrgebiet dagegen vom Schumann-Plan bis zur Währungseinheit eine wesentliche und willige Rolle im europäischen und globalen Versöhnungsprozess.

An zweiter Stelle der Assoziationen zum Ruhrgebiet folgt natürlich der Bergbau, der stets unter hohem Innovationsdruck stand. Der sich damit entwickelnde und im Wortsinn erfindungsreiche Maschinenbau orientierte sich spätestens ab der Gründung des Deutschen Reichs 1871 auch an seinen Exportchancen. Nach 1945 wurde »Made in Germany« auch durch Leistungen aus dem Revier berühmt. Bis heute sind die Bergbauzulieferer sowie die Ingenieur-Lehrstühle der Region, ihre Dozenten und Absolventen weltweit gesucht.

Zur Stahlproduktion gehört die Verkehrstechnik: Krupp erfand 1852 ein Verfahren, mit dem die brüchigen Radreifen für Eisenbahnen durch zuverlässige, nahtlos aus Stahl hergestellte Reifen ersetzt werden konnten. Nach diesem Patent produzierte Räder laufen bis heute auf Eisenbahnschienen in der ganzen Welt, die auch nicht selten aus Ruhrstahl gewalzt wurden. Den Wunsch nach störungsfreien Wegeverbindungen ergänzte die Essener Firma Goldschmidt mit der 1899 ersonnenen Technik zum nahtlosen Schweißen von Schienen – dem Thermitverfahren. Seit 2009 setzt das Emirat Abu Dhabi auf die bewährte Stahlqualität von ThyssenKrupp für ihr frisch einzurichtendes 1400 Kilometer langes Bahnnetz.

Nach dem 1885 bis 1890 entwickelten Verfahren nahtlos produzierte und damit ebenfalls besonders haltbare Mannesmann-Röhren aus Duisburg und Gelsenkirchen transportieren schon lange Gas und Öl aus Russland. Unternehmen wie Aral aus Bochum förderten aufgrund ihrer wirtschaftlichen Interessenlage die bilateralen Beziehungen intensiv. Grundsätzlich waren die Unternehmen des Reviers Mitinitiatoren der Globalisierung. So umziehen Drähte und Kabel aus Hamm die Erde und garantieren den Transport von Informationen. Ohne die Tragkraft der Kabel von dort wären aber auch manche Brücke und viele Bergwerke im Ausland nicht betriebsbereit gewesen.

Die internationale Schifffahrt war lange Zeit ohne Gussstahl- oder Schmiedeprodukte aus dem Ruhrgebiet nicht denkbar. Anker, Schrauben, Ruder, Steven, Wellen, Maschinen, Druckbehälter und Stahlwände für Ozeanriesen

Sammlung von Radsätzen aus den Jahren 1830 bis 2009, in der »Abnahmezentrale« des Bochumer Vereins (Krupp) von 1936, Bochum, Alleestraße 70.

kamen oft von der Ruhr. Vollständige Schiffe entstanden auf Duisburger Werften, der Krupp'schen Germania-Werft in Kiel oder auf der Deutschen Werft AG in Hamburg, die 1918 von der Oberhausener Gutehoffnungshütte (GHH) mit gegründet worden war.[2] Seit den 1920er Jahren lieferte das Dortmunder Stahlwerk Hoesch die Bleche zum Autobau bei Daimler, Opel, Fiat, Renault, Citroen und Ford.[3]

Waren die bis hier genannten Produkte typisch für die Montanregion, so lassen sich internationale Handelsbeziehungen, wie sie viele deutsche Städte hervorbrachten, auch hier nachweisen. Das Hagener Handelshaus Harkort war im Eisenbereich bereits Mitte des 18. Jahrhunderts ein führendes Unternehmen mit weitreichenden Beziehungen und belieferte im 18. Jahrhundert über Riga Nord- und Osteuropa mit Sensen, Draht, Werkzeug und Kleineisen. Dortmunder Union-Bier und Bochumer Schlegel-Bier standen in ihrer Verbreitung bis zum Ende des 20. Jahrhunderts der bayerischen Konkurrenz in nichts nach. Hattinger Rolltreppen von Orenstein & Koppel und Stoffe aus Herdecke gingen in die Welt.[4]

Kurz und gut: Das Ruhrgebiet kann seit langem überhaupt nur durch seine Einbindung in und Einwirkung auf die internationale Wirtschaft existieren. Es würde zu weit führen, alle bauliche Zeugnisse dafür aufzuzählen – wobei anzumerken ist, das es unmittelbar anschauliche Standorte der Rüstungsproduktion anscheinend nicht mehr gibt.

An dieser Stelle sollen einige internationale Phänomene zu ihrem vielleicht überraschenden Ursprung verfolgt werden – soweit sie sich in historischen Bauten widerspiegeln:

1569 erschien in Duisburg eine erstaunliche Weltkarte: »Nova et aucta orbis terrae descriptio ad usum navigantium emendate accomodata«, eine »neue und vermehrte Beschreibung des Erdkreises, dem Gebrauch der Seefahrt fehlerfrei angepasst«. Die Karte stellte erstmals die Erdkugel winkelgetreu auf einer Fläche dar. Die »Mercator-Projektion« ist für Seekarten immer noch unentbehrlich. Das nach Mercator benannte und berechnete UTM-System (Universal Transverse Mercator) ist die zur Zeit modernste Grundlage aller Navigationssysteme – auch für den Weltraumflug. Der niederländische Mathematiker und Philosoph Gerhard Mercator (1512–1594) siedelte 1552 von Löwen nach Duisburg über und wirkte an der Universität Duisburg als Kosmograf des Herzogs von Jülich. Seine Globen, Atlanten und Karten waren schon vor 1569 bis in die arabische Welt berühmt. Mercators Epitaph hängt in der Duisburger Salvatorkirche. Zum Andenken an ihn wurde 1878 der Mercatorbrunnen vor dem Rathaus auf dem Burgplatz errichtet. Am Fuße des Brunnens befinden sich vier wasserspeiende Delfine, darüber tragen vier Pfeiler das Standbild des Kartografen. An den Ecken sind Kinderfiguren als Symbole für Wissenschaft, Schifffahrt, Handel und Industrie angebracht.

1599. »How Bright Appears the Morning Star« ist als Hochzeitslied in englischsprachigen Ländern fast unentbehrlich. Komponiert wurde es von Philipp Nicolai (1556–1608), der ein streitbarer lutherischer Theologe und Pfarrer war. Geboren in Bad Arolsen wurde er 1583 Pfarrer in Herdecke und kam nach einer Flucht vor spanischen Truppen zunächst nach Wetter, nach Köln und 1596 nach Unna. Als die Pest 1597 Unna erreichte, starb auch Nicolais Schwester. So entstand 1599 sein »Frewden Spiegel deß ewigen Lebens« – geschrieben zum Trost in Trauer. In diesem Zusammenhang komponierte Nicolai seine beiden berühmtesten Lieder, die noch heute in den evangelischen und katholischen Gesangbüchern zu finden sind: »Wie schön leuchtet der Morgenstern« und »Wachet auf, ruft uns die Stimme«. Beide Lieder sind von Johann Sebastian Bach, Michael Praetorius, Samuel Scheidt und Felix Mendelssohn Bartholdy bearbeitet worden.

1601 ging Nicolai als Pfarrer nach Hamburg, wo er 1608 starb. Die gotische Stadtkirche in Unna ist ein authentischer Wirkungsort Nicolais. Ein auf einem älteren Keller erst 1730 errichtetes, gut erhaltenes Bürgerhaus neben der Kirche wird heute als »Nicolaihaus« (Nicolaistraße 3) bezeichnet. Hier ist die Internationale Komponistinnen-Bibliothek eingezogen.

1703. Der russische Graf Heinrich Johann Friedrich Ostermann (1687–1747) wurde als Sohn des Pastors Johann Conrad Ostermann in Bochum geboren. Nachdem er 1703 als Student der Rechtswissenschaften in Jena wegen eines Duells, in dem er betrunken seinen Gegner getötet hatte, nach Holland fliehen musste, trat er 1704 in russischen Seedienst. Dort gewann er das Vertrauen von Peter dem Großen und führte danach als Außenminister und Premierminister Russland näher an Westeuropa heran. Er trug unter anderem wesentlich dazu bei, dass Russland 1721 mit Livland, Estland sowie weiteren Territorien den ersehnten Zugang zur Ostsee gewann. 1742 wurde er aber nach Sibirien verbannt, wo er fünf Jahre später starb. In Bochum erinnern an ihn sein mutmaßliches Elternhaus, das heutige »Brauhaus Rietkötter« von 1581 (Große Beckstraße 7) sowie die Pauluskirche aus der Zeit zwischen 1655 und 1659 (Pariser Straße 6), in der ihn sein Vater 1703 von der Kanzel als gesuchten Mörder ausrufen musste.[5]

1729 wurde der Mühlheimer Gerhard Tersteegen (1697–1769) ein inbrünstiger Wanderprediger im Sinne der protestantischen Erweckungsbewegung. Die Zeit war geprägt von Erinnerungen an die Schrecken des Dreißigjährigen Krieges und des Spanischen Erbfolgekriegs mit neuem Morden und Sterben in Europa. Tersteegens Absage an die Welt gilt als Absage an diese Welt des Krieges. Sein Wirken, seine zahlreichen Schriften und 111 überlieferten Lieder waren weithin bekannt. Friedrich der Große lud ihn zum Gespräch ein. Russische Soldaten haben 1812 Tersteegens Grab gesucht, denn sein Gedicht »Ich bete an die Macht der Liebe« hat durch die Vertonung eines russischen Komponisten die Menschen dort ergriffen – schon bevor Friedrich Wilhelm III. es zum »Abendgebet des preußischen Heeres« machte und es in der Gegenwart zum großen Zapfenstreich der Bundeswehr wurde.

1784. »Weil ich nun die preiswürdige Gabe / Zu dichten vom Sanct Apoll erhalten habe, / So habe, statt daß man sonst in Prosa erzählt, / Dafür einen sehr schönen Reim erwählt.«[6] Der Autor dieser Zeilen war Carl Arnold Kortum (1745–1824), geboren in Mühlheim, gestorben in Bochum, wo er seit 1770 als Arzt tätig war. Hier schrieb er medizinische und naturwissenschaftliche Werke. Am bekanntesten ist sein »komisches Heldengedicht« in Knittelversen: »Leben, Meinungen und Taten von Hieronymus Jobs dem Kandidaten« von 1784, das ab 1799 als »Jobsiade« zahllose Auflagen bis in die Gegenwart erlebte und in etwa 30 Sprachen übersetzt wurde. Nicht zuletzt durch Wilhelm Buschs Illustrationen ist dieses Stück Weltliteratur bis heute bekannt. Die Literaturwissenschaft sieht das Werk in einer langen Reihe gesellschafts- und kulturkritischer »komischer Epen« von Hans Sachs über Lord Byron bis Wilhelm Busch. In Mühlheim hat sich Kortums elterliche Apotheke (Engel-Apotheke, Schlossstraße 26), in Bochum die Familiengruft im Kortumpark (neben Wittener Straße 45, Tankstelle) erhalten.[7]

1819. Graf Adalbert von der Recke-Volmarstein (1791–1878) gründete auf dem elterlichen Schloss in Overdyck nahe Bochum die erste und deutschlandweit vorbildliche »Rettungsanstalt für arme, verlassene und verwahrloste Kinder«. In Düsseldorf und Kraschnitz (Oberschlesien) folgten weitere. Damit war in der Heimpädagogik die Abkehr von der »strengen Zucht« zur »freien Erziehung« eingeleitet, die heute weltweit angestrebt wird. Gemeinsam mit dem Pädagogen

Johannes Friedrich Wilberg (1766–1846) wurden in einer »Freyschule« auf Overdyck schon 1789 bis 1802 epochal neue und kindgerechte Unterrichtsmethoden entwickelt. Daran erinnern ein 1883 errichtetes Haus des Heimes und ein Gedenkstein (Bodelschwinghplatz 1).

1835. »Kings and governments may err, but never Mr. Baedeker«[8], textete Jaques Offenbach in seiner Operette »Pariser Leben«. Der in Essen geborene Karl Baedeker hatte in seiner Koblenzer Verlagsbuchhandlung 1828 J. A. Kleins »Handbuch für Schnellreisende« betreut. Baedeker setzte 1835 dieses Konzept dann selbst überaus erfolgreich fort. Nun war der beginnende Tourismus mit faktenreichen, niveauvollen Reisebüchern ausgestattet und unabhängig von Fremdenführern. In Essen wurde der Ursprungsbau der hier 1775 gegründeten Druckerei und Buchhandlung Baedeker von 1926 bis 1928 durch das Baedeker-Haus (Kettwiger Straße 33/35) ersetzt. Es erinnert an die Reiseführer als Beitrag zur internationalen Verständigung.

1840. »Hörde hat eine alte Burg von 1299, ehedem Sitz des Grafen von der Mark, jetzt Hüttenbeamten als Wohnung dienend«, ist in Meyers Lexikon von 1905 zu lesen. 1840 hatte der Iserlohner Hermann Diedrich Piepenstock das erste Walzwerk Preußens von Hagen-Hohenlimburg dorthin verlegt. Hinzu kamen gleichzeitig ein Stahlwerk und eine Maschinenwerkstatt, die bald »eines der großartigsten Etablissements des Kontinents« wurde. Als man 1892 die alte Burg (Hörder Burgstraße 17) als Verwaltungssitz ausbaute, stand die »Hörder Bergwerks- und Hüttenverein AG« bereits in den Handelsbüchern chinesischer und argentinischer Kaufleute ebenso wie im hohen Norden, in Afrika, Indien und auf dem Balkan. 1916 konnte man sich nach verschiedenen Fusionen ein riesiges, klassizistisches Verwaltungsgebäude (Rheinische Straße173) in Dortmunds Stadtmitte leisten. Es wurde 1921 fertiggestellt. Der »Dortmund-Hörder Hüttenverein« war der zweitgrößte Stahlerzeuger Deutschlands. 2001 wurde das dann ThyssenKrupp angehörende Werk endgültig stillgelegt, einige Hochöfen und andere Anlagen tun nun in China ihren Dienst.[9]

rechts:
Glocke des »Bochumer Vereins« für die Weltausstellung 1867, Bochum, Rathaus, Willy-Brandt-Platz.

linke Seite:
Kortumgruft, 1824, um 1949 erneuert, auf dem alten Friedhof (heute Kortumpark), Bochum, Wittener Straße.

1842. Weit außerhalb der Stadt wurde das spätere Stahlwerk »Bochumer Verein für Bergbau und Gußstahlproduktion« von Jacob Mayer aus Württemberg gegründet, das nach wechselhafter Geschichte heute noch existiert. Die meisten Räder der deutschen und viele Räder ausländischer Eisen- und Straßenbahnen stammten und stammen von hier. Mayer war es 1850 nach vielen Versuchen gelungen, für das Gießen von Stahl in komplizierte Formen das richtige Formmaterial zu finden, einen Ton. Er musste enorm hitzebeständig, gasdurchlässig und dehnbar sein. Mayers erster gelungener Formguss war eine Glocke. Die preiswerten und klangvollen Glocken verbreiteten sich rasch – wie später auch andere Gussstahlprodukte – über die Erde: Afrikanische und südamerikanische Missionskirchen wurden mit Tausenden Glocken bestückt; berühmte Bochumer Glocken sind die Berliner Olympia-Glocke von 1936 und ihr »entnazifizierter« Neuguss von 1961, die »Jahrhundertglocke« von 1948 in der Paulskirche zu Frankfurt, die Glocke in Albert Schweitzers »Urwald-Hospital« im afrikanischen Lambarene, die Glocken in den Kathedralen Porto Allegre in Brasilien von 1955, Bethlehem in Südafrika von 1957, Abercorn im afrikanischen Sambia von 1967 sowie besonders die vier Friedensglocken in Hiroshima von 1952. Zwischen 1950 und 1968 lieferte das Werk 706 Glocken auf alle Kontinente, darunter 122 nach Indonesien, 17 nach Papua-Neuguinea und 25 nach Südkorea. Die große Glocke vor dem Bochumer Rathaus (Willy-Brandt-Platz) machte 1867 auf der Pariser Weltausstellung Furore. Das Glockenspiel von 1951 im Rathaushof mit seinen 28 Glocken ist das erste Gussstahl-Glockenspiel der Welt.[10]

1845 erschienen »zuverlässige und selbstgeprüfte Recepte der gewöhnlichen und feineren Küche«, geschrieben

von der Leiterin der »Mädchenarbeitsschule« in Sprockhövel. Autorin dieses »Praktischen Kochbuches« war Henriette Davidis (1801–1876), Pfarrerstochter aus Wetter-Wengern an der Ruhr. Ab 1857 nach Dortmund umgezogen, verfasste sie noch zahlreiche andere Bücher. Ihr Kochbuch vermittelte auch viele hauswirtschaftliche Kenntnisse und wurde in etliche Sprachen übersetzt, vor allem aber ins Englische. Kochbücher in Deutsch oder Englisch mit US-Maßeinheiten wurden von 1876 bis nach 1950 regelmäßig im deutschen Auswanderer-Staat Wisconsin in großen Auflagen neu aufgelegt. 2002 erschien ein Reprint. Die mit dem Buch vermittelten Ernährungsgewohnheiten beeinflussten den Lebensstil in den USA wesentlich. Davidis angebliches Geburtshaus steht in Wetter-Wengern (Henriette-Davidis-Weg 8). In der nahe gelegenen Brücke ist als Denkmal eine Herdstelle eingemauert, die aus einem anderen angeblichen Geburtshaus stammen soll, das dort für die Eisenbahn abgerissen wurde. Der Schultenhof in Sprockhövel (Hauptstraße 13), die ehemalige Mädchenschule (Hauptstraße 4) sowie ihr bescheidenes Grab in Dortmund sind authentisch erhalten (Ostenfriedhof).

1851 war keine Erfolgsjahr für Wilhelm Kabeisemann (1818–1896). Ihm war in Bochum die Schankkonzession für »sein selbst fabriziertes Bier« mehrfach verweigert worden. Dabei brachte sein Hof mit einem königlichen Gestüt an der neuen Chaussee Bochum-Dorsten gute Voraussetzungen für den Betrieb mit. Kabeisemann gab auf und wanderte 1853 mit seiner Frau und seinem dreijährigen Sohn über Antwerpen und New York nach Iowa aus und führte dort ein unauffälliges, aber auskömmliches Leben als Farmer – wie die Mehrheit der deutschstämmigen US-Bürger. 50 Millionen Deutschamerikaner bilden heute die größte »ethnische Gruppe« in den USA. Dazu gehören auch Wilhelm Kabeisemanns Nachfahren. Auf der Suche nach ihren Wurzeln kamen die Ururenkelin und ihr Sohn 2002 nach Bochum. In diesem Zusammenhang wurde der seit dem 14. Jahrhundert beurkundete Kabeisemanns Hof (Hansastraße 150) für die Denkmalpflege entdeckt. Das vor 1800 gebaute und 1853 umgebaute Haus ist also auch ein Zeugnis für die zahllosen anonymen deutschen Siedler in Amerika, für ihre Leistungen und die amerikanisch-deutschen Beziehungen.[11]

1880. Louis Baare (1821–1897), Direktor des Stahlwerks »Bochumer Verein«, trat 1879 in das preußische Abgeordnetenhaus ein und erhielt von Bismarck den Auftrag, eine Sozialgesetzgebung zu entwerfen. Ausschlaggebend waren Baares Erfahrungen mit der Werksfürsorge seines Stahlkonzerns, seine Erfahrungen als Stadtverordneter und als Präsident der Industrie- und Handelskammer zu Bochum. Bismarck, der schon seit längerem über konkrete soziale Maßnahmen nachgedacht hatte, wollte gesellschaftlichen Unruhen und dem Sozialismus begegnen. Zusammen mit dem preußischen Handelsminister Theodor Hofmann entwarf Baare 1881 die Reichsunfallversicherung. Dann entstand nach und nach die Sozialgesetzgebung: 1883 die Kranken- und 1884 die Unfallversicherung; die Alters- und Invalidenversicherung folgte 1889. Das Angestelltenversicherungsgesetz wurde 1911 ergänzt. Zur Arbeitslosenversicherung kam es erst 1927. Der »deutsche Weg« in dieser neuen Gesetzgebung liegt im Zwang zur Versicherung, dem Arbeitnehmer und Arbeitgeber erstmals unterworfen wurden. Die Institutionen und Prinzipien der Versicherungen überlebten bis heute als wirkungsvollste soziale Sicherung. Sie fanden von Anfang an internationale Nachahmer: 1887 in Österreich, 1891 in Ungarn, 1894 in Norwegen. Aktuelles Beispiel sind die Bestrebungen in den USA, eine allgemeine Krankenversicherung einzuführen. Louis Baares Grab befindet sich im Bochumer Kortumpark (neben Wittener Straße 45). In der Villa Baare ist heute ein Kindergarten untergebracht (Reiterweg 13).

1904 wurde den Flottmann-Werken in Herne das Reichspatent für einen Druckluftbohrhammer erteilt. Die Flottmann-Bohrhämmer revolutionierten den Straßen-, Eisenbahn-, Tunnel-, Kohlen-, Erz- und Salzbergbau, da sie die handwerklichen Werkzeuge Schlägel und Eisen ablösten und durch sie die Leistung pro Arbeiter erheblich stieg. Zweigniederlassungen wurden schon 1905 unter anderem in Mexiko-Stadt, in Charkow für den Steinkohlenbergbau in der Ukraine sowie in Johannesburg für den Goldbergbau in

Josef Albers Museum Quadrat, Bernhard Küppers, errichtet 1975/1983, Bottrop.

linke Seite:
Werkstor der Flottmann-Werke in Herne (1902).

Südafrika gegründet. Die »Straße des Bohrhammers« und die »Flottmannstraße« verweisen auf die Bedeutung des Werkes für Herne, das bis zur Werksschließung 1994 auch als »Stadt der Bohrhämmer« bekannt war. Die 1908 und 1909 im Jugendstil errichteten Flottmann-Hallen (Flottmannstraße 94) sind heute eine Kulturzentrum. Auf der Gruft der Familie Flottmann (Südfriedhof Abt. C 1–18, Wiescherstraße) steht die Bronzeskulptur eines Bergmanns mit Bohrhammer, geschaffen 1955 als Ehrenmal für die gefallenen Belegschaftsmitglieder und wohl 1982 hierher versetzt. Kunsthandwerklicher Höhepunkt der Werksgeschichte ist ein großes Jugendstil-Tor von 1899, das 2010 am Mont-Cenis-Platz neu präsentiert werden soll, nachdem es Jahrzehnte am Schloss Strünkende stand. Das 7,50 Meter hohe und 9,50 Meter breite, zweiflügelige Tor mit zwei Seiteneingängen versinnbildlicht an den beiden Schmiedepfeilern Tugenden, die einen Betrieb auszeichnen sollten: Für Wachsamkeit zwei Katzen, die Bogenlichter tragen; für Klugheit und Weisheit Eulen sowie für die Schnelligkeit Windhunde.[12]

1928 kaufte Carl Still (1868–1951) ein repräsentatives ehemaliges Bankhaus in bester Lage gegenüber dem Rathaus von Recklinghausen. Still hatte 1898 ein Ingenieurbüro gegründet und setzte selbst erarbeitete naturwissenschaftliche Erkenntnisse und Forschungsergebnisse in Investitionen und Produktionstechniken um, die weltweit Beachtung fanden. Er beschäftigte sich wegweisend mit der hoch bedeutenden und lukrativen Kohlechemie: Kohlenwertstoffgewinnung für Benzolfabriken, Rohgaskondensatoren, Ammoniakfabriken und Teerdestillatoren waren sein Feld. Seit 1906 wurde die Errichtung von Koksofenanlagen in das Arbeitsprogramm aufgenommen. Carl Still ging dabei von dem normalen Koksofen mit zwei Metern Höhe zur Erbauung eines viel leistungsfähigeren sechs Meter hohen Ofens über. Er hatte einen Namen in den universitären Physik- und Ingenieurswissenschaften und stand in Kontakt mit hoch geschätzten Naturwissenschaftlern wie Max Planck, Richard Courant und James Franck. Auf seine Anregung hin erfolgte 1918 die Gründung eines wissenschaftlichen Forschungsunternehmens des Ruhrgebietes, der »Gesellschaft für Kohletechnik«. Die Firma Still ist nun eine Tochter von ThyssenKrupp. Das bis heute sogenannte Still-Haus (Kaiserwall 21) wird mittlerweile von der Stadtverwaltung Recklinghausen genutzt.[13]

1970 wurde Josef Albers (1888–1976) Ehrenbürger der Stadt Bottrop, wo er geboren worden war. Der Maler und Kunstpädagoge war von 1920 bis 1933 einflussreicher Lehrer am Bauhaus im Weimar und emigrierte 1933 in die USA, wo er bis 1959 an Universitäten lehrte. Seit den 1940er Jahren entwickelte er sein bedeutendes malerisches und theoretisches Werk über die optische Wirkung der Farbe, die ihn zu einem der wichtigen Künstler seiner Zeit und zu einem Vorläufer der Op Art werden ließen. In seinem malerischen Werk befasste sich Albers im Wesentlichen mit der Grundform des Quadrats. In den Jahren von 1958 bis 1970 schenkte er der Stadt Bottrop im Zusammenhang mit Ausstellungen seines Werks sechs Gemälde und eine Anzahl von Grafiken. Nach seinem Tod erhielt die Stadt aufgrund des großen Engagements für den Künstler eine größere Schenkung aus seinem

Nachlass. Durch die Sammlung Albers und das hierfür zwischen 1975 und 1983 durch den Architekten Bernhard Küppers entworfene moderne Museum »Quadrat« (Im Stadtgarten 20) mit quadratischen Grundrissen erlangte die Stadt Bottrop weltweite Aufmerksamkeit.

Die 15 willkürlich gewählten Reflexe aus der Zeit zwischen 1569 bis 1970 machen anschaulich, dass das Ruhrgebiet auch jenseits der bekannten Tatsachen global Spuren hinterlassen hat. Es haben sich Auswirkungen in Technik, Kultur und Volkskunde finden lassen. Baudenkmäler überliefern diese Kenntnisse in die Zukunft.

1 Robert Jahn, Essener Geschichte, Essen 1952, S. 347–355.

2 Alle Namen und Produkte sind in Wikipedia und anderen Online-Nachschlagewerken auf Aktualität und sinnvolle Ergänzungen geprüft worden, ohne dass das hier im Detail nachgewiesen wird. Insbesondere auf www.wikipedia.de wird weiterführende Literatur zu Einzelfragen genannt. – Weitere unveröffentlichte Angaben zu Fakten und Baudenkmälern sind der Datenbank KLARAweb des LWL-Amtes für Denkmalpflege in Westfalen entnommen. – Grundlegende Literatur: Manfred Rasch und Dietmar Bleidick, Technikgeschichte im Ruhrgebiet, Essen 2004. Klaus Töpfer, Globalisierung und Regionalisierung. Bedeutung für Westfalen, in: Hans Wielens (Hg.), Westfalen im Europa der Regionen, Münster 2001. Thomas Rother, Gründer und Erben. Die großen Familien im Ruhrgebiet, Essen 1998. Gustav Seebold, Ein Stahlkonzern im Dritten Reich. Der Bochumer Verein 1927 bis 1945, Wuppertal 1981. Bruno Kuske, Monographien rheinisch-westfälischer Unternehmungen, Köln 1950. Bodo Harenberg (Hg.), Chronik des Ruhrgebietes, Dortmund 1987. Friedrich-Wilhelm Henning, Die Industrialisierung in Deutschland, 3 Bde., (5. Aufl.) Paderborn u. a. 1979. Ralf Peters und Annette Zehnter, Grenzen überwinden. 150 Jahre Th. Goldschmidt, Bottrop 1997. Hans-Josef Joest: Pionier im Ruhrrevier. Gutehoffnungshütte, Vom ältesten Montan-Unternehmen Deutschlands zum größten Maschinenbau-Konzern Europas, Stuttgart 1982. Kraft Sachisthal, W. F. Motekat, 100 Jahre westfälische Union. Aktiengesellschaft für Eisen- und Drahtindustrie Hamm, Mainz 1953. Ernst Schnabel, Westfälische Drahtindustrie 1856–1956. WDI, Hamm 1956.

3 Karl-Peter Ellerbrock, Hoesch-Bleche international, in: Karl-Peter Ellerbrock und Ralf Stremmel (Hg.), Westfalen und die Welt, Münster 2002, S. 78.

4 Ellerbrock/Stremmel 2002 (wie Anm. 3). Klaus-Joachim Schlegel, 130 Jahre Schlegelbrauerei in Bochum, in: Hans H. Hanke (Hg.), Bochum. Wandel in Architektur und Stadtgestalt, Bochum 1985.

5 Johannes Volker Wagner, Bernd Bonwetsch und Wolfram Eggeling, Ein Deutscher am Zarenhof. Heinrich Graf Ostermann und seine Zeit 1687–1747, Essen 2001.

6 Carl Arnold Kortum, Die Jobsiade. Ein komisches Heldengedicht in drei Theilen, (13. Aufl.) Leipzig 1868, S. 6.

7 Gustav Seeboldt (Red.), Carl Arnold Kortum 1745–1824. Arzt – Forscher – Literat, Essen und Bottrop 1995. Klaus Schaller (Hg.), »... dir zum weiteren Nachdenken«. Carl Arnold Kortum zum 250. Geburtstag, Essen 1996. Burkhard Moenninghoff (Hg.), Die Jobsiade, Stuttgart 1986.

8 Könige und Regierungen können sich irren, aber nie Herr Baedeker.

9 Dortmund-Hörder Hüttenunion Aktiengesellschaft, 100 Jahre Dortmund-Hörder Hüttenunion Aktiengesellschaft 1852–1952, Essen 1952.

10 Gussstahlwerk Bochumer Verein AG Bochum. 100 Jahre Stahlformguss, Bochum 1952. Theo Fehn, Der Glockenexperte, 3 Bde., Bd. 3, Die Bochumer Gußstahlglocke, Karlsruhe 1997, S. 523 f.

11 Karl Brinkmann, Geschichte des Brauwesens und der Brauindustrie in Bochum, in: Vereinigung für Heimatkunde, Bochum – ein Heimatbuch, 8 Bde., Bd. 6, Bochum 1954, S. 24–33. Johannes Rüttermann, Die Auswanderung einer Bochumer Familie nach Amerika 1853. Dokumentation, Idaho 2002. Vgl. auch Ralf Stremmel, Ziel St. Louis, oder Emigranten aus Ostwestfalen, in: Ellerbrock/Stremmel 2002 (wie Anm. 3), S. 89–92. Wolfgang J. Helbich, Walter D. Kamphoefner und Ulrike Sommer, Briefe aus Amerika. Deutsche Auswanderer schreiben aus der Neuen Welt 1830 – 1930, München 1988.

12 Josef Arens, Zwischen Bosporus und Nordkap. Flottman-Werke 1869–1969, Neuwied 1969.

13 Matthias Kordes, Zur Bau- und Funktionsgeschichte des sog. Still-Hauses, eines Glanzstückes Recklinghäuser Innenstadt-Architektur, Mitarbeiterzeitschrift der Stadt Recklinghausen, Mai 2005. Für den Hinweis danke ich Birgit Malik.

Die Bedeutung von Westfalen-Lippe für die Lebensverhältnisse der Ruhrgebietsbevölkerung

Thomas Spohn

Das Bild vom Ruhrgebiet bliebe unvollständig ohne den Blick auf die vielfältigen Verflechtungen mit den Nachbarregionen. Entstehung und Wachstum des Ballungsraums[1] und seine Entwicklung bis heute sind ohne das übrige Westfalen-Lippe nicht vorstellbar, wie umgekehrt das Ruhrgebiet entscheidender Motor für den neuzeitlichen Wandel in den angrenzenden Regionen war.

Das Revier war mit Steinkohlengewinnung, Eisen- und Stahlproduktion sowie einer nur schmalen Palette an Endprodukten einseitig auf die Montanindustrie konzentriert. Der Maschinenbau beschäftigte sich nur wenig mit montanfernen Produkten, und Chemieindustrie wurde erst begleitend angesiedelt. Dementsprechend zielte der Absatz der Ruhrgebietsproduktion nicht vorrangig auf einen regionalen, sondern auf den nationalen und internationalen Markt.[2] Jedoch nicht nur der Absatz der Industrieerzeugnisse, sondern auch deren Produktion ist ohne das übrige Westfalen – und nach und nach auch entferntere Regionen – unvorstellbar: Insbesondere das Erz, aber auch andere notwendige Produktionsmittel konnte die Region in der notwendigen Menge nicht selbst gewinnen oder erzeugen. Für die anfänglich noch in Fachwerk aufgeführten Bauten und insbesondere für den Ausbau der Stollen war allein im Steinkohlenbergbau Holz in einem Umfang notwendig,[3] der den staatlichen, kommunalen oder privaten Waldbesitzern des südlichen Westfalens erhebliche Einnahmen verschaffte. Ähnlich groß war der Bedarf an Pferden für die Abwicklung jeglichen Transports, denn der Bau der Industrieanlagen und der riesigen Stadterweiterungen der Wilhelminischen Epoche ging ja ausschließlich mit Pferdefuhrwerken vonstatten.[4] Hauptumschlagsplätze der prosperierenden Pferdezucht waren etwa für das Münsterland die Jahrmärkte in Telgte oder Werne.[5]

Pferde für das Ruhrgebiet: Gebäude des Guts Fronhof in Münster-Wolbeck mit Villa und Park sowie besonders aufwändigem, dreiflügeligem Wirtschafts- und Stalltrakt für die Pferdezucht, errichtet 1900 bis 1905 durch einen Essener Maschinenfabrikanten nach Entwurf des Architekten Clarholz, im Bild ein Stallgebäude.

Nicht um solche Verflechtungen der Produktion wird es jedoch im Folgenden gehen, sondern ausschließlich um den Reproduktionssektor, das heißt um die Voraussetzungen, die Westfalen den Menschen bietet, damit sie im Ruhrgebiet überhaupt leben können. Als erster Aspekt des Themas sei der Alltag beziehungsweise die tägliche Versorgung mit Lebensmitteln abgehandelt, als zweiter Aspekt der Feiertag beziehungsweise die Freizeit und die Erholung.

Der rasante Anstieg der Bevölkerungszahl von 220 000 im Jahr 1818 auf 5 142 000 als Höhepunkt im Jahr 1961[6] – das große Heer der Wochenendpendler ist hier noch nicht einmal inbegriffen[7] – schuf erhebliche Versorgungsprobleme.[8] Parallel mit dem Bevölkerungswachstum verschlechterte der immense und lange ungeregelte Flächenverbrauch, an dem Wohnen und Dienstleistungen gegenüber den Flächen für Produktionsanlagen und Infrastruktureinrichtungen den geringeren Anteil hatten,[9] die Erholungsmöglichkeiten bei gleichzeitig wachsender Gesundheitsgefährdung durch Industriearbeit und Umweltbelastungen.

Lebensmittelversorgung in der vorindustriellen Zeit

Schon in der vorindustriellen Zeit war die Bevölkerung der Region, die man heute Ruhrgebiet nennt, auf eine Warenzufuhr angewiesen. In Unna wurden auf den Wochenmärkten 1633 Lebensmittel wie Getreide und Brot, Bier und Branntwein sowie Fette angeboten. Darüber hinaus gelangten »Stockfisch, Herringh und dergleichen Seefische-Wahren« sowie »grüner« Käse und »holländischer« Käse zum Verkauf; weiter heißt es: »Es wehre dan, daß etwahn ein oder ander Burger oder Amtsgenosse etwaß an Botter, Keese, Speck, Schinken und dergleichen in seiner Haußhaltung ersparen und deßen selbsten nicht nötig haben mögte, welches demselben alßdan hinwieder andern auff den Marcktagen und am Marckte überzusetzen und zu verkauffen ... frey und zugelaßen sein soll.«[10] Der Handel mit Lebensmitteln des täglichen Bedarfs war also nicht die Regel; vielmehr betrieb die Bevölkerung überwiegend eine Selbstversorgung mit Obst und Gemüse, Fleisch, Milch und Milchprodukten. Es waren gerade die Haushalte der reichsten Bürger und Honoratioren, die das meiste Vieh besaßen,[11] und wer immer es sich leisten konnte, hielt eine oder mehrere Kühe als Lieferanten von Milch zum täglichen Gebrauch, aber auch von Dung für die Gärten.

Damit unterschied sich die Lebensführung städtischer Haushalte kaum von denen auf dem Land, denn auch dort war die Wirtschaft primär auf die Selbstversorgung gerichtet.[12] Die Haltung von Nutzvieh und damit die Produktion von Fleisch- und Milchprodukten beschränkte sich selbst bei sehr großen Höfen auf ein Dutzend Milchkühe und wenige Schweine. Das Bemühen um Selbstversorgung prägt auch die seit dem 18. Jahrhundert rasch steigende Zahl von Arbeiterhaushalten. Deren Häuser, die trotz geringer Grundfläche eine Wirtschaftsdiele und einen Stall enthielten, entstanden bevorzugt an den Hängen beiderseits der Ruhr auf den seit 1765 geteilten Gemeinheitsländereien und im 19. Jahrhundert vor allem entlang der Chausseen.[13] Wie die Erweiterung gerade der Wirtschaftsräume vieler solcher »Kotten« belegt, trachteten die Arbeiterbauern, durch Zukauf oder Zupachtung weiterer landwirtschaftlicher Nutzflächen das Standbein der Landwirtschaft zu stärken.

Die Tendenz zum landwirtschaftlichen Nebenerwerb war wirksam noch beim Bau der Werkssiedlungen.[14] Hausnahe Nutzflächen und kleine Stallungen für die Ziege als sprichwörtlicher Bergmannskuh oder für die Aufzucht eines Schweins sollten zumindest eine gewisse Krisenunabhängigkeit gewährleisten. Das Wohnen im eigenen Haus oder in der Werkssiedlung blieb jedoch für die Masse der neu zuziehenden Menschen in den Mehretagenmietshäusern der rasch emporschießenden Stadterweiterungsgebiete ein nicht erfüllbarer Traum. Auch die allerorts angelegten Schrebergärten änderten nur wenig daran, dass die Mehrheit der Ruhrgebietsbevölkerung seit der Mitte des 19. Jahrhunderts zunehmend auf eine Versorgung durch den Markt angewiesen war.

Die frühindustrielle Zeit: Wohlstand der Ruhrgebietsbauern

Durch die Herausbildung dieses Lebensmittelmarktes gehörten die Bauern der Region zu den frühesten Profiteuren der Industrialisierung.[15] Während die Aktionäre ihre Einlagen in den Wassereinbrüchen der Schächte versinken und die auf Raseneisenerz spekulierenden Hüttenwerksgründer die Vorräte bald erschöpft sahen, entstand für die Landwirte fast vor der Haustür ein ständig wachsendes Heer an Verbrauchern. Besonders profitabel wurden der Anbau von Hackfrüchten und die Erzeugung leicht verderblicher Lebensmittel des täglichen Bedarfs, das heißt von Gemüse und Fleisch sowie insbesondere von Milch und Milchprodukten.

Der rasch wachsende Wohlstand der Bauern lässt sich bis heute an den Neubauten stattlicher Gehöfte ablesen.[16] Die Bauwelle war mit einer grundsätzlichen Abkehr von den bis dahin üblichen Bautraditionen verbunden.[17] An die Stelle des Fachwerkbaus trat der Massivbau, bisweilen aus Natur-, zumeist jedoch aus Backstein und an die Stelle des Wohn-Wirtschaftsgebäudes vom Typ des niederdeutschen Hallenhauses traten jeweils separate und monofunktionale Baukörper: Reine Wohnhäuser sind nur noch durch niedrige Zwischentrakte (die Wirtschaftsküchen und ähnliches bergend) mit den Stallungen und Scheunen verbunden, die den Hofraum zwei- oder gar dreiflügelig in der Art barocker Güter säumen.

All dies sind Neuerungen, die sich im 19. Jahrhundert in ganz Westfalen und Nordwestdeutschland verbreiten. Sie treten jedoch im Ruhrgebiet 20, 30 oder gar 50 Jahre früher in Erscheinung als in anderen Regionen und verweisen damit

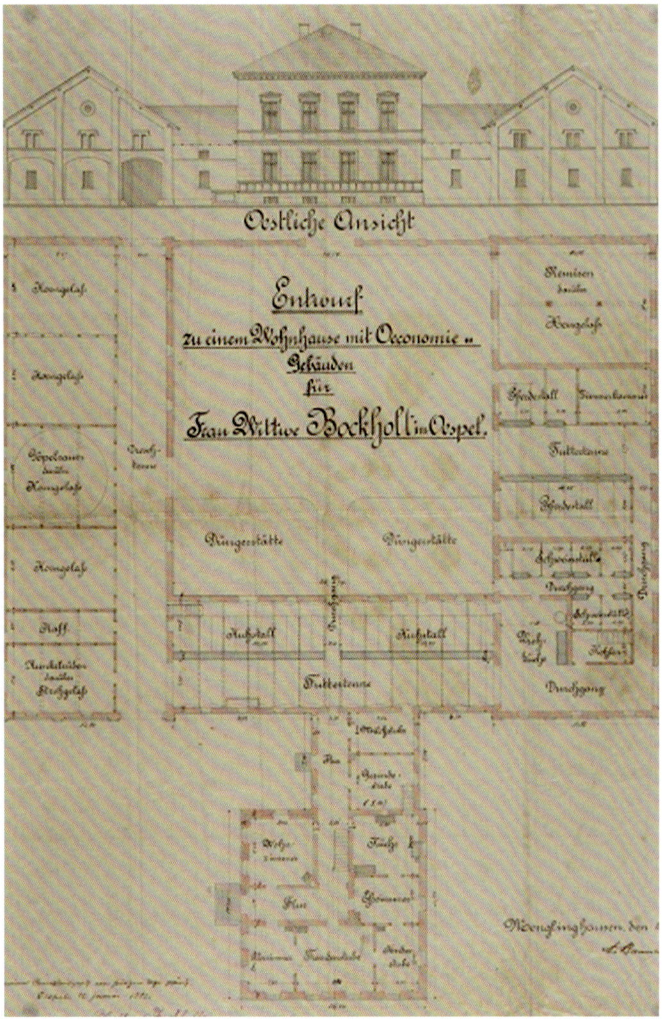

Wohlstand durch Absatzsteigerung: Gutsähnliche Anlage aus den Jahren 1882 bis 1883 mit dreiflügeligem Wirtschaftsteil und vorgelagerter Villa in Dortmund-Oespel, Ansicht und Grundriss.

auf die besonders guten Absatzbedingungen schon seit dem Einsetzen der Industrialisierung. Der privilegierte Bezug der in der benachbarten Industrieproduktion abfallenden Düngemittel[18] war ein weiterer Gunstfaktor der landwirtschaftlichen Entwicklung besonders in den kargen Bruchlandschaften des nördlichen Ruhrgebiets.

Eine wesentliche Quelle des Wohlstands lag in der Einführung der Abmelkwirtschaft. Während vordem ein Rind beziehungsweise eine Kuh ihr ganzes Leben auf demselben Bauernhof verbrachte, wird sie in der Abmelkwirtschaft erst als Milchgebende angekauft, in ihren besten zwei bis vier Jahren »abgemolken« und sodann verkauft. Ein hoher und vor allem gleich bleibender Milchfluss ist das Produktionsziel, für das hygienische Ställe zur ganzjährigen Aufstallung notwendig sind. Die Grundrisszeichnung eines gutsähnlichen Betriebes von 1883 zeigt als zentralen Bauteil des Wirtschaftstrakts, unmittelbar mit dem Wohnhaus verbunden, den Kuhstall mit breiter Futtertenne und geräumigem Melkgang, der Platz für 24 Milchkühe bietet; unmittelbar zugeordnet ist die Milchstube. Nahe dem Kuhstall ist das »Runkelrübengelass« angeordnet, das den Anbau von Hackfrüchten als Viehfutter und damit eine weitere Neuerung des ausgehenden 19. Jahrhunderts anzeigt.

Die landwirtschaftliche Produktion in Westfalen und Niedersachsen in der hochindustriellen Zeit

Trotz aller Modernisierungen der Ruhrgebietslandwirtschaft war die Versorgung der weiter wachsenden Bevölkerung nur durch die Erschließung zusätzlicher Produktionsregionen zu gewährleisten. Der Bau der Eisenbahnhauptstrecken nach 1847 und die Netzverdichtung durch Neben- und Kleinbahnen seit den 1870er Jahren schuf die Voraussetzungen für die Versorgung und Verflechtung des Ruhrgebiets[19] wie der Veränderungen in der Landwirtschaft ganz Westfalens.[20] Die Eisenbahn gab dem Landwirt selbst im hintersten Winkel Westfalen-Lippes und Nordwestdeutschlands die Möglichkeit zur Produktion über den eigenen und den örtlichen Bedarf hinaus. Beide Verkehrsrichtungen waren gleichermaßen wichtig: der Antransport voluminöser Produktionsmittel, nämlich Dünger für Wiesen und Felder sowie Importfutter für das Zuchtvieh, ebenso wie der Abtransport der erzeugten Produkte.

Für 1928 und 1929 liegen Zahlen für die Zufuhr einzelner Produkte aus verschiedenen Regionen auf die Märkte von Essen und Dortmund vor.[21] Von den Schweinen etwa stammte damals die Hälfte aus den Regierungsbezirken Münster und Minden, gefolgt von den niedersächsischen Regierungsbezirken Osnabrück und Hannover. Die Intensivierung der Schweinezucht[22] lässt sich beispielsweise im Kreis Minden-Lübbecke auf ungezählten Höfen seit dem ausgehenden 19. Jahrhundert am Bau von Schweineställen ablesen. In ihren Dimensionen sind sie freilich ebenso wie jene für die neu aufkommenden Produktionszweige Eier und Geflügel noch weit von den Zuchtfabriken der zweiten Hälfte des 20. Jahrhunderts entfernt.

Trotz solcher aus heutigem Blickwinkel eher bescheidenen Anfänge wird in allen Teilen Westfalens und des angrenzenden Niedersachsens[23] an den Baulichkeiten der Höfe ein steigender Wohlstand durch Vermehrung von Produktion und

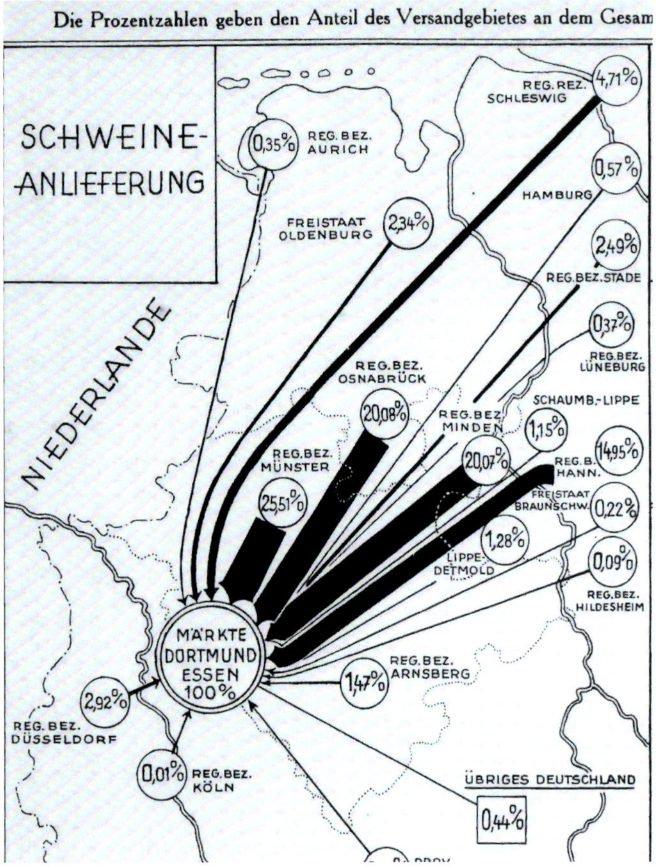

Schweine für das Ruhrgebiet: Anteile der einzelnen Erzeugergebiete am Gesamtempfang der Märkte in Dortmund und Essen in den Jahren 1928 und 1929.

rechte Seite, links:
Molkereigebäude der 1894 gegründeten Molkereigenossenschaft in Rüthen-Hoinkhausen (Kreis Soest) aus der Zeit um 1930 mit dem Turm der Pfarrkirche im Hintergrund. Die 1987 stillgelegte Einrichtung betrieb seit 1951 auch eine Kartoffel-Großdämpfanlage.

rechte Seite, rechts:
Brennerei Eickelberg von 1935 in Bochum-Langendreer, hervorragend erhalten und vorbildlich saniert.

Absatz erkennbar. Überall entstanden neue Stallungen und großvolumige Scheunen bis hin zum Neubau selbst kompletter Hofanlagen. Spätestens um 1900 wurden die bereits genannten, im Ruhrgebiet schon seit der Mitte des Jahrhunderts üblichen Neuerungen – Backstein anstelle von Fachwerk und Trennung von Wohnen und Wirtschaften – selbstverständlicher Bestandteil der Neubauten.[24]

Die Verflechtung der Höfe des übrigen Westfalens und des südlichen Niedersachsens mit dem Ruhrgebiet erfolgt allerdings nur indirekt: Zwischen Erzeuger und Verbraucher schieben sich die verschiedensten Formen des Handels. Der steigende Wohlstand der einzelnen Vieh- oder Landhändler schlug sich in aufwändigen Neubauten nieder, jedoch sind sie kaum zu unterscheiden von zeitgleichen Neubauten anderer wohlhabender Berufsgruppen.

Anders ist dies bei Baulichkeiten, die Rückschlüsse auf die Vertriebswege der neu entstehenden Ein- und Verkaufsgenossenschaften zulassen.[25] Dies sei am Beispiel der Milch näher erläutert.[26] Für Milchlieferungen nach Dortmund und Essen der Jahre 1928 und 1929[27] kam neben dem Münsterland auch dem Gebiet des Regierungsbezirks Arnsberg mit 14,8 Prozent eine gewisse Bedeutung zu. Im Sauerland etwa, wo gegen Ende des 19. Jahrhunderts viele Betriebe ihre Milchwirtschaft intensivierten, besteht die häufigste Veränderung der traditionellen Häuser in der Erweiterung der Kuhställe. Dazu wurde im Wirtschaftsteil eines der beiden alten Seitenschiffe mit dem schmalen und kaum acht Kühe fassenden Kuhstall abgebrochen und – quer zum First des Altbaus – ein Stall eingeschoben. Von einem Ober- oder Drempelgeschoss konnten Heu und Stroh unmittelbar in den neuen Stall abgeworfen werden, der nicht nur einer größeren Zahl an Milchkühen, sondern auch insgesamt mit Futtergang und Mistgang mehr Platz und Hygiene bot.[28] Zur Be- und Verarbeitung der Milch vor dem Abtransport ins Ruhrgebiet wurden seit den 1880er Jahren auch in den kleinen Zentralorten des Sauerlands Molkereien gegründet. Dorthin gelangten die vom örtlichen Milchfuhrmann – zumeist einem kleineren Bauer im Nebenerwerb – zweimal täglich eingesammelten Milchkannen; dort – und nicht mehr auf dem einzelnen Hof – wurden die Milch mit Dampfkraft entrahmt, Butter und Käse hergestellt und wie die gekühlte Trinkmilch ins Ruhrgebiet versandt. Von den Molkereien waren manche in Privat- und andere in kommunalem Besitz, eine große Zahl war jedoch genossenschaftlich organisiert. Dann standen sie oft in Verbindung mit anderen zentralen Einrichtungen, wie etwa Mühle und Kühlhaus, Zuchtverbund und Maschinenverbund sowie vor allem auch mit einem Einkaufsverbund für Dünger, Saatgut und dem schon lange aus Übersee bezogenen Zusatzfutter. Der Name des Rheinländers Friedrich Wilhelm Raiffeisen (1818–1888) darf in diesem Zusammenhang nicht unerwähnt bleiben.

Es sind also weniger die Bauernhöfe selbst, die die Verflechtung mit dem Ruhrgebiet unmittelbar anschaulich machen, als die Einrichtungen des Handels. Aus der Frühzeit solcher Einrichtungen des Handels und der Verarbeitung sind allerdings nur noch wenige Baulichkeiten erhalten: Das Gelände des Bochumer Schlachthofs[29] etwa dient seit 1930 als Bergbaumuseum, und die Halle Münsterland in Münster und die Westfalenhalle in Dortmund haben schon lange ihre vorrangige Funktion als Viehschau- und -auktionshalle verloren. Ähnlich sind von der Fleisch- und Wurstwarenfabrikation neben einigen vorindustriellen bäuerlichen Räuchertürmen nur noch wenige der anfänglich eher bescheidenen industriellen Anlagen erhalten. Zu Beginn ebenfalls auf den Ruhrgebietsmarkt orientiert, sind die Unternehmen besonders des Raums Versmold/Gütersloh[30] mit modernsten Produktionsanlagen und -gebäuden mittlerweile von deutschland- oder europaweiter Bedeutung.

Die Reihe solcher Beispiele lässt sich verlängern[31] etwa auf die große Zahl an Landmaschinenbetrieben in den Kleinstädten der Landwirtschaftsregionen selbst,[32] von denen aus den Kreisen Warendorf und Gütersloh beispielhaft Geringhoff und Kemper in Rietberg, Hagedorn in Warendorf, Buschhoff in Ahlen und Claas in Harsewinkel genannt seien.[33] Ein weiteres Beispiel ist die Produktion von Rüben, auf die sich viele der Bauern mit den guten Böden Lippes und des Hellwegs spezialisiert hatten. Die Weiterverarbeitung zu Zucker war schon früh zentralisiert und auch hier sind die Anlagen – etwa in Soest oder Lage – durch Produktionsveränderungen und -erweiterungen in den letzten Jahrzehnten stark überformt. Vergleichsweise gut erhalten sind dagegen viele der Brennereigebäude. Diese freilich sind für eine Verflechtung mit dem Ruhrgebiet kein gutes Beispiel, denn Schnaps brennen und bekanntlich auch Bier brauen[34] konnte das Ruhrgebiet selbst in überschäumendem Umfang. Für die zahlreichen Hofbrennereien des 19. Jahrhunderts war der Schnaps anfänglich nur Nebenprodukt der Herstellung der Brennereirückstände, der Schlempe, als Viehfutter. Zum eigenständigen Produktionszweig bildete sich die Brennerei erst mit dem Anwachsen der Bevölkerung und mit der steigenden Nachfrage für Alltag und Freizeit aus.

Freizeit und Erholung

Auch in vorindustrieller Zeit kannten die Menschen Phasen der Muße und der Erholung. Schon für die Zeit um 1600 wird aus Lünen berichtet: »An den herrlichen Ufern der Wasserläufe [gemeint ist in erster Linie wohl die Lippe; d. V.] haben die Bewohner vor den Toren der Stadt zur ihrer Freude und Erholung Wald- und Parkanlagen geschaffen ... [und] Bänke aus Holz oder Rohrgeflecht aufgestellt.«[35]
Im 18. Jahrhundert mehren sich die Belege, dass die bereits genannten Gärten vor der Stadt nicht nur der Selbstversor-

links:
Das Ausflugs- und Veranstaltungslokal Freischütz auf der Höhe des Schwerter Waldes (Kreis Unna) war per Straßenbahn zu erreichen. Ansicht im Jahr 1911 mit dem ursprünglich nur einstöckigen Forsthaus von 1843 als Keimzelle und der nur hier zweigleisigen Straßenbahn von Schwerte nach Hörde.

rechts:
Ausflugslokal Freischütz im Jahr 2009. Saalbau und Turm der Jahre 1902 bis 1904 entstanden nach Entwurf des Architekten Marx.

gung, sondern auch der Freizeitgestaltung dienten; überall entstanden »Lust- und Gartenhäuser«.[36] Eine – freilich dünne – Oberschicht fand darüber hinaus seit dem 18. Jahrhundert in Gesundbrunnen und Kurbädern Gesundheit und Erholung in standesgemäßer Gesellschaft, wie etwa am Schwelmer Brunnen als bemerkenswertester Einrichtung dieser Art am Rand des heutigen Ruhrgebiets.[37] Mit der Industrialisierung jedoch gewann die Reproduktion der Arbeitskraft vor dem Hintergrund zunehmender Arbeits- und Umweltbelastungen ganz neue Dimensionen.

Abenderholung

Die ungesteuerte Ausweitung von Siedlungs-, Industrie- und Verkehrsflächen in wilder Gemengelage verschlechterte die Lebensbedingungen im direkten Wohnumfeld. Eine unmittelbare Folge war die räumliche Entmischung der verschiedenen Bevölkerungsschichten. Wer immer es sich erlauben konnte – und das hieß zuerst noch: Wer eigene Verkehrsmittel, also Kutsche und Pferd, später eines der frühen Automobile besaß –, kehrte nicht nur den historischen Kernen, sondern auch den rasch ausgreifenden Rändern der Städte den Rücken. Es entstanden Villengebiete, bevorzugt auf den die Ruhr begleitenden Hügeln im Süden der Großstädte, etwa Essens oder Dortmunds, aber auch nördlich, am Geesthang der Lippe.

Für die Mehrheit der Ruhrgebietsbevölkerung in den Massenwohnquartieren waren Naherholungsflächen jedoch gegen Ende des 19. Jahrhunderts in bald unerreichbare Fernen gerückt. Man muss es fast schon weitsichtig nennen, wenn ein Magistrat – wie jener der Stadt Bochum – bereits 1869 beschloss, ein der Innenstadt nahes Stück Allmende im Stil eines englischen Gartens als Stadtpark anlegen zu lassen.[38] In anderen Städten trug man erst Jahre später auch dem Erholungsbedürfnis Rechnung; in Dortmund etwa in den 1880er Jahren mit dem Fredenbaumpark und 1894 mit dem Kaiser-Wilhelm-Hain als Keimzelle des heutigen Westfalenparks.[39] Wie besonders der Fredenbaum, so wurden die Parks oftmals um Attraktionen des Freizeitvergnügens (Ruderteiche, Karussells, Achterbahnen und dergleichen) ergänzt.

Naherholung

Am Wochenende zogen Kleinbürger wie Kumpel hinaus aufs Land in die allerorts sprießenden und aufblühenden Gastwirtschaften; bei Sonnenschein in die intime Kaffeelaube, bei Regen in den großen Saal.[40] Für die Kinder gab es Schaukel und Karussell, für die Älteren einen Bootsverleih und einen Tanzboden. Derlei Angebote mussten die Wirte machen, denn es war modisch, den Ausflug kollektiv zu verbringen. Heute ist von dieser Art der Freizeitgestaltung und dementsprechend auch von den Baulichkeiten kaum mehr etwas

übrig. Und auch was den Ausflugsverkehr überhaupt erst möglich gemacht hatte, nämlich Entwicklung und Ausbau öffentlicher Verkehrsmittel, ist zumeist wieder verschwunden: Die größten Gaststätten waren und sind noch bisweilen dort zu finden, wo Naturschönheiten durch die Eisenbahn oder durch das bis in die 1960er Jahre bestehende Netz an Überland-Straßenbahnen erschlossen wurden.[41]

Zu den beeindruckenden erhaltenen Beispielen zählt der Freischütz auf einer bewaldeten Passhöhe zwischen Dortmund und Schwerte.[42] Ausgangspunkt war das 1843 errichtete Haus des Schwerter Stadtförsters, dessen Frau seit 1861 Erfrischungen für Wanderer und Postkutschenreisende schon angeboten hatte, bevor ab 1899 die Hörder Kreisbahn auf der Fahrt nach Schwerte eine Verschnaufpause einlegte. Schnell wurde das Forsthaus mit den üblichen Attraktionen ausgestattet und vergrößert und schließlich zwischen 1902 und 1904 ein Saalbau mit Aussichtsturm errichtet, der über 1000 Personen fasst. Zum beliebtesten Ausflugsziel am Nordrand des mittleren Ruhrgebiets entwickelten sich die Wälder der Haard und die Stever-Stauseen bei Haltern. Zwar erfolgte der Stau der Stever primär zur Trinkwasserversorgung des Ruhrgebiets, aber schon im Baujahr 1930 wurde auch die Ausstattung mit Ausflugslokalen und Badeanstalten einbezogen.[43]

Urlaub

Noch vor den ostfriesischen Inseln entwickelte sich das Sauerland zum Hauptziel der Sommerfrischler und Urlauber aus dem Ruhrgebiet, wobei auch hier – neben der Erkämpfung von freier Zeit und von Urlaubstagen im Rahmen der Sozialgesetzgebung beziehungsweise von Arbeitszeitregelungen – durch die neuen Verkehrsmittel Eisenbahn, später Omnibus und Auto, die Voraussetzungen erst geschaffen werden mussten.

Der Beginn des Fremdenverkehrs im »Land der Tausend Berge« ist recht genau auf die 1880er Jahre zu fixieren: In dieser Zeit wurden 77 Aussichtstürme zum besseren Genuss der Fernsicht erbaut.[44] Als Unterkunft für die Sommerfrischler und die bald folgenden Wintersportler sind nur relativ wenige Hotels neu errichtet worden. Der Sauerlandurlauber bevorzugte statt dessen – ob aus Überzeugung oder vom schmalen Budget gezwungen – andere Formen der Unterbringung, wie die überall von der örtlichen Bevölkerung eröffneten Pensionen. Ein Beispiel unter vielen kann die Pension Becker in Arnsberg-Oeventrop geben. Nach dem Brand des allein gelegenen Bauernhofs im Jahr 1895 entstand ein Wohnhaus als Massivbau unter Krüppelwalmdach, vermutlich noch mit Wirtschaftsdiele. 1913 erfolgte die Umnutzung zur Pension mit dem Ausbau des Dachgeschosses zu Beherbergungs-

rechts:
»Westfälischer Zauberberg«: Die Lungenheilstätte in Meschede-Beringhausen (Hochsauerlandkreis) wurde 1898 als autarke Einrichtung über einem einsamen Seitental von der Knappschaftsversicherung unter der Schirmherrschaft der Kaiserin Auguste Viktoria errichtet.

links:
Gebäude der Pension Becker in Arnsberg-Oeventrop (Hochsauerlandkreis), nach dem Brand des Vorgängerbaus 1895 als Bauernhof errichtet und ab 1913 für die Beherbergung von Gästen und als Ziel für Tagesausflüge um- und ausgebaut. Ansicht um 1930.

zwecken und dem Anbau einer unten geschlossenen und oben offenen Veranda. Besonderes Augenmerk richtete Familie Becker auf die Gartengestaltung. Die Hausquelle wurde zum See mit romantischer Brücke aufgestaut und Tische im Garten durch Hecken als Separees abgegrenzt. Dieser Kaffeegarten zielte auch auf Tagesausflügler, die den Gasthof vom Bahnhof Oeventrop der Ruhrtaleisenbahn bequem erreichen konnten.

Viele Sommerfrischler fanden soviel Gefallen am Sauerland, dass sie sich ein dauerhaftes Domizil einrichteten. Private Ferienhäuser entstanden in weiter sozialer und baulicher Differenzierung vom Landhaus des Ruhrgebietsindustriellen bis zu den in jeder Hinsicht anspruchslosen Kleinbauten im Spektrum zwischen Holzhütte und Siedlungshaus. Viele dieser Bauten wurden dann zwischenzeitlich zum dauerhaften Wohnen hergerichtet, um den Folgen des Zweiten Weltkriegs im Ruhrgebiet zu entkommen. Eine weitere Form der Unterbringung stellen die zahlreichen Erholungsheime der Korporationen dar. Besonders in den 1920er Jahren errichtete jede einzelne Ruhrgebietsstadt ein Erholungs- und jedes Gymnasium, das auf sich hielt, ein Schullandheim; Hütten und Heime von Parteien und Sportvereinigungen folgten. Quantitativ nicht zu unterschätzen sind – neben den entstehenden Jugendherbergen mit der Burg Altena als weltweit ältester – auch die Übernachtungen von Reisegruppen und insbesondere Schulklassen auf Matratzenlagern in den ohnehin in fast jedem Sauerländer Dorf fast das ganze Jahr über leer stehenden Schützenhallen.

Und abschließend darf auch das Sanatorium nicht unerwähnt bleiben. Das westfälische Umland mit seinen besseren Umweltbedingungen sollte auch jenen Hilfe bringen, die den Lebensbedingungen im Ruhrgebiet zu erliegen drohten. Die Knappschaft als Krankenversicherungsträger der Bergleute ließ vor allem im Sauerland, aber auch in der Haard, Lungenheilanstalten errichten. 1898 eröffnete Kaiserin Auguste Viktoria die nach ihr benannte Heilstätte in bis heute idyllischer Alleinlage bei Meschede. Freilich war ein Aufenthalt dort nicht touristisch heiter, sondern oftmals eine Reise ohne Wiederkehr.

1 Zur Geschichte des Ruhrgebiets ausführlich vgl. Wolfgang Köllmann (Hg.), Das Ruhrgebiet im Industriezeitalter, 2 Bde., Düsseldorf 1990; als knappe Zusammenfassung vgl. Wolfhard Weber, Strukturwandel im Ruhrgebiet 1820–2000, in: Märkisches Jahrbuch für Geschichte, 105, 2005, S. 216–233.

2 Siehe den Beitrag von Hans H. Hanke über das »Ruhrgebiet und die Welt« in diesem Band.

3 Ulrike Klein, Holzwege. Handel und Transport von Grubenholz, in: Uwe Beckmann und Birgit Freese, Hölzerne Zeiten. Die unendliche Karriere eines Naturstoffes, Ausst.-Kat. Westfälisches Freilichtmuseum Hagen, Westfälisches Landesmuseum für Handwerk und Technik, Hagen 1994, S. 105–113; Gabriele Unverfehrt, Holz im Ruhrbergbau, in: Beckmann/Freese 1994 (wie oben), S. 141–149; Bernwart Selter, Waldnutzung und ländliche Gesellschaft. »Landwirtschaftlicher Nährwald« und neue Holzökonomie im Sauerland des 18. und 19. Jahrhunderts, Paderborn 1995.

4 Groß war auch der Bedarf an Grubenpferden im Bergbau; siehe Abb. z. B. bei Clemens Kreuzer (Hg.), Bauernzeit und Bergmannszeit in Bochum Ost, Bochum 1990.

5 Thomas Ostendorf, Markt für Pferde, Hanf und Mägde. Mariä Geburt in Telgte – Vergnügen für Zehntausende, in: Jahrbuch Westfalen, 57, 2003, S. 241–252; Rainer Schulz, Werne – gestern und heute, Werne 1984, S. 220.

6 1858: 474 000; 1871: 723 000; 1905: 2 613 000; 1933: 3 996 000; 1950: 4 160 000, nach: Wolfgang Köllmann, Frank Hoffmann und Andreas E. Maul, Bevölkerungsgeschichte, in: Köllmann 1990 (wie Anm. 1), Bd. 1, S. 110–197, hier S. 11.

7 Manche der Pendler zogen nach Jahren dauerhaft ins Ruhrgebiet, wie jener aus dem Minden-Ravensberger Raum, der dazu das komplette Fachwerkgerüst aus seiner Heimat nach Dortmund-Aplerbeck übertrug; Thomas Spohn, Wie dringt das Fremde ins Heimische? Über den Einfluss von Wanderungen auf das ländliche Bauen und Wohnen in Westfalen-Lippe, in: Jan Carstensen und Josef Mangold (Hg.), Menschen – Ideen – Migration. Neue Blicke auf Baukultur im Rheinland und in Westfalen-Lippe, Essen 2010, S. 41–59.

8 Nur erwähnt sei das Problem der Wasserversorgung, das erst mit dem Ausbau der Talsperren, dem Ruhrreinhaltungsgesetz und dem Ruhrtalsperrengesetz im Jahr 1913 eine dauerhafte Lösung erfuhr, vgl. 1913–1988. 75 Jahre im Dienst für die Ruhr, hrsg. vom Ruhrverband/Ruhrtalsperrenverein, Essen 1988. Für die Entsorgung wurde von der 1899 gegründeten Emschergenossenschaft im Jahr 1906 die Emscher als Abwasserkanal ausgebaut, vgl. Hubert Kurowski, Die Emscher: Geschichte und Geschichten einer Flusslandschaft, Essen 1993.

9 Industrialisierung und Urbanisierung führten in großen Umfang zu einer Umwidmung einst landwirtschaftlicher Flächen, siehe z. B. die Karten in drei Zeitschnitten zwischen 1820 und 1930 bei: Maria Heese, Der Landschaftswandel im mittleren Ruhrindustriegebiet seit 1820, Münster 1941, Anhang 4; Horst M. Bronny und Wilfried Dege, Raumpotential und Raumstruktur an der Schwelle zur Industrialisierung, in: Köllmann 1990 (wie Anm. 1), Bd. 1, S. 81–106. Aber noch um die Mitte des 20. Jahrhunderts lag ihr Anteil bei 50 Prozent und bis 1914 gab es Regionen des Ruhrgebiets, in denen trotz des starken Flächenverbrauchs für Produktion, Infrastruktur und Siedlung die landwirtschaftliche Nutzfläche weiter zunahm. Dies findet seine Ursache in der Melioration bis dahin öder Flächen, die nun durch den Einsatz künstlicher Dünger mit Gewinn zu bestellen waren.

10 Nach Thomas Spohn, Der Umgang mit den Dingen in der westfälischen Kleinstadt Unna zwischen dem ausgehenden 17. und dem frühen 19. Jahrhundert, in: Michael Prinz (Hg.), Der lange Weg in den Überfluss. Anfänge und Entwicklung einer Konsumgesellschaft seit der Vormoderne, Münster 2003, S. 121–147, S. 140.

11 Für die Stadt Unna lässt sich bezogen auf das Jahr 1783 der Viehbesatz haushaltsscharf kartieren; Thomas Spohn, Aspekte kleinstädtischen Lebens im 18. Jahrhundert – Vom Bauen und Wohnen in Unna, Bonn 1995, S. 171.

12 Hans Jürgen Teuteberg, Vom Agrar- zum Industriestaat (1850–1914), in: Wilhelm Kohl (Hg.), Westfälische Geschichte, 3 Bde., ein Registerband und ein Dokumentenband, Bd. 3, Düsseldorf 1984, S. 163–312, S. 299; eine Ausnahme machte nur die Hellwegzone, wo aufgrund besonderer Bodengüte schon seit dem Mittelalter eine Überproduktion an Getreide nachgewiesen ist, die u. a. auf den Markt des kargen Berglandes im Süden mit seiner eisengewerblichen Orientierung zielte.

13 Wilhelm Hücker, Die Entwicklung der ländlichen Siedlung zwischen Hellweg und Ardey (Oberamt Hörde), Münster 1939; Heese 1941 (wie Anm. 9), S. 40 f; Albert Lange, Das Wohnhaus im Ruhrkohlenbezirk vor dem Aufstieg der Großindustrie, Reprint der Originalausgabe aus dem Jahr 1942, aktualisiert und mit einer kommentierenden Einleitung versehen von Christoph Dautermann und Thomas Spohn, Mainz 2005; Wilfried Bracht und Wilhelm Putz, Annen-Süd. Besiedlung, Entwicklung und Bergbau der Ortsteile Ardey, Burbach und Gedern, Witten 1987; Thomas Spohn, Arbeiterwohnungsbau außerhalb der Städte des Ruhrgebietes vor 1850, in: Jahrbuch für Hausforschung, 36/37, 1987, S. 147–202.

14 Siehe z. B. Franziska Bollerey und Kristiana Hartmann, Siedlungen aus den Regierungsbezirken Arnsberg und Münster, Greven 1978.

15 Zur Landwirtschaft des Ruhrgebiets im Industriezeitalter siehe: Klöpfer, Geschichte der Landwirtschaft der Mark im 19. Jahrhundert, in: Aloys Meister (Hg.), Die Grafschaft Mark, Dortmund 1909, S. 351–398; Gisbert Linneweber, Die Landwirtschaft in den Kreisen Dortmund und Hörde unter dem Einfluß der Industrie, Stuttgart 1909; Heese 1941 (wie Anm. 9); Wilhelm Müller-Wille, Westfalen. Landschaftliche Ordnung und Bindung eines Landes, Münster 1952, S. 230–261; Gregor Böttcher, Die Umschichtung der Agrarproduktion im mittleren Ruhrgebiet durch den Einfluss der Industrie, in: Paul Busch und Helmuth Croon (Hg.), Bochum und das mittlere Ruhrgebiet, Paderborn 1965, S. 49–57; Teuteberg 1984 (wie Anm. 12); Friedrich Becks, Die Agrarwirtschaft Westfalens und ihre räumliche Differenzierung, in: Erträge geographisch-landeskundlicher Forschung in Westfalen (Westfälische geographische Studien, 42), Münster 1986, S. 223–227; Heinz Reif, Landwirtschaft im industriellen Ballungsraum, in: Köllmann 1990 (wie Anm. 1), Bd. 1, S. 338–393; Bronny/Dege 1990 (wie Anm. 9); Peter Exner, Ländliche Gesellschaft und Landwirtschaft in Westfalen 1919–1969, Paderborn 1997.

16 Thomas Spohn, Farmhouses of the 17th to 20th Centuries: Mirrors of Cultural Landscape in the Ruhr District, in: Christoph Bartels und Claudia Küpper-Eichas: Cultural Heritage and Landscapes in Europe, Bochum 2008, S. 649–666.

17 Lange 1942 (wie Anm. 13); Josef Schepers, Haus und Hof westfälischer Bauern, Münster 1973.

18 Die relativ teure Einfuhr des natürlichen Guano aus Chile und Peru konnte reduziert werden zugunsten der im Thomas-Verfahren anfallenden Schlacke (»Thomasmehl«) und des schwefelsauren Ammoniaks der Gasfabriken und Kokereien; vgl. Martin Ullmann, Die deutsche chemische Dünger-Industrie. Festschrift zum 25jährigen Jubiläum der Gründung des Verein Deutscher Düngerfabrikanten, Berlin 1905.

19 F. Beckmann, Die weltwirtschaftlichen Beziehungen der Landwirtschaft des westfälischen Industriegebietes, Leipzig 1929; F. J. Gieselmann, Aufbau und Verflechtung der Wirtschaft, in: Der Raum Westfalen III, Berlin 1932, S. 5–146; Becks 1986 (wie Anm. 15).

20 Böttcher 1965 (wie Anm. 15), S. 49–57; Reif 1990 (wie Anm. 15); Teuteberg 1984 (wie Anm. 12); Burkhard Theine, Westfälische Landwirtschaft in der Weimarer Republik, Paderborn 1991; Exner 1997 (wie Anm. 15); Karl Ditt, Rita Gudermann und Norwich Rüße (Hg.), Agrarmodernisierung und ökologische Folgen. Westfalen vom 18. bis zum 20. Jahrhundert, Paderborn u. a. 2001.

21 Gieselmann 1932 (wie Anm. 19), Karte 4; siehe verallgemeinernd Müller-Wille 1952 (wie Anm. 15).

22 Wilhelm Müller-Wille und R. Wehdeking, Die Viehhaltung in Westfalen von 1818 bis 1948, in: Der Spieker, 2, 1950, und Der Spieker, 4, 1953.

23 Siehe etwa zum südlichen Oldenburger Land: Hans-Wilhelm Windhorst, Spezialisierte Agrarwirtschaft in Südoldenburg – Eine agrargeographische Untersuchung, Leer 1975.

24 Siehe z. B. Gustav Wolf, Die Wandlungen des westfälischen Bauernhofes in der jüngeren Neuzeit, in: Schepers 1973 (wie Anm. 17), S. 531–544; Andreas Eiynck, Bauernhäuser im Klassizismus, Historismus und Jugendstil, Vreden 1990; Geerd Dahms, Giesela Wiese und Rolf Wiese (Hg.), Stein auf Stein. Ländliches Bauen zwischen 1870 und 1930 (Arbeiten und Leben auf dem Land, 6), Rosengarten-Ehestorf 1999; Michael Schimek, Zwischen Anspruch und Wirklichkeit. Staatliche Einflussnahmen auf das ländliche Bauen: Das Land Oldenburg zwischen 1880 und 1930, Münster 2004.

25 Allgemein: Walter Schumacher, Der Absatz der landwirtschaftlichen Erzeugnisse in der Provinz Westfalen mit besonderer Berücksichtigung genossenschaftlicher Tätigkeit, Diss. Halle 1925; mit regionalen Fallbeispielen: Gerhard Strootmann, Landhandel, Bezugs- und Absatzgenossenschaften, Molkereien, in: Karl Schnettler, Der Landkreis Warendorf, Oldenburg 1967, S. 180–185.

26 Bernhard Vaal, Die Milchversorgung des Ruhrgebietes mit besonderer Berücksichtigung der Stadt Essen, Diss. Leipzig 1927; Mechthild Wiswe, Milch – Käse – Butter. Gestern Meierei – heute Molkerei, Ausst.-Kat. Braunschweigisches Landesmuseum, Braunschweig 1981; Helmut Ottenjann und Karl-Heinz Ziessow (Hg.), Die Milch. Geschichte und Zukunft eines Lebensmittels, Ausst.-Kat. Museumsdorf Cloppenburg 1996; Helene Albers, Zwischen Hof, Haushalt und Familie. Bäuerinnen in Westfalen – Lippe 1920–1960, Paderborn 2001; Fritz Söbbeler, Gewinnung und Behandlung der Milch einst und jetzt, in: Bauern im südwestfälischen Bergland, hrsg. vom Westfälischen Schieferbergbau- und Heimatmuseum Schmallenberg-Holthausen, Hagen 2006, S. 315–334.

27 Gieselmann 1932 (wie Anm. 19), Karte 4.

28 Thomas Spohn, Kuckuck, Kuhtränke, Kühltruhe – Die Technisierung des Bauernhofes im 19. und 20. Jahrhundert, in: Rheinisch-westfälische Zeitschrift für Volkskunde, 54, 2009, S. 195–221.

29 Neubaupläne zu diesem Schlachthof bei Ludwig Claasen, Viehmärke, Schlachthöfe und Markthallen, Leipzig o. J.

30 Rolf Westheider, Versmold. Eine Stadt auf dem Weg ins 20. Jahrhundert, Bielefeld 1994, hier S. 421–444; Bernhard Haas, 75 Jahre Westfleisch. 1928–2003. Fleischvermarktung zwischen Wachstum und Wandel, Münster 2003.

31 Etwa auf die großen, jedoch kaum erhaltenen industriellen Getreidemühlen, auf Hefefabriken, z. B. in der Innenstadt von Werne, Schulz 1984 (wie Anm. 5), und auf Stärkefabriken, Stefan Wiesekopsieker, Hofmann's Stärkefabriken Bad Salzuflen. 140 Jahre Firmengeschichte in Wort und Bild, Horb 1990.

32 Die Maschinen für die Landwirtschaft Westfalens wurden nur zum geringen Teil im Ruhrgebiet gebaut; Klaus Hermann, Technisierung der Landwirtschaft. Landmaschinenindustrie im Ruhrgebiet, in: Manfred Rasch und Dietmar Bleidick (Hg.), Technikgeschichte im Ruhrgebiet – Technikgeschichte für das Ruhrgebiet, Essen 2004, S. 827–846.

33 Siehe zur Mechanisierung: Exner 1997 (wie Anm. 15); zu den Produkten: Alfons Eggert, Landwirtschaftliche Maschinen in Westfalen in Bildern und Beschreibungen 1900 bis 1950, Münster 1988; Ralf Vogeding, Dampf und Diesel in der Landwirtschaft Westfalens, Münster 1988; zu einzelnen Produzenten z. B.: Norman Gebhard, Westfalia separator AG, Oelde 1965; Walter Wehrland, 1000 Jahre Harsewinkel. Zur Heimatgeschichte der Stadt an der Ems, Münster 1965, S. 547-570.

34 Zu den Brauereigebäuden siehe Eberhard G. Neumann, Bautypologische und stilgeschichtliche Wandlung der Brauereigebäude. Beispiel Nordrhein-Westfalen, in: Technische Kulturdenkmale, 12, 1979, S. 17–27.

35 Georg Spormecker, Chronik der Stadt Lünen, (Neuauflage) Lünen 1962, S. 15.

36 So eine preußische Verordnung über die Bauweise dieser Gebäude in der Grafschaft Mark aus dem Jahr 1772; nach Spohn 1995 (wie Anm. 11), S. 126; dort auch Beispiele aus dem Ruhrgebiet, etwa in Dortmund und (Duisburg-)Ruhrort.

37 Fred Kaspar, Brunnenkur und Sommerlust. Gesundbrunnen und Kleinbäder in Westfalen, Bielefeld 1993.

38 Erika Schmidt, Zierde, Vergnügen, gesunde Luft und gute Lehren. Zur Geschichte des Stadtparks in Bochum und anderswo, in: Hans H. Hanke, Bochum. Wandel in Architektur und Stadtgestalt, Bochum 1985, S. 109–122.

39 50 Jahre Westfalenpark Dortmund (Heimat Dortmund, H. 2), Dortmund 2009.

40 Zum Ausflugsverkehr generell siehe z. B. Wilhelm von Kürten, Die Entwicklung des Ausflugsverkehrs in den Randzonen der Verdichtungsgebiete unter besonderer Berücksichtigung des Ruhrgebiets und des Bergisch-Märkischen Landes, in: Beträge zur Heimatkunde der Stadt Schwelm und ihrer Umgebung, 25, 1975, S. 9–42; Peter Schnell, Freizeit – und Erholungsräume der Ruhrgebietsbevölkerung, in: Heinz Heineberg und Alois Meyr (Hg.), Exkursionen in Westfalen und angrenzenden Regionen (Münstersche geographische Arbeiten, 16), Paderborn 1983, S. 151–171.

41 Fred Kaspar, Der Ausflug aus der Stadt. Bürgerliches Freizeitleben zwischen dem 18. und dem 20. Jahrhundert am Beispiel der Stadt Minden, in: Ulrich Hermanns (Hg.), Souvenirs! Souvenirs aus Westfalen-Lippe, Ausst.-Kat. Wanderausstellung des Westfälischen Museumsamtes, Münster 1996, S. 9–18.

42 Gerhard Hallen, Aus dem Ruhrtal einst und jetzt: Schwerte, Teil 2, Meinerzhagen 1983, S. 173.

43 Peter Borscheid und Jürgen Uckelmann, Wirtschafts- und Sozialgeschichte von Haltern 1800–1970, in: Franz-Josef Schulte-Althoff (Hg.), Haltern. Beiträge zur Stadtgeschichte, Dülmen 1988, S. 447–554.

44 Allgemein zum Thema: Bärbel Michels, Wintersport im Sauerland in früherer Zeit, Brilon 1989; Dietmar Sauermann (Hg.), Gute Aussicht. Beiträge und Bilder aus der Frühzeit des Fremdenverkehrs im Sauerland, Rheda-Wiedenbrück 1990; Thomas Spohn und Carsten Vorwig, Von der Bergbau- und Gewerbe- zur Tourismusregion: Alte Strukturen und neue Bautypen im Sauerland, in: Jahrbuch für Hausforschung 2010 (im Druck).

Kunst und Architektur

Christoph Machat

Der reiche Denkmalbestand des Ruhrgebiets dokumentiert dessen historische Entwicklung – nicht allein jene des Industriezeitalters ab Mitte des 19. Jahrhunderts, sondern seit weit zurückliegenden Zeiten, als die Region eine dünn besiedelte, bäuerlich-agrarisch geprägte Kulturlandschaft war. Die zahlreichen erhaltenen Höhenburgen, Klöster und Stifte, Königshöfe und Adelssitze, historische Stadtkerne oder Kirchdörfer legen Zeugnis davon ab. Der Bestand spiegelt die wechselseitigen Beziehungen, die das Ruhrgebiet nicht allein mit seinen direkten Nachbarn, sondern mit nahezu allen Ländern Europas gepflegt hat und auch heute noch pflegt. Durch sie sind Einflüsse von außen als willkommene Anstöße zur wirtschaftlichen, gesellschaftlichen und sozialen Entwicklung, aber auch zu Veränderungsprozessen im Bereich von Kunst und Architektur wirksam geworden. Dass die Ergebnisse heute das Charakteristische, das Prägende des Ruhrgebiets ausmachen, ist als Zeichen von Integration und Kontinuität zu werten.

Einflüsse von außen werden als willkommene Anstöße zu Veränderungsprozessen im Bereich von Kunst und Architektur wirksam.

Besondere Merkmale des Ruhrgebiets anhand ausgewählter Denkmale zu vermitteln, ist freilich kein leichtes Unterfangen. Die Erfahrung der traditionellen Bau- und Kunstdenkmalpflege hat gelehrt, dass mit wenigen Ausnahmen die Denkmale vergangener Epochen von der zeitgenössischen Gesellschaft gleichermaßen als fremd empfunden werden. Die Denkmalpflege war daher immer schon verpflichtet, zu vermitteln beziehungsweise ein »Verstehen« zu ermöglichen. Das heutige Verständnis vom Baudenkmal als Geschichtszeugnis bietet eine Vielfalt an Möglichkeiten, unterschiedliche, sich oft überlagernde Bedeutungsinhalte zu vermitteln und verständlich zu machen. Im Projekt »Fremde Impulse« sind die Einflüsse von außerhalb, die objektbezogen konkrete Inhalte zum Themenkomplex aufzeigen, exemplarisch vorgestellt. Aussagekräftige Beispiele zum Thema Kunst und Architektur sind mitunter bei den anderen Kernthemen des Projekts – Glaube, Leute, Herrschaft, Kapital und Technologie – zu finden. Andererseits können naturgemäß Beispiele dieses Kapitels auch anderen Bedeutungsinhalten zugehörig sein, wie der Hafentempel der Colonia Ulpia Traiana in Xanten (K1) als überzeugendes Beispiel für fremde Herrschaft: Mit dem in den ersten Jahren des 2. Jahrhunderts n. Chr. errichteten Ringhallentempel, nach dem Kapitol das größte Bauwerk der Colonia, vermittelten die Römer den einheimischen Germanen eindrucksvoll ihr Kultur- und Herrschaftsverständnis.

Von Herrschaftsverhältnissen zeugt zumindest indirekt auch die Essener Münsterkirche (G2), deren drei doppelgeschossige Arkadenöffnungen des Westwerks zum Kirchenschiff, unter Äbtissin Theophanu (1039–1058) errichtet, bewusst als Zitat des Aachener Oktogons Karls des Großen gestaltet wurden, als Zeichen und Symbol der Karolingerzeit, den Stiftern aus dem Kaiserhaus vorbehalten. Auch die Reinoldikirche in Dortmund (G7) geht auf die Zeit der Karolinger zurück. Heute erinnert allerdings nur noch die aus dem 15. Jahrhundert stammende Monumentalstatue Karls des Großen am Choraufgang an ihren Gründer. Das Bauwerk selbst, durch Einflüsse von der Romanik bis zur Spätgotik und von Kriegszerstörung und Wiederaufbau geprägt, mag stellvertretend für die wechselvolle Baugeschichte so manches bedeutenden Baudenkmals (nicht nur) im Ruhrgebiet stehen.

rechte Seite:
Musiktheater im Revier, Gelsenkirchen, Foyer, im Hintergrund ein großformatiges Relief von Yves Klein.

Die niederländischen Städte hatten sich im 15. Jahrhundert zu bedeutenden Kunstzentren entwickelt und spielten für den Niederrhein und das Ruhrgebiet eine wichtige Vermittlerrolle.

Hier reiht sich auch der nach Kriegszerstörung wieder aufgebaute Willibrordi-Dom zu Wesel (G10) ein, der im Zusammenhang des Projektes als Symbol des reformierten Glaubens nach 1540 ausgewählt wurde, eng verbunden mit der Geschichte der vielen nach Wesel geflüchteten Protestanten aus den Niederlanden. 1498 bis 1537 nach französischen Vorbildern mit Umgangschor errichtet, steht er in der Tradition der Spätgotik niederländischer Prägung. Die niederländischen Städte hatten sich im 15. Jahrhundert zu bedeutenden Kunstzentren entwickelt und insbesondere für den Niederrhein und das Ruhrgebiet eine wichtige Vermittlerrolle gespielt. So griffen Auftraggeber für besondere Aufgaben wiederholt auf Künstler aus den Niederlanden zurück, etwa in Recklinghausen auf Gerdt van Wou aus Kampen, als es nach dem verheerenden Stadtbrand vom April 1500 um den Guss der neuen Glocken für St. Peter ging (K2). Wie hoch das Ansehen der niederländischen Kunst in jener Zeit war, bezeugen die reich geschnitzten Antwerpener Altaraufsätze in der Dortmunder Petrikirche, in St. Viktor in Schwerte oder in St. Viktor in Xanten (K4, K5, K6). Von der Antwerpener St.-Lukas-Gilde wurden sie überall in Europa verkauft, und es war sicher auch eine Prestigefrage, ein solches Retabel zu besitzen.

Solche Beispiele machen deutlich, wie wichtig die Rolle der Auftraggeber – seien es kirchliche oder weltliche, Einzelpersonen oder Gemeinschaften – in der Kunst- und Baugeschichte immer schon gewesen ist. Ihre Aufzählung fortzusetzen, wäre müßig, da sie letztendlich sämtliche der ausgewählten Baudenkmäler umfassen müsste, auch jene der Industrialisierungsphase, die bedeutende Beispiele der Industriearchitektur hinterlassen hat, wie den Malakowturm auf Zeche Prosper II mit später integriertem Strebengerüst (G29), das Fördergerüst Erin 7 (KT23) in Castrop-Rauxel oder die Gebäude der ehemaligen Zinkfabrik Altenberg (KT26) in Oberhausen mit Halle, Direktorenvilla und Arbeiterhäusern. Die Schaffung von Wohnraum für die erforderlichen Arbeitskräfte war bekanntlich eine der wichtigsten Bauaufgaben der Industrialisierung, der zahlreiche qualitätvolle Siedlungen zu verdanken sind, entworfen im Auftrag einiger Industrieller von namhaften, mit den modernen Ideen aus England vertrauten Architekten: die Teutoburgia-Siedlung in Herne (K16) unter Verarbeitung des Gedankenguts des englischen Arts and Crafts Movement oder die Gartenvorstadt Hohenhagen (K13), gegründet vom Hagener Kunstsammler und Mäzen Karl Ernst Osthaus. Unter ähnlichen Vorzeichen steht die Siedlung Margarethenhöhe in Essen, eine der bekanntesten Gartenstädte, deren Bau auf die Initiative von Margarethe Krupp zurückgeht (L19). Aufgeklärten, fortschrittlich denkenden Stadtvätern ist schließlich eine Reihe öffentlicher Bauten zu verdanken, die als neue Bauaufgaben ebenfalls in das späte 19. Jahrhundert verweisen, wie die Mühlheimer Stadthalle aus der Zwischenkriegszeit (K18).

Besonders hervorzuheben sind jedoch Bauten der öffentlichen Hand aus der zweiten Hälfte des 20. Jahrhunderts, wie das als »Musiktheater im Revier« bekannte, unter Beteiligung international renommierter Künstler errichtete Theater in Gelsenkirchen (K19), die Schulbauten von Hans Scharoun in Lünen und Marl (K20, K21), die als Hängehochhäuser errichteten Rathaustürme (K22) oder die Wohnhügelhäuser in Marl (K23), das Rathaus in Castrop-Rauxel (K24) mit seinen neuen Tragwerksformen oder das Aalto-Theater in Essen (K25).

Die ausgewählten Baudenkmäler tragen dazu bei, die wesentlichen Bedeutungsinhalte der Denkmallandschaft Ruhrgebiet in ihrer geschichtlichen Entwicklung exemplarisch darzustellen und entsprechend zu vermitteln. Auch sind sie allesamt durchaus geeignet, die Komplexität des modernen Denkmalbegriffs zu belegen.

Von der Schelde an die Ruhr
Antwerpener Retabel der Spätgotik

Ulrich Schäfer

Die südniederländische Kunst genoss um 1500 höchstes Ansehen, und die Antwerpener Schnitzaltäre sind in ganz Europa verbreitet, denn die in der damals größten Hafenstadt Europas ansässigen Maler und Bildhauer machten sich die von dort ausgehenden Handelswege geschickt zunutze. Sie verkauften Flügelretabel bis ins Baltikum.

Schwerte, evangelische Pfarrkirche St. Viktor, Retabel auf dem Hauptaltar, Szene der Kreuzigung im Auszug, Antwerpener Werkstätten, 1523.

Ein flämisches Retabel in Schwerte

Einige der größten und komplexesten spätgotischen Flügelretabel aus Antwerpen befinden sich in Westfalen, davon zwei im Ruhrgebiet, nämlich in Dortmund[1] und in Schwerte[2]. Das Werk in der Dortmunder Petrikirche gilt als das größte seiner Art überhaupt (K5). Kaum kleiner ist das der Pfarrkirche St. Viktor in Schwerte (K4). An Komplexität übertrifft es das sogenannte Goldene Wunder der Dortmunder Petrikirche sogar noch. Zum einen gibt es mehr Einzelszenen und auf der Außenseite – der Werktagswandlung – 18 Heilige in Ganzfigur. Zum anderen stellte sich hier die zusätzliche Aufgabe, die Alabasterfigürchen von Christus und den Aposteln, die bereits aus dem 15. Jahrhundert stammen, in das Werk zu integrieren. Sie sind in dem untersten, auf der Mensa des Altars aufliegenden Kasten untergebracht. Da sich auf dessen linker Seite die Marken der abschließenden Qualitätsbeschau in Antwerpen befinden, muss die Einbindung der älteren Statuetten durch die Antwerpener Meister erfolgt sein. Auf der rechten Seite des Schreins ist das Retabel durch die in Schwerte angebrachte Jahreszahl 1523 datiert.

Die Antwerpener St.-Lukas-Gilde der Maler, Bildschnitzer und vieler Spezialhandwerker wie Maßwerkschneider, Blattgoldmacher, Fassmaler und anderer am Bau von Retabeln beteiligter Gewerke hatte zwischen 1470 und 1472 eine Beschaupflicht eingeführt: Schreinkästen, Maltafeln und geschnitzte Figuren wurden ohne Bemalung begutachtet und bekamen die Marke der offenen Hand als Qualitätssiegel. Diese als Relief mit einem Prägestempel angebrachte Marke findet man an den Figuren auf Köpfen und Sockeln sowie an Rahmenhölzern und auf den Seiten der Schreine. Danach ist in einem zweiten Schritt die Bemalung beschaut und ihre Qualität mit der durch drei Türme symbolisierten Burg bestätigt worden. Die Endabnahme wurde häufig noch durch zwei Hände und die Burg auf einer Seite des Schreins dokumentiert. Hand und Burg auf den Retabeln in Dortmund, Schwerte, Dortmund-Kirchlinde, Haltern, Hamm-Rhynern und in Xanten (K6) lassen keine Zweifel an ihrer Herstellung in Antwerpen aufkommen.

Schwerte, evangelische Pfarrkirche St. Viktor, Retabel auf dem Hauptaltar, Beschaumarken an der linken Seite des unteren Predellenkastens, Antwerpener Werkstätten, 1523.

Antwerpen – Hauptstadt der Kunstexporte

Die durch die Schelde mit einem Seehafen ausgestattete Stadt Antwerpen in Flandern hatte im Verlauf des 15. Jahrhunderts einen ungeheuren wirtschaftlichen Aufschwung erlebt. Diesen verdankte sie nicht zuletzt dem widrigen Schicksal der zuvor bedeutenderen Stadt Brügge, deren Hafen an der Zwin immer mehr versandete. Die deutsche Hanse, bedeutende Bankiers aus Italien, Kaufleute aus Süddeutschland und Händler, unter anderem von der iberischen Halbinsel, verlegten ihre Stützpunkte im Verlauf des 15. Jahrhunderts nach Antwerpen. Um 1500 gehörte die Stadt zu den größten der Welt. Durch Export und Import war Antwerpen mit fast ganz Europa verbunden. Das wird nicht zuletzt durch die Retabel belegt, die von Schweden bis Italien und von Polen bis nach Portugal geliefert worden sind.[3] Aufgrund der Marken ist ihre Herstellung in Antwerpen dokumentiert. Eingehende kunsttechnologische Untersuchungen haben kostbare Grundstoffe der farbigen Bemalung nachgewiesen, die in der Regel – wie etwa Gold oder Azurit – nach Flandern importiert werden mussten. Doch auch das Eichenholz der Schreinkästen, Flügel und Skulpturen wurde eingeführt, und zwar aus dem Baltikum, wie mit den Mitteln der Dendrochronologie gezeigt werden kann. So förderte die Infrastruktur des großen Hafens nicht nur den Absatz, sondern auch die Produktion der Künstler in Antwerpen.

Durch Export und Import war Antwerpen mit fast ganz Europa verbunden.

Eine der wichtigsten Exportregionen für die Retabel aus der Scheldestadt war Nordwestdeutschland. Hier gelangten die Altäre meistens auf dem Landweg zu den Auftraggebern. Der in einer Abschrift überlieferte Werkvertrag für das Retabel der Dortmunder Petrikirche verpflichtet dessen Meister Jan Gillisz. Wrage, beim Transport und beim Aufbau anwesend zu sein. Die sehr großen Altartafeln waren so konstruiert, dass sie für den Transport in fuhrwerksgerechte Einheiten zerlegt werden konnten. Das Schwerter Retabel zum Beispiel besteht aus 20 beidseitig bemalten Tafeln und fünf schmalen Kästen für den Schrein. Zwei von diesen liegen flach auf dem steinernen Altar, nämlich die untere Predella mit den Alabasterfiguren und die obere mit den Kindheitsszenen. Auf dieser stehen die drei Kästen mit der Passion aufrecht nebeneinander. Sie werden durch Keilverschlüsse zusammengehalten, die oberhalb der an den Auszug anschließenden Bögen über den seitlichen Kästen gut zu erkennen sind.

Die Schreinkästen waren schon in Antwerpen mit den bemalten Skulpturen und Ornamenten bestückt worden. Das beweist nicht zuletzt die Marke der Endkontrolle, denn der Beschaumeister wird wohl kaum nach Schwerte und Dortmund oder gar zu den Kunden in Schweden

oder Frankreich gereist sein. Aber auch kunsttechnologische Beobachtungen beweisen die Vernagelung der Skulpturenblöcke und Schleierbrettchen noch in Antwerpen. Bei der Endmontage kamen recht grobe Nägel zum Einsatz. Sie verursachten mitunter oberflächliche Schäden, die sofort behoben wurden.[4] Die Tafeln und Kästen waren stabil und konnten für den weiten Transport ausgerüstet und verpackt werden. Die Frachtstücke waren so vorbereitet, dass sie am Bestimmungsort wieder miteinander verbunden werden konnten. Ihre Installation in der Kirche erforderte zwar einen Kran, aber wohl kaum größeren künstlerischen Sachverstand.[5]

links:
Unna-Lünern, evangelische Pfarrkirche, Retabel auf dem Hauptaltar, Passionsszenen, Niedersächsische Werkstätten, um 1525–1530.

rechts:
Hamm-Rhynern, katholische Pfarrkirche St. Regina, Retabel auf dem Hochaltar, Passionsszenen, Antwerpener Werkstätten, um 1510–1520.

Im beginnenden 16. Jahrhundert erreichte der Export von Retabeln aus Antwerpen ins Ruhrgebiet – aber auch in viele weitere Regionen Europas – einen Höhepunkt. Ein deutlich früheres Retabel aus Flandern besitzt die Dortmunder Reinoldikirche. Über dessen Herstellungszeit zwischen 1410 und 1420 bestehen kaum Zweifel. Nicht belegt ist, wo das Werk geschnitzt wurde; die flämischen Städte Brüssel[6] oder Brügge[7] werden als Sitz der Werkstätten vorgeschlagen. Eine sichere Entscheidung wird die Frage nach dem Herstellungsort hier, wie auch im Fall des Retabels der Obersten Stadtkirche in Iserlohn, nicht finden, weil die Qualitätsbeschau mit den für Klarheit sorgenden Marken erst später zum verlässlichen Standard wurde.

Ursache für die Einführung der Beschaupflicht waren Streitigkeiten, die ein bezeichnendes Licht auf die Art der Arbeitsteilung bei der Retabelfertigung in den großen Zentren Brüssel und Antwerpen werfen. Die Maler beharrten auf dem alleinigen Recht, gegenüber den Kunden als verantwortliche Unternehmer aufzutreten, mit dem Argument, sie legten letzte Hand an das Gemeinschaftsprodukt, all die anderen Kunsthandwerker steuerten nur halb fertige Erzeugnisse bei und könnten daher nur als Subunternehmer beteiligt werden. Der in Brüssel 1454 und in Antwerpen 1472 gefundene Kompromiss räumt in nahezu identischen Artikeln auch den Bildschnitzern das Recht der Generalunternehmerschaft ein.[8] Teil der Kompromisslösungen ist jeweils die Einführung der Beschau. Wir können also frühestens ab der Mitte des 15. Jahrhunderts mit Brüsseler Marken rechnen, ab 1472 mit solchen aus Antwerpen.

Im engeren Bereich des Ruhrgebiets ist heute nur noch zu erahnen, welche Konkurrenz den flämischen Meistern ihre Kollegen vom Niederrhein, aus Köln und aus Westfalen waren. Ein schönes, aber leider kaum als repräsentativ zu bewertendes Beispiel für die Konkurrenzsituation bietet die Ausstattung der ehemaligen Stiftskirche in Xanten. Hier gibt es ein Antwerpener Retabel neben sieben weiteren vom Niederrhein und aus Köln. Für die Entscheidung, ein Werk aus der Stadt an der Schelde zu bestellen, sprach sicherlich die Fähigkeit der dortigen Künstler, in absehbaren Zeiträumen pünktlich zum vereinbarten Termin zu liefern.[9]

Aneignung Antwerpener Vorbilder

Nicht zuletzt überzeugten die Antwerpener durch die stringente Gestaltung ihrer Werke. Das Retabel in Lünern bietet ein treffliches Beispiel für die Wertschätzung der fremden Impulse. Die Auftraggeber kannten offenbar das Retabel im nahen Rhynern, waren beeindruckt davon und wollten ein ebensolches haben. Sie beauftragten jedoch keine Antwerpener Künstler, sondern wandten sich an eine niedersächsische Werkstatt. Der den Auftrag übernehmende Meister wurde aber so streng auf das Vorbild in Hamm-Rhynern verpflichtet, dass er sich gezwungen sah, zumindest von den drei Hauptszenen der Passion zeichnerische Skizzen aufzunehmen.[10] Besonders deutlich wird dies im Vergleich der Kreuztragungs- und der Beweinungsszenen: Die Figuren sind einander sehr ähnlich in der Haltung und Position, aber völlig verschieden im Hinblick auf die Darstellungsweisen. Die Aufteilung des Schreins und auch seine Dekoration sind in Lünern nachvollzogen, aber das geometrische Maßwerk wurde in wirbelndes Blattwerk übersetzt. Die einfachen Kompositionen der Kindheitsszenen waren den niedersächsischen Meistern teilweise zu simpel, bei der Anbetung der Hirten bezogen sie sich stattdessen auf einen Holzschnitt von Dürer. Ihre eigene künstlerische Identität zeigten sie bei dem flachen Relief der Grablegung in der Predella: Da das Retabel in Rhynern keine Predella hat, arbeiteten die niedersächsischen Meister hier ohne direktes Vorbild. Leider fehlen dem Lünerner Retabel heute die Flügel, und die Fassung wurde erneuert, sodass keine weitere Vergleichsmöglichkeiten bestehen.

Das Retabel in Lünern bietet ein treffliches Beispiel für die Wertschätzung der fremden Impulse.

1 Vgl.: Barbara Welzel, Thomas Lentes und Heike Schlie (Hg.), Das »Goldene Wunder« in der Dortmunder Petrikirche. Bildgebrauch und Bildproduktion im Mittelalter, Bielefeld 2003.
2 Vgl.: Godehard Hoffmann, Der Annenaltar des Adrian van Overbeck in Kempen. Werk und Werkstatt eines Antwerpener Manieristen, in: Wilfried Hansmann und Godehard Hoffmann, Spätgotik am Niederrhein. Rheinische und flämische Flügelaltäre im Licht neuer Forschung (Beiträge zu den Bau- und Kunstdenkmälern im Rheinland, 35), Köln 1998, S. 117–292, hier S. 240–268.
3 Für eine nach heutigem Wissensstand geringfügig zu ergänzende Liste vgl.: Ria De Boodt und Ulrich Schäfer, Vlaamse retabels, Leuven 2007, S. 281–291.
4 Dietmar Wohl, Der Kleppingaltar aus der Petrikirche in Soest. Kunsttechnologische Erkenntnisse zur Herstellung Antwerpener Altarretabel im frühen 16. Jahrhundert, in: Zeitschrift für Kunsttechnologie und Konservierung, 1, 1987, S. 118–124.
5 Vgl. die erhaltenen Quellen zur Lieferung des Annenretabels aus Antwerpen an die Pfarrkirche in Kempen am Niederrhein, publiziert von Hans Huth, Künstler und Werkstatt der Spätgotik, (2. Aufl.) Darmstadt 1967, S. 127–132.
6 John W. Steyaert, Beschouwingen over de stijlevalutie van de Brusselse laat-gotische beeldhouwkunst, in: Laat-gotische beeldhouwkunst in de Bourgondische Nederlanden, Gent 1994, S. 67–89.
7 Evelyn Bertram-Neunzig, Das Altarretabel in der Dortmunder Reinoldikirche (Dortmunder Mittelalter-Forschungen, 10), Bielefeld 2007.
8 Hans Nieuwdorp, De orspronkelijke betekenis en interpretatie van de keurmerken op Brabantse retabels en beeldsnijwerk (15de – begin 16de eeuw), in: Archivum Artis Lovaniense. Bijdragen tot de Geschiedenis van de Kunst der Niederlanden, Festschrift für J. K. Steppe, Leuven 1981, S. 85–98; für den Wortlaut der Artikel vgl. Boodt/Schäfer 2007 (wie Anm. 3), S. 81–84.
9 Vgl. Boodt/Schäfer 2007 (wie Anm. 3), S. 80–84.
10 Vgl. Herman J. de Smedt, Der Antwerpener Schnitzaltar zu Rhynern (Westf.) und eine Gruppe niederdeutscher Altäre aus dem ersten Drittel des 16. Jahrhunderts, in: Archivum Artis Lovaniense. Bijdragen tot de Geschiedenis van de Kunst der Niederlanden, Festschrift für J. K. Steppe, Leuven 1981, S. 197–214.

Schloss Horst Eine neue Bauidee im 16. Jahrhundert an der Emscher

Elmar Alshut

Als Rutger von der Horst (1519–1582) sich nach dem Brand seiner väterlichen Stammburg an der Emscher im Frühsommer 1554 entschloss,[1] an der gleichen Stelle einen völlig neuen Schlossbau nach einheitlichem Plan zu errichten, schufen in den darauffolgenden Jahren bis etwa 1573 Baumeister, Künstler und Handwerker etwas, das es so in dieser Region vorher nicht gegeben hatte. Nichts erinnerte mehr an die vom Wehrcharakter geprägten Wasserburgen, die für Westfalen so typisch waren (K7).

Architekturimpulse aus Frankreich und Italien

Anregungen für den neuen Bau musste Rutger sich weit außerhalb der Region suchen. Zwar hatte Bischof Erich von Braunschweig bereits 1524 mit dem Ausbau von Schloss Neuhaus bei Paderborn begonnen, das häufig als eine der frühesten Vierflügelanlagen Deutschlands angeführt wird. Vollendet wurde es als solche aber erst 1590 durch Bischof Dietrich von Fürstenberg.[2] Mögliche Vorbilder waren eher im Westen und Süden Europas zu finden. Tatsächlich hatte Rutger offensichtlich Jahre zuvor auf seiner Kavalierstour durch Frankreich erstmals Schlossbauten mit ganz regelmäßigen Grundrissen und neuartiger architektonischer Konzeption kennengelernt.[3] Das Rheinland konnte bereits mit einer beachtlichen Anlage modernen Typs aufwarten, dem »palazzo in fortezza« der Zitadelle von Jülich; hier war der Typ französischer Vierflügelanlagen mit der Binnenstruktur und Fassadengliederung italienischer

Rekonstruierende Architekturzeichnung der Frontansicht, aus: „Die Meister von Schloß Horst in Broiche", Berlin 1915.

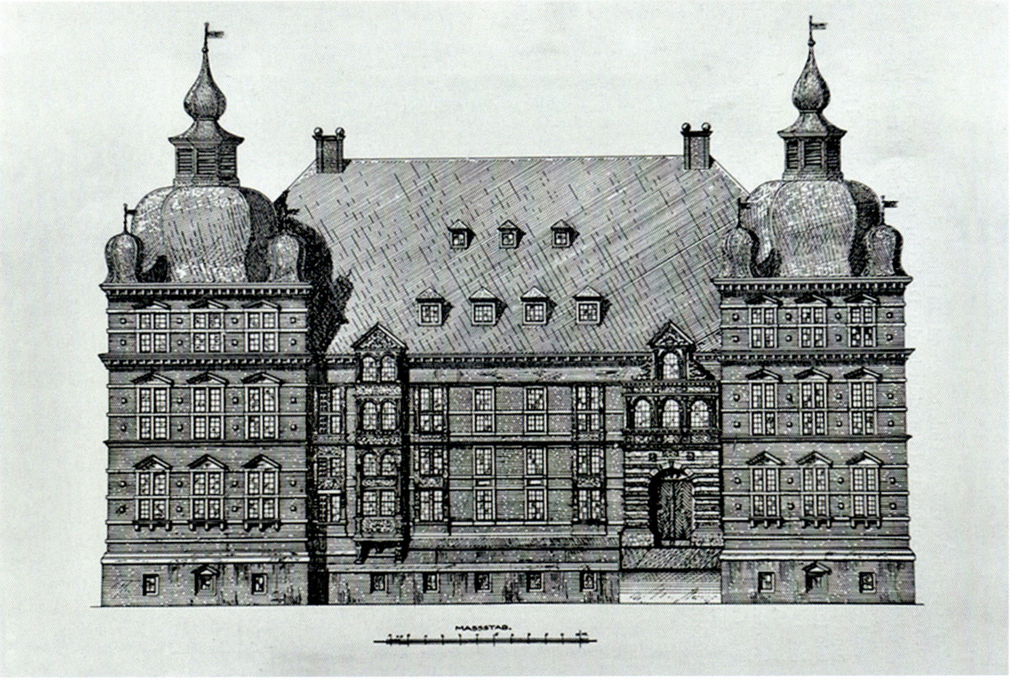

Palastarchitektur verschmolzen. Mit der Errichtung dieses von Festungsanlagen umgebenen Palastes hatte Alessandro Pasqualini aus Bologna im Auftrag Herzog Wilhelms V., des Reichen, 1549 begonnen.[4] In Brabant hatte Graf Henrik III. von Nassau die alte Burg Breda bereits 1536 zu einer Vierflügelanlage im Stil der Renaissance umgestalten lassen; deren Baumeister war Tomaso Vincidor, ebenfalls aus Bologna.[5]

Nicht nur im Äußeren, sondern auch im Inneren ist die Architektur von Haus Horst an diese Vorbilder angelehnt, nämlich durch die konsequente Trennung von Verkehrswegen und Wohnbereichen innerhalb des Hauses durch Galeriegänge, die den beiden Hauptflügeln hofseitig vorgelegt wurden. In Breda wie in Jülich erhoben sich geschlossene Galerien über offenen Arkaden im Erdgeschoss, wie sie die beiden Baumeister aus ihrer italienischen Heimat – dort aber auch in den Obergeschossen offen – zur Genüge kannten. In Horst sind alle Geschosse durch große, bleiverglaste Fenster geschlossen, was wohl den klimatischen Verhältnissen geschuldet war und auch bei den beiden niederländisch-rheinischen Vorgängern zur Obergeschossverglasung geführt haben dürfte. Die frühesten Beispiele mit einer vergleichbaren Binnenstruktur entstanden in Westfalen erst zu Anfang des 17. Jahrhunderts, und zwar vor allem im Weserraum, so etwa der Nord- und Ostflügel von Schloss Bevern.

Eine weitere absolute Neuheit in der westfälischen Architektur jener Zeit war die vertikale Erschließung des Horster Nordostflügels über ein großzügiges Treppenhaus mit repräsentativen Stufenbahnen und einem Umkehrpodest auf halber Geschosshöhe. Auch hierfür können Breda und Jülich als Vorbilder herangezogen werden, da zumindest der Jülicher Neubau dem Bauherrn an der Emscher aus eigener Anschauung bekannt gewesen sein dürfte. Im übrigen westfälischen Raum wurden die einzelnen Geschosse selbst in fürstlichen Residenzen wie Schloss Neuhaus noch über viele Jahre durch Wendeltreppen erschlossen. Diese befinden sich meist in den sogenannten Wendelsteinen – Treppentürmen, die den Fassaden vorgelagert oder in die Hofecken eingestellt sind.

Bauzier nach niederländischer Art

Bauskulptur und -ornamentik entsprachen keineswegs den regionalen Sehgewohnheiten.

Auch die Bauskulptur und -ornamentik entsprachen keineswegs den regionalen Sehgewohnheiten. Offensichtlich kam mit dem Baumeister Arnt Johannsen to Boecop (um 1500/1510–1570), Stadtmaurermeister von Arnheim, die ornamentale wie skulpturale Gestaltungsfreude des niederländischen Manierismus nach Horst.[6] Laut Bauakten nahm dieser 1557[7] dort seinen Dienst als leitender Baumeister auf und schuf in gut zehn Jahren zusammen mit Meistern wie Henrich und Wylhelm Vernukken (Vater und Sohn) aus Kalkar und Laurentz aus Wesel, der sich nach seiner Ansiedlung im Emscherbruch »von Brachum« nannte, die aufwändig verzierten Fassaden und im Innenbereich, die noch feiner gearbeiteten Türgewände und vielleicht auch die großen Bildkamine aus Baumberger Sandstein.[8] Die farbige Fassung der gesamten Bauzier an den Fassaden steigerte den optischen Eindruck des Schlosses und vervollkommnete die ohnehin schon ausgesprochen reiche Ausstattung der Innenräume durch große Decken- und Wandbilder.[9]

Hinsichtlich der architektonischen Gestaltung bedienten sich Bauherr und Baumeister der Möglichkeiten, die neuerdings durch den enormen Aufschwung des Buchdrucks und der zunehmenden Verbreitung grafischer Blätter geboten wurden. Architekturtraktate von Serlio, Alberti oder Vitruv hatten in zahlreichen Übersetzungen weite Verbreitung gefunden. »An Stelle eines innerhalb der Bauhütte weitergereichten gradweise abgestuften Insider-Wissens trat der Dialog zwischen dem Architekten und einem Leserpublikum.«[10] Diese Schriften vermittelten allgemeine Kenntnisse über richtige Proportionen, Säulenordnungen und tech-

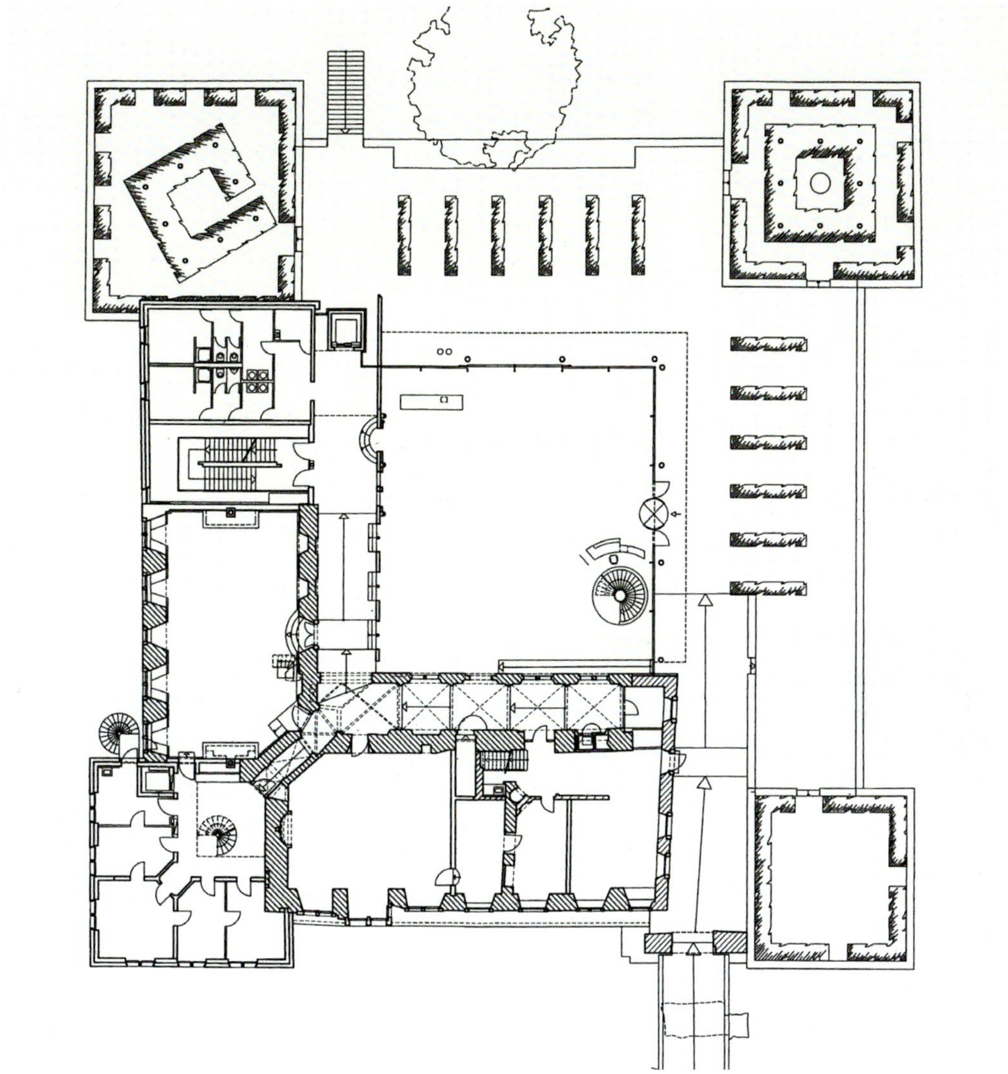

Gelsenkirchen, Schloss Horst, Grundriss des Erdgeschosses seit 1999.

Architekturtraktate von Serlio, Alberti oder Vitruv hatten in zahlreichen Übersetzungen weite Verbreitung gefunden.

nische Belange des Bauens. Es lässt sich aber auch nachweisen, dass solche reich mit detailgenauen Abbildungen versehenen Traktate als unmittelbare Vorlagen auf Baustellen genutzt wurden. In Horst, wo man sich bei der Fassadengestaltung an der antiken Säulenordnung orientiert hat, fanden zum Beispiel zwei Satyrn Eingang in die Dekoration der Hoffassade des sogenannten Herrenhauses. Direktes Vorbild war offenbar ein Holzschnitt aus der Vitruv-Ausgabe des Johannes Rivius.[11] Für das Beschlag- und Rollwerk, aber auch für die gesamte Bandbreite von Architekturteilen gab es gedruckte Serien von Vorlagen, herausgegeben von Cornelis Floris oder Hieronymus Cock, die, neben anderen, ab Mitte des 16. Jahrhunderts beinahe im Jahresrhythmus entsprechende Druckgrafiken »auf den Markt warfen«.[12]

Die Auswahl der Bildthemen und figürlichen Darstellungen war durchweg von einem durch Humanismus und Reformation geprägten Zeitgeist bestimmt. Allegorische Personifikationen der Tugenden, Jahreszeiten, Elemente, Sinne oder Temperamente wie auch die Sieben Planeten oder die Sieben Freien Künste fanden ebenso vielfache Verwendung als Bauzier wie Gestalten aus der Geschichte oder Mythologie, etwa in Heldenreihen. Davon zeugen in Horst die Statuennischen für die sieben Planeten in der Hoffassade des Eingangsflügels, in denen sich heute nur noch die äußerst stark verwitterte Sandsteinskulptur des Saturn befindet, oder die gemalte fast lebensgroße Personifikation eines antiken Helden mit der Beischrift »Babilonice« im Obergeschoss des im Winkel angrenzenden »Herrenhausflügels«.

Schloss Horst wirkt nach.

Der Horster Schlossbau entfaltete bereits vor seiner Fertigstellung eine Wirkung auf die nähere und weitere Umgebung. Der Zusammenhang mit dem Grimberger Altar (heute in der Bleckkirche im Gelsenkirchener Stadtteil Bismarck), der im Gedenken an Rutgers Paten und späteren Vormund Gerhard Knipping von dessen Sohn Heinrich 1574 in Auftrag gegeben wurde,[13] ist geradezu evident. Wilhelm Vernukken verwirklichte noch während seiner Tätigkeit am Horster Schloss von 1569 bis 1573 in der Kölner Rathauslaube einen der beiden dem Rat der Stadt eingereichten Entwürfe von Cornelis Floris. Mit dem Namen Laurentz von Brachum verbindet sich gar eine ganze Reihe von Schlossbauten im Lipperaum, die in der Nachfolge von Schloss Horst stehen: 1560 angefangen mit Haus Geist bei Oelde, über Hovestadt (1563), Assen (1564) und Crassenstein bis zum Schloss in Overhagen, das aber erst 1619 Johann von Brachum, Laurentz' Sohn, errichtete.[14] Doch in der architektonischen Konzeption wie auch der dekorativen Ausstattung reichte keine dieser Bauten qualitativ an das Horster Vorbild heran. Richard Klapheck vermerkt diesbezüglich in seiner Monografie über Schloss Horst: »Laurentz von Brachum repräsentiert sich als eine durchaus originelle und eigenartige Künstlererscheinung. Seine Schöpfungen stellen eine selbständige Weiterentwicklung von Schloss Horst dar. Die Eigenart der Anlage und Dekoration, die all den angeführten Bauten eine gemeinsame Note gibt und bis in das zweite Viertel des 17. Jahrhunderts vorhält, rechtfertigt es, wenn wir von einer ›Lippeschule‹ reden.«[15] Heute wird dieser regionale Architekturstil auch als »Lipperenaissance« bezeichnet.

Adolf Höninghaus, Ansicht von Schloss Horst von Norden, 1842, Öl auf Leinwand, Privatbesitz.

Göttliche Kamine

Besondere Glanzstücke der an Fülle wie künstlerischer Qualität beeindruckenden Horster Bauskulptur und -ornamentik sind die großen Bildkamine aus Baumberger Sandstein (K8). Dennoch waren auch sie dem Verfall preisgegeben, dem nahezu drei Viertel der Bausubstanz des Schlosses in wenigen Jahrzehnten zum Opfer fielen. Allein der Küchenkamin, der wegen seiner szenischen Darstellung des Reliefs auf dem Frontsturz auch als »Auferstehungskamin« firmiert, verblieb an seinem ursprünglichen Platz im Erdgeschoss des Eingangsflügels. Von weiteren der einst neun oder zehn großen Kamine sind nur Fragmente erhalten. Aus ihnen konnten nach der 1999 abgeschlosse-nen Restaurierung des Schlosses der »Historienkamin« im Rittersaal und der »Diana-Kamin« im Erkerzimmer zum Teil rekonstruiert werden.

Mehrere Reliefs mit Darstellungen aus der biblischen Erzählung vom barmherzigen Samariter befinden sich mit Fassadenskulpturen zusammengesetzt als »Konglomeratkamin« im Privathaus der Familie von Fürstenberg, in deren Eigentum sich das Horster Schloss von 1706 bis 1988 befand. Die Familie ließ in den 1880er Jahren drei besonders schöne Kamine aus dem von Einsturz bedrohten Adelssitz bergen, durch den Bildhauer Frydag in Münster restaurieren und in einem anderen Familiensitz, Schloss Hugenpoet bei Kettwig, neu aufstellen. Nach den Themen ihrer szenischen Darstellungen sind sie als »Lot-Kamin«, »Kain-und-Abel-Kamin« und »Troja-Kamin« bekannt.

Einer der Sandsteinkamine fand, wie Richard Klapheck vermerkt, seinen Weg nach Schloss Rheinstein bei Trechtingshausen, nahe Bingen, wo seine Renaissance-Szenen neue gotische Einfassungen erhalten haben sollen.[16]

»Auferstehungskamin«, um 1565, Baumberger Sandstein, Schloss Horst, Erdgeschoss, Zustand 1908.

So umfassend die Bauakten über das Bau- und Ausstattungsgeschehen Auskunft geben, hinsichtlich der großen Bildkamine geben sie kaum Aufschluss. Nur einzelne Hinweise im sogenannten Bautagebuch II lassen sich finden. 1563 werden Arbeiten des Laurentz von Brachum »an dem schorsteyn Abraham« verzeichnet.[17] Wilhelm Vernukken betreffend finden sich Eintragungen über Bildhauerarbeiten an »eyn schorsteyn yn de Saell na entfangenen patronen« (Vorlagen) und »an de schorsteyn yn myner kamer«, bei denen es sich immerhin um Aufträge in Höhe von 40 beziehungsweise 42 Talern handelte,[18] aber bestimmten Kaminen lassen sich die angesprochenen Arbeiten nicht zuordnen. Weitere archivalische Quellen haben sich dazu bislang nicht gefunden. Die unterschiedliche Stilistik der erhaltenen Kamine weist, insbesondere im Umgang mit der Perspektive in den szenischen Reliefs, auf mehrere Meister hin.

Da Rutger im Stiftsgymnasium von Emmerich unter dem Humanisten Matthias Bredenbach eine fundierte schulische Ausbildung unter anderem in Latein, Griechisch und Theologie erhalten hatte, liegt es nahe, in ihm selbst den Autor der Bildprogramme zu sehen. Dabei waren die für das antike Grundthema herangezogenen historischen oder mythologischen Erzählungen, anders als die biblischen Geschichten, zu jener Zeit in Westfalen nicht so verbreitet, dass ihre Verwendung im Baudekor als allgemein üblich erachtet werden könnte. Vielmehr zeugt ihr Vorhandensein vom hohen Selbstbewusstsein des Auftraggebers, der seine humanistische Bildung mit diesem künstlerisch anspruchsvollen Programm zum Ausdruck bringen wollte.

Reproduktionen prominenter Werke von Künstlern der Antike und der italienischen Renaissance dienten als Vorlagen.

Es nimmt daher auch nicht wunder, dass Bauherr Rutger von der Horst Einfluss auf die bildliche Umsetzung der Erzählungen nahm: Er stellte den ausführenden Künstlern Vorlagenmaterial zur Verfügung. Dabei handelte es sich um Reproduktionen prominenter Werke von Künstlern der Antike und der italienischen Renaissance, die vor allem in Köln und Antwerpen verlegt worden waren. Nach diesen Vorbildern entstanden die Szenen auf den Kaminen in Horst. Den Auferstehungskamin krönte eine Moses-Statuette nach Michelangelos Moses in

San Pietro in Vincoli. Der Historienkamin zeigt auf dem Relief des Frontsturzes Motive aus Raffaels »Schlacht an der milvischen Brücke« aus der Sala di Costantino im Vatikanspalast in Rom. Viele weitere Szenen nach Stichen von Marcantonio Raimondi, Phillip Galle, Cornelis Cort, aber auch Jost Amman zierten die Horster Bildkamine.[19]

Diese Darstellungen übten einen nachhaltigen Eindruck auf die westfälischen Zeitgenossen und ihre Nachfahren aus. Der ins Jahr 1597 datierte Bildkamin von Haus Goldschmieding in Castrop-Rauxel beispielsweise könnte in direkter Nachfolge der Horster Kamine entstanden sein. Die Kamine auf Haus Kemnade in Bochum sind im Aufbau etwas reduzierter, stellen aber besonders schöne Beispiele für das Nachwirken des Horster Bildprogramms an der Wende zum und im 17. Jahrhundert dar. Sie zeigen zudem noch die eindrucksvollen zeitgenössischen Farbfassungen, die solchen Kaminen einen besonderen ästhetischen Reiz verliehen. Von ihnen ist in Horst bis auf geringste Spuren leider nichts erhalten.[20]

1 Exakte Daten über den Brand der alten Burg sind nicht überliefert, aber aus einigen Hinweisen in den Aufzeichnungen Rutgers lässt sich auf das Frühjahr 1554 schließen. Da bereits im Herbst desselben Jahres die Stufen für die große repräsentative Treppe geliefert wurden, dürfte der Neubau zu dem Zeitpunkt bereits begonnen worden sein.
2 Georg Ulrich Großmann, Renaissance entlang der Weser, (2. Aufl.) Köln 1990, S. 162.
3 Klaus Gonska, Dat Hueß zor Horst, Marburg 1994, S. 38 f.
4 Hartwig Neumann, Zitadelle Jülich, Jülich 1986, S. 23.
5 Chris Kolman, Ben Olde Meierink und Ronald Stenvert, Monumenten in Nederland. Noord-Brabant, Zwolle 1997, S. 103–105.
6 Noch heute zeugen bauliche Hinterlassenschaften von der Dekorationsfreude des niederländischen Manierismus in den Quartieren des Herzogtums Geldern während des Zeitalters der Renaissance. Arnt Johannsen hat sie allesamt gekannt bzw. hat an dem einen oder anderen Objekt mitgearbeitet. Frans André Jozef Vermeulen, Handboek tot de Geschiedenis der Nederlandsche Bouwkunst, 's-Gravenhage, 1928, 2 Bde., Bd. 2, S. 160–166, Tafeln 421–426.
7 Von Fürstenberg'sches Archiv Schloss Hugenpoet, Nr. 346, Blatt 25 r.
8 Über die Bauakten allgemein: Elmar Alshut und Hans-Werner Peine, Schloss Horst in Gelsenkirchen, Regensburg 2006, S. 16.
9 Alshut/Peine 2006 (wie Anm. 8), S. 26, 27, 41f.
10 Christoph Thoenes, Anmerkungen zur Architekturtheorie, in: Architekturmodelle der Renaissance. Die Harmonie des Bauens von Alberti bis Michelangelo, Ausst.-Kat. Kunstbibliothek Berlin 1995, S. 28–39.
11 Elmar Alshut, Guido von Büren und Marcell Perse, Ein Schloss entsteht … Von Jülich im Rheinland bis Horst in Westfalen, Jülich 1997, S. 171–173.
12 Richard Klapheck, Die Meister von Schloss Horst, Berlin 1915, S. 107–115.
13 Die Bau- und Kunstdenkmäler von Westfalen, Bd. 26/27, Münster 1908, S. 21 f und Tafel 2.
14 Klapheck 1915 (wie Anm. 12), S. 247–303.
15 Klapheck 1915 (wie Anm. 12), S. 311.
16 Klapheck 1915 (wie Anm. 12), S. 58.
17 Von Fürstenberg'sches Archiv Schloss Hugenpoet, Nr. 5426, P. 33 r.
18 Von Fürstenberg'sches Archiv Schloss Hugenpoet, Nr. 5426, P. 207 r und 207 v.
19 Elmar Alshut, Das ikonographische Programm des Horster Troja-Kamins, in: Beiträge zur Renaissance zwischen 1520 und 1570, Materialien zur Kunst und Kulturgeschichte in Nord- und Westdeutschland, Bd. 2, Marburg 1991, S. 77–101; Elmar Alshut, Der Horster Historien-Kamin, in: Beiträge zur Stadtgeschichte, Bd. XVI 1990, S. 194–216; Den »Auferstehungskamin« zieren Reliefs nach Holzschnitten von Jost Amman aus: Martin Luther, Biblia, ist: Die gantze Heylige Schrifft, Frankfurt 1564.
20 Thomas Dann, »… ein vortrefflich schöner Rittersitz …«, Haus Kemnade und seine Ausstattung vom 16. bis zum 19. Jahrhundert, (2. Aufl.) Bochum 2001, S. 37–73.

Haus Beck Eine Maison de plaisance in Westfalen

Dorothea Teßmer-Schwarze

Bedürfnis nach Privatheit: In Frankreich entsteht ein neuer Bautyp.
Amoretten und Götter tummeln sich vergnügt in den Lauben und Hainen eines paradiesischen Gartens. So illustrierte der Barockmaler Jean Cotelle d. J. die Gärten des Grand Trianon, einer Maison de plaisance im Schlosspark von Versailles. Ludwig XIV. hatte sie anlegen lassen, um sich fernab des Hofes ohne Rücksicht auf die Etikette dem galanten »plaisir« hinzugeben.
Der Typus der Maison de plaisance entstand ab 1600 in der Île-de-France, als städtische, meist adlige Oberschichten begannen, sich stadtnahe Landsitze zu errichten.[1]
Nur temporär genutzt und mit einem Ziergarten umgeben, erfüllten diese Lustschlösser keine ökonomischen Aufgaben wie die italienische Villa rustica, sondern dienten ausschließlich der Erholung ihres Besitzers.[2] Die Gartenanlagen waren mit Skulpturen geschmückt, die Figuren und Szenen der antiken Mythologie darstellten und machten die Maisons de plaisance zu einem verzauberten Ort, der sich von dem agrarisch geprägten Umfeld absetzte.

Formale Vorläufer der Maison de plaisance waren die frühneuzeitlichen Villen des Veneto und der römischen Campagna sowie die Pariser Stadtpalais. Die Raumaufteilung und die Gestaltung der dem Hof zugewandten Seite gehen auf das von Louis Le Vau 1656 entworfene Schloss Vaux-le-Vicomte zurück, das als Archetyp der Maison de plaisance gilt.

Jacques-François Blondel (1618–1686) beschreibt in seinem 1737 und 1738 erschienenen Traktat »De la distribution des maisons de plaisance« den Idealtyp und die Entwicklung

Bottrop-Kirchhellen, Schloss Beck, Hofseite, aktuelle Ansicht.

Jean Cotelle, Grand Trianon, Versailles, Blick auf das Parterre und die Mittelpartie, 1693, Öl auf Leinwand, Château de Versailles et du Trianon.

dieses Bautyps. Die von Blondel im vierten Entwurf vorgelegte Ausbildung der Petite maison setzte sich in den deutschen Territorien als Idealtyp der Maison de plaisance durch. Die Landesherren adaptierten diese Bauform häufig und entwickelten daraus das Lustschloss oder Lusthaus.

Der auf Blondel zurückzuführende, sich im 18. Jahrhundert weiterentwickelnde Idealtypus besteht aus einem kleinen Corps de logis (Wohnhaus) mit zwei Nebengebäuden, die um einen zentralen Hof liegen und zum Hauptgebäude symmetrisch angeordnet sind. Das Corps de logis ist ein frei stehender, lang gestreckter, meist einflügeliger und maximal zweigeschossiger Baukörper. Die Stadtseite (oder Hofseite) ist meist repräsentativ gegliedert, während die Gartenseite durch einen von der Fassade hervortretenden runden oder polygonalen Gartensaal bestimmt wird. Die Raumdisposition folgt der des Appartement double, das heißt, die Räume sind zweireihig angeordnet. Dem Garten zugewandt liegt die Gartenenfilade. Sie besteht aus einer Aneinanderreihung von Repräsentationsräumen, deren Türöffnungen exakt gegenüberliegen. So kann man bei geöffneten Türen von einer Seite des Gebäudes zur anderen schauen und gegebenenfalls noch durch das vor Kopf liegende Fenster. Oft sind auch Dégagements, kleine versteckte Gänge für das Personal, eingebaut, um dem Besitzer eine gewisse Privatsphäre zu gewähren. Charakteristisch ist auch die konsequente Verbindung von Schloss und Garten durch Blickachsen, sodass Innen- und Außenraum eine Einheit bilden.

Im 19. Jahrhundert endete mit der Herausbildung der bürgerlichen Gesellschaft der Bau von Lustschlössern.

Johann Conrad Schlaun bringt die französische Idee nach Westfalen.

Freiherr von der Wenge (1700–1775), Generalleutnant der münsterischen Truppen und Gouverneur der Stadt Münster, beauftragte ab 1746 den westfälischen Barockarchitekten Johann Conrad Schlaun[3] (1695–1773), sein altes verfallenes Gut in Bottrop zu einem neuen, funktionalen Wirtschaftshof umzubauen. Dieser Hof Alt-Beck, 1220 erstmals als ein Hof des Essener Stifts erwähnt und später ein Lehen der Abtei Werden, war eine typisch westfälische Wasserburg und lag etwa zweihundert Meter nördlich vom heutigen Schloss. Das Ensemble bestand aus einer Hauptburg mit Herrenhaus und einer Vorburg mit den Wirtschaftsgebäuden, die auf zwei getrennten Inseln lagen, welche von einer breiten Gräfte umgeben waren. Der Garten lag auf einer dritten Insel, die vom Herrenhaus nur über die Vorburg erreicht werden konnte.

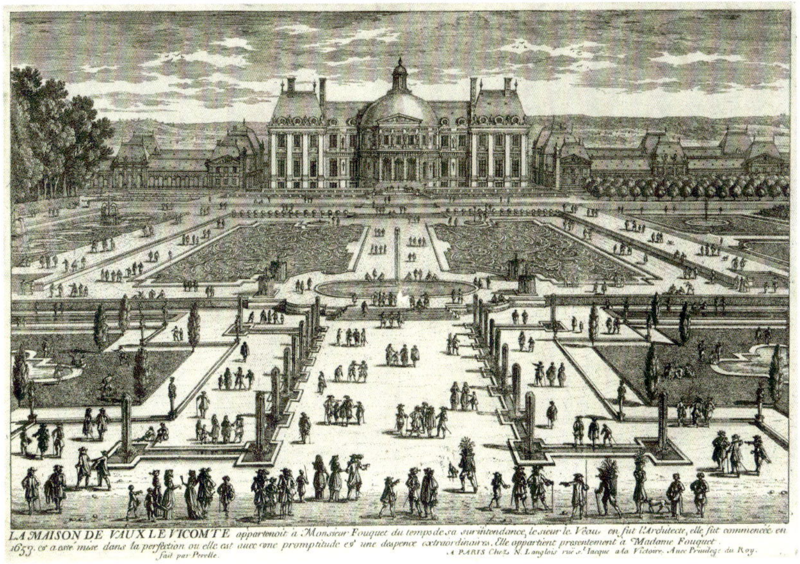

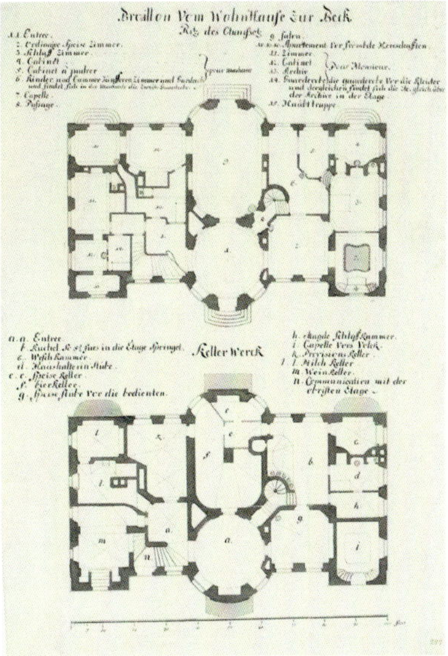

links:
Werkstatt Perelle,
Schloss Vaux Le Vicomte,
Gartenseite, 17. Jahrhundert,
Kupferstich, Château de
Versailles et du Trianon.

rechts:
Grundrisse von Haus Beck,
Erdgeschoss und Kellergeschoss,
LWL-Landesmuseum für Kunst-
und Kulturgeschichte Münster.

Von der Wenge beabsichtigte zunächst nur, diese mittelalterliche Burg Alt-Beck zu erweitern. Ab 1746 aber brachte Schlaun den Gedanken an einen Neubau auf.[4] Allmählich entwickelte er die Idee, statt eines westfälischen Wasserschlosses ohne Gartenbezüge, eine Maison de plaisance nach französischem Vorbild zu bauen, bei der Garten, Vorwerk und Wohnhaus zusammen auf einer Insel liegen und eine Einheit bilden (K10). Von der Wenge war jedoch die Funktionalität seines Wirtschaftshofes äußerst wichtig, sodass der Architekt viele Zugeständnisse machen musste und sich die Realisierung des Bauvorhabens über zwanzig Jahre hinzog. Zahlreiche Zeichnungen aus den unterschiedlichen Planungsstufen machen das zähe Ringen von Architekt und Auftraggeber um die richtige Form anschaulich. Obwohl beide Parteien eifrig miteinander stritten, blieb das Verhältnis zwischen Schlaun und von der Wenge freundschaftlich und voll gegenseitigem Respekt.

In dem schließlich realisierten Entwurf hat das Wohnhaus abweichend vom französischen Vorbild einen hoch gelegenen Keller, in dem die große Küche untergebracht war, sodass der Zugang zum Wohnhaus nicht ebenerdig ist, sondern über eine Treppe mit zwölf Stufen erfolgt.[5] Diese »Hochbeinigkeit« des Wohnhauses ist auch wegen des durch die Gräfte bedingten hohen Grundwasserspiegels sinnvoll. Auch bei der Gestaltung des Vorwerks realisierte Schlaun die Wünsche des Gutsherrn: Dieser benötigte zweigeschossige Nutzgebäude mit großen Walmdächern, in denen große Mengen von Heu und Stroh untergebracht werden konnten. Die Misthaufen sollten auf dem Hof geradezu ostentativ zu Schau gestellt und nicht hinter den Vorwerken versteckt werden. Schließlich waren sie in den Zeiten vor der Erfindung des Kunstdüngers das Statussymbol eines jeden Landwirts.

»Weil's ja auf'm Lande ist«.

Von der Wenge verband mit dem Neubau keinerlei künstlerische Ambitionen, der Gedanke an »plaisance« lag ihm fern. Er wünschte sich einzig einen günstigen, funktionalen Entwurf. »Weil's ja auf'm Lande ist«, soll von Wenge immer wieder als Begründung für seine Vereinfachungs- und Sparwünsche gesagt haben. Dennoch konnte Schlaun, abgesehen vom hoch gelegten Erdgeschoss, alle zentralen Elemente einer Maison de plaisance realisieren: Das sind die symmetrische Anlage der Räume mit rundem Vestibül und dahinterliegendem Salon mit abgerundeten Ecken, die Gartenenfilade mit zu den Seiten kleiner werdenden Räumen und die Hofenfilade, die das Treppenhaus miteinbezieht. An den Seiten fügte Schlaun noch Nebentreppen ein, durch die das Personal, ohne das Haupttreppenhaus zu benutzen, vom Keller bis

zur Mansarde verkehren und beispielsweise Speisen servieren konnte. Diese entsprechen in ihrer Funktion den Dégagements.

Das 1771 fertiggestellte Haus Beck ist keine Kopie des französischen Musters, sondern ein auf die besonderen Bedürfnisse des westfälischen Gutsherrn abgestimmter Entwurf, dessen Funktion eher derjenigen der italienischen Villa rustica entspricht, die ebenfalls Zentrum eines landwirtschaftlichen Betriebes war. Die Raumdisposition, die den Ansprüchen nach »convenance«, »comodité«, und »beauté« entsprach, folgte jedoch dem französischen Vorbild.

Eine Reise in den Süden ...

Johann Conrad Schlaun gelang es als erstem Architekten der Neuzeit, einen Bau nach französischer Architekturtheorie in Westfalen zu realisieren. Nach dem Dreißigjährigen Krieg war die Architekturlandschaft dieser Region maßgeblich von niederländischen Künstlern bestimmt worden, die hier auch den niederländischen Klassizismus einführten. Allenfalls indirekt über niederländische Architekten sind architektonische Elemente französischer Provenienz nachweisbar. Italienische Steinmetze, Bildhauer, Stukkateure und Maler waren zwar seit dem 17. Jahrhundert in Westfalen beschäftigt, aber der von ihnen ausgehende Einfluss auf das westfälische Baugeschehen war insgesamt eher gering.[6] Nun griff Schlaun erstmals wieder europäische Architekturentwicklungen auf, verband sie mit heimischen Bautraditionen und entwickelte daraus einen eigenen »westfälischen Stil«.

Haus Beck, Obergeschoss, Innenaufnahme von 1928.

Nach einer militärischen Grundausbildung in der hannoverschen Armee und einer Ingenieursausbildung wurde Schlaun 1715 zum Artillerieleutnant und Landesingenieur ernannt und als solcher auch mit zivilen Bauaufgaben betraut. Unter dem neu zum Landesherrn gewählten Clemens August von Wittelsbach (1700–1761) stieg Schlaun zum Landmesser in der fürstbischöflich-münsterischen Armee auf. Clemens August und dessen Minister Ferdinand von Plettenberg-Nordkirchen finanzierten dem jungen, begabten Schlaun 1720 eine Studienreise durch Europa. Zunächst führte sie nach Würzburg, wo Schlaun die Bauanfänge der Würzburger Residenz besichtigte und Balthasar Naumann und Johann Dientzenhofer begegnete. Darauf ging es über München und Wien weiter nach Rom, wo er die Bauten Gian Lorenzo Berninis und Francesco Borrominis studierte. Auf Borromini gehen vermutlich die Rücklagen an der Hof- und Gartenfassade von Haus Beck zurück, die zusammen mit den geschlossenen äußeren Fenstern die Illusion von Seitenrisaliten erzeugen.[7] Am Ende seiner Reise lernte Schlaun in Paris die neuen Pariser Stadtpalais und die Maisons de plaisance auf dem Land kennen.

Der politischen Orientierung von Clemens August nach Frankreich – er schloss sich 1728 der Herrenhauser Allianz Großbritannien-Hannovers, Frankreichs und Preußens gegen Habsburg und Spanien an – folgte die künstlerische Orientierung seines Architekten in dieses Land.[8]

Der französische Hochbarock strahlte nun, vermittelt durch das Werk Schlauns, in die ganze Kunstlandschaft des katholischen Westfalens bis an die ostfriesische Grenze aus. Schlauns Vorgänger Ambrosius von Oelde, Lambert Friedrich von Corfey und Peter Pictorius hatten sich noch stärker am flämischen Barock und am niederländischen Klassizismus orientiert.

Nach seiner Rückkehr 1723 zum Artilleriehauptmann befördert, erhielt Schlaun von Clemens August von Plettenberg bedeutende Aufträge, etwa zur Mitarbeit bei der Neugestaltung des Schlossgartens in Nordkirchen, zur Modernisierung der Bonner Stadtbefestigung und zum Bau eines barocken Schlosses auf den Ruinen der 1689 zerstörten Augustusburg. Nachdem jedoch Clemens August die Arbeiten an François de Cuvilliés übertragen hatte, der in Brühl schließlich ein modernes Rokokoschloss errichtete, kehrte Schlaun nach Münster zurück. In Münster und Westfalen entstanden Schlauns Hauptwerke: das Clemenshospital, der Erbdrostenhof, das Residenzschloss und, im Norden des Fürstbistums, Schloss Clemenswerth im Emsland. Als Artilleriekommandeur und Oberlandingenieur hatte er die Festungen des Landes zu visitieren, instand zu halten und Nutzbauten zu errichten.

Haus Beck blieb nach dem Tod des Freiherrn von der Wenge im Familienbesitz; seit dem Ende des 18. Jahrhunderts wurde auf dem Anwesen eine Spirituosenfabrik betrieben. Von 1850 bis 1956 gehörte es der Familie Metternich. 1956 kaufte das Bergbauunternehmen Hibernia AG das Areal mit dem Schlossgebäude, veräußerte es aber bereits 1958 mit dem zwanzig Hektar großen Park. Neuer Eigentümer war der Verband westfälisch-lippischer Jugendbildungsstätten, der dort Kurse und Tagungen veranstaltete. 1966 erwarb die Familie Kuchenbäcker die stark verfallene Anlage und begann, das Schloss und die angrenzenden Wirtschaftsgebäude schrittweise zu restaurieren. Zur Finanzierung der Arbeiten griffen sie einen anderen fremden Impuls auf: den der kommerziellen Vergnügungsparks, die seit dem 17. Jahrhundert in den europäischen Hauptstädten eröffnet hatten: Vauxhall Garden bei London, »die« Prater in Wien, das Pariser Jardin spectacle Tivoli und das Tivoli in Kopenhagen.[9]

Ein Freizeitpark in einem denkmalgeschützten ehemaligen Adelssitz.

Ein Freizeitpark in einem denkmalgeschützten ehemaligen Adelssitz mag zunächst befremdlich anmuten. Ein Hotel oder ein gastronomischer Betrieb hätte in dem Gebäude jedoch größere Eingriffe – wie zum Beispiel den Einbau von Fahrstühlen – erforderlich gemacht. So ist Haus Beck heute der einzige Schlossbau Schlauns, der in Disposition und Ausstattung nahezu unverändert geblieben ist.[10]

1 Vgl. Katharina Krause, Die Maison de plaisance. Landhäuser in der Île-de-France (1660–1730), Kunstwissenschaftliche Studien Bd. 68, München und Berlin 1996, zugl. Habil.-Schr. Univ. Freiburg 1992; Ernst Seidl (Hg.), Lexikon der Bautypen, Stuttgart 2006, S. 336–339. Vgl. auch Karin Elisabeth Zinkann, Der Typ der Maison de Plaisance im Werke von Johann Conrad Schlaun, Münster 1979, zugl. Univ.-Diss. Münster 1979, S. 6–8. Wesentliche Abschnitte dieses Beitrags folgen den Ausführungen von Zinkann, auf Einzelbelege wird im Folgenden in der Regel verzichtet.

2 Zum Theoriestreit darüber, ob der Typ der Maison de plaisance auf die palladianischen Villen in Italien zurückgeht vgl. Zinkann 1979 (wie Anm. 1), S. 36–39.

3 Zum Leben und Werk Johann Conrad Schlauns vgl. Florian Matzner und Ulrich Schulze, Johann Conrad Schlaun 1695–1773. Das Gesamtwerk, 2 Bde., hrsg. von Klaus Bußmann, Stuttgart 1995.

4 Im Wolff-Metternich'schen Archiv sind die Bauzeichnungen zum Haus Beck mit den Kommentaren von der Wenges von 1746 bis 1766 fast vollständig erhalten. Vgl. Zinkann 1979 (wie Anm. 1), S. 103.

5 Bei den französischen Vorbildern war die Küche nicht im Wohnhaus, sondern in einem der Seitengebäude untergebracht. Vgl. Zinkann 1979 (wie Anm. 1), S. 148 und 194.

6 Vgl. Zinkann 1979 (wie Anm. 1), S. 44.

7 Vgl. Rothger Michael Snethlage, Wasserschloss Beck, München und Zürich 1989, S. 6.

8 Vgl. Zinkann 1979 (wie Anm. 1), S. 48–49.

9 Jürgen Weisser, Zwischen Lustgarten und Lunapark. Der Volksgarten in Nymphenburg (1890–1916) und die Entwicklung der kommerziellen Belustigungsgärten, München 1998, S. 21–73.

10 Snethlage 1989 (wie Anm. 7), S. 14

Hagen als Knotenpunkt eines europäischen Netzwerks der Moderne

Rouven Lotz

Der ab 1964 von Nic. Tummers geprägte Begriff »Hagener Impuls« bezeichnet einen Abschnitt in der Geschichte des Ruhrgebiets, der seinen Ausgangspunkt und Hauptort in Hagen hat, das südlich von Dortmund, am Rand des Ruhrgebiets, gelegen ist. Der Impuls wirkte auf das gesamte Ruhrgebiet und strahlte darüber hinaus als »ein Himmelszeichen im westlichen Deutschland«, wie es Emil Nolde in seinen Lebenserinnerungen beschrieb.[1] Die damals noch junge Industriestadt war Schauplatz für eine international bedeutende bürgerliche Initiative am Beginn der sogenannten Moderne: Es sind die Jahre zwischen 1900 und 1921, in denen der Hagener Industriellenerbe Karl Ernst Osthaus (1874–1921)[2] als Mäzen, Vermittler und Organisator seine Vision, »die Schönheit wieder zur herrschenden Macht im Leben«[3] werden zu lassen, in seiner Heimatstadt beispielhaft zu realisieren versuchte. Die folgenden Ausführungen sollen verdeutlichen, wie die vielfältigen, heute als Hagener Impuls bekannten Initiativen von Osthaus weit über die Grenzen Hagens und des Ruhrgebiets hinaus wirkten und zugleich ihrerseits entscheidend unter dem Einfluss vielfältiger »fremder Impulse« standen. Osthaus berief Künstler aus europäischen Nachbarländern nach Hagen und ließ sich, wie diese, ebenfalls durch arabische, afrikanische und asiatische Kunst beeinflussen und inspirieren. Dies ist noch heute durch die Sammlungen des Museums Folkwang, das erst nach dem Tod seines Gründers Osthaus 1921 von Hagen nach Essen kam, dokumentiert. Zudem lässt es sich bis heute an den architektonischen Hinterlassenschaften des sogenannten Hagener Impulses auf dem Gebiet der Stadt Hagen nachvollziehen.

Bauliche Zeugnisse des Hagener Impulses

Karl Ernst Osthaus lancierte in Hagen verschiedene Projekte, die die junge Industriestadt zu einem Zentrum der modernen Bewegungen in bildender und angewandter Kunst sowie Architektur machten und ihr einen dauerhaften Platz unter den kulturellen Attraktionen des Ruhrgebietes sichern. Die Gründung und Eröffnung des Museums Folkwang 1902 war der Auftakt für zahlreiche folgende Projekte. Osthaus gründete eine Villenkolonie mit Gebäuden von Peter Behrens (1868–1940), des aus Belgien stammenden Künstlers Henry van de Velde (1863–1957) sowie des Holländers Johannes Ludovicus Matheus Lauweriks[4] (1864–1932) am Rande von Hagen. Ihm gelang es ferner, bedeutende Künstler an die Stadt zu binden, indem er ihnen Aufträge in Hagen und über Hagen hinaus vermittelte; zu ihnen gehörten neben dem Maler Christian Rohlfs die Bildhauerin Milly Steger aus Berlin sowie der niederländische Maler Johan Thorn Prikker[5]. Steger und Thorn Prikker bewohnten wie Lauweriks selbst von diesem eigens für sie entworfene Häuser innerhalb der Villenkolonie Hohenhagen (K13).[6]

rechts:
Karl Ernst Osthaus,
um 1918.

ganz rechts:
Arbeitersiedlung der
Hagener Textilindustrie
von Richard Riemerschmid,
um 1910.

Der besondere Charakter des Hagener Impulses bestand im Vergleich zu ähnlichen Initiativen – Künstlerkolonie Mathildenhöhe Darmstadt (1901), Siedlung Hellerau bei Dresden (1908), Weißenhofsiedlung Stuttgart (1927) – darin, dass nicht eine überschaubare Siedlung oder Architektur-Ausstellung geplant wurde; vielmehr bezog sich Osthaus' Versuch der Umgestaltung des gesellschaftlichen Lebens durch Kunst auf die soziale Realität einer ganzen Industriestadt.

Entsprechend sind die verschiedenen Zeugnisse für den Hagener Impuls heute nicht nur über das ganze Stadtgebiet verteilt, sondern finden sich auch in sehr unterschiedlichen funktionalen Zusammenhängen, etwa die Arbeitersiedlung von Richard Riemerschmid (1868–1957), die erste monumentale Glasmalerei der Moderne im Hagener Hauptbahnhof von Thorn Prikker (K14) oder das erste Krematorium Preußens von Behrens (K11). Osthaus veränderte jedoch frühzeitig aufgrund des Ausbruchs des Ersten Weltkriegs und der damit verbundenen gesellschaftlichen wie ökonomischen Folgen die ursprüngliche Form seiner weitreichenden Planungen für Hohenhagen, indem er den exklusiven Wohncharakter der großbürgerlichen Villenkolonie aufgab und gesamtgesellschaftliche Aufgaben in den Mittelpunkt der weiteren Zielsetzungen stellte. Aufgrund seines frühen Todes 1921 blieben diese jedoch unvollendet und ihr Herzstück, die seit 1917 in Hagen-Eppenhausen geplante »Stadtkrone« im Zentrum der Villenkolonie mit Museumsgebäuden, einer Reformschule sowie dem atheistischen »Haus der festlichen Andacht« nach Plänen von Bruno Taut konnte nicht realisiert werden. Vor dem Krieg hatte Osthaus an dieser Stelle die Anlage von Tennisplätzen und ein dazugehöriges Klubhaus geplant, was den oben beschriebenen Wandel während des Krieges veranschaulicht.[7]

Osthaus hatte die Vision einer »großen Fünfmillionen-Stadt an Rhein und Ruhr« – der heutigen Metropolregion.

Neben diesen Hagener Projekten forderte Osthaus unter anderem einen Generalbebauungsplan für das rheinisch-westfälische Industriegebiet. Er hatte die Vision einer »großen Fünfmillionen-Stadt an Rhein und Ruhr«[8] – der heutigen Metropolregion, deren Entwicklung er frühzeitig voraussah.

Der Hagener Folkwang

Als Ideengeber, Vermittler und Auftraggeber verfolgte Osthaus generell die Verbesserung der menschlichen Lebensbedingungen durch neue architektonische, städtebauliche und nicht zuletzt museale Konzepte. Zwei Bauwerke sind in Hagen erhalten, die ihm persönlich Wohn- und Arbeitsstätte waren: das Hohenhof[9] genannte Landhaus (K12) und das historische Gebäude des Folkwang mit seiner rekonstruierten Innenausstattung. Beide sind von Henry van de Velde entworfen worden. Heute ist das Osthaus Museum Hagen im Folkwang-Bau untergebracht.[10]

linke Seite:
Hagen, rekonstruierte Brunnenhalle des Museums Folkwang, heute Osthaus Museum Hagen.

links:
Historische Außenansicht des Hagener Museum Folkwang (heute Osthaus Museum Hagen) von Carl Gérard. Die Inneneinrichtung wurde ab 1900 von Henry van de Velde entworfen.

rechts:
Gemäldesaal des Hagener Museum Folkwang, nach 1902.

Als das äußerlich noch im konventionellen Stil der Neorenaissance errichtete Museum Folkwang im Sommer 1902 seine Pforten öffnete, sah sich das erstaunte Publikum mit der einzigartigen, als revolutionär empfundenen Innenarchitektur des belgischen Künstler-Architekten Henry van de Velde konfrontiert. Doch beeindruckend war nicht nur die Raumgestaltung im »Neuen Stil«, sondern auch die Fülle von Werken der zeitgenössischen Kunst, die dem überraschten Publikum präsentiert wurden. Osthaus hatte sich – maßgeblich unter dem Einfluss des mit Avantgardekünstlern freundschaftlich verbundenen van de Velde und der in Paris lebenden Malerin Ida Gerhardi – besonders der aktuellen französischen Kunst zugewandt. In kürzester Zeit hatte er eine bedeutende Sammlung mit Werken von Cézanne, Gauguin, van Gogh, Manet, Matisse, Renoir, Rodin, Seurat, Signac und vielen anderen erstrangigen Künstlern aufgebaut. Osthaus stellte zudem auch Werke ozeanischer, afrikanischer und asiatischer Herkunft aus, kombinierte sie mit aktueller europäischer Kunst und demonstrierte die enge Verwandtschaft allen künstlerischen Schaffens. »Der Folkwang« in Hagen erlangte bald Berühmtheit als das bedeutendste Museum für zeitgenössische Kunst.[11] Durch seine Gründung wurde Hagen zu einem der fortschrittlichsten Kunstschauplätze im wilhelminischen Deutschland.

Der »Folkwang« – um 1900 das bedeutendste Museum für zeitgenössische Kunst.

Während der ersten beiden Jahrzehnte des 20. Jahrhunderts war Hagen auch international eines der wichtigsten Zentren und Knotenpunkt für die Entwicklung der künstlerischen Moderne. Äußeres Zeichen dieser allgemeinen Reformbewegung, die sich in den deutschen Ländern gegen die überkommenen Strukturen des Wilhelminischen Kaiserreichs richtete, war der sogenannte Jugendstil, der nach dem Vorbild des Arts and Crafts Movement in England entstanden war und vor allem in Belgien und Frankreich als Art Nouveau weiterentwickelt wurde, um schließlich durch den Belgier Henry van de Velde sowie durch Peter Behrens, Richard Riemerschmid und andere in Deutschland Verbreitung zu finden. Hagen war nach Darmstadt einer der ersten Orte in Deutschland mit Bauten im Jugendstil. Neben den 1901 eröffneten Münchener Kammerspielen von Riemerschmid zählt der Hagener Folkwang-Bau zu den ersten öffentlichen Gebäuden im Stil dieser frühen Moderne. Der überregional kulturpolitisch und als Vermittler auftretende Osthaus war darüber hinaus ein wichtiges Mitglied des 1907 in München gegründeten Deutschen Werkbunds. Durch diese Verbindung wurde Hagen zum Beispiel für Überwindung des Jugendstils und die Weiterentwicklung hin zu sachlicheren Gestaltungsformen, die später – nach dem Ersten Weltkrieg – besonders im Weimarer und Dessauer Bauhaus ihren Höhepunkt fanden.

Vom Hagener Impuls zu Bauhaus und Modulor

Osthaus zählt zu den frühen Förderern des Bauhaus-Gründers Walter Gropius (1883–1969), der in seinem Auftrag andalusische Fliesenkeramik in Südspanien gesammelt und aktiv am fortdauernden Ausbau der berühmten Folkwang-Sammlung beteiligt war. Der Museumsleiter unterstützte Gropius 1908 bei dessen Bewerbung um Eintritt in das Büro von Peter Behrens. Später übernahm Gropius für Behrens als Mitarbeiter bis zu seinem Austritt aus dessen Büro im März 1910 die Bauleitung der Hohenhagener Villen Haus Schröder und Villa Cuno. Dem heute im Karl Ernst Osthaus-Archiv aufbewahrten Briefwechsel ist zu entnehmen, dass sich ein freundschaftlich vertrautes Verhältnis zwischen Osthaus und Gropius festigte. Osthaus plante, Gropius ebenfalls mit einem Haus für die Villenkolonie beauftragen zu lassen. Der Erste Weltkrieg verhinderte jedoch die Realisierung dieses Plans.

Villa Cuno und Haus Schröder von Peter Behrens kurz nach ihrer Errichtung.
Im Hintergrund der Hohenhof von Henry van de Velde.

Auf Empfehlung van de Veldes, der als Belgier während des Krieges in die Schweiz fliehen musste, wurde Gropius 1919 dessen Nachfolger als Leiter der Kunstgewerbeschule in Weimar, die van de Velde 1902 gegründet hatte. Der etwa zwanzig Jahre jüngere Gropius reformierte das Vorgängerinstitut und gründete es unter dem Namen Bauhaus neu.

Nach dem Austritt von Gropius im Winter 1910 arbeitete von November 1910 bis April 1911 mit dem Schweizer Charles Eduard Jeanneret (1887–1965) ein weiterer Architekt am Beginn seiner Laufbahn im Büro von Peter Behrens; später sollte er unter dem Künstlernamen Le Corbusier zu den einflussreichsten Architekten seiner Zeit zählen. Nach seiner Tätigkeit im Babelsberger Büro von Behrens, in dem wie Gropius auch Ludwig Mies van der Rohe eine Zeit gearbeitet hatte, unternahm Jeanneret eine ausgedehnte Studienreise durch Deutschland und besuchte bei dieser Gelegenheit Osthaus, der ihn in Hagen empfing. Aus Bremen bedankt er sich bei Osthaus für dessen Gastfreundschaft: »ich stehe noch unter dem Zauber dessen, was Sie mir gestern zu sehen gestatteten. Ich habe so stark den Eindruck der Harmonie empfunden,

Hagen, Hohenhof
von Henry van de Velde,
1906–1908,
Ansicht von Westen.

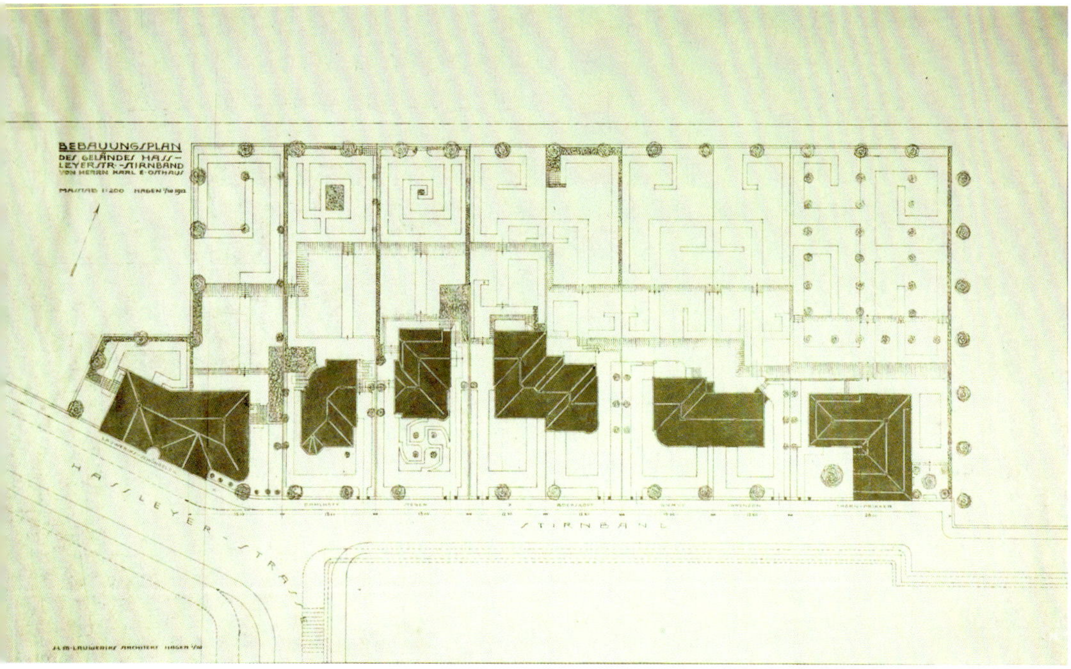

Bebauungsplan zur Stirnbandsiedlung von J. L. M. Lauweriks, um 1910, Sammlung des Osthaus Museums Hagen.

der die Gegend mit den Mauern und die beschwörenden Mauern mit den Menschen vereinigt, dass ich sehr glücklich bin, darin einige schöne Stunden verlebt zu haben. Ein Pariser Freund hatte mir von der kleinen [...] deutschen Stadt erzählt, in der sonst verkannte Genies ein Asyl gefunden hätten. So habe ich dorthin meine Wallfahrt gemacht. Und siehe! Meine Erwartungen sind übertroffen worden!«[12]

Besonderen Eindruck auf den jungen Architekten hatte, neben dem Hohenhof und den Villen von Peter Behrens, die noch im Bau befindliche Siedlung am Stirnband des niederländischen Künstlers Lauweriks gemacht. Jeanneret entdeckte in den Entwürfen des entstehenden Straßenzuges, den der Niederländer nach einheitlichem Maßsystem errichtete, vielleicht zum ersten Mal die Idee einer typisierten Architektur.[13] In der Folge entwickelte er zusammen mit dem Ingenieur Max du Bois ein System zur industriellen Serienfertigung von Häusern in Stahlbeton-Skelettbauweise aus vorgefertigten Teilen, das 1914 als »Dom-ino« zum Patent angemeldet wurde. 1948 veröffentlichte er unter dem Namen Le Corbusier mit dem »Modulor« sein eigenes Maßsystem und gab darin, wenn auch verschleiert, Hinweise auf seinen Kontakt zu Lauweriks.[14]

Das Geflecht der Verbindungen zwischen Osthaus, Behrens, van de Velde, Gropius und Le Corbusier ist beispielhaft für die vielfältigen Auswirkungen der Hagener Projekte auf die Künstler, die hier Aufträge fanden. Nicht wenige erfuhren durch Karl Ernst Osthaus oder die Kontakte, die dieser vermittelte, Impulse, die ihr weiteres Schaffen entscheidend beeinflussten. Im Gegenzug wurde Osthaus von Beginn an fortwährend durch die Künstler in seinem Umfeld beeinflusst.

rechte Seite:
Halle des Hagener Museum Folkwang (heute Osthaus Museum Hagen) von Henry van de Velde mit Springbrunnen von George Minne, nach 1906.

Orient in Hagen

Die Hinwendung des Museumsgründers zu moderner Kunst und Architektur war unter anderem auch durch eine Orientreise ausgelöst worden. Die auf dieser Reise erfahrenen Eindrücke veränderten den Blick des jungen Bauherren Osthaus auf sein zunächst als naturhistorisches Museum geplantes Institut. Nach seiner Rückkehr empfand er die durch den

Berliner Baurat Carl Gérard (1843–1913) geschaffene Architektur des im Rohbau fertiggestellten Museumsgebäudes als nicht mehr zeitgemäß und beauftragte nach Gérards Verzicht, die Einrichtung des im Rohbau bereits fertiggestellten Gebäudes auszuführen, den belgischen Künstler Henry van de Velde. Dieser stand vor der schwierigen Aufgabe, ein Gebäude, dessen Strukturen wie Raumfolge und Grundrisseinteilung durch seinen Vorgänger unwiderruflich festgelegt waren, zu einem Dokument des eigenen modernen Stilwollens und der eigenen Vorstellungen von einem nach funktionalen Gesichtspunkten eingerichteten Museum zu machen.

Was van de Velde in Hagen vorfand, war ein Repräsentationsbau, dessen Zentrum – mit Mittel- und Seitenschiffen sowie einer Apsis – an den Grundriss christlicher Kirchen erinnerte. Er entwarf neuartige abstrakt-lineare Dekorationsformen, die er anstelle der ursprünglich geplanten Renaissance-Säulenformen einsetzte, um die fließenden Übergänge von vertikalen und horizontalen Konstruktionselementen der Eisen-Beton-Architektur des Gérard'schen Gebäudes hervorzuheben. Schließlich griff der belgische Künstler mit einem Architekturmotiv in die sakral wirkende Anlage ein, das von orientalischer Baukunst inspiriert ist: Als Eingangssituation in der Halle, unmittelbar auf den Windfang des Museumseingangs folgend, fand van de Velde eine atriumartige Vierung mit jeweils zwei Eisenpfeilern vor. Im Zentrum der Vierung ließ er die Hallendecke mit einer kreisrunden Öffnung zur darüberliegenden Etage öffnen. Über diesem Durchbruch gab es ein Oberlicht, für das er eine farbige Bleiverglasung entwarf.[15] Das Licht der Bleiverglasung fiel auf einen Springbrunnen, der von dem belgischen Bildhauer George Minne entworfen und 1906 aufgestellt wurde, um den Eindruck eines orientalischen Brunnenhofes im Zentrum der Museumshalle zu erwecken.

Die Stuckgestaltung, mit der die Pfeiler der beschriebenen Vierung in der sogenannten Brunnenhalle umkleidet wurden, erinnert noch an Basis und Kapitell klassischer Säulenordnungen. Die Pfeilerpaare sind jedoch über Bögen miteinander verbunden, die nicht auf den Kapitellen lagern, sondern ohne Übergang aus den kapitellähnlichen oberen Abschlüssen der Pfeiler weitergeführt sind. Mit diesem Motiv verweist van de Velde auf die fließenden Übergänge von vertikalen zu horizontalen Strukturen der Eisen-Beton-Architektur.

Den Hohenhof plante van de Velde zwischen 1906 und 1911 als Wohnhaus der Familie Osthaus. Er richtete das Wohnhaus als Gesamtkunstwerk unter Einbeziehung von Gemälden und Skulpturen zeitgenössischer Künstler wie Aristide Maillol, Henri Matisse und anderen ein. Mit dem abgesenkten Garten schuf er auch hier einen Bereich, der deutlich an arabische Vorbilder erinnert. Im Zentrum des kleinen Gartenhofs, der von Arkaden umgeben ist, steht ein weiterer Brunnen, auf den sich ein System kleiner Wege bezieht. Die Situation erinnert, wie bereits die Brunnensituation in der Halle des Museums, an das Motiv des Brunnenhofs, den Osthaus am Beispiel des Löwenhofs der Alhambra in seiner Dissertationsschrift ausführlich behandelte.[16] Darüber hinaus ist die Gestaltung der Wände im Wintergarten des Hauses – der dem abgesenkten Gartenhof angeschlossen ist – deutlich von der Fliesenkeramik inspiriert, die Gropius im Auftrag von Osthaus in Andalusien für die Folkwang-Sammlung erworben hatte. Osthaus selbst hatte die spanische Fliesenkeramik vor Ort genau studiert. Er gilt als einer der ersten Wissenschaftler, die sich mit diesem Gebiet systematisch befassten. Van de Velde, der 1903 ebenfalls eine Orientreise unternommen hatte, schuf für die Wände des Wintergartens ornamentale Stuckplatten in Form des griechischen Kreuzes, um eine Fliesenmalerei von Henri Matisse zu rahmen, die dieser im Auftrag des Bauherren für den Hohenhof geschaffen hatte. Van de Velde reagierte mit der Form des »griechischen Kreuzes« auf das klassische Thema des Fliesenbildes »Satyr und Nymphen«. Zugleich verband er durch den gemeinsamen orientalischen Ursprung der ornamental gestalteten Wände und der Gestaltung des Gartenhofs als Brunnenhof die verschiedenen architektonischen Bereiche.

Fremde Impulse

Die von Osthaus in Hagen gesammelten Werke internationaler Künstler und die vor Ort beschäftigten Künstler wie van de Velde aus Belgien oder Lauweriks und Thorn Prikker aus den Niederlanden bedeuteten »fremde Impulse« für die heute mit dem Begriff »Hagener Impuls« verbundenen Projekte. Zugleich standen sie selbst ebenfalls unter dem Einfluss »fremder Impulse«, etwa Orientreisen oder kunstgewerblicher Anregungen durch Kolonialwaren, wie sie in den Niederlanden durch javanische Batikstoffe und andere Objekte aus den holländischen Kolonialgebieten verbreitet wurden. Die Beispiele in Hagen sind zahlreich und zeigen deutlich, dass die »fremden Impulse« nicht nur einseitig absorbiert, sondern in Hagen weiterentwickelt und von hier in veränderter Form weiterverbreitet wurden. Nicht ohne Grund gilt Hagen daher als ein Ort des Austausches und der Entwicklung moderner Ideen am Beginn des 20. Jahrhunderts und als Knotenpunkt im internationalen Netzwerk der Moderne.

Auch Orientreisen oder kunstgewerbliche Anregungen durch Kolonialwaren wirkten als »fremde Impulse«.

1 Emil Nolde, Jahre der Kämpfe, Berlin 1934, S. 75.
2 Im Folgenden sind ausschließlich die Lebensdaten der behandelten Architekten angegeben, um den beschriebenen Generationenwechsel leichter nachvollziehbar zu machen.
3 Nach: Birgit Schulte, Museutopia: Der Rückblick im Hohenhof, in: Michael Fehr und Thomas W. Rieger (Hg.), Museutopia. Schritte in andere Welten, Hagen 2002, S. 44.
4 Auch Mathieu Lauweriks genannt.
5 Auch Jan Thorn Prikker genannt. Zu Thorn Prikker in Hagen vgl. Rouven Lotz, Der Künstler als Lehrer für Handel und Gewerbe. Das Bahnhofsfenster von Johan Thorn Prikker in Hagen, in: Myriam Wierschowski (Hg.), »... mit der Sonne selbst malen ...«. Johan Thorn Prikker und der Aufbruch der Moderne in der Glasmalerei, Ausst.-Kat. Deutsches Glasmalerei-Museum, Linnich 2007.
6 Die durchgehend künstlerische Urheberschaft der Bebauung sowie der Umstand, dass einige der Häuser für Künstler geplant und errichtet wurden, führte dazu, dass die Villenkolonie bis heute als Künstlersiedlung bezeichnet wird. Die Planung der Gartenvorstadt und das Angebot zum Grundstückserwerb richtete sich allerdings an ein breiteres bürgerliches Publikum.
7 Zunächst wollte Osthaus den österreichischen Künstler Josef Hoffmann beauftragen, der aufgrund anderer Verpflichtungen jedoch den Hagener Auftrag nicht übernahm. Schließlich verhandelte Osthaus mit August Endell. Dieser sollte zudem eine an das Tennisgelände grenzende Gruppe von Typenhäusern entwerfen.
8 Karl Ernst Osthaus, Die Gartenvorstadt an der Donnerkuhle, in: Rainer Stamm (Hg.), Karl Ernst Osthaus. Reden und Schriften, Köln 2002, S. 139 f.
9 Zum Hohenhof und zu Hohenhagen vgl.: Rouven Lotz, Der Hagener Hohenhof. Das Landhaus für Karl Ernst Osthaus von Henry van de Velde, Hagen 2009.
10 Der Hohenhof – Museum des Hagener Impulses liegt außerhalb des Stadtzentrums und ist eine Abteilung des Osthaus Museums Hagen.
11 Der Name »Folkwang« war Programm: Den altnordischen Mythen der Edda entnommen, bezeichnet er in Walhall den Saal der Freya, der Göttin der Fruchtbarkeit und Liebe wie auch der Schönheit. Osthaus' Folkwang steht, entsprechend seinem erzieherischen Bestreben, für die Bedeutung »Volksanger«, »Menschenwiese« oder »Versammlungsort«. Vgl. Rainer Wick, in: Stamm 2002 (wie Anm. 8), S. 9.
12 Charles Eduard Jeanneret an Karl Ernst Osthaus, Brief vom 10. Mai 1911, Karl-Ernst-Osthaus-Archiv, P 653.
13 Nic. Tummers, J. L. Mathieu Lauweriks und die »Villa Stein«, in: Göttinger Tageblatt, Nr. 203, 1. September 1964; Nic. Tummers, Der Hagener Impuls. J. L. M. Lauweriks' Werk und Einfluss auf Architektur und Formgebung um 1910, Hagen 1972 (niederländische Originalausgabe 1968).
14 Tummers 1972 (wie Anm. 13).
15 Oberlicht wie Bleiverglasung sind nicht erhalten geblieben und heute durch ein holografisches Kunstwerk ersetzt.
16 Karl Ernst Osthaus, Grundzüge der Stilentwicklung, Univ.-Diss. Würzburg 1918.

Beginn des organischen Bauens im Ruhrgebiet

Geschwister-Scholl-Gymnasium in Lünen von Hans Scharoun

Dorothea Teßmer-Schwarze

»Ich hoffe, dass eine großzügige und moderne Bauweise der Schule den Verantwortlichen der Stadt neue Impulse gibt, Lünen zu einer neuzeitlichen, aufgelockerten Stadt zu gestalten.«[1] Dieses Anliegen äußerte Hans Scharoun (1893–1972) bei seiner Entwurfspräsentation für ein Mädchengymnasium in Lünen im Dezember 1955 (K20). Der Berliner Architekt wollte Schule und Stadt baulich so miteinander verzahnen, dass sie zusammen einen Organismus bildeten.[2] So verband Scharoun die als »Straße der Begegnung« konzipierte Pausenhalle durch ein Fensterband visuell mit der Umgebung. Der nach außen, zur Stadt weisende Schulhof für die Oberstufenschülerinnen war nicht vom Bürgersteig abgegrenzt und unterstrich eine neue, ungewohnte Offenheit.[3] Sie fügte sich bescheiden als »kleine Stadt« in die Stadt ein und signalisierte zugleich durch ihre Transparenz und Andersartigkeit neue pädagogische Ziele: Aus der Schule sollten später mündige Staatsbürger hervorgehen, die intensiv am gesellschaftlichen Leben teilnehmen würden.[4]

Zusammen mit dem Rathaus von Werner Rausch und Siegfried Stein von 1960 und dem Heinz-Hilpert-Theater von Gerhard Graubner von 1958 gehört die Scharoun-Schule zu einem Ensemble städtischer Bauten der Nachkriegszeit, deren bewusst moderne Architektur das neue demokratische und kulturelle Selbstverständnis der Stadt Lünen nach der Zeit des Nationalsozialismus vermitteln sollte.[5]

Lünen, Geschwister-Scholl-Gymnasium, Ansicht von Südosten, 1959. Gärten und Klassenräume der Unterstufe und der Bereich der Oberstufenschülerinnen mit Balkonen im Obergeschoss. Stufenartig erheben sich die einzelnen Gebäudeteile und bilden eine Einheit mit der umgebenden Stadtlandschaft.

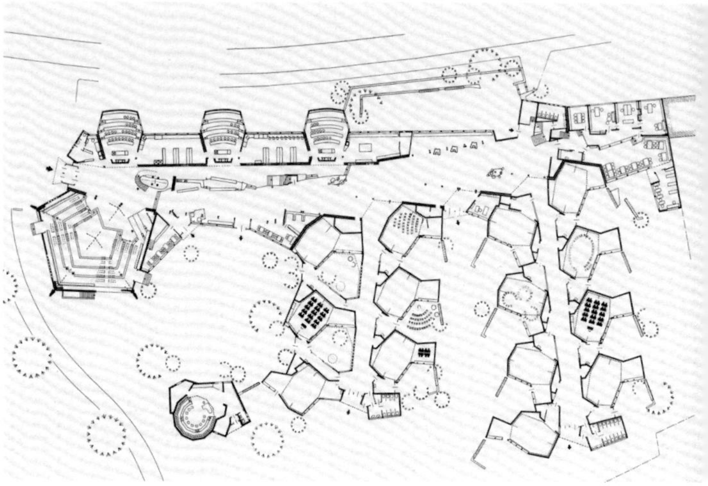

links:
Baubeginn des Geschwister-Scholl-Gymnasiums. In Lünen konnte Hans Scharoun seine bislang nur theoretisch entwickelten Ideen zum organhaften Schulbau praktisch umsetzen.

rechts:
Erdgeschoss-Grundriss des Geschwister-Scholl-Gymnasiums. Der zwölfeckige Musikraum im Südosten und eine Aussichtsplattform für astrophysikalische Beobachtungen sind aus finanziellen Gründen nicht mehr realisiert worden.

Neue Schulen für die junge Demokratie

In der Nachkriegszeit fanden in der zukünftigen jungen Bundesrepublik Deutschland zahlreiche Tagungen statt, um Ideen für zeitgemäße Schulbauten zu entwickeln.[6] Man war sich einig, dass die wilhelminischen Kasernenschulen mit großen, einschüchternden Portalen und langen, dunklen Gängen, von denen die Klassenräume für den autoritär aufgebauten Frontalunterricht abzweigten, endgültig der Vergangenheit angehören sollten. Statt Untertanen sollten aus den neuen Schulen verantwortungsbewusste Persönlichkeiten mit demokratischem Selbstverständnis hervorgehen.[7] Auf einer Tagung im Juni 1949 im sauerländischen Fredeburg verabschiedeten die Teilnehmer ein Konzept, das auf einer großen Schulbauausstellung in Düsseldorf vorgestellt und für das Land Nordrhein-Westfalen wegweisend geworden ist. Die Mitwirkenden forderten naturnahe Schulhöfe, die Möglichkeit zum Freiluftunterricht boten, und sie bevorzugten die Pavillonbauweise für Schulneubauten, weil sie individueller und weniger massenhaft sei.[8]

Die Volksschule Wegberg im Rheinland etwa wurde nach den Fredeburger Richtlinien entworfen und zeigt die Schwierigkeiten in der praktischen Umsetzung deutlich. Zwar in Pavillonbauweise mit einem innovativen Raumprogramm errichtet, griffen die Architekten Alfons Leitl und Hermann Lahme in der Gestaltung auf die Heimatschutzarchitektur zurück – ein Stil, der in der Zeit des Nationalsozialismus unter anderem für Gebäude von NS-Jugendorganisationen angewendet worden war.

Die Pavillonbauweise war in der Fachwelt zu Beginn der 1950er Jahre vor allem wegen der hohen Unterhaltskosten und dem großen Flächenbedarf bereits wieder äußerst umstritten.[9] Architekten und Stadtplaner bevorzugten nun mehrstöckige Flachdachgebäude mit gläsernen Fassaden, die sich bewusst modern präsentierten. Dieser Trend hatte seinen Höhepunkt in den großen Schulkomplexen der 1960er und 1970er Jahre, die schließlich von Alexander Mitscherlich und Hugo Kükelhaus als unmenschliche Lernfabriken kritisiert worden sind.[10]

Wie aber sollten diese neuen Schulen aussehen, die den Kindern Geborgenheit bieten und die Ideale der jungen Demokratie der Bundesrepublik Deutschland an die Jugend vermitteln sollten? Eine Antwort gab 1951 Hans Scharoun auf dem Darmstädter Gespräch »Mensch und Raum«. Zu diesem Symposium waren Philosophen und Architekten zusammengekommen, um Fragen zur zeitgenössischen Architektur zur erörtern. Hier stellten Architekten elf Projekte zum Wiederaufbau der Stadt Darmstadt vor, von denen fünf als »Meisterbauten« zwischen 1954 und 1960 verwirklicht wurden. Scharoun präsentierte den Entwurf für eine Volksschule nach einem völlig neuen Konzept und löste damit heftige Diskussionen aus.[11]

Für drei Altersstufen (Gruppen A, B, C) entwickelte Scharoun jeweils einen bestimmten Klassentyp in einer besonderen, auf das Alter der Kinder abgestimmten architektonischen Form.[12] Diese Klassen bildeten dann als »Organe« zusammen mit der als »Weg der Begegnung« konzipierten Pausenhalle einen komplex gegliederten Schulkörper, der sich am kindlichen Empfinden orientierte und von innen nach außen entwickelt war. Für die jüngsten Kinder schuf Scharoun nestartige Strukturen mit Höhlencharakter. Für die Kinder mittleren Alters sah er abgeschlossene Einheiten mit Rückzugsmöglichkeiten vor – in Lünen etwa gibt es einen atriumartigen Garten, der vom Schulhof nicht einsehbar ist und in dem die Schüler für sich sein konnten. Die ältesten Schüler bekamen Räume, in denen sie ihr neu erworbenes Selbstbewusstsein entfalten und erproben konnten. Mit diesen differenzierten Einheiten entstanden einerseits kleinere Räume oder Rückzugsmöglichkeiten für Gruppen verschiedener Größe, andererseits Räumlichkeiten für das lockere Zusammenkommen größerer Gemeinschaften oder der gesamten Schülerschaft.

Lichtdurchflutet und mit eigenem Gartenzugang für den Freiluftunterricht: die polygonalen Klassenräume

Scharouns Kollege Paul Bonatz verriss spöttisch die komplex differenzierte Architektur, die sich konsequent nach dem Alter und den Bedürfnissen der Kinder richtete und kritisierte dessen Haltung als »Zerdenken«.[13] In Anlehnung an die Architekturtheorie Hugo Härings sprach Scharoun hingegen von organhafter Architektur, die sich an den Gestaltungsprinzipien der Natur orientiere. Scharoun ging es jedoch nicht darum, Erscheinungsformen des Organischen in der Natur wie zum Beispiel Bienenwaben nachzuahmen. »Die Gestalt der Schule will organhaft das Wesen des Schullebens spiegeln. Deshalb kann unser Ordnungsgefüge nicht additiven Prinzips sein. Die Reihung auch noch so gut technisch-funktionell gelöster Einzelräume genügt nicht. Es sind vielmehr die Schulteile Glieder eines Ganzen und sie wirken zusammen wie Organe im Organismus und Organismen in der Ganzheit zusammenwirken.«[14] In dieser Vielschichtigkeit seiner Architektur sah Scharoun Parallelen zur kubistischen Malerei von Pablo Picasso und Georges Braque.[15]

Das Geschwister-Scholl-Gymnasium in Lünen

Realisiert wurde Scharouns Entwurf für eine Grundschule in Darmstadt nicht. Im westfälischen Lünen aber wurden Schulleiter Bruno Wieloch, der dringend einen Schulneubau für sein Mädchengymnasium benötigte, und Stadtdirektor Adalbert Kaukars auf die Ideen Scharouns aufmerksam.[16] Ohne Ausschreibungsverfahren beauftragten sie den Berliner Architekten damit, einen Entwurf für einen Schulneubau nach dem Vorbild des Darmstädter Entwurfs anzufertigen. Mit nur einer Gegenstimme stimmte der Stadtrat zu, und am 14. September 1956 begannen die Bauarbeiten. »Das kann doch keine Schule werden«, kommentierte ein 16-jähriger Schüler,

links:
Straße der Begegnung im Geschwister-Scholl-Gymnasium.

rechts:
Kunstraum im zweiten Obergeschoss. Das diffus einströmende Nordlicht verleiht Qualitäten eines Ateliers. Eine Puppen- und Marionettenbühne ermöglicht Figurentheater-Aufführungen mit selbst hergestellten Puppen.

der den Fortgang der Bauarbeiten beobachtete und das aufgehende Mauerwerk der wabenförmigen Klassenräume fotografierte.

Ausgehend von den Darmstädter Ansätzen entwickelte Scharoun einen Neubau am Rande der Altstadt, der sich parallel zur Holtgrevenstraße erstreckte und in die bestehende Stadtlandschaft einfügte. Von der »Straße der Begegnung« zweigen zwei Äste mit den Klassenräumen für die jüngsten und mittleren Schüler ab. Jeder dieser »Wohnungen« ist ein Garderobenbereich, der auch in den Pausen genutzt werden kann, vorgelagert. Von dem polygonalen Klassenraum geht noch ein apsidialer Raum ab, der der Einzel- und Kleingruppenarbeit dient. Jeder Klasse ist auch noch ein geschützter Freiluftbereich, dessen Gartenanlagen jeweils von den Schülerinnen gepflegt werden sollten, zugeordnet. Die lichtdurchfluteten Räume werden von einer großen Fensterfront an der Gartenseite und einem Fensterband mehrseitig beleuchtet. Eine Luftheizung blies frische, warme Luft an den Fensterfronten hoch und sorgte für einen kontinuierlichen Luftaustausch in den Klassen. Dieses Anfang der 1990er Jahre stillgelegte System soll im Zuge der denkmalgerechten Sanierung der Schule (heute Geschwister-Scholl-Gesamtschule), die mit der Restaurierung einer Musterklasse im Herbst 2009 begonnen hat, wieder in Betrieb genommen werden.[17]

In seinem Entwurf griff Scharoun die Idee der Pavillonschule zu einem Zeitpunkt noch einmal auf, als sie von anderen zeitgenössischen Architekten schon wieder verworfen wurde. Er rückte die Pavillons aber so zusammen, dass eine kleine Stadt entstand. Deren Rückgrat war die verwinkelte »Straße der Begegnung«, die als »Mittlerschaft« zu Treffen und Aktivitäten verschiedenster Art einlud, aber auch eine Verbindung zur umliegenden Stadtlandschaft herstellte.[18] Pflanzbeete, Bänke, ein runder Tisch, eine Milchbar und Wasserspender gliedern den langgestreckten verbindenden Raum, der im Osten in die Aula übergeht. Daran schließen die Schülermitverwaltung und eine durch Glasfronten einsehbare Bibliothek an. Im Westen der Halle liegen die bewusst klein dimensionierten Lehrer- und Direktorenzimmer. Nach Norden gehen die Räume für die Naturwissenschaften ab. Eine kleine Treppe mit einem Geländer aus Industriebau-Fertigteilen führt an farbig verglasten Fenstern vorbei in das Obergeschoss. Auf der Nordseite liegen hier neben dem Kunstraum die Klassen der Oberstufenschülerinnen mit Balkonen, von denen aus sie Schule und Stadt überblicken konnten.

1960 bezog sich der Bundestagsabgeordnete Adolf Arndt in seiner berühmt gewordenen Rede über »Demokratie als Bauherr«, die er zur Eröffnung der Berliner Bauwochen hielt, auf das Darmstädter Gespräch von 1951 und die Idee der Schulwohnung von Hans Scharoun: »Sollte es nicht einen Zusammenhang geben zwischen dem Öffentlichkeitsprinzip der

Schülerinnen im Innenhof
der Mittelstufenklasse, 1959.

Demokratie und einer äußeren wie inneren Durchsichtigkeit und Zugänglichkeit ihrer öffentlichen Bauwerke? Nehmen wir als Beispiel öffentlichen Bauens die Schule. Ob ich die Schüler in die schmutzig gelben Ziegelbauten einkaserniere, wie sie uniform auch für die Feuerwehr oder das Katasteramt jederlei Behörde einst üblich waren, oder ob ich sie hinter Stahl und Glas mit Sachlichkeit und Stoffgerechtigkeit einkastele, ist allenfalls ein hygienischer Unterschied. Wenn Bauen Wohnen und wenn Bauen ein Stiften und Fügen geistiger Räume sein soll, muss dann nicht in einer Demokratie der begehbare Schul-Zeit-Raum zur Schulwohnung werden, die sich in Ruhe und Bewegung so aufgliedert, dass sie den Schüler dazu geleitet, seiner selbst als politischer Mensch bewusst zu werden und mit sich ins Gleichgewicht zu kommen? Hierin liegt anscheinend das Ziel des ‚neuen Bauens', das sich organisch nennt und das Gebaute als Gliedmaßen versteht, mit denen ein Mensch seiner selbst mächtig wird, die man aus politischer Sicht vielleicht humane Bauweise nennen könnte.«[19]

In dem Lünener Geschwister-Scholl-Gymnasium und der wenig später in Marl-Drewer gebauten Volksschule (K21) realisierte Scharoun diese Ideale des »demokratischen« Bauens, wie sie Adolf Arndt auch für Bauten des Bundes einforderte.

Naturwissenschaftlicher Unterrichtsraum im Erdgeschoss. Durch das bogenförmig aufsteigende Gestühl konnten alle Schülerinnen Versuche des Lehrers bestens sehen. Er wird heute als Medienraum genutzt, da die aktuellen Lehrpläne Schülerversuche in den Naturwissenschaften vorschreiben.

Die Scharoun-Schulen in Lünen und Marl sind richtungsweisend für innovative Schulbauten.

Scharouns Ideen heute

In Zeiten des »Pisa-Schocks« wird auch der Schularchitektur in Deutschland und deren Auswirkungen auf die Pädagogik und das Lernverhalten der Kinder inzwischen wieder eine größere Bedeutung beigemessen. Ein Ausspruch des Reformpädagogen Loris Malaguzzi ist in aller Munde: »Ein Kind hat drei Lehrer: Der erste Lehrer sind die anderen Kinder. Der zweite Lehrer ist der Lehrer. Der dritte Lehrer ist der Raum.«[20] Die Lehrer des Schularchitekten Hans Scharoun waren die Kinder als zukünftige Nutzer des Gebäudes.

Die Scharoun-Schulen in Lünen und Marl sind nach mehr als fünfzig Jahren noch immer richtungsweisend für innovative Schulbauten. So bezieht sich etwa der Architekt Peter Hübner, bekannt durch den Bau der evangelischen Gesamtschule Gelsenkirchen-Bismarck, die er zusammen mit den zukünftigen Schülern als Projekt der Internationalen Bauausstellung Emscher Park entwarf, explizit auf die Scharoun-Schulen.

In Deutschland zunächst nicht weiter beachtet, wurde der Scharoun'sche Impuls in Skandinavien dagegen aufgegriffen und weiterentwickelt. Wegen der internationalen Bedeutung einer humanen Schulbauarchitektur, aber auch vor dem Hintergrund des Bauens im Zeichen der Demokratie hat die Wüstenrot-Stiftung die Schule in Lünen in ihr Denkmalprogramm aufgenommen. Nach den Erfahrungen mit der Sanierung einer Musterklasse sollen in den kommenden Jahren bei laufendem Schulbetrieb alle Klassen und die Halle saniert werden. Wichtigster Punkt wird hier der Rückbau der nachträglich in die »Straße der Begegnung« eingezogenen Klassenräume sein, die zur Zeit noch den Scharoun so wichtigen Bezug zur Stadt verhindern. Die wenige Jahre später in Marl errichtete Volksschule bedarf ebenso einer fachgerechten Sanierung, der Ausgang ist hier noch ungewiss.

1 Zitiert nach: Machbarkeitsstudie zur Erhaltung, baulichen Instandsetzung und Weiternutzung der Geschwister-Scholl-Schule in Lünen, Wüstenrot Stiftung und Architekturbüro Professor Spital-Frenking und Schwarz, [O. O., o. J. (2007)], S. 11.

2 Am deutlichsten entfaltet Scharoun sein Verständnis von Schule und Nachbarschaft innerhalb der Stadt als Organe eines Organismus in: Hans Scharoun, Raum und Milieu der Schule. Vortrag auf der 11. Triennale Bauen und Wohnen, publiziert in: Hans Scharoun, Raum und Milieu der Schule, in: Bauen und Wohnen, 16, 1962, Nr. 4, S. 4. Vgl. auch: Hans Scharoun, Erläuterungsbericht Volksschule Darmstadt, 1951, in: Peter Pfankuch (Hg.), Hans Scharoun. Bauten, Entwürfe, Texte, Schriftenreihe der Akademie der Künste, Bd. 10, Berlin 1974.

3 Vgl. Christine Hoh-Slodczyk u. a., Hans Scharoun. Architekt in Deutschland 1893–1972, München 1992, S. 83 und S. 89–91.

4 Vgl. Bruno Wieloch, Gedanken eines Schuldirektors, in: Bauwelt, 51, 1960, Heft 37, S. 1069.

5 Machbarkeitsstudie 2007 (wie Anm. 1), S. 7.

6 Ursula Muscheler, Die Schulwohnung – ein Mädchengymnasium in Lünen, in: Dies., Haus ohne Augenbrauen. Architekturgeschichten aus dem 20. Jahrhundert, München 2007, S. 187–197.

7 Elisabeth Spieker, Günter Behnisch – die Entwicklung des architektonischen Werkes, Gebäude, Gedanken und Interpretationen, Stuttgart 2006, zugl. Univ.-Diss. Stuttgart 2005, S. 41.

8 Marco Kieser, Denkmalschutz-Gutachten zur ehemaligen katholischen Volksschule Wegberg, heute Erich-Kästner-Schule, städtische Gemeinschaftsgrundschule, www.eks-wegberg.de/ek9Geschichte.htm [20.11.2009].

9 Vgl. Der Spiegel, 14. 10. 1953, S. 29–31. Die breite fachliche Diskussion des zeitgenössischen Schulbaus im Spiegel zeigt die große gesellschaftliche Bedeutung, die dem Thema Schulbau beigemessen wurde.

10 Alexander Mitscherlich, Die Unwirtlichkeit unserer Städte. Thesen zur Stadt der Zukunft, Frankfurt 1965; Hugo Kükelhaus, Unmenschliche Architektur. Von der Tierfabrik zur Lernanstalt, Köln 1973. Vgl. Marco Kieser, Heimatschutz und Baugestaltung – eine Skizze, in: Rheinische Heimatpflege N. F., 34, 1997, S. 288–296. Ausführlich zum Thema: Marco Kieser, Heimatschutzarchitektur im Wiederaufbau des Rheinlandes (Beiträge zur Heimatpflege im Rheinland, 4), Köln 1998.

11 Das Darmstädter Gespräch »Mensch und Raum« von 1951 ist mehrfach publiziert worden. Zuletzt erschien: Ulrich Conrads und Peter Neitzke (Hg.), Mensch und Raum. Das Darmstädter Gespräch 1951, Braunschweig 1991. Im Folgenden wird zitiert nach Otto Bartning (Hg.), Mensch und Raum, Darmstadt 1952.

12 Zur ausführlichen Beschreibung des Entwurfs siehe: Scharoun 1951 (wie Anm. 2).

13 Vgl. Bartning 1952 (wie Anm. 11), S. 91.

14 Zitiert nach: Pfankuch 1974 (wie Anm. 2), S. 194. Vgl. auch Norbert Huse, Geschichte der Architektur im 20. Jahrhundert, München 2008, S. 64.

15 Vgl. Scharouns Äußerungen auf dem Darmstädter Gespräch, Bartning 1952 (wie Anm. 11), S. 168.

16 Ich danke Herrn Hans-Jürgen Korn von der Scharoun-Gesellschaft Lünen, der mir zahlreiche Informationen, insbesondere auch zum Entstehungskontext des Geschwister-Scholl-Gymnasiums, gegeben hat, die er im Rahmen der Ausstellung »Sondern fürs Leben …« im Mai 2009 publiziert hat. Allgemein zur Schule in Lünen vgl.: Wolfgang Balzer, Scharouns Mädchenschule in Lünen als Baudenkmal, in: Denkmalpflege in Westfalen-Lippe, H. 1, 1995, S. 5–15.

17 Vgl. Machbarkeitsstudie 2007 (wie Anm. 1), S. 115–118.

18 Vgl. Pfankuch 1974 (wie Anm. 2), S. 198.

19 Adolf Arndt, Demokratie als Bauherr, Berlin 1984, S. 52–65.

20 Vgl. Annette Dreier, Raum als Dritter Erzieher, in: Lingenauber, Sabine (Hg.), Handlexikon der Reggio-Pädagogik, Bochum 2004, S. 135–141, hier S. 137.

Experimentelle Architektur und anspruchsvolle Selbstdarstellung

Die Rathäuser in Marl und Castrop-Rauxel

Oliver Karnau und Danae Votteler

Steigt man in Marl oder Castrop-Rauxel aus der Tiefe des Parkdecks auf die Normalebene und schaut sich um, so dürfte ein unvorbereiteter Betrachter überrascht sein von der Fremdartigkeit der vor ihm erscheinenden Rathauskomplexe – wegen ihrer Dimension und Baugestalt und wegen ihres architektonischen Ausdrucks. Anders als in anderen Städten stehen die Verwaltungsbauten hier nicht in gewachsenen Stadtmittelpunkten. Sie nutzen auch keine vorhandenen Bauten wie etwa im Herner Stadtteil Wanne-Eickel. In Marl und Castrop-Rauxel sind ambitionierte Neubauten absichtsvoll und ohne Rücksichtnahme auf vorgefundene städtebauliche Strukturen errichtet worden (K22, K23). In ihnen manifestiert sich nicht nur ein Architekturverständnis, das für die 1960er Jahre modern war, sondern auch der Wille, den von hier verwalteten Städten einen urbanen Mittelpunkt und ein neues Selbstverständnis zu geben. In beiden Städten sollte nicht einfach ein Verwaltungszentrum errichtet, sondern ein kultureller Mittelpunkt geschaffen werden. Mit dem Marler Rathaus sind überdies noch weitergehende demokratische Ansprüche verbunden worden.[1] Sie stehen beispielhaft für die architektonische Nachkriegsmoderne im Ruhrgebiet. An den Zeichentischen auswärtiger Architekten entstanden, weisen sie bis dahin vielerorts unbekannte Bauformen auf.

Von der Kleinstadt zur urbanen Mitte

In Marl wie in Castrop-Rauxel wird man die rapide Bevölkerungszunahme als einen entscheidenden Ausgangspunkt für die großen Neubauprojekte ausmachen können. Nach dem Ende des Zweiten Weltkriegs kamen viele Flüchtlinge und Vertriebene ins Ruhrgebiet und suchten hier Wohnung und Arbeit. Die Aufgaben der Gemeindeverwaltungen wurden quantitativ wie qualitativ anspruchsvoller und vielfältiger. Die herkömmlichen Einrichtungen der öffentlichen Verwaltung waren dafür nicht ausreichend. Wirtschaftswachstum und Bevölkerungszunahme eröffneten neue, bis dahin ungeahnte Möglichkeiten und visionäre Vorstellungen. Hatte bis in die zweite Hälfte der 1950er Jahre ein konservativer und experimentierunwilliger Zeitgeist geherrscht,[2] so setzten die unkonventionellen Bauten in Marl und Castrop-Rauxel einen frischen und mutigen Impuls.

Wirtschaftswachstum und Bevölkerungszunahme eröffneten neue, bis dahin ungeahnte Möglichkeiten und visionäre Vorstellungen.

Castrop-Rauxel hatte im Jahr der Stadtgründung 1926 etwas mehr als 50 000 Einwohner, und 1962 erreichte die Bevölkerungszahl mit fast 90 000 ihren Höchststand (der auch seitdem nicht mehr übertroffen wurde). Etwa ein Viertel der Einwohner war damals neu ins Gemeindegebiet gezogen.

Hängedächer für Castrop-Rauxel

Der auffällig weitläufige Rathauskomplex von Castrop-Rauxel vermittelt noch heute die Absicht, die kleinstädtische Vergangenheit der Zwischenkriegszeit hinter sich zu lassen und architektonisch neue Wege zu gehen. Die Stadtverordneten ließen die Bauten symbolisch in die geografische Mitte von Castrop und der Gemeinden um Rauxel auf einem bis dahin unbebauten

Forum Castrop-Rauxel,
Blick in den Rathauskomplex.

Gelände planen und errichten. Mit dem Entwurf wurde kein örtlicher Architekt beauftragt, sondern man lud ausgewählte, international renommierte Architekten zu einem beschränkten Wettbewerb ein. Die Pläne der Dänen Arne Jacobsen und Otto Weitling gingen aus der Konkurrenz 1966 als Sieger hervor – von der Jury gelobt wegen der »straffen und beschwingten Gestaltung ihrer klaren baulichen Konturen«[3]. Nach Jacobsens Tod 1971 setzte Weitling das Vorhaben »Stadtmittelpunkt«[4] zusammen mit dem Architekten Hans Dissing fort.

Entstanden ist eine ausgedehnte Gebäudegruppe auf einer erhöht liegenden Plattform oberhalb eines Parkdecks. Seitlich stehen lang gestreckte Riegelbauten, denen drei unterschiedlich große Saal- und Hallenbauten vorgelagert sind. Der nördliche, fünfgeschossige Backsteinriegel von 250 Metern Länge nimmt als Verwaltungstrakt das städtische Rathaus auf. Fünf großflächig durchfensterte Treppenhäuser öffnen den Blick auf die Forumsfläche mit den drei Saalbauten, deren elegant geschwungene Hängedächer zum Platz hin abfallen. Die Gebäuderiegel im Norden und Süden sollten eine Zäsur zur kleinteiligen Umgebungsbebauung schaffen und den Platz in der Mitte eingrenzen. Die lineare Struktur sollte auch zukünftig entwicklungsfähig sein. Die städtebauliche Weitläufigkeit steht im Kontrast zur Grundrissentwicklung in den Bürogeschossen und der kleinmaßstäblichen und farbenfrohen Gestaltungsvielfalt im Inneren der Gebäude, die zum größten Teil noch erhalten ist. Mit der Stadthalle und einer ursprünglich geplanten Vierfach-Turnhalle, der heutigen Europahalle, war von Anfang an nicht nur ein Verwaltungszentrum, sondern ein Ort vielfältiger kultureller Möglichkeiten für die Castrop-Rauxeler Bürger vorgesehen.

Ein Ort vielfältiger kultureller Möglichkeiten für die Castrop-Rauxeler Bürger.

Auffallendes Gestaltungsmotiv der drei Saalbauten sind die leichten Hängedachkonstruktionen. Solche Hängedächer eignen sich sehr gut zur stützenfreien Überwindung großer Spannweiten und gehen zurück auf Experimentalbauten des frühen 19. Jahrhunderts, kamen aber erst einiger Jahrzehnte später zur Baureife.[5] Die geschwungene Dachform, die an eine Sprungschanze erinnert, folgt dem Verlauf der zwischen Stahlbetonpylonen aufgehängten Stahlseile. Vergleichbares war bis dahin in der Region nicht gebaut worden. Als bekanntes Vorbild darf das von Eero Saarinen zwischen 1958 und 1962 erbaute Flughafenterminal in Washington-Dulles gelten.

links:
Marl, Modell des neuen Stadtzentrums und Kommunalpolitiker, Fotomontage, 1971.

rechts:
Marl, Außentreppe zum Ratssaal um 1966.

Die Marler Rathaustürme zeugen vom Willen zur Modernität und vom mutigen Zukunftsoptimismus.

Rathaustürme und Wohnhügel in Marl

Wie in Castrop-Rauxel war auch in Marl nach dem Ende des Zweiten Weltkriegs die Bevölkerung stetig gewachsen: 1957 ging man von künftig rund 150000 Einwohnern aus.[6] Man plante auf Zuwachs und weckte bisweilen schier grenzenlose Euphorie: »Der kleine Ort Marl im Kohlenpott wird einst Deutschlands und Europas größte Stadt sein«, prophezeite die Hamburger Illustrierte »Kristall« im Jahr 1955.[7]

Für die neue Zeit errichtete auch Marl ein neues Rathaus, das zugleich Mittelpunkt eines neuen Stadtzentrums sein sollte. Zum Rathaus gehören ein Zentralgebäude, ein Ratstrakt und ein großer Platz, der nicht nur als räumlich wirksame Freifläche vor den großen Neubauten gedacht war, sondern auch Markt- und Versammlungsplatz sein sollte. 1960 war Baubeginn, 1964 Richtfest des zweiten Bauabschnitts und 1967 und 1968 wurden die zwei Bürotürme fertiggestellt. Zwei weitere Türme waren geplant, sind aber nicht realisiert worden.

Kommunalpolitiker und Stadtplaner setzten große Hoffnungen in den Bau: Er sollte ein Gemeinschaftsgefühl zwischen der heterogenen, aus vielen Gegenden des ehemaligen Deutschen Reichs zugezogenen Bürgerschaft stiften. Das vom Rathaus dominierte neue Stadtzentrum war in ein umfassendes Programm von kultureller Bildung einbezogen, sollte das Demokratieverständnis der Einwohner befördern und den Status Marls als Großstadt bekräftigen. Um das neue Selbstbewusstsein der Stadt und der Region zu demonstrieren, waren überregional bekannte Architekten verpflichtet worden.

Als Sieger eines internationalen Wettbewerbs konstruierten die niederländischen Architekten Johannes Hendrik van den Broek und Jacob Berend Bakema die Marler Rathaustürme als Hängehochhäuser – die ersten ihrer Art in der Bundesrepublik. Bei dieser neuartigen Konstruktionsform werden die Geschosse nicht am Boden abgestützt, sondern vom Dach abgehängt. Obwohl diese Bauweise der Hängekonstruktion schon in den 1920er Jahren entwickelt worden ist, war sie – abgesehen von einem Wohnhaus 1957 in Montevideo – bis dahin noch nirgendwo realisiert worden. Etwa zeitgleich mit den Marler Rathaus-Türmen wurden auch in den Niederlanden und in Belgien Bürohäuser als Hängekonstruktionen gebaut. In Deutschland entstanden erst später Nachfolgebauten, so 1966 das Finnlandhaus in Hamburg oder 1970 bis 1973 die BMW-Türme in München.

Die Marler Rathaustürme zeugen wie die über 60 Meter frei gespannte, als Ratstrakt errichtete Stahlbetonhalle mit ihrem auffälligen Faltdach vom Willen zur Modernität und vom mutigen Zukunftsoptimismus der Zeit. Dies gilt auch für weitere Bauten in der unmittelbaren

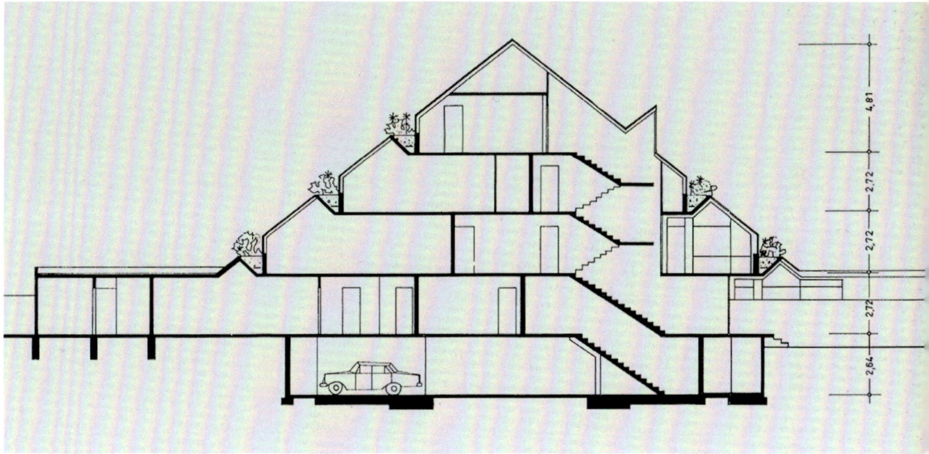

links:
Marl, Modell des Wohnhügelhauses, 1960er Jahre.

rechts:
Marl, Schnittzeichnung des Wohnhügelhauses, Architekten Frei, Schröder und Schmidt, Stuttgart.

Nachbarschaft, etwa für das in den 1970er Jahren erbaute Einkaufszentrum »Marler Stern« mit dem womöglich größten Luftkissendach der Welt.

Mit Errichtung des sogenannten Wohnhügels ist in Marl erstmals ein bis dahin ungebauter Haustyp realisiert worden, bei dem die Grundfläche nach oben hin abnimmt und die Wohngeschosse zurücktreten (K23). Damit wurde dem konventionellen Geschosswohnungsbau eine neuartige Alternative entgegengesetzt, die später auch in anderen Städten realisiert wurde. Diese neue Planungsidee war seit 1959 von den Stuttgarter Architekten Peter Faller, Fritz Frey und Hermann Schröder entwickelt und auch in Wettbewerbsbeiträgen ausgezeichnet worden, jedoch Architektenvision geblieben.

Experimentierfreudige, anspruchsvolle Großbauten.

Die ungewöhnlichen Bauten in Castrop-Rauxel und Marl waren mutige Versuche, moderne Räume für neue urbane Vorstellungen zu schaffen. Mit ihren »formstarken« Architekturen sind architektonisch qualitätvolle und eindrucksvolle Orte entstanden. Wir erkennen in ihnen heute experimentierfreudige, anspruchsvolle Großbauten, die der Bevölkerung ein gehöriges Maß an Aufgeschlossenheit und Akzeptanzbereitschaft abverlangt haben. Deshalb ist der Marler Wohnhügel auch in einer umfangreichen bau- und wohnwirtschaftlichen Studie vom Bundesbauministerium untersucht worden.[8] Bei den Rathauskomplexen in Marl und Castrop-Rauxel sind neue technische Möglichkeiten aufgenommen und zu bislang unbekannten, für das Ruhrgebiet bis dahin fremdartigen Formen umgesetzt worden.

1 Vgl. Stefan Kleineschulte, Das Rathaus in Marl. Zur Bedeutung der Architektur für die politische Sinnstiftung auf kommunaler Ebene, Univ.-Diss., Bochum 2003, S. 258, passim. Demokratische Ansprüche haben möglicherweise auch in Castrop-Rauxel eine Rolle gespielt; der Aspekt ist aber für diese Stadt noch nicht untersucht worden.
2 Vgl. Joachim Schöffel, Symbol und Bühne der Stadt. Eine Untersuchung bundesdeutscher Städte seit ihrer Kriegszerstörung, Diss. Tech. Univ., Darmstadt 2003, S. 112 und passim.
3 Zit. nach Eckart Gerber, Das Rathaus Castrop-Rauxel, in: Der Architekt, 8, 1993, S. 462–465, hier S. 463.
4 Vgl. Dietmar Scholz, Das letzte Kapitel. Wirtschaft, Gesellschaft und Politik in Castrop-Rauxel 1960–1996, Stuttgart 1996, S. 22–23.
5 Rainer Graefe (Hg.), Geschichte des Konstruierens, Stuttgart 1989.
6 Vgl. Kleineschulte 2003 (wie Anm.1), S. 66.
7 Kristall, 1955, H. 36, S. 852.
8 Vgl. Wohnhügel Marl. Bau- und wohnwirtschaftliche Untersuchungen, im Auftrag des Bundesministers für Raumordnung, Bauwesen und Städtebau bearb. vom Institut für Bauforschung e.V., o. O. 1974 (Schriftenreihe »Bau- und Wohnforschung« des Bundesministers für Raumordnung, Bauwesen und Städtebau; 04.007).

K 1

Römische Architektur am Niederrhein – Hafentempel der Colonia Ulpia Traiana

LVR-Archäologischer Park Xanten,
Wardter Straße 2, 46509 Xanten

Die Tempelanlage der römischen Stadt Colonia Ulpia Traiana liegt in der Ebene am linken Ufer des Niederrheins, unweit der Lippemündung. Sie war nach Köln und Trier die größte römische Stadt nördlich der Alpen. Eines ihrer Wahrzeichen war der Hafentempel. Der Bau des Hafentempels kann aufgrund des im Fundament der Tempelanlage verbauten Holzes datiert werden. Die dendrochronologische Altersbestimmung in das 2. Jahrhundert n. Chr. deckt sich mit der stilistischen Datierung der Bauornamentik.

Bei Ausgrabungen im Jahr 1977 stießen Archäologen auf die Fundamentplatte des Tempels. Die heutige Teilrekonstruktion aus den 1980er Jahren besteht aus Lothringer Kalkstein und gibt den Besuchern einen Eindruck vom ursprünglichen Bau. Demnach besaß der Hafentempel eine Höhe von 27 Metern und wurde in Form eines Ringhallentempels erbaut. Dabei handelt es sich um eine für diese Region neuartige Bauform, bei der auf allen vier Seiten frei stehende Säulenreihen das Dach über dem eigentlichen Kultraum tragen. Beim Hafentempel befanden sich auf den Stirnseiten je sechs und auf den Längsseiten je neun farbig gefasste korinthische Säulen. Auch das verwendete Baumaterial war neuartig. Der Stein für die Kalksteinsäulen und Marmorverkleidungen kam aus weit entfernten Steinbrüchen. Sowohl Bauform als auch Material orientierten sich an Vorbildern aus Rom.

Bei Einfällen der Franken in Xanten im späten 3. Jahrhundert und durch Steinraub in den folgenden Jahrhunderten wurde der Tempel weitestgehend zerstört.

K2

Die Glocken des Niederländers Gerdt van Wou – Katholische Propsteikirche St. Peter

Kirchplatz 7, 45657 Recklinghausen

Im April des Jahres 1500 verwüstete ein Großbrand die Hälfte der Stadt Recklinghausen. Weil das gesamte öffentliche – kirchliche wie weltliche – Leben der Stadt vom Glockengeläut bestimmt wurde, erteilte man dem niederländischen Glockengießer Gerdt van Wou aus Kampen schon kurz darauf den Auftrag, neue Glocken für die ausgebrannte Stadtpfarrkirche St. Peter zu gießen. Spätestens im September desselben Jahres waren die drei Glocken fertig. Van Wou war im Rheinland und darüber hinaus als Glockengießer bekannt, da er unter anderem 1497 die berühmte »Gloriosa« für den Erfurter Dom geschaffen hatte. Geschätzt wurde zum einen die hervorragend komponierte Gestaltung der Glocken mit edel geformten Inschriften und feinstem ornamentalen Dekor und zum anderen seine Meisterschaft, die Glocken im Voraus exakt aufeinander abzustimmen. Er war zwar nicht der erste und auch nicht der einzige, dem das gelang, aber er beherrschte die notwendigen musikalischen und technischen Grundlagen dafür so souverän, dass er seinen westfälischen Konkurrenten deutlich überlegen war.

Die beiden großen Glocken von St. Peter, die über drei Tonnen schwere Petrusglocke und die etwas leichtere Johannesglocke erklingen – rechnerisch in den Abmessungen nachvollziehbar – im Abstand eines Ganztons. Dabei zeichnet sich die Petrusglocke (Schlagton b°) durch eine besonders sonore Klangfülle und einen klar zeichnenden Schlagton aus, wie sie für van Wous Glocken charakteristisch sind. Die dritte Glocke, »Jesus, Maria, Johannes«, ist leichter und unterscheidet sich von den beiden anderen.

Alle drei Glocken überstanden die Zerstörungen durch Kriege unversehrt und künden noch heute von einem der größten Meister in der Geschichte der Glockenkunst.

K3

Ein lothringischer Glockengießer in Westfalen – Glocken von Johannes Paris in Essen und Marl

St. Lambertus, Frankenstraße 138, 45134 Essen | Stadt- und Heimatmuseum, Am Volkspark 6, 45768 Marl

Johannes Paris gehörte zu einer großen Gruppe lothringischer Wandergießer. Diese Wandergießer entfalteten im 17. Jahrhundert in Deutschland eine rege Tätigkeit und bestimmten die Glockenkunst in Westfalen sowohl unter künstlerischen als auch unter wirtschaftlichen Aspekten. Paris kam aus dem lothringischen Zentrum für die Glockengießerkunst, aus der Festungsstadt La Mothe in Bassigny. Von dort aus unternahm er, wie viele andere Gießer, Arbeitsreisen, vorzugsweise ins Rheinland und nach Westfalen. Der Bedarf an neuen Glocken stieg nach dem Ende des Dreißigjährigen Krieges stark an, sodass sich Paris dazu entschloss, seine Heimat ganz zu verlassen und nach Westfalen zu gehen. Die kriegerischen Auseinandersetzungen in Lothringen bestärkten ihn darin, seine Heimat zu verlassen.

1639 noch trat Paris in einer Gießergemeinschaft mit seinem Bruder Antonius Paris, Johannes de la Paix und Claudius Lamirelle auf, doch ihre Wege trennten sich bald und 1642 traten sie letztmalig anlässlich des Glockengusses für die Pfarrkirche in Ennigerloh in Erscheinung. 1644 trat Paris in den Franziskanerorden ein. Die früheste bekannte Glocke, deren Signatur ihn als Ordensbruder kennzeichnet, wurde 1649 gegossen und hing bis zum Ersten Weltkrieg in der Pfarrkirche von Münster-Nienberge. 1658 wurde seine letzte nachweisbare Glocke gegossen.

Weitere Glocken, die Johannes Paris zugeordnet werden können und die nicht zerstört wurden, sind die Glocke für die ehemalige Stiftskirche St. Lambertus in Essen-Rellinghausen von 1643, die heute vor der Kirche aufgestellt ist, und die Glocke für die katholische Pfarrkirche St. Lambertus in Marl aus demselben Jahr, die heute vor dem Heimatmuseum in Marl zu sehen ist.

Typische Merkmale der lothringischen Glocken sind die sehr feingliedrig gearbeiteten Ornamentfriese am Glockenkörper und die auf gestuftem Sockel stehenden Ornamentkreuze auf den Flanken der Glocken.

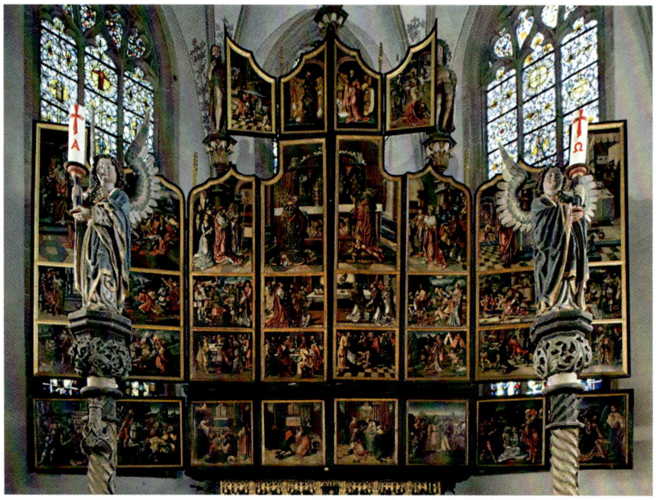

K4

Kunst aus Antwerpen –
Flügelretabel in der evangelischen Pfarrkirche St. Viktor

Am Kirchhof, 58239 Schwerte

Die südniederländische Kunst genoss um 1500 höchstes Ansehen, und Schnitzretabel waren zu Beginn des 16. Jahrhunderts ein echter Exportschlager Antwerpens. Die in Antwerpen ansässigen Bildhauer und Maler wussten die Infrastruktur der seinerzeit größten Hafenstadt Europas geschickt zu nutzen und verkauften Flügelaltäre bis zum Baltikum. Die Antwerpener »Lukasgilde« versah die Produkte ihrer Zunftmitglieder mit einem Qualitätssiegel. Die Marke wurde häufig an einer Seite des Altarkastens, des Schreines, eingeprägt: zwei Hände und eine Burg.

1508 hatte man an die ursprünglich romanische St.-Viktor-Kirche in Schwerte einen neuen, spätgotischen Chor angebaut. Der üppig dimensionierte Sakralraum weckte offenbar den Wunsch nach einem ebenbürtigen Altarschmuck durch eines jener begehrten Altarretabel aus Antwerpen. Das kostbare Stück wurde 1523 in weitgehend vorgefertigten Teilen geliefert und vor Ort zusammengebaut. Schwerte konnte sich damit noch vor der benachbarten freien Reichsstadt Dortmund eines monumentalen Exemplars dieser Gattung rühmen.

Dank seiner zwei Paar Flügel kann der über sieben Meter hohe Wandelaltar in drei Zuständen gezeigt werden. Auf die Außenseiten der Altarflügel sind 18 Heilige gemalt. Der erste Öffnungszustand zeigt in der Mitte Darstellungen, die sich auf das Messopfer beziehen; rechts davon das Leben Johannes des Täufers, links des Hl. Viktor. Erst die Festtagsseite eröffnet die ganze Pracht mit geschnitzten, vergoldeten Figuren. Hier ist die Passion Christi mit der Kreuzigung im Zentrum zu sehen.

K5

Flämisches Meisterwerk –
Flügelretabel in der evangelischen Pfarrkirche St. Petri

Westenhellweg, 44137 Dortmund

Das Antwerpener Retabel in der Dortmunder Petrikirche gilt als das größte seiner Art. Seine zwei Flügelpaare bieten drei Wandlungszustände: erstens die vollständig geschlossene Tafel mit 18 Gemälden, von denen zwölf zu einer Darstellung der Anbetung des Sakraments zusammengefasst sind; zweitens den Zustand mit geöffneten äußeren und geschlossenen inneren Flügeln, bei dem 36 Tafelgemälde mit einzelnen Szenen der Legende der Hl. Anna, des Marienlebens und der Kindheit Jesu zu sehen sind; drittens den vollständig geöffneten Zustand mit 27 geschnitzten figurenreichen Reliefszenen, darunter die Kreuzigung Christi in der Mitte des Schreins.

Das 1521 bestellte und 1525 gelieferte »Goldene Wunder« war für die nicht mehr existierende Kirche des Dortmunder Franziskanerklosters bestimmt. In dem in Abschrift überlieferten Vertrag zwischen dem Guardian des Klosters und dem Bildschnitzer Jan Gillisz. Wrage ist zwar nichts über die komplexe Ikonografie zu finden, dafür ist aber genau festgelegt, wann dem Meister welche Abschlagssumme nach Antwerpen zu bringen war. Diese Termine boten den Dortmunder Auftraggebern Gelegenheit, den Fortgang der Arbeiten zu begutachten.

Als Auftragnehmer war Jan Wrage nicht der einzige an dem Werk beteiligte Kunsthandwerker. Die Flügelgemälde wurden durch stilkritische Untersuchungen der Werkstatt Adriaen van Overbecks zugewiesen. Für die Anfertigung der Schreinkästen, das Schnitzen der Maßwerkbrettchen und anderes mehr gab es in Antwerpen weitere Spezialisten. Eine genaue Betrachtung der geschnitzten Figürchen zeigt auch hier die Beteiligung verschiedener Künstler.

K6

Ein Altarretabel aus Antwerpen zur Ehre der Märtyrer – Flügelretabel im katholischen Dom St. Viktor

Kapitel 8, 46509 Xanten

Der mächtige Bau der Pfarrkirche St. Viktor in Xanten mit seinem romanischen Türmepaar im Westen, dem fünfschiffigen gotischen Langhaus und der gestaffelten Chorpartie ist noch heute das beherrschende Gebäude in dem kleinen Städtchen und kündet vom Reichtum und der Macht des 1802 aufgehobenen Kanonikerstifts.

Das spätgotische Schnitzretabel aus Antwerpen steht auf dem Altar der Hll. Christophorus, Erasmus, Georg, Bartholomäus und der 10 000 Märtyrer und wird danach Märtyreraltar genannt. Gleich zwei Inschriften am Retabel benennen den Stiftskanoniker Wessel Hotmann als einen der Hauptstifter.

Das geöffnete Werk zeigt auf den Flügeln und in den großen oberen Feldern im geschnitzten Schrein Szenen der Passion und der Auferstehung Christi. Kleinere Kindheitsszenen flankieren die Wurzel Jesse – ein biblisches genealogisches Programm –, die sich in der Hohlkehle um die Kreuzigung in der ausgezogenen Mitte fortsetzt. Die geschlossenen Flügel zeigen die Gregorsmesse zwischen der Begegnung Abrahams mit dem Priesterkönig Melchisedek und der Mannalese – typologisch zu deuten in Bezug auf das Altarsakrament.

Den Bezug zum Märtyreraltar stellen die Darstellungen der Predella mit den oben genannten und weiteren Heiligen her. Der Hl. Christophorus ist zusätzlich oben auf dem Retabel als Holzfigur gegeben. Die Reliquienbüste in der Mitte der Predella zeigt einen jugendlichen Krieger. Sie gehörte nicht zum Lieferumfang des Antwerpener Retabels und wird dem Kalkarer Meister Arnt van Tricht zugeschrieben.

K7

Europäische Renaissance-Architektur in Westfalen – Schloss Horst

Turfstraße 1, 45899 Gelsenkirchen

Anstelle der abgebrannten Stammburg der Familie ließen Rütger von der Horst und Anna von Palandt-Keppel ab 1554 ein prächtiges Renaissance-Schloss errichten. Für den modernen Neubau, der in der Region ohne Vorbild war, warb der weit gereiste und gebildete Bauherr Künstler aus den Niederlanden und vom Niederrhein an. Zu ihnen zählte unter anderem der Arnheimer Stadtbaumeister Arnt Johannsen toe Boecop.

Die geplante regelmäßige Schlossanlage auf nahezu quadratischem Grundriss mit vier leicht vorgeschobenen Ecktürmen greift Anregungen französischer Kastellarchitektur auf. Die Gebäudeteile im Norden sind zweigeschossig konzipiert, während ihr Pendant im Süden nur eingeschossig war. Durch hofseitig gelagerte Galerien kommt es zu einer deutlichen Trennung zwischen privaten und öffentlichen Bereichen, was bis dahin in der Architektur Westfalens nicht zu finden war. Ebenso bezeugen das repräsentative Treppenhaus, der üppige Bauschmuck der Fassaden und die reiche Innenausstattung, wie etwa die Bildkamine, die Impulse, die von kulturellen Zentren jenseits des Rheins ausgingen.

Die meisten Gebäudeteile von Schloss Horst sind Anfang des 19. Jahrhunderts verfallen. Zur Sicherung der Ruine wurden von 1994 bis 1999 nach Entwürfen der Frankfurter Architekten Jochem Jourdan und Bernhard Müller der Nordturm neu erbaut, der Hauptflügel ergänzt und eine Glashalle über dem ehemaligen Innenhof errichtet.

K8

Niederländische Künstler schaffen Bildkamine nach italienischen Vorbildern

Schloss Horst, Turfstraße 1, 45899 Gelsenkirchen | Haus Goldschmieding, Dortmunder Str. 55, 44575 Castrop-Rauxel | Haus Hugenpoet, August-Thyssen-Str. 51, 45219 Essen-Kettwig | Haus Kemnade, An der Kemnade 10 c, 45527 Hattingen

Die Bauskulptur und -ornamentik von Schloss Horst (K7) entsprach nicht dem, was man bislang in der Region gewohnt war. Mit dem Baumeister Arnt Johannsen to Boecop kamen ornamentale wie skulpturale Gestaltungsmotive des niederländischen Manierismus aus den Niederlanden hierher.

Besondere Glanzstücke der Innenausstattung sind die großen Bildkamine aus Baumberger Sandstein. Ursprünglich waren es mindestens neun Kamine, die teils erst nach 1571 entstanden. Charakteristisch ist der architektonisch reich gestaltete Aufbau mit Bekrönung, die jeweils mit Reliefszenen aus der antiken Mythologie sowie dem Alten und Neuen Testament geschmückt sind. Lediglich der Auferstehungskamin befindet sich noch an seinem ursprünglichen Platz im großen Saal des Eingangsflügels. Die anderen Kamine sind nur fragmentarisch erhalten. Reliefs mit Darstellungen aus der biblischen Erzählung vom barmherzigen Samariter befinden sich heute im Privathaus der Familie von Fürstenberg, die 1706 das Horster Schloss kaufte. Sie ließ drei besonders schöne Exemplare aus dem baufälligen und vom Einsturz bedrohten Adelssitz in den 1980er Jahren bergen und in Schloss Hugenpoet bei Kettwig neu aufstellen.

Man kann davon ausgehen, dass der Eindruck, den die Horster Bildkamine auf die westfälischen Zeitgenossen machten, sehr nachhaltig war. Bei dem 1597 datierten Bildkamin von Haus Goldschmieding in Castrop-Rauxel lassen sich starke stilistische Gemeinsamkeiten mit den Horster Kaminen festmachen. Der um 1600 datierte Kamin in Haus Kemnade ist im Aufbau reduzierter, zeigt aber das Nachleben der niederländischen Kunst im beginnenden 17. Jahrhundert.

K9

Barocke Gartenkunst aus Potsdam – Der Terrassengarten von Kloster Kamp

Abteiplatz, 47475 Kamp-Lintfort

1802 schreibt Pfarrer Michels, dass der Mönch Benediktus Bücken den Garten von Kloster Kamp im 17. Jahrhundert »nach italienischen Mustern« entworfen habe. Ihm zufolge waren im Garten zunächst Wein, der im Jahr darauf auch Ertrag brachte, und Obstbäume angebaut worden. Abt Franziskus Daniels ließ die Gartenanlage im 18. Jahrhundert vergrößern und mit reichem Dekor wiedererrichten. Als Vorbild ist aber auch die Gartenanlage von Schloss Sanssouci in Potsdam anzusehen, eine der berühmtesten Terrassenanlagen in Deutschland, die ebenfalls im 18. Jahrhundert entstand.

Ein Stich von 1747 zeigt die ursprüngliche Anlage des Gartens: vier in der Mitte einschwingende Terrassen gliedern das Terrain. Die drei obersten Terrassen haben leicht abgeböschte Stützmauern aus Ziegeln. Die einzelnen Terrassen nehmen von unten nach oben an Höhe ab. Eine fünfte, breitere Stufe schwingt am Fuß in die entgegengesetzte Richtung, sodass ein ovaler Platz entsteht. Rechts und links befinden sich im Winkel Treibhaus und Orangerie. Eine reich gestaltete Treppe führt von den Terrassen in den weiten, ebenerdigen Garten hinab. Auch Skulpturen finden in dieser prachtvollen Gartenanlage ihren Platz; an den Treppenstufen wurden zuunterst die vier Jahreszeiten dargestellt, darüber die vier Elemente und vier römische Kolossalbüsten, ganz oben vier Erdteile und zwei Doppeladler. Laut Michels sind alle Figuren in Versailles gefertigt worden; es ist jedoch nur eine der Figuren fragmentarisch erhalten.

Nach einer wechselhaften Geschichte verfiel der Garten im Zweiten Weltkrieg und blieb ruinös zurück. Ab 1987 begann man mit seiner Rekonstruktion. 1990 wurde der Garten wiedereröffnet.

K10
Eine Maison de plaisance in Westfalen – Haus Beck
Am Dornbusch 39, 46244 Bottrop-Kirchhellen

Freiherr von der Wenge beauftragte ab 1746 den westfälischen Barockarchitekten Johann Conrad Schlaun, sein altes Gut zu einem neuen, funktionalen Landsitz mit Wirtschaftshof umzubauen. Nach zwanzigjähriger Planungszeit überzeugte Schlaun 1766 seinen Auftraggeber davon, dass einzig ein Lustschloss nach französischem Vorbild dem sozialen Stand der Familie Wenge angemessen sei. Die Bauaufgabe des Lustschlosses, der Maison de plaisance, entstand ab 1600 in der Île de France. Städtische, meist adlige Oberschichten begannen, sich Landsitze zu errichten; bekanntestes Beispiel ist das Grand Trianon im Schlosspark Versailles, das sich Ludwig XIV. als Rückzugsort anlegen ließ, um sich fernab des Hofes dem ungezwungenen Vergnügen hinzugeben.

Dem französischen Vorbild folgend entstand Haus Beck als Corp de logis mit zwei Nebengebäuden, die um einen zentralen Hof gruppiert sind. Das Wohnhaus wird durch Gartensaal und Vestibül mit dem aufwändig gestalteten Garten verbunden. Die repräsentativen Räume der Gartenseite fügte Schlaun durch eine Enfilade zusammen und realisierte damit ein zentrales Element der französischen Maison de plaisance.

1966 erwarben Privatleute das stark verfallene Anwesen und restaurierten das Schloss und die angrenzenden Wirtschaftsgebäude. Sie richteten einen Freizeitpark ein und verwenden noch heute einen großen Teil des erwirtschafteten Gewinns zum Erhalt des Hauses.

K11
Reform bis in die letzten Dinge – Eduard-Müller-Krematorium
Am Berghang 30, 58093 Hagen-Delstern

Die Idee der Feuerbestattung war im 19. Jahrhundert aus hygienischen Überlegungen wieder aufgekommen. In seiner Funktion war das erste Krematorium Preußens landesweit ein Vorreiter. 1905 kam es in Hagen zu einem ersten Entwurf für ein Krematorium, die das Missfallen der Hagener Öffentlichkeit, aber auch von Karl Ernst Osthaus erregte: Der malerische, romantisierende Charakter des historistischen Entwurfs passte in seinen Augen nicht zu dem modernen, nüchternen Denken, das er mit der Feuerbestattung verband. Peter Behrens entwarf stattdessen in Osthaus' Auftrag ein Gebäude, das durch seine geradlinige, modern wirkende Schlichtheit bestach. Das Eduard-Müller-Krematorium, benannt nach dem Vorsitzenden des Feuerbestattungsvereins Hagen, wurde 1907 erbaut, doch erst nachdem die Kremierung 1911 legalisiert wurde, konnte hier die erste Einäscherung stattfinden.

Den sakralen Charakter des Baus bestätigte auch der nach dem Motiv des freistehenden Campaniles ausgeformte Schornstein. Die ursprüngliche Fassadengestaltung von Behrens bestand aus dünnen Natursteinplatten mit einem grafischen Muster schwarzer Linien auf weißem Grund, deren Montur jedoch der Witterung nicht gewachsen war und im selben Jahr bereits saniert werden musste. Behrens entschied sich schließlich für eine schwach reliefierte, helle Putzfassade. Im Innenraum dagegen ist die schwarz-weiße Wandgestaltung erhalten, ebenso das goldgrundige Mosaik in der Apsis von Emil Rudolf Weiß.

K12
Karl Ernst Osthaus holt die Kunst ins Industriegebiet – Hohenhof
Stirnband 10, 58093 Hagen-Eppenhausen

Nach dem Vorbild der Mathildenhöhe in Darmstadt sollte in Hagen die Gartenstadt Hohenhagen entstehen. Ausgangs- und Mittelpunkt, ja Programm war der Hohenhof, das Wohnhaus von Karl Ernst Osthaus. 1906 und 1908 wurde es von dem belgischen Architekten Henry van de Velde errichtet. Zum Hang findet sich die einzige, streng symmetrische und auf Fernsicht gestaltete Fassade. Geht man um das Gebäude herum, ergeben sich immer neue Ansichten. Unter dem Eindruck englischer Landhausarchitektur schuf van de Velde ein sehr individuelles Bauwerk, das sowohl vom Wandaufbau als auch von der Dachlandschaft das Äußere mit dem Inneren aufs Innigste verbindet.

Van de Velde hatte weder finanzielle Beschränkungen noch andere Vorgaben, da Osthaus sich entschied, nicht nur ein neues Haus zu bauen, sondern auch auf seine bisherige Einrichtung zu verzichten. Der Hohenhof konnte also »bis herunter auf das Petschaft auf dem Schreibtisch einheitlich durchgebildet werden«. So lagen ideale Bedingungen vor, um ein Gesamtkunstwerk aus Architektur, bildender und angewandter Kunst sowie Gartengestaltung zu schaffen.

Es war Osthaus ein Anliegen, »die praktische Wirklichkeit vom Ästhetischen her in Bewegung zu setzen«, und er wollte dieses auch selbst vorleben, indem sein Haus von dem aus seiner Sicht begabtesten Gestalter vollständig eingerichtet wurde. Wie Harry Graf Kessler so wollte auch Osthaus der bürgerlichen Gesellschaft über die Kunst und das Kunstgewerbe neue Impulse vermitteln. Der Hohenhof darf als ein gebautes Manifest dieser Geisteshaltung gelten. Hier wurden Ideen formuliert und umgesetzt, an denen nach dem Ersten Weltkrieg die sogenannte Avantgarde anknüpfen konnte.

K13
Europäische Künstler in Hagen – Gartenvorstadt Hohenhagen
Stirnband, 58093 Hagen-Eppenhausen

Die Gartenvorstadt Hohenhagen wurde am Anfang des 20. Jahrhunderts von dem Spross einer Hagener Industriellenfamilie, dem Kunsthistoriker und Kunstmäzen Karl Ernst Osthaus begründet. Zwischen 1906 und 1908 entstand der Hohenhof als Initialbau, mit dem er den »Grundstein« für eine moderne städtebauliche Lösung legen wollte. Es ging ihm darum, Architektur und Landschaft in Beziehung zu setzen. Angeregt von Schriften des Engländers Ebenezer Howard von 1898, der die Wohn- und Lebensverhältnisse in großen Städten durch Gartenstädte verbessern wollte, gründete Osthaus eine Siedlung für wohlhabende Bürger und Künstler, die zwar in idyllischer Natur lag, aber mit der Straßenbahn an die Industriestadt Hagen angebunden war. Hier sollte eine Gegenposition aufgebaut werden: Industrialisierung gegen Natur, Wohnen gegen Arbeiten, städtebaulicher Wildwuchs gegen feinsinnig gestaltete Umwelt. Osthaus beauftragte zeitgenössische Architekten, die jeweils einen Teil von Hohenhagen von der Lage der Gebäude, über die Häuser selbst bis zur Straßenlaterne planen und gestalten sollten.

Während die Bürger, die Osthaus für seinen Plan gewinnen wollte, dem Angebot ein Haus zu kaufen, nur spärlich nachkamen, nahmen die Künstler es gern an. Die Bildhauerin Milly Steger, der Glaskünstler Jan Thorn Prikker und der Künstler und Architekt Matheus Lauweriks lebten zeitweise in den Häusern die Lauweriks zwischen 1912 und 1917 am Stirnband errichtet hatte. Milly Steger schuf die vier überlebensgroßen Plastiken am Theater. Thorn Prikker entwarf das programmatische Fenster im neuen Hagener Bahnhof. Es zeigt den Künstler als Lehrer für Handel und Gewerbe (vgl. K14).

K 14

Ein Glasfenster als Programmbild der modernen Kunst – Bahnhofsfenster von Jan Thorn Prikker

Am Hauptbahnhof/Berliner Platz, 58089 Hagen

Das große Stirnfenster im Hagener Hauptbahnhof ist von Jan Thorn Prikker 1910 für die gerade fertiggestellte Eingangshalle geschaffen worden. Jedem Reisenden, der den Bahnhof in Richtung Innenstadt verlässt, fällt es ins Auge.

Auch hier war es Karl Ernst Osthaus, der Kosten und Mühen nicht scheute, um moderne Kunst öffentlichkeitswirksam zu inszenieren. Osthaus erhoffte sich von der Kunst im öffentlichen Raum, also auch »von diesem Werk, eine Änderung in der gesamten Kunstpflege der Behörden in Richtung auf die Moderne hin«.

Jan Thorn Prikker war gerade von Osthaus nach Hagen gerufen worden und hatte das Haus bezogen, das von Matheus Lauweriks für ihn erbaut worden war. Ein Auftrag an so prominenter Stelle war für ihn von besonderer Bedeutung.

Das Glasgemälde ist knapp 9 Meter breit und 3,60 Meter hoch. Metallbänder und Windeisen teilen die Fläche in 156 rechteckige Felder ein. Ausgeführt wurde es von Gottfried Heinersdorff in Berlin.

Im Zentrum steht der Künstler als Architekt, als Lehrer und Anführer mit Buch und Zirkel. Zu beiden Seiten verteilen sich vor halbhoher Ziegelmauer Vertreter von Handel und Gewerbe: links Arbeiter der Metallindustrie, dahinter eine Weberin, die für die Textilindustrie steht, rechts zwei Männer mit Mistgabel und Spaten, die vermutlich die Landwirtschaft symbolisieren. Außerdem sind da noch eine alte Frau, die schützend ihren Arm um die Schulter eines Mädchens legt, und eine junge Frau in Pelzkleidung mit Skiern. Während letztere den Fremdenverkehr verkörpert, könnten Mutter und Kind die Generationenfolge darstellen Die Mutter führt das Kind schützend dem Künstler entgegen.

Das Fenster verfehlte seine Wirkung nicht. Es wurde begeistert gefeiert und galt als wichtiger Schritt zum Expressionismus. Zugleich war es der Anfang einer neuen, monumentalen Glasmalerei.

K 15

Ein »Hagener Impuls« in Essen – Altkatholische Friedenskirche

Bernestraße 1, 45127 Essen

Mitten im Ersten Weltkrieg wurde 1916 die Kirche der altkatholischen Gemeinde in Essen unter dem Namen »Friedenskirche« eingeweiht. Sie entstand nach einem Entwurf des Stadtbaurates Albert Erbe und bildete mit der wenige Jahre älteren Synagoge und dem Jahrhundertbrunnen, der in die Front zu ihrem terrassenartigen Vorplatz einbezogen wurde, ein architektonisches Ensemble am Rande des mittelalterlichen Stadtkerns.

Die Ausmalung des Kirchsaals und die Mosaik-Auskleidung des Altarraums entwarf der niederländische Künstler Jan Thorn Prikker. Er war 1910 von Karl Ernst Osthaus nach Hagen geholt worden und lehrte später auch an der Essener Folkwangschule. Die gewölbte Decke zeigt eine ornamentale Schablonenmalerei, wie Thorn Prikker sie in vergleichbarer Art auch in Hagen, etwa in der Villa Hohenhof, ausführte. Der starken Farbigkeit der Malereien tritt das Mosaik entgegen, dessen Grautöne von Gold überstrahlt werden. Diese Raumgestaltung ist erst in den letzten Jahren durch die schrittweise Wiederherstellung der durch Kriegsschäden verloren gegangenen Ausmalung neu erlebbar geworden. Auch die farbigen Glasfenster wurden einst von Thorn Prikker gestaltet, doch ist nach dem Zweiten Weltkrieg nur das kleine Fenster unter der Orgelempore erhalten geblieben.

K16

Eine englische Idee im Ruhrgebiet – Teutoburgia-Siedlung

Baarestraße und Umgebung, 44627 Herne

Als der »Bochumer Verein für Bergbau und Gußstahlfabrikation« 1908 die Zeche Teutoburgia plante, war man sich bewusst, dass in den umliegenden Bauernschaften nicht genügend Wohnraum für die Bergleute und ihre Familien vorhanden war. Baumeister Otto Bernd der 1903 die Jahrhunderthalle in Bochum realisiert hatte, plante deswegen parallel eine Kolonie zur Zeche, die Teutoburgia-Siedlung.

Die Siedlung, deren Bau 1909 zeitgleich mit dem der Zeche begann, ist eine zeittypische Gartenvorstadt. Für ihre Gestaltungsgrundsätze griff Bernd auf eine Idee aus England zurück: Anhänger des Arts and Crafts Movement vertraten seit etwa 1850 eine industrie- und stadtkritische Haltung und propagierten das einfache, ländliche Leben in einer Arbeits- und Lebensgemeinschaft. Auch die Teutoburgia-Siedlung ist grün und abwechslungsreich gestaltet, kaum eine Straßenansicht gleicht der anderen. Berndt entwarf dazu 21 Typenhäuser, deren individuelle Wirkung er insbesondere durch Zitate vorindustrieller Handwerkstechniken erreichte. Durch aufwändige steile Dächer und viel Fachwerk, abwechslungsreich gestaltet mit Ziegel- und Putzflächen, mied er den Eindruck rationeller Serienfertigung. Die Siedlung mit 460 Wohnungen war 1923 fertig und erinnerte, obwohl gänzlich am Reißbrett entworfen, an ein malerisches, mit der Zeit gewachsenes Dorf.

Im Inneren der Häuser veränderte sich jedoch kaum etwas gegenüber älteren Siedlungen: Die meist kinderreichen Bergmannsfamilien mussten auch hier mit den üblichen vier kleinen Räumen auskommen – in einem wohnte oft die Großelterngeneration und in einem weiteren Kostgänger, deren Miete und Kostgeld dringend benötigt wurden.

K17

Englische Reformgedanken für den Siedlungsbau im Ruhrgebiet – Gartenstadt Welheim

Zwischen Hugo-Stinnes-Straße und Am Kämpchen,
46238 Bottrop

Die 1913 bis 1923 errichtete Siedlung Welheim ist bauliches Erbe der sogenannten Gartenstadtbewegung, die um 1900 an Bedeutung gewann und unter anderem auf englische Reformideen zurückging. In Deutschland zeichneten sich die neuen Gartenstädte durch ihre vielen Grünflächen und einen malerischen Städtebau mit geschwungenen Wegen und Alleen aus alten Baumbeständen aus. Sie hatten ein einheitliches Erscheinungsbild, das trotzdem aus individuellen Haustypen bestand und ermöglichten das »Wohnen im Haus mit Garten«.

Ausschlaggebend für den Bau der Siedlung Welheim war die Gründung der Zeche »Vereinigte Welheim«, die 1914 ihre erste Kohle förderte. Die große Arbeitersiedlung wurde in einer noch weitgehend ländlichen Gegend in unmittelbarer Nähe der Zeche errichtet. Während des Zweiten Weltkriegs durch Luftangriffe auf das benachbarte Werk zur Treibstoffsynthese in Mitleidenschaft gezogen, wurden Teile der Siedlung nach 1945 verändert wiedererrichtet. Eine umfassende Erneuerung wertete die Gartenstadt Welheim schließlich zwischen 1989 und 2002 auf; diese Maßnahme war als Projekt der IBA Emscher Park begonnen worden.

Die zweigeschossigen Wohngebäude weisen ein zwar homogenes, aber durch Variationen bei Fenstern, Türen und Dächern abwechslungsreiches Erscheinungsbild auf. Die Häuser gruppieren sich in einer lockeren Struktur um die großzügigen und intensiv genutzten Gärten im Inneren der Baublöcke.

Die gestalterischen Ideale der Gartenstädte haben bis heute nicht an Attraktivität verloren; auch die Wohnungen der Bottroper Siedlung sind begehrt. Mit 650 Gebäuden und etwa 2700 Einwohnern ist die Siedlung in Welheim nach wie vor eine der größten und vielfältigsten Gartenstadtsiedlungen im nördlichen Ruhrgebiet.

K 18
Ein Hauch Venedig an der Ruhr – Stadthalle Mülheim
Theodor-Heuss-Platz 1, 45479 Mülheim an der Ruhr

Die Stadt Mülheim begann am Anfang des 20. Jahrhunderts, ihre Lage am Ufer der Ruhr als städtebauliche Qualität zu nutzen und mit den Jahren eine mediterran anmutende Atmosphäre zu schaffen. Diese Entwicklung setzte mit dem Bau der Schlossbrücke (1909 bis 1911 durch Hermann Billing) und des Stadtbades (1910 bis 1912 von Stadtbaurat Karl Helbing) ein. Als Höhepunkt kann der Neubau der Stadthalle bezeichnet werden, der das Ergebnis eines 1922 durchgeführten Architekturwettbewerbes war. Für den 1926 fertiggestellten Bau war schließlich größtenteils das mit dem dritten Preis prämierte Architekturbüro von Arthur Pfeifer (Karlsruhe) und Hans Großmann (Mülheim) verantwortlich. Die Innenräume wurden durch den Architekten und Düsseldorfer Akademieprofessor Emil Fahrenkamp gestaltet.

Der blockhafte Bau der Stadthalle öffnet sich mit einer Arkadenreihe zum Flussufer, vom Wandelgang an der Ostseite des großen Saals gelangt man so auf die Uferterrasse. Diese großzügig und repräsentativ angelegte Inszenierung von Architektur und Wasser verleiht dem Ort ein mediterran anmutendes Flair.

Nach dem Zweiten Weltkrieg wurde die Stadthalle äußerlich annähernd unverändert instand gesetzt und 1953 bis 1957 durch Gerhard Graubner an der Westseite erweitert. Zur erhaltenen Innenausstattung zählen zwei große Glasmosaiken von Jan Thorn Prikker.

K 19
Fremdes von Fremden für das Ruhrgebiet – Musiktheater im Revier
Kennedyplatz, 45881 Gelsenkirchen

Das Gelsenkirchener Musiktheater zählt zu den herausragenden modernen Theaterbauten in Deutschland und ist darüber hinaus das bedeutendste Zeugnis der in der Tradition des neuen Bauens der 1920er Jahre stehenden neuzeitlichen Architektur in Gelsenkirchen.

Das Gebäude wurde 1959 unter dem Namen Musiktheater im Revier (MiR) eröffnet. Es handelt sich beim »Großen Haus« um einen kubischen Baukörper, dessen Wände nahezu ausschließlich aus Glas bestehen. Das Erdgeschoss ist unter dem aufsteigenden Glaskubus nach innen gezogen, sodass dieser zu schweben scheint. Die großzügigen Glasfassaden verbinden das urbane Geschehen außen mit der Faszination der Bühne innen und nehmen die heute übliche Gestaltung mit Glas um Jahrzehnte vorweg.

Für den Architekten, Werner Ruhnau, war die Vereinigung von Architektur, Malerei und Plastik ein wichtiges Anliegen. Die am und im Musiktheater zu sehenden Kunstwerke gehen auf seine persönlichen Kontakte und Vorschläge zurück. Neben damals fremdartig wirkenden Arbeiten von Paul Dierkes und Norbert Kricke sind es vor allem die Kunstwerke ausländischer Künstler, die bis heute den Mut und Gestaltungswillen der Erbauungszeit demonstrieren. Als populärstes Element dürfen die großflächigen Reliefs des Franzosen Yves Klein gelten, eines Schrittmachers der monochromen Malerei. Das intensive Ultramarinblau der übergroßen Farbflächen, das in seiner chemischen Zusammensetzung zum speziellen »Gelsenkirchener Blau« neu entwickelt wurde, erzielt eine enorme Tiefenwirkung, die durch die plastische Wirkung der aufmontierten Naturschwämme verstärkt wird.

K20

Der »Bienenkorb« des Hans Scharoun – Städtisches Geschwister-Scholl-Gymnasium

heute: Geschwister-Scholl-Gesamtschule, Holtgrevenstraße 2–6, 44532 Lünen

»Mensch und Raum« hieß 1951 das Thema der Darmstädter Gespräche – ein Symposium, an dem namhafte Architekten und Philosophen der Zeit teilnahmen. Hans Scharoun stellte dort eine Volksschule vor und löste mit dem Entwurf heftige Diskussionen aus. Er entwickelte konsequent die einzelnen Elemente der Schule nach dem Alter und den jeweiligen Bedürfnissen der Kinder und plante das Gebäude von innen nach außen. So entstand ein »organhafter«, komplex gegliederter Baukörper. Realisiert wurde Scharouns Entwurf in Darmstadt nicht.

In Lünen aber griff man diesen neuen Impuls auf: Ohne Ausschreibungsverfahren beauftragte der Stadtdirektor den Berliner Architekten 1956 mit dem Bau eines Mädchengymnasiums. In Lünen sollten Kasernenschulen mit langen Gängen, von denen die Klassenräume abzweigten, endgültig der Vergangenheit angehören.

Rückgrat des Entwurfs war ein verwinkelter lichtdurchfluteter Gang, der als »Raum der Begegnung« konzipiert war und im Osten in die Aula überging. Sitzbänke, von Künstlern nach Schülerentwürfen gefertigte Wandmalereien, Schaukästen, Aquarien, Pflanzbeete und Trinkwasserspender schaffen eine lebendige Atmosphäre.

Die polygonalen Klassenräume liegen an zwei Gängen im Süden, jeweils hinter dem Garderobenbereich versteckt. Jeder dieser »Schulschaften« ordnete Scharoun einen Garten zu, den die Schülerinnen selber pflegten. Die ältesten Schülerinnen hatten ihre Klassen im Obergeschoss und konnten von Balkonen Schule und Stadt überblicken.

K21

Eine Aula nach dem Vorbild der Berliner Philharmonie – Scharoun-Schule

Westfalenstraße 68a, 45770 Marl-Drewer

Musikliebhaber in aller Welt wissen die spektakuläre Raumform der Berliner Philharmonie mit ihrer brillanten Akustik zu schätzen. Hans Scharoun realisierte hier am Kulturforum ein zeltartiges Konzerthaus mit vielen Zipfeln, dessen Orchesterpodest inmitten der sich stufenartig erhebenden Zuschauerränge liegt. Dieser zwischen 1960 und 1963 erbaute Saal der Philharmonie ist Vorbild für die polygonale, muschelartige Aula der heutigen Scharoun-Schule in Marl, die inzwischen von der städtischen Musikschule genutzt wird.

Seit den 1950er Jahren versuchte die Stadt Marl, sich durch innovative und konsequent moderne Architektur als weltoffen und demokratisch zu präsentieren. Sie beauftragte den namhaften Vertreter des »organhaften Bauens« Hans Scharoun mit dem Bau einer Grund- und Hauptschule »auf der grünen Wiese« in dem neu aufgebauten Stadtteil Marl-Drewer.

Scharoun hatte seine Ideale einer humanen Schularchitektur seit Beginn der 1950er Jahre theoretisch entwickelt und dieses Konzept im Geschwister-Scholl-Gymnasium im westfälischen Lünen 1956 praktisch erprobt (K20). Im Gegensatz zu den vorherigen Entwürfen ist in Marl jedoch die polygonale muschelförmige Aula als »Raum der Mitte« in das Zentrum der Gesamtanlage gestellt. Darum sind die flacheren polygonalen Pavillons mit den Klassenwohnungen gruppiert. Sie waren bereits im ersten Bauabschnitt von 1964 bis 1968 realisiert worden. Die Aula, Turnhalle sowie die Außenanlagen mit den Freiluftbereichen für die einzelnen Klassen sind 1969 bis 1970 in einem zweiten Bauabschnitt fertiggestellt worden.

K22

Niederländer bauen die ersten Hängehochhäuser der Bundesrepublik – Rathaus der Stadt Marl

Creiler Platz 1, 45765 Marl

Nach Ende des Zweiten Weltkriegs nahm die Bevölkerung der Stadt Marl stark zu, sodass man sich 1960 entschloss, ein neues, größeres Rathaus zu bauen, das gleichzeitig Mittelpunkt eines neuen Stadtzentrums werden sollte. Der Bau sollte die Bürgerschaft vereinen und den gewünschten Großstadtstatus bekräftigen. Mit der Verpflichtung von überregional bekannten Architekten wollte man außerdem das neue Selbstbewusstsein von Stadt und Region demonstrieren. Nach sieben Jahren Bauzeit waren 1967 zwei von vier geplanten Bürotürmen fertiggestellt; zum neuen Rathaus gehören außerdem das Zentralgebäude und der Ratstrakt.

Als Gewinner eines internationalen Wettbewerbs hatten die niederländischen Architekten Johannes Hendrik van den Broek und Jacob Berend Bakema die Marler Rathaustürme als Hängehochhäuser entworfen – die ersten ihrer Art in der Bundesrepublik. Bei dieser neuartigen Konstruktionsform werden die Geschosse nicht am Boden abgestützt, sondern vom Dach abgehängt. Auch wenn die Art der Hängekonstruktion bereits aus dem Brückenbau bekannt war, stellten sie bei der Errichtung eines ganzen Hauses in dieser Art etwas völlig Neues dar.

Ursprünglich waren vier Türme mit fünf, sieben, acht und zehn Geschossen geplant, doch nur die beiden kleinsten im Westen wurden realisiert. Jeder Turm besteht aus einem Betonkern, der oben in einem weit auskragendem Kastentragwerk endet. Von dieser Dachkonstruktion laufen Hängeglieder an den Außenseiten der Fassade herab, die die Lasten aus den Geschossdecken aufnehmen, indem sie innenliegende Geschossbalken abstützen. Die Fassaden der Türme bestehen aus vorgehängten Aluminiumkomponenten, die umlaufende, nach hinten versetzte Fensterbänder einfassen.

Der angrenzende Ratstrakt gestaltet sich als Stahlbetonhalle, die über 60 Meter frei gespannt ist und ein aufwändiges Faltdach aus Spannbeton besitzt.

K23

Experimentelles Bauen in Marl – Wohnhügelhaus

Kreuzstraße 299 u. a., 45770 Marl

In den 1950er Jahren nahm die Bevölkerung in Marl rasant zu und man benötigte dringend mehr Wohnfläche. Doch weil man monotone Hochhaussiedlungen vermeiden wollte, suchten Architekten in dieser Zeit nach neuen Gestaltungsmöglichkeiten. In Marl wurde mit Errichtung des sogenannten Wohnhügels erstmals ein Haustyp realisiert, bei dem die Grundfläche nach oben hin abnimmt und die Wohngeschosse zurücktreten. Diese neue Planungsidee war seit 1959 von den Stuttgarter Architekten Peter Faller, Fritz Frey und Hermann Schröder entwickelt worden, und 1963 fand die NEUMA (Neue Marler Baugesellschaft) den Mut, ein solches Haus nach den neuartigen Entwürfen der Stuttgarter Architekten in Marl zu bauen.

1966 begann der Bau des ersten Wohnhügelhauses. Errichtet wurde ein viergeschossiges Gebäude als Schüttbetonbau mit dreieckigem Querschnitt. Im Erdgeschoss liegen vier große Wohnungen und die Kellerräume, im zurücktretenden ersten Obergeschoss ebenfalls vier, aber etwas kleinere Wohnungen, im zweiten Obergeschoss noch zwei Wohnungen und im dritten Obergeschoss nur noch eine Wohnung.

Die Resonanz in Marl war positiv: Die Bewohner nahmen die besonderen Wohnungszuschnitte schnell an und identifizierten sich mit ihren Wohnungen im Wohnhügel. Bis 1982 entstanden in unmittelbarer Nachbarschaft noch drei weitere Häuser dieser Bauart.

K 24

Neue Dachformen im Ruhrgebiet – Forum und Rathaus in Castrop-Rauxel

Europaplatz 1–10, 44575 Castrop-Rauxel

In Castrop-Rauxel sollte ein neuer Stadtmittelpunkt entstehen, mit einem Rathaus, das architektonische Maßstäbe setzt. Aus einem beschränkten Wettbewerb, an dem renommierte Architekten wie Alvar Aalto und Egon Eiermann teilnahmen, ging 1966 der Entwurf der Dänen Arne Jacobsen und Otto Weitling als Sieger hervor. Nach Jacobsens Tod 1971 verwirklichte Weitling das Vorhaben »Stadtmittelpunkt« zusammen mit Hans Dissing.

Entstanden ist ein Gebäudekomplex auf einem erhöht liegenden Platz, dem Forum. Einen städtebaulich dominanten Abschluss auf der Nordseite bildet der 250 Meter lange Riegelbau, der die gesamte städtische Verwaltung aufnimmt. Das fünfgeschossige Gebäude aus Backstein wird durch fünf gläserne Treppenhäuser gegliedert. Von hier bieten sich dem Besucher faszinierende Ausblicke auf die weitläufige Forumsfläche mit ihren drei Saalbauten, deren elegant geschwungene Hängedächer sich zum Platz hin neigen. Der Ratssaal ist das kleinste der drei Gebäude mit Hängedach. Auf der Südseite bildet die multifunktionale Stadthalle den höchsten der drei hängebedachten Baukörper. Der dritte Hallenbau, die Europahalle, war ursprünglich als Sporthalle vorgesehen.

Die Dachform, die an eine Sprungschanze erinnert, folgt dem Verlauf der zwischen schlanken Stahlbetonpylonen aufgehängten Stahlseile. Diese Art der Hängedachkonstruktion eignet sich sehr gut zur stützenfreien Überwindung großer Spannweiten und wird seit den 1950er Jahren vielfach auch für freie Grundrissformen angewendet.

K 25

Organische Asymmetrie aus Finnland – Aalto-Theater

Opernplatz 10, 45128 Essen

In Essen entstand in den 1950er Jahren die Idee, Sprechtheater und Musiktheater zu trennen. 1955 wurde dazu die »Gesellschaft zur Förderung des Essener Theater-Neubaus« gegründet; ihr Ziel war ein in erster Linie als Opernhaus dienender Neubau, für den sie 1959 einen Architekturwettbewerb ausschrieb. Der finnische Architekt Alvar Aalto gewann den Wettbewerb. Es dauerte jedoch über 15 Jahre, bis der Beschluss zum Beginn der Bauarbeiten gefasst wurde. Anfang 1976 legte Aalto eine ausführungsreife Planung vor, aber noch während sie von den Gremien beraten wurde, starb er am 11. Mai 1976. Nach vielen weiteren Debatten wurde das Opernhaus zugunsten der Vollendung des Rathaus-Neubaus zurückgestellt.

1980 erhielt der münsterische Architekt Harald Deilmann den Auftrag zur weiteren Betreuung des Projektes. Unter anhaltenden Diskussionen wurde der Bau begonnen und nach fast fünfjähriger Bauzeit feierte man 1988 die Fertigstellung.

Aaltos Architektur, deren Formen mit Begriffen aus der Geometrie kaum zu beschreiben sind, wird dem »organischen Bauen« zugeordnet – im Vergleich mit den geradlinigen Bauten der unmittelbaren Umgebung erscheint das Opernhaus in Essen eher als »gewachsen« denn als »gebaut«. Hinter der asymmetrisch gewellten Eingangswand öffnet sich das hohe, lichtdurchflutete Foyer mit offenen Besuchertreppen. Das Auditorium ist wiederum asymmetrisch gestaltet, mit geschwungenen Balkonen vor der gewellten Saalrückwand. Ein tiefes Indigoblau im Zusammenspiel mit Weiß dominiert die farbliche Gestaltung des Innenraums.

K26

Skulpturale Abstraktionen aus Großbritannien – Henry Moore, »Two Piece Reclining Figure No. 5«

Otto-Burmeister-Allee 1, 45657 Recklinghausen

1961 wurde zum ersten Mal ein Werk von Henry Moore in Berlin aufgestellt, eine »Liegende« von 1956, die im Hansaviertel vor der Akademie der Künste ihren Platz fand und maßgeblich zur Anerkennung desjenigen Künstlers in Deutschland beitrug, der mit seinen Arbeiten die Entwicklung der Skulptur im öffentlichen Raum mitbestimmt hat.

Die Skulptur »Two Piece Reclining Figure No. 5«, von den Bürgern Recklinghausens »Große Liegende« genannt, schuf der aus Castleford in Yorkshire stammende Bildhauer 1963 und 1964. Sie steht vor dem Haupteingang des 1953 errichteten Festspielhauses. Ihre Aufstellung wurde vom Künstler persönlich überwacht.

Kennzeichen von Moores Skulpturen ist ihre Plastizität – sie entfalten sich dreidimensional im Raum und sind von allen Seiten zu betrachten. Er sah die Plastik als eine Kunst des Freiraums an, die Tageslicht braucht und am besten in der freien Landschaft zur Geltung kommt.

Besondere Bedeutung maß Moore dem Material und seiner Wirkung zu. Zunächst arbeitete er am liebsten mit Holz und Stein, nach 1945 vorrangig mit Bronze. Die Formen seiner Figuren – im späteren Werk vorwiegend Frauen – sind an die Natur angelehnt, aber vereinfacht und auf ihre besonderen Merkmale zurückgeführt. Mit dem Motiv der »Liegenden« hat er sich in den Jahren zwischen 1938 und 1983 immer wieder auseinandergesetzt.

Das Recklinghausener Theatergebäude wurde 1998 bis 1999 gänzlich umgestaltet, sodass auch die Skulptur in einen neuen Kontext und in eine neu geschaffene Vorplatzsituation eingebunden werden musste. Die »Große Liegende« wurde nun in das harmonische Gesamtbild als Mittler zwischen Theatervorplatz und Grünanlage des Stadtparks einbezogen und besteht doch als autonomes Kunstwerk.

K27

Perfekte Harmonie zwischen Himmel und Erde – Chinesischer Garten der Ruhr-Universität Bochum

Universitätsstraße 150, 44801 Bochum

Die Ursprünge chinesischer Gartenkunst gehen auf die chinesische Sagenwelt zurück. Um Zauberwesen anzulocken, die auf dem Rücken von Kranichen fliegen können, und das Geheimnis der Unsterblichkeit von ihnen zu erfahren, werden hier in künstlerischer Form natürliche Landschaften nachgeahmt, die die Natur übertreffen und nach der perfekten Harmonie von Himmel und Erde, Felsen und Wasser, Gebäuden und Pflanzen streben.

Der Botanische Garten auf dem Gelände der Ruhr-Universität Bochum entstand ab 1966. Innerhalb dieses Areals wurde 1990 der Chinesische Garten als Zeichen der Partnerschaft zwischen den Universitäten von Schanghai und Bochum von dem chinesischen Architekten Zhang Zhen geplant und von chinesischen Gärtnern angelegt. Architektur und Freiraum verbinden sich hier durch fantasievoll geformte Wandöffnungen, Zickzack-Gänge und Brücken. Verschwiegene Plätze, Pavillons und eine Fülle überraschender An- und Ausblicke steigern die Wirkung des Gartens. Kunstvolle Mosaikpflasterungen und Kalligrafien an den Mauern, das Spiel von Licht und Schatten, seltsam geformte Felsbrocken, Lichtreflexionen und Spiegelungen des Wassers bereichern ihn. Besonders das ästhetische Nebeneinander von fließendem Wasser und der unbewegten felsigen Szenerie ist ein treffender Ausdruck der Dualität von Yin und Yang. Gegensatzpaare prägen den Garten: weiße Wand und dunkles Dach, Gestaltetes und Zufälliges, glatte und raue Materialien, Gebautes und Gepflanztes.

Im Frühjahr 2001 wurde der Chinesische Garten restauriert und im Herbst desselben Jahres wiedereröffnet.

Glaube

David Gropp und Barbara Seifen

Für das Ruhrgebiet kamen dem Kloster Werden und dem Kanonissenstift Essen entscheidende Rollen zu.

Glaube braucht Räume, braucht Gebäude, um gelebt zu werden. Baudenkmale unterschiedlicher Epochen zeugen von Einflüssen christlicher, jüdischer, islamischer und anderer Religionen. Zunächst fremd, da anders, wurden sie häufig zum Impuls, indem sie ihrerseits das althergebrachte und überlieferte Leben und Bauen beeinflussten und veränderten. Es ist jedoch nicht so, dass die Baudenkmale diese Entwicklungen und die Migrationsgeschichte eins zu eins abbilden. Durch Krieg, Unwissen und Unterdrückung sind die entsprechenden Bauten häufig gänzlich zerstört und nur durch Archivalien überliefert, nur bruchstückhaft erhalten oder durch jüngere Bauten ersetzt. So entsteht ein Mosaik, das Bestandteile aller »Aggregatzustände« aufweist und bei dem jeder einzelne Mosaikstein von einer Facette eines größeren Zusammenhangs erzählt und sie dokumentiert.

Äußere Einflüsse oder »fremde Impulse« wirkten auch auf die Bauten des Ruhrgebiets ein. Eroberungen, Missionierungen, Zu- oder Abwanderungen von Menschen, die durch wirtschaftliche Not oder durch Verfolgung und Vernichtung veranlasst wurden, spiegeln sich auch in den Bauten wider. Das Christentum, ein zunächst »fremder« Glaube in unserer Region, wurde weitgehend zwangsweise in der Bevölkerung etabliert.

Während der rheinische Bereich des heutigen Ruhrgebiets im Verlauf des 7. Jahrhunderts christianisiert wurde, erfolgte dieser Prozess im westfälischen Teil etwas später mit der fränkischen Eroberung durch Karl den Großen am Anfang des 9. Jahrhunderts. In der Folge gegründete Bistümer verwalteten und strukturierten das eroberte Land. Ein Netz aus Pfarrkirchen und Klöstern bildete den materiellen Kern der neuen Herrschaft.[1] Für das Ruhrgebiet kamen dem Kloster Werden (G1), um 800 durch Liudger gegründet, und dem um 850 gegründeten Kanonissenstift Essen (G2) entscheidende Rollen zu. Aus ihren Besitzungen bildeten sich Ortschaften und regionale Herrschaftsstrukturen. Entscheidenden Einfluss auf die Region nahmen die Bistümer Köln (ab 800 Erzbistum) und Münster (von Liudger 805 gegründet), denn große Teile ihrer Herrschaftsbereiche befanden sich an Ruhr, Emscher und Lippe, das heißt im späteren Ruhrgebiet. Dem zunächst etablierten Netz aus Urpfarreien (G11, Pfarrkirche Unna) und Eigenkirchen, also Kirchen, die von Adeligen gegründet worden waren (G6, evangelische Kirche Stiepel), folgten Klöster, Stifte, Pfarrkirchen, Kapellen, Andachtsstätten, Bildstöcke und Grabmäler. Viele dieser Zeugnisse sind eingetragene Baudenkmale, da sie die unterschiedlichen Facetten des christlichen Glaubens in der Region bezeugen. Sie sind prägend für alte und neue Stadt- und Ortsbilder, bilden städtebauliche Fixpunkte in den Zentren und Ortskernen, sind historische Dokumente nicht nur für die Bedeutung der christlichen Religion in Vergangenheit und Gegenwart, sondern auch für die Strukturbildung in unserer Gesellschaft (vgl. G7, Reinoldikirche Dortmund, und G19 sowie den Aufsatz über das Ursulinenkloster in Dorsten von Beate Küppers-Braun).[2]

rechte Seite:
Evangelische Kirche, Bochum-Stiepel, Gewölbemalerei in der Vierung mit dem ältesten gemalten Teppichdekor in Westfalen, 12. Jh.

Die Stellung der jüdischen Bevölkerung wechselte zwischen Duldung und Verfolgung.

Seit dem späten Mittelalter lebten Juden in der Region. Im Rheinland siedelten sie spätestens seit dem 11. oder 12. Jahrhundert, in Westfalen nachweislich seit dem 13. oder 14. Jahrhundert. Aus dem spätantiken Köln stammt der früheste schriftliche Beleg sogar aus dem Jahr 321.[3] So ist das Judentum neben dem christlichen Glauben eine in der Region sehr früh auftretende Glaubensrichtung, die aber von einer ganz anderen Geschichte geprägt wird. Es ist die Geschichte einer strenggläubigen jüdischen Minderheit, die sich in der ebenfalls gänzlich vom Glauben durchdrungenen christlich geprägten Mehrheitsgesellschaft behaupten musste. Einerseits musste sie sich abgrenzen, um als Minderheit ihren Glauben im christlichen Umfeld erhalten zu können. Andererseits musste sie sich integrieren, um wirtschaftlich und gesellschaftlich überleben zu können. Die Stellung der jüdischen Bevölkerung wechselte zwischen Duldung und Verfolgung. Zahlreiche Denkmale weisen auf die polarisierende Rolle der christlichen Kirche in diesem Zusammenhang hin. Im Laufe des Mittelalters und der frühen Neuzeit wurde die jüdische Bevölkerung immer mehr an den Rand der Gesellschaft gedrängt, indem sie als nicht zugehörig und fremd stigmatisiert wurde. Die Ideen der Aufklärung führten auf beiden Seiten zu einem Umdenken, sodass im Laufe des 19. Jahrhunderts eine Öffnung der jüdischen Gemeinschaft einerseits und der christlichen Mehrheitsgesellschaft andererseits möglich wurde. Die Folge war die sogenannte jüdische Emanzipation, was einfach zusammengefasst bedeutete, dass die enge Verbindung von religiösem und weltlichem Leben aufgelöst wurde. Unter diesen Voraussetzungen konnten Juden frei leben. Ausdruck dieser neuen Freiheit sind beispielsweise noch bestehende Synagogenbauten aus dem frühen 19. Jahrhundert (G20, Landsynagoge Selm-Bork). Der wirtschaftliche Erfolg und die daraus sich ergebende gesellschaftliche Stellung spiegeln sich in prachtvollen Synagogenbauten aus der Zeit um 1900 (G27, Synagoge Essen).

Der teilweise sehr weit zurückreichende Anteil jüdischer Kultur in unserer Gesellschaft ist am vorhandenen Denkmalbestand nur zu erahnen.

Verwaltungs- und Geschäftsbauten, private Wohnhäuser, Schulbauten und Altersheime (G23, ehem. jüdische Schule Schwerte, und G24, israelitisches Altersheim Unna) zeugen von jüdischem Unternehmertum und vor allem auch von einer eigenen jüdischen Infrastruktur, die sich neben der christlichen etablierte. Man war deutsch, aber nicht christlich, so brauchte man auch ein israelitisches Altersheim, Schulen, in denen die Religion unterrichtet wurde und sogar Sportplätze für jüdische Sportvereine.

Parallel zur Integration der Juden entflammten erneut antijüdische Ressentiments, die seit der Mitte des 19. Jahrhunderts in einem offenen Antisemitismus mündeten. Die systematische Verfolgung und Vernichtung der jüdischen Bevölkerung durch die Nationalsozialisten von 1933 bis 1945 war die verheerende Konsequenz einer Haltung, die sich schon viel früher angekündigt hatte. Die meisten jüdischen Gotteshäuser wurden in der Reichspogromnacht 1938 zerstört (G25, Synagoge Dortmund). Zeugnisse der jüdischen Religion sind aus diesen Gründen selten erhalten, und der teilweise sehr weit zurückreichende Anteil jüdischer Kultur in unserer Gesellschaft ist am vorhandenen Denkmalbestand nur zu erahnen. Von den 337 eigenständigen Synagogen, die um 1900 in Nordrhein-Westfalen vorhanden waren, finden sich hier noch 71 Gebäude beziehungsweise Gebäudereste in sehr unterschiedlichem Erhaltungszustand (G26, Neue Synagoge Recklinghausen).

Nach der Schoa blieben nur wenige Überlebende im Land. Sie »überwinterten« in sehr kleinen jüdischen Gemeinden. Das änderte sich mit der Zuwanderung vor allem von Juden aus der ehemaligen Sowjetunion seit den 1980er Jahren. Seitdem bilden sich wieder neue Gemeinden und es werden wieder Synagogen gebaut (G40, Neue Synagoge Duisburg).

Innerhalb der christlichen Bevölkerung führte die Reformation im 16. Jahrhundert zu Abspaltungen. Es bildeten sich verschiedene protestantische Glaubensrichtungen heraus.[4] Da sich die Glaubensinhalte veränderten, wandelte sich auch die Liturgie. Also mussten sich auch die alten Kirchenräume ändern, denn hier war der Ort, wo die Gottesdienste stattfanden. Während beim alten Glauben vor allem die althergebrachte Messliturgie, die Wechselgesänge und das Hochamt die Messfeier bestimmten, war es bei den Protestanten vor allem das Wort, die Predigt und die Orgelmusik, die im Mittelpunkt eines Gottesdienstes standen. Damit wurden Kanzeln, Orgeln und die Ausrichtung der Bestuhlung grundlegende Elemente einer Kirchenausstattung. Zunächst wurden existierende Kirchengebäude auf die neuen Bedürfnisse hin verändert, später kamen auch neue Kirchen hinzu (vgl. den Aufsatz von Beate Küppers-Braun über die reformierte Kirche in Alpen und G14). Glaubensflüchtlinge brachten Veränderungen (G10, Willibrordidom in Wesel), wodurch sie an ihren neuen Lebensorten Impulse setzten. Neues war aber nicht immer erwünscht, und so führte der Zuzug von Glaubensflüchtlingen mitunter auch zu Auseinandersetzungen und Machtkämpfen (G11, Stadtkirche Unna).

Glaubensflüchtlinge brachten Veränderungen, wodurch sie an ihren neuen Lebensorten Impulse setzten.

Die katholische Seite, die zunächst eher defensiv und hilflos auf die protestantischen Reformen reagiert hatte, formierte sich nach dem Konzil von Trient (1545–1563) und nutzte nun ihr immer noch gut funktionierendes Verwaltungssystem, um mit neuer Kraft die Gegenreformation einzuleiten und das verlorene Terrain wenigstens teilweise durch eine Rekatholisierung zurück zu gewinnen (G18, Küsterhaus Rudolf Nagell in Lünen). Es waren vor allem die Jesuiten, die als geradezu militärisch straff geführter Orden zum Vorkämpfer wurden. Sie nutzten dabei durchaus Mittel, die von den Reformatoren erprobt worden waren, wie beispielsweise die Predigt in der Volkssprache oder die Einrichtung von Schulen.[5]

So gingen wichtige Impulse in der Bildung immer wieder von Klöstern und ihren Schulen aus. Dabei kamen den Ursulinen besondere Verdienste um die Mädchenbildung zu. Sie kümmerten sich als erste in Europa um die Erziehung und den Unterricht junger Mädchen und Frauen (G19 und der Aufsatz über das Ursulinenkloster in Dorsten von Beate Küppers-Braun.)[6]

Im Zuge der Industrialisierung im 19. und frühen 20. Jahrhundert wuchs die Bevölkerung im Ruhrgebiet explosionsartig; es gab in allen Lebensbereichen Umbrüche. Die Verstädterung des vorher landwirtschaftlich geprägten Gebiets brachte Industrie-, Verkehrs- und Siedlungsbauten mit sich und veränderte die Landschaft nachhaltig. Wohl in keiner anderen Region Deutschlands sind in dieser Zeit so viele Kirchen gebaut worden wie im Ruhrgebiet.[7] Die seit der Reformation überwiegend evangelisch geprägten Gebiete wurden durch Zuzug von Arbeiterinnen und Arbeitern aus polnischen Gebieten in gewisser Weise »rekatholisiert«.[8] Zumindest wurde der katholische Bevölkerungsanteil so groß, dass man nun wieder katholische Kirchen bauen musste, die ehemaligen katholischen Kirchen waren ja schon seit Jahrhunderten evangelisch (G31, Bottroper Kirchen, und G37, St.-Anna-Kirche in Dortmund). Aus Masuren kamen hingegen evangelische Zuwanderer, die wiederum eigene Vereine und Gemeinden gründeten und dann auch ihre eigenen Versammlungsräume bauten (G32, Masurischer Betsaal in Herne).[9]

Wohl in keiner anderen Region Deutschlands sind in dieser Zeit so viele Kirchen gebaut worden wie im Ruhrgebiet.

Nach 1945 waren es vor allem die »Gastarbeiter« mit muslimischem Glaubenshintergrund, die das Gefüge abermals veränderten. Zunächst übten sie ihren Glauben in schon vorhandenen Räumlichkeiten aus. Seit den 1990er Jahren bauen sie auch Moscheen, um in würdiger Umgebung ihren Glauben leben zu können (G38, Fatih-Moschee Marl-Hamm). Seit dem Ende des »Kalten Krieges« und der Öffnung der Grenzen in Europa gibt es im Ruhrgebiet eine große

Vielfalt an Glaubensrichtungen: die östlichen Religionen (G41, Hindu-Tempel in Hamm) und auch neue religiös-esoterische Richtungen treten neben die verschiedenen christlichen, jüdischen Gemeinden und islamischen Gemeinschaften.

Kirchen, Klöster, Synagogen, Sozial-,Gesundheits- und Bildungseinrichtungen von christlichen und jüdischen Gemeinden zeugen von ihrem hohen gesellschaftlichen Einfluss.

Der Denkmalbestand setzt sich ausschließlich aus christlichen und jüdischen Bauten zusammen. Kirchen, Klöster, Synagogen, Sozial-, Gesundheits- und Bildungseinrichtungen von christlichen und jüdischen Gemeinden zeugen von ihrem hohen gesellschaftlichen Einfluss. Zeugnisse anderer Glaubensgemeinschaften finden sich noch nicht im Bestand der eingetragenen Baudenkmale, da diese Bauten erst in den letzten Jahrzehnten entstanden und daher noch nicht in das Blickfeld der Denkmalpflege gerückt sind. Es bedarf immer eines gewissen zeitlichen Abstandes, um den historischen Zeugniswert eines Gebäudes beurteilen zu können. So wird es zukünftigen Generationen von Denkmalpflegern überlassen bleiben, die baulichen Zeugnisse der jüngsten Entwicklungen – wie beispielsweise den Hindutempel in Hamm oder die Moscheen – zu beurteilen. Die letztgenannten Sakralbauten, aber auch die wieder für jüdische Gottesdienste genutzte Synagoge in Selm-Bork, verweisen auf eine geistige, politische und wirtschaftliche Öffnung des Landes. Der Denkmalschutz wird diese Entwicklung, sofern sie sich in Gebäuden niederschlägt, für die Zukunft dokumentieren und, wo es möglich und aussagekräftig ist, erhalten – so wie er sich einsetzt, die Monumente der christlichen und jüdischen Religionen zu bewahren.

1 Wilhelm Damberg, Die römisch-katholische Kirche in Nordrhein-Westfalen – Geschichte und Gegenwart, in Markus Hero, Volkhard Krech und Helmut Zander (Hg.), Religiöse Vielfalt in Nordrhein-Westfalen, Paderborn 2008, S. 45–51.
2 Nils Büttner, Thomas Schilp und Barbara Welzel (Hg.), Städtische Repräsentation. St. Reinoldi und das Rathaus als Schauplätze des Dortmunder Mittelalters, Bielefeld 2005.
3 Monika Grübel und Georg Mölich (Hg.), Jüdisches Leben im Rheinland, Köln 2005, S. IX; Elfi Pracht(-Jörns), Jüdisches Kulturerbe in Nordrhein-Westfalen, 5 Bde., Bd. 1: Regierungsbezirk Köln 1997, Bd. 2: Regierungsbezirk Düsseldorf 2000, Bd. 3: Regierungsbezirk Detmold 1998, Bd. 4: Regierungsbezirk Münster 2002, Bd. 5: Regierungsbezirk Arnsberg 2005, Köln 1997–2005.
4 Volkhard Krech, Zwischen hohem Engagement und Religion bei Gelegenheit: Die evangelischen Landeskirchen, in: Hero/Krech/Zander 2008 (wie Anm. 1), S. 67–83.
5 Wilhelm Kohl, Das Zeitalter der Glaubenskämpfe (1517–1618), in: Wilhelm Kohl (Hg.), Westfälische Geschichte. Von den Anfängen bis zum Ende des Alten Reiches, 3 Bde., Bd. 1, Düsseldorf 1983, S. 471–532, hier S. 496.
6 Anne Conrad, Die Ursulinen, in: Friedhelm Jürgensmeier und Regina Elisabeth Schwerdtfeger (Hg.), Orden und Klöster im Zeitalter von Reformation und katholischer Reform 1500–1700, Bd. 1, (Katholisches Leben und Kirchenreform im Zeitalter der Glaubensspaltung, 65), Münster 2005, S. 243–254.
7 Manfred Keller, Konzeptionelle Entwicklungen im Kirchbau des Ruhrgebietes seit der Industrialisierung, in: Bernd Hey und Volkmar Wittmütz (Hg.), Evangelische Kirche an Ruhr und Saar, Bielefeld 2007, S. 183–224.
8 Damberg 2008 (wie Anm. 1), S. 45–51.
9 Thomas Parent und Thomas Stachelhaus, Kirchen im Ruhrrevier 1850–1935, Münster 1993.
10 Hero/Krech/Zander 2008 (wie Anm. 1).

Frühe Kirchen und Klöster im Ruhrgebiet

Roland Pieper

In der Frühzeit des Christentums im Rheinland und in Westfalen waren Kirchen und Klöster weit mehr als Orte der Religionsausübung. Ihre umfassende politische und kulturelle Bedeutung ist für uns heutige säkulare, Kirche und Staat trennende Menschen nur mehr schwer vorstellbar – der damals fremde Impuls ist uns wieder fremd geworden. Klärung ist nötig: Was war das Fremde, und wie wurde es zum Impuls?

Die Christianisierung war Impuls zu einem religiösen und kulturellen Einheitsraum.

Der Zerfall des römischen Weltreiches nach 400 n. Chr. bedingte die Aufsplitterung in politisch und kulturell selbstständige Ethnien und Stammeskulturen, die erst allmählich durch die Franken unter Pippin (gest. 714), Karl Martell (gest. 741) und schließlich Karl dem Großen (gest. 814) geeint werden konnten. Verbindungsglied wurde das Christentum. »Dieses kam, weil entstanden im östlichen Mittelmeerraum, als Fremdreligion ... und schuf dabei jene Gemeinsamkeit, die bis heute Europa ausmacht.«[1] Die Christianisierung als Verfestigung politischer Macht mit dem Ziel einer Identitätsstiftung war gleichermaßen ein gewalttätiger – »Tod oder Taufe«[2] – wie produktiver Vorgang, Impuls zu einem religiösen und schließlich auch kulturellen Einheitsraum.

Essen, Klosterkirche der Abtei Werden, Westwerk, Ursprungsbau aus dem 9. Jh.

In der Frühzeit des Christentums im Rheinland und in Westfalen waren Kirchen und Klöster weit mehr als Orte der Religionsausübung. Ihre umfassende politische und kulturelle Bedeutung ist für uns heutige säkulare, Kirche und Staat trennende Menschen nur mehr schwer vorstellbar – der damals fremde Impuls ist uns wieder fremd geworden. Klärung ist nötig: Was war das Fremde, und wie wurde es zum Impuls?

Der Zerfall des römischen Weltreiches nach 400 n. Chr. bedingte die Aufsplitterung in politisch und kulturell selbständige Ethnien und Stammeskulturen, die erst allmählich durch die Franken unter Pippin (gest. 714), Karl Martell (gest. 741) und schließlich Karl dem Großen (gest. 814) geeint werden konnten. Verbindungsglied wurde das Christentum. »Dieses kam, weil entstanden im östlichen Mittelmeerraum, als Fremdreligion ... und schuf dabei jene Gemeinsamkeit, die bis heute Europa ausmacht.«[1] Die Christianisierung als Verfestigung politischer Macht mit dem Ziel einer Identitätsstiftung war gleichermaßen ein gewalttätiger – »Tod oder Taufe«[2] – wie produktiver Vorgang, Impuls zu einem religiösen und schließlich auch kulturellen Einheitsraum.

War die germanische Götterwelt von Krieg und Sieg bestimmt, setzte das Christentum dieser den liebenden wie richtenden Vater entgegen, der schicksalhaften Ergebenheit die persönliche Fürsorge, dem Tier- und Menschenopfer das geistige Opfer.[3] Hinzu traten ein Rechtssystem und ein Sendungsbewusstsein.[4] Gemeinsamkeiten als Grundlage für das Neue fanden sich kaum. Immerhin erfolgte die Besetzung von Bischofsämtern mit Adeligen: So waren auch die frühen Missionare Willibrord, Bonifatius und Liudger von adeliger Geburt, und die Übernahme des Christentums stärkte die soziale Hierarchie mit einer Adelsoberschicht ungemein.

Strukturbildung – Bistümer und Kirchenorganisation

Karl dem Großen war klar, dass nur eine straffe Kirchenorganisation gleichsam das Rückgrat für die Durchsetzung und Verwurzelung des Glaubens bilden konnte. Ein zunehmend engmaschigeres System von Missionszentren stützte sich auf die Bistümer – im heutigen Ruhrgebiet vor allem Köln, ansatzweise auch Münster – mit ihren Domklöstern als Zentren der Kirchenorganisation, die »parochiae episcopales«, wie sie bei den Angelsachsen, in Utrecht und andernorts schon seit dem 7. Jahrhundert bestanden.[5] Inwieweit Köln als der bedeutendere der beiden Bischofssitze an dieser Durchsetzung und Verwurzelung des Glaubens beteiligt war, wird nicht deutlich; Utrecht spielte darin eine Rolle.[6] Tatsächlich erfolgte die Bistumseinteilung in den Jahren nach 785, der Unterwerfung Widukinds, war aber 799 noch nicht abgeschlossen. In Münster, zu dessen Bistum der nördliche und nordöstliche Teil des Ruhrgebiets gehörte, erlangte sie mit der Ernennung Liudgers zum Bischof 805 ein erstes Etappenziel.

Werden war nicht unmittelbar in die politischen Strukturen eingebunden, sondern hatte die Funktion einer Ausbildungsstätte für Mission und Priesterstand.

Liudger, über den seine Vita Auskunft gibt,[7] stammte aus dem Utrechter Missionskreis, und an ihm wird eine weitere Besonderheit in der frühen Mission und Christianisierung des Ruhrgebietes deutlich: die Gründung eines Eigenklosters in Werden an der Ruhr (G1).[8] Mitglieder seiner Familie besetzten weitere Bischofssitze, in Helmstedt gründete Liudger ein zweites Kloster. In Werden befindet sich die Grablege Liudgers und der Familie. Werden war nicht unmittelbar in die aufgezeigten politischen Strukturen eingebunden, sondern hatte die Funktion einer Ausbildungsstätte für Mission und Priesterstand.[9] Auch, aber nicht allein wegen ihrer großen Zahl bedeutender waren die Frauenklöster im Rheinland und in Westfalen. Besonders das Frauenstift Essen besaß immenses geistlich-politisches Gewicht.[10]

Essen, Abtei Werden, Grablege Liudgers und seiner Familie in der 1059 geweihten Außenkrypta.

Krass war der Gegensatz zwischen den Erdhütten und Flechtwerkhäusern des überwiegenden Teils der Bevölkerung und den steinernen Imponierbauten der Sakralarchitektur. Die ergrabene Dortmunder Reinoldikirche (G7) war vermutlich dem Königshof angegliedert. Einem Saalbau etwa in der Breite des heutigen Mittelschiffs wurde in einer weiteren Bauphase ein mit einer Bogenstellung zum Langhaus abgegrenztes Querhaus mit kleiner Apsis angefügt, die später gegen eine größere mit Krypta in der Vierung ersetzt wurde. Die 808 geweihte Kirche in Essen-Werden wurde bald nach Osten um eine Dreiapsidenanlage erweitert, die mit einer Krypta das Liudgergrab überbaute, erweitert um eine Familiengrabkapelle. Die Kirche war mit 48,7 Metern Länge und 21,2 Metern Breite für die Verhältnisse der Zeit um 875 bereits ungewöhnlich groß und wurde mit dem Westbau, der im Kern eine 943 geweihte Dreiturmanlage ist, monumentalisiert. Die dreischiffige, mit einem Querhaus versehene erste Münsterkirche in Essen, erbaut zwischen 850 und 870, stand den bedeutendsten Bauten des Landes weder in der Größe noch in ihrer architektonischen Bedeutung nach (G2).

Urpfarren und Eigenkirchen – die kleinen Maschen im Missionsnetz

Die »Capitulatio de partibus Saxoniae« aus den Jahren zwischen 780 und 782 regelte die Bestimmungen für das kirchliche Leben der »Niederkirchen«. Neben dem Verbot heidnischer Riten und der Taufpflicht wurde besonders das Kirchengebäude als Zentrum des kirchlichen Lebens hervorgehoben, an das sich das Asylrecht band und um das herum die Bestattungen vorgenommen werden sollten; es unterschied sich damit stark von den heidnischen Heilig-

Bochum-Stiepel, evangelische Kirche, Mittelschiff mit Blick zum Chor. Die Kirche stammt im Kern aus der 2. Hälfte des 12. Jh., wurde im 13. Jh. zur Hallenkirche umgebaut und um 1400 in wesentlichen Teilen ergänzt.

tümern und den Grabhügeln. 120 Hofbesitzer sollten jeweils zu einer Kirche mit ihrem Geistlichen gehören, dazu jeweils ein Höriger und eine Magd sowie der Zehnte als Abgabe an den Pfarrherrn. Das führte zur Bildung fest umgrenzter Pfarrsprengel innerhalb der Bistümer, den »Urpfarren«, die nach Vergrößerung Tochterpfarren entließen. Der Prozess begann nach der Gründung der Bistümer um 800 und war erst zu Ende des Hochmittelalters abgeschlossen, erlebte aber im Spätmittelalter eine Reduktion durch das Wüstfallen von Dörfern infolge eines Bevölkerungsrückgangs. Die Klöster waren in einem straffen Hofsystem organisiert, das dem weltlicher Herrscher in nichts nachstand. Dem Kloster Werden als Fron- beziehungsweise Oberhof hatten Unterhöfe wie Dortmund-Huckarde Dienste und Abgaben zu leisten.

Neben den innerhalb der bischöflichen Organisationsstrukturen gegründeten Kirchen existierte das Eigenkirchenwesen, dem gerade in Westfalen eine große Bedeutung zukam.

Neben den innerhalb der bischöflichen Organisationsstrukturen gegründeten Kirchen existierte das Eigenkirchenwesen, dem gerade in Westfalen eine große Bedeutung zukam. Adelige, zuweilen auch der König, gründeten meist unmittelbar neben ihrem Hof eine Kirche, sorgten für deren Bau und statteten den von ihnen eingesetzten Priester mit Land aus. Auch solche Eigenkirchen konnten zum Ausgangspunkt von Tochtergründungen werden, sogar zur Keimzelle einer Stadt. Beispiel für eine Eigenkirche nebst ummauertem Kirchhof ist Bochum-Stiepel (G6).

Während sich bei der Analyse von Urkatasterplänen die Nähe zwischen Adelssitz und Kirche häufig deutlich zeigt, können Urpfarren heute meist nur mehr erschlossen werden. Genaue Nachrichten und erhaltene Bauten fehlen.[11] Nur die Archäologie konnte Funde verzeichnen, deren Datierung allerdings oft genug schwierig ist, da der einfache Saalbau mit Rechteckchor lange »Standard« blieb. Möglichkeiten der Datierung bieten zuweilen die Baumsärge der umgebenden Friedhöfe durch die Altersbestimmung des Holzes.[12]

Nur im fränkischen Teil entstanden einige Kirchen vor 785, von denen wir bislang Kenntnis haben. Die bislang älteste nachweisbare Kirche wurde 1967 in der spätgotischen evangelischen Kirche von Duisburg-Hochemmerich ergraben, ein Fachwerkbau des 8. Jahrhunderts mit leicht eingezogenem Recheckchor von nur sechs mal acht Metern Größe, dessen Chor noch im 8. oder im 9. Jahrhundert ebenfalls in Holzbauweise erneuert wurde, um schließlich im 10. Jahrhundert durch eine größere Steinkirche ersetzt zu werden. In St. Willibrord in Wesel fand man ein Gräberfeld des 7. und 8. Jahrhunderts, das nicht vor 781 durch eine Holzkirche überbaut wurde. Die Entwicklung ähnelt der Situation in Xanten mit dem Doppelgrab eines Gräberfeldes aus dem 4. Jahrhundert in der Mitte aller Neubauten, wobei der erste große Steinbau in der Zeit zwischen 752 und 768 entstand.[13] Auch St. Suitbert in Düsseldorf-Kaiserswerth gehört in die Reihe sehr früher Kirchengründungen um 700, doch fehlen hier bislang Ausgrabungen. Vermutlich wurde auf der Hohensyburg südlich von Dortmund unmittelbar nach ihrer Eroberung 775 eine Kirche gegründet, doch ergaben Grabungen kein Gesamtbild der Anlage. Der heutige Saalbau stammt im Kern aus dem 11. Jahrhundert und ersetzt den ersten Bau (H3, H4).[14]

Erst mit dem Ende der Sachsenkriege 785 finden wir Gründungen auch im sächsischen Gebiet. Als Urpfarren gelten Dortmund, Bochum und Recklinghausen. Vermutlich wurde bei der Grabung in der Dortmunder Reinoldikirche 1948 die Gründungskirche schlicht übersehen.[15] In Bochum ist die Nachbarschaft von Kirche und großem, vielleicht königlichem Hof noch im Katasterplan zu erkennen. In Recklinghausen sind vom zugehörigen Hof Befestigungsreste gefunden worden, aber die Grabungen 1949 und 1986 ergaben kein Gesamtbild. Zu manch kleiner Landkirche dagegen ist die Kenntnis besser. In Castrop wurde die Kirche ergraben, die vermutlich aus dem 8. oder 9. Jahrhunderts stammt – ein kleiner Saalbau mit eingezogenem Rechteckchor, ebenso in Hamm-Herringen mit späterer Erneuerung bei gleichem Typ. Bei der Grabung in St. Remigius in Dortmund-Mengede entdeckte man im ergrabenen Chor Scherben aus dem 9. Jahrhundert. An der Stelle von St. Dionysius in Herne fand man 1934 nur mehr eine Wand der ältesten Kirche, aber zahlreiche Bausärge im Umfeld. In Dortmund-Wellinghofen war der Rechtecksaal im Verhältnis zur Länge recht breit, der Chor etwa quadratisch. Nach dem Patrozinium entstand er nach 844.

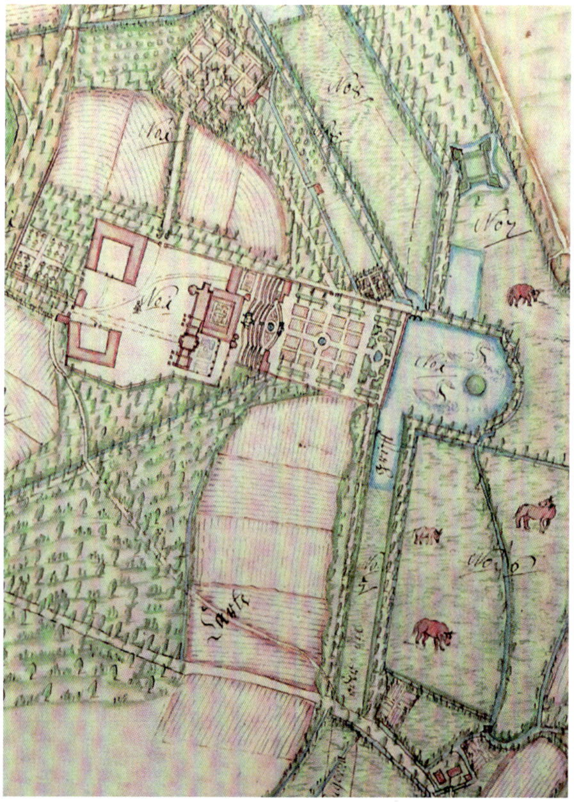

Lageplan des Kloster Kamp in Kamp-Lintfort aus dem Jahr 1750 (Ausschnitt).

Erneuerungsbewegungen des Mönchtums

Die Reformbewegung des benediktinischen Mönchtums im 12. Jahrhundert ist durch einen Rückzug aus »der Welt« und das Postulat der persönlichen Armut des einzelnen Mönches gekennzeichnet. Neu war unter anderem die Übertragung des Eremitengedankens auf ganze, teils sehr große Klostergemeinschaften. Darin waren sie Vorbild nicht nur für Tochtergründungen und die Ausbreitung der Orden, sondern auch für spätmittelalterliche Erneuerungsbewegungen. Robert von Molesme gründete in einem einsamen Tal bei Dijon 1098 das Kloster Cîteaux. Die Zisterzienser, spezialisiert unter anderem auf die Urbarmachung von Land, tätigten allein vom Mutterkloster aus 109 Tochtergründungen, darunter als erstes in Deutschland 1123 Kloster Kamp.

Die Prämonstratenser dagegen sind Chorherren. Der Wanderprediger Norbert von Gennep gründete das erste Kloster des Ordens 1121 auf päpstliche Intervention in Prémontré bei Laon. Cappenberg wurde 1122 drittes Kloster des Ordens überhaupt, noch ehe dieser vollständig etabliert und anerkannt war (G5).[16]

Die frühen Kirchen dieser Orden spiegeln ihre Ideale wider: klar gegliederte dreischiffige Basiliken mit Querhaus und Chor, aber ohne ausgeprägten Westturm, bei den Zisterziensern vollständig gewölbt, mit etwas mehr Baudekor und einer Reihe von Kapellen, die an die Quer-

hausarme angeschlossenen sind, bei den Prämonstratensern teils flach gedeckt, nahezu ohne Baudekor und mit einer einfacheren Ostanlage. Während zur Zisterzienserkirche in Kamp nur archäologische Sondierungen Hinweise auf die Baugestalt geben, ist die Prämonstratenserkirche Cappenberg mit späteren Veränderungen erhalten.

Klöster als Kulturzentren

Wissen und Bildung konzentrierten sich im frühen Mittelalter auf Klöster. Das Christentum als »Buchreligion« steht damit im Gegensatz zur germanischen »Kultreligion«. Zentrale christliche Elemente wie das Glaubensbekenntnis, das Vaterunser und die Trinitätslehre lagen außerhalb des germanischen Verständnisses. Die Erlangung der Lesefähigkeit und die Fähigkeit zur Textauslegung setzt Schulbildung voraus, und die ältesten Schulen[17] Nordeuropas waren in Klöstern eingerichtet, nicht zuletzt in Werden (G1). Damit verbunden war die Text- und Buchproduktion, sowohl das Abfassen von Literatur wie auch das Abschreiben, Schmücken (Buchmalerei[18]) und Binden von Büchern sowie ihre Sammlung in Bibliotheken. Die wenigen erhaltenen Blätter mit Tauffragen (Werden) lassen den mühsamen Prozess erahnen, einem nach christlichem Verständnis rohen Volk die kulturellen Werte zu vermitteln, die ihre Wurzeln nicht in Göttern des Krieges, sondern in einem Gott der Liebe finden. Unerlässlich war um 800 die Ausbildung von Kunsthandwerkern, nicht nur für den Bau von Steinkirchen, sondern auch, um liturgisches Gerät wie Kelche, Reliquiengefäße, Tragaltäre, Bucheinbände und vieles mehr zu schaffen. Die in Werden erhaltenen Stücke zeigen zwar, dass bedingt auf vorhandene Techniken

Selm, Prämonstratenserkirche Cappenberg, entstanden zwischen 1122 und (vermutlich) 1149, Blick zum Chor.

links:
Kopfreliquiar, sogenannter Barbarossakopf, nach 1155, Bronzeguss, vergoldet, Prämonstratenserkirche Cappenberg, Selm.

ganz links:
Reliquienkasten und mutmaßlicher Tragaltar des Hl. Liudger, um 784, Walrosszahn und Eichenholz, Schatzkammer der Probsteikirche St. Ludgerus, Essen-Werden.

zurückgegriffen werden konnte, neue technische Entwicklungen[19] wurden aber in den Klosterwerkstätten vorangetrieben, von der Edelsteinbearbeitung bis hin zum Glockengießen. Auch die Musik[20] zur Ausgestaltung der Gottesdienste und Stundengebete fand Pflege und Entwicklung, die Erfindung der Notenschrift zur Erfassung von Klängen bildete das Pendant zur Buchstabenschrift für die Erfassung von Worten.

Die Reformorden des 12. Jahrhunderts konnten bereits aus der Fülle aller Techniken schöpfen, allerdings ist unbekannt, wo die in Cappenberg erhaltenen herausragenden Ausstattungstücke wie der sogenannte Barbarossa-Kopf und die Taufschale entstanden sind. Eine besondere Leistung dieser Orden liegt in der Entwicklung von Gartenbau und Landwirtschaft (G4, Kloster Kamp).

1 Arnold Angenendt, Die Christianisierung Nordwesteuropas, in: Christoph Stiegemann, Matthias Wemhoff (Hg.), 799. Kunst und Kultur der Karolingerzeit, Karl der Große und Papst Leo III. in Paderborn, Ausst.-Kat. Museum in der Kaiserpfalz, Paderborn 1999, S. 420–433, hier S. 420.

2 Angenendt 1999 (wie Anm. 1), S. 427 f.

3 Angenendt 1999 (wie Anm. 1), S. 421 f.

4 Angenendt 1999 (wie Anm. 1), S. 422 f.

5 Peter Johanek, Der Ausbau der sächsischen Kirchenorganisation, in: Stiegemann/Wemhoff 1999 (wie Anm. 1), S. 494–506, hier S. 497.

6 Johanek 1999 (wie Anm. 5), 497 f.

7 Eckhard Freise (Hg.), Die Vita Sancti Ludgeri (Codices selecti, 95), Graz und Bielefeld 1999.

8 Vgl. zu Liudger und seiner Zeit: Gabriele Isenberg und Barbara Rommé (Hg.), 805: Liudger wird Bischof. Spuren eines Heiligen zwischen York, Rom und Münster, Ausst.-Kat. Stadtmuseum Münster 2005.

9 Vgl. Lutz E. von Padberg, Liudger als Missionspraktiker, in: Isenberg/Rommé 2005 (wie Anm. 8), S. 105–113.

10 Wilhelm Kohl, Bemerkungen zur Typologie sächsischer Frauenklöster in karolingischer Zeit, in: Untersuchungen zu Kloster und Stift (Veröffentlichungen des Max-Planck-Instituts für Geschichte, 68; Studien zur Germania Sacra, 14), Göttingen 1980, S. 112–139. Vgl. auch die Beiträge von Ute Küppers-Braun, »Frauen greifen ein« und »Prinzessinnen brauchen ein Schloss«, in diesem Band.

11 Grundlegend, wenngleich in vielen Einzelheiten durch jüngere Forschungen überholt: Albert K. Hömberg, Studien zur Entstehung der mittelalterlichen Kirchenorganisation in Westfalen, in: Westfälische Forschungen, 6, 1943/52, S. 46–108.

12 Vgl. zur folgenden Übersicht insgesamt: Otfried Ellger, Frühe Kirchen im Ruhrgebiet, in: Früher Kirchenbau und die Anfänge der Romanik im Ruhrgebiet und in Westfalen, Essen 1999, S. 11–52.

13 Die Stiftskirche des hl. Victor zu Xanten: Grabfeld, Märtyrergrab und Bauten vom 4. Jh. bis um und nach 752–68 n. Chr., Bd. 1.1.1, Xanten 1985; Bd. 1.1.2, Xanten 1960. – Werner Jacobsen, Leo Schaefer und Hans Rudolf Sennhauser, Vorromanische Kirchenbauten. Katalog der Denkmäler bis zum Ausgang der Ottonen. Bd. 1, München 1966; Bd. 2, München 1991.

14 Vgl. Christoph Albrecht, Die Ausgrabungen in der Reinoldikirche und in der Peterskirche auf der Hohensyburg, in: Beiträge zur Geschichte Dortmunds und der Grafschaft Mark, 51, 1954, S. 127–135. Veränderungen beim Wiederaufbau nach 1945.

15 Klaus Lange, St. Reinoldi vor 1232. Bau- und kirchengeschichtliche Überlegungen zur Translationszeit des Dortmunder Stadtpatrons, in: Thomas Schilp und Beate Weifenbach (Hg.), Reinoldus und die Dortmunder Bürgergemeinde (Veröffentlichungen des Stadtarchivs Dortmund, 15) Essen 2000, S. 63–75 (mit älterer Literatur).

16 Otfried Ellger, Vom bischöflichen Ausbau zum Aufbruch des Adels – die westfälische Klosterlandschaft von 1000–1150, in: Christoph Stiegemann und Matthias Wemhoff (Hg.), Canossa 1077 – Erschütterung der Welt, Geschichte, Kunst und Kultur am Aufgang der Romanik, Ausst.-Kat. Museum in der Kaiserpfalz, Paderborn 2006, S. 209–217.

17 Herbert Zielinski, Domschulen und Klosterschulen als Stätten der Bildung und Ausbildung, in: Stiegemann/Wemhoff 2006 (wie Anm. 16), S. 175–181.

18 Harald Wolter-von dem Knesebeck, Alte und neue Zentren der Buchmalerei, in: Stiegemann/Wemhoff 2006 (wie Anm. 16), S. 431–447.

19 Doris Oltrogge, Rezeptsammlung und Traktate. Die Vermittlung kunsttechnischen Wissens im Früh- und Hochmittelalter, in: Stiegemann/Wemhoff 2006 (wie Anm. 16), S. 555–561.

20 Andreas Haug, Gesang und Geschichte. Musik im Zeitalter der Kirchenreform (1050–1130), in: Stiegemann/Wemhoff 2006 (wie Anm. 16), S. 563–571.

Frauen greifen ein

Alpen und Dorsten im Zeitalter der Konfessionalisierung

Ute Küppers-Braun

In Alpen am Niederrhein ließ Kurfürstin Amalia von der Pfalz die erste reformierte Pfarrkirche Deutschlands bauen.

»Frauen waren am Reformationsgeschehen aktiv beteiligt: Sie haben als Schriftstellerinnen und Regentinnen, als Mütter und Nonnen zur Kirchenerneuerung beigetragen und dabei eigene Akzente gesetzt«, schreibt der evangelische Theologe Martin H. Jung 2002 in der Einleitung zu seinem Aufsatzband »Nonnen, Prophetinnen, Kirchenmütter«.[1] Caritas Pirckheimer und Katharina Zell sind bekannt als Schriftstellerinnen, Katharina von Bora, Martin Luthers Ehefrau, kennt man als »die Frau an seiner Seite«. Im katholischen Bereich schließlich waren Angela Merici und Maria Ward Gründerinnen moderner Ordensgemeinschaften. Doch wer weiß schon, dass es auch in den Grenzen des heutigen Ruhrgebiets Frauen gab, die im 17. Jahrhundert für ihren Glauben Impulse setzten, auf die einzelne heute noch vorhandene Bauwerke und Institutionen zurückzuführen sind: In Alpen am Niederrhein ließ Kurfürstin Amalia von der Pfalz (1539–1602) die erste reformierte Pfarrkirche Deutschlands bauen. In Dorsten gründeten die Schwestern Maria Lucia und Maria Victoria, Gräfinnen von Nesselrode, 1698 ein Ursulinenkloster mit dem Ziel, Mädchen Unterricht und Bildung zu vermitteln.

Die reformierte Kirche in Alpen

Während zu Beginn des 17. Jahrhunderts meist nur bestehende katholische Kirchen in protestantische umgewandelt wurden, entstand in Alpen am Niederrhein eine Saalkirche im Stil des Frühbarock, die eigens als reformierte Kirche errichtet wurde.[2] Ein Mitglied der berühmten italienischen Architektenfamilie Pasqualini hat die moderne Wandpfeilerkirche in den Jahren von 1602 bis 1604 erbaut. Da im reformierten Gottesdienst nicht die Liturgie, sondern das Wort, die Predigt, im Mittelpunkt steht, war sie von vornherein als Predigtkirche geplant: Die Kanzel befand sich in der Mitte der Langseite, damit die Gemeinde den Prediger möglichst von allen Plätzen hören und sehen konnte. Ursprünglich war das Gestühl wohl in U-Form um die Kanzel aufgestellt. Mit dieser neuen Konzeption markiert die Alpener Kirche den Beginn des reformierten Kirchenbaus in Deutschland.[3]

Kurfürstin Amalia von der Pfalz hatte die Idee und legte den Grundstein. Als Gräfin von Neuenahr 1539 auf dem Schloss zu Alpen geboren, hatte sie 1569 in zweiter Ehe Kurfürst Friedrich den Frommen von der Pfalz geheiratet und war 1600 als Witwe nach Alpen zurückgekehrt, wo sie 1602 starb.[4] Die Fertigstellung der Kirche hat sie nicht mehr erlebt. Doch ihr Schwager, Graf Arnold II. von Bentheim, vollendete ihren Plan, so wie er es ihr versprochen hatte. Der gotische Chor der Nikolauskapelle aus dem 14. Jahrhundert wurde auf der Ostseite als Grabkapelle in den Neubau integriert. Hier, wo auch Amalias erster Gemahl, Heinrich von Brederode, »der große Geuse« (gest. 1568), beigesetzt wurde, fand auch die Stifterin ihre letzte Ruhestätte. Das prachtvolle Renaissance-Grabmal erinnert an diese bemerkenswerte Frau.

Mehrfach hatten die Untertanen in den Wirren der Konfessionalisierung ihr Bekenntnis wechseln müssen. Die Grafen von Neuenahr trugen das kleine Ländchen Alpen von den Erzbischöfen von Köln zu Lehen. Im 16. Jahrhundert spaltete sich das Geschlecht in die Linien Neuenahr-Alpen und Neuenahr-Moers. 1555 übernahm Graf Hermann von Neuenahr-Moers

Kurfürstin Amalia sicherte den reformierten Glauben ihrer Untertanen.

die Vormundschaft für die unmündigen Grafenkinder Amalia, Adolf und Magdalena der Alpener Linie und führte 1560 offiziell die lutherische Reformation ein. Nach dessen Tod trat 1578 Graf Adolf von Neuenahr-Alpen die Herrschaft in Alpen und Moers an. Graf Adolf war ein überzeugter Anhänger der Lehre Calvins und führte den Wechsel zur reformierten Konfession durch. 1582 erhielt die reformierte Gemeinde ein Presbyterium und eine Schule. Doch Alpen bekam bald die Auswirkungen der großen Politik zu spüren, nachdem der Kölner Erzbischof Gebhard Truchseß von Waldburg zum Protestantismus übergetreten war. Dieser Schritt drohte die Machtverhältnisse im Reich zu verändern. Daher griff die katholische Vormacht ein, und 1586 besetzten die Spanier Alpen. Die Untertanen mussten nun wieder katholisch werden. Nach dem Tode des Grafen Adolf und der Vertreibung der Spanier kam 1600 seine Schwester, die inzwischen verwitwete Kurfürstin Amalia, als Landesherrin nach Alpen zurück und machte die Gegenreformation rückgängig.[5] Amalia gab somit nicht nur den Anstoß zum Kirchenbau, sondern sicherte auch den reformierten Glauben ihrer Untertanen. Anlässlich des 400-jährigen Bestehens der Gemeinde hat man ihr 2004 ein Denkmal gesetzt.

Leider wurde das Kirchengebäude in der damals konzipierten Form bei dem Stadtbrand von 1716 großenteils zerstört. Das heutige Aussehen der Kirche geht auf Baumeister Bartolomeo Salla zurück, der in den Jahren 1717 und 1718 den Turm verstärkte. Bei den regelmäßig stattfindenden Konzerten des engagierten Kirchenkreises erklingt noch heute die von dem bekannten Elberfelder Orgelbaumeister Jakob Engelbert Teschemacher entworfene Orgel, die 1782 aufgestellt wurde.

rechts:
Alpen, reformierte Kirche, 1602–1604, Epitaph der Kurfürstin Amalia.

links:
Alpen, reformierte Kirche, 1602–1604.

Das Ursulinenkloster in Dorsten

Doch nicht nur protestantische Frauen gaben der Gesellschaft im konfessionellen Zeitalter »fremde Impulse«. Als Angela Merici 1535 die Gesellschaft der Hl. Ursula gründete, wagte sie etwas völlig Neues. Parallel zu den Jesuiten plante sie kein weltabgewandtes, kontemplatives Kloster, sondern schuf eine Gemeinschaft religiös gebundener Frauen, die – wie sie selbst – mitten »in der Welt« wirkten. Ihr Lebensmittelpunkt war Brescia, doch ihre Reisen brachten sie auch nach Mailand, Cremona, Jerusalem, Venedig und Rom. Sie beriet, vermittelte, schlichtete Streit, lebte zurückgezogen und war doch eine Frau der Öffentlichkeit, die man aufsuchte, die sich einmischte, die begleitete und half.[6]

Ihrem Vorbild wollten die beiden Schwestern Maria Lucia und Maria Viktoria, Gräfinnen von Nesselrode-Reichenstein, folgen und ein Institut für Mädchen gründen. Beide waren 1664 beziehungsweise 1666 auf Schloss Herten bei Recklinghausen geboren worden und hatten durch ihre Erziehung bei den Ursulinen in Köln deren Ideale kennen- und schätzen gelernt. Die Korrespondenz Maria Lucias, die zweifellos die treibende Kraft war, belegt ihr Drängen und ihr Engagement auch gegen die ablehnende Haltung des Bischofs von Münster.[7] In einem Brief an Dompropst Ferdinand von Plettenberg erläutert Franz von Nesselrode-Reichenstein, Statthalter im Vest Recklinghausen, das Vorhaben seiner Töchter, das er voll unterstützte. Denn auch er habe »wahrgenommen, daß so wohl hohe Stands alß haabselige Personen im Stifft Münster, wan sie ihre Döchter in der Andacht, guten Sitten, auch frantzösischer Sprach, Music und anderen den Frawen Zimmer anstehenden Exercitijs erziehen und üben lassen wollen, dieselbe weith außer Lands, nacher Lüttig, Rurmond, Düßeldorf, Cöllen, Bonn und andere entlegene Örter darumb schicken müßen, das im gantzen Stift Münster dergleichen dazu qualificirte Geistliche nit gefunden werden [...].«[8]

Nach mehreren gescheiterten Anläufen zu Neugründungen in Alfeld bei Hildesheim, in der Stadt Münster und in Dülmen fand man schließlich in Dorsten, im Vest Recklinghausen an der Grenze zum Fürstbistum Münster gelegen, den geeigneten Ort. Als auch die Oberin des Kölner Ursulinenklosters ihre Zustimmung gegeben hatte, kaufte Franz Graf von Nesselrode das »hohe Haus« in der Blinden Straße und ließ es auf Wunsch seiner Töchter entsprechend den zukünftigen Anforderungen herrichten. Kurfürst Joseph Clemens von Köln unterzeichnete am 3. November 1698 die Gründungsurkunde.

In Konflikten mit dem Rat der Stadt erfüllte diese Urkunde noch oft ihren Zweck, denn der Magistrat war anfangs keineswegs von der Errichtung eines neuen Klosters angetan, entfielen doch – da geistliche Institutionen von Steuern befreit waren – dadurch beträchtliche Einnahmen. Dass die adeligen Familien, die ihre Töchter ins Pensionat der Ursulinen schickten, viel Geld in die Stadt brachten und dass die städtische Wirtschaft so dank der Ursulinen kräftig angekurbelt wurde, erkannte man erst viel später.

Am 21. Januar 1699 kamen die Gründerinnen mit zwei weiteren Schwestern aus Köln, Maria Philippine von Zang und Maria Susanna von Erlenkamp, in Dorsten an. Das Weihnachtsfest hatten sie im Kreis der Familie auf Schloss Herten verbracht. Auf Karren folgte die kleine Aussteuer, die das Mutterhaus den Schwestern für den Neuanfang in Dorsten mitgegeben hatte. Das wichtigste Geschenk der Mutter Oberin in Köln, das Gnadenbild der »Mutter der Barmherzigkeit«, wird noch heute im Kloster verehrt.

Bereits acht Tage später begann man mit dem Unterricht in der Elementarschule für Mädchen.[9] Am 14. Februar 1699, »dem ersten Sambstag in der Fasten«, wurde das Pensionat eröffnet. Es hatte bereits im ersten Jahr dreißig Schülerinnen.[10] Das neue Erziehungsinstitut fand sowohl beim Adel der nahen und weiteren Umgebung als auch bei den Bürgerfamilien

linke Seite, oben:
Schülerinnen und Nonnen im Garten des Ursulinenklosters in Dorsten, im Hintergrund der 1755 errichtete Anbau des sog. Pensionats, Stich, um 1850.

linke Seite, unten:
Dorsten, Klosterkirche, geweiht 1739, Foto aus der Zeit um 1920.

Dorsten, Ursulinenkloster, Innenraum des Pensionatsgebäudes.

Dorsten, Klosterkirche des Ursulinenklosters, Neubau des Architekten Emil Steffann von 1959.

der größeren und kleineren Städte Anklang. Später kamen sogar Zöglinge aus Potsdam, Mannheim, Bruchsal und Mainz, aus Mecklenburg, Hamburg, Bremen und Altona. Aus den Niederlanden kamen so viele Mädchen, dass Dorsten auch »Amsterdam an der Lippe« genannt wurde.

Die Erziehung war streng reglementiert: Die Mädchen wohnten mit den Nonnen im abgeschlossenen Bezirk der Klausur. Besuch empfingen sie wie die Ordensfrauen hinter dem Klostergitter im Sprechzimmer. Einmal im Jahr durften sie nach Hause fahren.

Schon bald brauchte man mehr Platz: Für einen Erweiterungsbau des Klosters stellte wieder der Vater der Stifterinnen die Mittel bereit. Zunächst wurde der östliche Flügel gebaut. Der Erzbischof und Kurfürst von Köln unterstützte bereits 1707 den Neubau der Kirche, die 1739 geweiht wurde. Seinen Abschluss erhielt der ganze Klosterbau schließlich durch die ab 1755 errichtete und wenige Jahre später vollendete Anlage des dreistöckigen westlichen Flügels, des sogenannten Pensionats.[11] Doch bereits in der zweiten Hälfte des 18. Jahrhunderts änderten sich unter dem Einfluss der Aufklärung die Vorstellungen von Bildung und Erziehung. Der Ordensnachwuchs blieb aus, und die Zahl der Pensionärinnen ging drastisch zurück. Das Ende schien erreicht, als 1817 nur noch sieben Schwestern in Dorsten lebten und das Pensionat geschlossen wurde. Schon zwei Jahre später konnte man wieder einen Neubeginn wagen: 1819 kamen fünf Novizinnen. Unter der Leitung von Vikar Rive ging es wieder aufwärts – bis zum Kulturkampf: Am 5. Januar 1876 erhielt die Oberin den Auflösungsbescheid, der mit einer Ausweisung verbunden war.[12] Die Dorstener Ursulinen – 26 Schwestern und fünf Novizinnen – fanden in dem kleinen Städtchen Weert nahe Roermond eine Bleibe, nachdem sie, um den Zugriff des Staates auf ihren Besitz zu verhindern, diesen auf die gräfliche Familie Nesselrode in Herten übertragen hatten.

Aus den Niederlanden kamen so viele Mädchen, dass Dorsten auch »Amsterdam an der Lippe« genannt wurde.

Schneller als erwartet fand der Kulturkampf ein Ende, und die Dorstener wünschten sich »ihre« Ursulinen zurück. Im April 1887 schrieb der Magistrat nach Weert: »Seit Jahren entbehren wir mit unseren Mitbürgern die wohltätigen Einflüsse, die durch das hiesige Ursulinenkloster namentlich unserer weiblichen Jugend zugeführt wurden. Aber auch in pekuniärer Beziehung hat eine große Anzahl Handwerker und Gewerbetreibende schmerzhaft die Aufhebung des Klosters empfunden. Wir geben uns der angenehmen Hoffnung hin, daß Ew. Hochwürden recht bald Anordnungen treffen mögen, die Überführung der Genossenschaft nach hier zu bewerkstelligen usw.«[13]

Im Juni 1888 kehrten die Ursulinen zurück, Kloster, Pensionat und Schule nahmen einen rasanten Aufschwung. Seit 1904 gab es sogar ein Lehrerinnenseminar. Die soziale Zusammensetzung änderte sich nun, es kamen Kinder aus allen Ständen, und die Zahl der Schülerinnen wuchs in nie da gewesener Weise. Diese Entwicklung veranlasste umfangreiche Neubauten: In den Jahren 1901 und 1902 wurde der Josefsflügel nach Plänen des Düsseldorfer Architekten Caspar Clemens Pickel südlich des Klostergartens an das Kloster angebaut. Fußboden, Wandvertäfelungen, Türen, Fenster und Decken – teilweise im ursprünglichen Zustand – geben noch heute im Inneren und Äußeren einen gewissen Eindruck von dem großzügigen dreigeschossigen Pensionatsgebäude mit Klassenzimmern, Schlafsälen und großem Speisesaal. 1965 wurde das hohe Walmdach abgetragen und der Josefsflügel um zwei Geschosse aufgestockt.[14]

In den Jahren 1906 und 1907 wurde südlich vom Innenhof als zweiter großer Schul- und Pensionatsflügel der Marienflügel in westlicher Verlängerung an den Josefsflügel angebaut. Auch hier sind Teile der ursprünglichen Ausstattung erhalten, unter anderem vier Holzskulpturen, die man nach Weert gerettet hatte. Obwohl die Dorstener Ursulinen den Nationalsozialisten trotzen konnten, folgte diesem Aufschwung ein baldiges Ende: Trotz der Markierung durch ein riesiges Rotes Kreuz auf dem Dach wurden Kloster und Pensionat am 22. März 1945 durch amerikanische Bomben in Schutt und Asche gelegt. Die Kirche wurde völlig zerstört. Zum dritten Mal in ihrer Geschichte standen die Dorstener Ursulinen vor dem Aus – doch abermals ließen sich die Nonnen nicht entmutigen: Schon 14 Tage später begann der Wiederaufbau. Der Architekt Emil Steffann, dessen Schaffen fast ausschließlich dem Kirchenbau galt, wurde ab 1954 mit der Erweiterung der Gebäude und dem Neubau der Klosterkirche betraut. Dorsten erhielt so den Kirchenbau eines bedeutenden deutschen Architekten der Nachkriegszeit.

Mit dem Neubau der Klosterkirche wurde ein bedeutender deutscher Architekt der Nachkriegszeit betraut.

Die neue Klosterkirche wurde am 14. September 1959 eingeweiht. 1971 erhielt die Realschule ein neues Gebäude am Stadtrand, auf dem klostereigenen Gelände »Nonnenkamp«. Ein Jahrzehnt später, 1982, konnte das Gymnasium ebenfalls einen Neubau beziehen. Die Schulen der Ursulinen in Dorsten sind heute gefragter denn je und haben weit über tausend Schülerinnen und Schüler.

1 Martin H. Jung, Der Beitrag von Frauen zur Reformation und die Bedeutung der Reformation für Frauen, in: Ders., Nonnen, Prophetinnen, Kirchenmütter. Kirchen- und frömmigkeitsgeschichtliche Studien zu Frauen der Reformationszeit, Leipzig 2002, S. 9–17, S. 9.
2 Joachim Daebel, Kurfürstin Amalia von der Pfalz und ihre Kirche zu Alpen 1604–2004. Festschrift zum 400. Todestag der Kurfürstin Amalia von der Pfalz und zum 400-jährigen Bestehen der evangelischen Kirche zu Alpen 1604–2004, Regensburg 2004, S. 246.
3 Daebel 2004 (wie Anm. 2), S. 346–350.
4 Joachim Daebel, Die unbekannte Amalia, in: Jahrbuch des Kreises Wesel. 2004, S. 80–84.
5 www.kirche-moers.de [Zugriff vom 25. 11. 2009].
6 Johanna Eichmann, Angela Merici und die Entwicklung ihres Werks von der Laienbewegung zum Orden, in: 450 Jahre Ursulinen, Werl 1985, S. 41–56.
7 Stadtarchiv Recklinghausen, Bestand Vestisches Archiv, H. A. A. VIII B Nr. 105 (Nachrichten über das Ursulinenkloster Dorsten).
8 Zitiert nach: M. Maria Victoria Hopmann O. S. U., Geschichte des Ursulinenklosters in Dorsten, Münster 1949, S. 18.
9 Paul Fiege, Dorsten im Jahre 1699, dem Jahr der Gründung des Ursulinenklosters in Dorsten, in: Heimatkalender der Herrlichkeit Lembeck und Dorsten e. V., 46, Dorsten 1987, S. 34–48, hier S. 38.
10 Hopmann 1949 (wie Anm. 8), S. 59–61.
11 Julius Evelt, Beiträge zur Geschichte der Stadt Dorsten und ihrer Nachbarschaft, in: Westfälische Zeitschrift, 26, 1866, S. 63–176, hier S. 151 f.
12 S. Johanna Eichmann, Zur Geschichte der Schulen der Dorstener Ursulinen, in: Heimatkalender der Herrlichkeit Lembeck, 42, Dorsten 1983, S. 156–163.
13 Eichmann 1999 (wie Anm. 12), S. 108 f.
14 Vgl. LWL-Amt für Denkmalpflege in Westfalen, Datenbank KLARA, Untere Denkmalbehörde Dorsten, Hauptstraße 10, Schreiben vom 18. 10. 1986.

G1

Missionskloster für Rheinland und Westfalen – Abtei Werden

Klemensborn 39, 45223 Essen-Werden

Die Abtei Werden begründete wesentliche Strukturen im heutigen Ruhrgebiet. Die ältesten Teile des Besitzes liegen im nördlichen Rheinland und den heutigen Niederlanden; von hier aus wirkte die Abtei missionarisch in Westfalen. Die Besitzverteilung änderte sich später durch einen flächenmäßig großen westfälischen Zugewinn grundlegend. Das Kloster war von Anfang an, bis heute, Pilgerort für das Rheinland und Westfalen.

Das genaue Datum der Klostergründung ist ungewiss, aber Bischof Liudger suchte seit 793 einen geeigneten Bauplatz für ein neues Kloster und 801 wurden die Reliquien Christi und Mariens in das zum größten Teil fertiggestellte Kloster transloziert. Vermutlich 801 begann Liudger mit dem Bau einer ersten Klosterkirche, der St.-Salvatorkirche, die 812 in einer Urkunde erwähnt wird. Grabungen im 20. Jahrhundert ergaben, dass der erste Bau Liudgers bereits eine dreischiffige Anlage von 31 Metern Länge war. Abt Gero ließ im 11. Jahrhundert eine Außenkrypta errichten, die nun das Grab des Bischofs Liudger, das bisher, auf dessen Wunsch, östlich vor den Mauern der Kirche gelegen hat, in die Kirche mit einbezog. Es handelt sich um eine dreischiffige Hallenkrypta, die einen liturgischen Raum hinter dem Ludgerusgrab schafft. Nach einem Brand wurden Lang- und Querhaus sowie die oberen Bereiche des Chores im 13. Jahrhundert neu errichtet. Es entstand ein dreischiffiger Bau mit Dreiapsidenschluss im Osten, wobei die Mittelapsis polygonal, die Nebenapsiden gerade abschließen. Der Bau besitzt nun sowohl im Lang- als auch im Querhaus Kreuzgratgewölbe und über der Vierung einen Vierungsturm.

G2
Ein Damenstift als Keimzelle für christliche Bildung – Münsterkirche
Burgplatz 2, 45127 Essen

Der Dom des Bistums Essen war ehemals Stiftskirche und ist den Heiligen Cosmas und Damian geweiht. Um 852 ist das Frauenstift von einer sächsischen Adelsgruppe um Altfried, Bischof von Hildesheim, gegründet worden. 947 bestätigte Otto der Große die dem Stift schon früher verliehene Reichsfreiheit. Unter den Äbtissinnen Mathilde und Theophanu, Enkelin Ottos II., erlebte es seine bauliche und kulturelle Blütezeit.

Die Kirche wurde Mitte des 11. Jahrhunderts als dreischiffige Basilika mit dreiteiligem Chor neu erbaut. Der berühmte Westbau ist in Anlehnung an die Pfalzkapelle Karls des Großen in Aachen gestaltet und belegt das Selbstbewusstsein der Bauherrin und den Stolz auf die kaiserliche Familientradition. Im 13. Jahrhundert entstand die heute noch bestehende dreischiffige Hallenkirche.

Das reichsunmittelbare Stift Essen war eine der reichsten Frauengemeinschaften. Seit dem Spätmittelalter hatten nur Frauen aus den höchsten Kreisen des deutschen Adels Zugang. Es handelte sich hier um eine wichtige Keimzelle in der Förderung weiblicher Bildung. Die Gründung des heute noch in Nordrhein-Westfalen größten Mädchengymnasiums Beatae Mariae Virginis ging vom Stift aus. Die primäre Aufgabe des Damenstifts aber war das Totengedenken, die »memoria«, die bis zur Aufhebung des Stifts im 19. Jahrhundert gepflegt wurde.

Der Glanz und Reichtum des ehemaligen »kaiserlich-freiweltlichen Damenstifts Essen«, an dessen Spitze seit dem 13. Jahrhundert die Äbtissin als Fürstin des Reiches stand, lässt sich heute in der 2009 vollkommen neu eingerichteten Domschatzkammer erfahren. Der Essener Domschatz gehört neben denen in Köln und Aachen zu den bedeutendsten in Deutschland. Der Essener Dom ist die Kathedralkirche des erst 1958 gegründeten Bistums Essen. Die im Krieg stark beschädigte Stiftskirche wurde wieder aufgebaut und nach Erhebung zur Kathedralkirche 1958 innen neu gestaltet.

G3
Fremdes Bauschema in der spätottonischen Landschaft – Kanonissenstift
Spinngasse 3, 58313 Herdecke

Die im 12. Jahrhundert erstmals archivalisch fassbare Benediktinerinnenabtei mit ihrer deutlich älteren Kirche wurde im 15. Jahrhundert in ein freiweltliches, seit der Mitte des 16. Jahrhunderts in ein konfessionell gemischtes, adliges Damenstift umgewandelt.

Die Stiftskirche birgt bedeutende Reste einer Bauphase, für deren Entstehung die breite Zeitspanne zwischen dem 9. und 12. Jahrhundert in Frage kommt. Die heutige Kirche ist Ergebnis einer tief greifenden Überformung des 13. Jahrhunderts mit Ergänzungen des 19. und frühen 20. Jahrhunderts. Eine klösterliche Anlage kann sich aufgrund der topografischen Situation nur nördlich der Kirche befunden haben. Aus der Zeit des freiweltlich, adligen Damenstifts sind nur drei Kurienhäuser erhalten.

Das Kloster stand in enger Verbindung zu dem Kölner Stift St. Maria im Kapitol, wodurch sich die Anlehnungen an die Kölner Architektur bei dem um 1230 zu datierenden Umbau – wie etwa die Kleeblattbögen und die Nischen am Chor – erklären ließen.

Der Bautypus ist in der spätottonischen Landschaft im Übergang zum Sauerland ein unbekanntes fremdes Element, das im starken Kontrast zu den üblichen Sakral- und Profanbauten gestanden haben muss.

Bei der Kirche handelte es sich um eine dreischiffige, flach gedeckte Pfeilerbasilika mit einer angeschlossenen Dreiapsidenanlage im Osten, jedoch ohne eine ausgedehnte Choranlage für eine Klerikergemeinschaft, sondern mit einer zweigeschossigen Westempore. Zahlreiche bekannte Kirchenbauten kommen in der Forschung als Vorbildbauten in Frage, unstrittig scheint jedoch die Tatsache, dass es sich in Herdecke um den nördlichsten Vertreter des Bauschemas der Einhardsbasilika aus Steinbach handelt.

G4

Französische Mönche und das erste Zisterzienserkloster in Deutschland – Kloster Kamp

Königstraße 1, 47475 Kamp-Lintfort

Im 12. Jahrhundert beabsichtigte Abt Robert, das Kloster Molesme im heutigen Departement Côte d'Or im ursprünglichen benediktinischen Geist zu reformieren. Da sich aber ein Teil des Konvents den Bestrebungen widersetzte, zog Robert von Molesme mit 21 Gefährten nach Cîteaux, einem einsamem Tal südlich von Dijon. Der neu gegründete Orden der Zisterzienser blühte schnell auf, neue Abteien wurden errichtet. Beliebt waren diese bei Adligen, da auf Schenkungen und Einkünfte aus Herrschaftsrechten und Liegenschaften verzichtet wurde und es das ausgesprochene Ziel war, Land urbar zu machen und so zu wirtschaftlicher Unabhängigkeit zu gelangen.

1123 waren auf Geheiß des Kölner Erzbischofs zwölf Mönche aus Morimond, einer Filiation aus Burgund, unter der Leitung ihres ersten Abtes Heinrich I. nach Kamp gekommen. Um das Jahr 1150 war Baubeginn für die Klosterkirche. Nicht nur die französischen Mönche müssen für die einheimische Bevölkerung fremd gewesen sein, auch die Baukunst, die sie mitbrachten, entsprach nicht dem gewohnten Bild. Die Bauvorschriften, erstmals erlassen in den Statuten von Cîteaux, besagten, dass Kirchen keine Glockentürme, sondern nur schlichte Dachreiter haben sollten. Bilder und Skulpturen, mit Ausnahme von bemalten Holzkreuzen, waren verboten, ebenso sollten die Glasfenster weiß und die Fußböden schlicht gestaltet sein.

Der Kirchenbau, der in den Wirren des Truchsessischen Krieges (1583–1588) zerstört wurde, präsentiert sich heute im Wiederaufbau ab 1683 unter Abt Andreas Holtmann. Ihre Chorflankentürme sind in der Architektur der Zisterzienser völlig unbekannt und eine Zutat des späten 17. Jahrhunderts. Die im Kern mittelalterlichen Klostergebäude wurden um 1700 umgebaut.

G5

Ein Ritter fördert den christlichen Glauben in Westfalen – Prämonstratenserkloster Clappenberg

Schlossberg, 59379 Selm-Cappenberg

Gottfried von Cappenberg, Mitglied eines der mächtigsten Adelsgeschlechter in Westfalen, schloss sich im Jahr 1121 den Prämonstratensern an, angeblich aus Reue über seine Beteiligung an der Verwüstung von Münster 1121. Der Klosterorden der Prämonstratenser war 1120 gegründet und nach dem französischen Mutterkloster Prémontré benannt worden. Gottfried setzte seinen gesamten Familienbesitz für eine Klostergründung ein, die Stammburg Cappenberg wurde zu einem Ort geistlichen Lebens umgewandelt. 1149 starb Gottfried und man überführte seine Gebeine in die gerade vollendete Kirche.

Dieser erhaltene Gründungsbau mit leicht eingezogener Apsis ist durch architektonische Strenge und Schlichtheit gekennzeichnet und verzichtet, in Übereinstimmung mit den zisterziensischen Regeln des Ordens, auf jegliche Formen des bauplastischen Dekors. Die originale Ausmalung der Wände im Innenraum wurde teilweise rekonstruiert. Das ehemalige Kloster lag südlich der Kirche, vermutlich um einen zentralen Kreuzgang angelegt. Die heutigen Abteigebäude stammen aus dem frühen 18. Jahrhundert. Zu den bedeutendsten Ausstattungsstücken des Klosters gehören der sogenannte Barbarossakopf und die Taufschale. Es sind Geschenke Friedrichs I. Barbarossa, dessen Taufpate Otto, der Bruder Gottfrieds, war.

Das Prämonstratenserkloster Cappenberg bestand bis 1802. Die Kirche wurde nach Auflösung des Klosters 1803 katholische Pfarrkirche. Freiherr vom Stein erwarb die Klostergebäude als Wohnsitz; seine Erben bewohnen sie bis heute. Ein Teil dient als Museum.

G6

Adliger Wunsch nach einer Marienwallfahrtsstätte – Evangelische Kirche

Brockhauser Straße 72 a, 44797 Bochum-Stiepel

Bereits im frühen 11. Jahrhundert wurde auf Drängen der hochadligen Emma aus dem Geschlecht der Immendinger die Hofgenossenschaft Stiepel mit einer kleinen Eigenkirche versehen. Heute ist die Erscheinung der Kirche geprägt durch den Umbau zur Hallenkirche um 1500; bei dieser Gelegenheit wurde ein zuvor außerhalb der Kirche liegender Brunnen, der das Ziel von Marienwallfahrten war, in das Nordseitenschiff der Kirche mit einbezogen. In der nördlichen Nebenapsis der Kirche befand sich bereits vor 1410 ein Marienaltar. Ziel der Wallfahrten waren eine nicht erhaltene Marienstatue, später auch eine Pietá.

Bei dem Gründungsbau handelte es sich um eine kleine Saalkirche mit einem eingezogenen Chor, die als auffälliges Ausstattungselement einen Fußboden aus rotbraunen und blaugrauen Tonplatten besaß.

Im 12. Jahrhundert wurde eine einjochige Gewölbebasilika mit ausladendem Querhaus errichtet, die sich durch ihren aufwändigen Dekor am Außenbau auszeichnet. Dieser setzt sich auch im Innenraum fort und korrespondiert mit einer umfangreichen Ausmalung, die die Bekanntheit und Bedeutung der Kirche in Stiepel begründet. Aus dem 12. Jahrhundert haben sich neben der Malerei über dem Triumphbogen mit segnendem Christus und Kain und Abel, auch die Personifikationen der Paradiesflüsse sowie die ältesten gemalten Ornamentteppiche in Westfalen in der Vierung erhalten. Die Darstellung des bethlehemitischen Kindermordes in der Nordapsis sowie die Flucht nach Ägypten an der Querhauswand stammen ebenfalls noch aus dieser Zeit.

G7

Selbstinszenierung Dortmunder Bürger in der ältesten Kirche der Stadt – St. Reinoldi

Ostenhellweg 2, 44147 Dortmund

Die St.-Reinoldikirche in Dortmund gilt als erste Kirche in Dortmund und repräsentiert gleichzeitig die Macht des aufstrebenden Bürgertums im 15. Jahrhundert.

Ein erster Bau wird in die Jahre zwischen 811 und 818 datiert. Als Gründer der Kirche gilt Karl der Große selbst. 1232 brannte dieser Bau völlig ab, doch schon kurze Zeit später begann man mit dem Wiederaufbau. Es entstand eine dreischiffige Basilika mit polygonalem Chor im Osten.

Das reiche Bürgertum in Dortmund lieferte sich bei der Ausschmückung des Innenraums einen Wettstreit, dem die heutige prunkvolle Ausstattung der St.-Reinoldikirche zu verdanken ist. In dieser Zeit entstand die Skulptur des Hl. Reinoldus, die sich am linken Triumphbogenpfeiler befindet. 1421 wurde der Chor der Kirche abgerissen und bis um 1460 in gotischen Formen als Inszenierung ratsherrlicher Macht neu errichtet. In diesen Jahren entstanden durch Stiftungen reicher Patrizier zahlreiche Steinskulpturen, die paarweise an den Chorpfeilern zu finden sind. Am Choraufgang wurde eine Monumentalstatue Karls des Großen aufgestellt, die das Selbstverständnis der Stadt prägte und sichtbar machte.

Im 16. Jahrhundert fand eine Erneuerung des religiösen Denkens innerhalb der Gemeinde statt, denn St. Reinoldi wendete sich als erste Gemeinde in Dortmund der Reformation zu. In einem über Jahre andauernden Prozess bekannte sich die Gemeinde schließlich 1562 öffentlich zum evangelischen Glauben und hielt auch im Laufe der anschließenden gegenreformatorischen Bewegung an dieser Position fest. Im Zweiten Weltkrieg wurde die Kirche stark zerstört, doch 1956 fand die Wiedereinweihung statt.

G8

Die Kapelle des Königs wird Kirche des Ratsgerichts – Evangelische Marienkirche

Kleppingstraße 5, 44135 Dortmund

Die Marienkirche, 1267 erstmals urkundlich erwähnt, ist im Baubestand der älteste Kirchenbau der Stadt Dortmund. Erbaut wurde die Kirche um 1170 bis 1180. Bemerkenswert ist, dass sie noch im 14. Jahrhundert als »capella regis« – Kapelle des Königs – bezeichnet wurde. Vermutlich wurde das Marienpatrozinium des Vorgängerbaus der Reinoldikirche mit der Übertragung der Reinoldusreliquien nach Dortmund aufgegeben und eine neue Kirche hierfür gegründet. Scheinbar wurde auch die Pfalzkapellenfunktion an die neue Kirche übertragen. In reichsstädtischer Zeit wird die Marienkirche dann wiederholt als Kirche des Ratsgerichts bezeichnet. Zeichen dafür war die Gerichtsglocke, die in der Marienkirche hing und die den Beginn der Gerichtssitzung im benachbarten Richthaus sowie den vorherigen Gottesdienst ankündigte.

Das Innere der Marienkirche wurde außergewöhnlich reich ausgestattet und spiegelte das Sozialprestige der städtischen Elite in Dortmund wider. Im Osten befindet sich der prachtvolle Chor mit großen Maßwerkfenstern, die Pfeiler und ihre Kapitelle im Kirchenraum sind mit reicher Bauplastik gestaltet und der Berswordt-Altar (um 1390) sowie der Marienaltar des Conrad von Soest (1420) sind großartige Zeugnisse der deutschen Malerei im Mittelalter. Die Flügelbilder des Marienaltars wurde 1720 beschnitten und in einen barocken Altaraufbau eingefügt.

Glücklicherweise wurde der mittelalterliche Kirchenbau der Marienkirche im Zweiten Weltkrieg nur wenig zerstört. Die Dächer und Chorgewölbe mussten zwischen 1948 und 1957 wiederhergestellt werden.

G9

Dominikaner kommen nach Dortmund – Propsteikirche

Propsteihof 3, 44137 Dortmund

Das Dominikanerkloster in Dortmund war das letzte der zwischen 1230 und 1309 neu gegründeten Dominikanerklöster in Westfalen. Gleichzeitig war es die erste Niederlassung der Dominikaner in Dortmund. Das Privileg zur Neugründung hatten die Dominikaner bereits 1309 erhalten, die tatsächliche Gründung gelang allerdings erst 1330 im dritten Anlauf, da ein heftiger Streit, der sogenannte Dortmunder Klosterstreit, den Bau eines Klosters verhinderte.

Im 19. Jahrhundert wurde die Klosterkirche Pfarrkirche und somit die erste katholischen Pfarrei Dortmunds seit der Zeit der Reformation im 16. Jahrhundert.

Die Propsteikirche ist die einzige erhaltene Klosterkirche in der Stadt. Mit ihr existiert ein Zeugnis der Anwesenheit der Dominikaner in Dortmund und somit auch ein Beleg für die Kontinuität des Katholizismus und die Rückkehr des katholischen Glaubens und Gemeindelebens, wenn auch als eine Minderheitengruppe in der Dortmunder Bevölkerung nach der Reformation.

Bei der Propsteikirche handelt es sich um eine gotische Hallenkirche mit lang gestrecktem, polygonal geschlossenem Chor. Sie besitzt, ganz im Stil der Bettelorden, keinen Kirchturm, sondern nur einen Dachreiter. Zur Ausstattung gehört ein bedeutender Flügelaltar von Derick Baegert aus Wesel, der um 1470 bis 1480 entstand. Er zeigt auf der Mitteltafel eine figurenreiche Kreuzigung und auf der Sippentafel die älteste Stadtansicht Dortmunds.

Nachdem sie im Zweiten Weltkrieg bis auf die Umfassungsmauern zerstört wurde, fand bis 1965 ein Wiederaufbau in historischen Formen statt.

G14
Älteste reformierte Pfarrkirche Deutschlands – Evangelische Kirche
Burgstraße 43a, 46519 Alpen

Die evangelische Kirche in Alpen am Niederrhein markiert den Beginn des reformierten Kirchenbaus in Deutschland. 1581 war Alpen protestantisch geworden und Graf Adolf von Neuenahr forderte 1582 den Kölner Erzbischof dazu auf, ebenfalls zum Protestantismus überzutreten. Dieser Schritt drohte die Machtverhältnisse im Reich zu verändern. Daher besetzten 1586 die Spanier Alpen. Die reformierte Gemeinde war nun der Gegenreformation ausgesetzt. Nach dem Tode des Grafen Adolf und der Vertreibung der Spanier kam 1600 seine Schwester, die Kurfürstin Amalia (1539–1602) als Landesherrin nach Alpen zurück und machte die Gegenreformation rückgängig, sodass die gesamte Bevölkerung Alpens wieder reformiert war. Die Kurfürstin initiierte den Bau einer neuen Kirche. In der Grabkapelle im Osten der Kirche erinnert ein prachtvolles Renaissance-Grabmal an sie.

Die zwischen 1602 und 1604 entstandene frühbarocke Saalkirche ist der erste Kirchenbau, der für den auf das Wort ausgerichteten Gottesdienst einer reformierten Gemeinde geschaffen wurde. Die Kanzel dieser Predigtkirche befand sich an der Langseite in der Mitte, damit die Gemeinde den Prediger möglichst von allen Plätzen hören und sehen konnte. Der Wandpfeilerbau geht auf die Entwürfe eines Baumeisters aus der italienischen Architektenfamilie Pasqualini zurück.

Der Kirchenbau und seine Ausstattung wurden bei dem Stadtbrand von 1716 großenteils zerstört. Baumeister Bartolomeo Salla baute die Kirche von 1717 bis 1718 unter Verwendung der alten Umfassungsmauern neu auf und verstärkte dabei ihren barocken Charakter.

G15
Protestantischer Kanzelaltar zur Verkündigung des Wortes – Lutherkirche
Kampstraße 4, 59174 Kamen

1714 wurde in Kamen die evangelische Luthergemeinde gegründet, eine zweite evangelische Gemeinde neben der bereits im 16. Jahrhundert gegründeten reformierten Gemeinde. Bald begann man mit den Bauarbeiten an einer eigenen Kirche, die 1744 feierlich eingeweiht wurde. 1920 wurden die beiden evangelischen Gemeinden zu einer vereinigt.

Auffälligstes Schmuckstück im Innenraum der Lutherkirche ist der sogenannte Kanzelaltar aus dem Jahr 1650. Die frühe Datierung des Altares weist darauf hin, dass er ursprünglich für eine andere Kirche gefertigt und nach Vollendung der Lutherkirche hierher versetzt worden ist.

Bei der für protestantische Gemeinden typischen Form des Kanzelaltares handelt es sich um einen Altartisch, der zusammen mit der Kanzel eine architektonische Einheit bildet und somit für die gleichwertige Verbundenheit von Predigt und Abendmahl steht. Die Mensa bildet in Kamen die Basis. Darüber befindet sich die polygonale Kanzel, die von üppigen Schnitzereien und gedrehten Säulen flankiert und nach oben von einer Art Baldachin mit Zieraufsätzen überdacht wird. Zuoberst schwebt die Taube des Heiligen Geistes.

Farblich ist der Kanzelaltar in Blau-Grün und Rot gehalten, die Verzierungen sind aufwändig mit Blattgold belegt. Durch die besondere Form verweist der Altar architektonisch auf die große Bedeutung der Predigt im protestantischen Gottesdienst.

G16
Rückkehr der Protestanten ins katholische Recklinghausen – Gustav-Adolf-Kirche
Herner Straße 6, 45657 Recklinghausen

Nachdem es den Nichtkatholiken ab 1614 verboten war, sich in Recklinghausen niederzulassen, erhielt erst 1802 der erste Protestant wieder die Erlaubnis, dort zu wohnen. Zunächst stieg die Zahl der Evangelischen recht langsam: 1820 zählte man 7853 katholische und 13 evangelische Bürger. Doch bereits ab 1826 begannen die Bemühungen, einen eigenen Gottesdienst in Recklinghausen zu feiern; ein Jahr später wurde die Erlaubnis dazu erteilt. Vor allem durch Zechenneugründungen im Umland von Recklinghausen und einen damit verbundenen Bevölkerungszuwachs war auch die Zahl der Protestanten gestiegen. Daraufhin beschloss man 1844, dass sich die Gemeinde offiziell versammeln durfte. Im gleichen Jahr wurde der Gustav-Adolf-Verein gegründet, der die Gemeinde finanziell unterstützte. 1845 war bereits so viel Geld gesammelt, dass ein Grundstück erworben werden konnte, und 1846 wurde der Grundstein für die neue Kirche gelegt.

Es handelte sich zunächst um eine Saalkirche aus verputztem Backstein mit einem Satteldach. 1878 kam es zu einer umfassenden Erweiterung der Kirche, bei der auch der Ostturm errichtet wurde. 1885 wurde ein Querhauses mit leicht ausgreifenden Querarmen und einer polygonalen Apsis angebaut.

Die Kirche ist Zeichen der Neugründung und Etablierung einer evangelischen Gemeinde im katholischen Vest Recklinghausen.

G17
Marienwallfahrt in Zeiten der Gegenreformation – Marienkirche
Marienstraße 21, 44534 Lünen

Die Marienkirche in Lünen war einst ein bedeutender Marienwallfahrtsort; die frühesten schriftlichen Nachrichten über Reliquienverehrungen an diesem Ort stammen aus dem Jahr 1319. Um 1600 ist zwar ein Niedergang der Wallfahrten belegt, der durch den Dreißigjährigen Krieg noch verstärkt wurde, die Kirche als Pilgerstätte wurde aber nicht aufgegeben.

Auch in der Zeit der Reformation blieb die Marienkirche katholisch und die Marienverehrung und -wallfahrt wurden im Kontext der Gegenreformation wieder verstärkt. Maßgeblich daran beteiligt war der Kirchenliedkomponist Rudolph Nagell (vgl. auch G18). Er bemühte sich sehr um beides. 1682 schenkte er der Kirche eine Pietà. Von diesem Gnadenbild ließ er einen Kupferstich fertigen und einen Wallfahrtszettel offenbar auf eigene Kosten beim Drucker Friessem in Köln drucken. Stecher des Bildes war der ebenfalls aus Köln stammende Johann Heinrich Löffler. Damit gab Nagell der Marienwallfahrt in Lünen einen neuen Impuls.

Bei der heutigen Marienkirche, die zwischen 1894 und 1896 nach den Plänen von Wilhelm Rincklake entstand, handelt es sich um einen Nachfolgerbau der Kirche, in der Rudolph Nagell aktiv war. Rincklake schuf eine neugotische dreischiffige Basilika aus rotem Backsteinmauerwerk. Sie besitzt einen Westturm in der Breite des Mittelschiffs und ein Querhaus. Die Vierung wird durch den Dachreiter betont.

G18

»Melodeyen gar leicht zu erlernen …« – Küsterhaus Rudolph Nagell

Laakstraße 45, 44534 Lünen

Rudolph Nagell, aus Rulle bei Osnabrück nach Lünen zugezogen, ist bekannt als Kirchenliedkomponist des 17. Jahrhunderts. Wohl durch Vermittlung des Cappenberger Propstes erhielt er 1674 eine Anstellung an der St.-Marienkirche in Lünen. Drei Jahrzehnte nach Ende des Dreißigjährigen Krieges setzte der strenggläubige Katholik als Lehrer, Küster und Organist Impulse für eine Neuordnung der Liturgie und der Wallfahrten in diesem Raum.

Er stellte das erste katholische Gesangbuch in deutscher Sprache für das Fürstbistum Münster zusammen, das 1677 erschien. Doch nicht nur das Gesangbuch, auch sein unermüdliches Werben für die Wallfahrt zum wundertätigen Gnadenbild in der Marienkirche machten Nagell zu einem Vorkämpfer für den katholischen Glauben in der »Diaspora« Altlünen (vgl. auch G17).

Das Haus Rudolph Nagells, ein kleiner Vierständerbau, wurde laut Torbalkeninschrift 1690 errichtet. Nach Nagells Tod im Jahr 1700 diente es zunächst seinem Sohn weiterhin als Küsterwohnung.

Das inzwischen von Siedlungsbauten umgebene Gebäude veranschaulicht auch heute noch die bescheidenen Lebensverhältnisse der damaligen Zeit.

G19

Mädchenbildung als Verpflichtung – Ursulinenkloster und -schule

Ursulastraße 8–12, 46282 Dorsten

Im Jahr 1535 entstand in Italien der Ursulinenorden, der sich der Erziehung und dem Unterricht junger Mädchen und Frauen verschrieben hatte. 1699 kamen Maria Lucia und Maria Victoria, geborene Gräfinnen von Nesselrode-Reichenstein, mit zwei weiteren Schwestern der Kölner Ursulinen nach Dorsten und gründeten hier ein neues Kloster mit Schule und Internat. Diese Schule hatte von Beginn an eine große, überregionale Bedeutung. Mädchen erhielten Unterricht in Fremdsprachen, Mathematik und Naturwissenschaften, aber auch im Tanz und in der Goldstickerei. Im Zweiten Weltkrieg wurden Kloster und Klosterkirche in weiten Teilen zerstört. Die Mutter Oberin setzte sich jedoch sofort dafür ein, dass die Wiederaufbauarbeiten begannen. Der Architekt Emil Steffann, dessen Schaffen fast ausschließlich dem Kirchenbau galt, wurde mit dem Wiederaufbau der Gebäude und dem Neubau der Klosterkirche betraut.

Um der Kirche an der schmalen Ursulastraße eine größere räumliche Weite zu geben, springt die Westseite um die Gebäudetiefe der Schule zurück. Die Errichtung der Kirchenfront zur Ursulastraße in Baumberger Sandstein steht gegen den roten Backstein der Schule; ein Kontrast, der charakteristisch für das Münsterland ist.

Ein gemauerter Glockenstuhl am Nordgiebel des Klostertraktes verbindet Kirche und Kloster und gibt dem Außenbau nach dem Wiederaufbau eine klösterliche Note. Diese findet sich auch im Innenraum wieder. Das Kirchenschiff entstand in einer strengen Formensprache, die an romanische Klosterarchitektur angelehnt ist.

G20

Juden zwischen Stadt und Land – Landsynagoge und jüdischer Friedhof Selm

Hauptstraße 12, 59379 Selm-Bork |
Friedhof an der Kreisstraße, zwischen den Ortsteilen Selm und Bork

Für die 1820er Jahre sind acht jüdische Familien in Bork nachweisbar, zwischen 1821 und 1899 ist eine jüdische Schule belegt. Schon ab 1818 entstand an der alten Hauptstraße, heute Synagogenweg, eine kleine Synagoge. Es handelt sich um ein zweigeschossiges Fachwerkhaus mit Walmdach. 1938, nachdem das Gebäude in der Reichspogromnacht verwüstet worden war, wurde die Gemeinde enteignet und musste die Synagoge verkaufen. In den folgenden Jahren wurde es von dem neuen Besitzer als Heizöl- und Kohlelager genutzt.

1994 wurde die ehemalige Synagoge als »Kulturstätte mit erinnerndem und mahnendem Charakter« eingeweiht. Heute finden dort wieder regelmäßig jüdische Gottesdienste statt.

Der vordere Bauteil des Gebäudes beinhaltet einen eingeschossigen Betsaal mit Frauenempore. Dieser Raum wird durch zwei große Rundbogenfenster architektonisch hervorgehoben. An der östlichen Traufwand hat sich einst der Thoraschrein befunden, Konturen der Anbringung sind noch erhalten. Die aufwändige Schablonenmalerei der Wände ist restauriert worden, und man erkennt an den oberen Wandbereichen eine florale Rankenbemalung. Die Decke zeigt eine blaue Bemalung, die den Hintergrund für einen in Gold gehaltenen Sternenhimmel bildet. Im hinteren, zweigeschossigen Gebäudeteil befanden sich ein Schulraum und Wohnräume. Beide Gebäudeteile sind getrennt voneinander durch eigene Eingänge zu betreten. Zur Frauenempore gelangt man nur über den hinteren, zweigeschossigen Gebäudeteil, sodass Frauen und Männer das Gebäude getrennt betreten.

Zu der Landsynagoge in Bork gehört auch ein jüdischer Friedhof, der außerhalb der Ortschaft an der Kreisstraße zwischen Selm und Bork liegt. 38 Grabsteine stehen auf dem umzäunten Gelände. »Hier ist begraben/eine gerechte Frau/bescheiden im Gespräch/ihre Taten waren schön.« So lautet die hebräische Inschrift auf dem ältesten Grabstein des Friedhofs. Sara Melchior starb 1835, sie war die Witwe eines der ersten Juden in Bork. Nach 1945 war der Friedhof völlig verwüstet und obwohl bereits im Juli 1945 der Befehl erteilt wurde, den Friedhof wieder herzustellen, geschah dies nur schleppend. 1959 war er immer noch in verwahrlostem Zustand und selbst 2002 waren noch einige Stelen umgeworfen.

Die jüdischen Friedhöfe machen neben der jahrhundertlangen Verwurzelung jüdischer Bürger in Deutschland auch die Schrecken der Schoa deutlich, die durch zerschlagene und zerkratzte Steine, fehlende Inschriften, wiederverwertete schmiedeeiserne Grabeinfassungen, aber auch durch teils schon früh gesetzte Mahnmale stets präsent sind. Insgesamt sind in Nordrhein-Westfalen 474 noch bestehende jüdische Friedhöfe und 134 weitere Anlagen, die nicht mehr als Friedhöfe genutzt werden oder zu erkennen sind, dokumentiert.

G21

Jüdisches Gemeindeleben in Westfalen – Synagoge

Jahnstraße 46, 58095 Hagen-Hohenlimburg

Schon seit 1782 ist eine Synagoge in der Jahnstraße urkundlich nachgewiesen. 1870 fiel die Entscheidung für einen Neubau, wahrscheinlich nach Entwürfen des Oestricher Bauunternehmers Liesenhoff. 1906 wurde neben der Synagoge, in der zuvor der Unterricht stattgefunden hatte, ein Schulhaus errichtet. Nachdem sie in der Reichspogromnacht 1938 verwüstet worden war, musste die Synagoge an den Hohenlimburger Fabrikanten Ernst Umbeck verkauft werden, der sie zu Fabrikations- und Lagerzwecken nutzte. Im Dezember 1975 brannte es im Gebäude, das inzwischen als Pelzlager genutzt wurde, und die Ruine verfiel in den folgenden Jahren zunehmend. 1980 gründete sich die »Bürgeraktion Synagoge Hohenlimburg«, die sich für den Erhalt der Synagoge einsetzte. Die Stadt Hagen erwarb das Gebäude 1984, und am 15. Juni 1986 wurde der restaurierte Bau als Mahn- und Gedenkstätte eingeweiht.

Bei der Synagoge handelt es sich um einen eingeschossigen Bau auf nahezu quadratischem Grundriss mit Pyramidendach. An der Ostfassade befindet sich eine fünfeckige Apsis, die mit einem Misrachfenster mit Davidsternsprossen versehen ist. Dahinter stand im Inneren einst der Thoraschrein, in der Mitte des Raumes. In der westlichen Wand befindet sich der Eingang, den die Frauen genutzt haben, um zu ihrer Empore zu gelangen. Die nahegelegene Schule wurde bereits 1926 oder 1927 geschlossen und umgebaut. Seit 1933 wird das Gebäude ausschließlich zu Wohnzwecken genutzt.

G22

Ersatz der elterlichen Fürsorge – Israelitisches Waisenhaus der Rheinprovinz

Neustraße 43, 46535 Dinslaken

Anfang der 1880er Jahre verfolgte Leopold Wormser, ein junger Lehrer der jüdischen Schule in Dinslaken, den Plan, ein eigenes israelitisches Waisenhaus für die Provinz Rheinland zu errichten. Durch die Kollekte eines Lokalkomitees 1884 konnte bereits im Mai 1885 ein spätbarockes Bürgerhaus für diese Zwecke erworben werden. Die Aufsicht über das neue Institut führte ein 15-köpfiges Kuratorium. Erziehung nach den Grundsätzen des israelitischen Glaubens und Ersatz der elterlichen Fürsorge gehörten zu den obersten Grundsätzen.

Im Erdgeschoss des Hauptgebäudes befanden sich eine Küche und fünf Zimmer. Hier wurde auch ein kleiner Betsaal eingerichtet. Im Obergeschoss befanden sich sechs Stuben und eine kleine Kammer. Darüber hinaus standen ein Stallgebäude, ein großer Garten und ein zur Straße gelegener Hofraum zur Verfügung.

Ende der 1920er Jahre gestaltete der Düsseldorfer Architekt Fritz Katz das Haus und den Betsaal grundlegend um. Im Betsaal brachte er alle 2000 Stifternamen an den Wänden an. 1933 wurde die Wiedereinweihung gefeiert.

Während des Novemberpogroms 1938 wurde die Einrichtung des Waisenhauses vollständig zerstört und die Kinder vertrieben. Sie wurden zunächst nach Köln in das jüdische Lehrlingsheim in der Agrippastraße gebracht, von wo aus ihre Auswanderung vorangetrieben wurde. Das Gebäude wurde durch einen Bombentreffer am 23. März 1945 zerstört. Seit 1981 erinnert ein Gedenkstein an die jüdische Gemeinde Dinslaken und an das Waisenhaus.

G23

»Für unsere Kinder« – Jüdische Schule

Nordwall 7, 58239 Schwerte

Seit 1448 sind Juden in Schwerte nachzuweisen. Trotz zahlreicher Vertreibungen, stieg der Anteil der jüdischen Bevölkerung immer weiter an, bis schließlich gegen Ende des 19. Jahrhunderts 165 Juden hier lebten.

Die ersten jüdischen Gottesdienste fanden seit 1750 statt, damals noch in einem Privathaus in der Hellpothstraße. Etwa ein Jahrhundert später, 1854, wurde in der Großen Marktstraße 9 eine erste Synagoge errichtet. Auch ein Schulraum war bis 1898 in dieser Synagoge untergebracht, bevor man einen Neubau der Schule am Nordwall errichtete.

Im Jahr 1896 hatte Bertha Marx der jüdischen Gemeinde in Schwerte ihr Grundstück am Nordwall 7 vermacht. Es liegt neben dem jüdischen Friedhof der Gemeinde. Nachdem die Stadt ein Darlehen zur Verfügung gestellt hatte, konnte mit dem Bau eines neuen Schulhauses begonnen werden, das am 17. Oktober 1898 eingeweiht wurde.

Das ursprüngliche Backsteingebäude ist heute verklinkert und verputzt. Die Inschrift »Für unsere Kinder – 1898« ist erhalten. Heute sind in dem Gebäude zwei Imbissrestaurants und ein islamischer Betsaal untergebracht.

G24

Wohnräume für »hülfsbedürftige Personen« – Israelitisches Altersheim für die Provinz Westfalen

Düppelstraße 7 (Mühlenstraße 7), 44532 Unna

Gegen Ende des 19. Jahrhunderts wurden an mehreren Orten in Deutschland jüdische Altersheime errichtet, so auch im westfälischen Unna. Das Altersheim dort zeugt vom jüdischen Alltag im späten Kaiserreich. Juden lebten als Deutsche, zwar mit einem von den Christen unterschiedlichen Glaubensbekenntnis, aber sie nahmen an allen Bereichen des öffentlichen Lebens teil.

Die Initiatoren der Einrichtung des israelitischen Altersheims für die Provinz Westfalen stammten aus der Synagogengemeinde Neuenkirchen. Ihre Idee war von Beginn an, eine Einrichtung mit überregionalem Einzugsgebiet entstehen zu lassen.

Als Baugrund wurde schließlich ein Areal westlich der Innenstadt gewählt. Für 85 000 Mark sollten »Wohn- und Unterhaltungsräume für 40 alte, erwerbsunfähige und hülfsbedürftige Personen beiderlei Geschlechtes« geschaffen werden. Das zweigeschossige Gebäude wurde als Putz- oder Ziegelrohbau errichtet, wobei hervorzuhebende Architekturteile in wetterbeständigem Sandstein ausgeführt wurden. Sieben Einbettzimmer, zwölf Zweibettzimmer und drei Dreibettzimmer wurden insgesamt geschaffen. Das zentral zu beheizende Gebäude erhielt einen Speisesaal, einen Betsaal und eine Wohnung für einen verheirateten Hausverwalter.

Über dem zum Mühlenweg hin gelegenen Eingang des Altersheims waren die in Stein gemeißelten Worte »Israelitisches Altersheim« zu lesen. Nach Osten schloss sich ein Garten an. Seit 1959 betreibt die katholische Katharinengemeinde in dem Gebäude das Alters- und Pflegeheim St. Bonifatius. Die Anlage wurde seitdem mehrfach erweitert.

G25

Zerstörung und Neuanfang – Platz der Alten Synagoge

Hiltropwall/Hansastraße, 44137 Dortmund

Beginnend im Jahr 1096 war in Dortmund seit dem Mittelalter die bedeutendste jüdische Gemeinde der Region ansässig. Es kam jedoch mehrfach zu Vertreibungen; nachweisbar nach 1500 und 1596. Zwischen 1597 und 1806 war Juden die Ansiedlung und berufliche Betätigung in der Freien Reichsstadt Dortmund untersagt.

Die ersten Juden, die sich in Dortmund niederlassen konnten, kamen ab 1809 aus den umliegenden Orten. Nun begann eine Zeit rasanten Wachstums und der Bau einer neuen Synagoge wurde notwendig. Die jüdische Gemeinde erwarb für diesen Zweck ein Grundstück und schrieb 1895 einen Architektenwettbewerb aus. Aus städtebaulichen Erwägungen heraus wurde zugestanden, dass der Bau nicht geostet wird – eine seltene Ausnahme im Synagogenbau.

Es handelte sich um einen aus einem Oktogon entwickelten Zentralbau. Die Gesamthöhe des Gebäudes betrug 40 Meter. Eine weite Tambourkuppel überwölbte den Innenraum. Die Dortmunder Gemeinde entschied sich für den neogotischen Stil und orientierte sich damit vor allem an der 1895 gegenüber am Hiltropwall errichteten Oberpostdirektion, die den besonderen Zuspruch Kaiser Wilhelms II. gefunden hatte. Dennoch griff der Architekt Eduard Fürstenau zugleich Formen der Renaissance auf, insbesondere bei der Proportionierung der Türme und Giebel.

Die Dortmunder Synagoge gehört wie die Nürnberger und die Münchener zu jenen jüdischen Gotteshäusern, die 1938 schon vor der Reichspogromnacht enteignet und abgerissen wurden. Die Nationalsozialisten wollten die jahrhundertealte Geschichte der Juden in Dortmund beenden.

Auf dem Grundstück der Synagoge steht heute das Stadttheater. Auf dem Platz vor dem Theater erinnert ein in den 1970er Jahren errichteter Gedenkstein an das zerstörte Gotteshaus. 1988 wurde der Theatervorplatz nach einer Umgestaltung in »Platz der Alten Synagoge« umbenannt.

Ein weiteres Zeugnis für das rege jüdische Leben in Recklinghausen legt das Schulhaus in der Straße Am Steintor 5 ab. Das 1906 erbaute Haus mit neobarocken Anklängen beherbergte einst die jüdische Schule. Im Verlauf der Renovierungsarbeiten wurde im Keller des Gebäudes eine Mikwe entdeckt und wieder instand gesetzt. Die Mikwe ist eine der wichtigsten Einrichtungen der jüdischen Gemeinden; ein solches jüdisches Ritualbad befand sich meist in Synagogen, teils aber auch in Privathäusern. Erhaltene Mikwen sind sehr selten, da sowohl im Zuge der Säkularisierung im 19. Jahrhundert auf den Einbau verzichtet wurde, aber auch weil viele dieser Ritualbäder in der Zeit des Nationalsozialismus zerstört wurden. Die Mikwe im Schulgebäude in Recklinghausen ist auch deshalb von Bedeutung, weil sie heute wieder in Benutzung ist und damit für das zeitgenössische jüdische Leben im Ruhrgebiet steht.

G26

»Wer ein Haus baut, will bleiben« – Neue Synagoge und Schulgebäude mit Mikwe

Am Polizeipräsidium 3 (Abb.) und Am Steintor 5, 45657 Recklinghausen

Recklinghausens jüdische Geschichte reicht bis ins ausgehende 13. Jahrhundert zurück. Vor allem aber im 19. Jahrhundert stieg die Zahl der Juden in der Stadt rasch an. Die Recklinghausener Gemeinde entschloss sich 1877 ein eigenes Gotteshaus zu errichten. 1880 konnte die erste Synagoge, ein schlichtes, einstöckiges Backsteingebäude auf rechteckigem Grundriss mit Satteldach, eingeweiht werden. Doch bald schon wurde das Gebäude angesichts der starken Zunahme der Mitgliederzahlen zu klein, sodass ein Neubau geplant wurde. An der Limperstraße erwarb die Gemeinde ein Grundstück; die hier entstandene neue Synagoge wurde 1904 eingeweiht.

In der Reichspogromnacht von 1938 wurde die Synagoge in Brand gesteckt und kurz darauf abgerissen. 1948 ließ die Gemeinde auf ihrem Friedhof am Nordcharweg ein Erinnerungsmal errichten für die Opfer der Schoa, in deren Verlauf mindestens 215 Recklinghauser Juden ermordet wurden.

Nach 1945 feierte die jüdische Gemeinde ihre ersten Gottesdienste in Privatwohnungen, größere Feiern beging sie im städtischen Saalbau. 1953 konstituierte sie sich gemeinsam mit Bochumer und Herner Juden zur Jüdischen Kultusgemeinde Bochum-Herne-Recklinghausen und nutzte seitdem das 1930 errichtete ehemalige Gemeinde- und Jugendhaus, hier im Bild, das nach 1945 der Gemeinde zurückgegeben worden war. In den 1990er Jahren konzipierten die Architekten Hans Stumpfl und Nathan Schächter einen neuen Synagogenbau als Anbau. Innen liegt über einem Festsaal mit Bühne der Betsaal mit Empore für die Frauen. 1997 konnte Ministerpräsident Johannes Rau den neuen Synagogenbau mit den Worten Salomon Korns »Wer ein Haus baut, will bleiben« einweihen.

G27

Monument jüdischen Selbstbewusstseins – Alte Synagoge

Steeler Straße 29, 54127 Essen

»Selbst dem flüchtigsten Beschauer und dem geschäftlich Eilenden drängt sich das architektonisch ruhige und doch reich mit Ornamenten gezierte Bauwerk zu kurzer Betrachtung auf. Es zwingt, still zu stehen und einen Augenblick bewundernd diesen Monumentalbau anzuschauen.« So urteilte der Westfälische Anzeiger am 22. Mai 1913 und nannte die neue Synagoge am Steeler Tor in Essen schon vor ihrer Vollendung »ein Denkmal der modernen Kunst für alle Zeiten«.

Es handelte sich um einen Kuppelbau in Eisenbetonbauweise mit Außenfassaden aus rau gebrochenem Muschelkalkstein. Das Innere des Gebäudes erhielt Licht durch sechs hohe Maßwerkfenster, die je einen der hohen jüdischen Feiertage symbolisierten. Die bronzenen Eingangstüren und die zentrale Fensterrosette in Form einer Menora, die das Giebelfeld dominiert, erinnern an die jüdisch-antiken und altorientalischen Traditionen.

Während der Nacht vom 9. auf den 10. November 1938 wurde die Synagoge geplündert und in Brand gesetzt. Die gewaltigen Mauern hielten dem Feuer stand, und während des Zweiten Weltkriegs dienten Teile des Gebäudes als Luftschutzbunker. Nach 1945 stand die Synagoge lange Zeit als mahnende Ruine im Zentrum Essens, wurde aber hier, wie auch andernorts, kaum als solche wahrgenommen. In den 1980er Jahren beschloss man, eine Mahn- und Gedenkstätte sowie ein politisches Dokumentationsforum einzurichten. Am 9. November 1980 wurde die Alte Synagoge Essen eingeweiht und hat sich seitdem zu einer kulturellen Begegnungsstätte entwickelt. Nach einer zweijährigen Phase der Neukonzeption soll die Alte Synagoge 2010 mit fünf neuen Ausstellungsbereichen als ein Haus jüdischer Kultur wiedereröffnet werden.

G28

Fürsorge für Zuwanderer aus Ost- und Mitteleuropa – Jüdisches Arbeitsamt (ohne Abbildung)

Mauerrest: Quergasse 4, 47051 Duisburg

Seit den 1880er Jahren wanderten zahlreiche nichtakkulturierte Juden aus Ost- und Mitteleuropa nach Deutschland ein, seit 1900 wurde der Begriff »Ostjude« für sie verwendet. Viele von ihnen kamen aus Galizien und Russland und waren auf der Flucht vor den teils spontanen, teils behördlich angeordneten Pogromen in ihrer Heimat.

Schon seit dem Frühjahr 1918 wurden die sogenannten Ostjuden behördlicherseits aus Deutschland ausgewiesen oder unterlagen anderen Repressionen. In Duisburg engagierte sich ein junger Zionist für ihre Rechte: Dr. Harry Epstein. Er war nicht nur Mitinhaber der Firma Cohen & Epstein, des ersten Kaufhauses in Duisburg, sondern auch Rechtsanwalt und Notar.

Das Duisburger »Jüdische Arbeitsamt für Rheinland und Westfalen« entstand im Oktober 1919 auf Initiative Harry Epsteins. Auf Weisung des Düsseldorfer Regierungspräsidenten musste es wenig später in »Jüdische Arbeiterfürsorgestelle für Rheinland und Westfalen« umbenannt werden. Diese hatte ihren Sitz in zwei Lagerräumen eines Hauses in der Quergasse 4 in der Duisburger Altstadt. Nur ein Mauerrest zeugt noch von dieser Zeit. Kurz vor ihrer Auflösung zog die »Arbeiterfürsorgestelle« in das Mercatorhaus um. Als Mitte der 1920er Jahre viele »Ostjuden« Deutschland verließen, stellte sie ihre Arbeit 1927 ein. Epstein zu Ehren benannte die Stadt Duisburg 1986 einen Platz nördlich des Hauptbahnhofs nach dem engagierten und couragierten Zionisten, dem es rechtzeitig gelungen war, vor den Nationalsozialisten zu fliehen – nach Palästina.

Essen, Alte Synagoge, städtebauliche Situation um 1910.

PROSPER II

G29

Zechenarbeiter bringen ihren Glauben mit – Zeche Prosper II und Malakowturm

Knappenstraße 33, 46238 Bottrop

Vor allem wegen des prosperierenden Bergbaus kamen ab 1870 zahlreiche Arbeiter aus polnischen und schlesischen Gebieten ins Ruhrgebiet, sodass der Bedarf nicht nur an Wohnungen, sondern auch an Gotteshäusern durch den Bevölkerungsanstieg enorm zunahm. Das Bild der Städte und Industriedörfer spiegelte bald auch die Konkurrenz der beiden christlichen Konfessionen anhand der Kirchbauten mit ihren hohen Türmen.

Das Ruhrgebiet erlebte in dieser Zeit eine Phase der Aufwärtsentwicklung des Bergbaus hin zur Großindustrie. Besonders anschaulich im Baubestand dokumentiert ist diese Zeit in Bottrop, wo in wenigen Jahren mehrere katholische und evangelische Kirchenneubauten entstanden (vgl. G30, G31). Aber auch der Auslöser für die hohe Zuwanderung von Katholiken und Protestanten ist hier im Denkmalbestand dokumentiert: Der erhaltene Malakowturm der Zeche Prosper II, ein Dokument des Bergbaus zwischen 1850 und 1880.

Er entstand in den Jahren 1871 bis 1875. Es handelt sich um einen Turm in konventioneller Ziegelbauweise mit großen Rundbogenfenstern in mehreren Etagen. Durch Gesimse und die Anordnung der Fenster wird der Turm in sechs Geschosse unterteilt. Um 1900 wurde ein Strebengerüst ergänzt, das seitdem aus dem Malakowturm herausragt. Hier ist einer der seltenen Fälle, bei denen eine Weiternutzung eines Malakowturms stattfindet, sichtbar. Es ist somit auch ein einzigartiges Beispiel für drei Abschnitte technikgeschichtlicher Entwicklung, die in unmittelbarer Nähe zueinander erhalten sind.

Benannt sind die wuchtigen Schachttürme nach dem russischen Fort Malakow, einem Teil der Befestigungsanlagen der Stadt Sewastopol auf der Halbinsel Krim.

Heute befindet sich in dem Turm ein Lernort und ein Zentrum für Migration und Integration.

Malakowturm der Zeche Prosper II, erbaut 1871 und 1875. Um 1900 wurde ein Strebengerüst ergänzt, das seitdem aus dem Malakowturm herausragt.

G30

Eine neue Kirche zu Ehren Martin Luthers – Evangelische Martinskirche

Pferdemarkt, 46236 Bottrop

Die Martinskirche steht am Beginn des evangelischen Gemeindelebens in Bottrop. Mit dem starken Zustrom von Arbeitern waren auch viele protestantische Familien nach Bottrop gekommen. Im Frühsommer 1883 wollte der Berliner Mediziner Dr. L. Deventer anlässlich des 400. Geburtstags von Martin Luther einer Diasporagemeinde des Regierungsbezirks Münster eine Kirche spenden. Dazu bot sich die kleine Gemeinde von 670 zugewanderten Protestanten in Bottrop und Osterfeld an, die bisher nach Borbeck und Sterkrade zur Messe gehen mussten. Am 12. November 1883 wurde der Grundstein zur Kirche St. Martin, benannt nach Martin Luther, gelegt. Abgeschlossen wurde der Gründungsprozess der Kirchengemeinde mit der Errichtungsurkunde des Konsistoriums zum 1. Januar 1885.

Es entstand eine Hallenkirche mit einem angesetzten Chorjoch und einem 5/8-Chorpolygon. Der Chor besitzt ein Kreuzrippengewölbe; die Rippen ruhen auf Konsolen. 1902 und 1903 wurde ein Seitenschiff angebaut.

G31

Neue katholische Gotteshäuser für die wachsende Bevölkerung im Ruhrgebiet

St.-Cyriakuskirche, Brauerstraße 21, 46236 Bottrop (Abb.) | St.-Josefskirche, Im Flaßviertel 8, 46238 Bottrop | Herz-Jesu-Kirche, Prosperstraße 32, 46236 Bottrop

Vor allem wegen des prosperierenden Bergbaus kamen ab 1870 zahlreiche Arbeiter aus polnischen und schlesischen Gebieten ins Ruhrgebiet. Der Bedarf an Gotteshäusern stieg durch die Bevölkerungszunahme enorm, sodass zahlreiche Kirchen erweitert oder neugebaut wurden.

Ein erstes Beispiel in der Stadt Bottrop ist die St.-Cyriakuskirche, die durch den starken Zustrom von Bergarbeitern, vor allem in den Jahren 1872 und 1874, zu klein wurde, sodass ab 1860 eine neue, dreischiffige, neugotische Kirche errichtet wurde. Die Pläne zu diesem Neubau stammten von dem Architekten Emil von Manger aus Oelde.

Der Kohleabbau in Bottrop bewirkte, dass sich die Cyriakuskirche zwischen 1907 und 1964 um bis zu 7,20 Metern absenkte, sodass Wände und Gewölbe einzustürzen drohten. Durch ein neues Verfahren konnte die Kirche zwischen 1966 und 1967 gesichert werden. Der Innenraum wurde völlig neu gestaltet. Der Altarraum erhielt dabei in die Vierung vorgezogene Stufen und bezieht nun die Gemeinde mehr in den Gottesdienst mit ein.

Ein weiteres Beispiel ist die St.-Josefskirche. Die Arenberg'sche Bergbau AG schenkte der Kirchengemeinde ein Grundstück für einen Neubau der Kirche, sodass man im Jahr 1915 mit den Arbeiten beginnen konnte. Die Baupläne stammten von Josef Franke. Obwohl die Kirche aufgrund einiger Finanzierungsengpässe noch nicht ganz fertiggestellt war, wurde sie bereits im November 1919 geweiht und zu Teilen wohl schon genutzt. Zusätzlich zur Kollekte wurden Haussammlungen durchgeführt, um die Innenausstattung der Kirche finanzieren zu können. Insbesondere die Altarumbauten aus Marmor, das Kruzifix, die Skulpturen und das Tabernakel mit den aus Kupfer getriebenen Türen konnten so finanziert werden.

Ein drittes Beispiel in Bottrop ist der Bau der Herz-Jesu-Kirche. Der erste Kirchenbau entstand 1902 nach den Plänen der Architekten Kersten und Wenking aus Münster in neugotischen Formen. Bis 1905 hatte der Bergbau jedoch hier bereits solche verheerenden Schäden angerichtet, dass der Gottesdienst in eine Notkirche verlegt werden musste. Erst Ende der 1920er Jahre konnte das Geld aufgebracht werden, um einen Kirchenneubau für die Gemeinde zu errichten.
Der heutige Gebäude der Herz-Jesu-Kirche entstand zwischen 1923 und 1928 ebenfalls nach den Plänen des Gelsenkirchener Architekten Franke. Es ist als eine Staffelung unterschiedlich hoher kubischer Bauten, mit einfachen Sattel- und Pultdächern gestaltet. Die große Halle wird an den Seiten durch kleine eingezogene Wände in Nischen unterteilt, in denen sich die Fenster befinden. Diese indirekte Beleuchtung ist ein wichtiges Element der Architektur Frankes. Die gesamte Innenausstattung war in den 1920er Jahren von ihm mitentworfen worden. Von der ursprünglichen Ausmalung des Malers Andreas Wilhelm Ballin ist heute nichts mehr erhalten.
Seit 1999 präsentiert sich hier die neue Innenraumgestaltung durch Ute Becker-Kesseler und Thomas Kesseler.

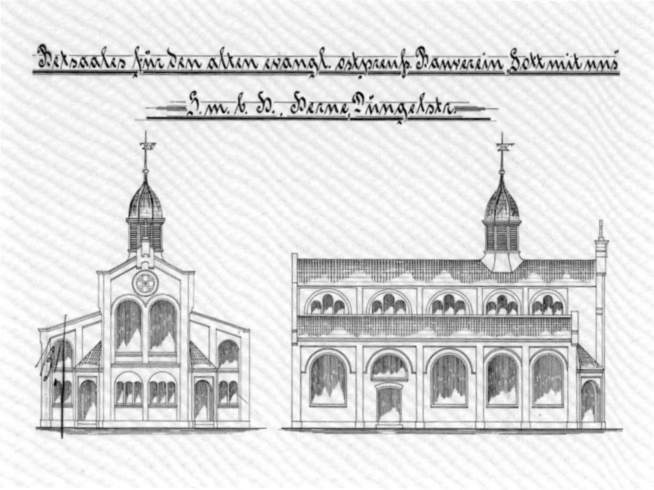

G32

Protestantische Polen – Masurischer Betsaal

Düngelstraße 81, 44623 Herne

Vor allem um in den neugegründeten Zechen, etwa in der Zeche Mont Cenis, zu arbeiten, kamen ab den 1880er Jahren immer mehr Zuwanderer nach Herne und Wanne-Eickel. Die hauptsächlich aus den ostpreußischen Gebieten stammenden Menschen bildeten bald zahlreiche eigene Vereine, um soziale Kontakte zu knüpfen und ihrer tiefen Religiosität Ausdruck zu verleihen. 1894 wurde in Herne der evangelisch-lutherische Gebetsverein gegründet, dessen Mitgliederzahl rasch anstieg.

Der »alte ev. ostpreußische Bauverein ‚Gott mit uns' GmbH Herne«, ließ 1908 ein Wohnhaus mit Betsaal bauen. Bauherr war Bergmann Gottlieb Sczepan, der auch Vorsitzender des evangelisch-lutherischen Gebetsvereins war. Der Herner Architekt Kemper entwarf eine Basilika von 20 Metern Länge, 15 Metern Breite und zehn Metern Höhe aus schlichter, aber ansprechender Backsteinarchitektur mit einem Dachreiter und farbigen Industrieglasfenstern. Die vorgeblendete Fassade ist aufwändig gestaltet und wird durch Blendbögen, die die Fenster einrahmen, gegliedert. An den Langhauswänden sind ähnliche architektonische Schmuckelemente zu finden. Der Obergaden erhält Licht durch dekorreiche Halbkreisfenster. Im Inneren ist das Gebäude in fünf Joche unterteilt, die durch schlanke Pfeiler getrennt werden. Mit weiten Segmentbögen öffnen sich die Seitenschiffe zum Mittelschiff. An der Ostwand befindet sich ein großes Wandgemälde, das die Himmelfahrt Christi zeigt. Flankiert wird Jesus von den Bibelsprüchen »Singet dem Herrn ein neues Lied« und »Lobet ihn mit Posaunen, Psalter und Harfe«. Sechs Apostel weisen auf Jesus und bezeugen mit Schriftrollen, dass sie sein Wort verbreiten werden.

G33

Eine moderne Kirche für die wachsende evangelische Gemeinde – Evangelische Christuskirche

Limperstraße 13, 45657 Recklinghausen

Die Christuskirche ist die größte evangelische Kirche im ehemaligen Vest Recklinghausen. Nach der Grundsteinlegung im Jahr 1909 erfolgte die Einweihung der Kirche im Januar 1911. Es handelt sich um die dritte Kirche, die hier für die evangelische Gemeinde gebaut wurde.

Nach Entwürfen des Elberfelder Architekten Arno Eugen Fritsche entstand eine Gebäudegruppe aus der Kirche mit mächtigem Turm, Pfarrhaus und einem verbindenden Kolonnadengang – eine Gruppe in den Formen des Jugendstils, wie sie in Westfalen nur selten anzutreffen ist. Die Mauern des Kirchenbaus bestehen aus Quadermauerwerk. Der Innenraum der Christuskirche wurde als kreuzförmiger Zentralraum ohne sichtbehindernde Pfeiler und Stützen ausgebildet. Er war als Predigerkirche mit Altar, darüberliegender Kanzel und Orgel konzipiert. Der Raum wurde mit Schablonenmalerei dekoriert und die Fenster erhielten eine Buntverglasung. Das Ensemble markierte einen Wendepunkt in der Entwicklung der Sakralarchitektur Recklinghausens. Die architektonische Grundhaltung wendet sich vom Historismus ab und sucht eine neue moderne Formensprache.

Mit einer umfassenden Renovierung im Jahr 1959, bei der auch die Fenster ausgetauscht wurden, gab man die alte Anordnung im Inneren auf. Der Altar rückte in die Mitte des Chorraums und wird heute von Kanzel und Taufstein flankiert. Durch diese Umgestaltung wurde die ursprüngliche Einheit des Innenraums aufgehoben und erfuhr eine liturgische Umdeutung.

G34

Oberschlesier zwischen Wallfahrten und Politik – Wallfahrtsstätte Annaberg

Annaberg, 45721 Haltern

Im Mai 1566 brach auf dem Annaberg bei Haltern eine Quelle auf. In ihr wusch sich ein Kranker und »ys gesund geworden«. Es begann ein »tholoep tho werden«, heißt es in der Pfarrchronik. Der Zulauf hielt an und ließ den Annaberg zu einem Wallfahrtsort werden – bis in die Gegenwart. Bereits seit dem 14. Jahrhundert, als sich der aus dem Orient kommende Kult um die Mutter Mariens in Deutschland immer weiter durchsetzte, steht dort eine der Hl. Anna geweihte Kapelle. In ihr fand ein im 15. Jahrhundert von einem unbekannten niederrheinischen Meister geschnitztes Gnadenbild der Anna mit Maria und Jesuskind, eine sogenannte Anna selbdritt, Aufstellung.

Auf dem Annaberg in Oberschlesien wurde die Hl. Anna ebenso verehrt. Aus ihrer Heimat vertriebene und nach Nordrhein-Westfalen gelangte Oberschlesier zogen erstmals 1947, »Sankt Anna voll der Gnaden« singend, auf den Annaberg nahe der Stadt Haltern. Er diente als Ersatz für den nunmehr polnischen, ihnen nicht mehr zugänglichen Ort in ihrer alten Heimat.

1981 stellten man eine Bronzesäule auf dem Annaberg in Haltern auf, die neben einer Kopie der schlesischen Anna selbdritt verschiedene Persönlichkeiten Oberschlesiens darstellt – darunter Maximilian Kolbe und die Hl. Hedwig, die Schutzpatronin des Landes. Gestaltet wurde die Säule von dem im oberschlesischen Beuthen geborenen Künstler Pater Laurentius Ulrich Englisch.

G35

Russische Ikonen im Ruhrgebiet – Katholische Pfarrkirche St. Maria Magdalena

heute: russisch-orthodoxe Kirche Boris und Gleb,
Horneburger Straße 58/Schlossstraße, 45711 Datteln

Die Beziehungen des Dattelner Ortsteils Horneburg zu Russland sind alt, wenngleich sporadisch. So gelangte der russische Zar Peter der Große 1698 auf seiner Reise von Amsterdam nach Wien in das Örtchen, und 1814 nahmen russische Truppen auf ihrem Feldzug gegen Napoleon auf der Horneburg Quartier. In der Schlosskapelle, die urkundlich 1332 erstmals erwähnt wurde und der Hl. Maria Magdalena geweiht war, hielt, mit Genehmigung eines Franziskanerpaters, ein russischer Geistlicher einen orthodoxen Gottesdienst ab. 1959 begann der damals 25-jährige Pater Dr. Erwin Immekus, Mitglied der Gesellschaft des Katholischen Apostolats, einer römisch-katholischen Bruderschaft, mit der seelsorgerischen Betreuung der russisch-orthodoxen Christen. Als die katholische Kirchengemeinde in Horneburg 1964 und 1965 eine neue Kirche errichtete, wurde ihnen die alte Schlosskirche übergeben. Teile des Barockaltars, darunter die Figuren der Maria und des Johannes wurden dem Vestischen Museum in Recklinghausen übergeben; weiteres Inventar wie die hölzerne Darstellung der Anna selbdritt aus dem späten 15. Jahrhundert befindet sich heute in der neuen katholischen Kirche in Horneburg.

Das Gebäude wurde an die ostkirchliche Liturgie angepasst, indem 1967 die Ikonostase, die Ikonenwand, eingefügt wurde. Die Ikonen malte der aus Frankreich stammende Jesuitenpater Alexander Iwschenko. Seit die Gemeinde 1968 offiziell gegründet wurde, steht die Kirche unter dem Patronat der ersten russischen Märtyrer, Boris und Gleb.

G36

Ein katholischer Kirchenbau für die neue serbisch-orthodoxe Gemeinde – Katholische Herz-Jesu-Kirche

heute: serbisch-orthodoxe Hl.-Apostel-und-Evangelist-Lukas-Kirche, Engelbertstraße 5, 44379 Dortmund-Kley

In den 1960er Jahren kamen durch Anwerbeverträge zahlreiche Gastarbeiter nach Deutschland, darunter auch 250000 orthodoxe Serben. 30 Jahre später waren es die Bürgerkriegsflüchtlinge, die aus dem zerfallenden Jugoslawien nach Deutschland kamen. Auch unter ihnen waren serbisch-orthodoxe Gläubige.

In Dortmund hatte sich schon vor 1970 eine serbisch-orthodoxe Gemeinde gegründet, die ab 1970 die frei gewordene katholische Kirche Herz Jesu im Stadtteil Kley nutzen konnte. 1988 übergab die katholische Gemeinde den Serbisch-Othodoxen das Gebäude und 1996 verkaufte sie es. Die Kirche wurde nun dem Hl. Apostel und Evangelisten Lukas geweiht.

Das Kirchengebäude war 1906 und 1907 für die neugegründete katholische Gemeinde in Dortmund-Kley nach den Plänen des Bochumer Architekten Hermann Wielers errichtet worden. Die kleine neugotische dreischiffige Hallenkirche weist Charakteristiken der norddeutschen Backsteingotik auf, sie ist harmonisch und sicher proportioniert. Die reich verzierten Maßwerkfenster sind aus Tuffstein gefertigt. Die Chorfenster, von denen sich einige erhalten haben, wurden von Friedrich Stummel entworfen und von der Glasmalereiwerkstatt Hein Derix in Kevelaer gefertigt.

G37

Integration von polnischen Einwanderern – St.-Annakirche

Rheinische Straße 176, 44147 Dortmund

Als in den letzten Jahrzehnten des 19. Jahrhunderts massenhaft Arbeiter nach Dortmund kamen, stiegen insbesondere die Mitgliederzahlen der katholischen Kirchengemeinden stark an. Mehrmals kam es daher zu Abpfarrungen, zu Splittergemeinden der bereits bestehenden Pfarreien. Um 1900 strömten Arbeiter der Dortmunder Hütten-Union AG, darunter viele Polen, in ein neu entstehendes Quartier westlich der Dorstfelder Brücke.

Die Dortmunder Liebfrauengemeinde plante 1901 eine zweite Tochtergemeinde zu gründen, für die bereits 1905 ein Grundstück erworben wurde. 1912 begannen die Arbeiten an der dreischiffigen Basilika im neoromanischen Stil. Über dem Hauptportal der Kirche, dessen Pfeiler von steinernen Löwen getragen werden, ist das Jesuskind zusammen mit seinen Verwandten und alttestamentlichen Vorfahren dargestellt. Hier sind Maria und Anna, Josef und Joachim, der Prophet Jesaias und König David gezeigt. In das Pflaster des Vorplatzes ist ein Davidstern eingelassen. Diese starke Betonung der der alttestamentarisch-jüdischen Verwurzelung des Christentums erregte bei den Nationalsozialisten Anstoß.

Die Kirche überstand das Bombardement auf Dortmund unbeschadet, sodass nach Kriegsende das Gemeindeleben schnell wieder aufgenommen werden konnte.

Ab 1976 wurden in Dortmund Gemeinden zusammengelegt. Das Gebäude, das nun leer stand, wurde der spanischen Mission übergeben, die sich um die religiösen Bedürfnisse der seit den 1960er Jahren eingewanderten Arbeiter aus Spanien und deren Familien kümmerte. Seit 1990 nutzte auch die polnische Mission Teile des Gebäudes. Seit 2003 ist die Kirche ganz der polnischen Mission übergeben.

G38

Von Abrahams Stamm – Fatih-Moschee

Bachackerweg 197, 45772 Marl-Hamm

1992 ließ der Verein für türkische Arbeitnehmer, mithilfe von Spenden, in Marl einen der ersten Moscheeneubauten der Bundesrepublik errichten.

Nach 30 Jahren in Marl hatten sich die Bergleute und Fabrikarbeiter aus der türkischen Schwarzmeerregion Zonguldak gewünscht, endlich die Enge der provisorischen Hinterhofmoscheen in Brassert, Hamm und Hüls zu verlassen und einen würdigeren Ort für ihr Gebet zu finden. Die Suche nach einem Grundstück für die Moschee fand in einer Zeit statt, die von Ausländerfeindlichkeit und der sogenannten Asyldebatte geprägt war. Zwei schon anvisierte Bauplätze mussten aufgrund des Widerstands der deutschen Nachbarn wieder aufgegeben werden. Neben der Autobahn 52, auf Höhe von Marl-Hamm, fand sich schließlich ein geeigneter Platz, auf dem heute neben der Moschee auch Gebäude für Bibliothek, Korankurse und Schülernachhilfe zu finden sind.

Die Fatih-Moschee, benannt nach dem Eroberer von Konstantinopel, bietet auf zwei Etagen Platz für tausend Gläubige. Auf der oberen Etage beten die Frauen. Dem islamischen Bilderverbot entsprechend sind Wände und Gebetsnische nur mit arabischer Schrift geschmückt. Das 21 Meter hohe Minarett der Moschee ist im klassisch türkischen Stil aus Travertin gefertigt – Natursteinblöcke, die in der Türkei in Form behauen und in Marl von dem deutsch-türkischen Moscheebaumeister Yunuz Nazli zusammengesetzt wurden. Die Zeder auf dem Vorplatz, einer der Abrahams-Bäume, wurde von der Christlich-Islamischen Arbeitsgemeinschaft Marl in Erinnerung an Abraham als Stammvater der drei monotheistischen Weltreligionen, Judentum, Christentum und Islam, gepflanzt. Sie soll die partnerschaftliche Zusammenarbeit der Religionen in Marl würdigen.

Die Moschee findet sich nicht im Bestand der eingetragenen Baudenkmale. Sie wurde in diese Sammlung aufgenommen, weil wesentliche Aspekte des Themas Glaube an ihr aufgezeigt werden können.

G39

Eine Bilderwand voll Heiliger – Evangelische Friedenskirche

heute: griechisch-orthodoxe Kirche der Hll. Apostel Petrus und Paulus, Johanniterstraße 48, Duisburg-Hochfeld

In den 1960er Jahren kamen zahlreiche griechische Arbeiterinnen und Arbeiter, vor allem aus Nordgriechenland, nach Duisburg. Hatten die zumeist dem griechisch-orthodoxen Glauben anhängenden Griechen zunächst nach Düsseldorf fahren müssen, um an den Gottesdiensten des Priesters Wassilios teilnehmen zu können, so predigte der Priester seit 1968 in der Pauluskirche in Duisburg-Hochfeld. Damals begann die bis heute andauernde enge Zusammenarbeit mit der evangelischen Gemeinde Hochfeld.

1975 zog die Gemeinde in eine katholische Kirche am Dellplatz. Hier wurde die Krypta unterhalb des Kirchenraumes angemietet und viele Jahre für Gottesdienste genutzt. Panagiotis Tsoupaklis half bei der Einrichtung der neuen Räumlichkeiten. Er selbst baute die Ikonostase, im Griechischen »templo« genannt, die geschnitzte Bilderwand, die das Kirchenschiff vom Altarraum trennt. Ikonen und sonstiges Inventar konnten nach und nach mit Hilfe von Spendengeldern angeschafft werden. Sie stammten von dem in Krefeld ansässigen Ikonenschreiber Joannis Chryssos, einem Mitglied der Deutsch-Griechischen Gesellschaft Krefeld.

Priester Wassilios betreute die Duisburger Gemeinde bis 1982, dann kam Priester Iridion Zerdalis aus Krefeld nach Duisburg. Iridion baute den Kontakt zu den katholischen und evangelischen Gemeinden auf. 1984 wurde die Gemeinde Duisburg, Krefeld und Umgebung gegründet. Seit 2005 wird die ehemals evangelische Friedenskirche als griechisch-orthodoxe Kirche genutzt und ist seitdem den Aposteln Petrus und Paulus geweiht.

G40

Zentrum einer jüdischen Gemeinde und Ort des religiösen Dialogs – Neue Synagoge

Yitzhak-Rabin-Platz/Springwall 16, 47051 Duisburg

Die Jüdische Gemeinde von Duisburg, Mülheim und Oberhausen wuchs in den 1970 und 1980er Jahren durch Zuwanderung aus den Staaten der ehemaligen Sowjetunion und durch die russisch-jüdischen Zuwanderer stark an. Dieser Mitgliederzuwachs machte einen Umzug aus dem kleinen behelfsmäßigen Mülheimer Gemeindezentrum in der Kampstraße notwendig. Ende der 1950er Jahre hatte der Vorsitzende der Jüdischen Kultusgemeinde Mülheim-Duisburg, Salomon Lifsches, der Jüdischen Gemeinde sein Wohnhaus in der Kampstraße 7 in Mülheim angeboten, um dort den Gottesdienst zu feiern. Jetzt wurde der Neubau eines größeren Gemeindezentrums unumgänglich.

Die Duisburger Synagoge wurde nach Plänen des israelitischen Architekten Zvi Hecker errichtet und nach mehr als zwei Jahren Bauzeit am 21. Februar 1999 eingeweiht. Der Baukörper besteht aus zwei Teilen, der eigentlichen Synagoge mit ihrer Stirnwand nach Osten und dem Veranstaltungssaal. Beide sind durch ein verglastes Atrium miteinander verbunden. Fünf unverputzte Strebepfeiler aus Beton, die an ein aufgefächertes Buch erinnern, ragen weit in die umliegende Grünfläche mit dem Garten der Erinnerung des israelischen Künstlers Dani Karavan hinein. Sie symbolisieren die fünf Bücher Mose oder auch die fünf Standorte der jüdischen Gemeinde in Duisburg vom Mittelalter bis zur Pogromnacht 1938, als die alte Synagoge in der nahen Junkernstraße vernichtet wurde. Vor dem Gemeindezentrum liegt der Yitzhak-Rabin-Platz, den die Witwe des ermordeten israelischen Ministerpräsidenten zusammen mit dem Geiger Yehudi Menuhin 1999 einweihte.

Heute bildet die Synagoge das Zentrum für die über 2800 Mitglieder der Jüdischen Gemeinde Duisburg-Mülheim/Ruhr-Oberhausen und gleichzeitig einen Ort der religiösen Interaktivität.

Die Synagoge ist kein eingetragenes Baudenkmal. Sie wurde in diese Sammlung aufgenommen, weil an ihr wesentliche Aspekte des Themas Glaube aufgezeigt werden.

G41

Ein Stück Indien am Dattel-Hamm-Kanal – Hindutempel Sri Kamadchi Ampal

Siegenbeckstraße 4, 59071 Hamm

2002 ist im Gewerbegebiet von Hamm-Uentrop der größte tamilisch-hinduistische Tempel Europas errichtet worden – geweiht Sri Kamadchi Ampal, der Göttin, die »die Wünsche von den Augen abliest«. Die ungewöhnliche Lage des Sakralbaus zwischen Baustoffhandel und Fleischfabrik ergab sich aus dem Interesse der tamilischen Bauherren, ein Grundstück in der Nähe des Datteln-Hamm-Kanals zu erwerben. Dieses Gewässer nutzen die Hindus beim alljährlichen Tempelfest für ihre rituellen Waschungen.

Der Bau des Tempels aus Spendengeldern geht auf die Initiative des Priesters Arumugam Paskaran zurück, der 1985, wie Tausende seiner tamilischen Landsleute, vor dem Bürgerkrieg in Sri Lanka geflohen war. In einem Asylbewerberheim in Hamm begann der in Südindien ausgebildete Priester mit Andachten. Die wachsende Zahl von Gläubigen, die seinen »pujas«, den für Hindus charakteristischen religiösen Zeremonien aus Blumenopfern und Götterwaschungen, beiwohnen wollten, zwang zum Umzug in immer größere Räumlichkeiten. 1996 entschied der Priester an die Stelle eines Provisoriums solle endlich ein richtiger Tempel treten. Aus den Gelben Seiten wählte er – mit Hilfe der Götter, wie er sagt – einen örtlichen Architekten aus, der gemeinsam mit südindischen Kollegen den Tempel mit seinem 17 Meter hohen Portal, dem Gopuram, erbaute. Handwerker aus Indien fertigten vor Ort die über 200 Götterfiguren, die den Bau schmücken.

Der Tempel findet sich nicht im Bestand der eingetragenen Baudenkmale. Er wurde in diese Sammlung aufgenommen, weil wesentliche Aspekte des Themas Glaube an ihm aufgezeigt werden können.

Leute

Hans H. Hanke

»Ich habe nichts gegen Fremde. Einige meiner besten Freunde sind Fremde. Aber diese Fremden da sind nicht von hier.«[1]

In der Metropole Ruhr leben gegenwärtig Menschen aus über 170 Nationen.

Das heutige Ruhrgebiet war niemals ohne »fremde Leute«. Wer ist fremd? In unserem Sinn wohl alle Menschen, die im jeweiligen Gemeinwesen nicht in der zweiten oder dritten Generation ortsansässig sind. Doch auch die so lange und länger Anwesenden sind nur vermeintlich bodenständig. Die Ruhrgebietsmenschen verkörpern die rheinische und westfälische Tradition an der alten Schnittlinie von Franken und Sachsen. Sie sind geprägt durch Kultur und Bräuche der Hessen, Holländer, Polen, Masuren, Ostpreußen, Schlesiern, von den Flüchtlingen der Nachkriegszeit, den Arbeitsmigranten aus den Mittelmeerländern und vielen anderen mehr. Das Ruhrgebiet hat sich als ein Raum von Fremden konstituiert. Im Jahr 1910 betrug der Anteil der Zuwanderer an der Gesamtbevölkerung des Ruhrgebietes 54 Prozent. In der Metropole Ruhr leben gegenwärtig Menschen aus über 170 Nationen. Fremdsein war über Generationen das Schicksal der Mehrheit in der Region.[2] Und manches davon hat gebaute Zeugnisse hinterlassen.

Man kann mit den Römern beginnen. Wegen fehlender Straßen dienten damals fast ausschließlich die Flüsse der Region als Transportwege. Insbesondere das Lippetal mit den römischen Militärlagern in Oberaden, Haltern und Holsterhausen sowie generell das linksrheinische Ruhrgebiet sind nicht unwesentlich von den Römern geprägt worden (H1). Für sie war auch der Rheinübergang an der Ruhrmündung bei Duisburg wichtig. Ihre Präsenz war eine der Wurzeln der Stadt. Durch das Lippetal drangen sowohl die Romanisierung, als auch seit dem 3. Jahrhundert die Christianisierung in das innere Germaniens vor. Die Zeit der Völkerwanderungen machten das Gebiet bis ins 8. Jahrhundert zur Kampfzone zwischen Franken und Sachsen. Im Ergebnis gelangte der Ruhr-Lippe-Raum bekanntlich zum Reich Karls des Großen. Wenn man so will, war er ein »Fremder«, der durch den Ausbau des Hellwegs zur »Via Regia« viele und bis heute wirksame Baumaßnahmen verursacht hat. So auch die Kirche St. Peter in seiner wichtigen Befestigung Syburg bei Dortmund. Ein weiterer Fremder, sein wichtiger Gast aus Rom, soll sie 799 geweiht haben: Papst Leo III. (H4).[3] Die großen, am Hellweg liegenden Städte gehen auf karolingischen »Königshöfe« zurück, zahlreiche Besuche von Königen und Kaisern sind bezeugt. Der Hellweg wurde zu Römerzeiten begonnen und führt seit etwa 1400 von Brügge bis nach Nowgorod. Als älteste und wichtigste europäische Handelsstraße diente er auch der Kommunikation, dem Austausch von Kulturgütern sowie der Sicherung von Herrschaftsansprüchen. Heute führt er als Ruhrschnellweg, B 1 oder A 40 mitten durch das Ruhrgebiet.[4]

Der Rhein und der Hellweg waren seit dem Mittelalter eher friedliche und viel genutzte Verkehrs- und Handelswege. Die lange Zeit reichsfreie Stadt Duisburg blieb einer der wichtigsten Handelsorte an beiden Routen und unterhielt auf Dauer und naturgemäß immer auch intensive Beziehungen zu Holland (L1).[5]

rechte Seite:
Zeitschrift »Junge Polen in Deutschland«, um 1936. Das Signet im roten Kreis symbolisiert die Weichsel mit Krakau. Es wurde vom »Bund der Polen in Deutschland« eingeführt, nachdem seit 1933 der polnische Wappen-Adler in Deutschland verboten war.

Mały Polak
w Niemczech
DODATEK DO POLAKA W NIEMCZECH

Wie nachhaltig selbst kurzfristige Besuche von auswärts wirken können, mag das Jahr 883 zeigen. Die Wikinger kamen rheinaufwärts und eroberten Duisburg. Wahrscheinlich deshalb ließ der ostfränkische Herzog Heinrich im Winter 883/884 ein befestigtes Militärlager errichten. Aus dem entwickelte sich nach und nach Schloss Broich, einer der beiden Siedlungskerne Mühlheims.[6]

Klöster waren wie überall gestaltgebender Teil der Landschaft. Der bei Utrecht geborene und weit gereiste Liudger gründete um 800 Kloster Werden, das an der Ruhr für lange Zeit entscheidend war (G1, vgl. G2). Friedliche Pilger durchschritten die Region – sogar auf Jakobswegen nach Santiago de Compostela (L2, L3, L4).[7] Aber auch Kriege führten Menschen aus aller Welt hierher. Im Spanisch-Niederländischen Krieg von 1568 bis 1648 sowie dem gleichzeitigen Dreißigjährigen Krieg von 1618 bis 1648 zogen durch das Gebiet zwischen Lippe und Ruhr häufig große Söldnerverbände der Spanier, Niederländer und Schweden. Sie versorgten sich durch Kontributionen, Requirierungen und Plünderungen »aus dem Land« und hinterließen große Verwüstungen. Doch das ist nur die eine Seite: Finanziell schwer zur Ader gelassen, verarmte das Land in dieser Zeit dennoch nicht. Die auswärtigen Kriegsteilnehmer benötigten Kriegsgeräte. Die Nachfrage nach Eisenwaren, besonders nach Waffen, stieg und damit auch schon damals die Kohleförderung. Handwerk und Handel am Hellweg profitierten von den »fremden Leuten« enorm (KT3, KT4).[8] Der Friede nach 1648 währte nur eine Generation. Schon 1672 bis 1697 hausten französische Truppen im Lande, weil das Fürstbistum Münster gegen die Niederlande zog. Es folgten 1700 bis 1714 der Spanische Erbfolgekrieg und 1756 bis 1763 der Siebenjährige Krieg. Das Ruhrgebiet war häufig als Durchmarschgebiet betroffen – ein schwacher Trost war, dass es hier fast nie zu Schlachten kam.

Das Ruhrgebiet war häufig als Durchmarschgebiet betroffen.

Mögen während all dieser Kriege die wirtschaftlichen Auswirkungen für einige vorteilhaft gewesen sein, der »kulturelle Austausch« zwischen Einheimischen und Truppen zeigte sich allgemein als Verrohung: Straßenraub, Unsittlichkeit, Trunksucht und Aberglaube wurden allgemein beklagt. Als letzter Rest spanischen Besatzungseinflusses wird alljährlich in einigen Orten des Ruhrgebietes das iberische Volksvergnügen des »Gänsereitens« betrieben. Einer kopfüber aufgehängten, eingefetteten Gans wird von Reitern der Kopf abgerissen. Es gilt als Milderung des wüsten Brauchtums, dass die Gans seit einigen Jahrzehnten vor dem Aufhängen tot sein muss. Zu fragen bleibt, ob die durchziehenden Söldner wirklich nur unbeliebt waren, wenn ihr seltsames Freizeitgebaren anscheinend so dankbar und nachhaltig angenommen worden ist.

Zu den ungeliebten Begehrlichkeiten der Territorialherren und der durchziehenden Heere gehörte die mehr oder weniger freiwillige Rekrutierung von Soldaten. Da die Region bis 1806 in eine Vielzahl von Territorien gegliedert war, gab es dagegen Abhilfe: Man musste ein Fremder in einem anderem Territorium werden. Wer sich zum Beispiel in der preußischen Grafschaft Mark der stets drohenden Zwangsrekrutierung entziehen wollte, der musste nicht weit laufen, er »ging über die Wupper« ins benachbarte Ausland, das Herzogtum Berg. Ein Bürger der Freien Reichsstadt Dortmund war ein Fremder in der benachbarten Grafschaft Mark mit der Stadt Bochum, im reichsunmittelbaren Fürstentum Kloster Werden, im kurkölnischen Vest Recklinghausen und überall sonst.

Kriegswirren und Verfolgungen führten aber auch friedliebende Fremde ins Revier.

Kriegswirren und Verfolgungen führten aber auch friedliebende Fremde ins Revier. Im Rahmen der brandenburgisch-preußischen Kolonisationspolitik kam es zur Anwerbung von Kolonisten aus der durch konfessionelle Wirren schwierigen Rheinpfalz. Ein Beispiel sind die nicht mehr vorhandenen Pfälzer Kolonien in Kamen, Unna und Bochum, die 1770 bis 1774 gestattet wurden, die Siedlung in Alpen – heute nur noch als Rekonstruktion vorhanden – entstand gleichzeitig (L6). Von einer freundlichen Aufnahme durch die Einheimischen konnte allerdings wohl keine Rede sein. Aus Unna kamen Proteste und Klagen gegen die Ansiedlung. Man verstieg sich dort sogar dazu, die Gartenfrüchte der fremden Siedler zu vernichten.[9]

Mit dem französischen Revokationsedikt von 1685 und dem brandenburgischen Toleranzedikt im selben Jahr flüchteten 20 000 Hugenotten aus Frankreich in brandenburgische Territorien. Erfolgreiche Firmen wie der Essener Girardet-Verlag gehen auf sie zurück; das denkmalwerte ehemalige Verlagshaus in Essen ist ein eindrucksvoll großer Komplex.[10] Zehntausende von »Emigrés« und »Refugiés« flohen nach der Französischen Revolution von 1789, einige davon auch in das damalige Ruhrgebiet. Hamm war 1793 bis 1794 Sitz der französischen Exilregierung, denn hierher kamen die späteren französischen Könige Ludwig XVIII. (1814) und Karl X. (1824) mit ihrem Hofstaat.[11] Beliebt waren sie aufgrund ihres angeblich arroganten Auftretens nicht. Vielleicht wird deswegen kaum erwähnt, dass die Hammer Kirche St. Agnes damals als französische Hofkirche diente.

Unter Napoleon I. wurde das Ruhrgebiet von 1806 bis 1811 nach und nach Teil des Großherzogtums Berg mit der Hauptstadt Düsseldorf. Die mit der französischen Herrschaft verbundenen Reformen wie Gewerbefreiheit, Verwaltungsreform oder Emanzipation der Juden wirkten sich letztlich wirtschaftlich positiv aus, endeten aber zum großen Teil vorläufig mit dem Einzug preußischer Truppen 1813 (H18).[12]

Mit der Gründung der preußischen Provinzen Rheinland und Westfalen 1815 entwickelte sich die Industrialisierung und es kamen die ersten Fremden, die lange und in spürbarer Anzahl blieben. Sie kamen zunächst aus der engeren Umgebung, dann aus den ferneren preußischen Provinzen. Die durch die preußischen Reformen ab 1807 aus der Leibeigenschaft befreite, aber erwerbslose Landbevölkerung der preußischen Provinzen gewann hier nach den bitteren Hungerjahren 1816 und 1817 sowie 1844 bis 1848 endlich ein Auskommen (KT15).

Der Hauptstrom der Einwanderung ins Ruhrgebiet fand zwischen 1880 und 1914 statt und erfasste ganz Europa.

Der Hauptstrom der Einwanderung ins Ruhrgebiet fand zwischen 1880 und 1914 statt und erfasste ganz Europa (KT17). Ein Plan, für den großen Arbeitskräftebedarf in der Industrie Chinesen aus den deutschen Provinzen zu holen, hatte nur kurzen Bestand. Man besann sich auf die Provinzen in Polen. Massenzuwanderung von dort wurde zunächst zur Erfolgsgarantie für die Industrie; bis heute hat sie Einfluss auf die hiesige Lebensart und löste einen nachhaltigen Bauboom für unterschiedliche Wohnformen, religiöse oder soziale Fürsorge sowie alle Bereiche des Alltags aus (G29–G33, K16, K17, L12–L15, L19, L21, L23).[13]

Die nächste bedeutende Einwanderungswelle war gewaltsam erzeugt. Zwangsarbeiter wurden in hoher Zahl zur Arbeit in den Rüstungsbetrieben und Bergwerken eingesetzt (L24–L26). Nach ihrer Befreiung blieben verständlicherweise nur sehr wenige hier.[14] Der Arbeitsmarkt verlangte also nach anderen, nun wieder freiwilligen Kräften. Die Fluchtbewegungen und Grenzverschiebungen infolge des Zweiten Weltkriegs wurden zu gezielten Ansiedlungen im Ruhrgebiet genutzt (G34, L28).[15] Als auch diese Anwerbung nicht ausreichte, konnten Italiener, Griechen, Jugoslawen, Türken und Portugiesen von einem Arbeitsplatz im Revier überzeugt werden. Weitere Anwerbeländer waren Tunesien, Marokko und Südkorea. Von den Philippinen warb man zunehmend Krankenpflegepersonal an. Sie alle prägen, besonders mit ihren Ernährungsgewohnheiten und ihrer Religion, das Bild der Städte mit (G38, G39, L11).[16]

Durch die deutsche Teilung und den Kalten Krieg wurden weitere Menschen mit sehr verschiedenem kulturellem Hintergrund in hoher Anzahl in Bewegung gesetzt. Übersiedler aus der sowjetischen Besatzungszone, der DDR und Spätaussiedler aus den osteuropäischen

Staaten mussten im Ruhrgebiet integriert werden.[17] Politisch Verfolgte aus aller Welt fanden vor allem seit den 1980er Jahren eine zumindest vorübergehende Heimat im Ruhrgebiet. Angehörige von 40 Nationen in einer Aufnahmestadt waren keine Seltenheit.[18]

Der »Schmelztiegel Ruhrgebiet« hat die Menschen zu einer zwar nicht intakten, aber einer funktionierenden Bürgerschaft werden lassen. Die gemeinsame Arbeit am gemeinsamen Arbeitsplatz, die damit solidarisch empfundenen Nöte und Chancen waren die stärksten Faktoren der Integration. Das nachbarschaftliche Wohnen in Siedlungen oder Stadtquartieren mit Skat, Fußball und Pferdewetten als geselliger Freizeitbeschäftigung seien hier als Hinweise weiterer Mechanismen der Integration genannt (KT19, KT20, L22). Vollendet ist das Zusammenwachsen nicht. Integration war und bleibt eine der »Ewigkeitsaufgaben« im Revier.

Der »Schmelztiegel Ruhrgebiet« hat die Menschen zu einer zwar nicht intakten, aber einer funktionierenden Bürgerschaft werden lassen.

Zuwanderer und Durchreisende sind mobil, Baudenkmäler sind immobil. Von daher ist es nicht selbstverständlich, dass die Anwesenheit von »Fremden« durch spezielle Gebäude für »Fremde« bezeugt ist. Das Revier ist eine dynamische Region: Die Überformung vorhandener Strukturen ist Alltag – viele bauliche Zeugnisse der Zuwanderung waren nicht prachtvoll und stabil und mussten bei Bedarf sofort weichen. Preiswerte Häuschen für Kleinverdiener wurden ebenso schnell errichtet wie abgerissen. Grundsätzlich ist die – in positiver Sicht – vielfältige, abwechslungsreiche Stadtstruktur und Bausubstanz dem schnellen Wachsen der Orte durch Zuwanderung und Einflussnahme »fremder Leute« zu verdanken. Darin gibt es trotz allen Wandels Baudenkmale, an denen die Bevölkerungsgeschichte des Ruhrgebietes anschaulich gemacht werden kann.

1 Methusalix, in: René Goscinny und Albert Uderzo, Das Geschenk Cäsars, Asterix, Bd. 21.
2 Wilhelm Brepohl, Industrievolk im Wandel, Tübingen 1957. Wolfgang Köllmann u. a., Bevölkerungsgeschichte, in: Wolfgang Köllmann u.a., Das Ruhrgebiet im Industriezeitalter, Bd. 1, Düsseldorf 1990, S. 111–198. Karl Ditt, Was ist »westfälisch«? Zur Geschichte eines Stereotyps, in: Westfälische Forschungen, 52, 2002, S. 45–94. Gisbert Strotdrees, Fremde in Westfalen und Westfalen in der Fremde. Zur Geschichte der Ein- und Auswanderung von 1200–1950, Münster 1996.
3 Rüdiger Jordan, Von Kapitellen, Kanzeln und Taufsteinen. Ein spannender Führer zu 67 Kirchen und Klöstern im Ruhrtal, Essen 2006, S. 12–14.
4 Ferdinand Seibt, Ulrich Borsdorf, Heinrich Theodor Grütter (Hg.), Transit Brügge-Novgorod. Eine Straße durch die europäische Geschichte, Ausst.-Kat. Ruhrlandmuseum Essen 1997. Wolfgang Reininghaus und Karl Teppe, Verkehr und Region im 19. und 20. Jahrhundert. Westfälische Beispiele, Paderborn 1999. Axel Heimsoth, Die Wiederentdeckung des Hellwegs, Essen 2006.
5 Aus der Vielzahl der Publikationen zu den Jahren 0 bis 1815 seien genannt: Bodo Harenberg (Hg.), Chronik des Ruhrgebietes, Dortmund 1987. Darin: Wilhelm Kohl, Germanen. Römer. Sachsen und Franken. Um 0 bis 1200, S. 9 f. Ders., Aufblühen der Städte und die Reformation. 1200 bis 1600, S. 25, 26. Ders.:, Krieg und Zerstörungen im Ruhrgebiet. 1600 bis 1800, S. 49 f. Ferdinand Seibt u. a. (Hg.), Vergessene Zeiten. Mittelalter im Ruhrgebiet, Ausst.-Kat. Ruhrlandmuseum Essen 1990. Jan Gerchow (Hg.), Das Jahrtausend der Mönche. Klosterwelt Werden 799–1803, Ausst.-Kat. Museumszentrum Essen und Schatzkammer der Propsteikirche Werden, Essen 1999.
6 Jan Gerchow, Mittelalter vor Ort. Exkursionen in 800 Jahre Geschichte zwischen Ruhr und Lippe, Essen 1994, S. 61.
7 Wolfgang Lipp, Das Erbe des Jakobus. Zur Vorgeschichte und Geschichte, zur theologischen und religiösen Bedeutung der Jakobuswallfahrt, mit einem Anhang über die deutschen Pilgerwege, Laupheim 2008. Horst Gerbaulet und Ulrike Spichal, Wege der Jakobspilger in Westfalen. In 12 Etappen zu Fuß und per Rad von Osnabrück über Münster und Dortmund nach Wuppertal-Beyenburg. (Jakobswege, Bd. 6), Köln 2008.
8 Robert Jahn, Essener Geschichte, Essen 1952, S. 347–355.
9 Willy Timm, »... als Fremde in hiesiges Land gezogen«. Eine friderizianische Pfälzerkolonie bei Unna, in: Jahrbuch des Vereins für Orts- und Heimatkunde in der Grafschaft Mark, 97, 1997, S. 121–141.
10 Horsta Krum, Preußens Adoptivkinder – Die Hugenotten. 300 Jahre Edikt von Potsdam, Berlin 1985. Hans-Wolfgang Wolter, Wilhelm Girardet. Zur Biographie einer Unternehmerpersönlichkeit der Gründerzeit, Essen 1980.
11 Peter Vedeler (Bearb.), Französische Emigranten in Westfalen 1792–1802, Münster 1989. Pierre-Hippolyte-L. Paillot, »Zuflucht Rhein/Ruhr«. Tagebuch eines Emigranten, Essen 1988.
12 Kirsten Mennecken und Andrea Zupancic (Hg.), Jüdisches Leben in Westfalen, Essen 1998.
13 Hubert Kurowski, Im Westen geht's mir gut, Essen 1994. John Belchem und Klaus Tenfelde (Hg.): Irish and Polish Migration in Comparative Perspective, Essen 2003. Krystyna Murzynowska, Die polnischen Erwerbsauswanderer im Ruhrgebiet während der Jahre 1880–1914, Dortmund 1979.
14 Zwangsarbeit im Ruhrgebiet (Industriedenkmalpflege und Geschichtskultur, 2), 2003.
15 Uwe Kleinert, Flüchtlinge und Wirtschaft in Nordrhein-Westfalen 1945–1961, Düsseldorf 1988. Klaus J. Bade (Hg.), Neue Heimat im Westen. Vertriebene, Flüchtlinge, Aussiedler, Münster 1990.
16 Erol Yildiz und Birgit Mattausch (Hg.), Urban Recycling. Migration als Großstadt-Ressource, Basel, Boston und Berlin 2008. Martin Bauman, Migration, Religion, Integration. Buddhistische Vietnamesen und hinduistische Tamilen in Deutschland, Marburg 2000.
17 Jost von Morr (Bearb.), Ihre Heimat sind Wir. Die neue deutsche Wanderung von Ost nach West, Bonn 1989.
18 Jochen Welt, Integration und Identität – Ausländer in Westfalen, in: Heimatpflege in Westfalen, 6, 2005, S. 1–4.

Von den Einwanderern blieben die Namen

Eine Spurensuche

Ulrich Reinke

Vor etwa 190 Jahren wurde das Ruhrgebiet im Zuge der Industrialisierung zum Einwanderungsland. Hatten 1816 hier 221 537 Einwohner gelebt, waren es 1905 schon 2 613 897, mehr als das Zehnfache also und das Wachstum ging weiter.[1] Die Menschen waren aus den verschiedenen Regionen Deutschlands und Österreich-Ungarns gekommen. Innerhalb der damaligen Grenzen hatten auch Polen (weitgehend), Tschechien und die Slowakei gelegen, von wo viele Arbeiter angeworben worden sind.

In den Zechen und Eisenhütten wurden Verzeichnisse über die Belegschaft geführt, und es sind auch die standesamtlichen Daten der Einwanderer und ihrer Familien festgehalten. Viele Straßen und Stadtviertel erinnern in den Städten des Ruhrgebiets mit ihren alten Mietshäusern und Siedlungen an die großen Einwanderungswellen des 19. Jahrhunderts. Sie wurden vorwiegend zwischen 1890 und 1914 erbaut. Ältere Bauten gibt es auch, sie stehen aber meist nur vereinzelt, wie die noch älteren Zeugen der vorindustriellen Zeit.

Sucht man aber nach Spuren dieser Einwanderer als Privatpersonen oder an Häusern, Straßen oder Friedhöfen nach Zeugnissen ihrer Sprache und Kultur, findet man zunächst nur Beispiele aus den letzten drei Jahrzehnten. Schon aus der Zeit um 1950 gibt es nur noch Weniges, was an die vielen aus den deutschen Ostgebieten vertriebenen oder geflohenen Menschen erinnert, die sich hier eine neue Heimat aufgebaut haben.

Es gibt es keine hundertjährige Tradition mit polnischen oder masurischen Spezialitäten

Noch weniger Spuren scheinen die davor Eingewanderten als Individuen hinterlassen zu haben. So gibt es keine hundertjährige Tradition von Bäckereien, Metzgereien oder Restaurants mit polnischen oder masurischen Spezialitäten, um nur an die beiden größten damals zugezogenen Gruppen mit eigener Sprache zu erinnern, keine sichtbaren Versammlungshäuser mit einer fremdsprachigen Inschrift über dem Portal und auch keine eigenen Friedhöfe, auf denen ihre Namen überliefert sind.

Auch Wohnhäuser, die jene mitgebrachte Kultur anschaulich vermitteln, sind nicht vorhanden. Im Verhältnis zur absoluten Zahl der neu angesiedelten Menschen und ihrem einst hohen Anteil an der Gesamtbevölkerung (30 bis 50 Prozent) ist den Lebensformen der Menschen selbst in der musealen Präsentation wenig Raum gegeben worden. Bisher standen eher die Werks- und Zechenstandorte und ihre Arbeitsplätze im Zentrum der Aufmerksamkeit.[2]

Das weitgehende Fehlen von historischen Belegen zu Eingewanderten im öffentlichen Raum ist jedoch nicht zufällig. Neben der allgemeinen, erst ab etwa 1980 einsetzenden Wahrnehmung und Würdigung der materiellen Überlieferung der Industriekultur hat dieses Phänomen noch weitere Ursachen.

Ein wesentlicher Umstand war der hauptsächliche Bedarf an ungelernten Arbeitskräften und Handwerkern in den Industriebetrieben des 19. Jahrhunderts. Der Anteil von umfassend ausgebildetem Personal – Angestellten oder Beamten – an einer Zeche betrug nur etwa zehn Prozent. Allgemein bekannt ist, dass die ungelernten Arbeiter und die Handwerker zu über 90 Prozent ohne nennenswerten Besitz hergekommen waren, oft sogar völlig mittellos. Die angebotene Arbeit hier erbrachte einen bescheidenen Lohn, der in Arbeiterhaushalten vor 1950 nur für das Existenzminimum der Familie oder – im günstigen Fall – für einen bescheidenen Wohlstand reichte.

»Grüße aus Habinghorst«, polnisch-deutsche Ansichtskarte aus Castrop-Rauxel-Habinghorst, um 1920.

Meist entstammten die Arbeiter- und Handwerkerfamilien der besitzlosen ländlichen Bevölkerung. Sie hatten weder an den materiellen noch an den geistigen Brauchtümern ihrer jeweiligen Herkunftsgegend vollen Anteil, wie es damals für die bürgerliche Gesellschaft selbstverständlich gewesen wäre. In der Regel konnten sie auch keine eigenen Erinnerungsmale, etwa auf lange Dauer angelegte Grabmäler, für sich oder die Familie auf den Friedhöfen finanzieren.

Nur eine zahlenmäßig kleine Gruppe der Bergleute konnte sich vor 1918 ein Eigenheim oder ein Mietshaus leisten oder gar ein Geschäft aufbauen. Ohne ererbtes Geld oder Grundbesitz war das nicht möglich.[3] So war der Anteil an Geschäftsbesitz vor 1950 im altansässigen Bürgertum viel größer; hier dominierten auch die angeseheneren Berufe, etwa in der Verwaltung, in den Schulen und im Handel.

Einige wenige Dinge, wie die leuchtenden Farben der Sonntags- und Festtagskleidung der polnischen Frauen spielten jedoch in der öffentlichen Wahrnehmung im Ruhrgebiet eine Rolle.[4] Verbreitet war auch die Pflege des mitgebrachten Liedguts mit sowohl geistlichem als auch weltlichem Inhalt, die in den vielen Vereinen möglich war.[5]

Die polnischsprachige Vereinskultur wurde streng geregelt und restriktiv kontrolliert.

Eine weitere Ursache für die geringe Zahl von Quellen zur Geschichte der Migranten ist die politische Praxis im Wilhelminischen Zeitalter zwischen 1871 und 1918. Die meisten polnisch sprechenden Menschen stammten aus den Provinzen Posen und Westpreußen, die damals im Gebiet des Kaiserreichs lagen, alle besaßen daher die die deutsche Staatsangehörigkeit. Alle Versuche, wieder einen polnischen Staat zu schaffen, wurden unterdrückt. Die polnischsprachige Vereinskultur wurde streng geregelt und restriktiv kontrolliert. Für die Kinder gab es nur deutschsprachige Schulen. Auch ließ man durchweg keine katholischen polnischen Geistlichen aus den Auswandererregionen im Ruhrgebiet Dienst tun. Einige deutsche Geistliche lernten daher Polnisch, um wenigstens die seelsorgerische Betreuung übernehmen zu können, da die meisten Familien mit polnischer Muttersprache nur wenig oder kein Deutsch verstanden. Aus den zeitgenössischen Befragungen in den Schulen, etwa in Herne lässt sich dies sogar zahlenmäßig belegen.[6]

In der Zeit des Nationalsozialismus wurde dieser Verdrängungsprozess von den amtlichen Stellen offensiv befördert.

Weitaus weniger streng wurden die meist evangelischen Masuren, die sich als Reichsdeutsche verstanden, politisch beobachtet. Dennoch waren ihre Möglichkeiten, ihre Sprache dauerhaft an die Kinder weiterzugeben, ebenso beschränkt. Zum allmählichen Erlöschen der Herkunftssprachen im Ruhrgebiet trugen auch die Wohnungswechsel der Familien in deutschsprachige Nachbarschaften bei. Von relativ kurzen Zeiträumen abgesehen, gab es nämlich im Ruhrgebiet der Industriezeit keine geschlossen siedelnden ethnischen Enklaven. Hinzu kommt, dass in den Eisenhütten und Zechen zumindest ein Grundschatz an Deutschkenntnissen für die Männer wesentlich war. Als Folge dieser Umstände sind im 20. Jahrhundert die Sprache und das mitgebrachte Liedgut aus dem allgemeinen Leben des Ruhrgebiets wieder verschwunden.

In der Zeit des Nationalsozialismus wurde dieser Verdrängungsprozess von den amtlichen Stellen offensiv befördert. Von den Maßnahmen aus dieser Zeit ist der Versuch, die slawischen Familiennamen einzudeutschen, noch vielfach in Erinnerung. Trotz allem sind die aus den slawischen Sprachen stammenden Nachnamen bis heute Kennzeichen für das Ruhrgebiet geblieben. An den Klingeln der Miets- oder Privathäuser sind sie allgegenwärtig. Etwa 30 bis 40 Prozent der Nachnamen haben einen slawischen Ursprung. Sie spiegeln damit bis heute das Bevölkerungsverhältnis, wie es sich um 1900 im Ruhrgebiet zusammensetzte.

Ehrenmale

Im öffentlichen Raum können Interessierte die Vielfalt an deutschen und slawischen Eigennamen aus den verschiedenen Landschaften anhand der Gedenktafeln für die Gefallenen der beiden Weltkriege studieren. Die Männer aus den meisten Anwerberländern mussten aufgrund der Grenzen vor 1918 als Deutsche Militärdienst leisten und auch in den Krieg ziehen. Nur die Nachnamen der Gefallenen zeigen ihre polnische oder masurische Herkunft an. Dass sie alle deutsche oder eingedeutschte Vornamen trugen, geht auf die Regelungen der Standesämter zurück, nach denen der amtliche Rufname deutsch sein musste. Darin offenbarte sich der gleichmachende Wille des Nationalstaatprinzips.

In den beiden Weltkriegen mussten viele Soldaten ihr Leben lassen. Der Anteil der gefallenen Soldaten masurischer oder polnischer Herkunft entspricht dem Prozentsatz der hier Eingewanderten. Über die Gedenktafeln vermittelt sich, dass diese Toten als Bürger ihrer Stadt oder Kommune öffentlich betrauert und geehrt wurden.

Von den zahlreichen Ehrenmalen in den Städten und Stadtteilen im Ruhrgebiet werden im Folgenden drei beispielhaft herausgegriffen. Das Ehrenmal im Stadtpark von Gladbeck bei Haus Wittringen wurde als große ringförmige Anlage 1929 von Baudezernent Dr. Richard Korn entworfen, der 1919 aus Westpreußen nach Gladbeck gekommen war (L23). Die teils verwitterten Inschrifttafeln zeigen, dass etwa 40 Prozent der Gefallenen polnische oder masurische Namen haben.[7]

Mehr als ein Drittel der Namen sind masurischen Ursprungs.

In dem als Bergbausiedlung entstandenen Lünener Stadtteil Brambauer steht das Kriegerehrenmal gegenüber der evangelischen Kirche an der Brechtener Straße. Auch hier zeigt der hohe Anteil an polnischen Namen die Herkunft der angesiedelten Bergleute an.

Von den in den Kirchen bewahrten Kriegerehrenmalen ist das in der evangelischen Christuskirche am Trienenkamp in Gelsenkirchen-Bismarck kunstgeschichtlich besonders interessant. In vier großen Spitzbogennischen wird der 1914 bis 1918 gefallenen Toten gedacht. Mehr als ein Drittel der Namen sind masurischen Ursprungs. In Gelsenkirchen waren besonders zahlreich Menschen aus Masuren angesiedelt worden. Die 1924 entstandenen Malereien von Rudolf Schäfer im expressionischen Stil vermitteln einen tiefen Einblick in die uns heute

DER KRIEGE 1939 - 1945

MIELKE ROBERT
MITRUSCHEWSKI
MOCZYNSKI ANTON
NAGEL

HAMM i. W.
Zeche Radbod
Radbod=Denkmal
Radbod=Denkmal

linke Seite, oben links:
Soldat des Ersten Weltkriegs mit polnischer Abstammung: Paul Jastromski, Kolbergstraße 7, Herne.

oben rechts:
Gladbeck, Stadtpark bei Haus Wittringen, Ehrenmal für die Gefallenen des Ersten Weltkriegs, 1929.

Mitte:
Gladbeck, Inschriftentafel mit zahlreichen polnischen Namen am Ehrenmal im Stadtpark bei Haus Wittringen.

unten:
Postkarte mit Abbildungen der 1911 errichteten Gedenkstätte für das Grubenunglück auf der Zeche Radbod im Jahr 1908. Sie befindet sich auf dem Ehrenfriedhof an der Ermelinghofstraße in Hamm-Bockum-Hövel.

fernliegende Denkweise dieser Zeit. So ist in die Szene der Kreuzigung Christi ein Soldat in der Uniform des Ersten Weltkriegs einbezogen.[8]

Eine weitere Gruppe von Ehrenmalen wurden für Bergleute errichtet, die bei Grubenunglücken umgekommen sind, dazu gehört die 1911 errichtete Gedenkstätte für das Grubenunglück auf Zeche Radbod im Jahr 1908. Sie befindet sich auf dem Ehrenfriedhof an der Ermelinghofstraße in Bockum-Hövel (Stadt Hamm) (L20). In Lünen-Brambauer steht auf dem alten Friedhof an der Friedhofstraße das Ehrenmal für die Toten des Grubenunglücks der Zeche Minister Achenbach von 1912 und 1914. Etwa die Hälfte sind Namen polnischer Herkunft.

Mietshäuser

Es ist eine Eigenschaft von Mietshäusern, dass ihre Bewohner in der Regel keine sichtbaren Erinnerungen hinterlassen können. Auch ihre Namen und ihre Lebensumstände sind nach einiger Zeit an Ort und Stelle meistens nicht mehr bekannt.

Die Namen der eingewanderten Familien, die in den Häusern und Straßen gelebt haben, lassen sich jedoch relativ leicht anhand von Archivgut ermitteln, und zwar über die Adressverzeichnisse, die in vielen Stadtarchiven erhalten sind. Sie nennen zumeist alle Familienvorstände mit Berufsangabe. Eine Unterscheidung zwischen Besitzer oder Mieter erfolgt nicht immer.

Die Aussagekraft dieser Verzeichnisse lässt sich am Beispiel der Bergarbeitersiedlung in der Nähe des Ehrenmals im Stadtpark von Gladbeck exemplarisch aufzeigen. Die 1902 gebaute Siedlung an der Phönixstraße gehörte zur Zeche Graf Moltke I/II. Heute ist sie, nachdem ihr Abbruch verhindert werden konnte, privatisiert. Vorwiegend für Arbeiter vorgesehen waren die Häuser Nr. 15 bis 39 und 18 bis 38. Von den ehemals zwei Eckhäusern mit Ladenlokalen am Ende dieses Teils steht noch eines. Formal ähnlich, aber etwas reicher gegliedert, sind die anschließenden Zechenbeamtenhäuser (Nr. 50 bis 60 und 57 bis 59). Hinter den Häusern lagen Ställe und Gärten, die großenteils erhalten sind.

In den im Gladbecker Stadtarchiv ab 1908 erhaltenen Adressbüchern stehen die Namen und Berufe der Haushaltsvorstände in der Phönixstraße.[9] Etwa die Hälfte der Nachnamen entstammt nicht dem deutschen Sprachraum. Bei genauerer Betrachtung lassen sich Namen der verschiedenen deutschen Regionen, aber auch masurische, polnische, tschechische und italienische unterscheiden.[10]

Auffallend ist die Vielzahl der genannten Haushaltsvorstände in der Siedlung. Die Familiengrößen sind leider nicht dokumentiert, aber die Familien können in dieser Zeit nur ein oder zwei Zimmer bewohnt haben, da die Häuser nicht mehr Raum bieten. Die häufige Namensgleichheit der Familiennamen weist sicherlich auf Brüder oder Söhne der Familienvorstände. Einige dürften Kostgänger (Untermieter) gewesen sein.

Dass die Beamten von den Arbeitern getrennt und unter besseren Bedingungen wohnten, zeigen die viel geringeren Haushaltsvorstandszahlen und der großzügigere Zuschnitt der Häuser. Die Schönheit der Architektur und das ansprechende Straßenbild der Siedlung von 1902 standen im krassen Gegensatz zu den beengten und oft unhygienischen Wohnverhältnissen im Inneren der Arbeiterhäuser. Der Kampf der Arbeiter und Gewerkschaften um bessere Lebensbedingungen in der ersten Hälfte des 20. Jahrhunderts war eine Notwendigkeit.

Um nachzuvollziehen, wie die Wohn- und Lebensverhältnisse der damals hier lebenden Familien konkret aussahen, bedarf es einer anderen historischen Spurensuche. Das Museum im nahen Schloss Wittringen bietet einen guten Einblick in das Thema, unter anderem mit Fotos von einer polnischen Bäckerei und ihren Mitarbeitern.[11] Eine Vorstellung von den Lebensbedingungen vermitteln auch die Wohnhäuser auf der Zeche Hannover (L17).

Spurensuche an Bauwerken ist nicht nur ergiebig für vergangene Epochen. 1999 hat die in Deutschland lebende türkische Künstlerin Ayşe Erkmen eine Treppenhausverglasung für die Fachhochschule in Recklinghausen geschaffen, in der die Vornamen der ersten Studierenden zusammengestellt sind. Hier können vor allem die türkischen Vornamen von Studenten der Generation um 1980 als Hinweis auf die jüngere Einwanderungsgeschichte des Ruhrgebiets verstanden werden.

1 Roland Günter, Im Tal der Könige, Essen 1994, S. 86–92.
2 Franz-Josef Jelich (Hg.), Wegweiser zu industrie- und sozialgeschichtlichen Museen, Essen 2005. – Vgl. auch www.domit.de, die Internetseite des Dokumentationszentrums und Museums über die Migration in Deutschland e. V.
3 Vgl. z. B.: Hans Göbel, Spaziergänge in Erle, Schriftenreihe zur Ortskunde, Heft 3, 1990, hrsg. vom Verein für Orts- und Heimatkunde, Gelsenkirchen-Buer, S. 41–43.
4 Gustav Koepper (Hg.), In Schacht und Hütte, Reutlingen 1912, S. 334 f.: »Auch die Polin ... rote Bluse und blaue Perlenschnur ... Der Rock leuchtet ... in bunten Farben ... Die Haare sind ... zu Flechten geschlungen und als solche um den Kopf gelegt ... Die Bewohnerschaft von Recklinghausen zählt 25 Prozent Polen, und es ist kein Wunder, daß diese sich hier in ihren Eigentümlichkeiten zeigen genauso, wie an einem Ort an der russischen Grenze.«
5 Susanne Peters-Schildgen, Schmelztiegel Ruhrgebiet, Essen 1997, S. 122–179. Bestehende ostpreußische Gebetsvereine in Gelsenkirchen-Erle, in: Vereine formen einen Ortsteil, Schriftenreihe zur Ortskunde, Heft 2, 1988, Verein für Orts- und Heimatkunde, Gelsenkirchen-Buer, S. 74–81. Polnische Vereine in Gladbeck, in: Georg Schmidt, ... den arbeitenden Polen durch Lesen und Belehren in polnischen Schriften und polnischer Sprache mit Rat und Tat beizustehen, Beiträge zur Gladbecker Geschichte, Heft 2, Gladbeck 1990.
6 Siehe Peters-Schildgen 1997 (wie Anm. 5), S. 96–122.
7 Kurz nach 1930 wurde das Ehrenmal als Rechteckplatz mit flankierenden Ziegelsteinwänden gestaltet. Eine der Gefallenentafeln des Jahres 1917 führt folgende Namen auf: Isenbeck, Joh. / Kaisler, Adolf / Kaminski, Franz / Kaschewski, Joh. / Kaspereck, Andr. / Kipp, Wilhelm / Kirchgessner, Alf. / Kiwitt, Karl / Klam, Nikol. / Klar, Wald. / Klein, Joh. / Kleisa, Frz. / Klopries, Paul / Klopries, Wilh. / Kobusch, Heinr. / Kohler, Gustav / Konarski, Jos. / Koster, August / Kozielski, Seraph / Kranig, Anton.
8 Renate von Poser und Rudolf Schäfer, Kirchenausstattungen, Regensburg 1999.
9 Wir danken dem Stadtarchiv Gladbeck für die freundliche Unterstützung. Aus dem Adressbuch von Gladbeck, herausgegeben aufgrund amtlicher Listen, Gladbeck i. W., Herbst 1908, werden hier die Bewohner der Häuser Phönixstraße Nr. 10, 12, 54 und 56 genannt. Haus Nr. 10: Hannig, Max, Schmied / Jäckel, Fritz, Bergmann / Jäckel, Gustav, Steiger / Jäckel, Karl, Steiger / Sendrowski, Franz, Bergmann / Simon, Richard, Tagesarbeiter / Simon, Joseph, Tagesarbeiter / Schön, Heinrich, Bergmann. Haus Nr. 12: Kacznarz, Karl, Bergmann / Katschmarz, Alois, Bergmann / Kenda, Anton, Bergmann / Klavora, Johann, Bergmann / Krajewski,Peter, Bergmann / Opara, Bernhard, Bergmann / Parzeck, Karl, Bergmann / Petrusek, Johann, Witwe / Rauch, Emil, Bergmann / Rot, Florian, Bergmann / Zagar, Franz, Bergmann / Zagar, Johann, Bergmann / Zagar, Johann, Bergmann. Haus Nr. 54: Barth, August, Schlosser / Raesfeld, Eduard, Hilfssteiger. Haus Nr. 56: Ahns, Peter, Steiger / Terwelp, Heinrich, Hilfssteiger.
10 Veronika Grabe, Polen und Polnischsprachige im Ruhrgebiet gestern und heute, in: Industriedenkmalpflege und Geschichtskultur, 2, 2007, S. 55–60.
11 Jelich 2005 (wie Anm. 2). – Zu den Lebensbedingungen von Einwandererfamilien: Gudrun Nositschka, Die Hoffnung zog mit: von Ostpreußen ins Ruhrgebiet. Eine Familiengeschichte, (2. Aufl.), Bonn 1992.

rechts:
Recklinghausen, Fachhochschule, Treppenhausverglasung der türkischen Künstlerin Ayşe Erkmen, 1999. Hier sind die Vornamen der ersten Studierenden an der FH zusammengestellt, darunter viele türkische Vornamen von Studenten der Generation um 1980.

links:
Gladbeck, Phönixstraße, Gebäude der Bergarbeitersiedlung der Zeche Graf Moltke I/II, 1902.

L1

Schutz für Bewohner einer blühenden Handelsstadt – Stadtmauer Duisburg

Am alten Wehrgang und Kuhlenwall, 47051 Duisburg

Trotz eines befestigten Königshofes war die reiche Marktsiedlung Duisburg, die schon im frühen Mittelalter durch ihre Lage am Rhein ein bedeutender Handelsplatz war, für die einfallenden Wikinger eine leichte Beute, denn im Jahr 883 existierte noch keine Stadtmauer.

Erst um 1120 wurde zum Schutz für die blühende Handelsstadt die erste Stadtmauer erbaut, die den Burgplatz und das Händlerviertel großflächig umschloss. Sie bildete die Grenze zwischen Stadt und Land und schied damit auch unterschiedliche Rechtsräume. Die Stadtmauer aus dem 12. Jahrhundert besaß noch keine gemauerten Zinnen; es fehlten auch noch Türme und Schießscharten. Dafür verfügte sie anscheinend über Wall und Graben, und zur Verteidigung hatten die Duisburger einen hölzernen Wehrgang an der Mauer befestigt. Die letzte Erweiterung wurde im 13. Jahrhundert notwendig, denn die Stadt dehnte sich nach Südwesten aus und umfasste neue Siedlungsbereiche. Nun gliederten insgesamt 21 Voll- und Halbtürme die Duisburger Stadtmauer. Hinzu kamen die vier Stadttore: Schwanentor, Kuhtor, Marientor und das Stapeltor.

Diese Anlage überdauerte in großen Teilen die Jahrhunderte bis hin zur Industrialisierungsphase im 19. Jahrhundert. Vor Beginn der Bombardierungen im Zweiten Weltkrieg existierten immerhin noch zwei Drittel der Mauer. In der Nachkriegszeit wurden weitere Teile abgetragen. Heute lässt sich nach Restaurierungsarbeiten ein Viertel der Stadtmauer abschreiten und einen Eindruck von der mittelalterlichen Stadt gewinnen.

L2
Frühe Christen begründen Bischofsburg – Dom zu Xanten

Markt 17, 46509 Xanten

Die Colonia Ulpia Traiana, wenige hundert Meter nördlich der Altstadt von Xanten gelegen, war nach Köln die größte Stadt der römischen Provinz Niedergermanien. Nach Plünderungen durch die Germanen im 3. Jahrhundert und mit dem Ende der römischen Herrschaft wurde die Stadt aufgegeben. Anfang des 6. Jahrhunderts etablierte sich hier eine erste Christengemeinde, und es entstand ein Memorialbau für die Märtyrer Mallosus und Viktor – Keimzelle der späteren Stiftskirche. Um 800 wurde eine erste Saalkirche errichtet, die in der Folge zu einem dreischiffigen Bau erweitert wurde. Erzbischof Brun von Köln ließ um 960 eine Bischofsburg errichten, um Xanten zum nördlichsten Stützpunkt des Bistums auszubauen. Nach etlichen Um- und Erweiterungsbauten wurde am 11. August 1263 der Grundstein für einen Neubau der Stiftskirche gelegt, der 1519 im Wesentlichen abgeschlossen war. Es entstand ein fünfschiffiger Bau in gotischer Formensprache. Kreuz- und Sterngewölbe sowie die Maßwerkfenster zeugen von der prachtvollen Ausstattung des 13. Jahrhunderts.

Mit der Errichtung dieses Großbaus nahm der Pilgerverkehr zum Xantener Dom stetig zu. Die Gläubigen kamen in großen Scharen, um den Viktorschrein, der zwischen 1129 und 1150 geschaffen worden war, zu sehen. Er steht heute im Zentrum des Hochaltars.

L3
Anlaufstelle für Pilger und Autofahrer – Kapelle St. Bartholomäus

Wattenscheider Hellweg 251, 44867 Bochum-Sevinghausen

Um 1364 wurde in Stalleiken am Hellweg, zwischen Essen und Bochum, ein Pilgerhaus mit Kapelle neu gegründet. Stifter waren die Ritter von Leithe, die das Haus zur Aufnahme von Fernpilgern errichteten, die sich keine Unterkunft in der Stadt leisten konnten. Patron des kleine Gotteshauses aus Bruchsandstein ist der Hl. Bartholomäus. Der zweijochige Raum besitzt zwei durch Gurtbogen getrennte Kreuzgratgewölbe.

Die ursprüngliche Bezeichnung »Pilgrimhaus und Hospital« verlor sich mit der Zeit, denn die Fernpilger wurden immer seltener. In der Folgezeit wurde es als Hospital zu Wattenscheid benannt, der Pilger wurde zum Reisenden oder Wanderer und das Haus zum Gasthaus. Nach Schäden im Dreißigjährigen Krieg wurde die Kapelle renoviert und leicht vergrößert.

Die dritte und vorerst letzte Nutzung erfuhr die Kapelle im 20. Jahrhundert. Nach dem Neubau der Kirche zu Sevinghausen 1908, der durch erheblichen Zuzug von Neubürgern notwendig geworden war, sollte die schnell verwahrlosende Kapelle zunächst abgebrochen werden, doch sie blieb erhalten und eine umfassende Renovierung erfolgte von 1971 bis 1972. Heute ist sie durch ein kleines Schild als »Autofahrerkapelle« betitelt.

L4

Pilger und Handelsleute unterwegs im märkischen Sauerland – Evangelische Stadtkirche

heute: evangelische Jakobuskirche,
Schulstraße 3, 58339 Breckerfeld

Die heutige Kirche, ein vollständiger Neubau aus der Zeit um 1390 und nach 1415, ist sicherlich in Zusammenhang mit der Stadtwerdung 1396 zu sehen. Es ist die einzige hochgotische Basilika in Westfalen. Sie war dem Patron der Pilgerreise geweiht: dem Hl. Jakobus. Die relativ bequeme Höhenstraße, die von Dortmund über Breckerfeld nach Köln und Frankfurt führte, war nicht nur Kaufleuten, sondern auch den Jakobspilgern bekannt. Die Jakobuskirche und ihr Hospiz dienten vor allem lokalen Pilgern, die stellvertretend für die große Pilgerreise nach Santiago nur einen Abschnitt des Wegs gingen.

Ein Lettner separierte einst eine kleine Klerikergemeinschaft von Vikaren im Chor – genannt werden Marien-, Andreas- und Nikolausvikarie – von der Laiengemeinde in Querhaus und Kirchenschiff. Die drei Schlusssteine der Querhausgewölbe weisen auf die drei hier aufgestellten Altäre: in der Mitte vor dem Lettner der Jakobusaltar, der Schutzpatron der Pilger, den sich auch die Gilde der Breckerfelder Stahlschmiede zum Schutz gewählt hatte; ein Marien- und ein Nikolausaltar standen vor den Ostwänden der Seitenschiffe mit dem Jakobusaltar in einer Reihe. Das Querhaus war also der Versammlungsort für die Pilger, die an den Altären ihre Messen halten konnten, und könnte somit als eigentliche Jakobus-Pilgerkirche bezeichnet werden. Dies wird dadurch unterstrichen, dass noch 1757 Pilgermuscheln die Schlusssteine rahmten oder an einer Leuchterkette angebracht waren.

Einen weiteren Versammlungsraum hatten vermutlich die Kanoniker über der Sakristei, wo sich einst ein Raum mit weiter Öffnung zum Chor befand. Ihre Aufgabe war neben der »Bedienung« der Altäre auch die Pilgerbetreuung.

L5

Von Südamerika nach Essen-Steele – Grabmal des Ignatius Fortuna in der Kapelle der Fürstin-Franziska-Christine-Stiftung

Steeler Straße 642–646, 45276 Essen-Steele

Spätestens seit der Mitte des 17. Jahrhunderts hatte jeder Fürstenhof, der etwas auf sich hielt, seinen »Kammermohren«. Ignatius Fortuna, der »Kammermohr« der Essener Fürstäbtissin Franziska Christine von Pfalz-Sulzbach, war mit etwa elf Jahren durch den Kaufmann Franz Adam Schiffer aus Südamerika nach Essen gekommen. Ignatius stand am ganzen Hof in höchstem Ansehen. Selbst der fürstliche Beichtvater schätzte den »Herrn Ignaz«. Aus den Quellen ist bekannt, dass er – anders als andere Diener – in allen Residenzen der Fürstin eigene beheizte Zimmer in ihrer Nähe bewohnte.

Die meisten »Kammermohren« starben angesichts des rauen Klimas in Europa früh. Doch Ignatius Fortuna hatte ein hohes Alter von etwa 65 Jahren erreicht, als er am 24. November 1789 starb. Gemäß dem Testament der Fürstin wurde er in ihrer Nähe in der Kapelle ihrer Stiftung beigesetzt. Diese war von der Fürstäbtissin für die Waisenkinder des Essener Stiftsgebietes gegründet worden. Die Dreiflügelanlage ist neben dem Borbecker Schloss das einzige säkulare Bauwerk aus stiftischer Zeit in Essen. Die Grabstätte des Ignatius Fortuna, vor allem aber die kostbare Ausstattung der Kapelle, in der auch Ignatius gebetet hat, locken immer wieder Neugierige an.

Plaggenhütte auf der Bönninghardt um 1890.

L6

»Wo Volk ist, da fließen Abgaben« – Pfälzer Ansiedlung Bönninghardt

Bönninghardter Straße und Umgebung, 46519 Alpen

Emigranten aus der Pfalz, die auf ihrem Weg nach Amerika an der niederländischen Grenze gestoppt worden waren, ließen sich 1740 auf der Gocher Heide am Niederrhein nieder. Der Staat warb weitere Kolonisten für diese Region an, denn »wo Volk ist, da fließen Abgaben«, und so siedelten sich bald auch auf der Bönninghardt bei Alpen Menschen an.

Die Siedler versuchten, das karge Gebiet urbar zu machen und errichten aus Graßsoden und rohen Holzstämmen Plaggenhütten mit Dächern aus Heidekraut. Die Landwirtschaft auf der Heide war mühsam und nährte nur die wenigsten Familien. Einige Siedler banden Besen, die sie in den umliegenden Gemeinden verkauften.

Die Bönninghardt wurde zum Problem der Region, als sie zum Unterschlupf für »zwielichtiges Gesindel« verkam. Der mit Spenden finanzierte Bau der evangelischen Schule 1851 und der Kirche 1861 sollte den »moralischen Verfall« der Siedlung stoppen. Als der Staat tiefe Brunnen anlegte, die Erfindung des Kunstdüngers auch Ernten auf schlechten Böden ermöglichte und Bönninghardt 1885 Anschluss an die Eisenbahn bekam, ging es mit den Lebensbedingungen der Siedler bergauf.

1827 verkauften die Gemeinden Alpen und Huck einen Großteil des Weidelandes auf der Bönninghardt, das daraufhin vom preußischen Militär als Exerzier- und Pferdesportplatz genutzt wurde. 1939 wurde hier ein Segelflugplatz errichtet, der bis zum Ende des Zweiten Weltkriegs als Stützpunkt des Militärs diente.

Heute kann man auf der Bönninghardt die rekonstruierten Plaggenhütten der ersten Siedler besichtigen.

L7
Polnische Arbeiter für die Gewerkschaft Deutscher Kaiser – Siedlung Josefs-Kolonie (»Jupp-Kolonie«)
An der Abtei | Bremenstraße | Buschstraße | Dr.-Heinrich-Laakmann-Straße, 47166 Duisburg

Um 1900 kamen die ersten polnischsprachigen Zuwanderer nach Duisburg-Hamborn. Hamborn entwickelte sich binnen weniger Jahre zu einem der Zentren der Arbeitsmigration aus den östlichen, ehemals polnischen Provinzen Preußens: 1911 war etwa ein Viertel der rund 20 000 Bergleute polnischer Herkunft. Bei der Gewerkschaft Deutscher Kaiser hatte sogar ein Drittel der Arbeiter polnische Wurzeln. In der »Jupp-Kolonie« gab es daher auch polnische Geschäfte.

Aufgrund der starken Zuwanderung und der damit einhergehenden Wohnungsnot begann der Wohnungsbau der Gewerkschaft Deutscher Kaiser schon um 1880. Die »Jupp-Kolonie« war eine der ersten Werksiedlungen Hamborns. Hier wie anderswo wurden Arbeiter nicht nur mit bezahlbarem Wohnraum versorgt, die phasenweise hochmobilen Bergleute wurden so auch sesshafter und blieben dem Unternehmen als Stammbelegschaft erhalten. Mit dem Bau von zehn schlichten Arbeiterdoppelhäusern entstand in den frühen 1880er Jahren der erste Teil der Juppkolonie (An der Abtei 49–83). Ihren schlichten, rechtwinkligen Grundriss erhielt die Siedlung 1897, drei weitere Ausbauphasen folgten bis 1930.

Heute werden die Wohnungen in der ehemaligen Bergarbeitersiedlung durch Immobilienunternehmen zum Verkauf oder zur Miete angeboten. Vor allem für Familien mit Kindern dient die ehemalige Zechenkolonie weiter als attraktive grüne Wohnsiedlung.

L8
Verständigung zwischen holländischen und deutschen Schiffern – Schifferbörse
Gustav-Sander-Platz 1, 47119 Duisburg

Seit Jahrhunderten pflegten Niederländer enge Kontakte zum Niederrhein – und umgekehrt. Ende des 19. Jahrhunderts trieb eine Wirtschaftskrise Zehntausende Niederländer auf der Suche nach Arbeit ins Ausland. Viele ließen sich im Raum Duisburg nieder und wurden Bergleute, Gärtner oder Hafenarbeiter. Ein Augenzeuge berichtet, dass man im dem Gewirr vor der Duisburger Schifferbörse bei der Festlegung von Fracht- und Schlepplohn, »ebenso viele holländische wie deutsche Laute« gehört habe.

In der Schifferbörse wurden Frachtaufträge zwischen Reedern, Händlern, Spediteuren und Schiffern abgeschlossen. Die Börse gab den Beteiligten täglich einen Überblick über die abgeschlossenen Frachtgeschäfte und gab ihnen damit einen besseren Einblick in das Gebaren der Makler. Es war die einzige Einrichtung dieser Art in Deutschland. Mit der 1934 vorgenommenen Festlegung der Frachttarife entfiel die Börsenfunktion. Die Schifferbörse nutzt noch immer die oberen Räume, in der Hauptsache dient das Gebäude jedoch einem gastronomischen Betrieb mit Biergarten.

Die 1901 nach Plänen von Bernhard Hertel im repräsentativen skandinavischen Baustil der Fachwerk-Renaissance mit reichverzierter Holztäfelung und schweren dunklen Eichenmöbeln im Inneren errichtete Schifferbörse wurde im Zweiten Weltkrieg schwer beschädigt, durch Brandstiftung wurden die noch erhaltenen Bauteile 1946 bis auf die Grundmauern zerstört. Das heutige Gebäude aus dem Jahr 1951 wurde von dem Düsseldorfer Architekten Wilhelm Schmidt als Ziegelbau mit glatten, einfachen Formen entworfen.

L9

Arbeiterviertel für die Bergwerke der August-Thyssen-Hütte – Dichtersiedlung

Quartierbüro: Goetheplatz 1, 47166 Duisburg-Marxloh

Das Dichterviertel ist zusammen mit der anschließenden Siedlung Felix-Dahn-Straße die größte zusammenhängende Arbeitersiedlungsbebauung in Duisburg. Das Viertel wurde kurz nach 1900 durch die Thyssen'schen Bergwerke Gewerkschaft Deutscher Kaiser errichtet. Hier entstanden zunächst vornehmlich zweieinhalbgeschossige Mehrfamilienhäuser auf sehr engem Raum, die von Arbeitern aus den ehemals polnischen Ostprovinzen Preußens, aus Italien, den Niederlanden und weiteren Heimatländern bewohnt wurden.

Die Eingänge der Häuser lagen zur Hofseite, wo den Arbeiterfamilien Stallungen für ihre Ziegen, Schweine und Kleinvieh sowie ausgedehnte Nutzgärten zur Verfügung standen. Die kleinen Wohnungen waren aufgrund des angespannten Wohnungsmarktes selbst nach damaligen Maßstäben überbelegt. Das lag unter anderem an den sogenannten Kostgängern, junge und unverheiratete Männer, die als Arbeiter nach Duisburg kamen und zur Untermiete bei den Familien wohnten. 1905 kamen auf eine Mieterfamilie nicht selten fünf Kostgänger, sodass mitunter über zehn Personen in einer Wohnung lebten. Vor dem Hintergrund dieser Lebensumstände fand die freie Arbeiterbewegung hier wie in weiten Teilen des Ruhrgebietes nach 1900 erheblichen Zuwachs. Im »roten« Dichterviertel kam es wie in vielen anderen Arbeitersiedlungen schon 1932 zu gewalttätigen Übergriffen der Nationalsozialisten, deren Aktionen hier allerdings zu besonders heftigem Widerstand und schweren Auseinandersetzungen führten.

Heute werden die Wohnungen von der Rhein-Lippe-Wohnstätten GmbH verwaltet und zu etwa 60 Prozent von überwiegend türkischstämmigen Familien bewohnt.

L10

Calvinistische Niederländer strömen nach Duisburg – Betsaal der Holländer

Dr.-Hammacher-Straße 6, 47119 Duisburg

Zwischen der niederländischen Bevölkerung und derjenigen am Niederrhein bestanden schon seit Jahrhunderten enge Kontakte. Nach einer Wirtschaftskrise am Ende des 19. Jahrhunderts ließen sich viele Niederländer im Ausland, vor allem auch am Niederrhein, nieder, um hier neue Arbeit zu finden.

Die der calvinistischen Glaubensströmung anhängenden Niederländer fanden sich aber nur schwer in der Liturgie der deutschen Lutheraner zurecht, deshalb entstanden zwischen 1898 und 1904 in Duisburg und Ruhrort vier niederländische Gemeinden, zwei streng calvinistisch ausgerichtete und zwei gemäßigte. In den Anfangsjahren füllten sie große Säle mit mehreren hundert Plätzen und versammelten sich unter anderem im Gemeindehaus an der Dr.-Hammacher-Straße in Ruhrort. Der 1902 und 1903 von Karl Siebold errichtete historisierende Bau zeigt die unterschiedlichsten stilistischen Formen, wie rundbogige Zwillings- und Drillingsfester, Gesimse und Rundbogenfriese.

Bis das Gebäude 2008 verkauft wurde, versammelten sich hier die niederländischen Gläubigen. Heute kommen sie im Haus Ruhrallee 14 zusammen. Zu größeren Gottesdiensten findet sich die Gemeinde in der Kapelle in Laar ein, die auch schon um 1900 als Versammlungsort einer calvinistischen Gemeinde gedient hatte.

L11

Arbeiter bringen ihren Glauben mit ins Ruhrgebiet – Polnischer Betsaal

heute: Yildirim-Beyazid-Moschee, Reinerstrasse 35, 47166 Duisburg

Bruckhausen bei Ruhrort wurde nach 1880 binnen weniger Jahrzehnte radikaler umgekrempelt als andere Orte im boomenden Ruhrgebiet: Die kleine Bauernschaft hatte 1840 kaum 250 Einwohner. 1889 begannen hier die Arbeiten für Schacht 3 des Bergwerks »Gewerkschaft Deutscher Kaiser«. Zeitgleich kaufte dessen Hauptanteilseigner August Thyssen 1889 binnen zweier Monate über 122 Hektar Grund in der Bauerschaft Bruckhausen, die ihm dadurch fast ganz gehörte. Ende 1891 ging dort sein Stahl- und Walzwerk in Betrieb, die Keimzelle der heutigen »August Thyssen Hütte« (ATH). Ihr großer Bedarf an Arbeitern ließ etliche Siedlungen aus meist privaten Arbeiterwohnhäusern, Läden und Kirchen entstehen.

Gezielt warb die Hütte Menschen aus vielen Teilen Europas an, doch die meisten Arbeiter kamen aus Polen; diese setzten sich im Wesentlichen aus katholischen Polen aus Posen, Westpreußen und Schlesien sowie aus mehrheitlich evangelischen Polen aus den ostpreußischen Masuren zusammen. Jede Zuwanderergruppe brachte ihre Kultur und Religion mit. Für evangelische Masuren entstand 1904 der Betsaal im Hinterhof der Reinerstraße 2. 1923 wurden hier Notwohnungen eingerichtet.

Heute besteht der überwiegende Teil der Bevölkerung in Bruckhausen aus türkischstämmigen Menschen. Als Yildirim-Beyazid-Moschee hat der ehemalige masurische Betsaal heute wieder eine sakrale Nutzung. Die Yildirim Beyazit Camii ist eine Moschee des Dachverbandes der türkisch-islamischen Moscheengemeinden (DITIB). Die Gemeinde wurde 1995 gegründet und hat etwa 310 Mitglieder. Dem Moscheeverein in Bruckhausen gehören überdurchschnittlich viele ältere Migranten der ersten Generation an.

L12

Arbeitsmigranten im Duisburger Norden – Hüttenvorort Bruckhausen

Rund um die Dieselstraße, 44805 Duisburg-Bruckhausen

Bruckhausen bei Ruhrort wurde nach 1880 binnen weniger Jahrzehnte radikaler umgekrempelt als andere Orte im boomenden Ruhrgebiet. 1889 begannen hier die Arbeiten für Schacht 3 des Bergwerks »Gewerkschaft Deutscher Kaiser«. Zeitgleich kaufte dessen Hauptanteilseigner August Thyssen fast ganz Bruckhausen auf. Ende 1891 ging dort sein Stahl- und Walzwerk in Betrieb, die Keimzelle der heutigen »August Thyssen Hütte« (ATH). Das Verwaltungsgebäude der Thyssen AG ist ein vierflügeliger Backsteinbau, der einen Innenhof umschließt. 1903 und 1904 wurde das Gebäude nach Plänen von C. Bern zur gegenüberliegenden Werksanlage hin ausgerichtet.

Der große Bedarf an Arbeitern ließ ab 1905 in unmittelbarer Nähe zu den Hochöfen einen Vorort aus meist dreigeschossigen Arbeiterwohnhäusern, Läden und Kirchen entstehen. Noch ist der enge Zusammenhang von Werk und Vorort wie an der Dieselstraße sichtbar. Gezielt warb die Hütte Menschen aus vielen Teilen Europas an; die meisten Arbeiter kamen aus Ostpreußen. Um 1910 war ein Viertel der Bevölkerung polnischer Herkunft.

L13

Polnische Seelsorger im Ruhrgebiet – Redemptoristenkloster

Klosterstraße 30, 44787 Bochum

1868 wurde der Grundstein für den Bau des Bochumer Redemptoristenklosters gelegt und zwei Jahre später die im Stil der Neoromanik errichtete Kirche eingeweiht.

Die römisch-katholischen Redemptoristen waren 1732 in der Nähe von Neapel als Congregatio Sanctissimi Redemptoris (Kongregation des Heiligsten Erlösers) gegründet worden. Im 19. Jahrhundert entstanden die ersten Niederlassungen außerhalb Italiens.

Während des Kulturkampfs – im Jahr 1873 – schloss die preußische Regierung das Kloster in Bochum und verwies die Ordensmitglieder des Landes. Nachdem die Kirche zunächst von anderen Bochumer Gemeinden genutzt worden war, berief das Bistum Paderborn mit Józef Szotkowski den ersten polnischen Seelsorger mit Sitz im Kloster. Szotkowski organisierte bald die Seelsorge im gesamten Ruhrgebiet und förderte die Gründung von kirchlichen Vereinen. So wurde das Kloster zum Zentrum der Polenseelsorge in der Region. Sein Nachfolger, Franciszek Liss, führte diese Seelsorge nicht nur weiter, sondern war zudem auch politisch aktiv. Ende 1890 gründete er den Wiarus Polski, die erste polnischsprachige Zeitung des Ruhrgebiets, und schuf damit ein Medium, das den Zusammenhalt der Polen im Ruhrgebiet förderte.

Während des Zweiten Weltkriegs wurde das Kloster durch die nationalsozialistische Geheime Staatspolizei aufgelöst und diente als Unterkunft für Umsiedler aus Litauen. Im September 1943 brannten Kirche und Kloster nach Luftangriffen völlig aus, wurden aber bald darauf wiederaufgebaut.

L14

»Klein Warschau« an der Ruhr – Straßenzug Am Kortländer

Am Kortländer 2–14, Bochum

Die Mehrheit der polnischen Arbeiter, die seit den 1870er Jahren ins Ruhrgebiet gekommen waren, wollte ihre Kultur und Gepflogenheiten auch in Deutschland beibehalten. Die meisten besaßen zwar die deutsche Staatsbürgerschaft, fühlten sich aber als Polen, pflegten ihre Sprache und sozialen Kontakte. Die mangelnde Integrationsbereitschaft war vor allem Folge der verbreiteten Fremdenfeindlichkeit seitens der einheimischen Bevölkerung, der Behörden und Arbeitgeber. Obwohl die Polen auf den Ruhrzechen einen unverzichtbaren Teil der Belegschaften ausmachten, wurden sie abschätzig behandelt und politisch unterdrückt. Sie mussten untergeordnete Arbeiten verrichten und galten als Lohndrücker. Verschiedene Gesetze und Verordnungen untersagten die Verwendung der polnischen Sprache.

Angesichts dieser Situation entstanden im Ruhrgebiet seit den 1890er Jahren zahlreiche polnische Vereinigungen und Organisationen. Neben lokalen Sport-, Gesangs- und Gebetsvereinen wurden mehrere Institutionen von überregionaler Bedeutung gegründet. Ihr Sitz war in Bochum, das damit zum ruhrpolnischen Zentrum wurde.

Im Umfeld des ehemaligen Bochumer Redemptoristenklosters siedelten sich an der heutigen Straße Am Kortländer unter anderem die Arbeiterbank – Bank Robotników eGmbH –, die Polnische Gewerkschaftsvereinigung – Zjednoczenie Zawodowe Polskie (ZZP) – und die Filiale der Handelsbank – Kasa depozytowa Bank Handlowy eGmbH – an. Wegen der dichten Folge polnischer Institutionen hieß die Straße Am Kortländer im Volksmund »Klein-Warschau«. Noch heute erinnert die verblasste Inschrift der Bank Robotników auf der Seitenwand des Hauses Nr. 2 an die lange polnische Tradition.

L15

»Von Stratenhoff bis Arslan ...« – Bergmannshäuser

Am Rübenkamp 2, 6, 8, 44793 Bochum-Hordel

»Von Stratenhoff bis Arslan« hieß 2005 eine Ausstellung des LWL-Industriemuseums in den heutigen Museumshäusern: Von den Erstbeziehern, die um 1890 meist aus der westfälischen Umgebung kamen, bis hin zu den türkischen Familien seit den 1970er Jahren waren Menschen verschiedenster Herkunft in den schlichten Bergmannshäusern Am Rübenkamp zu Hause. Auslöser für die enorme Zuwanderung war die Zeche Hannover. Sie prägte die Entwicklung der Bauernschaft Hordel ab 1856, als noch weniger als 200 Menschen hier lebten. 50 Jahre später waren es fast 5000. Sie kamen aus dem Ruhrgebiet und bald auch aus Hessen, aus Ost- und Westpreußen sowie der Provinz Posen, aus Schlesien und anderen Regionen. Nach 1945 zog die Zeche Flüchtlingsfamilien und angeworbene Neubergleute aus ganz Deutschland an. Die letzte Generation der Neu-Hordeler bildeten ab 1970 Familien aus Italien, Marokko und der Türkei.

1905 bis 1911 kaufte die Zeche die drei identischen eineinhalbstockigen Backsteinhäuser, von denen nach Kriegsschäden heute nur noch das mittlere den Originalzustand aufweist. Errichtet wurden sie 1890 und 1891 von einem Steiger und zwei weiteren Hannover-Bergleuten. Zwei der Bauherren bezogen selbst die Eigentümerwohnungen. Wie damals üblich, wiesen alle Mieträume Türen zum Hausflur und zu den Nachbarzimmern auf. So konnten die Vermieter Ein- oder Mehrraumwohnungen bilden – teils lebte eine ganze Familie in einem Zimmer. Jedes der drei Häuser hatte durchschnittlich zehn Mietparteien, denen rechnerisch je 13 Quadratmeter Wohnfläche zur Verfügung standen. Ställe und große Gärten dienten der Nebenerwerbslandwirtschaft. Über 110 Jahre brachten die Bewohner landwirtschaftliche Traditionen ihrer jeweiligen Heimat hierhin mit.

L16
Lippische Wanderziegler in Witten – Ziegelei Dünkelberg
heute: Zeche Nachtigall, LWL-Industriemuseum,
Nachtigallstraße 35, 58452 Witten

Seit 1897 ließ Wilhelm Dünkelberg auf dem Gelände der ehemaligen Zeche Nachtigall zwei Hoffmann'sche Ringöfen zur Ziegelproduktion errichten, die bis 1963 in Betrieb waren. In der Ziegelei arbeiteten während der Kampagne in der warmen Jahreszeit lippische Wanderziegler, die in ihrer Heimat angeworben worden waren. Als erfahrene Spezialisten ermöglichten sie den reibungslosen Ablauf der Produktion.

Seit Beginn der Industrialisierung um 1850 arbeiteten viele Männer aus dem ehemaligen Fürstentum Lippe als Wanderziegler auf den neuen großen technisierten Ziegeleibetrieben im Ruhrgebiet. Zum Höhepunkt dieser saisonalen Pendelwanderung um 1900 verließen bis zu 30 Prozent der männlichen erwerbstätigen Bevölkerung Lippes als Wanderziegler ihre Heimat, die ein traditionelles Abwanderungsgebiet ist.

Die zwei unter Denkmalschutz gestellten Hoffmann'schen Brennöfen und der große Schornstein bestimmen das Erscheinungsbild des LWL-Industriemuseums Zeche Nachtigall. Die Arbeiter der Ziegelei Dünkelberg wohnten in den 1920er Jahren während der Kampagne im umgebauten Werkstattgebäude der ehemaligen Zeche. Dort schliefen sie auf engstem Raum und hatten kaum Privatsphäre.

Die Dauerausstellung in einem der Ringöfen dokumentiert das Leben und die harten Arbeitsbedingungen der lippischen Wanderziegler in der Fremde, fernab von ihren Familien.

L17
Wohnhäuser im »Heimatschutzstil« für die Stammbelegschaft – Zeche Hannover und Siedlung Dahlhauser Heide
44793 Bochum-Hordel

Die Zeche Hannover in Bochum besaß insgesamt sechs Schächte, die in zwei Schachtanlagen zusammengefasst waren (I/II/V und III/IV/VI). 1872 übernahm Alfred Krupp das Bergwerk und baute es weiter aus, was einen enormen Anstieg der Belegschaft zur Folge hatte. Bereits beim Kauf der Zeche formulierte Krupp klare Richtlinien für den geplanten Wohnungsbau, die darauf abzielten, die Arbeiter in Hordel zu halten und die Bindung einer Stammbelegschaft an die Zeche zu sichern.

Im Jahr 1890 erwarb die Firma Krupp das Baugelände für die Dahlhauser Heide in Hordel (heute zu Bochum gehörig). Der Bau der Kolonie Dahlhauser Heide war das umfangreichste Siedlungsprojekt, welches die Krupp'sche Zeche Hannover nach 1905 in Angriff nahm. Die Firma Krupp investierte in den Bau von Wohnhäusern, Schulen und anderen Gemeinschaftseinrichtungen über 4 000 000 Mark. Für die Siedlung waren 715 Arbeiterwohnungen geplant, die 1915 fertiggestellt waren; ursprünglich wohl vorgesehene Erweiterungen wurden nicht mehr realisiert.

Die Entwürfe für die Siedlung stammten von Robert Schmohl, der von 1891 bis 1924 Leiter des Baubüros der Krupp'schen Gussstahlfabrik war. Er schuf ein abwechslungsreiches Siedlungsbild durch variierende Haustypen sowie durch zahlreiche Platz- und Hofbildungen. Vielfältige Fassaden- und Dachgestaltungen der eineinhalbgeschossigen Zweifamilienhäuser sollten Monotonie in den Straßenfluchten vermeiden. Die Wohnhäuser erinnerten durch die tief heruntergezogenen Dachtraufen und das Zierfachwerk der Fassaden an westfälische Bauernhäuser. Zwischen zwei Häusern befanden sich jeweils Stallungen, hinter den Häusern ausgedehnte Nutzgärten.

Die Zechenkolonie wurde im Zweiten Weltkrieg nur zu einem kleinen Teil zerstört, der in den Nachkriegsjahren wieder aufgebaut wurde. Mittlerweile weitgehend privatisiert, dienen die Häuser unverändert zu Wohnzwecken.

L18
Italienische Gastarbeiter errichten deutsches Nationaldenkmal – Bismarckturm
Kanzlerweg, 58091 Hagen

Auf Initiative der örtlichen Gruppierung des Alldeutschen Verbandes und mit Spenden Hagener Bürger wurde auf dem Hagener Goldberg 1901 der Bismarckturm errichtet. Er erinnert an den ersten Kanzler des Wilhelminischen Kaiserreichs, Otto von Bismarck-Schönhausen. Die Realisierung eines deutschen Nationalstaates hatte einen regelrechten Bismarckkult ausgelöst.

Der 20 Meter hohe Bismarckturm ist aus Grauwacke gemauert und außen mit Ruhrsandstein verblendet. An der Fassade sind der Reichsadler und das Wappen Bismarcks angebracht. Der Entwurf sah an den Ecken des Turms wuchtige Säulen vor und eine Feuerschale von zwei Metern auf dem Plateau des Turmes; sie wurde allerdings nicht realisiert.

Der Hagener Bismarckturm ist nach einen Entwurf aus der Reihe »Götterdämmerung« des Dresdener Architekten Wilhelm Kreis gearbeitet. Die Bauleitung lag in Händen der Kommune. Realisiert wurde das Denkmal für den deutschen Nationalismus mithilfe italienischer Wanderarbeiter.

L19
Italienische Arbeiter ermöglichen modernen Wohnkomfort – Siedlung Margarethenhöhe
Kleiner Markt, 45149 Essen

Am 1. Dezember 1906 richtete Margarethe Krupp die »Margarethe-Krupp-Stiftung für Wohnfürsorge« ein. Die Aufgabe der Stiftung besteht bis heute in der Schaffung, Vermietung, Betreuung und Modernisierung von preisgünstigem Wohnraum. In diesem Sinne wurde in Essen 1909 mit der Planung einer Siedlung begonnen, deren Häuser ganz auf die Bedürfnisse von Kleinfamilien abgestimmt sein sollten. Mit einem Bad, WC und einer Zentralheizung verfügten sie über sehr modernen Wohnkomfort.

Die Siedlung Margarethenhöhe entstand zwischen 1910 und 1938 unter Leitung des Architekten Georg Metzendorf. Bei ihrem Bau sind nicht nur einheimische, sondern auch ausländische Arbeitskräfte beschäftigt gewesen. So wie hier fanden sich auf vielen Großbaustellen des Ruhrgebiets italienische Arbeiter: als Maurer und Hilfsarbeiter im Hochbau, als Spezialisten im Tunnel- und Schachtbau oder als Gleis- und Erdarbeiter im Eisenbahn-, Straßen- und Kanalbau. Viele von ihnen waren Saisonarbeiter, die in den Wintermonaten in die Heimat zurückkehrten und im Frühjahr wieder nach Deutschland aufbrachen. Häufig lebten sie in unmittelbarer Nähe der Baustellen in provisorischen Unterkünften. Die Italiener bildeten 1910 nach den Polen die zweitgrößte Gruppe ausländischer Zuwanderer im Ruhrgebiet.

In der Anlage der Siedlung wurden Aspekte der Gartenstadtbewegung Ebenezer Howards und der sachlichen Moderne umgesetzt. Mit ihrem Wohnkomfort sowie der Mischung der Funktionen Wohnen, Arbeit und Erholung gilt sie bis heute als Beispiel für modernen Siedlungsbau. Sie ist eine Ikone der Industriekultur im Ruhrgebiet.

L20

Schicksalsgemeinschaft –
Ehrenmal für das Grubenunglück auf Zeche Radbod

Ermelinghofstraße / Am Wemhoff,
59075 Bockum-Hövel (Stadt Hamm)

Auf der 1905 abgeteuften Zeche Radbod nordwestlich von Hamm kam es am 12. November 1908 kurz nach 4 Uhr morgens zu einem der schwersten Grubenunglücke des deutschen Steinkohlebergbaus, in dessen Verlauf 348 Bergleute – fast die gesamte Nachtschicht – ums Leben kamen. Ursache war eine Schlagwetterexplosion. Um die Grubenbrände löschen zu können, musste die Grube bis 200 Meter über der ersten Sohle geflutet werden. Im Oktober 1909 wurde die Förderung wieder aufgenommen, noch während die Aufräumarbeiten andauerten.

Das Unglück führte in vielen Ruhrgebietsstädten zu massenhaften Protesten gegen die Arbeitsbedingungen im Bergbau. Eine Konsequenz daraus war, dass ab 1909 elektrische Grubenlampen vorgeschrieben waren, um die Gefahr von Schlagwetterexplosionen deutlich zu verringern. Viele der Verunglückten stammten aus Polen und waren in der Folge des rasanten Wachstums der Zechenanlagen im Ruhrgebiet als Bergarbeiter eingewandert. Seit 1911 erinnert ein Ehrenmal, gestaltet von Professor Ernst Müller aus Braunschweig, auf dem Ehrenfriedhof in Bockum-Hövel an die Toten. Es besteht aus drei Teilen, einem 6 Meter hohen axialen Kreuz und zwei begleitenden Wandscheiben mit den Namen der Toten sowie zwei Postamenten mit je einem knienden betenden Bergmann und zwei trauernden Frauen. Das Ehrenmal zeigt, wie groß der Anteil der Polen an der Belegschaft war. Auffällig ist, dass viele der polnischen Namen eingedeutscht waren.

L21

Integrationszentren für Neu- und
Jungbergmänner im Ruhrgebiet –

Ledigenheim der Zeche Lohberg,
Stollenstraße 1, 46537 Dinslaken-Lohberg |
Pestalozzi-Dorf, Im Grund, 45327 Essen-Katemberg

Nach dem Zweiten Weltkrieg warben die Ruhrzechen um Neubergleute. Viele Kumpel waren gefallen und die zahlreichen Zwangsarbeiter in ihre Heimat zurückgekehrt. Nun kamen Neubergleute aus allen Teilen Deutschlands.

Für ledige Arbeiter betrieb der Bergbau schon lange Wohnheime wie das Ledigenheim der Zeche Lohberg. Es wurde 1916 eingerichtet und bot 542 Männern Raum. Die Bergleute lebten ungern im Heim – strenge Hausordnungen, Mehrbettzimmer und die reine Männergesellschaft blieben zweite Wahl. In der 1957 beginnenden Kohlenkrise wurden die meisten Heime geschlossen. Das Lohberger Heim wurde 1973 zur Sparkassenfiliale. Deutsche und türkische Vereine, christliche und islamische Religionsgemeinschaften sowie Einzelhändler nutzten in den darauf folgenden Jahrzehnten das Gebäude.

Ein anderes Konzept für zuziehende minderjährige Jungbergleute verfolgten die Pestalozzi-Dörfer, die der Schweizer Pädagoge Johann Heinrich Pestalozzi in den 1770er Jahren entwickelt hatte. Etwa 30 Dörfer dieser Art entstanden zwischen 1950 und 1955 im Ruhrgebiet. Das Pestalozzi-Dorf in Dinslaken-Lohberg war 1950 das erste der in Deutschland gegründeten Dörfer. Viele Jugendliche waren zwar körperlich bergbautauglich, litten aber unter psychischen Problemen vielfältiger Art. Die Unterbringung in einer Art Familienverband sollte den Jugendliche helfen, sich einzugliedern. Jedes Haus wurde von »Pflegeeltern« und sechs Jugendlichen im Alter von 14 bis 21 Jahren bewohnt. Die Pestalozzi-Eltern sollten den Lehrlingen eine geborgene Familiengemeinschaft bieten und ihnen die neue Heimat, das Ruhrgebiet, näher bringen, um sie sesshaft zu machen und sie an ihre Ausbildungszeche zu binden. Angesichts der häufig ländlichen Herkunft der Lehrlinge folgte die Architektur dem klassischen Angerdorf mit Wiese und lockerer, eingeschossiger Bebauung.

L22
30 Nationen auf Schalke – Glückauf-Kampfbahn
Ernst-Kuzorra-Platz, 45881 Gelsenkirchen

Maßgeblich beteiligt an zahlreichen Fußball-Meistertiteln waren die Schalker Stars Ernst Kuzorra und Fritz Szepan, die, wie die halbe Mannschaft in den 1930er Jahren, polnische Wurzeln besaßen. Der Verein bot damit einen Querschnitt der Gelsenkirchener Bevölkerung. Ein Großteil der Spieler arbeitete auf den benachbarten Zechen.

Nach dem rasanten sportlichen Aufstieg des 1904 gegründeten Schalker Vereins wurde 1927 der Bau eines eigenen Stadions beschlossen. Der Bau der Glückauf-Kampfbahn, deren Name auf den Bergmannsgruß Bezug nimmt. drückt die Verbundenheit zur lokalen Industrie und vor allem zum Bergbau aus und stand für die integrative Bedeutung des Fußballs. Die Urkunde im Grundstein vom 8. August 1927 vermerkte als Ziel: »Das Stadion soll dazu dienen, unsere Jugend zu kräftigen und zu stärken, damit sie ein neues, starkes Vaterland bildet.« Das im Sport gelebte Miteinander darf jedoch nicht darüber hinwegtäuschen, dass Polenfeindlichkeit weiterhin weit verbreitet war.

In der Zeit des Nationalsozialismus verhielt sich der Verein systemkonform. Fritz Szepan wurde Kapitän der Nationalmannschaft und trat in die NSDAP ein. Der Schulterschluss im Stadion war für das NS-Regime reine Propaganda. Entsprechend gefördert, liegen die größten Erfolge des Vereins in dieser Zeit. 1936 entstand die Haupttribüne mit einer zeitgemäß monumentalen Zugangsseite.

Das 1928 eingeweihte Stadion besaß 1200 Sitz- und 34000 Stehplätze. Da die Zuschauer nicht auf Tribünen, sondern auf Erdwällen standen, strömten bei wichtigen Spielen regelmäßig mehr Besucher auf die Anlage. Erst 1939 wurden in die Wälle feste Stehstufen eingebaut. Im Rahmen des Wiederaufbaus nach dem Krieg wurde der Eingangsbereich an der Kurt-Schumacher-Straße verändert und 1953 die Tribüne erweitert. Das letzte Schalker Spiel fand vor dem Umzug in das Parkstadion im Juni 1973 statt. 1986 wurde die Haupttribüne unter Denkmalschutz gestellt und das Stadion in den heutigen Zustand zurückgebaut.

L23

Deutsche Soldaten mit polnischen Namen – Ehrenmal im Wittringer Stadtwald

Harsewinkelstraße, 45964 Gladbeck

In den 1920er Jahren entstand im Wittringer Wald ein fußläufig erreichbares Naherholungsgebiet für die Arbeiter und ihre Familien, von denen etwa ein Drittel Polen waren. Neben Museum, Stadion und Freibad sollte ein Ehrenmal an die Gefallenen des Krieges erinnern. Die Grundsteinlegung fand – vermutlich bedingt durch die Weltwirtschaftskrise – erst 1933 statt und am 17. Juni 1934 wurde das Denkmal eingeweiht. Es war nach Plänen des Architekten Brüren auf einem leicht erhobenen Platz gestaltet worden. Auf kreisrundem Grundriss mit einem Durchmesser von rund 65 Metern erhebt sich eine sieben Meter hohe Arkade mit 16 Spitzbogenöffnungen. Auf der Innenseite der Arkade stand ursprünglich zu lesen: »Zur Ehre der Toten des Krieges. Zum Ruf für Geschlechter des Sieges«. Seit 1945 findet sich dort der Schriftzug »1914–1918. Zur Ehre der Toten der Kriege. 1939–1945«.

Die meisten Namenstafeln des Wittringer Ehrenmals sind verwittert, die Namen unleserlich. Doch wurden sie noch während des Ersten Weltkriegs in den Gladbecker Blättern in vier »Ehrentafeln der gefallenen Helden« veröffentlicht. Danach starben insgesamt 1430 Gladbecker als Soldaten an den verschiedenen Fronten des Ersten Weltkriegs, 30 Prozent von ihnen waren polnischer Herkunft.

Dem Ehrenmal wurde 1987 eine Edelstahlstele zur Erinnerung an alle Opfer von Krieg und Diktatur an die Seite gestellt. 1999 kam noch ein Gedenkzeichen für Deserteure hinzu. Damit erhielt das Ehrenmal einen neuen Charakter; es ist nunmehr Teil eines Ensembles, das die wechselhafte politische Gedenkkultur in unserer Gesellschaft symbolisiert.

L24

Eine Arbeit, die über die menschliche Kraft geht – Zwangsarbeiter-Barackensiedlung

Bergener Straße 116 a–i, 44807 Bochum-Hittrop

Das Lager Bergen wurde 1941 und 1942 für Zivilarbeiter der Zeche Constantin eingerichtet. Die heute noch vorhandenen neun Baracken des Lagers waren zunächst mit 70 sogenannten »fremdländischen Zivilarbeitern« belegt. Im Laufe des Krieges steigerte sich die Zahl laut Aktenangaben auf 600 Menschen, überwiegend zwangsverpflichtete Polen und Galizier.

Eine zentraler Weg erschließt die Barackensiedlung. Am Beginn dieses Weges liegt die Wachstube, daran schließt sich ein Platz an, der als Versammlungsort und Appellplatz diente. Soweit die ehemaligen Baracken nicht an diesem Platz stehen, erschließen drei mit Pappeln bestandene Sackgassen die übrigen Gebäude. Das Lager war gemäß mündlicher Überlieferung Gegenstand der Beweisaufnahme im Nürnberger Krupp-Prozess 1947, der sich vor allem mit der Behandlung von Zwangsarbeitern beschäftigte.

Das Fremdarbeiterlager diente nach Kriegsende weiter der Zeche. Denn mit der Rückkehr der verschleppten Zivilisten in ihre Heimatländer stand der Bergbau 1945 vor dem Problem des Arbeitskräftemangels. Die verbliebenen Stammbelegschaften waren größtenteils überaltert. Die aus dieser Erkenntnis groß angelegten Anwerbungskampagnen wurden aber dadurch behindert, dass es in den zerstörten Städten des Ruhrgebiets an Wohnraum fehlte. So wurden Zwangsarbeiterlager teils nahtlos zu Bergarbeiterheimen umgenutzt. Im Lager Bergen wurden in den 1950er Jahren etwa 100 Bergleute untergebracht.

In der heute im Eigentum der Stadt Bochum stehenden Siedlung, wohnten seit den 1960er Jahren zunächst »Gastarbeiter«. Heute leben die Menschen hier in einfachen Verhältnissen und nahezu idyllischer Umgebung, ohne sich der Geschichte des Ortes bewusst zu sein.

L25

Baracken für verschleppte und freie Europäer – Ehemaliges Zwangsarbeiterlager der Zeche Lothringen

Gewerkenstraße 10 c, 12, 44805 Bochum-Gerthe

Auf dem Gelände der ehemaligen Schachtanlage Lothringen III an der Gewerkenstraße erinnern neun von ursprünglich elf Baracken an das Lager, in dem 100 »Ostarbeiter« und über 300 sowjetische Kriegsgefangene im Sommer 1943 untergebracht waren. Mit Beginn des Zweiten Weltkriegs wurden die Belegschaften im Ruhrbergbau nach und nach durch ausländische Arbeitskräfte ergänzt: Bis Ende 1941 folgten rund 80000 Arbeiter den »Sonderwerbeaktionen« in befreundeten Staaten und besetzten Gebieten. »Westarbeiter« aus Belgien und Frankreich sowie Italiener und Kroaten bildeten die größten Gruppen. Im Sommer 1942 begann der Masseneinsatz sowjetischer Kriegsgefangener unter unmenschlichen Bedingungen. Zwischen Januar 1942 und Mitte 1944 wurden rund 215000 »Ostarbeiter« und Kriegsgefangene in die Zechenlager deportiert. Ihr Anteil an den Belegschaften betrug nun fast 40 Prozent.

Die Zechen errichteten zur Unterbringung in der Regel Barackenlager. Das Lager der Schachtanlage III entstand 1940 und 1941 als eines von vier Lagern der Zeche Lothringen. Die Baracken gruppieren sich um zwei ältere Backsteingebäude: die Elektrozentrale und die Waschkaue. Nach dem Krieg wurden die Baracken in kleinere Wohneinheiten aufgeteilt. 1983 entwickelte sich ein studentisches Wohnprojekt, das die Gebäude in den heutigen Zustand versetzte. Trotz dieser Umbauten ist die Grundstruktur des Lagers weitgehend erhalten; es kann damit als eines der wenigen noch vorhandenen Beispiele seiner Art in Deutschland gelten. Im August 2005 wurde es in die Denkmalliste eingetragen.

L26

Bauliche Relikte der Lebensumstände von Lagerinsassen – Zwangsarbeitersiedlung

Am Rapensweg 10, 13, 15, 16, 45731 Waltrop

An der Stadtgrenze zu Castrop-Rauxel wurde 1943 am Rapensweg ein »Ausländerlager« mit sieben Wohnbaracken, einer Küchenbaracke, einer Vorratsbaracke und einer Wach- und Revierbaracke für Zwangsarbeiter der Klöckner-Werke AG, Abteilung Bergbau, errichtet. Dieses umzäunte Lager wurde auch Ersatzlager Vinckestraße genannt. Erst 1952 und 1953 erhielten die Gebäude ihre jetzige Gestalt. Sie erhielten dabei die Dachaufbauten, wurden außen mit einer neuen Schale ummauert, insgesamt neu verputzt und in unabhängige Wohneinheiten unterteilt. Von den zehn Baracken existieren heute noch vier.

Nach 1945 wurden Flüchtlinge in das Lager eingewiesen, vornehmlich Bergarbeiter und ihre Familien. Später dienten die Baracken griechischen und türkischen »Gastarbeitern« als Wohnung. Bauliche Relikte, die die Geschichte von Zwangsarbeitern in Deutschland belegen, gibt es nur sehr lückenhaft. Daher illustriert die Siedlung in Waltrop – trotz etlicher zeitbedingter Veränderungen – die damaligen Lebensumstände der Lagerinsassen.

Zwangsarbeiter und Zwangsarbeiterinnen sowie Kriegsgefangene aus dem eroberten Ländern arbeiteten schwer, oft bis zur tödlichen Erschöpfung. Ihr Einsatz wurde in Deutschland als mit kriegsentscheidend eingestuft. Diese Frauen und Männer waren unübersehbar: am jeweiligen Arbeitsplatz, auf ihren meist unter Bewachung erfolgenden Märschen zur Arbeitsstelle, aber auch in der äußerst knapp bemessenen Freizeit, die sie außerhalb der Lager verbringen durften. Wohnhäuser freier Bürger grenzten an etliche der Lager. Die Folge der für die Bürger sichtbaren Zustände waren unterschiedlich. »Wegschauen« war die überwiegende Reaktion. Zwangsarbeiter berichten allerdings auch von spontaner und heimlicher Hilfe, zum Beispiel durch Lebensmittelgeschenke aus der Lagernachbarschaft.

L27

Gedenken an russische Kriegsgefangene – Kriegsgräberstätte Graf Beust

Gerlingstraße, 45139 Essen

Die Kriegsgräberstätte der ehemaligen Zeche Graf Beust erinnert an den Tod von 99 russischen Kriegsgefangenen und eines deutschen Wachoffiziers.

Beim Großangriff der alliierten Luftstreitkräfte am Abend des 12. Dezember 1944 suchten die Zwangsarbeiter einen Luftschutzstollen im nördlich der Zeche gelegenen Sessenberg auf, den sie selbst angelegt hatten. Nach einem Bombentreffer stürzten Teile des Stollens ein und begruben sämtliche Insassen. Die Verschütteten konnten nur noch tot geborgen werden. Sie wurden in den Stollen zurückgelegt und die Eingänge zugemauert, sodass sich ihre Gebeine immer noch hier befinden.

Bald nach Kriegsende wurde eine erste Gedenkstätte mit einer Gedenktafel in einem Holzrahmen eingerichtet. Ende der 1950er Jahre begannen beim Essener Friedhofsamt die Planungen zur Erneuerung der Gedenkstätte. 1962 wurde der Betriebshof der Essener Verkehrs-AG westlich des Stollens erneuert und im Zuge dieses Umbaus wurde auch die Gedenkstätte umgestaltet.

1964 entstand die neue Gedenkstätte im Bereich oberhalb des nördlichen Stolleneingangs. Das eigentliche Grabdenkmal, das Bronzerelief am Ende des kleinen Vorplatzes, wurde von dem Künstler Peter Weiß geschaffen und am 12. Dezember 1964, dem 20. Todestag der Kriegsgefangenen, wurde die Kriegsgräberstätte mit einer feierlichen Kranzniederlegung eingeweiht.

L28

Seismograf der Weltpolitik – Aufnahmestelle für Aussiedler, Zuwanderer und ausländische Flüchtlinge in Nordrhein-Westfalen

Wellersbergplatz, 59427 Unna-Massen

1951 wurde in Unna-Massen eine Siedlung mit weiß verputzten Häusern im normierten Sozialbaustil gebaut: ein Lager mit 1500 Plätzen für Flüchtlinge und Zuwanderer, die hier erstversorgt und vorbereitet wurden auf den Eintritt in das Land Nordrhein-Westfalen. Ab 1945 war das Durchgangslager zunächst in Siegen in der Kaserne am Wellersberg angesiedelt gewesen. Ein tristes Provisorium der unmittelbaren Nachkriegszeit, durch das die Transporte der Vertriebenen aus Schlesien geschleust wurden. Kurz darauf wurde in Unna-Massen direkt gegenüber der Bergbausiedlung Korsika die neue Aufnahmestelle mit Kindergarten, Schule, Sportplätzen und Krankenstation gebaut.

Die Nutzung der Gebäude als Flüchtlingswohnheime war eigentlich nur für eine Übergangszeit gedacht. Später sollten hier Bergleute einziehen. Doch die Zuwanderung brach nicht ab: 1955 kamen die letzten deutschen Soldaten aus der Kriegsgefangenschaft in der Sowjetunion frei; aus der DDR wanderten viele Menschen ein; Aussiedler aus Polen, Ungarn, Rumänien und Jugoslawien fanden hier eine Unterkunft. Bis vor kurzem bot die Aufnahmestelle Flüchtlingen aus aller Welt eine vorübergehende Bleibe. 2,5 Millionen Menschen aus über hundert Ländern hat die Landesstelle bis heute vorübergehend aufgenommen.

Im Juni 2009 wurde die Landesstelle für Auswanderer und Flüchtlinge geschlossen.

Ankunft in der Aufnahmestelle für Aussiedler, Zuwanderer und Flüchtlinge in Unna-Massen, 1955.

Herrschaft

Stefan Nies

Die schnurgerade Streckenführung der Bundesstraße 1 zwischen Unna und Werl ist kein Ergebnis autogerechter Verkehrsplanung der jüngeren Zeit. Sie sollte bereits seit 1817 schnelle Verbindungen aus dem Rheinland und Westfalen nach Berlin ermöglichen: von den preußischen Westprovinzen ins Kernland und in die Hauptstadt. Im Hilfshaus (H20) sollten die Reisenden einkehren und die Pferde versorgt werden.

Ganz anders die Trajektanstalt am Rheinufer bei Ruhrort-Homberg, sie trennte mehr, als dass sie verband. Zwar erleichterte es der dort noch erhaltene Hebeturm (H24), Eisenbahnwaggons auf eine Rheinfähre zu verladen – erforderlich war dieser Aufwand 1852 jedoch nur, da man hier aus Furcht vor einem französischen Einmarsch keine feste Brücke wünschte.

Sieht man dem Hebeturm, obwohl ein technisches Bauwerk, aufgrund seiner wehrhaften Gestaltung diese »herrschaftssichernde« Rolle noch an, ist das Hilfshaus ein eher unscheinbares Gebäude an der Bundesstraße. Beide Baudenkmale stehen aber im Zusammenhang mit herrschaftlichen Impulsen: das eine mit dem preußischen Landesausbau in Westfalen, das andere mit der Angst vor fremder Herrschaft durch den sogenannten Erbfeind Frankreich.

Der Versuch, ein Gebiet zu beherrschen, ein Herrschaftswechsel oder auch die Sicherung und dauerhafte Festigung von Herrschaft waren meist mit Baumaßnahmen, weit mehr als nur militärischer Art, verbunden. Nicht nur wenn die dauerhafte Herrschaftssicherung gelang, konnte dies impulsgebend sein und sich auf Art, Umfang und Stil der Bauten in dem jeweiligen Gebiet längerfristig auswirken. Auch die wechselnde Macht verschiedener Herrscher, der häufige Wechsel in der Zugehörigkeit zu einem Herrschaftsgebiet oder dessen vermeintliche oder empfundene Bedrohung konnten deutliche Spuren hinterlassen. Bauten, Siedlungsstrukturen und Verkehrswege von Territorien oder Regionen wurden von den jeweiligen herrschaftlichen Zielen geprägt, hinter denen militärische und administrative Motive genauso stehen konnten wie ökonomische und fiskalische Absichten.

Die zahlreichen Städte und Dörfer gehörten lange Zeit ganz unterschiedlichen Territorien an.

Für das Ruhrgebiet ist – was die Verwaltungsstrukturen angeht – zunächst die bis heute noch feststellbare Zersplitterung dieses Gebiets zu konstatieren, das erst seit der Industrialisierung als zusammengehörig wahrgenommen wird.[1] Die zahlreichen Städte und Dörfer gehörten lange Zeit ganz unterschiedlichen Territorien, kleinräumigen Verwaltungseinheiten und auch Wirtschaftsräumen an. Entsprechend vielfältig und unterschiedlich sind trotz der späteren industriellen Überformung die noch heute sichtbaren Spuren früherer herrschaftlicher Impulse aus verschiedenen Zeiten,[2] von denen im Rahmen des Projekts »Fremde Impulse« eine begrenzte Auswahl erhaltener Boden- und Baudenkmale präsentiert wird.

Als Bodendenkmale erhalten sind Spuren römischer Herrschaft. Der linksrheinische Nachbarraum des heutigen Ruhrgebiets gehörte für Jahrhunderte zum Imperium Romanum, sodass hier wegen der langen Dauer schon gar nicht mehr von »fremder« Herrschaft gesprochen werden kann (K1). Dagegen scheiterte eine tatsächliche Beherrschung der Gebiete rechts des Rheins durch die Römer, wenn sie denn überhaupt Ziel war. Ausgrabungen auf dem

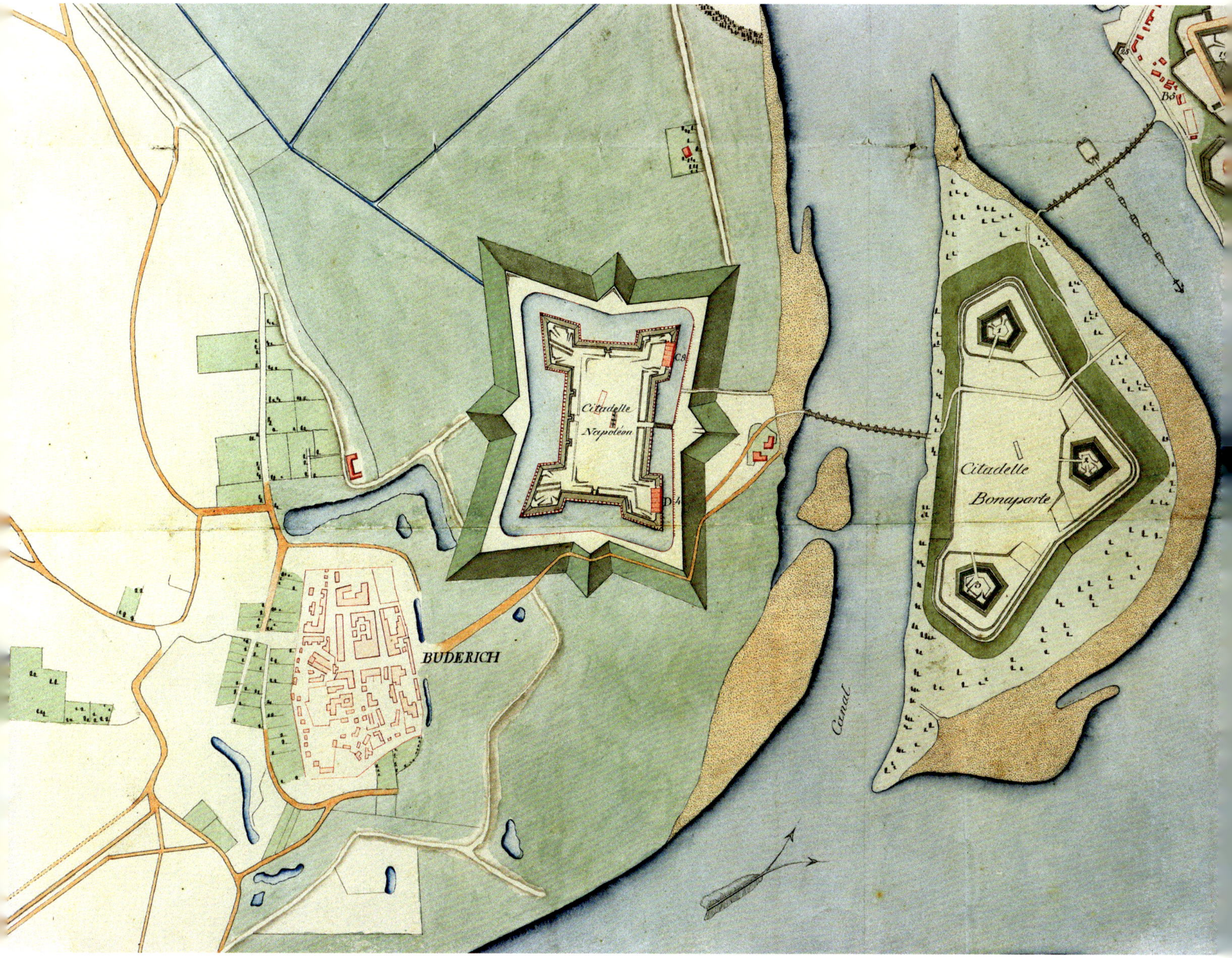

Die »Citadelle Napoléon«, das spätere Fort Blücher, und die »Citadelle Bonaparte« auf einem Festungsplan von Wesel-Büderich von 1808. Das Dorf Büderich (links) musste aus der Schusslinie genommen werden und wurde an anderer Stelle neu aufgebaut.

Gebiet der römischen Militärlager in Haltern und Bergkamen-Oberaden zeugen von diesem Teil römisch-germanischer Geschichte.[3]

Ebenfalls für Jahrhunderte wirkten die Franken nach ihrem Sieg über die Sachsen im Jahr 775. Besonders auf Karl den Großen (gest. 814) ist die Unterwerfung der zahlreichen Ethnien und Stammeskulturen zurückzuführen, die nach dem Zerfall des Imperium Romanum politisch und kulturell selbstständig agiert hatten. Die Christianisierung verfestigte die neuen politischen Machtstrukturen. Überreste karolingischer Bauten ebenso wie solche früher Kirchengebäude sind allerdings selten.[4] Die bei Dortmund auf der heutigen Hohensyburg erhaltenen Boden- und Baudenkmale und das ab 1892 errichtete Kaiserdenkmal spiegeln auf engem Raum die Umbrüche und Umdeutungen der Geschichte ausgehend von der karolingischen Eroberung bis zur deutsch-nationalen Instrumentalisierung dieses Orts (H3, H4).

In Essen übten jahrhundertelang Frauen die Herrschaft aus. Das kleine geistliche Fürstentum Essen unterstand bis zur Säkularisation 1803 der Fürstäbtissin eines Damenstifts. Die in der Essener Burgfreiheit und im Schloss Borbeck residierenden Stiftsdamen und Fürstäbtissinnen entstammten dem höchsten deutschen Adel und kamen zum Beispiel aus den Niederlanden, aus Bayern, Thüringen, Sachsen, Österreich oder der Schweiz. Ihre mitgebrachten, »fremden« Erfahrungen und Vorstellungen spiegeln sich auch in den erhaltenen Bauten wider.[5]

Zahlreiche Baudenkmale, insbesondere am Niederrhein, bezeugen die dortigen, oft militärischen Konflikte infolge von Reformation und Gegenreformation sowie dynastische Auseinandersetzungen. Teile dieser im heutigen Ruhrgebiet liegenden Gebiete gehörten in der Frühen Neuzeit zum niederländischen Einflussbereich, um den sich Spanier und Oranier stritten. Moritz von Oranien-Nassau, der Ende des 16. Jahrhunderts die Grafschaft und die Stadt Moers als Erbe erhalten hatte und dieses zunächst aus spanischer Hand erobern musste, ließ Schloss und Stadt zu einer der modernsten Festungen seiner Zeit ausbauen (H6). Durch Erbfolge gelangte die Grafschaft Moers dann 1702 an Preußen, woran ein Bronzestandbild der Kurfürstin Luise-Henriette erinnert, an dessen Sockel die vom Pfeil Amors durchbohrten und damit zusammengehefteten Wappen Nassau-Oraniens und Brandenburg-Preußens lehnen (H7).

Spanien ließ im 17. Jahrhundert aus militärischen Gründen einen Kanal am Niederrhein bauen, der den Rhein mit der Maas verbinden sollte.

Spanien ließ im 17. Jahrhundert aus militärischen Gründen einen Kanal am Niederrhein bauen, der den Rhein mit der Maas verbinden sollte. Das spanische Königshaus befand sich jahrzehntelang im Krieg mit den Vereinigten Generalstaaten, den sieben nördlichen Provinzen, um die Beherrschung der Niederlande. Eine Wirtschaftsblockade sollte die Generalstaaten zur Aufgabe zwingen und der Kanal, benannt nach der spanischen Statthalterin Isabella Clara Eugenia, sollte die Handelsschiffe vom Rhein zur Maas umleiten. Vollendet wurde der Kanal nie, er ist aber bei Rheinberg in Teilen erhalten (H8).[6]

Wesel, die bedeutende Festung am Niederrhein, wechselte vom 17. bis zum 19. Jahrhundert mehrfach den »Besitzer«, von den spanischen Niederlanden über die Generalstaaten zu Frankreich, bis es mit Unterbrechungen im Siebenjährigen Krieg und während der napoleonischen Herrschaft bei Preußen verblieb. Reste der Festung erinnern an die Rolle Wesels in diesen Konflikten. Unter Napoleon wurde Wesel, obwohl rechtsrheinisch, aus militärischen Gründen unmittelbarer Bestandteil des Kaiserreichs Frankreich und die Festung weiter ausgebaut (H16, H17). Für den Bau der zusätzlichen Zitadelle Bonaparte in direkter Nachbarschaft riss das französische Militär das Dorf Büderich ab. Es wurde dann später, allerdings erst unter preußischer Herrschaft nach dem Wiener Kongress, an anderer Stelle wieder aufgebaut (H19).[7] Aus der französischen Zeit der linksrheinischen Gebiete stammt in Xanten ein Obelisk, den die kleine Gemeinde dort nach einem Besuch Napoleons aufstellen ließ (H18).

Als infolge des Wiener Kongresses 1815 die politische Landkarte Europas neu gezeichnet wurde und viele ehemals selbstständige Herrschaftsgebiete Preußen zufielen, gehörten große Teile des heutigen Ruhrgebiets bereits seit mehr als 200 Jahren zu Brandenburg-Preußen.[8] 1609 entstand nach dem Tod Johann Wilhelms, des Herzogs von Jülich, Berg und Kleve, durch eine ungeregelte Erbfolge ein Machtvakuum, bis im Vertrag von Xanten 1614 schließlich Kleve und die Grafschaft Mark Brandenburg-Preußen zugesprochen wurden.

Isoliert im Westen gelegen, spielten diese Provinzen für das preußische Herrscherhaus allerdings nur eine untergeordnete Rolle. Initiativen zum Landesausbau betrafen verstärkt die preußischen Kernlande, sodass eher wenige bauliche Hinterlassenschaften die Existenz der brandenburgisch-preußischen Herrschaft in der Zeit vor 1815 bezeugen (H11). Als beispielsweise 1661 Fachleute aus Solingen abgeworben werden konnten, die besondere Kenntnisse der Klingen- und Messerherstellung mitbrachten, sollten diese zunächst nicht weit von Berlin entfernt nahe Potsdam angesiedelt werden, wo ihnen aber sowohl Kohle als auch Gewässer mit ausreichendem Gefälle fehlten. Schließlich wurden sie in Eilpe (heute zu Hagen gehörig) und Wetter ansässig (KT4).[9]

Eine starke zentralistische Lenkung, die fast alle Bauaufgaben betraf, setzte hingegen erst im späten 18. Jahrhundert und verstärkt nach dem Wiener Kongress ein, als auch die restlichen Teile des heutigen Ruhrgebiets an Preußen fielen. Bis heute gibt es Reste des preußischen Landesausbaus und preußischer Architektur.[10] Entsprechende Baudenkmale sind im Rahmen dieses Projekts einbezogen worden, weil die preußische Herrschaft über Rheinland und Westfalen zwar mit der Zeit keine tatsächlich »fremde« mehr war, die Impulse aus dem fernen Berlin sich jedoch baulich niederschlugen.

Bis heute gibt es Reste des preußischen Landesausbaus und preußischer Architektur.

Die besondere Aufmerksamkeit der Regierung des Königs von Preußen im Westen zog die Saline Königsborn (heute zu Unna gehörig) auf sich, denn das Salzregal garantierte noch vor der Steinkohle höchste Einnahmen. Die wenigen Straßenbauten vor 1815 wie auch die Schiffbarmachung der Ruhr (1774 bis 1780) dienten der verkehrsmäßigen Erschließung der Saline, um den Antransport der Steinkohle und den Abtransport des Salzes zu erleichtern. Unter den zahlreichen technischen Neuerungen in Königsborn, die bald auch von anderen Salinen übernommen wurden, ragt die erste Dampfmaschine der westlichen preußischen Landesteile heraus, die 1799 in Betrieb genommene »Feuermaschine«. Eines der letzten erhaltenen baulichen Zeugnisse der Saline ist das 1817 fertiggestellte Amtshaus (H21).

Führende Stadt der Grafschaft Mark war Hamm, zunächst Garnisonsstadt, dann mit der märkischen Kriegs- und Domänenkammer auch Regierungssitz. Von den in Hamm ansässigen Behörden und Beamten (darunter Karl Freiherr vom Stein) gingen im ausgehenden 18. Jahrhundert Impulse zur Reformierung der wirtschaftlichen und gesellschaftlichen Verhältnisse der gesamten Provinz und damit auch des westfälischen Teils des heutigen Ruhrgebiets aus.[11] Die Ostenallee lässt diese Sonderstellung der Stadt noch erkennen (H13).

Die Ostenallee lässt die Sonderstellung der Stadt Hamm noch erkennen.

Als wohl bedeutendste preußische Impulse für die Verkehrsinfrastruktur und damit für die Steigerung staatlicher Einnahmen sind der Bau der Staatschausseen (H15, H20) und die Schiffbarmachung von Lippe und Ruhr zu werten (H14). Aber auch die zweckmäßige Architektur von Schulen, Kirchen und Pfarrhäusern spiegelt die preußische Präsenz wider, zumal viele auf typisierte Entwürfe aus den Händen der staatlichen Baumeister und des Landesbaumeisters zurückgingen, die wiederum von der Oberbaudeputation in Berlin unter Leitung Karl Friedrich Schinkels (ab 1830) dirigiert wurden.[12]

Von baulichen Auswirkungen fremder »Herrschaft« kann im Ruhrgebiet streng genommen seit den preußischen Impulsen nicht mehr die Rede sein.

Die politische und wirtschaftliche Liberalisierung im Preußen des 19. Jahrhunderts – von der Aufhebung der Eigenbehörigkeit (Abhängigkeitsverhältnis zum Grundherrn) der Landbevölkerung 1808 bis 1825 bis zum Rückzug des Staats aus dem Bergbau zwischen 1850 und 1870 – machte schließlich gerade im Gebiet zwischen Ruhr, Emscher und Lippe den Weg zu einer ungehemmten industriellen Entwicklung frei. Sie ließ das Ruhrgebiet erst entstehen und veränderte es baulich und landschaftlich wie nichts zuvor.[13] Von baulichen Auswirkungen fremder »Herrschaft« kann allerdings im Ruhrgebiet streng genommen seit den preußischen Impulsen nicht mehr die Rede sein. Weder die französische Ruhrbesetzung noch die alliierte Besatzung nach dem Zweiten Weltkrieg hat sich durch Bauten unmittelbar niedergeschlagen. Mit dem 1952 eröffneten Amerikahaus (H28) in Essen wollten die USA zur demokratischen Kultur der Deutschen beitragen und für die amerikanische Gesellschaft werben. In ganz Westeuropa sichtbare kulturelle und ökonomische Orientierungen an amerikanischen Vorbildern beeinflussten in den kommenden Jahrzehnten manche Bauvorhaben auch im Ruhrgebiet, wie das Beispiel des ersten Shopping Centers im Ruhrgebiet, dem Ruhrpark, zeigt (KT29).[14]

1 Der früheste Nachweis des Begriffs »Ruhrgebiet« findet sich in einer Publikation aus dem Jahr 1867, siehe Klaus Tenfelde, Raumbildung als ökonomischer, sozialer und mentaler Prozess, in: Mitteilungsblatt des Instituts für soziale Bewegungen, 39, 2008, S. 5–19.

2 Spätestens in den 1990er Jahren hat, dem Bewusstsein für die Industriekultur folgend, auch der Blick auf die Zeit vor der Industrialisierung an Popularität gewonnen (siehe beispielsweise die Ausstellung »Vergessene Zeiten. Mittelalter im Ruhrgebiet« im Ruhrlandmuseum Essen 1991). Auch im Kulturhauptstadtjahr 2010 widmen sich viele Projekte der vorindustriellen Geschichte des Ruhrgebiets. Vgl. z. B. die Sonderausstellung des LWL-Archäologiemuseums »Aufruhr 1225! – Ritter, Burgen und Intrigen«, Herne 2010, sowie den Führer »Burgen ›auf Ruhr‹«, Essen 2010; außerdem werden an mindestens 40 mittelalterlichen Burgen im Ruhrgebiet Informationsstelen aufgestellt. Auch das neue Ruhrmuseum in Essen, im Januar 2010 eröffneter Nachfolger des Ruhrlandmuseums, geht in seiner Dauerausstellung ausführlich auf die Zeit vor der Industrialisierung ein.

3 Siehe den Beitrag von Axel Heimsoth, Römische Herrschaft zwischen Rhein und Weser, in diesem Band.

4 Siehe das Kapitel »Glaube« in diesem Band, insbesondere den Beitrag von Roland Pieper, Frühe Kirchen und Klöster im Ruhrgebiet.

5 Siehe den Beitrag von Ute Küppers-Braun, Prinzessinnen brauchen ein Schloss, in diesem Band.

6 Siehe den Beitrag von Axel Heimsoth, Die Fossa Eugeniana, in diesem Band.

7 Siehe den Beitrag von Denis Kretzschmar, Wesel zwischen Preußen und Franzosen, in diesem Band.

8 Siehe Stephan Sensen u. a. (Hg.), Wir sind Preußen. Die preußischen Kerngebiete in Nordrhein-Westfalen 1609–2009, Begleitbuch zur Ausstellungsreihe »Wir sind Preußen«, Essen 2009.

9 Siehe den Beitrag von Dorothea Teßmer-Schwarze und Stefan Nies, Über die Wupper gehen ..., in diesem Band. – Die folgenden Ausführungen zu den baulichen Zeugnissen Preußens in Westfalen folgen weitgehend einem von Thomas Spohn im Rahmen des Projekts »Fremde Impulse« verfassten Arbeitspapier; siehe auch Thomas Spohn, Die baulichen Spuren Preußens, in: Westfalen – Hefte für Geschichte, Kunst und Volkskunde, 73, 1995, S. 95–154.

10 Spohn 1995 (wie Anm. 9). Für das Rheinland siehe Ingeborg Schild, Preußisch geprägte Architektur im Rheinland des 19. Jahrhunderts, in: Georg Mölich, Meinhard Pohl und Veit Veltzke (Hg.), Preußens schwieriger Westen. Rheinisch-Preußische Beziehungen, Konflikte und Wechselwirkungen, Duisburg 2003, S. 249–281.

11 Maria Perrefort, »Es gibt ausgezeichnete Köpfe hier«. Das preußische Hamm um 1800, in: Sensen 2009 (wie Anm. 8), S. 119–155.

12 Schild 2003 (wie Anm. 10), S. 253 f.

13 Siehe dazu das Kapitel »Kapital und Technologie« in diesem Band.

14 Siehe den Beitrag von Stefan Nies und Dorothea Teßmer-Schwarze »Im Kadett zum One-Stop-Shopping« in diesem Band.

Römische Herrschaft zwischen Rhein und Weser

Die Funktion der Militärlager an der Lippe

Axel Heimsoth

Unter der Herrschaft von Kaiser Augustus (23 v. Chr. bis 14 n. Chr.) stießen römische Truppen in den Raum zwischen Rhein und Weser vor. Zwar hatte zuvor schon Cäsar den Rhein überschritten, doch nun griff das Imperium Romanum im Rahmen von Militäroperationen immer weiter nach Osten aus. Allerdings waren diese Maßnahmen nur kurz und nicht von Erfolg gekrönt. Im Zeitraum um Christi Geburt fand eine Reihe von Feldzügen statt, um diesen rechtsrheinischen Raum zu befrieden.[1] Umstritten ist, ob die Ziele Roms weitergingen; so wird die These, Rom habe alle Gebiete bis zur Elbe eingliedern wollen, heute kritisch eingeschätzt.[2] Anhand der Quellen lässt sich eine generalstabsmäßig geplante Eroberung dieses Raums und der Plan zum Aufbau einer Provinz zwischen Rhein und Elbe nicht belegen.[3] Was sprach aus ökonomischen Gründen für eine Eroberung des rechtsrheinischen Raums? Bei einem Vorstoß nach Germanien hatten die Römer zwar Bernstein, Holz, Fleisch, Frauenhaar und menschliche Beute (Sklaven) vorgefunden beziehungsweise erbeutet,[4] doch andere Güter, die ökonomisch interessanter waren – wie das Getreide – Mangelware. Eher ist ein römisches Engagement rechts des Rheins damit zu erklären, dass sich das römische Militär immer tiefer in die (inner-)germanischen Angelegenheiten verstrickte.

Erste römische Feldzüge in Germanien

Rom war durch die Eroberung Galliens zum Nachbarn Germaniens geworden und hatte den linksrheinischen Raum okkupiert und in das römische Reich eingegliedert. Cäsar erklärte den Rhein zur Grenze zwischen Galliern/Kelten und Germanen und fixierte ihn als ethnische Grenze.[5] Doch unüberwindbar war der Fluss für die Germanen nicht. Sie stießen zu Plünderungszügen in römisches Gebiet vor und konnten 16 v. Chr. sogar den römischen Statthalter Lollius mit seiner Legion besiegen. Rom verlegte nun Truppen an den Rhein, die – was ein Novum darstellte – die lange Grenzzone sichern sollten. Es hatte bisher nicht zur römischen Politik- und Kriegsführung gehört, über Jahre so große Truppenverbände für defensive Aufgaben, allein zum Schutz einer Grenze abzukommandieren.[6] Das Militär sollte die Germanen im rechtsrheinischen Raum vor Angriffen abschrecken und die unterworfenen Völker in Gallien gefügig halten. Allerdings verfehlten die Maßnahmen ihr Ziel. Die Sugambrer nutzten Unruhen in Gallien dazu aus, – trotz der am Rhein stationierten Legionen – im linksrheinischen Raum zu plündern. 12 v. Chr. begann eine neue Phase in der römischen Germanienpolitik, ohne dass allerdings grundlegend die Vorfeldstrategie infrage gestellt worden wäre, das heißt, vom Rhein und seinen Nebenflüssen aus rückten römische Truppen gegen Germanen vor, um ihnen die römische Präsenz und Macht zu demonstrieren. Zwischen 12 und 9 v. Chr. kam es unter dem Oberbefehl des Nero Claudius Drusus, des Stiefsohns des Kaisers Augustus, zu einer Reihe von raumgreifenden Operationen rechts des Rheins.[7] Der römische Feldherr griff die germanischen Stämme an, die sich nicht in die römische Bündnispolitik integrieren lassen wollten. Deutlich werden sollte ihnen wohl der große Aktionsradius der römischen Armee.[8] Als Einfallstore

Rom verlegte Truppen an den Rhein, die die lange Grenzzone sichern sollten.

dienten den Römern das Lippetal, die Wetterau und die Täler der Lahn und des Mains. Zur »Beinahe-Katastrophe«[9] kam es, als sich Drusus 11 v. Chr. mit seinen Legionen gegen die Germanen wandte, diese sich aber zunächst hinter die Weser zurückzogen, um dann das römische Heer bei seinem Rückmarsch anzugreifen. Bei dem bisher nicht lokalisierten Ort »Arbalo« kam es zur Schlacht. Nur aufgrund der mangelnden taktischen Disziplin der Germanen konnte Drusus das Schlachtfeld als Sieger behaupten. Dieser Vorfall veranlasste wohl Kaiser Augustus, die Kampfhandlungen im rechtsrheinischen Raum aufgrund der erzielten Erfolge als abgeschlossen zu betrachten.[10]

Feldzüge allein zeigten nur kurzfristig Erfolge.

Drusus legte 11 v. Chr. die ersten Militäranlagen im rechtsrheinischen Germanien an. Sie stellten vorgeschobene Bastionen dar, um den Gegnern die Macht Roms zu demonstrieren und sie von Vorstößen über den Rhein abzuhalten. Deutlich geworden war, dass Feldzüge allein nur kurzfristig Erfolge zeigten. Denn die germanischen Stämme waren mobil und zogen sich im Zweifelsfall zurück. Deshalb entstanden die ersten römischen Militärlager im rechtsrheinischen Raum. Eine der ersten Anlagen war das bei Bergkamen angelegte Lager von Oberaden (H1). Drusus errichtete es während seines Feldzugs von 11 v. Chr. Das Lager hatte die Funktion, die feindlichen Sugambrer unter Kontrolle zu halten. Die Anlage war mit ihren 56 Hektar so groß konzipiert, dass zwei Legionen und weitere Hilfstruppen Platz fanden. Das Holz-Erde-Lager maß etwa 840 mal 680 Meter in den Seitenlängen.[11] Hervorzuheben sind einige größere Gebäude, die zwischen der »principia« (Stabsgebäude) und dem Südtor lagen. Anscheinend war die militärische Führung bestrebt, standesgemäß zu leben.[12] Das Lager war die bedeutendste militärische Anlage in Germanien zu diesem Zeitpunkt. Doch es wurde um 8 oder 7 v. Chr. planmäßig von den Römern wieder aufgegeben, wohl nachdem die Germanen, die mit der Anlage in Schach gehalten werden sollten, umgesiedelt worden waren. Zu dem Zeitpunkt als das Lager aufgelöst wurde, scheinen etwa 40 000 Germanen von den Römern deportiert worden zu sein.[13]

Römische Lager an der Lippe

Oberaden war auf Nachschub über die Lippe zwingend angewiesen. Deshalb hatten die Römer bei Beckinghausen an der Lippe ein römisches Kastell errichtet. Es lag nahe bei Oberaden, sodass der Nachschub nur noch über eine Distanz von 2,5 Kilometern zum Lager transportiert werden musste. Doch außer Beckinghausen muss es weitere (kleinere) Lager gegeben haben, um einen reibungslosen Frachtverkehr zu gewährleisten. Archäologisch lassen sich bisher erst einige Lippelager nachweisen. Möglich ist, dass dasjenige bei Haltern erst im Zuge von ausbrechenden Unruhen in Germanien (1 n. Chr.) errichtet wurde (H2). In Haltern wurde auch eine Schiffswerft lokalisiert, ein Beleg für die Bedeutung dieses Lagers innerhalb des Logistiksystems. Haltern kam aber auch aufgrund seiner Größe und seiner Lagerstruktur eine herausgehobene Rolle innerhalb der Lippelager zu. Welche Wirkung hatte ein solches in einem »kulturfernen« Landstrich errichtetes Lager auf die Germanen? Haltern wirkte wie eine befestigte Stadt und muss für die Einheimischen ebenso furchterregend wie beeindruckend gewesen sein.[14]

Haltern kam auch aufgrund seiner Größe und seiner Lagerstruktur eine herausgehobene Rolle innerhalb der Lippelager zu.

Von einer Besetzung und damit »fremden« Beherrschung Germaniens kann nur punktuell, entlang der römischen Einfallstraßen wie der Lippe, gesprochen werden.[15] Die Römer legten eine Kette von Lippelagern an. Am Rhein lag als Operationsbasis das Legionslager Vetera an der Mündung der Lippe in den Rhein. Von hier fuhren die Frachtschiffe lippeaufwärts entlang der Lager in Holsterhausen (Dorsten), Haltern und Anreppen. Die Funktion der Militärstationen wird vornehmlich auf dem Gebiet der Logistik zu suchen sein. Als schnellste und sicherste Transportwege erwiesen sich die Flüsse.[16] In Anreppen legten die Römer eine Vielzahl von Speichergebäuden an. Bis hierher konnten wohl die römischen Transportschiffe fahren.

Karte der römischen Militärstützpunkte bis 9 n. Chr.

links:
Orden (phalera) eines thrakischen Reiteroffiziers, gefunden auf dem Gelände des Römerlagers Oberaden. Der Orden gilt als Beleg dafür, dass hier Reitereinheiten aus Thrakien (Balkan) stationiert waren.

Modell des Römerlagers Haltern im LWL-Römermuseum in Haltern.

Aus den hier angelegten großen Warenlagern wurden die Truppenverbände versorgt.[17] Anreppen war das Logistikzentrum für die Legionen, die tiefer nach Germanien vorstießen.

Römische Logistik in Germanien

Welche Bedeutung dem Nachschub zukam, wird deutlich angesichts eines Heers von drei Legionen, also etwa 25 000 Mann (einschließlich Hilfstruppen). Es benötigte 56 Tonnen Versorgungsgüter – pro Tag.[18] Jeder römische Feldzug nach Germanien wurde so zu einer Machtdemonstration Roms und auch zu einer Demonstration seines gut organisierten Nachschubsystems. Letzteres bestimmte den Radius der Feldzüge. Je mehr Vorräte die Einheiten hatten, desto weiter konnten sie vordringen und über entsprechend längere Zeiträume im (feindlichen) Germanien operieren. So stehen die Vorstöße von Drusus, Tiberius und Germanicus bis zur Weser und Elbe auch für eine effiziente Logistik. Teil dieses Systems war der Ausbau von Wegen, die Schiffbarmachung von Flüssen und der Aufbau von Umschlagstationen (einschließlich ihrer Sicherung). Hinzu kam der Bau von Frachtschiffen[19] und Frachtwagen. Die Frage stellt sich, in welchem Umfang die abhängigen germanischen Stämme und Hilfstruppen zum Wegebau und -unterhalt eingebunden waren. Ein weitmaschiges Netz von »limites«, also durch die Wälder angelegte Schneisen,[20] entstand. Es scheint aber insgesamt nur wenige Fernhandelswege gegeben zu haben. Ob auch der Hellweg zu diesen gehörte, ist unsicher. Wenn überhaupt scheinen die Römer diesem etwa 15 Kilometer weiter südlich der Lippe verlaufendem Weg nur bedingt Beachtung geschenkt zu haben.[21] Es mag sein, dass der Hellweg zu einem der »limites« gehörte, der einzelne Stämme miteinander verband. Bezeichnend ist, dass die Römer keine steinernen Straßen anlegten, ein Beleg dafür, dass sie nicht die Absicht hatten, Germanien zu provinzialisieren.

Die Lippe war bis zur Varusschlacht (9 n. Chr.) die wichtigste Nachschublinie in diesem Teil Germaniens. Ob die Römer aus ihren am Fluss angelegten Lagern auch (und in welchem Umfang) zivile Verwaltungsaufgaben wahrnahmen, muss offen bleiben.[22] In der Forschung umstritten ist, ob Rom Germanien, das bisher einer reinen Militärverwaltung unterstand, durch Ordnungsmaßnahmen in den zivilen Provinzialstatus überführen wollte.[23] Es scheint eher, dass die Römer – obwohl sie entlang einiger Flussläufe Militärlager errichtet hatten – nicht grundsätzlich ihre Strategie der Vorfeldsicherung aufgeben wollten.

Scheitern der Vorfeldstrategie

Die römische Form der Herrschaft zeigte nur kurzfristig Erfolg.

Die Lage blieb bis zur Ankunft des Varus (7 n. Chr.) instabil.[24] Rom suchte seine Ordnungsvorstellungen durchzusetzen: Die germanischen Stämme sollten militärisch unter Kontrolle gehalten und vertraglich zu Abgaben und zur Stellung von Truppen und Geiseln verpflichtet werden. Auch sollten so ihre Wanderungen unterbunden werden. Rom erwartete von den Germanen Gehorsam.[25] Diese Form von Herrschaft zeigte kurzfristig Erfolg, scheiterte aber langfristig. Der Aufstand der Cherusker, Brukterer, Marser und Chatten gegen das Heer des Varus 9 n. Chr. ist der beste Beweis.

Nach der Niederlage des Varus kam es zwischen 14 und 16. n. Chr. erneut zu Feldzügen gegen die Germanen unter dem Kommando des Germanicus. Kaiser Tiberius brach sie aufgrund zu hoher Verluste ab.[26] Die römischen Legionen zogen sich endgültig auf den linksrheinischen Raum zurück. Ihre Stützpunkte an der Lippe gaben sie auf.[27] Der Rhein wurde zur Grenze zwischen dem Imperium Romanum und der Germania libera. Die römische Herrschaft über den rechtsrheinischen Raum war gescheitert.

1 Vgl. Johann-Sebastian Kühlborn, Auf dem Marsch in die Germania Magna – Roms Krieg gegen die Germanen, in: Martin Müller, Hans-Joachim Schalles und Norbert Zieling (Hg.), Colonia Ulpia Traiana. Xanten und sein Umland in römischer Zeit, Geschichte der Stadt Xanten, Bd. 1, Mainz 2008, S. 67–91, hier S. 68.

2 Vgl. Peter Kehne, Limitierte Offensive: Drusus, Tiberius und die Germanienpolitik des augusteischen Prinzipats, in: Res publica reperta. Zur Verfassung und Gesellschaft der römischen Republik und des frühen Prinzipats, Festschrift für Jochen Bleicken zum 75. Geburtstag, Stuttgart 2002, S. 297–321, hier S. 303.

3 Rudolf Aßkamp, Aufmarsch an der Lippe. Römische Militärläger im rechtsrheinischen Germanien, in: 2000 Jahre Varusschlacht. Imperium, Ausst.-Kat. LWL-Römermuseum, Haltern am See 2009, S. 172–179, hier S. 172.

4 Vgl. Kehne 2002 (wie Anm. 2), S. 303.

5 Vgl. Rainer Wiegels, Aspekte römischer Germanienpolitik. Zum Verhältnis von Rom und Germanien im frühen Principat, in: Varusschlacht im Osnabrücker Land, Ausst.-Kat. Museum und Park Kalkriese 2009, S. 12–27, hier S. 15.

6 Vgl. Karl-Wilhelm Welwei, Problem römischer Grenzsicherung am Beispiel der Germanienpolitik des Augustus, in: Wolfgang Schlüter und Rainer Wiegels (Hg.), Rom, Germanien und die Ausgrabungen von Kalkriese. Osnabrücker Forschungen zu Altertum und Antike-Rezeption, Bd. 1, Osnabrück 1999, S. 675–688, hier S. 678.

7 Vgl. Reinhard Wolters, Die Römer in Germanien, München 2000, S. 28.

8 Vgl. Welwei 1999 (wie Anm. 6), S. 679.

9 Kehne 2002 (wie Anm. 2), S. 311.

10 Vgl. Wolters 2000 (wie Anm. 7), S. 36.

11 Vgl. Günther Moosbauer, Die Römer in Germanien. Was militärische Anlagen über die römische Politik verraten, in: Varusschlacht 2009 (wie Anm. 5), S. 33–43, hier S. 35.

12 Kühlborn 2008 (wie Anm. 1), S. 67–91, hier S. 75.

13 Johann-Sebastian Kühlborn, Oberaden, Stadt Bergkamen, Kreis Unna, und Beckinghausen, Stadt Lünen, Kreis Unna, Münster 2008, S. 24.

14 Vgl. Kühlborn 2008 (wie Anm. 1), S. 69.

15 Vgl. Peter Kehne, Zur Strategie und Logistik römischer Vorstöße in die Germania: Die Tiberiusfeldzüge der Jahre 4 und 5 n. Chr., in: Rom auf dem Weg nach Germanien: Geostrategie, Vormarschstraßen und Logistik, Internationales Kolloquium in Delbrück-Anreppen vom 4. bis 6. November 2004, Mainz 2008, S. 25–291, hier S. 255.

16 Rudolf Aßkamp, Imperium Konflikt Mythos. 2000 Jahre Varusschlacht, in: Rudolf Aßkamp und Christoph Schäfer (Hg.), Projekt Römerschiff. Nachbau und Erprobung für die Ausstellung »Imperium, Konflikt, Mythos. 2000 Jahre Varusschlacht«, Hamburg 2008, S. 10–19, hier S. 14.

17 Aßkamp 2009 (wie Anm. 3), S. 178.

18 Vgl. Kehne 2004 (wie Anm.15), S. 270.

19 Vgl. Aßkamp/Schäfer 2008 (wie Anm. 16). Heinrich Konen, Die Bedeutung und Funktion von Wasserwegen für die römische Heeresversorgung an Rhein und Donau in der frühen und hohen Kaiserzeit, in: Rom auf dem Weg nach Germanien: Geostrategie, Vormarschstraßen und Logistik, Internationales Kolloquium in Delbrück-Anreppen vom 4. bis 6. November 2004, Mainz 2008, S. 303–322.

20 Vgl. Dieter Timpe, Wegeverhältnisse und römische Okkupation Germaniens, in: Untersuchungen zu Handel und Verkehr der vor- und frühgeschichtlichen Zeit in Mittel- und Nordeuropa, Teil V, Der Verkehr. Verkehrswege, Verkehrsmittel, Organisation, Göttingen 1989, S. 83–107, hier S. 102.

21 Vgl. Eckhard Meineke und Thomas Schilp, Hellweg, in: Reallexikon der Germanischen Altertumskunde XIV, Berlin 1999, S. 313–317.

22 Vgl. Aßkamp 2008 (wie Anm. 16), S. 10.

23 Johann-Sebastian Kühlborn, Die Zeit der römischen Angriffe, in: Westfälische Geschichte, Bd. 1, Von den Anfängen bis zum Ende des Alten Reiches, Düsseldorf 1983, S. 143–166, hier S. 152.

24 Vgl. Welwei 1999 (wie Anm. 6), S. 680, 682.

25 Vgl. Wolters 2000 (wie Anm. 7), S. 41.

26 Vgl. Reinhard Wolters, »Tam diu Germania vincitur«. Römische Germaniensiege und Germaniensieg-Propaganda bis zum Ende des 1. Jahrhunderts n. Chr., Bochum 1989, S. 39.

27 Vgl. Aßkamp 2008 (wie Anm. 16), S. 10.

Die Fossa Eugeniana – Ein spanisches Kanalprojekt am Niederrhein

Axel Heimsoth

An einem Altrheinarm bei Rheinberg liegt eine der Schleusen der Fossa Eugeniana (H8). Das lateinische Wort für Graben, »fossa«, und der latinisierte Name einer spanischen Adeligen stehen für ein Kanalprojekt des 17. Jahrhunderts am Niederrhein: Ziel war ein verbindender Wasserweg zwischen Maas und Rhein. Eine Reihe von Schleusen war notwendig, um die landschaftlich bedingten Höhenunterschiede zwischen den beiden Flüssen zu überwinden. Es haben sich die Reste sowohl des Kanalbetts, der Schleusen und auch einige Schanzen erhalten. Im Gelände lassen sich von den 24 Schanzen noch neun teilweise finden.[1] Besonders gut ist das Kanalbett der Fossa Eugeniana zwischen Rheinberg und Kamp-Lintfort, entlang der Rheinberger Straße (B 510), erhalten. Auch an der Eugeniastraße ist das Bodendenkmal noch gut zu erkennen.[2] Verblüffend ist, dass Spanier den Kanal bauten. Sie legten ihn während ihrer Herrschaft am Niederrhein an.

Der Spanisch-Niederländische Krieg

Besonders gut ist das Kanalbett der Fossa Eugeniana zwischen Rheinberg und Kamp-Lintfort, entlang der Rheinberger Straße, erhalten.

Neu war die spanische Idee, den Rhein mit der Maas durch einen Kanal zu verbinden, im 17. Jahrhundert nicht. Schon im Altertum – so berichtet es der römische Schriftsteller Tacitus – hatte der Feldherr Corbulo im Jahr 47 n. Chr. einen Kanalbau zwischen Rhein und Issel (im Raum des heutigen Den Haag) befohlen. Neu waren aber die Gründe, warum ein Kanalprojekt angegangen wurde. Spanien griff aus militärischen Überlegungen auf dieses Mittel zurück, da es sich seit 1568 im Krieg mit den Vereinigten Generalstaaten (den »Staatischen«) befand. Die Niederländer hatten sich von der spanischen Herrschaft losgesagt und für unabhängig erklärt. Den Unabhängigkeitskampf trugen die sieben nördlichen Provinzen der Niederlande aus. Anders als die südlichen konnten sie sowohl militärisch als auch ökonomisch ihre Selbstständigkeit auf Dauer behaupten. Der Spanisch-Niederländische Krieg sollte als »Achtzigjähriger Krieg« in die Geschichte (1568–1648) eingehen. Einer der Kriegsschauplätze war der Niederrhein. Die verlustreichen Kämpfe mündeten 1609 in einen kurzen Waffenstillstand.

Die Realisierung der Fossa Eugeniana

Die letzte Phase des Spanisch-Niederländischen Kriegs wurde 1621 eingeläutet. Der spanische König Philipp III. von Spanien starb und sein Nachfolger, Philipp IV., leitete einen Strategiewechsel im Kampf um die Rückgewinnung der abgefallenen Provinzen ein. Er griff die Niederländer erneut an und verhängte zusätzlich noch eine Wirtschaftsblockade. Der niederländische Handel sollte durch diese Maßnahmen ausgetrocknet werden.[3] Teil dieser Strategie war der Verbindungskanal zwischen Maas und Rhein. Die Rheinschiffer sollten gezwungen werden, ihre Waren nicht weiter flussabwärts ins Mündungsgebiet, welches vom Gegner behauptet wurde, zu transportieren. Der Handel sollte über den Kanal zur Maas umgeleitet werden. Von hier aus wäre die Fracht per Schiff oder mit Wagen weiter nach Brügge, Gent und Antwerpen transportiert worden. Eine Verlängerung der Wasserverbindung zur Schelde war geplant.[4] So hätten – wenn der Kanal in Betrieb gegangen wäre – die Generalstaaten ihre Handelspartner an Mittel- und Oberrhein verloren, da sie gezwungen worden wären, ihre Güter in das Maasgebiet zu befördern. Wie wertvoll der Handel über den Rhein war, belegen die Zolleinnahmen von 1621. In Rheinberg betrugen sie 68 000 und in Venlo an der Maas 60 000 Taler.[5]

»Fossa Sancta Mariæ, quæ et Eugeniana dicitur vulgo De Nieuwe Grift« (Kanal der Hl. Maria, ebenso der Eugenia, umgangssprachlich genannt der Neue Kanal) in einer Karte des »Theatrum Orbis Terrarum, sive Atlas Novus in quo Tabulæ et Descriptiones OmniumRegionum, Editæ a Guiljel et Ioanne Blaeu« von 1645. Die nicht genordete Karte zeigt den Verlauf des geplanten Kanalbetts zwischen Rheinberg (rechts) und Venlo (links).

Die Spanier begannen 1626 mit den Bauarbeiten an der Anlage. Der Kanal verlief von Rheinberg über Geldern nach Venlo an die Maas.[6] Das Kanalbett war 1,4 Meter tief und (zu Beginn) für eine Breite von 9,65 Metern konzipiert. Die Höhenunterschiede wollten die Bauherren durch eine Reihe von Schleusen überwinden. Der erste Spatenstich fand am 21. September vor dem Xantener Tor der Stadt Rheinberg statt.[7] Der Kanal »Fossa Eugeniana« verdankt seinen Namen der spanischen Adeligen Isabella Eugenia Clara (1566–1633)[8]. Sie hatte von ihren Vater, König Philipp II. von Spanien, die spanischen Niederlande als Brautgeschenk bekommen.[9] 1599 heiratete sie Erzherzog Albrecht VII. von Österreich (1559–1621), der seit 1596 Statthalter der spanischen Niederlande war. Gemeinsam versuchte das Paar, die abgefallenen Provinzen wieder für die spanische Krone zu gewinnen. Nach dem Tod ihres Mannes Albrecht 1621 wurde Isabella zur Statthalterin dieses Territoriums ernannt; ein Amt, welches sie bis zu ihrem Tode 1633 innehatte.

Die Kanalbauarbeiten schritten 1626 zügig voran. Unter der Leitung von fünf Ingenieuren hoben 8000 Arbeiter und Soldaten das Kanalbett aus. 2000 von ihnen kamen aus der Pfalz, andere aus Flandern, dem Hennegau und Artois. Als Tagesverdienst erhielten sie zwölf Stüber, was dem Lohn eines Wegearbeiters in Geldern entsprach.[10] Um einem niederländischen Angriff

»Abbildung des ansehnlichen Treffens zwischen Grave Henrichen vom Berg, und den Holländern, geschehen den 8. Oct. 1626«, Kupferstich von Abraham Verhoeven, Stadtarchiv Rheinberg. Der Kupferstich thematisiert die Kämpfe um die »Newe Fahrt«, wie Verhoeven das Kanalprojekt bezeichnete, und gibt dabei fälschlicherweise den 8. Oktober statt den 2. Oktober 1626 an. Die Karte ist nicht genordet; der Kanal vom Rhein (unten) zur Maas (oben) findet sich vertikal ungefähr in der Mitte.

zuvorzukommen, griffen die Spanier selber an. Sie konnten am 2. Oktober 1626 bei Kalkar erfolgreich die »staatische« Reiterei aufreiben. Auf den erfolgversprechenden Beginn folgten die Probleme. Die Arbeiten ruhten im folgenden Jahr, denn es kam am Kanal zu Gefechten. Die Generalstaaten griffen am Schleusenkomplex bei Lingsfort an.[11] Nun zeigte sich, dass die Anlage nur schwer zu realisieren sein würde. Die Probleme lagen vor allem in der permanenten Geldknappheit der spanischen Krone, welche die mit Verve begonnenen Arbeiten stocken ließ. Ein weiteres Problem stellten die Kriegsereignisse am Niederrhein dar. Nur solange Spanien militärische Erfolge verzeichnen konnte, schritten die Baumaßnahmen voran. Sobald der Gegner die Chance bekam, den Kanal zu zerstören, wären die monatelangen Arbeiten zunichte gemacht. Deshalb versuchten die Spanier, Angriffe auf ihre Anlage durch den Bau von Bastionen und Schanzen zu verhindern. Die mit Truppen bemannten Verteidigungswerke sollten das Kanalbett und die Schleusen schützen. Es entstanden vier Bastionen und 24 Erdschanzen, die fast alle auf der den gegnerischen Truppen abgewandten (also südlichen) Seite errichtet wurden. Zwei der wichtigsten Bastionen waren im Westen Venlo und im Osten Rheinberg. Auch das zentral gelegene Geldern gehörte zu dieser Kategorie.

Die Maßnahmen zeigten aber nicht die erhoffte Wirkung, da sie nicht genügend Schutz vor den Angriffen der generalstaatischen Truppen boten. Diese griffen 1627, als die Spanier ihre Truppen zum Entsatz der Festung Grol (Groenlo) vom Kanal abgezogen hatten, die Schanze »Fort Royal« an. 40 Spanier konnten gefangen genommen und zwei Geschütze erbeutet werden. Die »staatischen« Truppen zerstörten auch Teile der Kanalanlage, indem sie bis in den Raum von Geldern die Baumaterialien verbrannten und sogar die Hütten der Arbeiter zerstörten.[12]

Doch die Spanier gaben nicht auf. Sie nahmen Anfang 1628 den Kanalbau wieder auf, obwohl sie weiterhin vor Angriffen der »staatischen« Truppen auf der Hut sein mussten. Doch ein Jahr später wendete sich endgültig das Blatt gegen die Spanier. Die niederländischen Truppen drangen das Maastal hinauf und nahmen Venlo, Roermond und Sittard ein. Mit der Einnahme von Venlo fiel ihnen der westliche Endpunkt der Fossa Eugeniana in die Hände. Nun hatten weitere Baumaßnahmen am Kanalprojekt wenig Sinn. Auch am Rhein befanden sich die linke Seite, rechts: Isabella Clara Eugenia von Spanien und Portugal (1566–1633), spanische Statthalterin der Niederlande, Gemälde von Juan Pantoja de la Cruz, Öl auf Leinwand, 1599, Bayerische Staatsgemäldesammlungen, Alte Pinakothek, München.

Spanier in der Defensive. Wesel und Büderich gingen an die Niederländer verloren. 1633 fielen Rheinberg und Orsoy an sie. Damit war auch der östliche Endpunkt der Fossa Eugeniana in der Hand der Feinde. Den Spaniern blieben in ihrem Verteidigungskonzept nur noch die Städte Geldern und Jülich übrig.[13] Zwar konnte Spanien in den folgenden Jahren wieder Boden gut machen, doch hatten sich die Pläne, einen Kanal zwischen Maas und Rhein zu realisieren, zerschlagen.

Auch wenn die Fossa Eugeniana nie fertiggestellt wurde, so kam den am Kanal angelegten Bastionen und Schanzen eine gewisse militärische Bedeutung zu.[14] Doch solche lokalen Erfolge können nicht darüber hinwegtäuschen, dass die Spanier mit ihrem Bemühen, die Niederländer zu schwächen, gescheitert waren. Es hatte sich nicht nur das Kanalprojekt zerschlagen, sondern auch die anderen spanischen Boykottmaßnahmen. Spanien musste die Blockaden aufgeben, da sie zu kostspielig waren und keinen unmittelbaren Erfolg zeitigten. Das Königreich war hoch verschuldet und zahlungsunfähig. Die europäische Großmacht hatte sich übernommen.

Weitere Kanalprojekte am Niederrhein

In den folgenden Jahrhunderten gab es immer wieder Pläne, einen Kanal zwischen Rhein und Maas zu verwirklichen. In preußischer Zeit wurden Überlegungen angestellt, einen solchen Kanal zwischen Arcen (Maas) und Beek (Rhein) zu bauen. Der »Groß-Friedrichs-Kanal« kam 1764 über das Entwurfsstadium nicht hinaus.[15] Einen ernsthaften Versuch machte erst wieder Napoleon Bonaparte. Wieder waren es politisch-strategische Gründe, wegen derer das Kanalprojekt vorangetrieben wurde. Ähnlich wie bei dem spanischen Versuch von 1626 ging es dem französischen Kaiser um eine Schwächung des nördlich von ihm gelegenen Territoriums, der Batavischen Republik (1795–1806). Mit dem Ziel ihren Handel zu schädigen und sie damit von Frankreich abhängig zu machen, sollte ein Kanal zwischen Rhein und Maas gebaut werden. Um sich ein Bild von möglichen Kanalverläufen zu machen, besuchte der Kaiser 1804 persönlich die Reste der Fossa Eugeniana. Er entschied sich aber bei seinem Bauprojekt für eine andere Linienführung und ließ 1806 den »Nordkanal« vorantreiben, der Venlo mit Neuss verbinden sollte. Die Arbeiten hatten allerdings zu dem Zeitpunkt ihren Sinn verloren, als die Niederlande in das französische Kaiserreich eingegliedert wurden. 1810 stellten die Franzosen die Arbeiten am Nordkanal ein.[16]

Neue Funktionen für die Fossa Eugeniana

Um sich ein Bild von möglichen Kanalverläufen zu machen, besuchte der Kaiser 1804 persönlich die Reste der Fossa Eugeniana.

Im Lauf ihrer Geschichte wurden die Rheinberger Schleuse und die realisierten Kanalstücke unterschiedlich genutzt. Um 1900 diente die Schleuse als Freibad, aber nur für kurze Zeit, denn ein Bergwerk nutzte das Teilstück zwischen Kamp und Rheinberg zur Entwässerung. Diese Zeche Friedrich-Heinrich (KT27) wandte sich 1907 mit der Forderung an die lokalen Behörden, die Abwässer über den Kanal ableiten zu dürfen.[17] In der Folge stellten sich Umweltverschmutzungen durch das eingeleitete Grubenwasser ein.

Ein größeres historisches, ökonomisches und touristisches Interesse an der Kanalanlage setzte ab den 1970er Jahren ein. 1983 wurde die Rheinberger Schleuse vom Rheinischen Landesmuseum zusammen mit dem Rheinischen Amt für Bodendenkmalpflege untersucht. Seit den 1990er Jahren fand die Anlage bei weiteren Institutionen Beachtung. Eine Gruppe von landwirtschaftlichen Betrieben im Venloer Raum fand sich 1995 zusammen, um ihre Produkte unter dem Namen »Fossa Eugenia« zu vermarkten.[18] Ihr Ziel ist es, ihre Produkte direkt und ohne Zwischenhandel in Deutschland und die übrigen europäischen Staaten sowie in die USA zu vertreiben. Besonders aber der Tourismus engagierte sich nun für die Kanalanlage. Entlang dem Kanalbett wurde ein Weg angelegt, der vom niederländischen Venlo bis zum deutschen Rheinberg führt und etwa 60 Kilometer lang ist. Es sind Arcen, Velden, Geldern und Straelen, die sich in diesem Grenzraum gemeinsam als eine Tourismusregion vermarkten. Obwohl die Fossa Eugeniana ein Kriegsprojekt war und es während der Bauphase zu einer Reihe von Verwüstungen und Zerstörungen kam, bietet die Idee, beide Ströme zu verknüpfen, heute die Chance, Menschen und Kulturen miteinander zu verbinden.[19] Aus dem spanischen Kanalprojekt ist ein deutsch-niederländische Tourismusroute geworden.

Kamp-Lintfort, Kanalbett der Fossa Eugeniana an der Brücke Nordstraße. Zwischen Kamp-Lintfort und Rheinberg verläuft der Kanal parallel zur Rheinberger Straße (B 510).

1 Die Reste des wasserführenden Kanalbetts, des sichtbaren (trockenen) Kanalbetts und der Schanzen sind grundlegend vorgestellt worden von Rolf-Günter Pistor und Henri Smeets, Die Fossa Eugeniana. Eine unvollendete Kanalverbindung zwischen Rhein und Maas 1626, Arbeitshefte 32, Landeskonservator Rheinland, Köln 1979. Darin enthalten eine Karte im Maßstab 1:100 000. Vgl. auch www.freizeit-ohne-grenzen.de.
2 www.rvr-online.de [Zugriff vom 9.3.2010].
3 Vgl. »Zu Nutz und Zier ...«. Kupferstiche aus dem Stadtarchiv Rheinberg, Schriften der Stadt Rheinberg zur Geschichte und Heimatkunde, Bd. 14, Rheinberg 2002, S. 72.
4 Volkwart Lyhme, Wirtschaftsgeschichtliche Aspekte der Fossa, in: Wolfgang Dassel (Hg.), Fossa Eugeniana. Weltgeschichte in der Region, Ausst.-Kat Niederrheinisches Museum für Volkskunde und Kulturgeschichte, Kevelaer 1997, S. 34–37, hier S. 36.
5 Vgl. Lyhme 1997 (wie Anm. 4), S. 36.
6 Vgl. Detlef von Detten, Die Schleuse der Fossa Eugeniana in Rheinberg, in: Dassel 1997 (wie Anm. 4), S. 98–100.
7 Vgl. »Zu Nutz und Zier ...« 2002 (wie Anm. 3), S. 72.
8 Allerdings hatte der Kanal ursprünglich von ihr den Namen »Fossa Sanctae Mariae« bekommen; vgl. Robert Plötz, Fossa Eugeniana oder Fossa Sanctae Mariae (Mariengrift), in: Dassel 1997 (wie Anm. 4), S. 39–49, hier S. 39.
9 Vgl. Lyhme 1997 (wie Anm. 4), S. 35.
10 Vgl. Pistor/Smeets 1979 (wie Anm. 1), S. 13.
11 Vgl. Albert Claßen, Schiffahrt und Handel auf der Fossa Eugeniana?, in: Dassel 1997 (wie Anm. 4), S. 62–67, hier S. 63.
12 Vgl. Pistor/Smeets 1979 (wie Anm. 1), S. 15.
13 Vgl. Jonathan Israel, Der niederländisch-spanische Krieg und das Heilige Römische Reich Deutscher Nation (1568–1648), Münster 1998, S. 111–122.
14 Vgl. Henri Smeets, Fossa Eugeniana, in: Dassel 1997 (wie Anm. 4), , S. 16–33, hier S. 16.
15 Vgl. Axel Heimsoth und Beate Olmer, Wasserbauten, in: Ulrich Borsdorf und Jürg Steiner (Hg.), WasserFälle. An Rhein und Maas, Ausst.-Kat. Medienhafen Düsseldorf 2002, S. 118–131, hier S. 119.
16 Vgl. Pistor/Smeets 1979 (wie Anm. 1), S. 17.
17 Vgl. Peter Gottschlich, Die Frühphase des Abwasserkanals Fossa Eugeniana (1906–1914), in: Dassel 1997 (wie Anm. 4), S. 86–90, hier S. 86 f.
18 www.fossaeugenia.com [Zugriff vom 9.3.2010].
19 www.freizeit-ohne-grenzen.de [Zugriff vom 9.3.2010].

Prinzessinnen brauchen ein Schloss

Schloss Borbeck – Residenz der Fürstäbtissinnen im Essener Norden

Ute Küppers-Braun

Beinahe tausend Jahre lang, bis zur Säkularisation im Jahr 1803, wurde das kleine geistliche Fürstentum Essen, das etwa das heutige Stadtgebiet umfasste, von Frauen regiert. Manche der mehr als fünfzig Fürstäbtissinnen standen dreißig Jahre und länger an der Spitze dieses kaiserlich-freiweltlichen Damenstifts. Ausschließlich Frauen aus den höchsten Kreisen des deutschen Adels wurden aufgenommen. Anders als in einem Kloster legte keine der Damen ein Gelübde ab. Sie besaßen eigene Häuser, hatten eigenes Personal, konnten reisen und auch jederzeit das Stift wieder verlassen, um zu heiraten. Fürstäbtissin und Stiftsdamen, denen das aktive Wahlrecht oblag, hatten politische Macht inne und übten gemeinsam die Herrschaft über ihre Untertanen aus. Das war – wie schon der berühmte Jurist Johann Jacob Moser im 18. Jahrhundert betont hatte – einzigartig im Heiligen Römischen Reich deutscher Nation.[1]

Neben der Abtei in Essen diente das Schloss in Borbeck über Jahrhunderte als Residenz dieser Fürstäbtissinnen.[2] Seine Geschichte und die des zugehörigen ebenfalls denkmalgeschützten Parks ist vor einigen Jahren ausführlich beschrieben worden.[3]

Erstmals erwähnt wird eine »burg Borbeke« in einer Urkunde Kaiser Karls IV., ausgestellt am 19. November 1372 für die Essener Fürstäbtissin Elisabeth von Nassau, in der dieser erlaubt wird, das Gericht von Essen nach Borbeck zu verlegen.[4] In anderen Urkunden heißt das Bauwerk »castrum«, »domus«, »arx« oder »Haus« Es handelte sich wohl um ein befestigtes Haus, das primär Schutz gewähren sollte; genauere Hinweise gibt es nicht. In Kriegszeiten

Essen-Borbeck, Schloss Borbeck. Die heutige Gestalt des Gebäudes ist im Wesentlichen auf Umbauten der Jahre 1744 und 1764 zurückzuführen.

oder bei Konflikten mit der Stadt konnte die Fürstäbtissin nach Borbeck ausweichen. In solchen »gefehrlichen Zeiten« suchten auch die Untertanen Schutz und baten, »daß ihnen mochte erlaubt werden, [...] dero Sachen ahn Früchten und sonsten auf das Hauß Borbeck in einige Sicherheit zu bringen [...].«[5] Der älteste Bauteil des Wirtschaftsgebäudes, der bis ins 17. Jahrhundert als Gefängnisturm genutzt wurde, existiert heute noch. Er stammt wohl noch aus dem 14. oder 15. Jahrhundert, während der Hauptteil dieser Nebengebäude in seiner heutigen Form erst im 19. Jahrhundert entstanden ist.

Als im 16. und 17. Jahrhundert spanische, holländische und brandenburgische Truppen das Land mit Krieg überzogen, wurde auch Haus Borbeck mehrfach zerstört. Nachlassinventare und archäologische Grabungen belegen, dass »der Kernbau von Borbeck« im späten 17. Jahrhundert »eine im Rheinland wie auch in Westfalen zu jener Zeit durchaus noch übliche, dem mittelalterlichen Wohnturm entlehnte Architekturform« zeigte.[6]

Den Charakter eines Schlosses erhielt die Residenz erst im 18. Jahrhundert, als nicht mehr rheinische oder westfälische Gräfinnen, sondern Prinzessinnen, Töchter aus fürstlichen Häusern, in Essen an die Macht kamen, die auf Repräsentation mehr Wert legten als ihre Vorgängerinnen. Zu nennen sind hier Franziska Christine von Pfalz-Sulzbach (1696–1776) und Maria Kunigunde von Sachsen, Königliche Hoheit von Polen (1740–1823). Beide Fürstäbtissinnen regierten in Personalunion die Fürstabteien Essen und Thorn bei Roermond in den Niederlanden von 1727 bis 1776 beziehungsweise von 1776 bis 1803.

Wappen der Fürstäbtissin Franziska Christine von Pfalz-Sulzbach (1696–1776) über dem Portal von Schloss Borbeck.

In seiner heutigen Form ist das Schloss im Wesentlichen auf die Umbauten der Jahre 1744 und 1764 unter der vorletzten Fürstäbtissin, Franziska Christine von Pfalz-Sulzbach, zurückzuführen. Ein von dem Essener Kanoniker Franz Philipp Biesten 1756 angefertigter Kupferstich zeigt das Wasserschloss mit dem Wappen der Fürstin über dem Nordportal. Alshut gibt aufgrund von Grabungen an, das Gebäude sei 1744 um »fünf Fensterachsen«, also um knapp 19,5 Meter, auf eine Länge von über 37 Metern erweitert worden; auch das Dachgeschoss wurde damals ausgebaut.[7] Die damalige Aufteilung und Anordnung der Räume ist unbekannt. Es ist lediglich die Existenz einer hauseigenen Kapelle der Fürstin überliefert, die am 25. Oktober 1762 geweiht wurde. Ihre Patronin war die Hl. Walburga, die auch auf dem Altargemälde in der Waisenhauskapelle dargestellt ist.

Über die verantwortlichen Baumeister wissen wir wenig. 1764 wurde der jülich-bergische Hofbaumeister Kaes (auch: Kees) beauftragt, der in Düsseldorf die – heute nicht mehr existierende – Statthalterresidenz gebaut hatte. Kaes war anfangs nicht nur mit Borbeck, sondern auch mit den Planungen für die zweite Residenz in (Essen-)Steele betraut. Seine Vorstellungen waren der Fürstin aber wohl zu provinziell, denn sie holte schließlich Architekten aus den Niederlanden: François Soiron und seinen Sohn Matthias Jacques aus Lüttich, Nicolaus Lousberg aus Maastricht und zuletzt François Joseph Duker aus Brabant, die für die beiden letzten Fürstinnen in Thorn und in Borbeck arbeiteten und Schloss Borbeck sein heu tiges Gepräge gaben. Duker legte auch Entwürfe für die Inneneinrichtung der Residenzen in Borbeck und Thorn vor und gestaltete den Borbecker Schlosspark nach englischen Vorbildern um.[8]

Die letzte Fürstäbtissin, Maria Kunigunde von Sachsen, Königliche Hoheit von Polen, eine Enkelin Augusts des Starken, war aus Dresden Besseres gewohnt und nicht bereit, sich auf die primitiven Verhältnisse in Essen einzulassen. Sie lebte die meiste Zeit in Koblenz am Hof ihres Bruders Clemens Wenzeslaus, Kurfürst von Trier und Bischof von Augsburg. Auf das ständige Drängen des Damenkapitels und der Landstände, die gegen diesen Zustand protestierten und die Anwesenheit ihrer Fürstin verlangten, soll sie mit dem Vorwurf geantwortet haben,

Essen-Steele, Altar in der Waisenhauskapelle der Fürstin-Franziska-Christine-Stiftung, Hl. Walburga, Gemälde von Januarius Zick, Öl auf Leinwand, um 1770.

»daß das Stift kein bequemes und sicheres Schloß habe, in dem sie leben könne».[9] Borbeck war ihr nicht gut genug, auch wenn sie während ihrer seltenen Aufenthalte in der Region lieber hier als in Essen logierte. Sie plante einen modernen Neubau. Doch die Landstände, die das Geld dafür aufbringen sollten, hielten Reparaturen für ausreichend und bewilligten lediglich Geld für eine umfangreiche Sanierung. Beide Seiten gaben 1791 Gutachten in Auftrag: Der königlich-preußische Landbaumeister Pistor aus Hamm hielt eine Wiederherstellung des Schlosses durchaus für möglich; der kurtrierische Hofkammerrat Peter Joseph Krahe dagegen teilte den Standpunkt der Fürstäbtissin und empfahl einen Neubau.[10] Eine Einigung kam nie zustande.

1787 erlebte das Schloss zum letzten Mal fürstlichen Glanz, als der preußische Gesandte von Schlechtendahl für drei Tage anreiste, um die Erneuerung der Erbvogtei für seinen Herrn in Empfang zu nehmen. Als besondere Attraktion erwähnt er die »Jagd« auf einen künstlichen Hirsch, »der jenseits eines vorbeifließenden Wassers hin- und hergezogen wurde«.[11] 1792 wurde der fürstliche Haushalt auf Schloss Borbeck komplett aufgelöst. Wagen und Pferde wurden versteigert, ein Teil des Inventars kam ins Schloss Benrath.

Doch damit ist die Geschichte des Schlosses aus fürstlicher Zeit nicht beendet. Durch Zufall wurde vor kurzem ein bis dahin unbekannter Plan für einen Neubau gefunden: der »Entwurf Eines zu erbauenden Hochfürstl. Essendischen Landschloßes zu Borbeck, 1795«, der im Städtischen Museum Braunschweig aufbewahrt wird.[12] Er stammt von dem bereits erwähnten Peter Joseph Krahe, der als Baumeister von Maria Kunigundes Bruder, Clemens Wenzeslaus, das Koblenzer Theater gebaut hatte und schon seit den 1780er Jahren die Neubaupläne der Fürstin unterstützte. Doch die Verhältnisse hatten sich inzwischen radikal geändert: Clemens Wenzeslaus und seine Schwester hatten wegen der Bedrohung durch die französischen Revolutionstruppen ihre Residenz in Koblenz verlassen müssen; man weilte in Augsburg oder in Marktoberndorf im Allgäu.

Es ist nicht bekannt, ob es sich bei Krahes Plan um eine Auftragsarbeit handelte oder ob er sich durch diesen Entwurf zu einem neuen Landschloss nur wieder in Erinnerung bringen wollte. Denn nachdem als Folge der Französischen Revolution jede Bautätigkeit in den Rheinlanden erloschen war, hatte auch er seine Stellung und sein Einkommen verloren.[13] Erst 1803 erhielt er wieder eine feste Anstellung als Kammer- und Klosterrat in Braunschweig.

Reinhard Dorn, Krahes Biograf, hält den »Entwurf« für »eine Kopie des wichtigsten Grundrisses [...], die er [Krahe] für sich selbst anfertigte und erst vollenden konnte, als er nach Besetzung des Landes genügend Zeit dafür fand.«[14] Wahrscheinlicher ist meines Erachtens, dass Krahe den Plan – in der Ferne – aus eigenem Antrieb skizziert hat, um ihn später der Fürstin zu präsentieren. Denn die problematischen topografischen Gegebenheiten in Borbeck werden (noch) gar nicht berücksichtigt. Wir wissen nicht einmal, ob die Fürstin diesen Entwurf je gesehen hat. Gleichwohl zeigt der Plan nicht irgendein beliebiges Schloss des späten 18. Jahrhunderts, sondern ist individuell auf die besondere Situation Maria Kunigundes, der geborenen Prinzessin von Sachsen, und ihres ins Exil vertriebenen Bruders abgestimmt. Hier hätte die Essener Fürstäbtissin als Hausherrin ihrem Bruder, an dessen Hof sie bis dahin als die »erste Dame« gelebt hatte, eine standesgemäße Zuflucht bieten können.

Das Landschloss sollte aus drei quadratischen Bauten – zwei Wirtschaftsgebäuden und dem eigentlichen Schloss, einem von vier Ecktürmen flankierten Mittelbau – bestehen. Die Wirtschaftsgebäude (Stallflügel links und Küchenflügel rechts) begrenzen die Schmalseiten eines geräumigen Vorhofs. Das eigentliche Schloss erhebt sich an der Mitte einer Längsseite; gegenüber war wohl im Halbrund die Einfahrt in den Gesamtkomplex vorgesehen. Krahe hat in seinem Entwurf »ein anspruchsvolles, alle Bedürfnisse einer kleinen Residenz erfüllendes Raumprogramm untergebracht«[15], das – wie die sorgfältig geschriebenen Legenden belegen – auch in Nebensächlichkeiten modernsten Standards gerecht geworden wäre.

Der Hauptbau besitzt zwei Appartements, eines für die Fürstäbtissin, eines für den Kurfürsten, die »durch die erforderlichen Repräsentationsräume [...] in aufschlussreiche Beziehungen zueinander gesetzt« sind.[16] Der Audienzsaal (K) ist dem Appartement der Fürstäbtissin, der Hausherrin, zugeordnet, der Büchersaal (T) den Räumen des Kurfürsten. Auf der Seite zum großen Innenhof sind in den beiden Ecktürmen Kapelle (D) und Speisesaal (G) vorgesehen. Thron und Altar sind diagonal gegenüber angeordnet. Die Mitte des Schlosses bildet ein großer, von oben erleuchteter italienischer Saal (B), den – recht ungewöhnlich – konzentrische

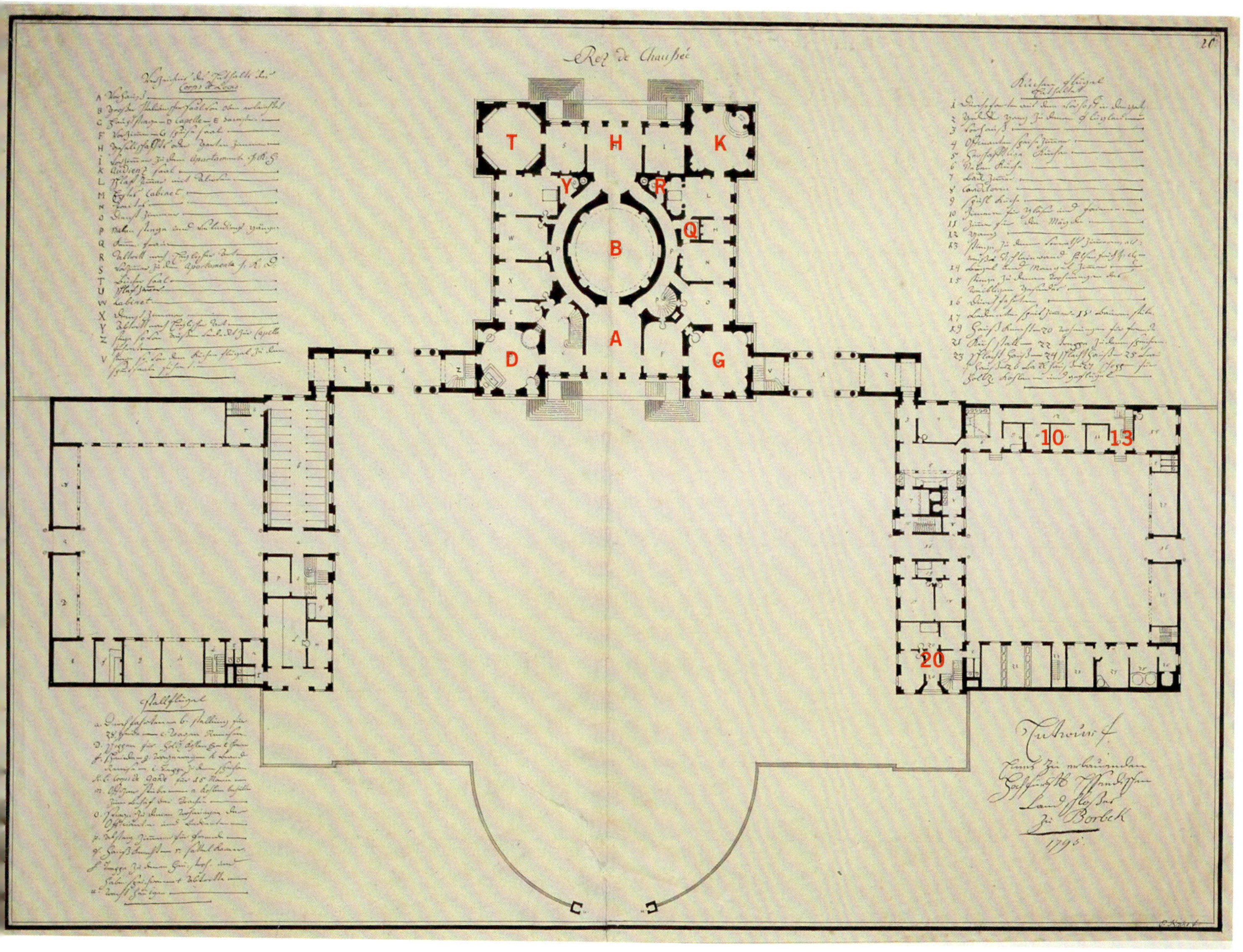

Entwurf zum Neubau eines Schlosses von Peter Joseph Krahe, 1795, Städtisches Museum Braunschweig.

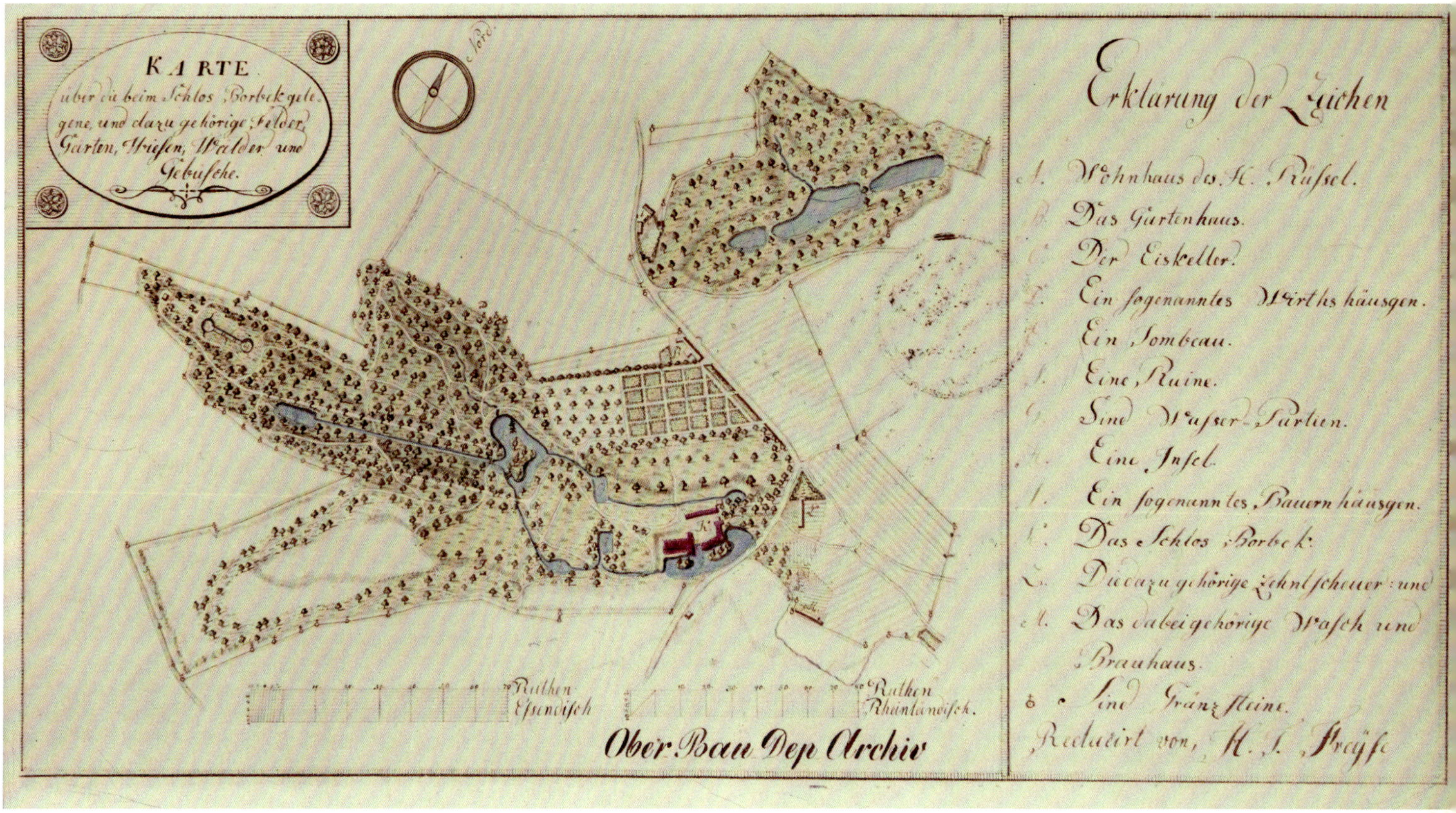

»Karte über die beim Schloss Borbeck gelegene, und dazu gehörige Felder, Gärten, Wiesen, Wälder und Gebüsche«, nach einer Zeichnung von Heinrich Theodor Freyse, um 1800.

Flure umgeben und isolieren, wohl um die axialen Durchgänge besonderen Anlässen vorzubehalten; sie verbinden auch Vestibül (A) und Gesellschafts- oder Gartenzimmer (H) miteinander. Mit großem Geschick werden die verbleibenden Zwickel für die Bedienungs- und sonstige Nebenräume und für die Alkoven der beiden Schlafzimmer ausgenutzt. Befremdlich ist, dass im Hauptgebäude nur ein kleiner Raum für eine einzige Kammerfrau (Q) vorgesehen ist; ein Raum für einen Pagen des Kurfürsten fehlt.

Die Legende zu diesem Hauptbau erwähnt in dem »Verzeichnis des Inhalts des Corps de Logis« in zwei kleinen Räumen, die direkt neben den Schlafzimmern liegen, je einen »Abtritt nach englischer Art« (R, Y). Sollte Krahe hier bereits die von Alexander Cummings 1775 erfundene Toilette mit Wasserspülung[17] vorgesehen haben? Diese moderne Toilette verbrauchte zwar erheblich mehr Wasser als das bis dahin übliche »Plumpsklo«, verhinderte aber durch ihre noch heute gebräuchliche technische Konstruktion, die bereits damals als unangenehm empfundene Geruchsbelästigung.

Wie die Anlage der Nebengebäude verrät, ging der Entwurfszeichner offenbar davon aus, dass die Geschwister nicht mehr auf große Gesellschaften eingerichtet sein mussten. Sie waren »in die Jahre« gekommen und lebten ohnehin schon wie ein altes Ehepaar, als »mon mari« und »ma chere femme«.[18] Abgesehen von den eher kleinen »Wohnungen für Fremde« (20, im Küchenflügel) sind keine Gästezimmer vorgesehen. Die Schlafräume des männlichen und des weiblichen Personals sollten in getrennten Gebäuden im Stall- und Küchenflügel untergebracht werden. Interessant sind auch die unterschiedlichen Vorrats- und Wirtschaftsräume im Küchenflügel (etwa Zimmer für Gläser und Fayencen, 10, »Vorrat-Zimmer« für Messer, Tischleinwand, Hülsenfrüchte, 13). Insgesamt erweckt auch

All dies blieb ein schöner Plan – die Fürstin kehrte nicht zurück.

dieser Entwurf mit seinen Schlacht-, Back- und Brauhäusern, mit Speichern, Schmiede und unterschiedlichen Küchen eher den Eindruck, es handele sich um einen größeren Wirtschaftshof als um ein fürstliches Schloss. Impulse fremder Baukunst wie den von oben erleuchteten italienischen Saal (B) oder die Abtritte nach englischer Art hatte Krahe wohl nur für den herrschaftlichen Bereich vorgesehen.

Doch ohnehin blieb all dies nur ein schöner Plan. Die Fürstin kehrte nie mehr nach Essen und Borbeck zurück, die alte Anlage verfiel. Nach vielen Umbauten und Umnutzungen ist das Borbecker Schloss heute im Besitz der Stadt Essen und für Besucher geöffnet. Seit 2000 ist es Kulturzentrum, in dem regelmäßig renommierte Konzerte stattfinden; eine »Historische Dauerausstellung« informiert über die Geschichte des Schlosses und seiner Bewohnerinnen, der Park lädt zum Verweilen ein.

1 Ute Küppers-Braun, Frauen des hohen Adels im kaiserlich-freiweltlichen Damenstift Essen (1605–1803). Eine verfassungs- und sozialgeschichtliche Studie. Zugleich ein Beitrag zur Geschichte der Stifte Thorn, Elten, Vreden und St. Ursula in Köln (Quellen und Studien. Veröffentlichungen des Instituts für kirchengeschichtliche Forschung des Bistums Essen, 8), Münster 1997, S. 214.
2 Die Abtei befindet sich heute in Essens Stadtmitte neben dem Münster. Borbeck ist inzwischen ein Stadtteil von Essen.
3 Schloss Borbeck und sein Park. Oberhof – Wasserburg – Lustschloss – Residenz und Bürgerzentrum im Wandel der Jahrhunderte, hrsg. von Birthe Mafording für den Kultur-Historischen Verein Borbeck e. V., Essen 1999.
4 Ausführlich dazu: Jan Gerchow, Vom Oberhof zur Residenz der Essener Äbtissin. »Haus Borbeck im Mittelalter«, in: Schloss Borbeck 1999 (wie Anm. 3), S. 13–22.
5 Ute Küppers-Braun, »Haus« und Schloss Borbeck in der Frühen Neuzeit (16.–18. Jh.), in: Schloss Borbeck 1999 (wie Anm. 3), S. 23–40, S. 256
6 Elmar Alshut, Schloss Borbeck 1999 (wie Anm. 3), S. 41–52, S. 45.
7 Alshut 1999 (wie Anm. 6), S. 41–52, S. 47.
8 Hermann Schröter, Zur Baugeschichte des Schlosses Borbeck, in: Das Münster am Hellweg, 13, 1960, S. 105–115, 119–123, S. 110. – Wolfgang Gaida, Der Park von Schloss Borbeck. Ein Gartenkunstwerk im Wandel der Zeiten, in: Schloss Borbeck 1999 (wie Anm. 3), S. 53–78.
9 Schröter (wie Anm. 8) 1960, S. 105–115, 119–123, 109.
10 Landesarchiv NRW, Abt. Düsseldorf: Stift Essen, Akten 672, fol. 94–104 und 102–105.
11 Küppers-Braun 1999 (wie Anm. 5), S. 23–40, S. 28.
12 Das Dokument befindet sich im Nachlass Krahe. Reinhard Dorn, Peter Joseph Krahe. Leben und Werk, Untersuchungen des zeichnerischen Nachlasses und beschreibender Katalog, 3 Bde., Bd. 2, Bauten und Projekte in Düsseldorf, Koblenz, Hannover und Braunschweig 1787–1806, Braunschweig 1971, S. 66–68, 186 f., Abb. 75 u. Kat. 367.
13 Dorn 1971 (wie Anm. 12), S. 23 f.
14 Dorn 1971 (wie Anm. 12), S. 67.
15 Dorn 1971 (wie Anm. 12), S. 67.
16 Dorn 1971 (wie Anm. 12), S. 67.
17 Manuel Frey, Der reinliche Bürger, Göttingen 1997, S. 199.
18 Pauline Puppel, »Mon mari« – »Ma chère femme«. Fürstäbtissin Maria Kunigunde von Essen und Erzbischof Clemens Wenzeslaus von Trier, in: Koblenzer Beiträge zu Geschichte und Kultur, 15/16, 2005/2006, S. 43–66.

Wesel zwischen Preußen und Franzosen

Stadtbildprägende Baudenkmale bezeugen die vielfältigen Herrschaftswechsel

Denis Kretzschmar

Der Niederrhein als Spielball der europäischen Mächte

Der Niederrhein war seit der frühen Neuzeit durch die Reformation und Gegenreformation sowie dynastische Auseinandersetzungen eine umkämpfte Region. Bis in das beginnende 19. Jahrhundert blieben die Herzogtümer Jülich, Berg und Kleve ein Spielball der europäischen Mächte.

Erbstreitigkeiten, die sich aus der nicht geregelten Erbfolge nach dem Tode des Herzogs von Jülich, Berg und Kleve, Johann Wilhelm, im Jahre 1609 ergaben, waren für die Region verheerend, denn sie hinterließen ein Machtvakuum, das erst 1614 im Vertrag von Xanten zu einem vorläufigen Ende kam. Dadurch, dass es keinen männlichen Nachfolger gab, kam es zu einer Teilung in weiblicher Erbfolge: Zugunsten Brandenburgs gingen das Herzogtum Kleve und die Grafschaft Mark und Ravensberg, die Herzogtümer Jülich und Berg gelangten an den Pfalzgrafen. Als bedeutende Festung blieb die Stadt Wesel jedoch zunächst in der Hand der spanischen Niederlande, ging dann über in den Einflussbereich der niederländischen Generalstaaten[1], um schließlich von französischen Truppen eingenommen zu werden.[2] Erst 1681 konnte Brandenburg-Preußen die Territorialherrschaft tatsächlich durchsetzen. Wesel wurde im Siebenjährigen Krieg nochmals von den Alliierten Frankreich und Österreich eingenommen und wiederum nach dem Friedensschluss im Jahre 1763 an Preußen zurückgegeben.[3]

Von dieser ereignisreichen, von Herrschaftswechseln geprägten Zeit zeugen bis in die Gegenwart Baudenkmale der Militärarchitektur.

Wesel, Berliner Tor, Jean de Bodt, 1718–1722, Messbildaufnahme von 1901, LVR-Amt für Denkmalpflege im Rheinland.

Die Festung Wesel

Die Befestigung Wesels geht ursprünglich auf das 14. Jahrhundert zurück. Vom ausgehenden 16. Jahrhundert bis ins 19. Jahrhundert hinein war die primäre Aufgabe der Militärbaumeister, die Festung stets an die wirkungsvollere Artillerie durch auseinandergezogenere, die Stadt in einem größeren Radius umgebende Befestigungsgürtel anzupassen.

1687 wurde die Anlage der sternförmigen Zitadelle nach aus Frankreich importierten Vauban'schem Muster angeordnet. Schon bald, noch im 17. Jahrhundert, erfolgten Erweiterungen mit ausgedehnteren Außenwerken und die Anbindung der Zitadelle an die Befestigung der Stadt Wesel. Herausragender Architekt war in diesem Zusammenhang Jean de Bodt, dessen architektonische Schöpfung, das Berliner Tor (1718–1722), in Wesel als Baudenkmal erhalten ist (H12).

Im Zusammenhang mit dem Siebenjährigen Krieg ist die Festung Wesel für eine kleinere Besatzung ausgelegt worden. Sie wurde ab 1763 weiter rückgebaut. Erst ab 1786 sollte die Festung den neuen militärischen Gegebenheiten angepasst werden. Als das französische Heer die Festung 1806 erneut übernahm, war die Bausubstanz in einem verhältnismäßig guten Zustand.[4]

»Franzosenzeit«

Nachdem bereits 1794 die politische und militärische Entwicklung eine relative Sicherung des linksrheinischen Gebiets für Frankreich bedeutete, ging es ab 1797 zunächst um eine militärische Bestandsaufnahme und darum, längerfristige Befestigungskonzepte zur Wahrung der Rheingrenze auszuarbeiten. Napoleon verfolgte nun gegenüber dem System des Vauban'schen mehrfachen Festungsgürtels eine offensive Sicherheitspolitik. Diese geänderte Kriegsführung erforderte vor allem stark befestigte Sammel- und Versorgungsbasen. So sollten die Operationen einer flexiblen Armee ermöglicht werden.

Im September 1804 kam Napoleon an den Rhein, wo vor Ort Strategien zur konkreten Sicherung der Rheingrenze entwickelt wurden. Als herausragende Festungen galten fortan Straßburg und Mainz. Ferner sollte noch weiter im Norden ein Standort für eine Festung bestimmt werden. Diese sicherheitsrelevante Lücke schloss Frankreich durch die gegenüber Preußen gerichtete Forderung, das rechtsrheinisch gelegene Wesel abzutreten.

Wesel gelangte als rechtsrheinischer Brückenkopf unter direkten Einfluss Frankreichs.

Unter Marschall Joachim Murat, Napoleons Schwager, wurde schließlich aus den rechtsrheinischen Gebieten Kleve und dem Herzogtum Berg das Großherzogtum Berg mit der Hauptstadt Düsseldorf neu gegründet. Die linksrheinischen Gebiete des Herzogtums Kleve waren bereits dem zum französischen Staatsterritorium zählenden Rur-Departement zugeteilt worden. Wesel gelangte allerdings als rechtsrheinischer Brückenkopf unter direkten Einfluss Frankreichs.

Der Festungsstandort Wesel nahm vor allem deshalb eine herausragende Stellung innerhalb des napoleonischen Sicherheitssystems ein, weil es von diesem Stützpunkt aus die belgischen Departements und die Rheinflanke zu verteidigen galt. Außerdem lag Wesel an den strategisch wichtigen Fernstraßen von Paris nach Hamburg und von Basel nach Nijmwegen.

Der Ausbau der Garnisonsstadt Wesel mit Kasernen, Magazinen und Krankenhäusern erfolgte ab 1807. In der Stadt Wesel sollten vor allem ehemalige Klosterbauten für das Militär umgenutzt werden. Die Stadt und die südlich vorgelagerte sternförmige Zitadelle erhielten zusätzliche auseinandergezogene Bastionen und Außenwerke und wurden mit der weiter südlich gelegenen Lippemündung durch ein ausgeklügeltes System von Wassergräben und Dämmen umgeben. Die Stadt Wesel war durch zwei, die Zitadelle Wesel durch drei Verteidigungslinien befestigt. An der Lippemündung, die befestigt werden musste, waren

Wesel, Zitadelle,
Kaserne VIII von 1809,
Fotografie von 1949,
LVR-Amt für Denkmalpflege
im Rheinland.

eine Schleusenbrücke und zwei Rückhaltebecken zur Regulierung bei Überschwemmungen und für den Verteidigungsfall vorgesehen. Am 1. September 1811 informierte Napoleon den kaiserlichen Kommissar des Großherzogtums Berg, Beugnot, dass der rechtsrheinische Ort Wesel nicht wie seit 1806 staatsrechtlich durch das Großherzogtum Berg verwaltet werden sollte, sondern unmittelbarer Bestandteil des Kaiserreiches würde. Wesel sollte der Verwaltungsstandort einer Unterpräfektur mit einem Tribunal der ersten Instanz, einem Veranstaltungssaal, einem zivilen Krankenhaus, einer Elementarschule und einem Collège werden. Des Weiteren war eine Stadtverschönerung mit Straßenbegradigungen vorgesehen.

Wesel sollte der Verwaltungsstandort einer Unterpräfektur werden.

1806 begannen Planungen, nicht nur die Zitadelle Wesel instand zu setzen und auszubauen, sondern auch linksrheinisch eine nach Napoleon benannte Zitadelle und auf der dazwischen liegenden Rheininsel die Zitadelle Bonaparte zu erbauen (siehe Abb. Seite 177). Letztere war zentrales Element des Verteidigungssystems und überragte die Zitadelle von Wesel und die linksrheinische Zitadelle Napoleon. Die Arbeiten kamen allerdings durch erneute kriegerische Auseinandersetzungen mit Preußen und wiederkehrende Hochwasser zwischenzeitlich ins Stocken. In diesem Jahr wurden bereits Bastionen und Ummauerungen für die Zitadelle Napoleon errichtet. Im Jahr 1808 wurden weitere Kasemattierungen der Bastionen der Zitadelle Wesel ausgeführt. Bis in die Gegenwart haben sich die 1809 erbaute sogenannte Kaserne VIII und ein Bäckereigebäude von 1811 auf dem ehemaligen Areal der Zitadelle erhalten (H17).

1809 galt es vor allem, die Zitadelle Bonaparte auf der Rheininsel baulich voranzubringen. Hier waren sowohl das innere als auch das äußere Befestigungswerk noch nicht realisiert. Lediglich der Baugrund war vorbereitet worden. Die Zitadelle war als halbrunde innere Anlage, mit dreieckiger, zur Lippemündung weisender Spitze und gemauerter Umwallung geplant.

links:
Der Eingang zum Fort Blücher (ehem. Zitadelle Napoleon) auf einer Fotografie, die nach dem Ersten Weltkrieg entstand. Preußen nutzte die napoleonische Festungsanlage weiter bis ins 20. Jahrhundert.

rechts:
Preußenadler auf dem sogenannten Schill-Denkmal in Wesel, 1835.

Zwischen den beiden Verteidigungslinien lagen drei Wasserflächen, in die Halbmonde hineinragten. Den Verbindungsweg zwischen den beiden Uferseiten des Rheins unter Einbeziehung der Insel ermöglichte eine Schiffsbrücke, die im Verteidigungsfall schnell hätte entfernt werden können. Der Weg führte durch die Zitadelle Bonaparte hindurch.

Sechs Verteidigungslinien umgaben nach der Planung die linksrheinische Zitadelle Napoleon. 1809 waren bereits drei Gräben angelegt und entsprechende Bastionen und Außenwerke in Vorbereitung. Der Kern der Zitadelle nahm ein Rechteck längs des Rheins ein. Ende 1811 wurde der Fortgang der Arbeiten in Wesel positiv bewertet. Die Arbeiten sollten voraussichtlich Ende Januar 1812 zum Abschluss gebracht werden.[5]

Ab 1809 sollte ebenfalls laut Plan das im inneren Rayon der Zitadelle gelegene Dorf Büderich abgerissen werden, damit ein vom Militär eingefordertes freies Schussfeld ermöglicht werden konnte (H19). Als Projekt war allerdings bereits die künftige Anlage des neu zu errichtenden Dorfes in den Plan eingezeichnet. Es sollte sich, von der inneren Zitadelle zurückversetzt, im Halbkreis südwestlich um die Zitadelle Napoleon erstrecken. Mit dem Abriss Büderichs wurde jedoch erst ab Dezember 1813 begonnen, als Frankreich nach dem Russlandfeldzug in die Defensive geraten war und aus militärischer Sicht ein freies Schussfeld umgehend erforderlich war. Einzelne Teilbereiche des Dorfes sind noch heute als Fundamente und Verwerfungen im Erdreich vor Ort nachvollziehbar.

Preußische Herrschaft

Bereits 1817, nun unter preußischer Herrschaft, ließ Bauinspektor Otto von Gloeden den Wiederaufbau von Büderich zu, wie ihn die französische Planung schon angedacht hatte. Zuvor waren die Bewohner durch die französischen Truppen aus Büderich ausgesiedelt und dann 1815 von ihren provisorischen Behausungen noch einmal durch die preußische Militärverwaltung vertrieben worden. Von 1817 bis 1822 wurde Büderich etwas weiter rheinaufwärts auf völlig gleichmäßigem Grundriss neu angelegt. Gloeden plante ein Rechteck von 248 mal 542 Metern. Durch zwei Längs- und Querstraßen wurde das Rechteck in zwölf gleich große Wohnquartiere geteilt. Die Straßen waren überall 15 Meter breit. In der Mitte wurde der zentrale Marktplatz mit öffentlichen Gebäuden, dem Rathaus, den Kirchen, Schulen und einem Wirtshaus errichtet.[6]

Nach dem Sieg über das Kaiserreich Napoleons regelte der Wiener Kongress von 1814 bis 1815 die europäische Ordnung neu und suchte eine dauerhafte Lösung für die rheinischen Gebiete. Die Hauptintention war es, französische Einwirkungen künftig zu verhindern. Im Gegensatz zur vorfranzösischen Kleinstaaterei wurde nun ein Pufferstaat eingerichtet. Preußen als bedeutende Militärmacht stach das zunächst vorgesehene sächsische Königshaus aus und übernahm nicht nur die ehemaligen Gebiete des Herzogtums Kleve, sondern den Nieder- und Mittelrhein beiderseits des Stromes, die zur preußischen Rheinprovinz vereint wurden, und weite Teile Westfalens.

Zentrale Aufgabe im Festungsbau war es nun, das durch Frankreich nach Osten hin orientierte Sicherheits- und Festungssystem wieder nach Westen umzukehren. Eine Kabinettsorder Friedrich Wilhelms III. vom 11. März 1815 legte den Ausbau der Festungen Koblenz und Köln sowie im geringeren Umfang von Saarlouis und Wesel fest.[7]

In preußischer Zeit wurde die Festung Wesel mit der linksrheinischen Zitadelle Napoleon, die in Fort Blücher umbenannt wurde, als Brückenkopf weiter genutzt. Bis zum ausgehenden 19. Jahrhundert blieb Wesel eine befestigte Stadt. Erst 1886 wurde der Beschluss gefasst, Wesel zu entfestigen, was von 1890 bis 1895 geschah.[8] Das Fort Bonaparte ist, mit der Insel, verschwunden. Schließlich ist im 20. Jahrhundert auch das Fort Blücher im Zusammenhang der Rheinbegradigung abgetragen worden. Einzelne Teilbereiche sind noch als Fragmente erhalten (H16).

In preußischer Zeit wurde die Festung Wesel mit der linksrheinischen Zitadelle Napoleon, die in Fort Blücher umbenannt wurde, als Brückenkopf weiter genutzt.

An die preußische und französische Zeit erinnert bis in die Gegenwart außerhalb der Stadt Wesel das von Karl Friedrich Schinkel 1833 entworfene sogenannte Schill-Denkmal. Es wurde errichtet um der preußischen Offiziere zu gedenken, die am 16. September 1809 in Wesel von der französischen Armee erschossen worden waren (H23). Die antikisierende Stele steht auf einem umzäunten Postament und wird von einem mit Palmettendekor geschmückten Dreiecksgiebel nach oben abgeschlossen. Reliefdarstellungen zeigen auf der Stele eine Viktoria mit einem Märtyrerpalmwedel und Lorbeerkranz und eine trauernde Borussia, die einen Opferaltar mit einem Richtbeil, einem Preußenadler und gesenkten Fackeln flankieren. Weitere Motive sind als Friese gestaltete Waffentrophäen und Lorbeer. Die Namen der Offiziere sind mit der Angabe des Todestages eingelassen.[9]

All diese zum Teil erhaltenen Baudenkmale, die unter französischer und preußischer Herrschaft entstanden sind, erinnern uns an die vielfältigen Herrschaften, die Wesel und den Niederrhein in den vergangenen Jahrhunderten geprägt haben.

1 Franz Petri, Im Zeitalter der Glaubenskämpfe (1500–1648), in: Franz Petri und Georg Droege (Hg.), Rheinische Geschichte in drei Bänden, Bd. 2, Neuzeit, Düsseldorf 1976, S. 1–218, hier S. 83–111.
2 Max Braubach, Vom Westfälischen Frieden bis zum Wiener Kongreß, in: Petri/Droege 1976, (wie Anm. 1), S. 219–366, hier S. 246. Werner Arand, Volkmar Braun und Josef Vogt, Die Festung Wesel. Darstellung ihrer Entwicklung anhand historischer Karten und Pläne (Weseler Museumsschriften, 3), Köln 1981, S. 25.
3 Braubach 1976 (wie Anm. 2), S. 279.
4 Denis Kretzschmar, Die Franzosenzeit im Rheinland (1794–1814) – Ein Beitrag zur Architekturentwicklung öffentlicher Bauten, Univ.-Diss. Bonn 2008, S. 52. Arand/Braun/Vogt 1976 (wie Anm. 2), S. 27–38. Paul Clemen, Die Kunstdenkmäler des Kreises Rees, Düsseldorf 1892, S. 140–148.
5 Kretzschmar 2008 (wie Anm. 4), S. 44–55.
6 Kretzschmar 2008 (wie Anm. 4), S. 54, 139. Jörg Lorenz, Dem Erdboden gleichgemacht. Zeugnisse zur Geschichte der alten Stadt Büderich, Ausst.-Kat. Stadtarchiv und Städtisches Museum Wesel 1989 (Weseler Museumsschriften, 25), S. 70.
7 Kretzschmar 2008 (wie Anm. 4), S. 14, 136.
8 Clemen 1892 (wie Anm. 4), S. 140–148.
9 Kretzschmar 2008 (wie Anm. 4), S. 132.

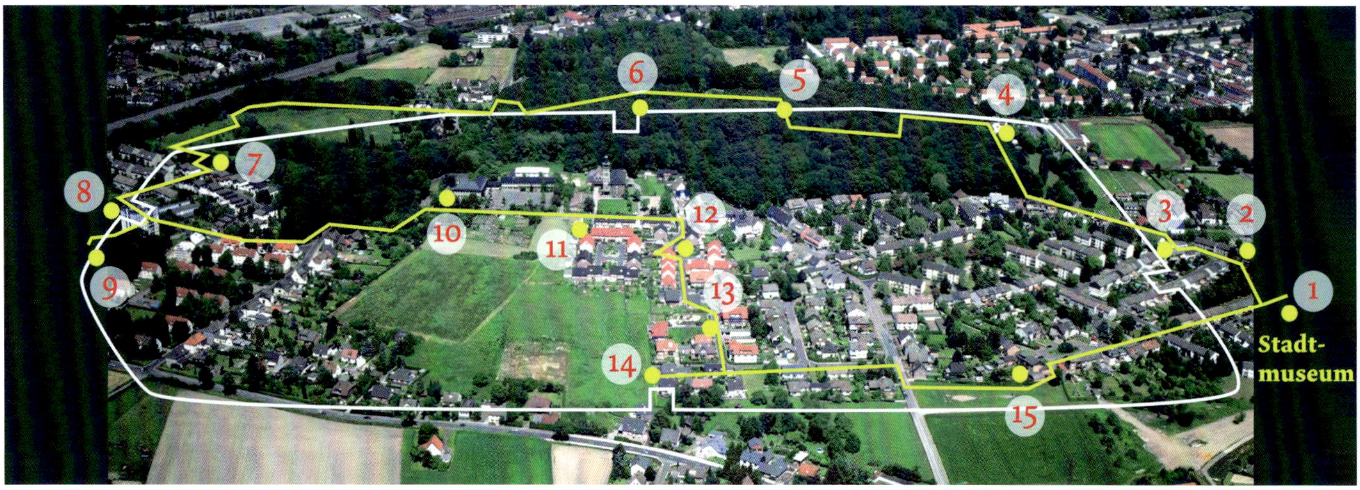

H1

Römer stoßen von Oberaden nach Germanien vor – Römerlager Oberaden

Jahnstraße 31, 59192 Bergkamen (Stadtmuseum Bergkamen)

Im Jahre 11 v. Chr. entstand auf dem »Burghügel« des heutigen Bergkamener Stadtteils Oberaden eine riesige römische Militärstadt, die bedeutendste militärische Anlage im Germanien dieser Zeit. Das befestigte Standlager diente als Ausgangspunkt für wiederholte militärische Vorstöße ins Innere Germaniens, wurde aber bereits 8 oder 7 v. Chr. wieder aufgegeben. 1905 wurden Teile des Römerlagers von Pfarrer Otto Prein bei Probegrabungen entdeckt.

Die archäologischen Untersuchungen belegen ein 56 Hektar großes Lager. Umgeben war dieses Römerlager durch einen Schutzgraben, der bis zu fünf Meter breit und drei Meter tief war. Dahinter erhob sich eine etwa drei Meter hohe Mauer aus Erde und Holz. Im Abstand von 25 bis 30 Metern standen Türme, zwischen denen schwer bewachte Lagertore Platz fanden. Im Inneren dieser Befestigungsanlage gab es Kasernen, Wohngebäude mit teils luxuriöser Ausstattung sowie das zentrale Kommandeursgebäude und das Stabsgebäude. Hier waren etwa 15000 Soldaten, zwei Legionen, untergebracht.

Der heute angelegte archäologische Lehrpfad, der 2006 eröffnet wurde, führt zu den wichtigsten Fundorten des Bodendenkmals aus augusteischer Zeit. Die Rekonstruktion der Schutzmauer aus Holz und Erde ist in Planung.

H2

Ein gescheiterter Versuch, Germanien zu beherrschen – Römerlager Haltern

Weseler Straße 100, 45721 Haltern am See (LWL-Römermuseum)

Das römische Reich griff in der Regierungszeit von Kaiser Augustus (27 v. Chr. bis 14 n. Chr.) immer stärker auf das rechtsrheinische Gebiet aus. Unklar ist, ob Rom eine Befriedung der Gebiete anstrebte oder sie sogar mit dem Ziel des Aufbaus einer Provinz erobern wollte.

Besonders die Lippe bot sich für den Vormarsch an. Von Xanten aus stießen die Legionen nach Osten vor und legten Militärlager am Fluss an. Diese Nachschubbasen konnten mit Frachtschiffen vom Rhein aus versorgt werden. Mit der Niederlage des Varus, dessen drei Legionen im Teutoburger Wald (9 n. Chr.) vernichtet wurden, zog sich Rom hinter den Rhein, den es mit Befestigungsanlagen sicherte, zurück. Die Römerlager an der Lippe wurden aufgegeben und verfielen.

Von der Existenz eines Militärlagers bei Haltern besaß man schon im 19. Jahrhundert Nachrichten. Die ersten umfangreichen Grabungen begannen 1899. Das Lager gilt als der am besten untersuchte Militärstützpunkt der augusteischen Zeit. Eine zentrale Rolle scheint ihm als Logistikzentrum zugekommen zu sein. Die Transportschiffe wurden vom Rhein die Lippe hinauf bis Haltern gezogen, wo die Fracht (teilweise) auf kleinere Schiffe umgeladen und weiter flussaufwärts transportiert wurde. In Haltern wurde ein Bleibarren mit der Inschrift »CCIII L XIX« gefunden. Eine der drei Legionen, die in der Varusschlacht untergegangen sind, war die 19., was den Schluss nahelegt, dass diese – zumindest zeitweise – in Haltern stationiert gewesen ist.

H3

Franken übernehmen die Herrschaft im Ruhrtal – Sächsische Wallanlage

Hohensyburgstraße, 44265 Dortmund-Hohensyburg

Um 694 n. Chr. eroberten die Sachsen das ehemalige Bruktererland südlich der Lippe. Ein dreieckiges Bergplateau, das zur Ruhr steil abfällt, bot genügend Raum für eine sächsische Wallanlage als Verteidigungsstelle gegen die andrängenden Franken. In diesem Zusammenhang erbauten die Sachsen die Sigiburg auf dem Syberg etwa um das Jahr 700 n. Chr. Aus den archäologischen Untersuchungen geht hervor, dass diese sächsische Wallburg aus einer Hauptburg im südwestlichen und einer Vorburg im nordöstlichen Teil der Anhöhe bestand. Sie war als Holz-Erde-Konstruktion errichtet worden.

Für Karl den Großen stellte die Sigiburg ein zentrales Hindernis bei der Eroberung Sachsens dar. Daher nahm er 775 die strategisch günstig gelegene sächsische Burg ein. Ein Jahr später versuchten die Sachsen vergeblich, sie zurückzugewinnen. Die Ringwallanlage nutzten die fränkischen Eroberer weiter und sicherten so für Jahrhunderte ihren Einfluss auf den Hellwegraum. Auf dem Bergplateau gründeten die Franken eine Kirche (H4), einer der frühesten christlichen Kirchenbauten Westfalens, und am Flussübergang in der Ebene legten sie einen Reichshof, Westhofen, an. In einer späteren Phase wurde das Befestigungswerk auf dem Plateau verkleinert. Von dieser Kernburg haben sich Teile von Wall und Graben erhalten.

H4

Christianisierung als Weg zur Macht – Pfarrkirche St. Peter zu Syburg

Syburger Kirchstraße 14, 44265 Dortmund

Der Erfolg Karls des Großen bei der Eroberung Sachsens fußte auf zwei Säulen: Mittelfristig konnten die Franken die Sachsen militärisch unterwerfen; langfristig konnten sie das sächsische Volk durch die Christianisierung gewinnen. Die stärkste Waffe der Karolinger war ihre Missionstätigkeit östlich des Rheins.

Der Vorgänger der heutigen Kirche St. Peter aus karolingischer Zeit steht im Zusammenhang mit der sächsischen Burg auf dem Syberg, die um 700 n. Chr. zur Eroberung der umliegenden Gebiete erbaut wurde. Erst zwischen 1100 und 1200 entstanden die salische Steinburg, die noch heute als Ruine erhalten ist (H3), und wohl auch eine neue Kirche. Diese Kirche enthält im Kern noch Reste des Baus aus dem 11. Jahrhundert. Der mächtige Westturm, der beinahe die gesamte Breite des Langhauses einnimmt, wurde um 1200 an die Kirche angebaut.

Im Zweiten Weltkrieg wurde die Kirche jedoch stark zerstört und 1953 und 1954 in Teilen rekonstruiert. Dabei wurden beispielsweise die kleinen, hoch sitzenden, romanischen Rundbogenfenster des Langhauses durch größere, tiefer sitzende Rundbogenfenster ersetzt. Im Osten besitzt die Kirche einen gotischen Chor mit spitzbogigen, ebenfalls in den frühen 1950er Jahren erneuerten Maßwerkfenstern und mächtigen Strebepfeilern.

Zur Ausstattung zählen ein frühromanisches Taufbecken, das heute im Eingangsbereich aufgestellt ist, drei Grabplatten aus karolingischer und merowingischer Zeit sowie etliche Grabplatten des 17. und 18. Jahrhunderts.

H5

Ein Adelssitz in der Folge des karolingischen Reichshofs Westhofen – Haus Husen

Syburger Dorfstraße 135, 44265 Dortmund

Haus Husen gehört zu einer Reihe von kleinen Adelssitzen, die aus dem karolingischen Reichshof hervorging, der sich zu Füßen der Syburg um die spätere Freiheit Westhofen befand. Hierzu gehören etwa auch Haus Steinhausen, Haus Ruhr oder Haus Kückshausen.

Haus Husen, dessen Wohnturm 1623 entstand, war Stammsitz der Herren von Husen. Das engere Anwesen wird von einer Bruchsteinmauer eingefriedet, die sich durch ein Tor in der Achse des Haupthausportals nach Süden zur Ruhr hin öffnet. Das Haupthaus mit Satteldach erbaute man um 1830. Das erste westliche Wirtschaftsgebäude stammt aus der Mitte des 19. Jahrhunderts. Es ist zweigeschossig und weist im unteren Bereich Bruchsteinmauerwerk, im oberen Fachwerk auf. Es ist in fünf Achsen gegliedert und besitzt ein zentrales hohes Eingangstor, das als Durchfahrtsdiele diente. Ein kleinerer nördlicher Baukörper aus Bruchstein wurde später angefügt. Das zweite Wirtschaftsgebäude entstand um 1870 und ist gänzlich aus Bruchstein gefertigt.

H6
Eine Festung niederländischer Bauart – Wallanlage und Schloss
Kastell 9, 47441 Moers

Am Niederrhein tobte im 16. und 17. Jahrhundert ein Kampf zwischen protestantischen und katholischen sowie niederländischen und spanischen Parteien. Diese Auseinandersetzungen fielen in eine Phase des waffentechnologischen Fortschritts, der dazu führte, dass Stadtmauern keinen ausreichenden Schutz mehr für die Städte boten. Die mittelalterliche Stadtstruktur stellte sogar ein Hindernis dar, denn die Mauern und die direkt dahinterliegenden Häuser und Sakralbauten waren der Gefahr eines Bombardements durch Geschütze ausgesetzt. In dieser Zeit formte Prinz Moritz von Oranien-Nassau aus der niederrheinischen Residenz Moers eine Festung.

Der Oranier beauftragte seinen Festungsbaumeister ab 1601 mit dem groß angelegten Umbau von Schloss und Stadt. Simon Stevin (1548/49–1640) ließ zunächst die Grabenanlagen am Schloss verfüllen, sodass zusätzlicher Platz gewonnen wurde. Um dieses Gelände herum ließ er fünf Bastionen sternförmig anlegen, die durch kurze Wälle miteinander verbunden waren. Die Baumaßnahmen am Kastell, der Altstadt und Neustadt waren 1620 abgeschlossen.

Eine niederländische Besonderheit beim Festungsbau war die Wahl von Sand als Baumaterial. Nicht auf Mauerwerk, sondern auf dieses weiche Material setzten die Festungsbauer. Bei einem Beschuss drangen die Granaten in den Sand ein, ohne größeren Schaden anrichten zu können. Das kostengünstig zur Verfügung stehende Baumaterial hatte zusätzlich den Vorteil, dass es bei der Entfestigung der Anlagen gut wieder abgetragen werden konnte.

H7
Oranische Prinzessin und preußischer König in Moers – Denkmäler für Friedrich I. und seine Mutter
Kastell 1, 47441 Moers

Vor dem Moerser Schloss steht das 1904 von Heinrich Baucke realisierte Denkmal für die oranische Prinzessin Luise-Henriette (1627–1667). Das im Stil der Neorenaissance geschaffene Bronzestandbild der Kurfürstin steht auf einem von Girlanden umkränzten Steinsockel, an den die vom Pfeil Amors durchbohrten und damit zusammengehefteten Wappen Nassau-Oraniens und Brandenburg-Preußens lehnen. Amor sitzt auf den Schilden und betrachtet sein Werk. Die Fürstin selbst trägt eine Robe mit üppigem Faltenwurf, der Rock fällt bis auf die Schuhspitzen und wird von der linken Hand ein wenig gerafft. Mit der Rechten hält die Fürstin eine von der Schulter gleitende Hermelinstola.

Luise Henriette hatte 1646 Friedrich Wilhelm, Kurfürst von Brandenburg, geheiratet. Nach dem Tod ihres Bruders und ihres Neffen sollte ihr Sohn die Nachfolge in der Grafschaft Moers antreten: Friedrich I., König in Preußen. Sein ebenfalls von Heinrich Baucke geschaffenes Denkmal steht in Moers auf dem Neumarkt. 1902 war es in Gegenwart Kaiser Wilhelms II. zur Erinnerung an die 200-jährige Zugehörigkeit der Stadt und Grafschaft Moers zu Preußen feierlich enthüllt worden.

H8

Spanischer Kanalbau am Niederrhein – Schleuse der Fossa Eugenia

Am Kanal, 47495 Rheinberg

Der Bau eines Kanals von der Maas zum Rhein sollte Spanien helfen, die niederländischen Generalstaaten zu bezwingen. Die sieben nördlichen Provinzen der zu Spanien gehörenden Vereinigten Niederlande befanden sich im Krieg mit der spanischen Krone, sie kämpften um ihre Unabhängigkeit als Generalstaaten. Durch die neue Schiffsverbindung sollte der Handel auf Kosten der rheinabwärts liegenden niederländischen Städte umgeleitet und diese wirtschaftlich geschwächt werden.

Den Namen »Fossa Eugeniana« verdankt der Kanal der spanischen Statthalterin Isabella Eugenia Clara (1566–1633). Ursprünglich hatte Isabella dem Projekt den Namen »Fossa Sanctae Mariae« gegeben – Ausdruck der Marienverehrung der überzeugten Katholikin.

Spanien begann den Bau des Kanals zwischen Rheinberg und Venlo. Zur Sicherung legten die Spanier 1626 neben dem eigentlichen Kanalbett Schleusen, Bastionen und Schanzen an. Es kam entlang der Baustelle zu militärischen Auseinandersetzungen.

Der Kanal wurde nie vollendet. Die Niederländer eroberten einzelne Streckenabschnitte, und die Spanier hatten zu wenig finanzielle Ressourcen, sodass sie ihr Projekt aufgaben. Heute sind das Kanalbett ebenso wie die Rheinberger Schleuse und die Verteidigungsanlagen, die großenteils erhalten sind, Teil eines Wanderweges.

H9

Macht in Frauenhand – Schloss Borbeck

Schlossstraße 101, 45355 Essen

Nahezu 1000 Jahre lang wurde das kleine geistliche Fürstentum Essen von Frauen regiert. Nicht nur die Fürstäbtissinnen, sondern auch die Stiftsdamen, die sich nur aus dem Kreis des höchsten deutschen Adels rekrutierten, hatten Teil an der Herrschaft über die Essener Untertanen. Die Frauen kamen oft von weit her – aus den Niederlanden, aus Bayern, Thüringen, Sachsen, Österreich und der Schweiz. Sie brachten ihre eigenen, »fremden« Erfahrungen und Vorstellungen mit, die sich auch in den erhaltenen Denkmalen widerspiegeln.

Schloss Borbeck war eine der Residenzen der Fürstäbtissin. Umgeben von Wasser liegt es inmitten einer großzügigen Parkanlage im Norden von Essen. Weit bis ins 17. Jahrhundert war diese »Burg« Residenz der Herrscherinnen, in Kriegszeiten aber auch Zufluchtsort für die Untertanen. Nach dem Dreißigjährigen Krieg ließ Anna Salome von Salm-Reifferscheidt, geboren auf Schloss Dyck bei Neuss, die völlig zerstörte Anlage von Grund auf neu bauen.

In seiner heutigen Form geht Schloss Borbeck im Wesentlichen auf die Umbauten der Jahre 1744 und 1764 unter der vorletzten Fürstäbtissin, Franziska Christine von Pfalz-Sulzbach, zurück. Ihr Wappen ziert das Eingangsportal. Die letzte Fürstäbtissin, Maria Kunigunde von Sachsen, ließ den Park im »englisch-chinoisen Stil« gestalten.

Seit dem Jahr 2000 ist das Borbecker Schloss ein Kulturzentrum, in dem Konzerte und Lesungen stattfinden.

H10

Konfessionelles Waisenhaus als Machtsymbol – Fürstin-Franziska-Christine-Stiftung

Steeler Straße 642–646, 45276 Essen

Für die Waisenkinder des Essener Stiftsgebiets gründete Fürstäbtissin Franziska Christine von Pfalz-Sulzbach (1726–1776) als private Stiftung ein Waisenhaus, das heute als soziale Einrichtung mit dem Namen Fürstin-Franziska-Christine-Stiftung weiterbesteht. Von Anfang an gab es für die Stiftung, die durch die Beichtväter der Fürstin, Pater Mantels SJ und Pater Marner SJ, maßgeblich initiiert, geplant und wohl auch organisiert wurde, drei Funktionen, die das neue Haus erfüllen sollte: 1. Station einer neuen Jesuitenmission an der Grenze zur protestantischen Grafschaft Mark; 2. Waisenhaus in Konkurrenz zu dem seit 1728 bestehenden protestantischen Waisenhaus in der Stadt Essen und 3. Residenz der Fürstin, da die Abteigebäude in Essen ziemlich marode waren. Wegen des Siebenjährigen Krieges verzögerte sich der Start der Bauarbeiten an einem neuen Stiftsgebäude, bis sie schließlich 1764 begonnen wurden.

Für die Bauleitung war zunächst Hofbaumeister Kees zuständig, der auch die Um- und Neubauten am Schloss Borbeck leitete, doch alle weiteren Bauarbeiten übertrug die Fürstin 1767 dem Bauunternehmer Joseph Judas, der ein drittes Stockwerk einfügte und die Kirche vergrößerte. Es handelt sich um einen langgestreckten dreigeschossigen Bau aus Kohlensandstein. Die beiden repräsentativ gestalteten Wohnflügel enden in pavillonartig vorspringenden Risaliten.

Die in die Mittelachse der Anlage eingebaute, 1770 vollendete Kapelle bildet das Kernstück der Anlage. Auch hier ist die Mittelachse als Risalit betont. Der prächtige Giebel ist geschweift und mit Horizontalgesimsen versehen. Ein aus dem Viereck in das Achteck übergehender Turm mit dekorativer Glockenhaube schließt diesen ab. Der mit halbrunder Apsis geschlossene Kirchenraum besitzt eine qualitätvolle Ausstattung: drei Altäre sowie Beichtstühle aus dem 18. Jahrhundert. Die Altargemälde wurden vom Koblenzer Hofmaler Januarius Zick geschaffen.

Die Fürstin-Franziska-Christine-Stiftung ist heute eine private Stiftung öffentlichen Rechts, an deren Spitze ein Kuratorium steht.

H11

Preußische Unterstützung für reformierte Gemeinden in Westfalen – Reformierte Kirche

Alte Salzstraße 6, 59069 Hamm-Rhynern

Die Kirche der reformierten Gemeinde in Rhynern wurde zwischen 1666 und 1669 errichtet und markiert somit den Anfang einer Reihe kleinerer Zentralbauten, die mit Unterstützung der preußischen Landesherren realisiert wurden.

Mit dem Übergang der Grafschaft Mark an die Markgrafen von Brandenburg 1609 und endgültig 1666 vereinnahmten die neuen Herren das Gebiet für das entstehende Königreich Preußen. 1815 sprach der Wiener Kongress viele der ehemals selbstständigen Herrschaftsgebiete Preußen zu, das mit der Schaffung einer eigenen Provinzialverwaltung Westfalen als Gebietseinheit erstmalig schuf. Nur wenige bauliche Hinterlassenschaften bezeugen die Existenz der brandenburgisch-preußischen Herrschaft in der Zeit vor 1815.

Die ältesten baulichen Zeugnisse stammen aus der Regierungszeit des Kurfürsten Friedrich Wilhelm (1620–1688), dessen gezielter Landesausbau auch in der Grafschaft Mark erkennbar wird. Ein besonderes Augenmerk richteten die brandenburgischen Herrscher auf die Unterstützung ihrer reformierten Glaubensrichtung. So konnten die kleinen reformierten Gemeinden in der überwiegend lutherischen Grafschaft beim Bau eigener Kirchen mit großzügiger Unterstützung rechnen.

Bei dem Kirchengebäude in Rhynern handelt es sich um einen schlichten Sechseckbau mit Pyramidendach und Laterne. Die Flachdecke im Inneren wird von einer hölzernen Mittelstütze getragen.

H12

Preußische Repräsentationsarchitektur in Wesel – Berliner Tor

Berliner-Tor-Platz, 46483 Wesel

Das Berliner Tor markiert architektonisch die Inbesitznahme der niederrheinischen Stadt durch Preußen. Mit der Realisierung dieses prunkvollen Torgebäudes setzte das Königreich Preußen das Zeichen, langfristig in Wesel bleiben und die Geschicke der Stadt lenken zu wollen. Aus strategischen Gründen investierte Preußen in den Ausbau der Stadt zur Festung. Dem Berliner Hofbaumeister und Kommandanten der Festung Wesel Jean de Bodt gelang es mit seinem zwischen 1718 und 1722 errichteten Berliner Tor, der Festungsarchitektur einen repräsentativen Charakter zu verleihen. Es ist eines der ehemals vier Stadttore Wesels.

Das verputzte Monument ist aus Backstein gefertigt, der Fassade sind aber Elemente aus der klassizistischen Architektur vorgesetzt. Die Figuren der Minerva und des Herkules flankieren den Eingang. Über diesem befindet sich ein Relief, das die Personifikationen der Flüsse Rhein und Lippe zeigt. Einst war das Tor das zentrale Element einer ausgedehnten Flügelanlage. Die im Halbkreis auf das Tor zuführenden Pfeilerarkaden wurden 1892 abgebrochen, sodass das Berliner Tor heute isoliert auf einem neu geschaffenen Platz steht, der Teil der Fußgängerzone ist.

H13

Preußische Stadtplanung im 18. Jahrhundert – Ostenallee

59065 Hamm

Hamm war im ausgehenden 18. Jahrhundert führende Stadt der Grafschaft Mark, in der zahlreiche wichtige Behörden ihren Sitz hatten. Hier ließ der preußische Standortkommandant Carl Friedrich von Wolffersdorff (1716–1781) kurz nach Ende des Siebenjährigen Krieges (1756–1763) als neue zentrale Achse die Ostenallee anlegen.

Wolffersdorff war sächsischer Offizier und nach der Kapitulation Kursachsens 1756 in die siegreiche preußische Armee eingetreten. Im weiteren Verlauf des Siebenjährigen Krieges hatte er schließlich den Posten des preußischen Standortkommandanten in Hamm übernommen.

Durch die Ostenallee kam es zu einer städtebaulichen Neufassung Hamms. Die Achse löste als zentrale Verbindung Hamms nach Osten die bisherige, entlang der Lippe führende Postverbindung (nach Lippstadt) ab. Die neu angelegte Allee bot Bürgern und Adeligen aber auch die Möglichkeit zum Flanieren. Vom östlichen Stadttor führte die vierreihige Anlage in östlicher Richtung stadtauswärts und endete am Gut Osthof, das von Wolffersdorff bezogen hatte.

Da die Ostenallee, im Gegensatz zur restlichen Bebauung Hamms, im Zweiten Weltkrieg nicht zerstört wurde, prägen die zahlreichen Wohnhäuser an der Ostenallee diesen Stadtteil bis heute.

H14

Preußische Flussschifffahrt – Wärterhaus der Ruhrschleuse

Herbeder Straße, 58456 Witten

Die Ruhrschleuse in Heven gehörte zu 16 aus Holz gefertigten Anlagen, die zwischen 1776 und 1780 gebaut worden waren. Erst durch den Betrieb solcher Schleusen, mit denen die Schiffe die Höhenunterschiede überwinden konnten, war es möglich, die Ruhraaken genannten Frachtschiffe zu treideln: Pferde zogen sie über Pfade vom Ufer aus mit Seilen den Fluss hinauf.

Preußische Baubeamte ließen 1835 das Schleusenwärterhäuschen in Witten-Heven errichten. Das klassizistische eingeschossige Fachwerkhaus mit Krüppelwalmdach entstand im Rahmen eines staatlichen Programms, das die Schifffahrt auf der Ruhr verbessern und damit zu mehr staatlichen Einnahmen führen sollte. Frachtwagen brachten Salz von Unna-Königsborn bis zur Ruhr. In Langschede wurde das »weiße Gold« auf Ruhraaken umgeladen und flussabwärts nach Ruhrort verschifft, das am Zusammenfluss von Rhein und Ruhr liegt. In der zweiten Hälfte des 19. Jahrhunderts verlor die Ruhrschifffahrt jedoch an Bedeutung. Der Schleusenbetrieb musste 1890 eingestellt werden. Die hölzerne Anlage überdauerte bis 1943, als sie von einer riesigen Flutwelle zerstört wurde, die sich infolge der Bombardierung der Möhnetalsperre das Ruhrtal hinunterwälzte.

In den 1980er Jahren kam es zu einem Neubau. Für die Fahrgastschifffahrt wurde ein etwa 100 Meter langer Schleusenkanal angelegt. So kann das Personenschiff »Schwalbe« zwischen dem Kemnader See und Bommern verkehren. Die moderne Anlage liegt neben dem von preußischen Baubeamten entworfenen Gebäude, das heute für gastronomische Zwecke genutzt wird.

H15

Preußische Chausseen gliedern Westfalen – Meilenstein der Staatschaussee zwischen Köln und Minden

bei Hermannstraße 188, 44263 Dortmund-Hörde

Preußische Beamte leiteten unter der Führung des Freiherrn vom Stein die ersten Maßnahmen zum Bau von Chausseen in den 1780er Jahren ein. Es entstanden unter anderem die Chausseen Unna-Paderborn oder Koblenz-Minden. Die »Kunststraßen« sollten den Handelsverkehr beleben. Zu einer zweiten Bauwelle kam es nach 1815, als weitere Gebiete im Rheinland und in Westfalen an Preußen fielen. Unter der Federführung des westfälischen Oberpräsidenten Ludwig von Vincke wurde zwischen 1817 und 1819 die Strecke von Unna über Werl, Soest und Lippstadt nach Bielefeld als Teil der »Köln-Berliner Straße« ausgebaut.

Der moderne Straßenbau beinhaltete einen steinernen Unterbau und eine erhöht liegende, seitlich abschüssige Fahrbahn. Als Vermessungspunkte dienten unter anderem die Kirchtürme. Noch heute sind sie bei der Autofahrt auf dem Hellweg, der heutigen B 1, zwischen Unna und Soest Orientierungspunkte am Horizont. Am Rand der Chausseen standen die vielfach noch erhaltenen Meilensteine, die verschiedene Formen aufwiesen. In Westfalen herrschte die Form des Obelisken, zum Teil mit seitlichen Ruhebänken, vor. Als Zeugnis hierfür dient der preußische Meilenstein aus der Zeit nach 1815, der sich noch heute in Dortmund-Hörde befindet.

H16

Sicherung französischer Herrschaft im Rheinland – Zitadelle Napoleon (Fort Blücher)

Weseler Straße (Nähe Rheinbrücke), 46487 Wesel

Nach der Übernahme Wesels im Jahr 1806 ergänzte das französische Militär die Festungsanlagen durch weitere Zitadellen. So entstand zur Sicherung des Rheinübergangs linksrheinisch eine nach Napoleon benannte Zitadelle und auf der dazwischen liegenden Rheininsel die Zitadelle Bonaparte.

Sechs Verteidigungslinien umgaben nach der Planung die Zitadelle Napoleon. Ihr Kern nahm ein Rechteck längs des Rheins ein. In ihrem Schussfeld befand sich südwestlich das Dorf Büderich, das auf Napoleons Anweisung 1813 abgerissen wurde.

Die Zitadelle Bonaparte auf der Rheininsel sollte als zentrales Element des Verteidigungssystems die Zitadelle von Wesel und die linksrheinische Zitadelle Napoleon überragen. Sie war als halbrunde innere Anlage, mit dreieckiger, zur Lippemündung weisender Spitze und gemauerter Umwallung geplant. Zwischen den beiden Verteidigungslinien lagen drei Wasserflächen, in die Halbmonde hineinragten. Den Verbindungsweg zwischen den beiden Uferseiten des Rheins unter Einbeziehung der Insel ermöglichte eine Schiffsbrücke, die im Verteidigungsfall schnell hätte entfernt werden können. Der Weg führte durch die Zitadelle Bonaparte hindurch.

Nach dem Wiener Kongress, als Wesel an Preußen fiel, benannte das preußische Militär die Zitadelle Napoleon in »Fort Blücher« um. Da die Reichweite der Geschütze und die Durchschlagskraft der Granaten stieg, wurden vorgeschobene Außenforts angelegt, um den Gegner nicht zu nahe an die eigentlichen Festungen heranzulassen. Einzelne Forts wurden aufgegeben, da sie strategisch nutzlos waren. Das Fort Blücher verfiel, nachdem das Militär es ganz aufgegeben hatte. Ein Teil wurde in den 1950er Jahren abgerissen. Reste der Befestigungswerke sind erhalten, allerdings nicht zugänglich.

H17

Napoleonische Militäranlage im Rheinland – Kaserne VIII | Bäckereigebäude

An der Zitadelle 6/Schillstraße, 46483 Wesel

Nachdem Preußen 1806 die strategisch bedeutende rechtsrheinische Festung Wesel an Frankreich abtreten musste, wurde diese in großem Maße ausgebaut und bekam somit eine besondere Funktion innerhalb des Sicherheitssystems an der Ostgrenze des Napoleonischen Kaiserreiches. Anders als die übrigen besetzten rechtsrheinischen Gebiete, die dem neu geschaffenen, französisch kontrollierten Großherzogtum Berg unterstellt wurden, erklärte Napoleon Wesel 1811 zum unmittelbaren Bestandteil des Kaiserreichs, dem auch schon die linksrheinischen Gebiete zugeschlagen worden waren.

Es entstand eine Festung mit mehreren Zitadellen, die den modernen Anforderungen der Kriegsführung und der Weiterentwicklung der Artillerie gerecht werden sollte. Neben dem Festungsbau investierten die Franzosen in die Anlage von Kasernen. Eine steigende Zahl an Truppenkontingenten musste untergebracht werden. Zeugnis hierfür sind die 1809 fertig gestellte Kaserne VIII und das Bäckereigebäude von 1811. Ursprünglich sollten beide zusammen mit weiteren Gebäuden einen dreiflügeligen Gesamtkomplex ergeben. Für die andere Seite der Zitadelle war eine vergleichbare Anlage geplant, die allerdings nicht ausgeführt wurde.

Die Kaserne VIII war ursprünglich ein 240 Meter langes und etwa 17 Meter breites Backsteingebäude, das heute durch die 1933 hindurchgebrochene Schillstraße geteilt wird. Die Gebäudeecken sowie das Portal werden durch Werksteinrustika betont. Die Schillstraße erinnert an den preußischen Major Ferdinand Schill, der 1809 den Aufstand gegen Napoleon gewagt hatte.

H18

Napoleon setzt der Aufklärung ein Denkmal – Obelisk de Pauw

Markt 17, 46509 Xanten

Vor dem Xantener Dom steht ein Obelisk aus Trachyt, einem vulkanischen Gestein. Das laut Inschrift »simple monument«, das einfache Denkmal, wurde 1811 jedoch nicht von einem Herrscher aus Ägypten, dem Ursprungsland der Obelisken, errichtet, sondern von der kleinen französischen Kommune Xanten. Napoleon I. hatte die Stadt im Oktober 1811 besucht, denn sie stand von 1794 bis 1814 unter französischer Herrschaft. Im Kreuzgang des Stiftes missfiel Napoleon das schlichte Grab des 1799 verstorbenen Stiftsherren Cornelis de Pauw und er ordnete an, ihn auf den damaligen Friedhof westlich des Doms umzubetten und den verstorbenen Stiftsbibliothekar mit einem Obelisken zu ehren.

De Pauw, 1739 in Amsterdam geboren, stammte aus einer alten Gelehrten- und Diplomatenfamilie. Der umfassend gebildete junge Mann stand den Idealen der Aufklärung nahe, als er 1761 Stiftsherr in Xanten wurde. Trotz seiner rationalen und kirchenkritischen Haltung veröffentlichte er dort philosophisch-volkskundliche Abhandlungen, ohne bei seinen kirchlichen Herren in den Verdacht der Ketzerei zu geraten. 1792 zeichnete Frankreich Cornelis de Pauw für seine fortschrittlichen Werke mit dem Bürgerrecht aus.

Mit kaum sechs Metern ist dieser Obelisk kleiner als seine altägyptischen Vorbilder und anders als bei diesen sind in Xanten die Steinmetzarbeiten und Inschriften des rechteckigen Steinpfeilers mit pyramidenförmiger Spitze recht grob ausgeführt.

H19

Eine preußische Modellstadt – Neu-Büderich

Katholische Pfarrkirche St. Peter, Marktstraße 7 |
Evangelisches Pastorat, Pastor-Wolf-Straße 45–47, 46487 Büderich

Büderich ist die erste einheitliche städtebauliche Neuplanung im klassizistischen Stil am Niederrhein. Unter Kaiser Napoleon hatte sich Frankreich bis zum Rhein hin ausgedehnt. Auch Wesel und das linksrheinisch gelegene Büderich gehörten ab 1806 zu seinem Herrschaftsbereich. Doch das Dorf stand militärischen Plänen im Wege, den Rheinübergang durch Festungen zu sichern; linksrheinisch ließ man die Zitadelle Napoleon errichten. Zur Erweiterung des Schussfeldes und um dem Gegner keine Deckung zu bieten, unterschrieb der französische Monarch am 6. Dezember 1813 den Befehl, Büderich abzureißen. Innerhalb von zwei Tagen mussten die Einwohner ihre Häuser verlassen. Obwohl das Vorgehen militärisch inzwischen sinnlos geworden war, wurde der Abriss vorangetrieben.

Doch auch die neue preußische Herrschaft verhinderte aus militärischen Überlegungen eine Rückkehr der Büdericher an ihren alten Ort. Als Entschädigung plante man, wie auch schon von den Franzosen vorgesehen, ab 1815 die Errichtung von »Neu-Büderich«, einige Kilometer vom alten Standort entfernt. Landesbaudirektor Otto von Gloeden entwarf eine Stadt mit schachbrettartigem Grundriss, er platzierte Kirchen beider Konfessionen am Marktplatz gleichberechtigt einander gegenüber. Die Entwürfe wurden in der Berliner Oberbaudeputation unter der Leitung Karl Friedrich Schinkels begutachtet, korrigiert und schließlich ausgeführt.

H20

Preußische Chausseen für Westfalen – Großes Hilfshaus

Werler Straße 217, 59427 Unna

Sogenannte »Hilfshäuser« an wichtigen Straßen und Wegen dienten den Reisenden als Wirtshaus und Unterkunft, den Pferden als Futterstelle und Tränke und den Fuhrleuten als Werkstatt und zur technischen Unterstützung. Als der preußische Staat zwischen 1817 und 1819 die »Köln-Berliner-Straße« neu an (Unna-)Hemmerde vorbei bauen ließ (H15), errichtete der örtliche Besitzer des Hilfshauses einen Neubau direkt an der modernen Chaussee. Er hoffte, die Reisenden würden auch hier seine Dienste in Anspruch nehmen.

Doch die Geschäfte liefen schleppend, denn die Zeiten, in denen »Vorspann« geleistet werden musste, da Pferd und Wagen im Schlamm stecken blieben, waren vorbei. Die neue Chaussee beschleunigte den Verkehr und ließ es zu, längere Strecken in kürzerer Zeit zurückzulegen. Das »Große Hilfshaus« rentierte sich im 19. Jahrhundert nicht länger und wurde anderweitig genutzt. Noch heute liegt das beeindruckende Gebäude direkt an der Bundesstraße 1 – gegenüber einer Tankstelle.

Orthogonaler preußischer Grundriss Neubüderichs von Otto van Gloeden, 1817, Landesarchiv Nordrhein-Westfalen, Abteilung Rheinland, Düsseldorf.

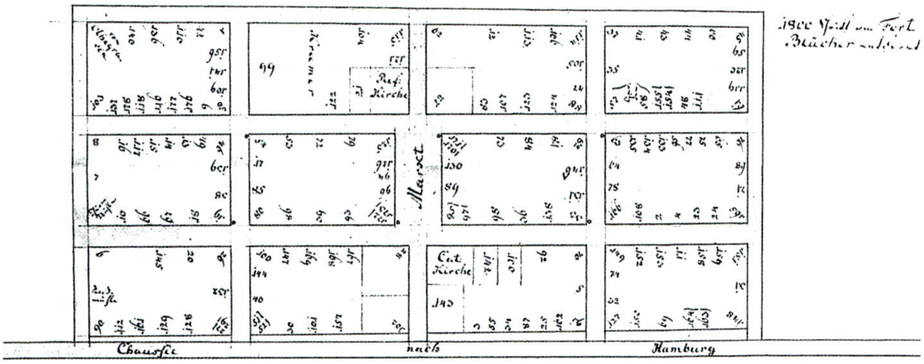

H21

Die Preußen investieren in ein Staatsunternehmen – Amtshaus der Saline Königsborn | Gradierwerk | Große Feuermaschine

Friedrich-Ebert-Straße 59, 59425 Unna

Die preußische Verwaltung baute 1817 für die Saline Königsborn ein Amtshaus. Dieses im klassizistischen Stil errichtete Gebäude ist eines der wenigen erhaltenen baulichen Zeugnisse der Saline, die der preußische Staat zwischen 1745 und 1873 in Eigenregie betrieben hatte.

Preußen investierte auf vielfältige Weise in die Saline; so war die preußische Anlage 1799 die erste in den westlichen Provinzen Preußens, auf der eine Dampfmaschine in Betrieb ging, diese sogenannte Feuermaschine, die erste Dampfmaschine im Ruhrgebiet, ging am 30. August in Betrieb. Die Saline Königsborn war auch die erste in Westfalen, die an das Chausseenetz angeschlossen war (H15). Außerdem legte der Staat im südlich gelegenen Langschede noch einen Umschlagplatz für Salz an. Ruhrschiffer nahmen hier zwischen 1780 und 1801 das Salz auf, nachdem die Preußen zuvor für die Schiffbarmachung der Ruhr gesorgt hatten (H14). 1845 wurde der besonders ergiebige Rollmanns-Brunnen angelegt und die Saline um das neue Gradierwerk erweitert.

1873 erwarb der Essener Industrielle Friedrich Grillo die Saline und richtete ein Sole- und Kurbad in Königsborn ein. Die Gewinnung von Salz aus Sole verlor jedoch im 20. Jahrhundert völlig ihre Bedeutung, und der Kurbetrieb ging seit der Zeit des Ersten Weltkriegs zurück. 1941 wurden die Kuranlagen endgültig stillgelegt. Abgesehen vom Amtshaus und dem danebenliegenden Inspektorenhaus, das um 1815 erbaut wurde, sind die zentralen Einrichtungen, die Siedehäuser, das Dampfmaschinenhaus und die Gradieranlagen, nicht erhalten.

H22

Westfälische Kirche in preußischem Stil – Katholische Pfarrkirche St. Peter und Paul

Friedhofsweg 3, 59427 Unna-Hemmerde

Bei der katholischen Kirche in Hemmerde handelt es sich um den einzigen Kirchenentwurf von Philipp Leonard Pistor, der nachweislich verwirklicht und bis heute erhalten ist.

Nach jahrzehntelangem erbittertem Streit der Katholiken und Protestanten um die Kirchennutzung wurde den Lutheranern die alte, aus dem 12. Jahrhundert stammende Kirche überlassen, während mit Unterstützung des preußischen Königshauses den Katholiken ein Neubau zugestanden wurde.

Den Plan der Kirche entwarf Pistor, der von 1779 bis 1817 das Amt des Landbaumeisters innehatte, 1822. Er konnte sich dazu der Typenentwürfe bedienen, mit denen das Berliner Oberbaudepartement Baugestalt und Bauausführung von Kirchen, Pfarrhäusern oder Schulen in den Provinzen zu vereinheitlichen suchte. Die katholische Kirche in Hemmerde verkörpert als siebenachsige Saalkirche im Rundbogenstil einen für preußische Kirchenbauten in der 1. Hälfte des 19. Jahrhunderts typischen Stil. Dieser wird in Hemmerde noch durch das gewölbte Dach als hölzerne Bohlenlamellen-Konstruktion unterstrichen, die Pistor in Anlehnung an den bedeutenden preußischen Landbauarchitekten David Gilly auch in der Grafschaft Mark heimisch zu machen suchte. Das Dachwerk ist nach Kriegsschäden in derselben Krümmung, jedoch als Eisenkonstruktion, wiederhergestellt worden, und auch der heutige Turm ist die Folge einer nachträglichen Erhöhung.

H23
Schinkels Monument für den preußischen Aufstand – Schill-Denkmal

Schillwiese, 46485 Wesel

Elf preußische Offiziere hatten unter dem Kommando des Majors Ferdinand von Schill 1809 trotz anderslautender Befehler einen Aufstand gegen die französische Herrschaft initiiert. Das Unternehmen scheiterte in Stralsund, Schill fiel und seine Leute kamen als Gefangene nach Wesel. Sie wurden auf der Zitadelle inhaftiert und ein französisches Kriegsgericht verurteilte sie zum Tode. Vor den Toren der Stadt wurden sie im September 1809 unter großer Anteilnahme der Bevölkerung erschossen.

Der Plan eines Denkmals für die Schill'schen Offiziere kam 1833 in Wesel innerhalb des preußischen Militärs auf. Ein Major von Webern und ein Hauptmann a. D. Pahlke organisierten in der Armee eine Spendensammlung, bei der wohl 35000 Taler zusammenkamen. Der Entwurf für das Monument stammte von Karl Friedrich Schinkel. Am 31. März 1835 fand auf den Lippewiesen südöstlich der Stadt die feierliche Einweihung des Denkmals statt. Schon ein Jahr vorher hatte man die Gebeine der Erschossenen ausgegraben und in einem Bleisarkophag wieder beigesetzt.

Das Erinnerungsmal wurde über ihrem Grabgewölbe platziert. Bei der Reliefgruppe auf der Vorderseite handelt es sich um die trauernde Borussia und die geflügelte Viktoria, die um einen Altar stehen, der mit einem preußischen Adler verziert ist. Die Namen aller elf Erschossenen sind am Denkmal angebracht. Auf der Rückseite des Denkmals wurde ein Adler als Motiv gewählt. Unter dem Adler wurde der Text angebracht: »Sie starben als Preußen und Helden am/16. September 1809«. Über dieser Inschrift findet man elf Sterne, für jeden der »Helden« einen. Die Königliche Eisengießerei in Berlin hatte die Tafeln des Denkmals symbolträchtig aus dem Eisen erbeuteter französischer Kanonen gefertigt.

H24
Wehrhafte Türme am Rheinufer – Ruhrort-Homberger Trajektanstalt

Hebeturm der Ruhrort-Homberger Trajektanstalt, Rheinanlagen 12, 47198 Duisburg-Homberg |
Brückentürme der Friedrich-Ebert-Brücke,
Richard-Hindorf-Platz 1 und 2, 47119 Duisburg-Ruhrort

Der Rhein galt jahrhundertelang als strategische Grenze zwischen Frankreich und Deutschland. Aufgrund der Erinnerungen an die napoleonischen Eroberungskriege scheute der preußische Staat davor zurück, in Duisburg eine Brücke für die Eisenbahn über den Rhein zu errichten. Aus diesem Grund musste ab 1852 eine Eisenbahnfähre, ein sogenanntes Trajekt, die beiden Ufer verbinden. Zunächst wurden die Güterwaggons aus dem Ruhrtal auf einer schiefen Ebene zur Dampffähre hinabgeschoben. Ab 1856 dann ersetzten zwei Hebetürme das unfallträchtige Verfahren. Nach einem englischen Patent hoben und senkten sie die Waggons, um so den Höhenunterschied zwischen Gleisen und Schiff zu überbrücken. Nach dem Bau einer Eisenbahnbrücke 1873 verloren sie ihre Bedeutung. Der Homberger Turm – europaweit einzigartiges Zeugnis für die Entwicklung des Eisenbahnwesens – war seit 1928 Jugendherberge. Heute dient er als Wohnturm. Das Ruhrorter Gegenstück wurde 1971 abgerissen.

Auch die zwischen 1904 und 1907 gebaute Ruhrort-Homberger Straßenbrücke besaß imposante Türme, ihr Aussehen erinnert an wehrhafte Stadttore. Nach einem Entwurf von Hermann Billing (1867–1946) bildeten sie die Abschlüsse einer harmonisch gegliederten Stahlfachwerkkonstruktion. Heute existieren noch die Brückentürme auf Ruhrorter Seite.

H25

Eine Burg zur Sicherung von Sachsens Grenzen – Burgruine Syburg und Vincketurm

Hohensyburg, 44265 Dortmund

775 nahm Karl der Große die strategisch günstig auf einem Plateau oberhalb des Ruhrtals gelegene sächsische Wallanlage und Burg (H3) ein. Er nutzte die Festung zu Verteidigungszwecken, gründete dort eine Kirche und legte am Flussübergang unterhalb der Anlage einen Reichshof an. Von dieser »Kernburg« haben sich Teile des Walls und des Grabens erhalten.

Um 1100 entstand eine Steinburg auf dem Gelände, etwa gleichzeitig mit der jetzigen Kirche und weiteren Burgen entlang der Ruhr, zur Grenzsicherung des sächsischen Gebiets. Die Syburg diente besonders zur Sicherung des Ruhrübergangs bei Westhofen. Die Befestigung verlor jedoch im 14. Jahrhundert an Bedeutung und wurde im 17. Jahrhundert zerstört. Als Überreste sind Teile des Wohnhauses und des Bergfrieds geblieben.

Auf demselben Plateau auf dem höchsten Punkt des Sybergs wurde 1857 der Vincketurm errichtet. Es handelt sich um einen achteckigen, 26 Meter hohen Aussichtsturm aus Ruhrsandstein, der in neugotischen Formen gestaltet wurde. Er ist benannt nach Ludwig Freiherr von Vincke (1774–1844), der ab 1810 Eigentümer der Syburg war. Vincke war erster Oberpräsident der 1815 geschaffenen preußischen Provinz Westfalen. Im Zweiten Weltkrieg nutzte die Wehrmacht den Turm als Artilleriebeobachtungspunkt. Die alliierten Truppen nahmen daher den Turm unter Beschuss und beschädigten ihn schwer. 1955 wurde er rekonstruiert.

H26

Preußisch-nationaler Erinnerungskult auf dem Syberg – Kaiserdenkmal auf der Hohensyburg

44265 Dortmund

Im 19. Jahrhundert bekam das Bergplateau auf dem Syberg, auf dem sich noch heute die Ruinen der mittelalterlichen Burganlagen befinden, im Zuge der deutsch-nationalen Denkmalsbewegung eine neue Funktion zugesprochen (H25). Während der Vincketurm von 1857 noch einer Frühphase angehört, stellt das 1902 eröffnete Kaiser-Wilhelm-Denkmal ein steingewordenes Zeugnis des Wunsches dar, die karolingische Geschichte in einen Sinnzusammenhang mit Kaiser Wilhelm I., dem »Reichseiniger«, zu stellen. Das Denkmal wurde als monumentale Dreiturmgruppe mit reichem neugotischem Bauschmuck nach einem Entwurf des Architekten Hubert Stier gestaltet. Vor den Turmbauten standen das zentrale Reiterstandbild von Kaiser Wilhelm I. sowie die Standbilder Ottos von Bismarck, des Grafen von Moltke, Kaiser Friedrichs III. und des Prinzen Friedrich Karl. Hierbei handelte es sich um Arbeiten der Stuttgarter Bildhauer Adolf und Karl von Donndorf.

Die Nationalsozialisten reduzierten 1935 die Denkmalgruppe und deuteten sie damit bewusst um. Sie entfernten die Skulpturen der beiden Söhne Wilhelms I., Kaiser Friedrich III. und Prinz Friedrich Karl. Der Kaiser war nun nur noch von Bismarck und Moltke umgeben; seine Rolle als Alleinherrscher wurde somit betont. Infolge der Abtragung der flankierenden Turmbauten erhielten die Standbilder Bismarcks und Moltkes ihren neuen Standort vor den seitlichen Nischen des Hauptturms. Die Lebensdaten Kaiser Wilhelms I. wurden durch das Datum der Reichsgründung, 18. Januar 1871, ersetzt.

H27

Wiederaufbau des deutschen Bergbaus – Glückaufhaus

Friedrichstraße 1, 45128 Essen

Das Bürohaus »Glückauf« wurde 1922 und 1923 nach einem Entwurf des Architekten Ernst Bode errichtet. Die Schaffung von attraktiven Büroflächen, die an verschiedene Firmen vermietet werden sollten, gehörte zu Beginn der 1920er Jahre zu den maßgeblichen Aufgaben der Stadt Essen.

Der monumental gestaltete Backsteinbau mit Innenhof schloss sich in seiner Formensprache expressionistischen Vorbildern an. Die eingeschossige, dunkle Eingangshalle präsentiert sich als Gesamtkunstwerk der 1920er Jahre. Der in zeittypischem Dekor gehaltene Lampenschmuck, die Eingangstür oder die Wandgliederung mit geometrisch gesetzten Ziegelsteinen zeugen noch heute von der ursprünglichen Raumgestaltung. Um das Gebäude für potenzielle Mieter interessant zu machen, besaß es in den einzelnen Geschossen große, ungeteilte Räume, die durch den Einbau von Trennwänden in zusammenhängende Raumgruppen unterteilt werden konnten.

Ab 1945 war im Glückaufhaus, das im Krieg kaum zerstört wurde, die britische Stadtkommandantur untergebracht. Während die North German Coal Control (NGCC), das zentrale Kontrollorgan für den Bergbau der britischen Zone, seit Ende 1945 in der Villa Hügel residierte, zog Ende 1947 die Deutsche Kohlenbergbau-Leitung (DKBL) in das Glückauf-Haus ein. Die DKBL organisierte bis 1953 als deutsches Selbstverwaltungsorgan den Wiederaufbau und die Reorganisation des deutschen Bergbaus im Auftrag der Alliierten. Bis 1968 kamen weitere kleinere Verbände und Institutionen des Bergbaus hinzu. Im Jahr 2009 verlegte die ifm electronic GmbH ihre Hauptverwaltung in das historische Bürogebäude.

H28

Demokratisierung durch westliche Kultur – Amerika-Haus Ruhr

heute: Europahaus, Kennedyplatz 7, 45127 Essen

Im ehemaligen Amerikahaus am Kennedyplatz in Essen, das 1952 eröffnet wurde, spiegelt sich die amerikanische Nachkriegspolitik wider. Ursprünglich siedelten die Amerikaner die Hauptstützpunkte ihres Informationsnetzes an Schlüsselpositionen wie Landeshauptstädte oder Universitätsstandorte an. Die neu gegründeten Amerikahäuser sollten dem Zweck der Wiedergewinnung demokratischer Kultur dienen und resultierten aus dem neuen Geist der »re-education« der amerikanischen Erbauer. Direkt nach Kriegsende hatte diese Politik noch tatsächlich auf die »Umerziehung« der Deutschen zu Demokraten gezielt. Als sich der Ost-West-Konflikt verschärfte, verfolgte sie eine Annäherung auf kulturellem Gebiet. Es galt, dem neuen Bündnispartner ein positives Amerikabild näherzubringen. Die Finanzierung erfolgte einzig aus Spenden der amerikanischen Bürger.

Im linken Gebäudeteil befand sich eine Bibliothek und darüber ein Ausstellungsraum. Rechts vom Eingangsbereich lag der Vortragssaal. 1964 wurde das Amerika-Haus Ruhr mit der Begründung geschlossen, dass es seine Aufgabe erfüllt habe. Nach weitreichenden Umbauten, vor allem im Saalflügel, diente es unter dem neuen Namen »Kennedy-Haus« bis 1979 als provisorisches Rathaus von Essen. Danach beherbergte es bis 1988 die Sammlung »Haus Industrieform«, einen Vorläufer des Design Zentrums Nordrhein-Westfalen. In den 1990er Jahren wurde das Haus von den Brüdern Dr. Ludger und Christian Stratmann übernommen, die dort im Rahmen des Konzepts »Europahaus« 1994 ein Theater mit Gastronomie, »Stratmanns Theater«, eröffneten.

Glückaufhaus, Essen-Rüttenscheidt, Fotografie um 1922.

Essen, Amerika-Haus Ruhr,
Fotografie von 1952.

Kapital und Technologie

Klaus Pirke

»Die ganze Gegend wimmelt von Vagabunden und räuberischem Gesindel. So scheußlich die Kerker sind, so wenig helfen sie doch für die öffentliche Sicherheit.«[1] Kein sehr schmeichelhaftes Urteil, zu dem der preußische Staatsbeamte Karl Justus Gruner 1802 auf einer Dienstreise an Ruhr und Emscher kam. Sein Reisetagebuch erschien kurz darauf und trug die Nachricht in die Welt, jedoch scheint das keinen nachhaltigen Abschreckungseffekt nach sich gezogen zu haben: Bald darauf begannen auswärtige Investoren und Techniker, jenen überwiegend dünn besiedelten ländlichen Raum für sich zu entdecken, der erst später Ruhrgebiet heißen sollte. Das aufziehende Industriezeitalter kündigte sich an und mit ihm ein gewaltiger Umbruch. Auswärtige Akteure trieben ihn maßgeblich voran. Sieht man einmal von der recht überschaubaren Zahl lokaler Finanziers – zumeist aus alteingesessenen Kaufmannsfamilien – ab, konnten die eigenen Kräfte dieses Landstrichs den Wandel auch gar nicht tragen. Weder wäre man in der Lage gewesen, den bald rasant steigenden Kapitalbedarf zu befriedigen, noch gab es in den wenigen Städten längs des Hellwegs und der Ruhr einen nennenswerten Ingenieursstand oder gar industrielles Know-how. Allerdings sollte man auch in dieser Beziehung anmerken, dass einige ansässige »Ausnahmefiguren« ihren Teil zum industriellen Umbruch beitrugen, wie etwa die Dampftechnologiepioniere Franz und Johann Dinnendahl in Essen und Mülheim oder auch Friedrich Harkort in Wetter. Viele Baudenkmale der Region zeugen von den wichtigen Entwicklungsimpulsen, die nicht nur im Industriezeitalter von auswärtigen Investoren, Ingenieuren und Technologien ausgingen. Die Beiträge dieses Kapitels dokumentieren einige dieser Impulse.

rechte Seite:
Ein Hütteningenieur brachte 1839 von einer Studienreise die Skizze eines Hochofens aus Oberschlesien mit an die Ruhr; ein wichtiger Know-how-Impuls, da die zukunftsweisenden Kokshochöfen hier noch nicht eingeführt waren.

Familiale Netzwerke und Forschungsreisen in der Frühindustrialisierung

Zurück zu den industriellen Anfängen vor 1850: Auch deren wenige ortsansässige »Pioniere« waren auf externe Hilfe angewiesen. Die Geschichte der regionalen Industrialisierung ist insbesondere in der frühen Phase ohne den intensiven Austausch mit den industriell bereits weiter entwickelten Teilen Europas nicht denkbar. Namentlich waren das vor allem Großbritannien, die Niederlande und der montanindustrielle Nordosten Frankreichs, von dem Belgien 1830 unabhängig wurde. Die Austauschbeziehungen beschränkten sich nicht auf den reinen Know-how-Transfer in die Region, welcher sich entweder über bestehende Geschäftsverbindungen freundschaftlich-kollegial vollzog oder häufig auch weniger freundlich per Industriespionage erzwungen wurde. Mitunter spielte auch das ganz private Glück eine Rolle: Nicht selten stärkten zu Beginn des 19. Jahrhunderts Hochzeiten die Geschäftsbeziehungen in die älteren industriellen Kerngebiete Europas. Eine regelrechte Heiratspolitik nach rein ökonomischen Gesichtspunkten scheint das allerdings nur selten gewesen zu sein, da sich nur sehr vereinzelt ein elterlicher Zwang zu diesen Eheschließungen nachweisen lässt.[2] Dennoch boten manche

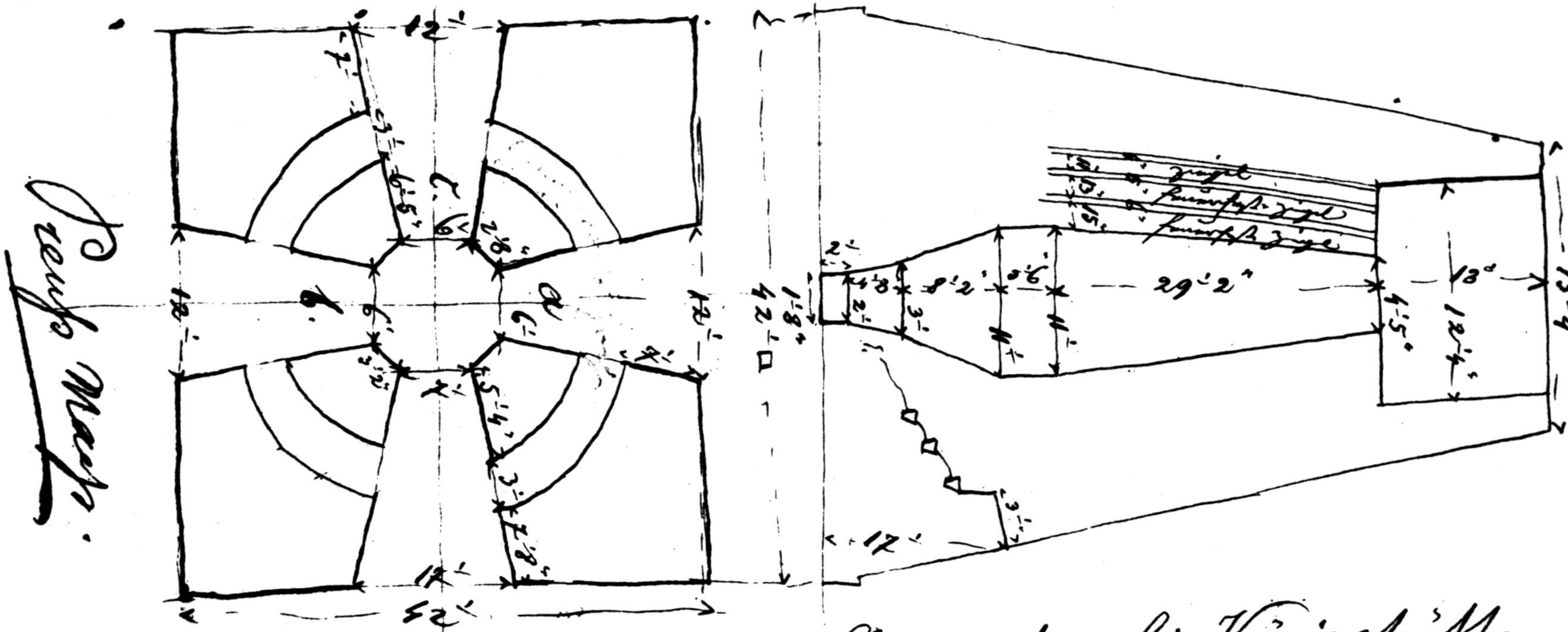

Erster Coaks-Hohofen in Orzesche bei Königshütte
in Oberschlesien.

Er wird darin mit 3 Formen geblasen, wovon die bei a und b
2 1/4 und bei c = 2" Durchmesser haben.

oben und links:
Die Hochofenbelegschaft der Hattinger Henrichshütte von 1885 und der Hüttengründer Graf Henrich zu Stolberg-Wernigerode. Ohne das Kapital des namensgebenden Grafen aus dem Harz und ohne die dort angeworbenen Fachleute, von denen einige noch im Bild zu sehen sein dürften, hätte die Hütte 1855 nicht in Betrieb gehen können.

dieser Ehen zumindest im Nebeneffekt die Chance, finanziellen Engpässen auf elegante Weise zu entkommen. Die Familienbande hatten vor der Einführung moderner Kapitalgesellschaftsformen durchaus positive Effekte auf die Kapitalversorgung, meist gaben sie die Handlungsspielräume der frühindustriellen Unternehmungen vor. So verwundert nicht, wenn beispielsweise 1808 der spätere Weltkonzern Gutehoffnungshütte von vier Gründervätern aus der Taufe gehoben wurde, die sämtlich verwandt oder verschwägert waren. Auch mit den Familien wichtiger Geschäftspartner im Ausland bestanden dort bald verwandtschaftliche Beziehungen, und selbst das wichtige Know-how angestellter Ingenieure war mitunter durch deren Einheirat an das Eigentümernetzwerk und an die Firma gebunden. Im Zusammenhang mit dem Ruhrorter Dampfschiffbau (KT10) ist ein solcher Fall eingetreten: Ein per Heirat an die Unternehmerfamilien gebundener englischer Schiffsbauingenieur blieb zwar nur so lange auf der Werft, bis der Schiffsbau dort erfolgreich in Gang gekommen und sein Wissen zur neuen Technologie dort »angekommen« war. Dem Unternehmen jedoch blieb er – verheiratet mit einer Gründererbin – noch viele Jahre als Anteilseigner verbunden.[3]

Neben solchen familialen Netzwerken waren Forschungsreisen ins bereits industrialisierte Ausland, wie sie von den meisten Akteuren an der Ruhr unternommen wurden, von ganz erheblicher Bedeutung für die Entwicklung ihrer Unternehmen. Recht gut erforscht sind im Gegensatz zu den Gründen des Heiratsverhaltens der Industriellenfamilien die Studienreisen ihrer Mitglieder und häufiger noch der angestellten Ingenieure. Den Reisen folgten manchmal vergebliche Bemühungen, das Gesehene zu kopieren, häufig jedoch auch die erfolgreiche Anwendung einer neuen Technologie und damit ein erheblicher Vorteil für das Unternehmen gegenüber seinen regionalen Wettbewerbern. Am Beispiel der »St. Antony-Hütte« (KT6) ist das Resultat einer solchen Studienreise dokumentiert.[4]

Viele Investoren und Techniker kamen von selbst, angezogen von einer gewissen »Goldgräberstimmung«.

Betrachtet man den Austausch des Ruhrgebietes aus dem Blickwinkel der »Fremde«, so wird eine dritte Variante des Transfers von Kapital und Know-how in die Region deutlich, die wichtigste noch vor der geschilderten Einbindung angeworbener Auswärtiger in ortsansässige Unternehmen und dem nicht immer ganz legalen Wissenserwerb auf Studienreisen. Delegiert oder aus Unternehmensgeist und freien Stücken gekommen, wurde eine große Zahl wertvoller Wissensträger von den guten Voraussetzungen des rheinisch-westfälischen Steinkohlenreviers angezogen, ohne dass man sie anderenorts hätte abwerben müssen. Hierzu zählten insbesondere Fachleute und Investoren aus älteren Montanregionen, in denen zwar Kapital vorhanden war, jedoch zunehmende Ressourcenknappheit bestand. So war es beispielsweise das Kapital einer traditionsreichen eisenschaffenden Region, das ab 1854 den Bau der Henrichshütte bei Hattingen ermöglichte (KT15). Den Harzer Hütten gingen zunehmend die Rohstoffe aus, weshalb Graf Henrich zu Stolberg-Wernigerode auf die Ruhr und ihre Bodenschätze setzte. Als er dort sein Hüttenwerk anlegen ließ, brachte er einen Stamm gut ausgebildeter Hüttenleute und damit deren Know-how gleich mit.[5]

linke Seite, rechts unten: Auch dieses ist Know-how, das ins Ruhrgebiet kam: Der erste je erschienene Atlas kam 1595 aus Duisburg; er ging auf das Werk des dort ein Jahr zuvor gestorbenen Flamen Gerhard Mercator zurück, der 1552 seine wegweisenden kartografischen Ideen und Techniken mit in die Stadt am Niederrhein gebracht hatte.

Investoren wie den Grafen, der noch vor dem Anblasen des ersten Hochofens seiner Hütte im Harz verstarb, zog es eher selten persönlich ins Ruhrgebiet. Hier vor Ort waren in der Regel die Techniker gefragt, welche dann häufig gleichzeitig auch als Beauftragte von auswärtigen Investoren auftraten. Der irische Bergbaupionier William Thomas Mulvany ist ein solcher Akteur, der 1855 als begabter Ingenieur, aber auch als Repräsentant einer irischen Investorengruppe (deren Teilhaber er wiederum war) in die Region kam (KT16–23).[6]

Auswärtige Investoren einer jüngeren Zeit engagierten sich beim Bochumer Opel-Werk von 1962 und beim Bau des Shopping-Center Ruhrpark von 1964 (KT28, KT29); im aufziehenden Strukturwandel wurden beide Projekte durch amerikanische Investoren realisiert.[7]

Industrialisierung war nur ein Teil der Geschichte.

Wenngleich das Industriezeitalter das Ruhrgebiet letztlich überhaupt erst als Region entstehen ließ, gibt es doch eine Vielzahl von Zeugnissen des Kapital- und Wissensaustausches dieses Raumes aus der Zeit vor dem Anbruch der Moderne. Die Denkmale dieser frühen Beziehungen bedürfen meist im besonderen Maße der Vermittlung, da sich ihre Geschichte dem Betrachter in der Regel nicht unmittelbar erschließt. So werden die meisten Besucher der fraglos pittoresken Klingenschmiede-Fachwerkhäuser an der Hagen-Eilper Riegestraße den Ort zunächst vor allem als »alt« und vielleicht auch als »schön« wahrnehmen (KT4). Dass diese Handwerkerhäuser von der Ansiedlung gesuchter ausländischer Kriegswaffentechniker unter Kurfürst Friedrich Wilhelm von Brandenburg zeugen, wird nur dann klar, wenn man die erforderlichen Kontextinformationen zum Denkmal angeboten bekommt: Dem Kurfürsten gelang es 1661, Klingenschmiede aus Solingen abzuwerben, das damals zur Grafschaft Berg und damit zum Ausland gehörte.[8]

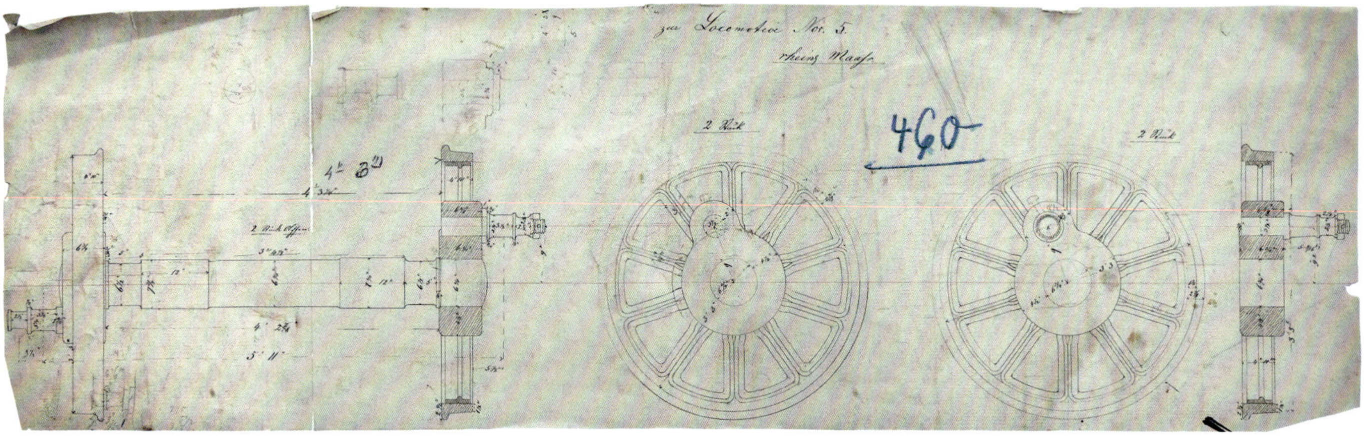

Mithilfe englischen Ingenieurswissens und englischer Teile baute die spätere GHH in Sterkrade 1839 die erste Ruhrgebiets Dampflok. Die um 1846 entstandene Zeichnung zeigt einen Triebradsatz der »Locomotive No. 5«. Der Sterkrader Lokomotivbau wurde bald wieder eingestellt, wohingegen der GHH-Radsatzbau bis heute fortbesteht.

1 Karl Justus Gruner, Meine Wallfahrt zur Ruhe und Hoffnung oder Schilderung des sittlichen und bürgerlichen Zustandes Westphalens am Ende des achtzehnten Jahrhunderts, 2 Bde., Frankfurt 1802/1803.

2 Das Forschungsthema »Familiale Netzwerke« bearbeitet die Unternehmensgeschichte erst seit wenigen Jahren; zur Familienunternehmensforschung ein aktueller Überblick bei Christina Lubinski, Family Incorporated, Projektskizze, in: Akkumulation, 18, 2009, Nr. 28, S. 1–6.

3 Vgl. den Beitrag über die JHH-Werft von Karin Dahm-Zeppenfeld und Klaus Pirke in diesem Band. Zur JHH und der Bedeutung der Familienbeziehungen vgl. auch Ralf Banken, Die Gutehoffnungshütte: Vom Eisenwerk zum Konzern (1758–1920), in: Johannes Bähr, Ralf Banken und Thomas Flemming, Die MAN. Eine deutsche Industriegeschichte, München 2008, S. 15–129, S. 50 f., S. 88 f.

4 Vgl. den Beitrag über die »St. Antony-Hütte« von Klaus Pirke in diesem Band.

5 Anja Kuhn und Robert Laube, Henrichs Hütte – der Graf und sein Werk. Graf Henrich zu Stolberg-Wernigerode (1772–1854), Ausst-Kat. Westfälisches Industriemuseum, Dortmund 2005.

6 Vgl. den Beitrag über William Thomas Mulvany von Dorothea Teßmer-Schwarze in diesem Band.

7 Vgl. den Beitrag über Opel und den Strukturwandel im Ruhrgebiet von Dorothea Teßmer-Schwarze und Stefan Nies in diesem Band.

8 Vgl. den Beitrag über die Handwerkersiedlung Lange Riege von Dorothea Teßmer-Schwarze und Stefan Nies in diesem Band.

Über die Wupper gehen … Die Abwerbung von Klingenschmieden durch Kurfürst Friedrich Wilhelm von Brandenburg

Dorothea Teßmer-Schwarze und Stefan Nies

In Preußen angekommen

Nur wenige Kilometer gewandert, aber über die Wupper und damit über eine Territorialstaatsgrenze gegangen waren zwölf Klingenschmiede, als sie sich am 19. April 1661 Christoph Philipp van Loe, dem Drosten des Amtes Wetter, vorstellten. Die Handwerker kamen aus der Klingenstadt Solingen und der weiteren Umgebung im Bergischen Land. Die dort hergestellten Schwerter mit der Prägung »Me fecit Solingen« waren begehrte Waffen und wurden europaweit exportiert. Die bergischen Klingenschmiede baten, sich in der Grafschaft Mark niederlassen und ihr Handwerk dort ausüben zu dürfen.[1] In dieser Zeit gehörten beide Regionen unterschiedlichen Territorialstaaten an: Die Grafschaft Mark zu Brandenburg-Preußen, das Bergische Land zum Herzogtum Berg.

Der Droste van Loe bat den brandenburgischen Kurfürsten Friedrich Wilhelm schriftlich darum, den Aufbau von Werkstätten für die Klingenschmiede zu unterstützen und schickte die Auswanderer am 20. April 1661 in das kurfürstliche Hoflager nach Cleve. Der Kurfürst war sehr interessiert an den Handwerker-Spezialisten und sicherte ihnen am 1. Mai 1661 in einer Urkunde[2] großzügige Privilegien zu. Er forderte jedoch, dass sie sich im preußischen Kernland in der Mark Brandenburg, möglichst in Potsdam, ansiedeln sollten. Dort wollte er ihnen Wohnungen und voll ausgestattete Werkstätten zur Verfügung stellen. Auch versprach er ihnen Zollfreiheit für 15 und Steuererlasse für zehn Jahre und die ungehinderte Ausübung ihres reformierten Glaubens. Als »Aufbauhilfe« ließ Friedrich Wilhelm den Handwerkern einmalig 100 Reichsthaler auszahlen. Dafür sollte der Kurfürst ein Vorkaufsrecht für die hergestellten Waren und einen Preisnachlass erhalten. Später befreite Friedrich Wilhelm die Schmiede auch vom Militärdienst.

Degen, Solingen um 1670, Deutsches Klingenmuseum, Solingen.

Headhunting: auf der Suche nach den Besten

Die Handwerker waren von Wienandt Rodt, einem ehemaligen Amtmann in Wetter, der aus dem Herzogtum Berg stammte, angeworben worden.[3] Diese Zuhilfenahme eines Werbers, die großzügig zugesprochenen Privilegien und die gezielte langfristige Vorbereitung der Aktion verdeutlichen das große Interesse der Landesregierung an den Handwerkern, die neue Gewerbezweige, insbesondere die Kunst des Waffenschmiedens mit kriegstechnischer Bedeutung, in Preußen aufbauen sollten.

Die Aufnahme der Klingenschmiede war Teil der preußischen wirtschaftlich motivierten »Peuplierung«, einer Bevölkerungspolitik mit dem Ziel, die nach dem Dreißigjährigen Krieg entvölkerten Landstriche wieder zu besiedeln und ein großes Steueraufkommen zu sichern.[4] Die brandenburgisch-preußischen Fürsten wollten möglichst viele erwerbstätige und steuerzahlende Untertanen in ihrem Herrschaftsbereich ansiedeln und wichtige Produkte im eigenen Land herstellen, um durch die Senkung des Imports und die Steigerung des Exports das Staatsvermögen zu vermehren.[5] Diese in den deutschen Staaten verbreitete Form des Merkantilismus, bei der weniger die Förderung des Handels als vielmehr das Wachstum der Bevölkerung durch gezielte Anwerbung von ausländischen Spezialisten im Vordergrund steht, wird auch als Kameralismus bezeichnet.

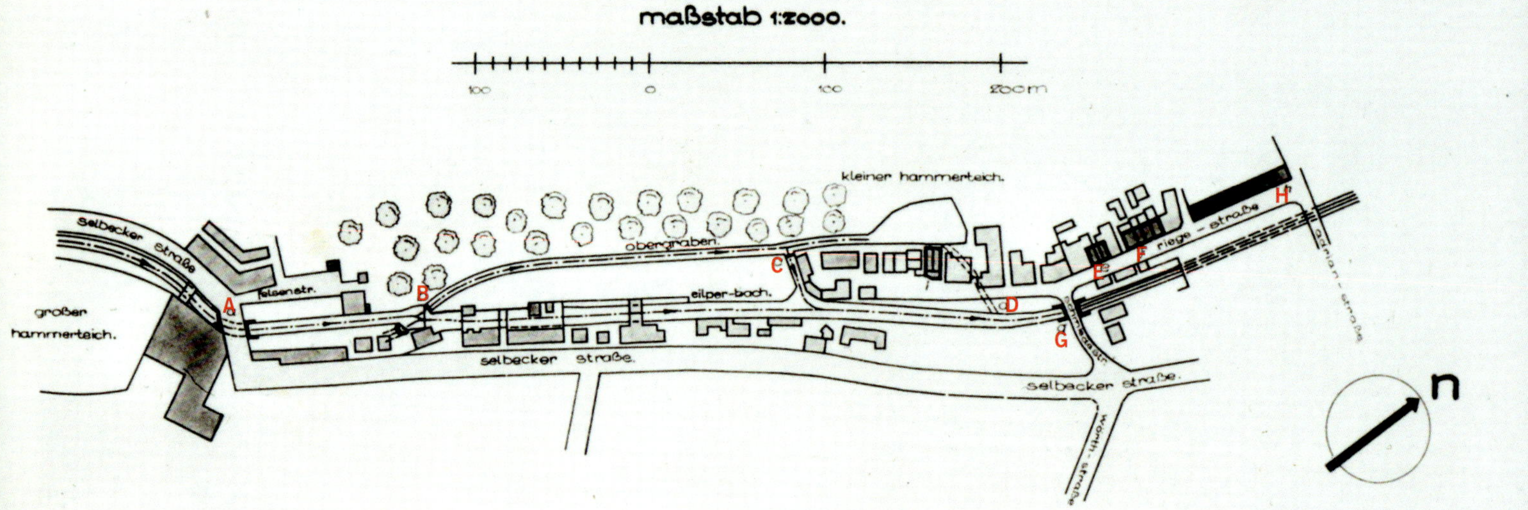

Lageplan der Klingenschmiede-Siedlung in Hagen-Eilpe. Von der Gesamtanlage sind nur noch vier der ehemals acht Wohnhäuser erhalten. Der Plan wurde 1932 durch Wilhelm Claas und Studierende angefertigt.

- A Brücke im Zuge der Selbecker Straße
- B Abzweig des Obergrabens mit dem 1. Schütt
- C 2. Schütt
- D Untergraben
- E Härtehütte
- F 8 Schmieden
- G Brücke im Zuge der Schmiedestraße
- H »Lange Riege« Wohnsiedlung an der Klingenschmiede

Die Ansiedlung der bergischen Klingenschmiede in Potsdam scheiterte allerdings, weil die naturräumlichen Gegebenheiten denkbar ungünstig waren. Hier gab es weder Kohlevorkommen noch fließende Gewässer mit hinreichend Gefälle zum Betrieb von Schleifsteinen und Reckhämmern. Die Schmiede wollten sich auch im brandenburgischen Eberswalde nicht niederlassen und kehrten deshalb nach wenigen Wochen in die Grafschaft Mark zurück und ließen sich hier etwa zeitgleich an verschiedenen Stellen in Hagen-Eilpe, dem Dorf und der Freiheit Wetter und dem Eilper Hof in Oberwengern nieder.[6] Der ersten Gruppe von Handwerkern folgten noch im selben Jahr weitere, sodass 1661 schließlich insgesamt 21 Klingenschmiede im Amt Wetter vorstellig wurden und um die Privilegien und das Niederlassungsrecht baten.

Doch wie reagierte man im Herzogtum Berg auf die Abwerbung von Klingenschmieden und den Transfer ihres technischen Know-hows in die benachbarte Grafschaft Mark? Philipp Wilhelm von Pfalz-Neuburg (1615–1690), Herzog von Berg, forderte eine Rückkehr der Schmiede in ihre Heimat und protestierte zunächst in Berlin, wo man jedoch auf der Rechtmäßigkeit der Übersiedlung beharrte. Schließlich trug der Herzog von Berg die Angelegenheit beim Reichshofrat in Wien vor. Nach langen Verhandlungen sprach man die Klingenschmiede dort am 7. Mai 1662 frei, weil sie in ihrer Heimat keinen Verbleibungseid geleistet hätten.[7]

Die älteste erhaltene Urkunde, die eine Einführung des Verbleibungseides in Solingen belegt, datiert ins Jahr 1609. Hier heißt es: »Zum Dritten: Sollet ihr keinem Fremden das Handwerk lehren, als nur allein die, so vom Handwerk ehelich geboren. Zum Vierten: Sollet ihr außerhalb dieses Landes das Handwerk nicht brauchen [...] Darauf sollen sie die Finger aufrecken und also nachreden: Alles, was mir da ist vorgesagt, dem will ich also nachkommen, so wahr mir Gott helfe und sein heiliges Wort.«[8]

Durch diesen Schwur sollte Auswanderung von Fachleuten und der damit verbundene Wissenstransfer in andere Regionen unterbunden und das Entstehen von neuen, konkurrierenden Produktionsstandorten verhindert werden. Alle Personen, die ein Handwerk im

Bereich der Schwertherstellung ausüben wollten, mussten Zunftmitglied werden und diesen Verbleibungseid schwören. Es wird jedoch immer wieder geschildert, dass die Handwerker sich vehement gegen den Eid wehrten und alle Möglichkeiten nutzten, ihn nicht leisten zu müssen.[9] Die in das Amt Wetter emigrierten Handwerker führten religiöse Gründe für ihre Auswanderung an – sie waren reformierte Christen und hatten möglicherweise aus religiösen Gründen den erforderlichen Eid verweigert und sich auf diese Weise die Option einer straffreien Emigration geschaffen.[10] Die Auswanderer nannten als weiteren Beweggrund auch das »Warenzahlen«. Seit dem Beginn des 17. Jahrhunderts bezahlten die Verleger, die die Produkte auf den Märkten absetzten, die Handwerker häufig mit Naturalien und Waren statt Geld, sodass ihr freier Konsum eingeschränkt war.[11]

Die wirtschaftlichen und politischen Rahmenbedingungen

Neben dem Kameralismus bildete die wirtschaftliche und politische Situation in der Grafschaft Mark und im Herzogtum Berg im 17. Jahrhundert eine weitere Folie, die die große politische Tragweite des Falls bestimmen sollte. Die Städte Solingen, Eilpe und Wetter lagen in einer der größten europäischen Eisen und Stahl produzierenden Gewerbelandschaften, die sich von der Sieg im Süden bis zur Ruhr im Norden und vom Rhein im Osten bis zu Diemel und Lahn im Westen erstreckte. In der frühen Neuzeit entstanden in diesem Gebiet zahlreiche arbeitsteilig aufeinander bezogene protoindustrielle Gewerbezentren. In den südlichen Teilen, dem Fürstentum Siegen und dem westlichen Teil des Herzogtums Berg lagerten Eisenerze, sodass hier neben dem Erzabbau Roheisen gewonnen und zu Stahl und Schmiedeeisen weiterverarbeitet wurde. In den nördlichen Teilen dieser Gewerbelandschaft, vor allem in der preußischen Grafschaft Mark und im nördlichen Bergischen Land, spezialisierte man sich auf die Weiterverarbeitung zu Fertigwaren. Hier konnten mit den vielen nichtschiffbaren Bächen mit starkem Gefälle Reckhämmer und Schleifsteine betrieben werden. Im Süden dieser Gewerbelandschaft erfolgte die Rohstoffgewinnung und -aufbereitung und im Norden die Weiterverarbeitung.[12]

Die herrschaftliche Abwerbung der Solinger Klingenschmiede in die Grafschaft Mark und die Empörung des Herzogs von Berg machen die verschärfte Konkurrenzsituation im 17. Jahrhundert deutlich.

Der bergisch-märkische Raum zwischen Solingen und Lüdenscheid kann im Hinblick auf die ähnlichen ökonomischen Strukturen als eine zusammenhängende Gewerberegion mit zahlreichen Unterzentren angesehen werden. Ein reger Technologie- und Qualifikationstransfer und arbeitsteilige Kooperation kennzeichneten die Beziehung der beiden Regionen, die dann jedoch seit der Mitte des 17. Jahrhunderts zunehmend durch Konkurrenz geprägt war. Insbesondere auf den Absatzmärkten standen sich bergische und märkische Waren nun konkurrierend gegenüber. Die herrschaftliche Abwerbung der Solinger Klingenschmiede in die Grafschaft Mark und die Empörung des Herzogs von Berg machen diese verschärfte Konkurrenzsituation im 17. Jahrhundert deutlich. Offensichtlich wird auch die Bedeutung von Menschen mit Kenntnissen moderner, aber dennoch solider, über Jahre erprobter Handwerkstechniken, um im Rahmen einer kleinseriellen Fertigung absatzfähige Qualitätsprodukte herstellen zu können.[13]

Politisch gehörten die Grafschaft Mark und das Herzogtum Berg seit dem Jülich-Clevischen Erbfolgestreit von 1609 bis 1614 und einer kurzen Zeit der Doppelherrschaft seit 1653 zu zwei frühneuzeitlichen Territorialstaaten, was die unterschiedliche Gewerbeentwicklung beider Regionen im 18. Jahrhundert bestimmte. Das Herzogtum Berg regierten Fürsten aus verschiedenen pfälzischen Linien, die in das wirtschaftliche Geschehen jedoch nur wenig eingriffen. Der Zeitgenosse Johann Forster, stellvertretend für eine Reihe anderer Zeitgenossen mit ähnlicher Einschätzung an dieser Stelle genannt, sah in diesem »laissez faire« das »Geheimnis einer guten Staatsverwaltung«, die es ermöglicht hatte, »dass man hier so leicht den Weg zu einer glücklicheren Existenz finden lernte, der anderwärts so schwer zu treffen scheint.«[14]

Ehemalige Schmieden in der Riegestraße in Hagen-Eilpe, Fotografie von Wilhelm Claas, 1950, LWL-Freilichtmuseum Hagen, Landesmuseum für Handwerk und Technik, Nachlass Claas.

Im Gericht Eilpe – seit 1609 zur Grafschaft Mark gehörend – hinterließ dagegen der preußische Kameralismus unter Friedrich Wilhelm seine Spuren. Die Berliner Regierung versuchte durch gezielte Eingriffe die preußischen Kernlande zu stärken und einen Ausgleich zwischen den ärmeren, agrarisch geprägten Gebieten im Osten und dem reicheren Westen mit protoindustriellen Zentren herzustellen, statt das dynamische Potenzial der Grafschaft Mark durch eine innovative Handelsgesetzgebung zu unterstützen.[15] Auch die Schiffbarmachung der Ruhr hatte vordergründig fiskalische Gründe und wirkte sich auf die Gewerbeentwicklung in der Grafschaft Mark kaum aus. Trotz dieser restriktiven preußischen Merkantilpolitik, die die gewerbliche Entfaltung behinderte, etablierte sich in der Grafschaft Mark die Kleineisenindustrie und die Gewerbe erlebten dort im 18. Jahrhundert einen Aufschwung.[16]

»schöne gemächliche Werkstätten …«

Christian Rohlfs, Eilper Klingenschmied, 1902, Zeichnung, Osthaus Museum Hagen.

… habe der Droste Loe des Amtes Wetter den Klingenschmieden in Eilpe errichten lassen. Die Schmiede seien zufrieden, konstatiert Fürst Moritz Nassau von Dillenburg im August 1663 nach einem Besuch in Eilpe. Er begutachtete im Auftrag des Kurfürsten die Siedlung der Klingenschmiede und konnte auch berichten, dass die Klingen bereits in großer Stückzahl nach Holland, Dänemark und Preußen exportiert wurden. Die Schmiede hatten in Eilpe zunächst zur Untermiete gewohnt, weil die finanziellen Mittel für den Hausbau erst durch die Erhebung eines Zolls aufgebracht werden mussten, bis ihre Häuser 1665 und 1666, fünf Jahre nach ihrer Ankunft, fertig gestellt waren.[17]

Die Schmiede wohnten in den kleinen einräumigen Häuschen der Fachwerkhausreihe in der Riegestraße 6 bis 18 in Hagen-Eilpe, an denen sogar bergische Zimmerleute aus Solingen und dem benachbarten Wald im Auftrag des Kurfürsten mitarbeiteten. Auf der Rückseite dieser sogenannten Gaden befinden sich noch heute dazugehörende Stallgebäude mit Aborten (KT4). Die drei Schleifkotten, der Stahlhammer zum Raffinieren und Recken, Härtehütten und die Schmieden lagen entlang dem Eilper Bach, von dem eine eigens angelegte Abzweigung mit Hammerteich abging.[18] Die Kommunikation zwischen den einzelnen Produktionsstandorten war einfach, und die Transportwege waren kurz. Mit dieser geschlossenen, systematisch geplanten Handwerkersiedlung sollte ein Standort für das kriegswichtige Klingenschmiedehandwerk in der preußischen Mark aufgebaut werden.[19] Sie ist im Ruhrgebiet ein einmaliges Bauensemble.[20] Auch in Wetter zeugen Denkmale von diesem Versuch der merkantilistischen Wirtschaftsförderung. Im alten historischen Stadtzentrum befindet sich in der Freiheit 11 ein Fachwerkhaus aus dem 17. Jahrhundert, dessen kleiner Anbau auffällt: Hier hatten sich Messerschmiede zum Wohnen niedergelassen und die bestehende Bausubstanz durch eine Werkstatt ergänzt (KT3). Auch in den Häusern Freiheit 4, 5, 6, 8 und 21 und haben einstmals Messerschmiede gewohnt. Weil die Freiheit auf einer Anhöhe liegt und infolgedessen keine fließenden Gewässer vorhanden waren, um die Schleifsteine anzutreiben, befand sich der kollektiv betriebene Schleifkotten außerhalb, am Mühlenteich.[21] Als reformierte Christen schlossen sich die Klingenschmiede der bestehenden Gemeinde in Wetter an. Das große, schlichte Fachwerkhaus in der Burgstraße 17 war das reformierte Schulhaus für die Kinder der Glaubensbrüder.

Trotz der Ansiedlung eines »protoindustriellen Exportgewerbes« wuchs die Einwohnerzahl Wetters nur langsam.[22] Durch die Einwanderung an beiden märkischen Orten entstanden erfolgreiche Standorte der Klingenherstellung, die jedoch nie die weltweite Bekanntheit der Solinger Waren erreichten.[23]

1 Ernst Denzel, Wirtschafts- und Sozialgeschichte der Stadt Wetter, Wetter 1952, S. 43–54, hier S. 47. Weiterhin grundlegend sind: Emil Bonner, Der große Kurfürst siedelte sie an, in: Hagener Heimatkalender 1973, S. 77–87. Franz Hendrichs, Die Geschichte der Solinger Industrie, Solingen 1933, bes. S. 129–133. Walter Kramer, Die Klingen- und Messerindustrie im vormaligen Amte Wetter. Ein Beitrag zum Wirtschaftsystem des Merkantilismus, Univ.-Diss. Jena, 1924. Wilfried Reininghaus, Zünfte, Städte und Staat in der Grafschaft Mark, Münster 1989. Ferdinand Schmidt, Die Ansiedlung der Klingenschmiede in Hagen-Eilpe 1661/65. Auf Grundlage der Akten des Geheimen Staatsarchivs in Berlin dargestellt, in: Westfalenland, Heimatbeilage zum Westfälischen Tageblatt, Nr. 11, November 1931, S. 161–176. Dietrich Thier, Die märkische Freiheit Wetter. Burgmannenhöfe, Verwaltung, Bebauung und Gewerbe vom Mittelalter bis zur Gegenwart, Hagen 1989.

2 Urkunde »Privilegium des Kurfürsten für die Klingenschmiede« vom 1. Mai 1661. Abgedruckt bei: Schmidt 1931 (wie Anm. 1), S. 162. Die Privilegien wurden 1664 nochmals bestätigt. Eine spätere Abschrift dieser Bestätigung von 1768 befindet sich im Stadtarchiv Wetter. Siehe Reininghaus 1989 (wie Anm. 1), S. 271 f.

3 Vgl. Thier 1989 (wie Anm. 1), S. 61 f. und Schmidt 1931 (wie Anm. 1), S. 164.

4 Zur preußischen Peuplierungspolitik siehe Klaus J. Bade und Jochen Oltmer, Deutschland, in: Klaus J. Bade u. a. (Hg.), Enzyklopädie Migration in Europa. Vom 17. Jahrhundert bis zur Gegenwart, Paderborn 2007, S. 141–170, hier S. 142–145.

5 Vgl. auch Kramer 1924 (wie Anm. 1), S. 1–8, und zu Wetter: Denzel 1952 (wie Anm. 1) S. 43–44.

6 Thier 1989 (wie Anm. 1), S. 62.

7 Vgl. Heinz Rosenthal, Solingen, Geschichte einer Stadt, 3 Bde., Bd. 1, Von den Anfängen bis zum Ausgang des 17. Jahrhunderts, Duisburg 1969, S. 273 f., und Schmidt 1931 (wie Anm. 1), S. 164–166.

8 Stadtarchiv Solingen, H1, Handwerksbuch 1640–1802 2r.

9 G. Messerschmidt, Das Schwertschmiedehandwerk. Ein Bild aus der Gewerbetätigkeit Solingens in den vorigen Jahrhunderten, in: Monatsschrift des bergischen Geschichtsvereins, hrsg. von Otto Schell, 9, 1902. S. 210–220.

10 Vgl. Rosenthal 1969 (wie Anm. 9), S. 201, S. 274.

11 Denzel 1952 (wie Anm. 1), S. 47.

12 Hierzu und zum Folgenden: Stefan Gorißen, Korporation und Konkurrenz. Die protoindustriellen Eisengewerbe des Bergischen Landes und der Grafschaft Mark (1650–1820), in: Dietrich Ebeling und Wolfgang Mager (Hg.), Protoindustrie in der Region. Europäische Gewerbelandschaften vom 16. bis zum 19. Jahrhundert (Studien zur Regionalgeschichte, 9), Bielefeld 1997, S. 381–410, bes. S. 382–391.

13 Vgl. hierzu auch die Abwerbung märkischer Sensenschmiede 1673 in den Lübecker Raum und die daraus resultierenden Absatzschwierigkeiten für die Sensenschmiede im Amt Wetter, siehe Christa und Peter Koronowski, Abwerbung märkischer Sensenschmiede anno 1673 und ihre Folgen, in: Märkisches Jahrbuch für Geschichte, Bd. 105, 2005, S. 104–106.

14 Vgl. Sidney Pollard, Region und Industrialisierung. Studien zur Rolle der Region in der Wirtschaftsgeschichte der letzten zwei Jahrhunderte, Göttingen 1980, S. 17, und Gorißen 1997 (wie Anm. 12), S. 397 f.

15 Vgl. Stefan Gorißen, Vom Handelshaus zum Unternehmen. Sozialgeschichte der Firma Harkort im Zeitalter der Protoindustrie (1720–1820), Göttingen 2002, S. 104, S. 85.

16 Gorißen 1997 (wie Anm. 14), S. 398.

17 Schmidt 1931 (wie Anm. 1), S. 170.

18 Wilhelm Claas, Die technischen Kulturdenkmale im Bereiche der früheren Grafschaft Mark, Hagen 1939, S. 45-48 und Kramer 1924 (wie Anm. 1), S. 14–15.

19 Vgl. Julius Günther, Die Übersiedlung Solinger Klingenschmiede nach Potsdam im Jahre 1661, in: Die Heimat, Beilage zum Solinger Tageblatt, Mitteilungen des Bergischen Geschichtsvereins Abteilung Solingen Stadt und Land, 1. Oktober 1932 Jg. 8, Nr. 19, S. 73 f. und Ernst Denzel, Wirtschafts- und Sozialgeschichte der Stadt Wetter, Wetter 1952, S. 48.

20 Vgl. eine Äußerung von Claas im Jahr 1938, zitiert bei Bonner 1973 (wie Anm. 1), S. 81, und Claas 1939, S. 46 (wie Anm. 18). Wilhelm Claas (1885–1966), einer der geistigen Väter des Westfälischen Freilichtmuseums Hagen, setzte sich bereits seit den 1930er Jahren für den Erhalt technischer Kulturdenkmale ein. Sein fotografischer Nachlass dokumentiert zahlreiche Bauten und Anlagen, die heute nicht mehr erhalten sind. Der Nachlass von Claas befindet sich im LWL-Freilichtmuseum Hagen, Westfälisches Landesmuseum für Handwerk und Technik. Er ist teilweise publiziert in: Wilhelm Claas und Uwe Beckmann, Fotografien 1925–1950. Architektur und technische Kulturdenkmale, Hagen 1993.

21 Günther 1932 (wie Anm. 19), S. 73 f.

22 Gorißen 2002 (wie Anm. 15), S. 301.

23 Vgl. Kramer 1924 (wie Anm. 1), S. 49–51.

Von Öfen, die kalt blieben

Der oberschlesische Kokshochofen auf der Osterfelder »St. Antony-Hütte« und ein früher Koksverhüttungsversuch der Wittenschen Eisenhütte

Klaus Pirke

2006 bis 2008 suchten Archäologen des Landschaftsverbands Rheinland (LVR) auf dem ältesten Hüttengelände des Ruhrgebiets in Oberhausen-Osterfeld nach Resten der ehemaligen »St. Antony-Hütte«. Das Terrain – heute lädt das LVR-Industriemuseum zum Besuch ein – erschien vielversprechend. Auf den ersten Blick sah man 2006 an der Antoniestraße eine städtische Grünanlage mit idyllischem Teich, dem nicht anzumerken war, dass er vor etwa 250 Jahren als Reservoir für den Betrieb des Wasserrads eines Hüttenwerks aufgestaut worden war. Am Ufer ein eher ländlich anmutendes Fachwerkhaus, das in nichts an »Industrie« nach heutigen Maßstäben erinnert, jedoch ursprünglich als Kontor- und Wohngebäude des Leiters der 1758 angeblasenen Hütte diente: Heute beherbergt es eine Ausstellung des LVR-Industriemuseums zur Geschichte der ersten Eisenhütte des Ruhrgebiets. Trotz dieses ländlichen Eindrucks lagen und liegen hier wertvolle Zeugnisse der Frühindustrialisierung des Reviers im Boden. Denn nach der 1877 erfolgten Stilllegung der »St. Antony-Hütte« waren die Gebäude in der Folge zwar bis zur Hüttenflur, wie Hüttenleute das Niveau des Erdbodens nennen, abgerissen, das Gelände aber nicht wieder bebaut worden. Die Bodendenkmalpfleger des LVR erwarteten daher unmittelbar unter der Grasnarbe aussagefähige Funde.[1]

Die unerwartet große Menge erhaltener Bauwerksreste erstaunte selbst die Fachleute.

Bald nach Grabungsbeginn hielt das Bodendenkmal erste Überraschungen bereit: Die unerwartet große Menge erhaltener Bauwerksreste erstaunte selbst die Fachleute. Einige dieser Grabungsbefunde auf dem ehemaligen Werksgelände waren zunächst nicht eindeutig zu interpretieren. 120 Jahre Hüttengeschichte hatten eine Gemengelage ineinander verwobener Fundament-, Mauerwerks- und Hallenbodenreste unterschiedlichsten Alters hinterlassen. Erst ein intensiver Abgleich mit kartografischen Quellen wie historischen Lageplänen und anderem Archivgut brachte die entscheidenden Hinweise zu einem wuchtigen Fundament von annähernd 11,5 mal 11,5 Metern Kantenlänge. Hierbei konnte es sich nur um den letzten Hochofen der »St. Antony-Hütte« handeln, zu dem jedoch kaum gesicherte Erkenntnisse vorlagen. Ende 2007 begannen daher weitere grabungsbegleitende Archivforschungen.

»... der Hohofen blieb kalt«

In den metallurgisch-hüttenkundlichen Fachzeitschriften der Zeit um 1850 findet sich der im Sommer 1842 errichtete letzte St.-Antony-Hochofen gleich mehrfach erwähnt: »...der Hohofen blieb kalt«, formulierte etwa die Berliner Zeitschrift für das Berg-, Hütten- und Salinenwesen in den Statistiken der preußischen Hütten für das Jahr 1853.[2] In Publikationen wie dieser, aber auch in zahlreichen zeitgenössischen »Zeitungsberichten« wird der Ofen zwischen 1842 und 1853 erwähnt. Diese letzteren Quellen waren dabei keine Zeitungsberichte im heutigen Sinne, sondern die regelmäßigen Meldungen der örtlichen preußischen Behörden an die vorgesetzte Dienststelle. In den Berichten der zuständigen Amtsverwaltung in Bottrop – zu diesem Amt

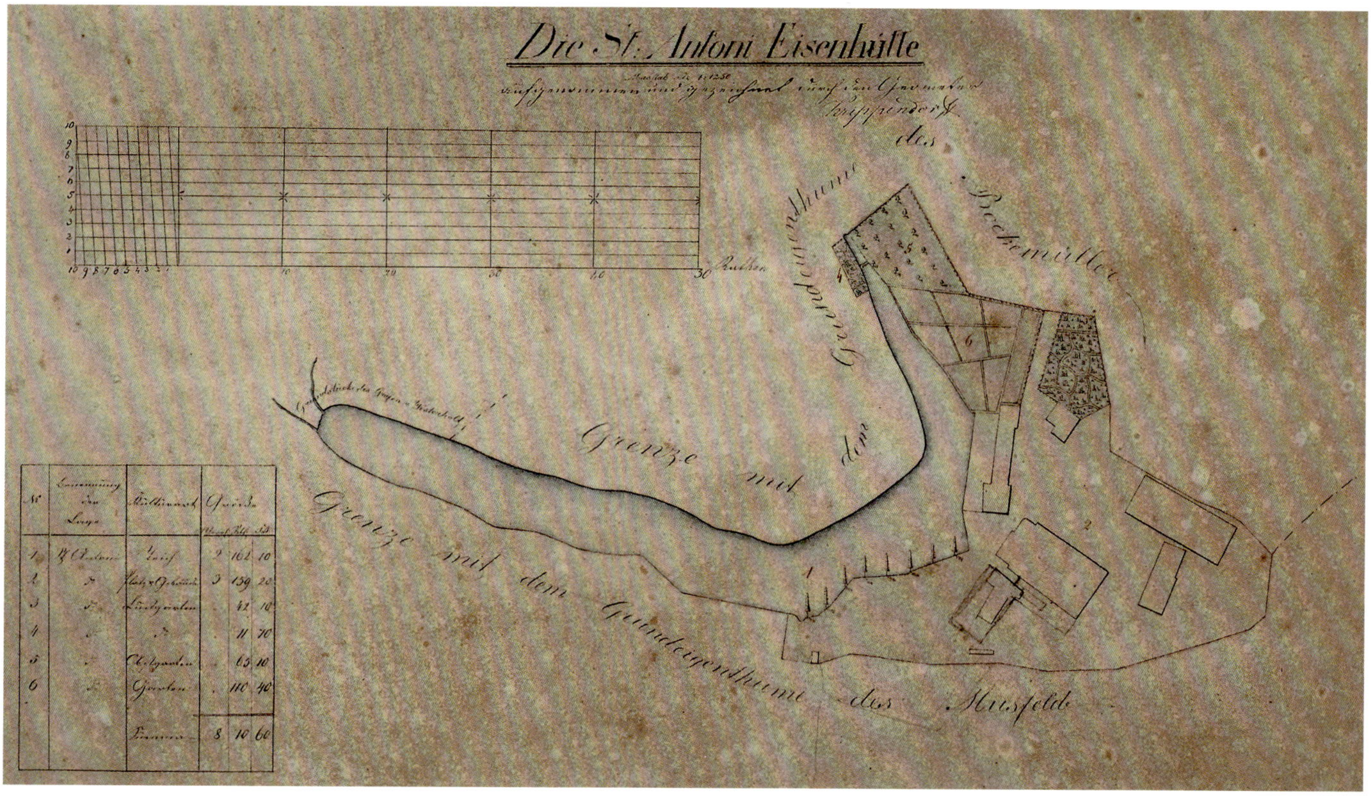

Ein Lageplan, der vermutlich aus den 1830er Jahren stammt, zeigt die »St. Antony-Hütte« vor Errichtung des letzten Hochofens: Unmittelbar am Hüttenteich liegt rechts das längliche Kontor- und Wohnhaus, darüber Nutzgärten und rechts davon ein kleiner Park. Unter dem Kontor ist die Gießhalle eingezeichnet; auf der Seite des Teichs war auch der damalige Holzkohlehochofen in dieses Bauwerk integriert. Darunter schließen sich das Wasserrad für das Gebläse und eine Werkstatt für die Gussformen an.

gehörte die Landgemeinde Osterfeld in diesen Jahren – fehlen jedoch Hinweise, was für ein Hochofen da in Osterfeld errichtet worden war.[3] Einen interessanten zeitgenössischen Hinweis enthält hingegen die Gemeindechronik des Osterfelder Pfarrers Johannes Terlunen. Er berichtete über den Hochofenneubau auf der Hütte: »1842 legte die Firma einen neuen Hochofen mit doppelte (sic) Röhre, eine für Hölzerne, der andere für Kocks Kohlen an, woran 5 Mann den ganzen Sommer gemauer (sic) und 300000 Zigelsteine (sic) verbraucht haben.«[4]

Der Pfarrer war ganz offensichtlich kein Hüttenmann und scheint die Hochofentechnik nicht bis in ihre Details durchdrungen zu haben. Nichtsdestotrotz lieferte er den wichtigen Hinweis, dort sei ein Hochofen errichtet worden, der für Holzkohle- oder Koksbetrieb geeignet war. Entgangen war dem Gottesmann nur, dass dafür nicht zwei verschiedene »Röhren« des Hochofens zur Verfügung standen, sondern ein und derselbe Ofen so konzipiert war, dass er je nachdem, was für eine feuerfeste Auskleidung man ihm gab, entweder mit Holzkohle oder Koks befeuert werden konnte. Zur Aufklärung dieses Irrtums in der Pfarrchronik hätte sicher Wilhelm Lueg beitragen können. Er war als Direktor der »Hüttengewerkschaft und Handlung Jacoby, Haniel & Huyssen (JHH; ab 1873 GHH)« Leiter der Sterkrader Eisenhütte »Gute Hoffnung« und auch für die »St. Antony-Hütte« zuständig. Im September 1845 schrieb er ans Oberbergamt Bonn: »Auf unserer Antonihütte bauten wir vor einigen Jahren einen neuen Hochofen, der noch ohne Futter steht u. zu Coaks u. Holzkohlen eingerichtet werden kann. Mit diesem Ofen beabsichtigen wir das Coaks schmelzen anzufangen ...«[5]

Also alles eine Frage der Zustellung, wie man die Vorbereitung eines Hochofens für den Betrieb – und dabei speziell seine feuerfeste Auskleidung – nennt. Warum aber blieb dieser Osterfelder »Hohofen« schließlich dauerhaft »kalt«, wie die genannten Quellen angeben? Höchstwahrscheinlich war es genau diese Zustellung, an der man 1842 – ein recht früher Zeitpunkt für den Transfer der Kokstechnologie ins Ruhrgebiet – auf der »St. Antony-Hütte«

Jakob Weeser-Krell, »St. Antony-Hütte«, Zeichnung, LVR Industriemuseum. So ähnlich könnte die »St. Antony-Hütte« um 1850 ausgesehen haben: Links das erhaltene Wohn- und Kontorgebäude, in der Mitte hinter der Baumgruppe das große Gießereigebäude. Die Zeichnung entstand erst um 1902, wohl als Rekonstruktion anhand alter Lagepläne und Berichte.

noch scheiterte. Das Know-how für diese anspruchsvolle Ausmauerung mit dazu geeigneten Materialien fehlte der JHH offensichtlich. Es gelang nicht, den neuen Hochofen für die hohen Temperaturen der Koksverhüttung zu ertüchtigen. Nach 1842 versuchte man mehrfach, Fachleute von Hütten in anderen Regionen abzuwerben, die schon mit Koks arbeiteten. So diente das zitierte Schreiben Luegs von 1845 dem Zweck, solche Unterstützung von der Sayner Hütte bei Bendorf am Rhein zu erhalten. Die JHH hatte mit diesen Versuchen jedoch keinen Erfolg, zumindest lassen sich keine gelungenen Anwerbungen nachweisen. Der Konkurrenzdruck erheblich preiswerteren Roheisens aus England und Belgien sowie der wirtschaftliche Einbruch in den Jahren 1842 und 1843 beeinträchtigten die Bemühungen um die Koksverhüttung auf der »St. Antony-Hütte« zusätzlich. Der Ausgang des Bemühens im Ruhrgebiet um die neue Technologie ist bekannt: Nicht die JHH, die erst 1855 unmittelbar an der Köln-Mindener Eisenbahn ihren ersten Kokshochofen anblies, sondern die »Friedrich Wilhelms-Hütte« in Mülheim machte schließlich das Rennen. 1849 blies man dort einen schon 1832 beantragten Kokshochofen an, der nach anfänglichen Fehlschlägen ab 1853 zufriedenstellend arbeitete.[6]

Das Ende des »kalten«, höchstwahrscheinlich nie fertig zugestellten und angeblasenen Kokshochofens auf der »St. Antony-Hütte« kam wohl 1854, wie die erwähnten preußischen Statistiken nahelegen. Ein Jahr später begannen auf der Hütte umfangreiche Modernisierungsmaßnahmen, die viel Platz benötigten. Diesem Umbau der Hütte zum reinen Gießereistandort war der Hochofen im Weg. Man riss ihn bis auf das Niveau des heute nicht mehr vorhandenen Herdsteins ab und überbaute seine Fundamente mit einem Kesselhaus sowie einem Gebläsemaschinengebäude. Das Gebläse arbeitete noch bis 1877 für die phasenweise drei Kupolöfen in der Gießerei; zwei der feuerfesten Kupolofen-Fundamente konnten im Zuge der Grabungskampagnen einwandfrei identifiziert werden.

Die »St. Antony-Hütte« auf einer historischen Fotografie aus den 1860er Jahren. Nach Abriss des Kokshochofens nutzte die JHH sie als reine Eisengießerei.

Die Entscheidung, den ungenutzten Kokshochofen abzureißen, dürfte um 1854 kaum noch schwer gefallen sein: Längst war mit der Eisenhütte Oberhausen ein günstig gelegenes und vor allem weit leistungsfähigeres Kokshochofenwerk des Konzerns im Bau. Als der Ausbau 1863 abgeschlossen war, erschmolzen dort sechs Hochöfen 42 000 Tonnen Roheisen im Jahr. Die Produktion der »St. Antony-Hütte« hatte sich naturgemäß noch in viel kleineren Größenordnungen bewegt. Hier war nicht ganzjährig Roheisen erzeugt worden, sondern nur im Zuge der traditionellen, meist mehrmonatigen Hüttenkampagnen; für den Rest des Jahres lag der Hochofen still. Der letzte Holzkohlenhochofen auf St. Antony hätte theoretisch etwa 20 Tonnen Roheisen pro Woche erschmelzen können. 1841, im Jahr vor seiner Stilllegung, das allerdings von ganz erheblichem Holzkohlemangel geprägt war, produzierte er gerade einmal 636 Zentner Roheisen. Die in diesem Jahr auf Antony produzierten knapp 17000 Zentner Gusswaren wurden daher nur zu einem Bruchteil aus eigenem Eisen erzeugt.[7]

Ein Hochofen in »schlesischer Art«

Was zeitgenössische Quellen als Hochofen in »schlesischer Art« bezeichnen, muss zum einen für das ländliche Osterfeld ein beeindruckend großes Bauwerk gewesen sein: Anhand des Fundamentbefundes darf seine Höhe in einer Größenordnung zwischen 13 und 16 Metern vermutet werden; damit war er wahrscheinlich das zweithöchste Gebäude des Ortes gleich nach dem Kirchturm. Zum anderen stellte der Ofen auch als »Import« eine gewisse Sensation dar, seine Vorbilder standen im oberschlesischen Revier. Der Technologietransfer nach Osterfeld lässt sich in Teilen noch rekonstruieren: Friedrich Kesten (1809–1891), Hütteningenieur der JHH, unternahm Ende der 1830er Jahre eine oder mehrere Forschungsreisen nach Oberschlesien. In seinem »wissenschaftlichen Notizbuch« hielt er dort 1837 auf einer nicht genannten Kokshütte detaillierte Verfahrens- und Hochofenbeschreibungen fest. Das direkte Vorbild des St.-Antony-Ofens könnte der erste Kokshochofen der Marienhütte beim oberschlesischen Orzesche gewesen sein – diesen skizzierte Kesten um 1839 in sein Notizbuch. Maße und

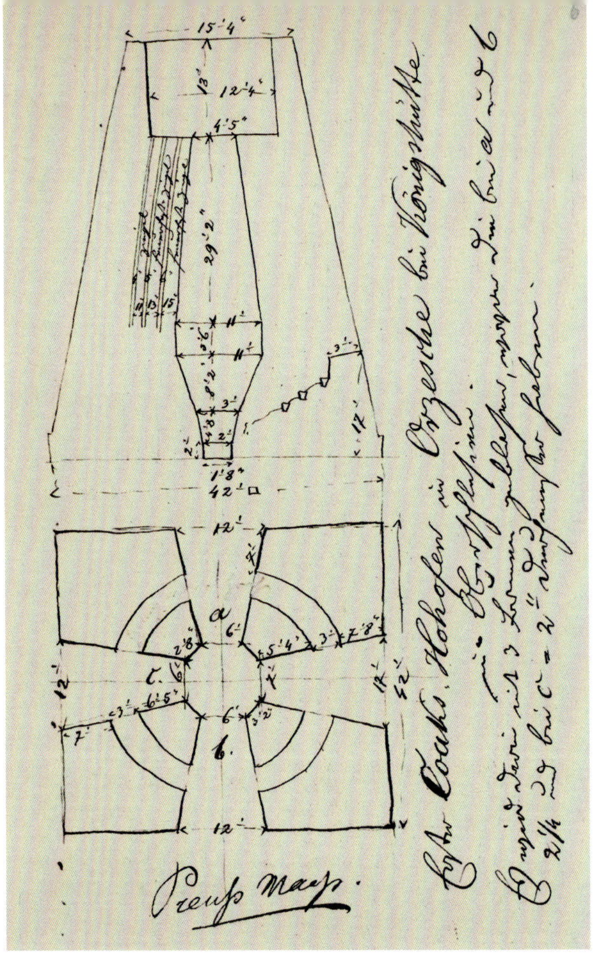

rechts:
Handskizze des JHH-Ingenieurs Friedrich Kesten, der um 1839 den ersten Kokshochofen auf der oberschlesischen Marienhütte festhielt.

unten:
Grabungsskizze des »schlesischen Hochofens« auf St. Antony – Maße und Fundamentform weisen starke Ähnlichkeit mit jenen der Ofenzeichnung von der oberschlesischen Marienhütte auf.

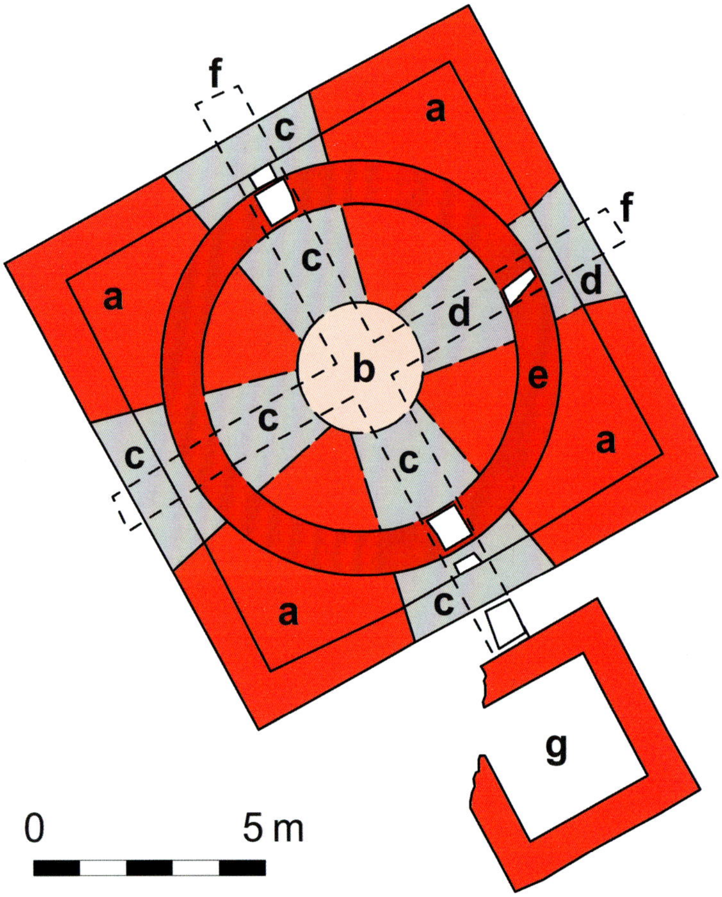

a Hochofenfundament
b Gestell (unteres Ofenende)
c Zugänge für Heißwind-Blasformen
d Zugang für den Roheisenabstich
e Umgang
f Kühlkanäle
g Aufzugsfundament

Form des St.-Antony-Fundaments gleichen seiner Skizze nahezu;[8] ein Indiz für die wahrscheinliche Nutzung als Planungsgrundlage des St.-Antony-Projektes. Allerdings wurden auch auf anderen oberschlesischen Hütten um 1840 ähnliche Grundrisse realisiert; sie repräsentierten den dortigen Stand der Technik.

Ob man Kesten dieses Fachwissen auf Besuchen staatlicher oberschlesischer Kokshütten aus freien Stücken überließ, oder ob hier wie auf anderen zeitgenössischen Informationsreisen die Industriespionage ihren Beitrag leistete, lässt sich heute nicht mehr eindeutig klären. Anders als im nachfolgend nur skizzierten Fall der Wittenschen Eisenhütte scheinen es jedenfalls diese Reiseerträge gewesen zu sein, die das Projekt ermöglichten und nicht die Mitarbeit von eigens dafür ins Ruhrgebiet geholten auswärtigen Fachleuten.

1801 scheiterte auf Haus Witten ein früher Koksverhüttungsversuch.

Mit François de Wendel verschwand das notwendige Wissen zunächst wieder aus der Region.

Um 1840 war die JHH längst nicht mehr das einzige an der Koksverhüttung interessierte Unternehmen des Ruhrgebiets, wo man sich erst vergleichsweise spät intensiv um diese Technologie bemühte. Lange Zeit förderten die Zechen an der Ruhr nur sehr geringe Mengen der gut verkokbaren Fettkohle. Das lag vor allem an den geologischen Verhältnissen. Befriedigend große Kokskohlevorkommen wurden erst seit den 1830er Jahren durch die Tiefbauzechen nördlich der Ruhrtalzone erschlossen, auf denen es nach vielen Rückschlägen zuerst dem Mitbegründer der JHH Franz Haniel (1779–1868) gelang, mit Hilfe leistungsfähiger Wasserhaltungsmaschinen Schächte durch das Deckgebirge abzuteufen und die Förderung aufzunehmen.

Doch bereits 1801 war in Witten versucht worden, die in England schon seit 1709 erfolgreich betriebene Koksverhüttung auch an der Ruhr zu nutzen. Bei Haus Witten begann ein im Vorjahr eigens zu diesem Zweck gegründetes Unternehmen – die spätere Wittensche Eisenhütte –, einen Kokshochofen zu errichten. Über dessen geplante Größe und Beschaffenheit ist wenig bekannt. Auch ist unklar, ob dieser unvollendete Ofen jemals über erste Anfänge hinauskam: Noch 1806 bemühte sich der Mitinitiator Friedrich Lohmann (1775–1824), dessen Werke bis heute in Witten Spezial- und Edelstähle produzieren, vergeblich um den Weiterbau. Das Know-how kam von der lothringischen Stahldynastie de Wendel d'Hayange, doch es hatte viel zu kurz zur Verfügung gestanden, um das Projekt zum Erfolg zu bringen. Der seit 1800 am Unternehmen maßgeblich beteiligte Chevalier de Wendel – höchstwahrscheinlich handelte es sich dabei um François de Wendel (1778–1825) – ging als adeliger Revolutionsflüchtling bereits 1802 nach Frankreich zurück, als eine Amnestie ihm dies ermöglichte.[9] Mit ihm verschwand das notwendige Wissen zunächst wieder aus der Region.

1 Zu den St.-Antony-Grabungskampagnen des LVR vgl. Julia Obladen-Kauder: Mit Spaten und Spitzhacke, Der Boden gibt seine Geheimnisse preis, in: Thomas Schleper, St. Antony – Die Wiege der Ruhrindustrie, Ausst.-Kat. Rheinisches Industriemuseum Oberhausen 2008. S.125–130.
2 Zeitschrift für das Berg-, Hütten- und Salinenwesen im preußischen Staate (im Folgenden als ZBHS abgekürzt), 2, 1855, S. 286.
3 Zeitungsberichte und andere Fundstellen im Rheinisch-Westfälischen Wirtschaftsarchiv Köln (im Folgenden als RWWA abgekürzt) 130–20001/20; 130–20001/40; 130–20001/46; 130–20001/50.
4 Hubert Cramer (Hg.), Pfarrer Johannes Terlunen, Chronick über Osterfeld für die Pastorath daselbst, vervielfältigte und gebundene Transkription durch Hubert Cramer, Oberhausen 1997, Bd. 1, S. 31.
5 RWWA (wie Anm. 3), Briefkopierbuch 130–2103/9, S. 1185.
6 Irmgard Lange-Kothe, Die ersten Kokshochöfen in Deutschland, besonders im Rheinland und in Westfalen, in: Stahl und Eisen, 85, 1965, S. 1053–1061, bes. S. 1059 f.
7 RWWA (wie Anm. 3), 130–20001/45, unpaginiert; Produktionsbericht Westfälischer Haupt-Bergdistrikt für 1841.
8 RWWA (wie Anm. 3), 130–2122/12, Bildanhang S. 6.
9 Irene Rumpler, Erze vom Bilsteiner Berg in Ennepetal und der Aufbau der »Wittenschen Eisenhütte«, in: Märkisches Jahrbuch für Geschichte, 107, 2007, S. 165–184, hier bes. S. 172–176.

Die JHH-Werft in Duisburg-Ruhrort

Englisches und niederländisches Know-how für die ersten deutschen Rheindampfschiffe

Karin Dahm-Zeppenfeld und Klaus Pirke

Die Werftinsel (rechts) im Ruhrorter Hafen und das Gelände der Kesselschmiede um 1864. Das langgezogene weiße Gebäude links von der Bildmitte beherbergte wahrscheinlich Arbeiter direkt auf dem Fabrikgelände. Das höchste Gebäude hinten links im Bild ist das erhaltene Magazin an der Alten Duisburger Straße.

Eine Begegnung des Ruhrorter Kaufmanns und Industriepioniers Franz Haniel (1779–1868) mit dem Briten James Watt jr. (1769–1848) stand am Anfang des Dampfschiffbaus am deutschen Niederrhein. Watt, Sohn des gleichnamigen schottischen Erfinders, der den Wirkungsgrad der Dampfmaschine entscheidend verbessert hatte, leitete die Maschinenfabrik Boulton, Watt & Co. des Vaters bei Birmingham. Im Herbst 1817 reiste er mit seinem Dampfschiff »Caledonia« auf dem Rhein nach Koblenz – eine Werbefahrt für die neue Technologie und eine keineswegs alltägliche Reise. Der Bevölkerung längs des Flusses bot sie eine echte Sensation, erst ein einziges Dampfschiff war zuvor den Rhein bis Köln hinaufgefahren.[1]

Nur fünf Jahre vorher war 1812 in Glasgow das erste europäische Dampfschiff überhaupt vom Stapel gelaufen;[2] die noch junge Antriebstechnik wies ihre Tücken auf. Auch Watts Rheinreise auf der gerade von seinen Werkstätten mit zwei neuen 25-PS-Maschinen ausgerüsteten »Caledonia« blieb nicht ohne Zwischenfälle. Bei Wesel brach am 24. Oktober 1817 das Balancier einer der beiden Dampfmaschinen; auf Empfehlung eines Lotsen fanden Watt und seine Mannschaft jedoch ganz in der Nähe Hilfe bei Franz Haniel und dessen Kompagnon Gottlob Jacobi (1770–1823). Auf deren Sterkrader Eisenhütte Gute Hoffnung der »Hüttengewerkschaft und Handlung Jacobi, Haniel & Huyssen (JHH)« war es möglich, das nicht alltägliche Maschinenteil nachzugießen. Währenddessen lernten sich die Technikpioniere Watt und Haniel näher kennen. Watt kam zu Besuch ins Ruhrorter Packhaus, dem bis heute erhaltenen Stammsitz der Haniels. Der Gastgeber wiederum zeigte Interesse an einer Besichtigung der

links:
Dampfschiff »Caledonia«, Stich, 1817. Mit der »Caledonia« bereiste James Watt jr. im Herbst 1817 den Rhein.

rechts:
Volleisernes JHH-Personendampfschiff »Ruhr« von 1844/1845, undatiertes Gemälde. Der innovative Personendampfer »Ruhr« entstand 1844/45 auf der JHH-Werft in Ruhrort als erstes deutsches Rheinschiff ganz aus Eisen.

Watt'schen Produktionsstätten, wie Haniel selbst in seinen Erinnerungen festhielt: »weil Herr Watt [...] im Jahr 1817 bei der ersten Probefahrt auf dem Rhein mit seinem Dampfschiff einige Beschädigung erlitten so wir ihm auf Sterkrade herstellen konnten, so musste derselbe sich mehrere Tage in Ruhrort aufhalten wodurch ich dessen Bekanntschaft machte [...] dieses gab Veranlassung daß ich ihm meine Ankunft in Birmingham und Besuch in Soho ankündigte und [um] Ansicht seiner sehr berühmten Atteliers und Anlagen bat ...«.[3]

Als Dank für diese »Pannenhilfe« lud Watt Franz Haniel zum Besuch der »Caledonia« ein. Dieses Schiff und der Kontakt zu Watt – so Haniel in seinen Lebenserinnerungen – ließen in ihm die Idee entstehen, eigene Dampfschiffe in Ruhrort zu bauen.

Über den Umweg Niederlande kam 1829 britische Dampfschiff-Technologie nach Ruhrort.

Zu Haniels Besichtigung der Watt'schen Werkstätten in Birmingham kam es dann übrigens später nicht mehr, da ihn Watt auf einer Englandreise 1825 zwar zum Essen einlud, einen Besuch der Fabrik aber ablehnte. Offensichtlich überwog die wohl nicht ganz unberechtigte Furcht vor Industriespionage nun doch den Erfinderstolz.[4] Statt des direkten Kopierens englischer Vorbilder erfolgte der Techniktransfer nach Ruhrort schließlich auf dem Umweg über die Niederlande – ein Zwischenschritt, den viele neue Technologien in der deutschen Frühindustrialisierung machten.[5] Eine der wichtigsten Drehscheiben für die Verbreitung der Dampfschifftechnik auf dem Kontinent stellte dabei die Fijenoord-Werft bei Rotterdam dar, die der gebürtige Ostfriese, niederländische Marineoffizier und Ingenieur Gerhard Moritz Roentgen (1795–1852) leitete.

Die Gründung der JHH-Werft in Ruhrort gelang 1829 nur mit Roentgens Hilfe und mit britisch-niederländischem Know-how. Haniel kannte Roentgen als Geschäftspartner und fand in ihm einen Berater, der anders als Watt einer ungehinderten Verbreitung der neuen Technologie positiv gegenüberstand.[6] Vor allem aber gelang es Haniel, auf der Fijenoord-Werft Fachleute unter dem Engländer Nicolas Oliver Harvey (1803–1861) und dem Oldenburger Wilhelm Strack (geb. 1803; Todesjahr unklar) abzuwerben. Auch seine wichtigste Kundin übernahm Haniel von dort, die 1826 gegründete »Preußisch Rheinische Dampfschiffahrt-Gesellschaft«. Diese berichtete schon Ende 1829 der preußischen Regierung, die sehr am Aufbau eines eigenen, von Holland unabhängigen Schiffsbaus interessiert war: »Auf der Insel des Hafens von Ruhrort ist eine sehr schöne Schiffbauwerft angelegt. Unter einem soliden und ganz zweckmäßigen Schoppen wird unser neues Dampfschiff ›Stadt Mainz‹ erbaut. [...] Ein Herr Strack, ein talentvoller junger Schiffbauingenieur aus der Schule des Herrn Röntgen in Rotterdam, leitet den Bau unter Beihilfe eines holländischen Schiffsbaumeisters.«[7]

Zu dieser Inselwerft inmitten des ältesten Ruhrorter Hafenbeckens entstand am nordöstlichen Ufer eine Kesselschmiede der JHH (vgl. weiter unten).

Die »Stadt Mainz« lief 1830 vom Stapel. Ihr sollten bis zur Stilllegung der Werft (1899) über hundert Dampfschiffe und fast ebenso viele eiserne Schleppkähne folgen, die JHH-Werft blieb bis 1899 einer der wichtigsten Dampfschiffsbauorte am Niederrhein. Ab 1873 nach Umfirmierung des Konzerns unter dem Namen GHH (Gutehoffnungshütte) betrieben, führte schließlich erheblicher Konkurrenzdruck aus Holland zur Aufgabe der Werft.[8] In den 70 Jahren ihres Bestehens war der JHH-Schiffsbau besonders vor 1880 technisch und wirtschaftlich erfolgreich, sieht man einmal von Startschwierigkeiten ab. Die zu seinem Anschub unersetzlichen Ingenieure Harvey und Strack sowie ein Großteil der englisch-niederländischen Schiffbauer verließen die JHH schon 1832 wieder; ihr Know-how jedoch war in Ruhrort angekommen.

Franz Haniel, undatiertes Gemälde, Franz Haniel & Cie. GmbH, Haniel-Archiv. Werftgründer Franz Haniel gelang es, den jungen Ingenieur Nicolas Oliver Harvey von der Fijenoord-Werft abzuwerben.

Nicolas Oliver Harvey, undatiertes Gemälde, Franz Haniel & Cie. GmbH, Haniel-Archiv. Der Engländer Harvey brachte familiäre Kontakte zur wichtigen Maschinenbaufirma Harvey & Co. in Hayle (Cornwall) mit. Für die damalige Zeit typisch heiratete er 1830 mit Clementine Jacobi die Tochter eines der vier JHH-Gründer.

Was blieb von der JHH-Werft? Die bauliche Entwicklung am Alten Hafen und die Bestandsgebäude des Denkmals

Vis à vis des erhaltenen Nordendes der Werftinsel stehen zwei Backsteinhäuser am Ufer. Die beiden Gebäude an der Alten Duisburger Straße wurden im Zusammenhang mit den weit verzweigten Haniel'schen Unternehmungen in der zweiten Hälfte des 19. Jahrhunderts errichtet. Sie gehören zusammen mit dem Inselrest zu den ältesten Bauten im historischen Kern des Ruhrorter Hafens und bezeugen mit dem Ruhrorter Packhaus »die Aktivitäten der für die Stadtentwicklung so ausschlaggebenden Unternehmerfamilie Haniel«.[9]

Als der ovale Inselhafen zwischen 1820 und 1825 entstand, parzellierte man den umgebenden Uferbereich. Hier waren Kohlenmagazine zur Lagerung der Steinkohle aus dem Ruhrtal vorgesehen.[10] Die Areale am Ufer und auf der Insel waren heiß begehrt: So erwarb Gottlob Jacobi bereits frühzeitig ein Terrain für »Fabrik, Schmiede und Schmiedewerkstätte« im neuen Ruhrorter Inselhafen.[11] Seit April 1829 bemühten sich die Brüder Franz und Gerhard Haniel und die JHH dort um die besten Plätze. Anfänglich gab man vor, diese zur Kohlelagerung zu benötigen, da Franz Haniel Kohlenhandel betrieb. So erhoffte man sich günstigere Preise. Das wahre Ziel war jedoch der Bau einer Dampfschiffswerft, was bald auch in den Verhandlungen klar wurde. Am 9. Juni 1829 bat JHH-Direktor Wilhelm Lueg den für die Genehmigung zuständigen Oberpräsidenten und Direktor der Ruhrschifffahrt, Freiherr von Vincke, brieflich um die dringende Zuweisung der gewünschten Plätze für die Werft. Es begann ein regelrechtes Geschacher um die besten Areale: Sie wurden getauscht, verpachtet, gekauft und versteigert. Bei einer solchen Versteigerung Ende 1829 gelang schließlich der Ankauf der bevorzugten Flächen. Damit war ein Großteil der Hafeninsel in JHH- beziehungsweise Haniel-Hand.[12]

Auch Teile der umliegenden Uferparzellen sicherten sich Franz Haniel und die JHH frühzeitig: Auf einem Lageplan des Werfthafens im Zustand von 1835 ist eine große Parzelle im nordöstlichen Uferbogen von der Kesselschmiede der JHH-Werft belegt. In dieser seit 1829 betriebenen Schmiede wurden die für den Schiffsbau benötigten Dampfkessel hergestellt.[13] Ein JHH-Walzwerk lieferte die notwendigen Bleche, die hier in einem Ofen erhitzt und dann zu Kesseln ausgeschmiedet wurden. Auf der Werftinsel wurden diese dann zusammen mit den Dampfmaschinen, die größtenteils von der Sterkrader JHH-Eisenhütte Gute Hoffnung kamen, in die Schiffe eingebaut.

Wie auf der Insel gab es auch auf dem Areal der Kesselschmiede Wohnraum für Arbeitskräfte. Teilweise wohnten diese zunächst direkt über und neben den Arbeitsräumen. Auf dem um 1864 entstandenen Foto, das den Nordteil des Werfthafens zeigt, sowie auf einem erhaltenen Lageplan aus der Zeit nach 1873[14] ist auf dem Areal der Kesselschmiede ein großes

Wohngebäude zu erkennen, das möglicherweise schon mit Baubeginn der Werft für die auswärtigen Arbeiter errichtet worden war; um 1835 jedenfalls scheint es schon existiert zu haben.[15] Dreißig Jahre später, also in der Zeit, aus der das Foto stammt, gehörten zur Kesselfabrik außerdem ein großes Schmiedegebäude, das vermutlich auch auf 1829 zurückging und nach 1873 abgebrochen wurde, sowie ein Flammofen und eine Kesselwaage. Direkt westlich anschließend außerhalb des Kesselschmiede-Areals lagen zu der Zeit an der Alten Duisburger Straße eine heute nicht mehr bestehende Schreinerei und das denkmalgeschützte Magazingebäude von 1862. 1871 kam das ebenfalls geschützte Schmiedegebäude direkt am Ufer hinzu. Die beiden heutigen Denkmale, die Schreinerei und ein Lagerplatz befanden sich 1873 im Besitz der Firma Franz Haniel & Cie.; es ist höchst wahrscheinlich, dass ihre Nutzungen mit der JHH-Kesselschmiede und der Werft in Verbindung standen.

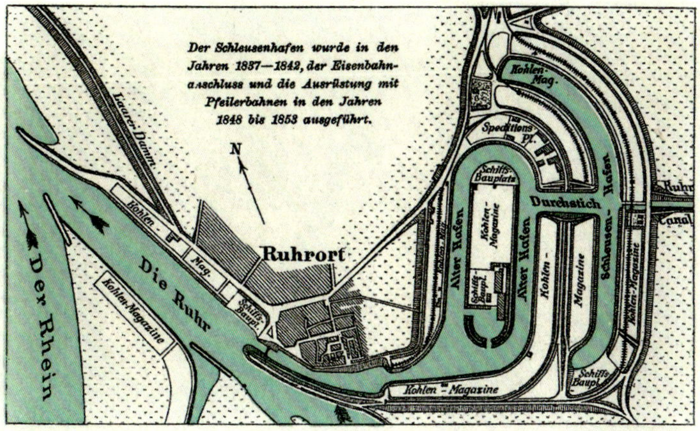

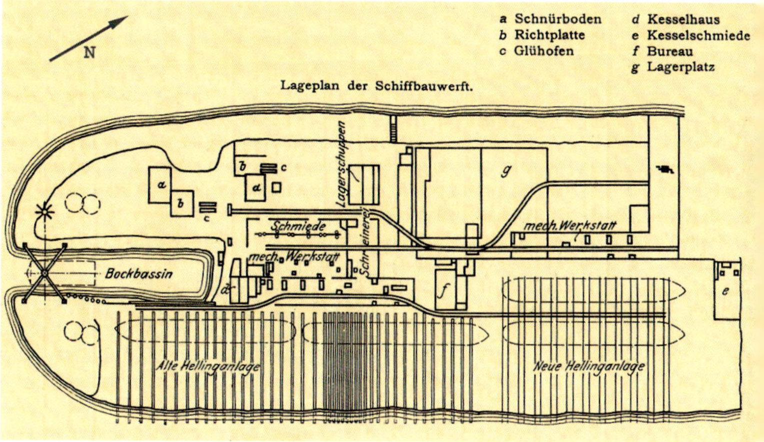

Zwei Zweckbauten aus den Boomjahren der JHH in Ruhrort: Das Magazin und die Schmiede

Das Schmiedegebäude von 1871 ist ein einfacher, im Stil der Zeit gestalteter zweieinhalbgeschossiger Backsteinbau mit Satteldach. Seine südliche dreiachsige Giebelseite ist der Werftinsel zugewandt. Dieser Gebäudeteil wurde vermutlich im Zweiten Weltkrieg zerstört und danach vereinfacht wiederaufgebaut. Die Giebelseiten wie auch die siebenachsigen Längsfronten besitzen rundbogige Fensteröffnungen, jene im Attikabereich fallen kleiner aus. Die Fenster der Längsfronten sind mit Werksteinsolbänken und Überfangbögen versehen. Ein Zahnschnittfries zwischen Erd- und Obergeschoss sowie ein Traufgesims unter der Dachzone bilden die horizontalen Gliederungselemente. Im Inneren der Schmiede befinden sich im Erdgeschoss gusseiserne Stützen und eine hölzerne Zwischendecke. Ein eingeschossiger Anbau mit Rundbogenöffnungen an der Nordwestecke des Gebäudes diente einst als Kesselhaus. Dort wurde Dampf für eine Dampfmaschine erzeugt, die nicht als liegende, sondern als stehende Maschine konzipiert war und sich wahrscheinlich im nördlichen Bereich der Schmiede befand. Sie diente dem Antrieb einer Transmissionswelle.[16]

Rechtwinklig zur Schmiede und vom Hafenufer abgerückt an der Straße steht der zweieinhalbgeschossige Backsteinbau des Haniel'schen Lagerhauses mit Satteldach. Nicht auf dem Gelände der Kesselfabrik, sondern auf dem angrenzenden Areal für Speditionsplätze gelegen, scheint das Gebäude ursprünglich nicht zu den JHH-Anlagen gehört zu haben. Es ist jedoch nicht auszuschließen, dass der Magazinbau ab einem unbekannten Zeitpunkt von der wachsen-

links:
Der Ruhrorter Hafen mit Werftinsel im Ausbauzustand um 1850. Im 1820 bis 1825 angelegten »Alten Hafen« teilten sich der JHH-Schiffsbau und Kohlenlagerplätze die Insel; am Nordostufer des Hafenbeckens lag die Kesselschmiede, unmittelbar nordwestlich davon die beiden noch erhaltenen Gebäude.

rechts:
Werftlageplan der JHH-Anlagen bei Stilllegung 1899.

den Werft genutzt wurde. Seine siebenachsige Längs- und zugleich Hofseite ist dem Werfthafen zugewandt. Hier befindet sich über einem Portal eine gusseiserne Platte mit den Initialen Franz Haniels im Lorbeerkranz und der Jahreszahl 1862. In der Traufzone verweist eine Maueröffnung mit Gaube und Kranbalken auf die einstige Funktion des Gebäudes. Auch auf der Straßenseite ist eine Ladeluke erhalten, ansonsten entsprechen sich die Längsfassaden. Sie ähneln der Gestaltung der Schmiede, allerdings besitzt das Magazin stichbogige Fensteröffnungen. Insbesondere straßenseitig sind sie vergittert. Die auf allen vier Seiten befindlichen hochrechteckigen Portale weisen Sandsteinrahmungen auf. Im Inneren sind wie in der Schmiede gusseiserne Stützen erhalten, die in ihrer Gestaltung an schlanke antike Säulen erinnern. Magazin und Schmiede stehen heute leer und sind von Vandalismus bedroht. Wie auch der Rest der Hafeninsel sind sie für neue Nutzungen vorgesehen und in das umfassende städtebauliche Konzept eines Masterplans für diesen Hafenteil einbezogen.

1 Die 18 Meter lange »Defiance« des Schotten William Wager warb schon im Sommer 1816 auf dem Rhein für die neue Technik, vgl. Rainer Stahlschmidt, Die Domestikation des Rheins: Strombau – Schiffahrt – Brückenbau, in: Hans Boldt (Hg.), Der Rhein. Mythos und Realität eines europäischen Stromes, Köln 1988, S. 83–108, hier S. 92.

2 Das erste erfolgreiche amerikanische Dampfschiff »Claremont« ging mit einer Watt'schen Dampfmaschine schon 1807 in Betrieb; die ersten seit der »Comet« von 1812 in Europa gebauten Dampfer sind aufgeführt in: Bodo Herzog, Der Besuch des englischen Dampfschiffes »Caledonia« unter James Watt Jr. auf dem Rhein im Jahre 1817, 1. Teil, in: Binnenschiffahrts-Nachrichten, 40/71, 1985, S. 562.

3 Franz Haniels Biographie, niedergeschrieben von 1858–1862, hrsg. von der Franz Haniel & Cie. GmbH, Ruhrort 1966, S. 45.

4 Herzog (wie Anm. 2), 3. Teil, in: Binnenschiffahrts-Nachrichten, 42/71, 1987, S. 592.

5 Vincent Colom Gottwald, Der Ruhrorter Hafen. Technik und Innovation 1800–1870 (Duisburger Forschungen, 39), Duisburg 1991, S. 50 f.

6 Gottwald 1991 (wie Anm. 5).

7 Hans Spethmann, Franz Haniel, sein Leben und seine Werke, Duisburg-Ruhrort 1956, S. 144.

8 Ralf Banken, Die Gutehoffnungshütte: Vom Eisenwerk zum Konzern (1758–1920), in: Johannes Bähr, Ralf Banken und Thomas Flemming, Die MAN. Eine deutsche Industriegeschichte, München 2008, S. 15–129, hier S. 54.

9 Axel Föhl, Der Hafen als Denkmal, in: Hafen-Zeit, hrsg. von der Franz Haniel & Cie. GmbH, Duisburg-Ruhrort, Red. Dirk Appelbaum, Tübingen 1991, S. 131–163, hier S. 157.

10 Axel Föhl, Gutachterliche Stellungnahme, Betr.: Duisburg-Ruhrort, Hafenstraße, Werfthafen vom 4.1.1988, S. 4 (Akte in der Unteren Denkmalbehörde der Stadt Duisburg).

11 Haniel 1756–2006. Eine Chronik in Daten und Fakten, Jubiläumsgabe, hrsg. von der Franz Haniel & Cie. GmbH Duisburg-Ruhrort, Duisburg 2006, S. 79.

12 Haniel 1756–2006 (wie Anm. 11), S. 84 f.

13 Plan 1835, in: Anton-Felix Napp-Zinn, Die Anfänge des deutschen Rheindampferbaues, Düsseldorf 1939, S. 11. Zur Kesselschmiede: Gottwald 1991 (wie Anm. 5), S. 221–230.

14 Stiftung Rheinisch-Westfälisches Wirtschaftsarchiv, Abt. 130, 3302/0.

15 Ein wohl identisches Gebäude aus der Zeit um 1835 ist auf dem Lageplan in: Napp-Zinn 1939 (wie Anm. 13), S. 11, zu erkennen.

16 Föhl 1991 (wie Anm. 9), S. 156 f.

William Thomas Mulvany

Ein Ire bringt den Bergbau in der Emscherregion in Schwung

Dorothea Teßmer-Schwarze

Verschraubung von untergehängten Tubbings, Fotografie aus der Zeit um 1900 bis 1910.

»ERIN« steht in riesigen Lettern über dem großen, denkmalgeschützten Fördergerüst, das in Castrop-Rauxel weithin sichtbar ist. Ein um das Denkmal herum angelegter Landschaftspark ist in seiner Gestaltung von irischer Landschaft inspiriert. »Erin« ist gälisch und bedeutet »grüne Insel« – damit gemeint ist Irland, die Heimat des Ingenieurs und Visionärs William Thomas Mulvany (1806–1885), nach dem auch das »Mulvany-Center«, ein modernes Wohn- und Dienstleistungszentrum direkt neben dem Fördergerüst, benannt ist (KT23). Einiges erinnert in Castrop-Rauxel und auch im benachbarten Herne an Irland und den Mann, der vor über 150 Jahren von der Insel ins Ruhrgebiet kam und dazu beitrug, es nachhaltig zu verändern.[1]

Mulvany entdeckt das ungenutzte Potential des Ruhrbergbaus.

Rückblickend schildert Mulvany seinen ersten Eindruck vom Ruhrgebiet. 1854 kam er im Auftrag eines Brüsseler Kaufmanns, um als erfahrener Ingenieur zu überprüfen, ob wirtschaftliche Beteiligungen am Ruhrbergbau lukrativ seien. »Ich war überzeugt, dass diese Provinzen in allen Beziehungen über einen wunderbaren Reichtum verfügen. Ich hatte nach einem kurzen Besuch auf dem Oberbergamt die geognostische Karte nachgesehen und auf der Stelle erkannt, welche wunderbaren ausgedehnten Reichthümer unter der Erde waren. Ich hatte gesehen, wie unvollständig die Kanäle und die Transportmittel belastet waren, und ich sagte auf der Stelle: ›Diese Leute verstehen nicht, was sie hier haben.‹«[2]

Zwar war es Franz Haniel 1834 in Essen-Borbeck erstmals im Ruhrgebiet gelungen, die wasserführende Mergeldecke zu durchteufen und die zufließenden Grubenwasser mithilfe von Pumpen und einer Dampfmaschine zu bewältigen, aber erst bei der 1847 niedergebrachten Zeche Zollverein hatten die aufgefundenen Kohlen die notwendige Qualität und die Kohleschichten waren ausreichend mächtig und abbauwürdig. Nun lohnte es sich, die tief liegenden, zur Verkokung geeigneten Fettkohlevorkommen zu erschließen, deren Abbau eine wichtige Voraussetzung für die Stahlerzeugung und die Industrialisierung war.

Noch war das Ruhrgebiet ein weitgehend agrarisch geprägter Raum mit dörflichen Strukturen. Rund fünfzig Jahre später als in England begann hier die Industrialisierung. Es waren aber nicht nur die technischen Schwierigkeiten, die seit den 1850er Jahren zu einem gegenüber England verspäteten Start führten. Insbesondere die preußische Gesetzgebung wirkte hemmend, weil notwendige Investitionen in den Bergbau nicht getätigt werden konnten. Mit dem Allgemeinen Landrecht von 1794 unterstanden die westfälischen Zechen der preußischen Bergbehörde, die allein die betriebswirtschaftlichen und organisatorischen Entscheidungen für die Zechen traf. Durch dieses Direktionsprinzip war die Autonomie der Bergwerksbesitzer erheblich eingeschränkt und potentielle Geldgeber hatten wenig Anreiz, im Ruhrgebiet zu investieren.

Nach 1848 begann ein von den Gewerken lange erwarteter Liberalisierungsprozess, der mehrere Bergrechtsnovellen zur Folge hatte und mit der Verabschiedung des Allgemeinen Berggesetzes für die preußischen Staaten endete. Am 12. Mai 1851 trat das Miteigentümergesetz in Kraft: Die Bergbehörden zogen sich aus der betrieblichen und technischen Organisation der Zechen zurück, die nun allein in der Verantwortung ihrer Gewerken lag. Die Bergbehörden waren nur noch für Sicherheitsfragen zuständig – an die Stelle des Direktionsprinzips trat damit das Inspektionsprinzip. Zahlreiche Aktiengesellschaften und Gewerkschaften mit ausländischer Kapitalbeteiligung investierten nun in den kostspieligen Tiefbau im Revier zwischen Ruhr und Emscher, insbesondere entlang der Strecke der 1843 gegründeten Köln-Mindener-Eisenbahn-Gesellschaft. Mit diesen Unternehmern kam nicht nur Kapital, sondern auch Know-how ins Ruhrgebiet – ein Innovationsschub wurde ausgelöst.

Zeche Shamrock, Schacht 1 und 2 mit Kohlenwäsche, Aufnahme von 1879. Hölzerne Fördergerüste von 1863 nach dem Vorbild des englischen Bockgerüstes. Das Gerüst über Schacht 2 wurde 1880 abgerissen und durch ein eisernes ersetzt.

Überzeugt von dem großen ungenutzten Potenzial in der Region, kam auch William Thomas Mulvany 1855 ins Ruhrgebiet, um die Schätze in dem technischen Entwicklungsland zu heben. Zusammen mit anderen Geschäftsfreunden aus Belgien und Irland erwarb Mulvany sämtliche Anteile zweier bereits gemuteter Zechen in Gelsenkirchen, die die Investorengruppe unter dem lateinischen Namen für Irland, »Hibernia«, zusammenführte. Am 17. März 1855, am Namenstag des irischen Schutzheiligen Patrick, begannen die ersten Abteufarbeiten in unmittelbarer Nähe des Gelsenkirchener Hauptbahnhofs an der Strecke der Köln-Mindener Eisenbahn. Bereits ein Jahr später baute Mulvany die Zeche Shamrock in Herne auf, deren Name auf das Kleeblatt als Nationalsymbol Irlands zurückgeht.

Im engeren Sinn bergbauerfahren war Mulvany nicht, als er ins Ruhrgebiet kam. In Irland hatte er sich durch praktische Berufserfahrung zum Ingenieur im Staatsdienst qualifiziert.

Neben der Projektierung von Wasserstraßen beim Board of Public Works war er für die Entwässerung weiter Landflächen, die landwirtschaftlich nutzbar gemacht werden sollten, zuständig. Als der irische Staat und die Großgrundbesitzer ihre finanzielle Unterstützung für das Drainageprojekt zurückzogen, wurde Mulvany 1853 entlassen und suchte ein neues Betätigungsfeld, das er im Ruhrbergbau finden sollte. Hier konnte er auch seine Kenntnisse im Bereich des Wasserbaus anwenden und neue Visionen zur Verbesserung der Verkehrsinfrastruktur entwickeln. Er erkannte schnell, wie unzureichend die Verkehrswege ausgebaut waren, die für den Absatz der Kohle dringend notwendig waren.

Haus Goldschmieding in Castrop-Rauxel, Außenansicht mit Garten, Aufnahme von 1891. 1872 erwarb William Thomas Mulvany das Anwesen und nutzte es nach englischer Sitte in den Sommermonaten als Landsitz. Im Vordergrund Mitglieder der Familie Mulvany.

Bergbautechnolgie und Fachleute aus England

Als Repräsentant der Zechen Hibernia und Shamrock organisierte Mulvany hauptverantwortlich die technischen und betrieblichen Abläufe in den Zechen und informierte die anderen Gewerken regelmäßig über seine Tätigkeit. In seinen Zechen sah er ein Experimentierfeld für den gesamten Ruhrbergbau. Es gelang ihm, William Coulson, den seinerzeit erfahrensten Grubeningenieur Englands, für das Unterfangen zu gewinnen. Coulson verwendete zur Durchteufung des wasserführenden Mergels Tubbings, die im britischen Steinkohlenbergbau bereits seit den 1790er Jahren eingesetzt wurden. Bei diesem Verfahren wird der Schacht zur Stabilisierung mit gusseisernen Segmentringen so ausgekleidet, dass kein Wasser einbrechen kann. Da das Tubbingverfahren recht teuer war, setzte Coulson auf der Zeche Shamrock eine Variante ein: Er verwendete nur in den wasserführenden Mergelschichten Tubbings und baute die darunterliegenden Bereiche wieder mit einer herkömmlichen Schachtmauer aus.

Mulvany warb auch den Engländer John Atkinson an, der zur Bewetterung, also zur Belüftung der Zeche Hibernia einen innovativen Ofen entwickelte und seinen Entwurf gegenüber dem skeptischen Bergamt durchsetzen konnte. Mulvany ließ auch erstmalig im Ruhrgebiet Sprengungen unter Wasser durchführen, weil er so die Wasserzuflüsse zum Schacht besser

links:
William Thomas Mulvany,
Lithografie von J. Hackenbroich,
Stadtarchiv Düsseldorf.

rechts:
Mulvany-Villa auf dem Betriebsgelände der RAG/DSK in Herne.
Das Wappen der Hibernia AG über dem Eingang zeigt das Bergmannsgezähe und ein Kleeblatt, das Nationalsymbol Irlands.

regulieren konnte als beim Schachtbohrverfahren nach Kind-Chaudron. Ferner errichtete Mulvany seine Zechen als Doppelschachtanlagen mit zwei unterirdisch miteinander verbundenen Schächten, was die Wasserhaltung ebenso verbesserte wie die Sicherheit der Bergleute.

Zur Erschließung der Zechen Hibernia in Gelsenkirchen und Shamrock in Herne stellte Mulvany englische Fachleute ein, für die er Siedlungen errichten ließ (KT16, KT17). Es gab auch Spezialtrupps, die als geschlossene Mannschaften von einer Schachtabteufung zur nächsten zogen. Zeitgenossen äußerten sich immer wieder erstaunt darüber, wie unglaublich schnell Mulvany seine Zechen aufbaute. Das gelang auch durch die zierlichen hölzernen Fördergerüste, die die englischen Ingenieure statt der bisher im Ruhrgebiet verwendeten massiv gemauerten Malakowtürme einsetzten. Die Holzgerüste konnten schnell und kostengünstig errichtet werden, erwiesen sich aber dennoch als äußerst stabil. Von ihnen ist jedoch heute keines mehr erhalten.

Ein Zeitgenosse berichtete: »Der Bahn nach Herne entlang gehend, kommen wir nach der Zeche Shamrock (deutsch: Kleeblatt) [...] Schon von weitem macht diese Grube durch ihre hölzernen Gerüste, auf deren Spitze, vielleicht 50 Fuss über dem Boden die Seilscheiben umlaufen, durch die runden Dächer ihrer Arbeiterwohnungen und dergleichen mehr einen äußerst fremdartigen Eindruck, der sich bei der Ankunft auf dem Werke selbst nur noch steigern kann. Es herrscht dort eine allgemeine Geschäftigkeit, die man versucht sein sollte im ersten Augenblicke Confusion zu nennen und erst, nachdem man Alles näher in Augenschein genommen, klärt sich diese Confusion als ein geregeltes Ganzes auf, indem sich eine sehr gute Folge der einzelnen Arbeiten ergibt und diese selbst in der größten Ordnung Hand in Hand gehen.«[3]

Diesen Transfer nordenglischer Bergbautechnologie leisteten die angeworbenen Ingenieure. Mulvany entwickelte auf seinen Zechen eine völlig neuartige Betriebsorganisation. Er ließ die Kohle sofort aufbereiten und dann direkt nach Sorten getrennt auf Eisenbahnwaggons verladen. Auf der Zeche Hibernia in Gelsenkirchen führte Mulvany erstmals im Ruhrgebiet die Seilfahrt ein, bei der die Bergleute mit einem an einem Drahtseil hängenden Korb in das Bergwerk einfahren. Vorher fuhren die Bergleute mit Fahrten (Leitern) oder Fahrkünsten[4] unter Tage.

Mulvany betrieb auch eine offensive Absatz- und Marktpolitik. Seine Zechen bedienten als erste Ruhrgebietszechen den Weltmarkt. So lieferte die Zeche Hibernia 1859 Kohle nach Rotterdam, London und Amerika. Obwohl sich diese Exportorientierung als nicht rentabel erwies, war sie dennoch innovativ und brachte Mulvany öffentliche Anerkennung. 1864 entließen die übrigen Anteilseigner Mulvany allerdings wegen der geringen Rendite, die Hibernia und Shamrock abwarfen. Als die Bergwerksgesellschaft Hibernia 1873 aufgelöst wurde, setzte die neu gegründete Hibernia AG jedoch wieder Mulvany als Vorstandsvorsitzenden ein.

Die Bergämter setzten nun wirtschaftspolitische Signale und förderten ausländische Investoren, die innovative Abbaumethoden einführen wollten, indem sie großzügig entsprechende Bewilligungen ausstellten. Mulvany schrieb am 22. Dezember 1858 an das Bergamt Bochum: »Von dem seeligen Herrn Oberbergrath Jacob zu Dortmund und von dem Herrn Oberbergrath zu Hövel, zu der Zeit in Bochum, habe ich die ermuthigsten und befriedigendsten Informationen erhalten – und wurde der Wunsch ausgesprochen, unser englisches Bergwerkssystem in diesem Lande gehörig ausgeführt zu sehen, und wurde mir die Versicherung gegeben, daß es mir erlaubt werden würde, unsere Schächte in unserer eigenen Methode mit einem englischen Unternehmer und seinen Arbeitern abzuteufen, [...] mit sorgfältiger Beobachtung der Sicherheit des menschlichen Lebens. In dem guten Glauben dieser Zusicherung haben wir unser Geld angelegt.«[5]

Die Bergbehörden hatten großes Interesse an Mulvanys Erfahrungen im Ruhrbergbau, über die dieser sich gerne austauschte. Diese gute Kooperation führte dazu, dass der Ire die preußische Kohlenkommission auf einer Reise durch englische und schottische Bergwerke sowie durch die Londoner Hafen- und Industrieanlagen begleitete.[6]

Die schwere Eichentür von Haus Goldschmieding in Castrop-Rauxel schmückt neben dem Westfalenross auch eine geschnitzte keltische Harfe, die als Nationalsymbol Irlands auf die Herkunft der einstigen Besitzer Mulvany verweist.

Aufbau eines gemischten Konzerns und neue Ziele als Verbandspolitiker

Ab 1858 kaufte Mulvany eigene Grubenfelder auf dem Gebiet des heutigen Castrop-Rauxel, die er in der Zeche Erin zusammenführte. Mulvany erwarb zudem die Eisenhütte Vulcan in Duisburg, um dort unter anderem Tubbings zu produzieren. Zusammen mit weiteren Unternehmern gründete er 1866 die Preußische Bergwerks- und Hütten-Aktiengesellschaft (PBHAG) als gemischten Konzern, in der Mulvanys Betriebe sowie die Zechen Hansa und Zollern und Erzbergwerke integriert waren.

Vor dem Hintergrund der Gründerkrise und wegen technischer Probleme auf den Zechen und des zögerlichen Ausbaus des Eisenbahnnetzes schrieb die PBHAG jedoch Verluste und meldete 1877 Konkurs an. Mulvany veräußerte schließlich die die durch massive Wassereinbrüche nicht mehr betriebsfähige Zeche Erin 1882 an Friedrich Grillo aus Essen. Dieser integrierte sie später in die von ihm gegründete Gelsenkirchener Bergwerks AG (GBAG).

Wie der Repräsentant der Gewerkschaft, Thomas Mulvany, stammten auch die übrigen Gewerken zum großen Teil aus Irland. 1857 gründeten sie die Gewerkschaft Shamrock, deren Repräsentant abermals Mulvany wurde. Beide Gewerkschaften wurden am 6. März 1873 in die neu gegründete Hibernia- und Shamrock-Bergwerksgesellschaft eingebracht. Mulvany übernahm den Aufsichtsratsvorsitz bis zu seinem Tode 1885. Am 25. November 1887 wurde die Gesellschaft, die ein Jahr zuvor die 1857 gegründete Gewerkschaft Wilhelmine Victoria hinzugekauft hatte, umbenannt in Bergwerksgesellschaft Hibernia. 1893 war sie nach der Harpener Bergbau-AG und der Gelsenkirchener Bergwerks-AG die drittgrößte Gesellschaft des Ruhrreviers.

Mulvany konzentrierte sich nun verstärkt auf seine verbandspolitischen Tätigkeiten und verfasste zahlreiche Schriften. Er setzte sich für ein besser entwickeltes Verkehrswesen ein und forderte zum Beispiel den Bau des Emscherkanals, des heutigen Rhein-Herne-Kanals. Damit stieß er auf reges öffentliches Interesse. Bereits seit 1858 war Mulvany als einziger Ausländer im Vorstand des Vereins für bergbauliche Interessen im Oberbergamt Dortmund. Er initiierte die Gründung des Vereins zur Wahrung der Interessen rheinischer und westfälischer Unternehmer Rheinland und Westfalen und wurde 1871 dessen Vorsitzender. Diese vom Reichskanzler spöttisch »Langnamverein« genannte Organisation gehörte zu den bedeutendsten industriellen Interessenverbänden im Kaiserreich. Sie forderte unter anderem die Einführung von Schutzzöllen gegen billige Roheisenimporte. Hier brachte Mulvany seine Vorstellungen über einen zukunftsfähigen Ausbau des Verkehrssystems im Ruhrgebiet ein.

Die Visionen Mulvanys für das Ruhrgebiet, die er in zahlreichen Schriften publizierte, spiegeln sich nicht in Gebäuden wider, sondern lassen sich nur in schriftlichen Quellen in den Bibliotheken und Archiven finden. Zahlreiche Denkmale in den Städten der Emscherregion, besonders in Castrop-Rauxel und Herne, erinnern aber jedes auf seine Weise an diesen vielfältigen Impuls in das Ruhrgebiet. Dazu gehören technische Denkmale wie der Hammerkopfturm Erin 3 (KT 22) oder das Fördergerüst Erin 7 (KT 23); das Gartendenkmal Naturhindernisrennbahn (KT 19)[7] oder die geschnitzte keltische Harfe an der Eingangstür von Haus Goldschmieding in Castrop-Rauxel; schließlich die Mulvany-Villa (KT 21), ein Verwaltungsgebäude der Zeche Shamrock und ein Grabstein in Herne (KT 17).

1 Dieser Beitrag beruht im Wesentlichen auf der grundlegenden Arbeit von Olaf Schmidt-Rutsch, William Thomas Mulvany. Ein irischer Pragmatiker und Visionär im Ruhrgebiet, 1806–1885, Univ.-Diss. Bochum 2001, (Schriften zur rheinisch-westfälischen Wirtschaftsgeschichte, 42), Köln 2003. Auf Einzelbelege wird im Folgenden verzichtet. – Ich danke Olaf Schmidt-Rutsch zudem für weiterführende Hinweise.

2 Aus einem Album, das anlässlich des 25-jährigen Arbeitsjubiläums von Mulvany erschien; zitiert nach: Schmidt-Rutsch 2003 (wie Anm. 1), S. 95.

3 In: Der Berggeist, Zeitschrift für Berg-, Hüttenwesen und Industrie, 9, 1864, Nr. 13, 1864, S. 57, zitiert nach: Schmidt-Rutsch 2003 (wie Anm. 1), S. 114–115.

4 An zwei sich gegenläufig vertikal auf- und abbewegenden Stangen mit Trittstufen können die Bergleute durch Wechseln der Trittstufen nach einer Auf- oder Abbewegung aus- oder einfahren.

5 StAms-OBA 4207, Bl. 1–2. Mulvany zitiert nach: Schmidt-Rutsch 2003 (wie Anm. 1), S. 96.

6 William Otto Henderson, William Thomas Mulvany – ein irischer Unternehmer im Ruhrgebiet 1806–1885, Forschungsinstitut für Sozial- und Wirtschaftsgeschichte an der Universität zu Köln, (Kölner Vorträge zur Sozial- und Wirtschaftsgeschichte, Heft 12), Köln 1970, S. 10, und Schmidt-Rutsch 2003 (wie Anm. 1), S. 109.

7 Vgl. das Entwicklungskonzept für die ehemalige Naturhindernisrennbahn in Castrop-Rauxel, Büro Grünplan/H.-P. Neumeyer im Auftrag der Stadt Castrop-Rauxel und der IBA Emscher Park, Dortmund 1997.

Im Kadett zum One Stop Shopping

Opel, Ruhrpark und der Strukturwandel im Ruhrgebiet

Stefan Nies und Dorothea Teßmer-Schwarze

Der Kadett A rollt aus dem Bochumer Opel-Werk I, 1964.

Als im Mai 1960 die Ansiedlung des Opel-Werks in Bochum bekannt wurde, war dies ein Paukenschlag. Der »Kadett« sollte Bochum aus der Krise helfen: Zechen und Hüttenwerke hatten seit Jahrzehnten die Ruhrgebietsstädte geprägt, bis in der zweiten Hälfte der 1950er Jahre der Steinkohleabsatz angesichts billigerer Energieträger wie Erdöl, Gas und Importkohle massiv einbrach. Deren Import war politisch gefördert worden, nachdem die Steinkohleförderung den großen Energiebedarf der wachsenden Wirtschaft noch zu Beginn des Jahrzehnts nicht hatten decken können. Große Halden mit Kohle blieben nun unverkauft liegen, erste Zechen schlossen. Mit der Angst vor Arbeitslosigkeit kam die Erkenntnis, dass dem Ruhrgebiet neue Industrien jenseits von Kohle und Stahl fehlten. Allerdings fürchteten die Bergbau- und Stahlunternehmen eine Abwerbung von Fachkräften: In regelrechter Blockadepolitik gaben sie daher selbst brachliegende Flächen nicht für Neuansiedlungen frei.[1]

Bochum wird Autostadt.

Vertreter der Landesregierung und der Stadt Bochum verhandelten daher heimlich mit Managern der Adam Opel AG unter Führung des amerikanischen Vorstandsvorsitzenden Edward W. Zdunek, die einen Produktionsstandort für den neu entwickelten kleinen Mittelklassewagen suchten. Das Stammwerk in Rüsselsheim konnte nicht mehr erweitert werden. Mit Kapital des US-Mutterkonzerns General Motors und mit erheblicher staatlicher Förderung gelang schließlich Folgendes: In nur zwei Jahren wurde schließlich das seinerzeit größte industrielle Bauvorhaben Europas realisiert (KT28). Die Opel-Werke brachten dem von der Krise gebeutelten Bochum

links:
General-Motors-Vizepräsident Earl C. Daum, Aufsichtsratsvorsitzender Elis Hoaglund und GM-Generaldirektor Nelson J. Stork zusammen mit Ingenieur Bärsch beim Werksbesuch in Bochum, Fotografie aus den 1960er Jahren.

rechts:
1961 die größte Baustelle Europas: Der Bau des Opel-Werks I auf dem Gelände der stillgelegten Zeche Dannenbaum. Im Vordergrund sind noch die Tagesanlagen mit dem Fördergerüst zu erkennen.

neue Arbeit und Gewerbesteuereinnahmen; sie setzten zudem ein Signal für den Strukturwandel im Ruhrgebiet.[2]

Kurz nachdem Ende 1962 die ersten Kadetts das Opel-Werk verlassen hatten, rollten sie auch schon durch die Straßen Bochums und des Ruhrgebiets.[3] Nach dem VW-Käfer avancierte diese Kleinwagen-Limousine zu einem in großen Stückzahlen verkauften Auto, das sich auch Arbeiter leisten konnten. Zumindest ein wenig erinnerte dieses erschwingliche Fahrzeug an einen Straßenkreuzer und transportierte damit amerikanisches Lebensgefühl in die Bundesrepublik und ins Ruhrgebiet. Amerika war angesagt in den frühen 1960er Jahren – die Erinnerung an die Care-Pakete in der Nachkriegszeit und den Marshallplan, der zum »Wirtschaftswunder« beigetragen hatte, förderte dies ebenso wie die politische Situation im geteilten Deutschland, wo man angesichts des Mauerbaus 1961 den USA als Schutzmacht gegen die Sowjetunion vertraute.

Opel war ein deutsches Traditionsunternehmen, das seit 1929 zum amerikanischen General-Motors-Konzern gehörte. Wie andere Autobauer, darunter die Ford-Werke in Köln, setzte Opel auf ein erhebliches Wachstum des Straßenverkehrs in Deutschland und damit der eigenen Verkaufszahlen. Nach dem Zweirad in den 1950er Jahren sollte das Auto, auch hier dem amerikanischen Vorbild folgend, zum Massenverkehrsmittel der kommenden Jahrzehnte werden. Seit Ende der 1950er Jahre waren dafür die Weichen gestellt: der Ausbau der Straßen, sowohl innerstädtisch als auch über Land, zugunsten einer zunehmend vernachlässigten Eisenbahn; politisch geförderte Mineralölimporte, die Benzin preiswerter werden ließen; ein spürbarer Anstieg der Einkommen von einfachen Angestellten und Arbeitern, für die nun auch ein eigenes Auto erstrebenswert und erreichbar schien.[4]

Die Menschen im Ruhrgebiet werden mobil.

Dieser Wandel machte auch vor dem Ruhrgebiet nicht halt. Jahrzehntelang von Kohle und Stahl geprägt, fand das Leben der meisten Menschen hier in den 1950er Jahren noch im sprichwörtlich engen Raum zwischen Werkstor und Arbeitersiedlung statt. Die eigenen Füße, das Fahrrad, das Moped und die Straßenbahn sorgten für einen reibungslosen Schichtwechsel zu festen Zeiten, die Wege waren meist relativ kurz. Arbeit und Kollegen, Heirat und Familie, Vereine und Gewerkschaften gaben den Menschen einen stabilen, aber auch engen Rahmen.[5] Dieser sozialen Realität standen aber bereits neue Leitbilder gegenüber: Sauberere Arbeits-

plätze, kürzere Arbeitszeiten, mehr Urlaub, der Erwerb von Konsumartikeln wie der eigenen Waschmaschine oder des eigenen Kühlschranks, eine vielfältigere Ernährung und schließlich neben dem eigenen Heim – oder wenigstens anstelle seiner – ein eigenes Auto.

Die ab 1958 offenbar werdende Strukturkrise erzwang und ermöglichte zugleich in den kommenden Jahrzehnten einen Mobilitätsschub in mehrfacher Hinsicht: Von Zechenstilllegungen und -zusammenschlüssen betroffene Bergleute mussten sich neue Arbeitsplätze suchen, die es zunächst, insbesondere in der Stahlindustrie, auch noch gab. Weitere Wege zur Arbeit, das Pendeln zwischen den Ruhrgebietsstädten, wurde nun für viele normal – übrigens auch für die Arbeiter von Opel, von denen ein Großteil nicht in Bochum wohnte.[6] Arbeiterkinder traten nicht mehr automatisch in die beruflichen Fußstapfen ihrer Eltern, die Berufstätigkeit von Frauen nahm zu. Dazu trug neben bundesweiten Reformen des Bildungssystems (unter anderem mit der Abschaffung von Schul- und Studiengebühren) auch die Ansiedlung von Universitäten wie der Ruhr-Universität Bochum (eröffnet 1965) im vorher universitätslosen Ruhrgebiet bei. Das Ruhrgebiet und seine Menschen – es wurde beweglicher.[7]

One Stop Shopping auf der grünen Wiese

Ebenfalls mit der neuen (Auto-)Mobilität und nicht zuletzt mit amerikanischen Konsumvorbildern verknüpft ist der direkt am Ruhrschnellweg errichtete Ruhr-Park, ein »One Stop Shopping«-Center (KT29). Schon an der Autobahnabfahrt passiert man eines der ältesten Stücke Ruhr-Park: Eine für damalige Begriffe riesige Leuchtreklame weist den Weg zum Shoppingcenter, das am 13. November 1964 nach dem Main-Taunus-Zentrum in Sulzbach bei Frankfurt am Main als zweites Einkaufszentrum in der Bundesrepublik eröffnete.[8] Der Ruhrpark in Bochum-Harpen war eine Sensation: ein aus einem Guss angelegtes Geschäftszentrum »auf der grünen Wiese«, bei dem perfekt aufeinander abgestimmt alle Geschäfte fußläufig voneinander entfernt lagen. Und er war bequem mit dem neu erstandenen Auto, das auch gerne ein Kadett aus dem eben eröffneten Bochumer Opel-Werk sein konnte, zu erreichen.

Produktion des Opel Kadett B im Werk Bochum, 1965. Etwa zehn Prozent der Fließbandarbeiter waren ehemalige Bergleute.

Der Ruhrpark markiert im Ruhrgebiet den Beginn eines Booms der Shoppingcenter, der nach wie vor anhält. Nach einer längeren Einführungsphase von 1964 bis 1971 breitete sich dieser neue Bautyp zügig aus und war dann bereits seit 1975 als neues kulturlandschaftliches Phänomen etabliert.[9] Die Einkaufszentren und später die Shopping-Malls veränderten seit 1964 zunächst die Peripherie der Städte des Ruhrgebiets und schließlich deren Zentren so einschneidend wie kein anderer Bautyp, sodass er inzwischen als wichtige Größe im Urbanisierungsprozess angesehen wird.

In den USA waren die ersten Einkaufszentren bereits in den 1920er Jahren entstanden. Um 1950 existierten dort ungefähr hundert Shoppingcenter, 1960 bereits rund 4500. Heute sind die USA mit etwa 43 000 Shoppingcentern, die einen Anteil von 55 Prozent am gesamten Einzelhandelsumsatz haben, das Land mit den meisten Einkaufszentren der Welt. Wegen gestiegener Einkommen und der damit verbundenen Möglichkeit, sich ein Auto und ein Eigenheim leisten zu können, zogen zahlreiche Familien der Mittel- und Oberschicht in die attraktiveren Vororte mit größerer Wohnqualität.[10] Durch die Slumbildung in den Innenstädten

Vor dem Opel Werk I, Fotografie der 1970er Jahre.

wurde das Einkaufen dort zunehmend unattraktiver, stattdessen entstanden Einkaufszentren an den Schnellstraßenausfahrten oder Straßenkreuzungen.

In Westdeutschland prägte hingegen das europäische Modell eines vielfältigen Einzelhandels, ergänzt durch zunehmend größere Warenhäuser, die Innenstädte. Die großflächigen, mehrstöckigen Kaufhäuser mit einem breiten Sortiment an Konsumartikeln, die als Massenware für große Kundenkreise preiswert produziert wurden, sollten noch bis Ende des 20. Jahrhunderts dominieren.[11] Neu war hier ab den 1960er Jahren die bisher kaum bekannte Selbstbedienung. Diese veränderte auch den Lebensmittelhandel, in dem nun großflächige »Supermärkte« – auch diese nach amerikanischem Muster – die kleinen »Tante-Emma-Läden« um die Ecke verdrängten. Selbstbedienungsläden wurden zum Symbol der entstehenden Konsumgesellschaft schlechthin.

Doch die zunehmende Motorisierung verstopfte die Innenstädte mit parkenden und parkplatzsuchenden Autos und machte viele traditionelle Einkaufsstraßen unattraktiv, da den Fußgängern nur die schmalen Fußwege blieben. Neben visionären Stadtplanungen, die ein besseres Neben- oder auch Übereinander der verschiedenen Verkehrsteilnehmer ermöglichen sollten,[12] waren die schnell in der städtischen Peripherie zu errichtenden Einkaufszentren hier eine gewinnversprechende Alternative.

Aufbau nach amerikanischem Prinzip

Dementsprechend wurde der Ruhr-Park am bereits geplanten Bochumer Autobahnkreuz am Ruhrschnellweg positioniert. Mit dem Wagen konnte er von allen Ruhrgebietsstädten aus bequem erreicht werden. Kostenlose Parkplätze, die in ausreichender Anzahl vorhanden waren, gehörten vom Beginn an zum Konzept. Der amerikanische Investor Edward J. Roberts hatte die landwirtschaftlich genutzten Flächen erworben. Die Gesamtanlage sowie die Gebäude der drei Leitbetriebe Quelle, C&A und Karstadt entwarf der Düsseldorfer Architekt Hans Ulrich Friesleben in Zusammenarbeit mit einem amerikanischen Büro. Als Einheit geplant, wurden die einzelnen Läden durch das »Center Management« vermietet, das die Zusammensetzung der Mieterstruktur bestimmt, sodass ein ausgewogener, auf diesen Standort zugeschnittener Branchenmix entstand.

Der Aufbau des Ruhr-Parks folgte dem in Amerika bewährten »Knochen-Prinzip«: Der Komplex bestand aus zwei sich kreuzenden Ladenstraßen für Fußgänger (Malls), an deren Enden als Anker das Quelle-Warenhaus und das C&A-Bekleidungskaufhaus angesiedelt waren, Karstadt kam im zweiten Bauabschnitt von 1967 bis 1969 hinzu. Weitere Leitbetriebe waren ein Lebensmittelsupermarkt und das Kleinpreiswarenhaus Woolworth südlich des Kreuzungspunktes der beiden Ladenstraßen. Dazwischen befanden sich kleinere Fachgeschäfte und wenige Dienstleistungsbetriebe, die vom Kundenstrom in die Magnetbetriebe profitierten. Alle Geschäfte lagen in Fußnähe beieinander und sind in einem einheitlichen Stil errichtet worden. Bis auf das Quelle-Kaufhaus waren alle eingeschossig. Es handelt sich um ein offenes Einkaufszentrum, bei dem nur schmale Dächer vor den Geschäften Schutz vor Regen boten, die erst in den 1980er Jahren verbreitert worden sind.

Der Erfolg sollte dem fremden Konzept alsbald Recht geben. Seit 1969 ist der Ruhr-Park in mehreren Phasen vor allem in Ost-West-Richtung erheblich erweitert worden und hat inzwischen das Fünffache der ursprünglichen Gewerbefläche. Er gehört heute zu den größten Einkaufszentren Deutschlands, wozu sicherlich seine Lage an der viel befahrenen Ruhrgebietsachse A40 beigetragen hat. Besonders Karstadt entwickelte sich innerhalb des Ruhrparks zum Kundenmagneten.

Zurück in die Innenstädte

Auf ihre Verkehrsprobleme haben die Städte seit den 1960er Jahren mit einer die Verkehrsteilnehmer stärker trennenden Verkehrsplanung, mehr Parkplätzen in Form von Parkhäusern oder Tiefgaragen und mit Fußgängerzonen reagiert. Sie sollten das Einkaufen in den Innenstädten attraktiver machen. Seit den 1980er Jahren griffen innerstädtische Passagen, wie es sie schon vor dem Ersten Weltkrieg als Konsum- und Freizeitangebot in vielen europäischen Städten gegeben hatte, das Prinzip der Einkaufszentren auf und schufen wetterfeste, ganz dem Konsum gewidmete Zonen. Zentrumsnahe oder mitten im Zentrum errichtete große Einkaufscenter wie in Essen am Limbecker Platz (2009) oder in Dortmund auf dem Gelände der ehemaligen Thier-Brauerei (im Bau) konkurrieren mit den im städtischen Umland errichteten Centern.

Diese haben sich von reinen Shoppingcentern längst zu Urban-Entertainment-Centern[13] entwickelt, indem sie verschiedene Unterhaltungs- und Erlebnisangebote wie Multiplexkinos, Spiel- und Freizeitcenter, Musicaltheater, Diskotheken, Casinos, Hotels und Restaurants bündeln. Urban-Entertainment-Center sind komplett überdacht, haben meist keine Fenster: Der Besucher soll aus dem Alltag »entführt« werden und seine Konsumbereitschaft wachsen. An die Stelle des zielgerichteten Einkaufs tritt der Spontankauf. Im Idealfall sind die Grenzen zwischen Unterhaltung und Einkauf so verwischt, dass sie vom Besucher nicht mehr wahrgenommen werden.

Das Knochenprinzip funktioniert: Auf dem Weg von einem Leitbetrieb zum nächsten »nagen« die Passanten die kleineren Geschäfte ab: Bochum-Harpen, Ruhrpark, 15. Oktober 1968.

Im Ruhrgebiet entspricht vor allem das Oberhausener CentrO (eröffnet 1996) diesem Modell; es ist eines der größten Einkaufs- und Freizeitzentren Europas. Britische Investoren brachten die Idee und das Geld und orientierten sich an einer Sheffielder Shopping-Mall ähnlicher Art. Das CentrO wurde als Teil der »Neuen Mitte Oberhausen« auf dem Gelände der ehemaligen Gutehoffnungshütte errichtet, deren teils denkmalwerte Substanz abgerissen wurde. Neben riesigen Parkflächen und der Nähe zur Autobahn sorgt allerdings auch eine gute Anbindung an den öffentlichen Nahverkehr – es wurde eigens eine Straßenbahnlinie auf eigener Trasse hier entlanggeführt – für einen Kundenstrom aus dem ganzen Ruhrgebiet, der die »alte Mitte« Oberhausens südlich des Hauptbahnhofs links liegen lässt.[14]

Wie die Innenstädte trotz veränderter Verkaufsstrategien und Konsumbedürfnisse attraktiv bleiben können, noch dazu ohne historisch gewachsene Baustrukturen zu zerstören, wird seit den 1970er Jahren diskutiert. Der »Göttinger Appell«, ein 2007 von der Vereinigung der Landesdenkmalpfleger, dem Deutschen Städtetag und der Stadt Göttingen veröffentlichter Aufruf, zeigt Alternativen auf, wie die Innenstädte als Zentren mit großem kulturellem Erbe mit den Anforderungen des Handels in Einklang gebracht werden können, wenn die städtebauliche Denkmalpflege rechtzeitig miteinbezogen wird. Ein konstruktives Miteinander von Handel, öffentlichen Institutionen und der Bevölkerung wird dabei als wünschenswert erachtet. Die Autoren des Appells sehen großflächige Einkaufszentren als eher problematisch an, da sie oft unwiederbringlich denkmalwerte Substanz zerstörten. Hingegen erlaubten kleinteilige Strukturen, später auf wieder geänderte Einkaufsmuster besser reagieren zu können. »Das strategische Ziel ist eine sozial, wirtschaftlich und städtebaulich verantwortliche Stadtentwicklung, die dem Handel notwendigen Wandel ermöglicht, aber auch verantwortlich mit dem historischen Stadtraum und seinen Baulichkeiten umgeht.«[15]

Die riesige Leuchtreklame weist den Autofahrern schon seit der Gründung des Ruhrparks den Weg zu den groß dimensionierten Parkflächen.

Bochum, Opel-Werk 1, 2009. Die Hauptfassade ist um zwei Stockwerke erhöht worden und der Opel-Schriftzug dem neuen Corporate Design angepasst.

1 Siehe Christoph Nonn, Die Ruhrbergbaukrise. Entindustrialisierung und Politik 1958–1969, (Kritische Studien zur Geschichtswissenschaft, 149), Göttingen 2001.
2 Siehe Michael Gaigalat und Rolf Kania, Autos statt Kohle? Opel und Ford entdecken das Ruhrgebiet, in: Michael Gaigalat und Rolf Kania, War die Zukunft früher besser? Visionen für das Ruhrgebiet, Ausst.-Kat. Rheinisches Industriemuseum/Westfälisches Industriemuseum, Essen 2000 (Schriften, Landschaftsverband Rheinland/Rheinisches Industriemuseum Oberhausen, 17), S. 271–286; siehe auch Nonn 2001 (wie Anm. 1), bes. S. 218–225.
3 Siehe Hans H. Hanke, Wege zum Heil. Das Auto, das Ruhrgebiet, Bochum und Essen, in: Gaigalat/Kania 2000 (wie Anm. 2), S. 231–250.
4 Zur Verkehrspolitik: Dietmar Klenke, Bundesdeutsche Verkehrspolitik und Motorisierung. Konfliktträchtige Weichenstellungen in den Jahren des Wiederaufstiegs, (Zeitschrift für Unternehmensgeschichte, Beiheft 79), Stuttgart 1993.
5 Siehe grundlegend Helmuth Croon und Kurt Utermann, Zeche und Gemeinde. Untersuchungen über den Strukturwandel einer Zechengemeinde im nördlichen Ruhrgebiet, Tübingen 1958.
6 Hanke 2001 (wie Anm. 3), S. 241.
7 Siehe am Beispiel Bochum: Rainer Schulze, »Alles in Bochum«? Stichworte zum sozio-ökonomischen Wandel seit den fünfziger Jahren, in: Peter Friedemann und Gustav Seebold (Hg.), Struktureller Wandel und kulturelles Leben. Politische Kultur in Bochum 1860–1990, Essen 1992, S. 412–438.
8 Zum Ruhrpark: Heinz Heineberg, Der Ruhr-Park in Bochum – das größte Shopping-Center Deutschlands, in: Heinz Heineberg (Hg.) unter Mitarbeit von H. Pohlmann und M. Wieneke, Westfalen Regional. Aktuelle Themen, Wissenswertes und Medien über die Region Westfalen-Lippe, Festgabe für Prof. Dr. Klaus Temlitz zum 65. Geburtstag (Siedlung und Landschaft in Westfalen, 35), Münster 2007, S. 178–179. Manfred Hommel, Shopping auf der grünen Wiese. Das Ruhrpark-Einkaufszentrum in Bochum, in: Vor Ort im Ruhrgebiet. Ein Geographischer Exkursionsführer, hrsg. vom Geographischen Institut der Ruhr-Universität Bochum und vom Kommunalverband Ruhrgebiet, Essen 1993, S. 164–165. Alois Mayr, Der Ruhr-Park in Harpen – ein zwischenstädtisches Shopping-Center, in: Jürgen Dodt und Alois Mayr (Hg.), Bochum im Luftbild (Bochumer Geographische Arbeiten, Sonderreihe, 8), Paderborn 1976, S. 78 f. Wandel im Handel, in: Bauwelt, 1966, H. 47, bes. S. 1361–1366.
9 Heinz Heineberg, Einkaufszentren in Deutschland. Entwicklung, Forschungsstand und -probleme, mit einer annotierten Auswahlbibliographie (Münstersche geographische Arbeiten, 5), Paderborn 1980, S. 20.
10 Heineberg 1980 (wie Anm. 9), S. 16–17.
11 Kerstin Dörhöfer, Shopping Malls und neue Einkaufszentren. Urbaner Wandel in Berlin, Berlin 2008, S. 27–29.
12 Vgl. Hanke 2000 (wie Anm. 3), S. 240.
13 Aldo Regnaro und Almud Birenheide, Stätten der späten Moderne. Reiseführer durch Bahnhöfe, shopping malls, Disneyland Paris (Erlebniswelten, 6), Wiesbaden 2005, S. 99–103.
14 Siehe Ludger Basten, Die Neue Mitte Oberhausen. Ein Großprojekt der Stadtentwicklung im Spannungsfeld von Politik und Planung (Stadtforschung aktuell, 67), Berlin 1998. Gerald Wood, Die Wahrnehmung städtischen Wandels in der Postmoderne. Untersucht am Beispiel der Stadt Oberhausen (Stadtforschung aktuell, 88), Opladen 2003. Regnaro/Birenheide 2005 (wie Anm. 13), bes. S. 119–133.
15 Publiziert in: Barbara Pankoke und Barbara Seifen, »Verantwortlich mit dem historischen Stadtraum umgehen«, Tagungsbericht Göttingen – Denkmalpflegerischer Umgang mit großflächigem Einzelhandel, in: Denkmalpflege in Westfalen-Lippe, Heft 2, 2008, Einkaufszentren als denkmalpflegerisches Problem. Wirkungsanalyse – Geschichte – Beispiele, Münster 2008, S. 10–11.

KT1

»Ein Ptolemäus unserer Zeit« –
Epitaph für Gerhard Mercator

Salvatorkirche, Salvatorstraße/Alter Markt, 47051 Duisburg

Gerhard Mercator kam 1552 nach Duisburg. Hier schuf der gebürtige Flame, der als vielseitig gebildeter Kosmograf und vor allem als Kartograf berühmt wurde, unter anderem seine Europakarte von 1554 und die Weltkarte von 1569.

Gerhard Mercator wurde am 5. März 1512 unter dem Namen Gheert de Cremer im flämischen Rupelmonde geboren. Bei der Immatrikulation an der Universität Löwen latinisierte er – wie in dieser Zeit üblich – seinen Namen zu Gerardus Mercator Rupelmondanus. Nach Beendigung der Studien wurde er Mitarbeiter des berühmten Löwener Astronomen Gemma Frisius. 1558 kaufte Mercator ein Haus unweit der Duisburger Salvatorkirche. Hier schuf er gemeinsam mit seinen Söhnen und Enkeln Karten nach seiner innovativen Projektionsweise, die vor allem für die Schiffsnavigation große Vorteile brachte. Am 2. Dezember 1594 starb er in Duisburg, wo er in einer Familiengruft in der Salvatorkirche beerdigt wurde.

Das Porträt des Epitaphs zeigt einen alten und gebrechlichen Mercator. Der Gedenkstein ist als Relief in Schiefer gearbeitet. Oben findet sich, rot hinterlegt, das Familienwappen Mercators. Es zeigt eine Armillarsphäre, ein astronomisches Gerät, das entweder der Messung von Koordinaten am Himmel oder der Darstellung der Bewegung von Himmelskörpern dient. Mehrere gegeneinander drehbare Metallringe bilden die Form einer Kugel. Mercator selbst konstruierte neben Globen auch solche Gerätschaften. Direkt darunter findet sich das Bildnis Mercators, der einen Globus in Händen haltend mit einem Zirkel den magnetischen Pol absetzt.

KT2
Denkmal für einen Flamen in Duisburg – Mercatorbrunnen
Burgplatz, 47051 Duisburg

Im Jahr 1869 wurde in Duisburg bekannt, dass die belgische Stadt Rupelmonde als Geburtsstadt des Kartografen Gerhard Mercator ein sieben Meter hohes, bronzenes Denkmal für Mercator plante. Zwar war der Kartograf dort geboren worden, seine berühmtesten Karten, die Europakarte von 1554 und seine Weltkarte von 1569, waren jedoch in einer Werkstatt in der Duisburger Oberstraße entstanden. Daher hob man in Duisburg kurzerhand ein Konkurrenzprojekt zu dem belgischen Denkmal aus der Taufe. Bereits drei Monate nach dem Baubeginn in Belgien wurde der Grundstein des Duisburger Pendants gelegt.

Der im Stil des Historismus errichtete Sandsteinbrunnen zeigt ein zweieinhalb Meter hohes Standbild Mercators in einer für die Renaissance typischen Tracht. Mercator blickt auf den vor seinen Füßen stehenden Globus herab. Die Figur steht auf einem Aufbau, der aus vier mit Rundbögen verbundenen Pfeilern besteht. Zwischen den Pfeilern speien vier Delfine Wasser in ein Becken. In den vier Ecken sitzen vier Kinderfiguren; sie symbolisieren den Handel (Merkur- oder Heroldstab), das Gewerbe (Zahnrad), die Schifffahrt (Anker) und die Wissenschaft (Buch).

Die Inschriften auf den vier Giebelfeldern lauten »Gerhard Krämer gen. Mercator/geboren am 5. März 1512 in Rupelmonde/lebte und wirkte in Duisburg seit 1552/gestorben in Duisburg am 2. Dezember 1594«. Der Text lässt sich auch als Versuch der nationalistischen Vereinnahmung interpretieren, da er den ursprünglich flämischen Namen Gheert de Cremer eindeutscht.

KT3
Aus Solingen abgeworben: Messerschmiede in Wetter – Fachwerkwohnhäuser und ehemalige Werkstätten
Freiheit 11 u. a., 58300 Wetter

Dem brandenburgischen Kurfürsten Friedrich Wilhelm I. gelang es 1661 mit Hilfe eines Werbers Klingenschmiede aus Solingen in der preußischen Grafschaft Mark anzusiedeln. Sie ließen sich in Hagen-Eilpe, in Wetter, Oberwengern und auf dem benachbarten Gut Hülsberg nieder.

Einige Fachwerkhäuser in der Freiheit Wetter zeugen noch heute von dieser herrschaftlich initiierten Wirtschaftsförderung: Messerschmiedemeister bezogen diese Gebäude und ergänzten sie um einen kleinen Werkstattanbau. In ihm fertigte der Meister zusammen mit einem Gesellen und einem Lehrling auf kleinen Handschmieden mit Hammer und Amboss die Messer. Gemeinsam führten sie alle erforderlichen Arbeitsschritte selbst aus. Anschließend wurden die Messer in einem von allen Schmiedemeistern genossenschaftlich betriebenen Schleifkotten geschliffen. Er befand sich etwas außerhalb Wetters am Mühlenteich im Tal der Limbecke.

Den aus dem Bergischen Land stammenden Handwerkern gestand der Kurfürst in einem Privileg Glaubensfreiheit zu. Als reformierte Christen schlossen sich die Messerschmiede der bereits bestehenden Gemeinde in Wetter an. Sie unterhielt auch in der Burgstraße 17 eine eigene Schule für die Kinder der Glaubensbrüder. Nachdem die Schule 1839 in ein größeres Gebäude umgezogen war, bewohnte zwischenzeitlich die Industriellenfamilie Harkort das große schlichte Fachwerkhaus. Heute ist hier das Stadtarchiv Wetter beheimatet.

KT4

»Über die Wupper gehen ...« – Handwerkersiedlung Lange Riege

Riegestraße 10, 58091 Hagen-Eilpe

Die Lange Riege ist eine Reihe von Fachwerk-Wohnhäusern, die der »Große Kurfürst« Friedrich Wilhelm I. von Brandenburg ab 1664 als Handwerkersiedlung entlang dem Selbecker Bach in Eilpe errichten ließ. Der Bach verfügte über ausreichend Gefälle für den Antrieb von Schmiedehämmern und Schleifsteinen. Auch Werkstätten und ein Reckhammer an einem angestauten Hammerteich gehörten zu dieser Anlage. Hier sollten mehr als ein Dutzend Klingenschmiede arbeiten und wohnen, die kurz zuvor aus dem bergischen Solingen – jenseits der Wupper – abgeworben worden waren.

Diese hochspezialisierten Handwerker brachten aus der »Klingenstadt« die Kunst des Schmiedens von Schwertern und Degen mit in die Grafschaft Mark und damit nach Brandenburg-Preußen. Der Kurfürst verlieh den kenntnisreichen Einwanderern besondere Privilegien wie Steuerfreiheit für zehn Jahre, damit sie sich dauerhaft hier ansiedelten. Dahinter steckte neben dem Wunsch, im eigenen Herrschaftsgebiet hochwertige Waffen herstellen zu können, das Ziel einer »Peuplierung«. Nach dem Dreißigjährigen Krieg sollten entvölkerte Landstriche wieder besiedelt und das Steueraufkommen langfristig gesichert werden.

Die Handwerkersiedlung Lange Riege zeugt noch heute vom herrschaftlich unterstützten Technologietransfer. Sie ist im Ruhrgebiet ein bemerkenswertes Bauensemble.

KT5

Kolonialwarenhandel in Ruhrort – Packhaus Haniel

Hafenstraße 10, 47119 Duisburg-Ruhrort

Die Geschichte des Stammhauses der Ruhrorter Kaufmannsfamilie Haniel hängt untrennbar mit der Geschichte der dortigen Häfen zusammen. 1716 begann man, ein ehemaliges Flussbett der Ruhr südlich der Stadt zu einem geschützten Hafenbecken für Anker- und Lagerplätze sowie Werftbetriebe auszubauen. 1756 genehmigte der preußische König den Bau des ersten Hauses außerhalb der Ringmauern um Ruhrort: Das sogenannte Packhaus Haniel wurde errichtet.

Bauherr war Jan Willem Noot, dessen Tochter Aletta 1761 Jacob Haniel heiratete. Das Gebäude diente der Spedition und Handlung als Kontor und Lager, war aber zugleich auch Wohnhaus der Familie Noot beziehungsweise Haniel. Nach dem frühen Tod ihres Mannes führte Aletta das Unternehmen »Jacob W. Haniel seel. Wittib« für Kolonialwarenhandel 27 Jahre lang erfolgreich weiter. Ihre Söhne Franz und Gerhard Haniel, die schließlich das Geschäft übernahmen, legten den Grundstein für den Aufstieg des bis heute bestehenden Handelshauses »Franz Haniel & Cie. GmbH«; insbesondere Franz Haniel entwickelte sich zudem zu einem der wichtigsten Industriepioniere des späteren Ruhrgebietes. Der Erfolg der Familie Haniel gründete unter anderem auf ihren exzellenten Auslandkontakten, wie auch das Beispiel der JHH-Werft zeigt, die Haniel mitgegründet hatte. Der Erfolg dieser Werft beruhte auf einem Technologietransfer, der über Kontakte zu den Watt'schen Werkstätten in Birmingham, vor allem aber zur Fijenoord-Werft in Rotterdam möglich wurde.

Bei dem Packhaus handelt es sich um ein dreigeschossiges Gebäude mit Walmdach und Zwerchgiebel in der Mitte. Neun Fensterachsen unterstreichen die strenge Symmetrie der Fassade. Diese repräsentative Schauseite wird geschmückt durch Bauformen der Barockzeit. Zum Gildeplatz befindet sich ein Wappen über dem Portal. Zu beiden Seiten flankieren weitere Gebäude das Packhaus. Heute ist hier das Haniel-Museum untergebracht, in dem mit zahlreichen Exponaten die Firmengeschichte dargestellt und zugleich Einblicke in die Entwicklung des Bergbaus, der Eisen- und Stahlindustrie sowie der Schifffahrt vermittelt werden.

KT6
Ein Hochofen nach »schlesischer Art« – »St. Antony-Hütte«
Antoniestraße 32–34, 46119 Oberhausen

Die »St. Antony-Hütte« bestand als älteste Eisenhütte des Reviers seit 1758. Im Sommer des Jahres 1842 entstand dort ein Hochofenneubau, der eine technische Innovation darstellte: Dieser neue Ofen sollte erstmals auch mit Koks, und nicht nur wie bis dahin üblich mit Holzkohlen nutzbar sein. Geplant hatte ihn die »Hüttengewerkschaft und Handlung Jacobi, Haniel & Huyssen«, der spätere Weltkonzern Gutehoffnungshütte. Ihr Hütteningenieur Friedrich Kesten brachte detaillierte Verfahrensbeschreibungen von Oberschlesienreisen mit, wo man seit 1789 Erfahrungen mit der Koksverhüttung gesammelt hatte.

Von 2006 bis 2007 legten LVR-Archäologen das Fundament des Hochofens, der eine Fläche von fast 12 mal 12 Metern einnahm, frei; mindestens 13 Meter Höhe dürfte dieser Ofen 1842 aufgewiesen haben. Mit diesem letzten Hochofen der »St. Antony-Hütte« war zugleich der erste Kokshochofen des Ruhrgebiets wiederentdeckt. Allerdings hatte man eine historische Bauruine ergraben, denn der Ofen war nie genutzt worden. Der Versuch, die immer knapper werdende Holzkohle ganz durch Steinkohlenkoks zu ersetzen, war hier auf St. Antony noch gescheitert: Mit ein Grund dafür war wahrscheinlich mangelndes Know-how, trotz der nachgewiesenen Studienreisen zu oberschlesischen Vorbildern. Erst 1849 gelang es dann auf der Mülheimer »Friedrich Wilhelms-Hütte«, einen Kokshochofen in Betrieb zu nehmen. Mit der neuen Technologie begann der Siegeszug der Schwerindustrie im Ruhrgebiet.

KT7
Kurzer Besuch eines Revolutionsflüchtlings – Haus Witten (Burg Berge)
Ruhrstraße 86, 58452 Witten

Durch den Zusammenbruch der feudalen Ordnung standen Anfang des 19. Jahrhunderts große Ländereien und Herrensitze zur Verfügung. Im späteren Ruhrgebiet wurden einige dieser Herrenhäuser von Industriellen aufgekauft; manche davon entwickelten sich wie das Haus Witten zu frühen Forschungs- und Produktionsorten der Industrie.

1790 siedelte Johann Friedrich Lohmann d. Ä. von Schwelm nach Witten in den von ihm gekaufte Herrensitz Burg Berge, später Haus Witten genannt, über, um dort ein Stahlwerk zu errichten. Zudem beteiligte er sich an einem Hochofenwerk, das ebenfalls auf den Ländereien von Haus Berge errichtet werden sollte. Treibende Kraft dieser Initiative war der französische Baron Chevalier de Wendel d'Hayange. Fachleute aus seiner Familie hatten bereits für die Hochofenwerke Le Creusot in Frankreich gearbeitet und diese auch geleitet. Vor der französischen Revolution war de Wendel jedoch nach Westfalen geflohen. Er brachte eine neue Technologie mit: Im Gegensatz zu England, wo Steinkohlenkoks bereits seit dem 18. Jahrhundert zur Verhüttung eingesetzt wurde, verbreitete sich die Kokstechnologie im späteren Ruhrgebiet erst ab Mitte des 19. Jahrhunderts. Bis dahin verwendete man Holzkohle. Für die »Wittensche Eisenhütte« plante de Wendel bereits 1801 einen ersten regionalen Steinkohlenkokshochofen. Als de Wendel jedoch 1802 aufgrund einer Amnestie nach Frankreich zurückkehrte, verlor die Hüttengesellschaft wichtiges Know-how und das Projekt scheiterte. Dennoch entwickelte sich Witten später zu einem führenden Zentrum der Stahlerzeugung.

Im sanierten Haus Witten können im Keller die Lohmann'schen Versuche zur Herstellung von Tiegelgussstahl nachvollzogen werden, denen im Gegensatz zur Eisenhütte schließlich Erfolg beschieden war. Zeitgenössische Gusskokillen sind dort im Keller im Rahmen von Ausgrabungen von 1988 bis 1990 freigelegt worden. Diese industriearchäologischen Funde sind heute am Originalschauplatz der Experimente ausgestellt.

KT8
Vorspinnmaschinen nach englischen Vorbildern für Kettwig – Manufaktur und Tuchfabrik Scheidt

Villa Scheidt, Kirchfeldstraße 16, 45219 Essen-Kettwig | ehem. Tuchfabrik, Ruhrstraße 87–89, 45219 Essen-Kettwig | ehem. »Mädchenheim«, Ringstraße 17–27, 45219 Essen-Kettwig

An der Kirchfeldstraße in Kettwig bahnte sich 1797 die Industrialisierung des Ortes mit einer technischen Sensation an: Johann Wilhelm Scheidt war erst ein Jahr zuvor ins Familienunternehmen eingetreten. Nun kaufte er eine Vorspinnmaschine, auf der ein einziger Arbeiter nicht nur einen, sondern viele Dutzend Vorgarnfäden gleichmäßiger und schneller produzierte, als es auf dem Spinnrad je möglich gewesen war. Scheidt bezog die Innovation jedoch nicht direkt aus England, sondern kaufte sie dem Geschäftsfreund Gottfried Wilhelm Brügelmann ab, der seit 1784 bei Ratingen eine Fabrik nach englischem Vorbild betrieb. Technische Kenntnisse und Maschinenteile für diese erste Fabrik des Kontinents hatte man sich in England teils durch Industriespionage angeeignet.

Scheidts Firma blieb hier an der Kirchfeldstraße zunächst eine dezentrale Manufaktur: Mit der neuen Maschine, die Scheidt vermutlich auf Wolle umrüstete und vervielfältigte, konnte nun zentral vorgesponnen werden; Heimspinner und -weber machten fertiges Garn und Tuch daraus. Erhalten ist nur die kurz vor 1800 errichtete Villa Scheidt; die Produktions- und Lagergebäude lagen ursprünglich unmittelbar dahinter und wurden 1984 abgerissen.

Erst 1837 entstand dann Scheidts Tuchfabrik am Ruhrufer. Sie nutzte bereits die Dampf- und ab 1902 auch die Wasserkraft. Hier in der Fabrik fanden alle Fertigungsschritte an einem Ort statt; maschinelle Webstühle ersetzten das Handwerk. In den folgenden Jahren wurde die Anlage mehrfach ausgebaut, 1914 nahmen die Fabriken einen Großteil des Kettwiger Ruhrufers ein. Die Gebäude der Tuchfabrik wurden 2008 und 2009 entkernt und zu gehobenen Wohnzwecken umgenutzt. Auch das 1906 errichtete »Mädchenheim« für ledige Arbeiterinnen der Firma Scheidt ist erhalten und dient heute zu Wohn- und Gewerbezwecken.

KT9
Ein Hutberg in Witten – Haus Crengeldanz und Erbbegräbnis der Familie Müllensiefen

Otto-Seeling-Straße 6, 58455 Witten

Gustav und Theodor Müllensiefen kamen 1825 aus dem Bergischen Land nach Witten. Dort ließen sie sich auf dem ehemaligen barocken Herrensitz Haus Crengeldanz von 1706 nieder und bauten eine Glasfabrik auf, die später auch die Schmelztiegel für die Gussstahl-Herstellungsversuche von Carl-Ludwig Berger lieferte (KT12, KT13). Anregungen für die Glasherstellung sammelten die Brüder auf Reisen durch zahlreiche europäische Länder, wo sie systematisch wichtige Standorte der Glasproduktion besuchten. Auch die Villen in der Umgebung zeugen von der Bedeutung der Glashütte im 19. Jahrhundert (z. B. Villa Müllensiefen, Otto-Seeling-Straße 2). Noch heute wird auf dem Gelände um das Haus Crengeldanz von Pilkington Automotive Tafelglas produziert.

Einige Mitglieder der Familie Müllensiefen standen der 1722 gegründeten Herrnhuter Brüdergemeinde in Sachsen nahe. Die Herrnhuter hatten im 18. Jahrhundert eine neue Form des Friedhofs etabliert, bei der die Grabstellen nach einem strengen Raster angeordnet und mit schlichten, gleichartigen Grabsteinen ausgestattet sind. Damit sollte angedeutet werden, dass nach dem Tod vor Gott alle Menschen gleich seien. In die Gesamtanlage dieses »Gottesackers« war auch der Hutberg mit einbezogen. Nach diesem Vorbild schüttete die Familie Müllensiefen einen künstlichen Hügel auf und errichtete darum herum ihr Erbbegräbnis mit schlichten Einzelgrabsteinen ohne religiöse Symbole.

KT10

Englische Anregungen führen zur Gründung einer Werft – Magazin und Schmiede der Ruhrorter JHH-Werft

Alte Duisburger Straße 6, 47119 Duisburg-Ruhrort

Ab 1816 sah man erstmals Dampfschiffe, die im früh industrialisierten England gebaut wurden, auf dem Rhein. Ende Oktober 1817 befuhr der Dampfer »Caledonia« den Rhein stromaufwärts Richtung Koblenz; an Bord war Schiffseigner James Watt jr., der Sohn des berühmten Dampfmaschinenkonstrukteurs. Das Schiff war in seiner Firma »Boulton, Watt & Co.« in Soho umgebaut worden. Ein Bruch des Balanciers stoppte bei Wesel die Weiterfahrt und die »Hüttengewerkschaft und Handlung Jacobi, Haniel & Huyssen (JHH)« half aus, indem sie dieses wichtige Dampfmaschinenteil aus Gusseisen nachbaute. In seinen Lebenserinnerungen berichtete Franz Haniel, der die Werftgründung später maßgeblich betrieb, die Begegnung mit James Watt jr. habe ihn angeregt, selbst Dampfschiffe zu bauen. Von der Fijenoord-Werft bei Rotterdam warb die JHH schließlich englische und holländische Schiffbauer unter der Leitung des Engländers Nicholas Oliver Harvey ab, die das nötige technische Wissen für Konstruktion und Bau der Schiffe besaßen. 1829 nahm die JHH-Werft mit ihrer Hilfe auf der Ruhrorter Hafeninsel ihren Betrieb auf, der bis 1899 anhielt.

Das Magazin von 1862 und die Schmiede von 1871 wurden ursprünglich nicht durch die JHH, sondern durch Franz Haniels Familienbetrieb gebaut; sie sind höchstwahrscheinlich jedoch ab einem unbekannten Zeitpunkt Teil der benachbarten JHH-Kesselfabrik und der damit verbundenen Werft gewesen. Die beiden schlichten Backsteingebäude gehören zu den ältesten Bauten des Ruhrorter Hafens. Sie erinnern an den Beginn der Industrialisierung Ruhrorts und an die Entstehung des heute größten europäischen Binnenhafens.

KT11

Die ersten deutschen Rheindampfer entstanden in Ruhrort – Museumsdampfer Oskar Huber

Anlegestelle am Leinpfad, Dammstraße 31, 47119 Duisburg-Ruhrort | Museumsschiff des Museum der Deutschen Binnenschifffahrt, Apostelstraße 84, 47119 Duisburg

1830 lief auf der Ruhrorter Werft der »Hüttengewerkschaft und Handlung Jacobi, Haniel & Huyssen (JHH)« das erste auf einer deutschen Werft erbaute Rheindampfschiff vom Stapel. Damit begann auch hier der Siegeszug der Dampfschifffahrt. Das erforderliche Know-how zur Dampfschifftechnik gelangte über die Fijenoord-Werft bei Rotterdam nach Duisburg. Schon in den 1830er Jahren baute die Ruhrorter Werft auch Dampfschlepper, die als Schaufelraddampfer ausgeführt wurden. Die »Oscar Huber« war ebenfalls ein Radschleppdampfer, wenngleich sie nicht von der JHH-Werft stammte und erst wesentlich später auf Kiel gelegt wurde: Das 75-Meter-Schiff mit 1550 PS entstand 1921 und 1922 auf der Werft Berninghaus in Duisburg. Der erste JHH-Dampfer hatte 1831 nach mehreren Umbauten bescheidene 75 PS erreicht.

Das Räderboot »Oscar Huber« steht für die erfolgreiche Dampfschiff-Technologie, die über 100 Jahre die Schifffahrt prägte. Das Boot besitzt eine Tragfähigkeit von etwa 200 Tonnen. Pro Reise zog es bis zu sieben antriebslose Kähne mit ihren Frachten. Bis kurz vor Ende des Zweiten Weltkriegs befuhr die »Oscar Huber« den Rhein zwischen Rotterdam und Karlsruhe; 1945 befahl die deutsche Wehrmacht die Versenkung des Schiffs, um es einer Nutzung durch die Alliierten zu entziehen. Einzig die markanten Schornsteine ragten noch aus dem Wasser, doch die Oscar Huber war nur leicht beschädigt. Nach Kriegsende barg man den Schlepper und setzte ihn instand. Die ursprüngliche Kohlefeuerung wurde durch eine neue Kesselanlage ersetzt, die nun mit Heizöl arbeitete. In den 1950er Jahren ging man dann zu Schubbooten mit Dieselmotoren über, sodass Schleppdampfer wie die »Oscar Huber« obsolet wurden.

Heute gehört das Schiff zum Museum der Deutschen Binnenschifffahrt, wo nahezu alle Bereiche des Dampfers besichtigt werden können.

KT12

Niederländisches Kapital für Säbelklingen und Gewehrläufe aus Gussstahl – Villa Berger

Ruhrstraße 69, 58452 Witten

Im Keller seines Wohnhauses versuchte Carl Ludwig Berger seit 1852 Gussstahl herzustellen. Dieser sollte demjenigen aus Sheffield ähneln, der über hundert Jahre zuvor von Benjamin Huntsman erfunden worden war. Die Schmelztiegel für diese »alchemistischen« Versuche, die ihm sogar den Verdacht auf Falschmünzerei einbrachten, lieferte die Wittener Glasfabrik Müllensiefen (KT9).

Als Berger endlich die Herstellung gelang, konnte er ab 1853 mit finanzieller Beteiligung von Jakob van Braam und Dr. Cornelius Arnold Jacob den Tex, Oberbürgermeister von Amsterdam, eine Gussstahlfabrik bauen, die hochwertigen Stahl für Säbelklingen und Gewehrläufe produzierte (KT13). Später ergänzten sie ein Hammer- und ein Walzwerk zur Weiterverarbeitung. Der Fabrikstandort an der Ruhr wird bis heute von den Deutschen Edelstahlwerken genutzt.

Das 1839 errichtete Berger'sche Wohnhaus ist ein schlichter, zweigeschossiger Bruchsteinbau mit Walmdach. Nur die Eingangssituation und die Fenster sind durch profilierte Sandsteinrahmen hervorgehoben. Damit gelingt die Einbindung der klassizistischen Architektur in die örtliche Bautradition dieser Zeit mit Bruchsteinmauerwerk. Elemente des Historismus finden sich in den Feinschmiedearbeiten an Balkon und Fenstern.

Nachdem der Bau über viele Jahre als Heimatmuseum der Stadt Witten genutzt wurde, dient er seit Dezember 2005 als Stadtarchiv.

KT13

Der Traum des Jan von Braam – Haus Steinhausen

Auf Steinhausen 30, 58452 Witten-Bommern

1297 ließen die Herren von Witten nach zahlreichen Wohnplatzwechseln die Burg Steinhausen errichten. Zwischen 1423 und 1450 siedelte ein Zweig dieses Geschlechts am nördlichen Ruhrufer und baute dort Haus Berge; Haus Crengeldanz (KT9) war neben Burg Steinhausen und Haus Berge (KT7) das dritte Wittener Herrenhaus.

Die Familie von Elverfeldt hatte das Anwesen Steinhausen in der Zeit der Frühindustrialisierung bis 1851 besessen; sie war die erste Unternehmerfamilie, die in dieser Gegend im Bergbau und anderen Industriezweigen tätig war. Levin von Elverfeldt ließ 1810 ein neues Herrenhaus im klassizistischen Stil errichten. Jan Jacob van Braam, niederländischer Großgrundbesitzer, kaufte Haus Steinhausen 1851. Er war unter anderem an der nahegelegenen Zeche Nachtigall beteiligt.

Die Anlage des erhaltenen Haus Steinhausen besteht aus Turm, Giebelhaus, Scheune, Haupthaus und Kapelle. Der Keller im westlichen Teil des Herrenhauses ist noch der mittelalterliche Typus des Zweiraumhauses mit zentral angeordnetem Kamin. Heute beherbergt das Haus ein Restaurant und auch Trauungen sind hier möglich.

KT14

Niederländisches Kapital für die größte Tiefbauzeche südlich der Ruhr – Zeche Nachtigall

Nachtigallstraße 35, 58452 Witten-Bommern

Im Sommer 1851 gelangte erstmalig die Mehrzahl der Kuxe einer Großzeche südlich der Ruhr an niederländische Investoren. Johan Jacob van Braam erwarb mit einer Gruppe weiterer niederländischer Interessenten sämtliche Anteile der Familie von Elverfeldt an den Wittener Nachtigall-Zechen. Nach dem Miteigentümergesetz vom 12. Mai 1851 hatten die Anteilseigner großzügigere Mitbestimmungsrechte in der technisch-kaufmännischen Leitung der Bergwerke. Nun investierten auch zahlreiche ausländische Unternehmer in Zechen des Ruhrgebiets.

Die Nachtigall-Zechen waren zur Zeit der Übernahme technisch auf neustem Stand; um jedoch den Tiefbau nördlich der Ruhr auszudehnen, waren größere Investitionen notwendig. Van Braam investierte in den Bau der Nachtigallbrücke über die Ruhr, sodass die Kohlen mit einer Pferdebahn direkt zum Bahnhof Witten transportiert werden konnten. Er verbesserte die Wasserhaltung, indem er eine neue Dampfmaschine – damals die stärkste im Ruhrgebiet – einsetzte. Weitere Neuerungen waren die Einführung der Pferdeförderung unter Tage ab 1855 und 1876 die Einfahrt der Bergleute nach Untertage mit Förderkörben. Zeche Nachtigall erhielt in den 1860er Jahren neue Tagesanlagen, von denen heute noch das Maschinenhaus und das Werkstattgebäude erhalten sind.

Zwischen 1850 und 1870 entwickelte sich Zeche Vereinigte Nachtigall Tiefbau zu einem der größten Bergwerke der Region.

KT15

Ein Graf aus dem Harz investiert an der Ruhr – Henrichshütte und Siedlung Haidchen

Werksstraße 31–33, 45527 Hattingen |
Henschelstraße 61–83, 45527 Hattingen

Der Harzer Graf Henrich zu Stolberg-Wernigerode und seine Eisenhüttenleute waren mit dem Erzbergbau und der Metallverhüttung bestens vertraut, jedoch mangelte es in ihrer Heimat in den 1840er Jahren zunehmend an Holzkohle. Einen Ausweg bot die neue Kokshochofentechnik, deren Rohstoff Steinkohle und in geringem Umfang auch Eisenerz im Ruhrtal vorhanden war. Daher fand man dort den geeigneten Standort für das neue Hüttenwerk. 1853 kaufte der Graf einen Teil des Ritterguts Haus Bruch bei Hattingen. Er beabsichtigte, hier acht Hochöfen sowie Koksöfen anzulegen. Schon 1855 begann die Roheisenerzeugung auf der Henrichshütte.

Gebaut wurden die Kokshochöfen vom Team des belgischen Experten Joseph Gobiet. Eine Gruppe erfahrener Hüttenleute aus dem Harz nahm sie in Betrieb. Viele von ihnen blieben als Teil der Stammbelegschaft. Der Name »Harzer Häuser«, den ein Teil der erhaltenen Siedlung Haidchen der Henrichshütte noch heute trägt, zeugt davon. Zwölf typengleiche zweigeschossige Reihenhäuser dieser nach und nach erweiterten Arbeiterkolonie Haidchen erinnern an die Fachleute und ihre Familien aus dem Harz. Der Baustil der ältesten Siedlungshäuser ist an jenen ihrer Heimat angelehnt.

Die Hütte selbst wuchs über Jahrzehnte zu einem Betrieb von überregionaler Bedeutung. Das Ende der Roheisenerzeugung kam 1987; trotz heftiger Proteste der Hattinger stellte der letzte Hochofen der Hütte seine Produktion ein. Dieser Kokshochofen von 1939 ist der älteste, der im Ruhrgebiet erhalten ist; er kann als Teil des LWL-Industriemuseums besichtigt werden.

KT16
Ein »fremdartiger Eindruck« – Arbeiterhäuser der Zeche Shamrock
Koksstraße, 44623 Herne
(Die Gebäude wurden in den 1960er Jahren abgerissen.)

»Schon von Weitem macht diese Grube durch ihre hohen hölzernen Gerüste ... und die runden Dächer ihrer Arbeiterwohnungen einen äußerst fremdartigen Eindruck«, so beschreibt ein Zeitgenosse 1864 in einer Bergarbeiterzeitschrift die Zeche Shamrock in Herne. Ungewöhnlich waren nicht nur ihre hölzernen Fördergerüste, sondern auch die Wohnhäuser der Arbeiter.

Zunächst hatten die aus England eingewanderten Facharbeiter in Baracken gewohnt. Schnell ließ der irische Repräsentant und Anteilseigner der Zeche Shamrock für seine Beschäftigten aber »der Reinlichkeit und Gesundheit der Arbeiter wegen« diese befestigten Wohnhäuser in der Nähe der Tagesanlagen der Zeche Shamrock bauen. Mulvany beauftragte mit dieser Aufgabe vermutlich seinen Bruder John Skipton, der im irischen Portlaw eine Mustersiedlung für eine Spinnerei gebaut hatte. Deren halbrunde Dächer waren aus geteerter Baumwolle hergestellt, die sich als äußerst haltbar erwies. In Herne bezeichnete man diese lang gestreckten Häuser mit den Tonnendächern später wie überall im Ruhrgebiet als »D-Zug-Siedlung«. Nur ein Foto aus den 1960er Jahren vermittelt noch einen Eindruck dieser ungewöhnlichen Häuser, die man bald darauf abriss.

KT17
»Tribute of Love ...« – Grabstein der Isabella Griffith
Behrenspark, Kirchhofstraße/Behrensstraße, 44623 Herne

Unter den vielen historischen Grabsteinen im Behrenspark, dem ehemaligen Friedhof der evangelischen Kirche, fällt einer besonders ins Auge: Der Grabstein der 1865 verstorbenen Isabella Griffith. »In Memory of Mrs. Isabella Griffith, By Birth Marion, Born July 23rd 1806, Died March 11th 1865. This Tribute of Love is Erected by Her Bereaved Husband«, lautet die Inschrift, die der schmerzerfüllte Ehemann seiner verstorbenen Ehefrau widmete.

Warum hielt sich diese Familie in Herne auf? Aufschluss gibt eine Wahlberechtigungsliste im Herner Stadtarchiv von 1864. Dort wird ein Schmiedemeister John Griffith geführt, vermutlich Ehemann von Isabella Griffith. Allerdings ist sein Name wie auch die anderen englischen Namen auf der Liste durchgestrichen, was nahelegt, dass die Zugewanderten nicht zur Wahl zugelassen waren. Sie arbeiteten wahrscheinlich alle als Fachkräfte auf der Zeche Shamrock, deren Aufbau ab 1857 der Ire William Thomas Mulvany (1806–1888) leitete (KT18–KT23).

Stilistisch unterscheidet sich der Grabstein von den übrigen. Der zinnenartige Aufbau über dem Mittelteil sowie der ähnlich gestaltete Abschluss des Sockels erinnern an ein beliebtes Motiv des englischen Tudorstils, das im Zuge des Historismus ab 1850 auf dem europäischen Kontinent häufig rezipiert worden ist. Es findet sich nicht nur an vielen Zechenbauten, sondern auch am Verwaltungsgebäude der Zeche Shamrock.

KT18
Ein englischer Landsitz im westfälischen Wasserschloss – Haus Goldschmieding

Dortmunder Straße 55, 44575 Castrop-Rauxel

Der irische Industriepionier William Thomas Mulvany (1806–1885) erwarb 1872 Haus Goldschmieding, um dort zeitweilig zu wohnen und es nach englischer Sitte im Sommer mit seiner Familie als Landsitz zu nutzen. Das Gelände um Haus Goldschmieding ließ Mulvany als englischen Landschaftsgarten anlegen, dessen historischer Bestand jedoch nicht erhalten ist, sodass der Garten nicht unter Denkmalschutz steht.

Haus Goldschmieding – seit dem 13. Jahrhundert als Burg mit Gräfte erwähnt – legte die Familie von Schell ab 1583 als Herrensitz neu an. Die Nordwesthälfte des lang gestreckten Wasserschlosses ist bereits im 17. Jahrhundert samt dem Turm abgerissen worden, was die eigentümliche Asymmetrie des heutigen Hauses mit nur einem Turm erklärt. Der Bildkamin im Festsaal von 1597 hat Parallelen zu anderen Bildkaminen in Westfalen, die von niederländisch geschulten Künstlern gefertigt worden sind (K8). Freigelegte Reste belegen, dass der Baukörper ursprünglich im Stil der Lippe-Renaissance mit Bauplastik geschmückt war.

Mulvanys Sohn Thomas Robert, der als Betriebsdirektor der Zeche Erin eingesetzt war, ließ in den Jahren 1894 und 1895 das Portal mit der Freitreppe anlegen, sodass das Haus den repräsentativen Ansprüchen der neuen industriellen Oberschicht genügte. In die schwere Eingangstür ist neben dem Westfalenross eine keltische Harfe geschnitzt, die als Nationalsymbol Irlands auf die Herkunft der einstigen Besitzer verweist.

KT19
Ein irischer Industriepionier setzt sportliche Akzente – Naturhindernis-Pferderennbahn

Dortmunder Straße, 44575 Castrop-Rauxel

Der landwirtschaftliche Verein Castrop hatte bereits seit 1870 auf dem Gelände des heutigen Stadtgartens Pferderennen für seine Mitglieder veranstaltet. Aber nachdem der irische Bergwerksbesitzer William Thomas Mulvany 1872 Haus Goldschmieding erworben hatte, begann er hier erste Hindernisrennen zu initiieren. Das von Mulvany gegründete »Renn-Comitee« beauftragte den englischen Pferdesportfachmann James Toole mit dem Bau einer Naturhindernisbahn nach englischem Vorbild. In der Folge etablierte sich Castrop-Rauxel als Austragungsort für Pferderennen auf einer Naturhindernisbahn, die Pferd und Reiter vor große Herausforderungen stellte. Die Rennen entwickelten sich schnell zu einem Großereignis, das bis zu 30 000 Zuschauer anzog und aus dem elitären Sport ein Volksvergnügen machte. Nach dem Zweiten Weltkrieg fanden noch zweimal jährlich Renntage statt, bis die Bahn 1970 aus finanziellen Gründen geschlossen werden musste. Seitdem wird sie als Naherholungsgebiet genutzt.

Die heutige Situation entstand nach dem Umbau der Bahn ab 1937. Von dem Zielrichterturm kann man die Anlage gut überblicken und entdeckt zahlreiche Spuren der Naturhindernisrennbahn im Gelände: Den alten Führring und Reste der Tribünen und des alten Toto-Gebäudes. Poller und Bodenmarkierungen deuten die historischen Bahnverläufe an. Als ehemalige Hindernisse sind die Ligusterhecken und durch Gabionen angedeutete Mauern und Erdwälle zu erkennen.

KT20
Vom Dorf zur Bergbaustadt – Marktplatz mit Reiterbrunnen
Markt, 44575 Castrop-Rauxel

Das Dorf Castrop hatte zwar seit 1484 Marktrechte inne – aber keinen Marktplatz. Die Märkte fanden in verschiedenen breiteren Straßen statt. Als der Ire William Thomas Mulvany ab 1866 die Zeche Erin (KT22, KT23) aufbaute, vermehrte sich die Einwohnerzahl Castrops rasch, sodass sich das Marktgeschehen ausweitete und der Marktplatz in seiner heutigen Form entstand. Das Fachwerkhaus am Markt 4 stammt noch aus der Zeit vor der Industrialisierung. Die übrigen Ackerbürgerhäuser mussten der ersten historistischen Bebauung des Marktplatzes weichen, von der heute nur noch einige Häuser an der Ostseite des Platzes zeugen.

Während der Umgestaltung der Nord- und Westseiten des Platzes von 1908 bis 1916 sind zahlreiche Häuser im Reformstil, einer Variante des Jugendstils, entstanden, wie Am Markt 24 und 25, später noch das daran anschließende Gebäude im Stil des Backsteinexpressionismus.

An die von Mulvany in Castrop-Rauxel eingeführte englische Tradition der Pferderennen auf einer Naturhindernisbahn (KT19) erinnert der Reiterbrunnen des Kölner Bildhauers Georg Grasegger (1873–1927). Der Verschönerungsverein Castrop ließ ihn 1912 in der Mitte des Marktplatzes aufstellen. Aus einer Brunnenschale ragt ein rechteckiger Monolith empor, der von einer vollplastischen Darstellung eines Rennpferdes mit Jockey bekrönt ist. Die vertikalen Flechtwerk-Bänder an dem Steinblock und die speienden Figuren oberhalb der Brunnenschale erinnern an keltische Ornamentik.

KT21
Aufstieg und Niedergang des Ruhrbergbaus – Mulvany-Villa
Hauptverwaltung der RAG Deutsche Steinkohle, Shamrockring 3, 44623 Herne

Obwohl Mulvany diese Villa, wenn überhaupt, nur zeitweilig bewohnte, heißt das neugotische Backsteingebäude mit Sandsteineinfassungen landläufig trotzdem »Mulvany-Villa«. Zusammen mit anderen überwiegend irischen Investoren gründete William Thomas Mulvany 1855 in Gelsenkirchen die Gewerkschaft Hibernia und 1857 die Gewerkschaft Shamrock. Als Repräsentant vereinigte Mulvany beide Gewerkschaften am 6. März 1873 in der neu gegründeten Aktiengesellschaft Hibernia und Shamrock Bergwerksgesellschaft, deren Aufsichtsratvorsitz Mulvany bis zu seinem Tode 1885 übernahm.

Als Mulvany den Sitz der Hibernia- und Shamrock-Bergwerksgesellschaft von Berlin nach Herne verlegte, ließ er um 1875 diese Villa erbauen. Über dem Haupteingang ist im Schlussstein das Wappen der Bergwerksgesellschaft eingemeißelt: Schlägel und Eisen, teilweise bedeckt von einem Kleeblatt, dem Nationalsymbol Irlands.

Seitdem hatte dieses bedeutende Bergbauunternehmen des Ruhrgebiets, das sich seit 1935 Hibernia AG nannte, hier seine Hauptverwaltung. Von hier gingen entscheidende Impulse für den Aufbau der Montanindustrie im Ruhrrevier sowie zahllose weitere strategische und technische Entscheidungen aus. Auf dem Firmengelände der RAG Deutsche Steinkohle gelegen, wird von diesem Ort heute die vollständige Stilllegung des Bergbaus in der gesamten Bundesrepublik Deutschland verwaltet.

Die Villa ist 1991 nach denkmalpflegerischen Gesichtspunkten saniert und erweitert worden und wird seitdem gastronomisch genutzt.

KT22
Genial funktional, platzsparend und günstig – Hammerkopfturm Erin 3
Bodelschwingher Straße 3, 44577 Castrop-Rauxel

Seit 1889 verbesserte ein dritter Schacht die Bewetterung auf der 1866 von dem Iren William Thomas Mulvany gegründeten Zeche Erin. Um ihn auch zur Seilfahrt der Bergleute nutzen zu können, errichtete man ab 1929 einen Hammerkopfturm über dem Schacht, durch den bis zur Stilllegung der Zeche Erin am 23. Dezember 1983 die Bergleute einfuhren.

Hammerkopftürme baute man an Stellen mit geringem Platzangebot. Schacht, Förderturm und -maschine werden bei ihnen übereinander angeordnet, sodass das Seil senkrecht in den Schacht hängt. Der Führerstand befindet sich in dem auskragenden Aufbau neben der Fördermaschine. Durch diese Anordnung erübrigt sich der Bau eines separaten Maschinenhauses, was Kosten spart und die Grundfläche der Schachtanlage reduziert. Im Profil sehen diese geschlossenen Förderanlagen wie ein stehender Hammer aus, was ihnen ihren Namen einbrachte. Erst die Erfindung der Elektrofördermaschinen, die im Betrieb weniger Vibrationen erzeugen als die Dampfmaschinen, aber auch Verbesserungen im Stahlbau – Erin 3 ist in Ziegelfachwerk und Stahlbeton errichtet – ermöglichten den Bau von Hammerkopftürmen.

In Erinnerung an den irischen Gründer der Zeche Erin ließ die Stadt Castrop-Rauxel einen keltischen Baumkreis um den denkmalgeschützten Förderturm anlegen. Die Bäume stehen für bestimmte Abschnitte eines Jahres und für Eigenschaften und Stimmungen, die auf die Menschen, die unter ihrem Zeichen geboren wurden, übertragen werden.

KT23
»Schrott-Turm strahlt heute …« – Fördergerüst Erin 7
Erinplatz, 44575 Castrop-Rauxel

»Schrott-Turm strahlt heute …« titelte die WAZ am 23. Dezember 1999, 16 Jahre nachdem die Zeche Erin stillgelegt worden war. Das Gerüst war bereits zum Schrottpreis verkauft worden, als es dann doch noch in letzter Minute auf Initiative eines Fördervereins als erstes Fördergerüst Westfalens unter Denkmalschutz gestellt wurde. Mit gut 30 Jahren war Erin 7 damit jüngstes Denkmal der Stadt Castrop-Rauxel. Die Leuchtschrift »Erin« erinnert noch heute an die irische Heimat des Gründers der Zeche: Der Name ist gälisch und heißt übersetzt »grüne Insel«.

In den Jahren 1866 und 1867 hatte der Ire William Thomas Mulvany (1806–1885) das Bergwerk aufgebaut. Innerhalb weniger Jahrzehnte vollzog sich daraufhin ein tief greifender Wandel in der Kleinstadt mit 1000 Einwohnern: Castrop entwickelte sich zu einer Industriestadt mit 80 000 Einwohnern und 18 000 Bergbaubeschäftigten.

Erin 7, 1953 zur Materialförderung errichtet, ist ein sogenanntes Deutsches Fördergerüst Typ »Dörnen«. Es hat eine vollwandig ausgeführte Strebe, deren Beine durch ein K-Fachwerk ausgesteift werden und ist besonders stabil. Im Rahmen der Internationalen Bauausstellung Emscher Park ist auf dem Zechengelände der Erin-Park mit Anklängen an die Landschaft Irlands angelegt und ein Dienstleistungszentrum (Mulvany-Center) errichtet worden.

In direkter Nachbarschaft zum historisch gewachsenen Stadtkern prägt das Fördergerüst Erin 7 heute zusammen mit den beiden Türmen der Lambertus- und Lutherkirche die Stadtsilhouette Castrop-Rauxels und ist ein Wahrzeichen der Stadt.

KT24

Belgische Ingenieursleistung im Ruhrgebiet – Tomson-Bock der Zeche Gneisenau

Altenderner Straße/Gneisenau-Allee, 44329 Dortmund-Derne

Angezogen vom florierenden Bergbau kam der belgische Ingenieur Eugen Tomson (1842–1905) nach einer bergmännischen Ausbildung an der Universität Lüttich im Jahr 1872 nach Deutschland. 1882 wurde er Direktor der Zeche Gneisenau in Derne (heute zu Dortmund gehörig), die sich mehrheitlich im Besitz belgischer Banken befand. Tomson entwickelte in Derne eine neue Bergbautechnologie, trug aber auch zu Verbesserungen der sozialen Bedingungen für die Belegschaft und zu gesünderen hygienischen Standards im Bergbau bei.

Im Jahr 1885 entwickelte er einen neuen Fördergerüsttyp, der bis zum Ersten Weltkrieg vielfach errichtet wurde. Er nahm dabei die Konstruktion des sogenannten Englischen Bocks als Vorbild und verbesserte sie nach seinen Vorstellungen: Das Gerüst erhielt eine solidere Konstruktion, gleichzeitig wurde der Schacht leichter zugänglich. Diese Fördergerüste, die man als Tomson-Bock bezeichnet, wurden bis 1914 schrittweise vom Deutschen Strebengerüst mit seinem geringeren Eigengewicht abgelöst.

Der Tomson-Bock der Zeche Gneisenau aus dem Jahr 1886 ist der letzte erhaltene Tomson-Bock des Ruhrgebiets und gleichzeitig das älteste Stahlfördergerüst des Reviers.

KT25
Ein Eupener bringt englische Verhüttungstechnik nach Dortmund – Grabmal Reiner Daelen

Friedhof, Am Ölpfad 39, 44263 Dortmund-Hörde

Reiner Daelen stammte aus einer Eupener Industriellenfamilie im preußisch-wallonischen Grenzgebiet (heute Belgien), die technisches Know-how aus England zunächst in den Aachener Raum und später ins Ruhrgebiet brachte. Nach seinem Ingenieurstudium arbeitete Daelen in Belgien und im Rheinland und absolvierte anschließend seine hüttenmännische Ausbildung bei Eberhard Hoesch und Söhne in Lendersdorf bei Düren.

Seit 1847 leitete Daelen in der (Dortmund-)Hörder Hermannshütte, dem späteren Hörder Verein, die technische Betriebsüberwachung. Daelen brachte seine Berufserfahrung mit in das Unternehmen ein und setzte neueste wissenschaftliche Erkenntnisse aus dem Bereich der Hüttentechnik im Betrieb um. Er entwickelte 1848 ein neuartiges Universalwalzwerk, in dem Flacheisen beliebiger Dicke und Breite ohne Kaliberwalzen hergestellt werden konnten. Nach zahlreichen Englandreisen und Treffen mit Henry Bessemer in Sheffield baute er ab 1863 in Hörde das zweite deutsche Bessemer-Stahlwerk nach dem Essener Krupp-Werk auf. Heute entsteht auf dem Gelände der Phoenix-See.

Das klassizistische Grabmal Rainer Daelens, der am 6. Dezember 1887 starb, hebt sich deutlich von den übrigen Grabmälern des Friedhofs ab und verweist durch seine äußere Form und das Material auf die einstige Heimat des Verstorbenen. Der Künstler gestaltete die Anlage nach belgischer Tradition als Sarkophag mit darunterliegender Gruft und verwendete für den Sarkophag grauweißen belgischen Granit.

KT26
Vom belgischen »Vieille Montagne« zum deutschen Altenberg – Zinkfabrik Altenberg

Hansastraße 20, 46049 Oberhausen

Die Zinkfabrik Altenberg als Ensemble aus Fabrik, Unternehmervilla und benachbarter Arbeitersiedlung zeugt anschaulich von den Verhältnissen der frühen Industrialisierung im Ruhrgebiet. Erhalten sind Hallen und Werkstätten aus der Zeit um 1905, ein Kesselhaus mit Schornstein, eine Elektrozentrale, eine Direktionsvilla von 1911 und in der Nachkriegszeit veränderte Arbeiterhäuser an der Familienstraße, die auf 1857 zurückgehen.

1855 war die Fabrik als Zinkwalzwerk des belgischen Unter nehmens »Société anonyme des Mines et Fonderies de Zinc de la Vieille Montagne« in Betrieb gegangen. Übersetzt lautete der Name des Unternehmens aus Lüttich »Aktiengesellschaft für Bergbau und Zinkhütten vom Alten Berg«.

Warum zog es ein belgisches Unternehmen nach Oberhausen? 1834 hatte der Zollverein die deutschen Staaten zu einem Wirtschaftsraum geeint und Zollschranken zur Abwehr von Importen errichtet. Oberhausen bot daher nicht nur Steinkohle und eine Station der Köln-Mindener Eisenbahn von 1847: Vor allem, um von den Marktchancen zu profitieren, siedelte sich das Lütticher Unternehmen hier an und produzierte direkt vor Ort. So lag das Werk innerhalb des Zollvereins, weshalb keine Einfuhrzölle anfielen.

1934, in der Zeit des Nationalsozialismus, wurde der französische Name eingedeutscht und lautete fortan »Zink Altenberg«. Vor allem erhebliche Umweltprobleme, die mit der Zinkproduktion und -verarbeitung einhergingen, führten schließlich 1981 zur Stilllegung. Ein Teil der Fabrik wird heute als Kulturzentrum genutzt, in und um die zentrale Walzhalle zeigt das LVR-Industriemuseum Oberhausen die Dauerausstellung Schwer.*Industrie*.

KT27

Kokskohle für französische Hüttenwerke – Zeche Friedrich Heinrich

Friedrich-Heinrich-Allee 63, 47475 Kamp-Lintfort

Am 14. August 1906 erwarb eine französische Bankengruppe unter Führung der Pariser Industrie- und Handelskreditbank ein linksrheinisches Kohleabbaugebiet. Benannt war es nach Friedrich Heinrich Freiherr von Diergardt, dessen Erben das Grubenfeld veräußerten. Anfang Oktober gründeten die Käufer die »Steinkohlenbergwerk Friedrich Heinrich AG«, deren Aufsichtsratsvorsitzender der Pariser Bankier Albert de Montplanet wurde. Das Interesse an deutscher Kokskohle lag darin begründet, dass die französischen Eisenhütten zwar über eigene Erze verfügten, den für die Verhüttung benötigten Koks aber zu Marktpreisen im Nachbarland kaufen mussten. Daher wollte man sich eigene Kokskohlevorkommen sichern, um selbst Koks herzustellen.

1907 begannen in ländlicher Umgebung die Abteufarbeiten und es wurden Zechengebäude sowie eine Kokerei errichtet. Unter Leitung des Technischen Bergwerksdirektors Franz Brenner entstand bis 1913 eine große Doppelschachtanlage. Ihr monumentaler Charakter war damals ungewöhnlich im Ruhrbergbau, wenngleich auch andere Bergwerksunternehmen viel Wert auf repräsentative Neubauanlagen legten. Noch heute reihen sich die massiven Backsteingebäude mit ihren Schauseiten an der Allee aneinander. Die geschlossene Zechenfront besteht aus dem großen Zentralmaschinenhaus, den Fördermaschinengebäuden, dem Magazin sowie Verwaltungs- und Kauengebäuden. Gegenüber liegt die ehemalige Hauptverwaltung, die von zwei Villen für die damaligen Direktoren flankiert wird.

KT28

10. Oktober 1962: Bochum wird Autostadt – Adam Opel GmbH, Werk 1

Opelring 1, 44103 Bochum

Auf dem Gelände der ehemaligen Zeche Dannenbaum in Bochum baute die Adam Opel AG mit finanzieller Unterstützung des US-Mutterkonzerns General Motors ein neues Werk, um in Bochum den neu entwickelten Opel Kadett produzieren zu lassen. Die Stadt Bochum finanzierte die infrastrukturellen Erschließungsmaßnahmen: den Anschluss an die Stadtautobahn und die Güterbahnanschlüsse. Seinerzeit war hier die größte Baustelle Europas.

In Anlehnung an die Architektur der 1920er Jahre von Paul Meisner im Opel-Stammwerk in Rüsselsheim entstand das Bochumer Werk 1. Das Verwaltungsgebäude – ein mit rotem Backstein verblendetes Eisenbetongebäude – wird horizontal durch weiße, durchgehende Fensterbänder gegliedert. In der Mitte des flachgedeckten, querliegenden Riegelbaus liegt die halbrunde Empfangshalle, deren weiße, kleinteilige Fabrikfenster heute durch großflächige Glasfronten ersetzt sind. Die typische Architektursprache der 1950er Jahre wird in der halbrunden Form des turmartigen Erkers fortgeführt. Das gesamte Gebäude ist später um zwei Geschosse aufgestockt worden und der alte Opel-Schriftzug im Rahmen eines neuen Corporate Design ersetzt worden. Dahinter erstrecken sich die Produktionshallen mit ihren Sheddächern. Mitte der 1960er Jahre verabschiedete sich Opel von der Backsteinarchitektur und der rot-weißen Farbgebung; neue Gebäude wie das Werk 3 errichtete man nun in den Werksfarben weiß, grau und gelb und aus verschiedenen Baumaterialien.

KT29

Shopping wie in Amerika – Shoppingcenter Ruhrpark

Am Einkaufszentrum, 44791 Bochum

Als 1964 der Ruhrpark in Bochum-Harpen direkt am Ruhrschnellweg eröffnete, war das eine kleine Sensation: Das erste Shoppingcenter im Ruhrgebiet! Nun ging es mit dem eigenen Auto los zum Einkaufen auf die grüne Wiese. Das nach US-amerikanischem Vorbild von einem Amerikaner errichtete Einkaufszentrum war ein großer Erfolg. Die Gesamtanlage sowie die Gebäude der drei Leitbetriebe Quelle, C&A und Karstadt hatte der Düsseldorfer Architekt Hans Ulrich Friesleben in Zusammenarbeit mit einem amerikanischen Büro entworfen. Nach vielen Erweiterungen verfügt der Ruhrpark inzwischen über das Fünffache der ursprünglichen Gewerbefläche und ist heute das größte von vielen Einkaufszentren in Deutschland.

Aus der Anfangszeit existieren noch die beiden großen Leuchtreklame-Schilder an den Auffahrten. Die blauen Rauten mit der weißen Aufschrift »ruhr park« werden auch heute noch zusammen mit einer stilisierten Darstellung des 1982 errichteten gelben Spitzzeltdachs zu Werbezwecken als Logo verwendet.

Alle Läden und Schaufensterfronten sind seit den 1960er Jahren mehrfach dem Zeitgeschmack entsprechend umgebaut worden – der ursprüngliche formale Aufbau ist jedoch noch erhalten. Die eingeschossigen Gebäude, deren kleine Dimension im Vergleich mit heutigen Einkaufszentren fast schon pittoresk wirkt, bildet den Kern der Anlage und strahlt noch ein wenig den Charme der 1960er-Jahre-Architektur der Entstehungszeit aus.

Fremde Impulse, moderne Zeiten

Schlaglichter zur baulichen Entwicklung des Ruhrgebiets

Frank Maier-Solgk

Von »fremden« Impulsen innerhalb des modernen, gar des gegenwärtigen Architekturgeschehens zu sprechen, könnte auf den ersten Blick unpassend erscheinen. Architektur ist heute international; viele, auch jüngere Büros, bauen weltweit. Regionale stilistische Ausprägungen sind nur noch selten wahrnehmbar. Den global agierenden »Stararchitekten« wird der »universalistische« Charakter ihrer »Markenarchitektur« sogar gelegentlich vorgehalten. Tatsächlich entbehrt ein neuer Bau von Gehry – wie in Herford – heute weitgehend der Überraschung. Ob es sich dabei nicht dennoch um interessante Architektur handelt, darüber sollte der Einzelfall und der Vergleich mit den angebotenen Alternativen entscheiden. Insgesamt fällt auf: Neue Tendenzen, formale Experimente, die ungewöhnliche Architekturhandschrift scheinen, auch in Nordrhein-Westfalen, oft mit internationalen Namen verbunden.

Wie auch immer dieser Befund zu bewerten ist, er sollte für das Land – außer für den einheimischen Wettbewerb, der sich gelegentlich über den Import großer Namen mokiert – eigentlich kein Problem sein. Nordrhein-Westfalen ist unter den Bundesländern vermutlich ohnehin das am stärksten nicht von historischem Bestand, sondern von den Nachkriegsjahrzehnten geprägte Land. Speziell das Ruhrgebiet bietet ein von harten Brüchen geprägtes Bild mehrfacher Überformungen: ein Konglomerat aus dörflichen Relikten, umgenutzten Zechenanlagen, Resten von Bergarbeitersiedlungen, Siedlungen des sozialen Wohnungsbaus der Nachkriegszeit, Stadtautobahnen, Gewerbe- und Wissenschaftsparks und modernen Bürogebäuden. Es ist das Bild einer Metropole mit polymorphen Strukturen, der – gewissermaßen als Substitut für ihre Unübersichtlichkeit – ein neuer Begriff von Urbanität zugesprochen wurde, der die klare Trennung von Stadt und Landschaft aufhebt. Jedenfalls haben industriegeschichtliche Prozesse hier seit mehr als hundert Jahren enorme Umwandlungen erzwungen. Insofern ist der Strukturwandel der letzten zwanzig bis dreißig Jahre, die Umwandlung der Industriegesellschaft zur Dienstleistungs-, Wissens- und Kreativgesellschaft ein Kennzeichen der Region. Der Wandel ist Dauerzustand.

Angesichts dieser Historie ist der Begriff »fremd« weniger geografisch zu bestimmen, denn schlicht als Hinweis auf Erneuerungstendenzen. Auch Neuerungen können vor dem Hintergrund vertrauter Umgebung subjektiv als »fremd« empfunden werden, zumal es sich hier wie andernorts um Erneuerungen handelt, die in der Tat einer internationalen Ausrichtung folgen.

Phasen der Erneuerung

Die erste, von einer Internationalisierung geprägte Phase erlebt das Ruhrgebiet ab den späten 1950er Jahren, mit bis heute anhaltender Wirkung. Noch vor Düsseldorf (mit dem dortigen Thyssen-Hochhaus) war es das zu 90 Prozent kriegszerstörte Essen, das in seinem Zentrum von neuen Hochhäusern geprägt wurde, die in einem an der der neuen Sachlichkeit orientierten internationalen Stil errichtet waren: Das Thyssen-Gebäude (ehemaliges Rheinstahlhochhaus) – 1959 erbaut und mit 80 Metern damals das höchste Hochhaus in Deutschland – und die RWE-Hauptverwaltung (beide von Hanns Dustmann) sowie das Postscheckamt beziehungsweise Postbankgebäude; letzteres ist formal am New Yorker Lever Building (1952) orientiert. Zusammen bildeten die Bauten – vor Frankfurt am Main – als erstes Hochhauscluster in Deutschland eine moderne Skyline amerikanischen Stils. Sie hat in den letzten Jahren mit dem RWE-Bau von Christoph Ingenhoven eine Fortsetzung gefunden, die noch nicht abgeschlossen ist. In Essen hat sich eine für die Bundesrepublik frühe modern-transparente Büroarchitektur als stadtbildprägend bis heute erhalten.

Herne, Akademie Mont Cenis, Jourda & Perraudin, 1990–1999.

Nicht nur im Bürobau, auch bei kulturellen Bauaufgaben kann sich das Ruhrgebiet herausragender Bauten der Nachkriegsmoderne rühmen. 1959 eröffnete in Gelsenkirchen das Musiktheater im Revier von Werner Ruhnau, das sich, von einem Entwurf Mies van der Rohes für das Mannheimer Theater beeinflusst, mit seinem großzügigen, verglasten Foyer im Obergeschoss ganz zur Stadt öffnet und in seiner demokratischen Transparenz bahnbrechend wirkte (K19). Etwa zeitgleich entwarfen die Holländer van den Broek und Bakema das Rathaus von Marl, das als Stadtkrone in der »Industriestadt im Grünen« konzipiert und nicht nur technisch innovativ war (unter anderem mit einem frei gespannten Faltwerk aus Stahlbeton), sondern vor allem als Symbol demokratisch-bürgerlicher Selbstverwaltung galt (K22).[1]

Neben dem Folkwang-Museum, dessen Nachkriegstrakt aus den frühen 1960er Jahren mit seiner Pavillonstruktur auch dem aktuellen Neubau noch die Richtung vorgab, war es das 1964 eröffnete Lehmbruck-Museum, das als sachliche Stahl-Glas-Konstruktion mit erstmals eingesetzten flexiblen Stellwänden ebenfalls um einen Innenhof gruppiert war und mit einer Rundumverglasung genau jene lichte, helle Moderne verkörperte, für die kurz darauf die Berliner Nationalgalerie von Mies van der Rohe zum Symbol wurde. Transparenz war das entscheidende Leitmotiv jener, sich von der Vergangenheit abgrenzenden Epoche einer schnörkellosen und zugleich weltoffenen Moderne. Konsequenterweise hat sie damals auch die internationale künstlerische Avantgarde miteinbezogen und in Gelsenkirchen beispielsweise Yves Klein mit seinen monochromen Schwammreliefs im Foyer des Theaters zu einem grandiosen Auftritt verholfen – Aufbruchstimmung allenthalben.

Die 1980er Jahre erlebten die Gründung der Deutschen Stiftung Denkmalschutz und die Einführung von Denkmalschutzgesetzen in den Bundesländern (in Nordrhein-Westfalen seit 1980). Neben einem neuen ökologischen Bewusstsein entwickelte sich damit auch ein neues historisches Bewusstsein, das für das Revier wichtig wurde, insofern seine industriell-bauliche Prägung nun auch ästhetisch als identitätsstiftender Faktor erkennbar wurde. Mit der Internationalen Bauausstellung Emscher Park (1989 bis 1999), der ersten Bauausstellung, die eine ganze Region thematisierte, war das Instrument für eine auf vielen Ebenen erfolgende sukzessive Umgestaltung der Stadtlandschaft an die Hand gegeben – ebenfalls mit bis heute wirksamen Effekten: Stichworte waren Renaturierung, Umbau der Industriedenkmale, Arbeiten im Park, »Haldenkunst« – Aspekte, die noch das Programm der Kulturhauptstadt Ruhr.2010 bestimmen.

Auf den ersten Blick ist diese Phase eine Rückkehr zu eigenen Ursprüngen. Damit verbunden waren jedoch auch international geprägte Erneuerungstendenzen wie der Bau von rund zwanzig Wissenschaftsparks im Ruhrgebiet. Vorbild für diese war auch hier letztlich die amerikanisch geprägte Campusidee, die in Form pavillonartiger, häufig gläserner Bürokomplexe innerhalb eines grünen Umfelds auch heute noch vielfach die Umgebung der Zechenanlagen prägen – mit unterschiedlichem Gestaltungsniveau. Gerade ein herausragendes Projekt wie die Akademie Mont Cenis in Herne – in den 1990er Jahren von den französischen Architekten Jourda & Perraudin entworfen – demonstriert dabei, dass damals architektonische Formen gefunden wurden, die auch heute als bildhaft gewordene Technologie überzeugen.

Neue Tendenzen

Es sind vordringlich einzelne Kulturbauten, die innerhalb der letzten zehn bis fünfzehn Jahre neue architektonische Akzente setzen, mit unterscheidbaren Tendenzen. Einer der ersten Bauten, der in diesem Zusammenhang zu nennen ist, war die Stadt- und Landesbibliothek in Dortmund (1999), die der Tessiner Architekt Mario Botta in dem für ihn charakteristischen Stil eines gravitätischen Postmodernismus entwarf: einerseits eine gläserne Rotunde, andererseits ein mächtiger Riegelbau mit einer Natursteinfassade aus blassrotem Quarzit. Im Inneren betont anthrazitfarbener italienischer Granit die ästhetische Distanz zum städtischen Kontext. Auch der Umbau der ehemaligen Kohlenwäsche auf Zeche Zollverein durch den Niederländer Rem Koolhaas und jüngst der Erweiterungstrakt des Bochumer Bergbaumuseums durch Benthem Crouwel zeigen eine Tendenz zur Verfremdung: Beide setzen durch den Einsatz einzelner farbiger Elemente (Treppe und Gangway bei der Kohlenwäsche) nicht zuletzt auf auffallende Effekte: Der 18 Meter hohe Kubus der holländisch-deutschen Bürogemeinschaft in Bochum erhielt eine schwarze Putzoberfläche mit reflektierenden Graphiteinstreuungen, während innen farblich dem Feuer nachempfundene Beschichtungen von Boden, Wand und Decke sich durch Fensterbänder nach Außen vermitteln. Indem er vermeintlich ein »Schnittmodell des Bergbaus« präsentiert, evoziert der Bau die Idee eines der Erde entnommenen Körpers. In ihrem experimentell anmutenden Spiel auch mit dem Kontrast zum denkmalgeschützten Bestand sind diese Bauten nicht frei von der Gefahr einer touristisch ausgerichteten Aufmerksamkeitsarchitektur, doch bieten sie auch neue Perspektiven im Umgang mit dem Bestand.

Die 2006 fertiggestellte Zollverein School of Management and Design der beiden japanischen Architekten Kazuyo Sejima und Ryue Nishizawa (SANAA, Tokyo) ist vielleicht der Bau, der gewohnten Ansichten am stärksten zuwiderläuft. Den Reduktionismus der Form – ein »Würfel« von 34 Metern Kantenlänge und 35 Metern Höhe – und den asiatisch anmutenden Sichtbetonpurismus meint man zwar zu kennen (etwa vom Bau der Langen Foundation in Neuss von Tadao Ando). Hier aber wird der scharf geschnittene, hellgraue Betonwürfel in seiner formalen Geschlossenheit unorthodox aufgebrochen und durch das unregelmäßige Arrangement von 134 unterschiedlich großen Fenstern zu einem leicht wirkenden und rätselhaften Spielzeug, wobei die Fenster ohne jeden Rahmen wie eingeschnittene Löcher wirken. Klimatechnik und Elektrik sind den Augen entzogen; auf den fünf unterschiedlich hohen Ebenen des Inneren dominiert der Eindruck von Leichtigkeit, ja Zerbrechlichkeit. Er verdankt sich nicht zuletzt den extrem dünnen Wänden (30 Zentimeter), die den Beton

wie eine zarte Haut wirken lassen. Es ist ein experimenteller Bau, der eine minimalistische Richtung der Architektur bis zu deren Extrem erprobt.

Das Essener Folkwang Museum von David Chipperfield, eine ausgedehnte Erweiterung des Ursprungsbaus aus den 1960er Jahren, die dessen Prinzip von Helligkeit und offenen Höfen in größerem Maßstab weiterführt, nimmt hingegen Traditionen auf und ist in vielem das Gegenteil der oben präsentierten Expressivität. Der derzeit für seinen Umgang mit historischem Bestand (etwa beim Neuen Museum in Berlin) gefeierte Engländer erreicht in Essen ein im Museumsbau selten erreichtes Maß an Großzügigkeit und ruhiger Eleganz einerseits, ohne die Nutzerfreundlichkeit aus den Augen zu verlieren. Hierbei erweist sich die Idee, alle öffentlichen Bereiche auf einer, der Erdgeschossebene, anzusiedeln, als Lösung von wohltuender Wirkung. Der Eingang wurde neu in Richtung der in das Zentrum führenden Bismarckstraße verlegt; ein offener Hof rückt ihn von der Straße ab. Eine leicht verfremdende Note bringt die Fassadenverkleidung mit grün getöntem Bruchglas ins Spiel. Chipperfield erneuert hier die erste Nachkriegsmoderne auf klare und großzügige Weise.

Das MKM Museum Küppersmühle bildete mit der Umwandlung eines ehemaligen Getreidespeichers (1997 bis 1999) den Auftakt für die Konversion des Duisburger Innenhafens zu einem neuen urbanen, auch kulturellen, städtischen Zentrum. Untergebracht war dort die Kunstsammlung Grothe, die nach der Zusammenführung mit der Sammlung Ströher 2005 zu einer der umfangreichsten Sammlungen deutscher Kunst der Nachkriegszeit angewachsen war. Mit der notwendigen Erweiterung wurden die Schweizer Architekten Herzog & de Meuron, die schon den ersten Museumsbau entworfen hatten, beauftragt. Nicht zuletzt aufgrund der begrenzten Fläche, die für eine Erweiterung zur Verfügung stand, haben die Architekten eine in vielerlei Hinsicht ungewöhnliche Lösung vorgeschlagen, an der sich aktuell die Geister scheiden. Einen neuen doppelgeschossigen Trakt wollen sie als Aufsatz auf das bestehende Silogebäude setzen, der es als monumentaler, weit überkragender Körper spektakulär überragt. Zur aufsehenerregenden Wirkung werden vor allem die halbtransparenten Glasfassaden beitragen, mit der der Kubus umhüllt sein wird. Sie werden dem Container das Aussehen eines weithin leuchtenden Glaskörpers verleihen. Stärker als sonst wird hier in Duisburg – übrigens ebenso wie in der Nachbarschaft mit dem neuen Landesarchiv des österreichischen Büros Ortner & Ortner – der Kontrast zum denkmalgeschützten Bestandsbau beziehungsweise zur denkmalgeschützten Backsteinfassade gesucht. Die Aufstockung ist ein vielleicht riskantes, ästhetisch aber auch mutiges Unterfangen, das immerhin deutlich macht, dass eine architektonische Weiterentwicklung ein neues Selbstbewusstsein erfordert.

links:
Essen, Neubau des Folkwang Museums, David Chipperfield, 2010.

rechts:
Duisburg, Modell für den Erweiterungsbau des MKM Museums Küppersmühle im Innenhafen, Herzog & de Meuron.

linke Seite:
Essen, Zollverein School of Management and Design, SANAA Architects, Kazuyo Sejima und Ryue Nishizawa, 2008.

Bochum, Synagoge, Peter Schmitz, 2007.

Sakralkultur – Synagogen und Moscheen

Bei den Beispielen internationaler Architektur im Ruhrgebiet handelt es sich um Bauaufgaben, denen schon aufgrund ihrer kulturellen Funktion erhöhte Bedeutung zukommt. Dies gilt nicht weniger für Sakralbauten, deren Rolle für die kulturelle Identität einer Region in den vergangenen Jahren wieder stärker ins Bewusstsein gerückt ist – aufgrund der Migrationsbewegungen der letzten Jahre, die einer säkularisierten Gesellschaft die kulturelle Bedeutung von Sakralbauten in teils zugespitzter Form wieder nahegebracht haben. Waren es früher Kirchenbauten, die speziell in Nordrhein-Westfalen nach dem Krieg eine Renaissance erlebten, so sind es parallel zu deren Schließung heute Synagogen und Moscheen, die den Städten eine neue Facette hinzufügen. Fremd sind sie weniger im Sinn einer unbekannten Religion als im Sinn einer wieder spürbaren symbolhaften Bedeutung des Sakralen überhaupt.

In den vergangenen zwei Jahrzehnten ist die Zahl jüdischer Mitbewohner in Nordrhein-Westfalen infolge des Zuzugs osteuropäischer Spätaussiedler erheblich gestiegen. Heute zählen die 19 jüdischen Gemeinden in den Landesverbänden Westfalen-Lippe und Nordrhein sowie in der jüdischen Gemeinde Köln über 30 000 Mitglieder (gegenüber 5000 im Jahr 1989), mit entsprechendem Bedarf an Räumlichkeiten für Gebet und Gemeindeleben. Die Konsequenz waren beziehungsweise sind eine Reihe von neuen Synagogen: Von Recklinghausen (1997) über die Synagoge der Gemeinde Duisburg-Mülheim/Ruhr-Oberhausen (1999), die Neue Bergische Synagoge in Wuppertal-Barmen bis zu den Gemeindezentren in Gelsenkirchen (2007), Bochum (2008) und Krefeld (2008). Ein Blick auf die neuen Bauten bestätigt, dass es keine eindeutigen Gestaltungsregeln für Synagogen gibt. Die aktuellen Lösungen reichen von einem modernen, eher minimalistischen Bau in Gelsenkirchen, wo die Architekten Christfreund und Mihsler italienischen Muschelkalk als Verkleidung eines strengen Kubus wählten, bis zu einem symbolistischen Dekonstruktivismus, wie ihn das Gemeindezentrum von Zvi Hecker am Duisburger Innenhafen veranschaulicht – in seiner assoziativen Symbolik befindet es sich in der Nähe zu den Museumsbauten von Daniel Libeskind in Berlin und Osnabrück: Ein Fächer von fünf freitragenden unverputzten Betonrahmen erinnert in Duisburg an die aufgeschlagenen Seiten eines Buches (Pentateuch) oder an die fünf historischen Standorte der Gemeinde. Die nutzbaren Baukörper sind dabei durch diese Rahmen »geschoben«, wobei der angrenzende »Garten der Erinnerung« von Dani Karavan die symbolischen Bezüge weiterspielt.

Einige der neuen Synagogen entstehen an prominenten, repräsentativen Orten in der Stadt. Charakteristisch ist heute ein Bau wie die neue Synagoge von Bochum: Ihre kommunale

Bedeutung wird durch die Lage an der höchsten Stelle des unweit vom Stadtpark gelegenen aufgestockten Plateau unterstrichen. Hier erhebt sich der 17 Meter hohe steinerne Kubus der Synagoge – in Nachbarschaft zum Kuppelbau des benachbarten Planetariums. Es handelt sich um ein dreigliedriges Gebäudeensemble für Synagoge und Gemeindezentrum, dessen auffallendstes Merkmal seine aus Israel stammende Natursteinfassade ist. Sie trägt als deutlich sichtbares Zeichen für die religiöse Bestimmung des Hauses das Motiv des Davidsterns als Fassadenornament. Die Synagoge ist jedoch nicht nur als Gotteshaus zu verstehen. Sie ist zugleich Treffpunkt und Zentrum für das alltägliche Gemeindeleben.

Rund drei Millionen Muslime leben heute in Deutschland; etwa 2200 Moscheen gibt es. Die meisten davon sind jedoch keine eigenständigen Moscheebauten, sondern umgewandelte Fabriken oder andere Gebäude, in denen eine nach Mekka gerichtete Wand mit einer Gebetsnische das wichtigste funktionale Kennzeichen ist. Zunehmend wächst jedoch unter Muslimen der Wunsch nach repräsentativen Moscheebauten.

Als Wunder von Marxloh wurde die 2008 im gleichnamigen Duisburger Arbeiterviertel eröffnete größte Moschee Deutschlands bezeichnet. Der Bauherr, der türkische Verein DITIB, hat hier frühzeitig Anwohner, Vertreter der Kirchen und andere beteiligte Gruppen in den Planungsprozess einbezogen. Der Diskussion wurde dadurch die Schärfe genommen und ein »Kulturkampf« wie im Fall der derzeit im Bau befindlichen Moschee in Köln-Ehrenfeld verhindert. Architektonisch handelt es sich in Duisburg um einen traditionellen Gebetsraum mit angegliederter kultureller Begegnungsstätte. Man trifft auf eine mit Minarett versehene Hagia Sophia en miniature – einen an der osmanischen Kuppelmoschee orientierten Bau, der von Cavit Sahin entworfen wurde. Im Inneren korrespondieren eine ornamentale Wandbemalung, blaue Keramikfliesen, ein von der anatolischen Partnerstadt gestifteter roter Teppich und ein monumentaler Leuchter mit Koranversen mit der historischen Bauform. Es ist ein Zitat, eine Art von traditioneller »Sehnsuchtsarchitektur«, die Heimatgefühle wecken soll.

Immerhin lässt dieser in Duisburg offenbar ohne Probleme angenommene Sakralbau erkennen, dass nicht architektonisch »fremde« Formen notwendigerweise irritieren müssen. Vielmehr scheinen die politischen Hintergründe und weltanschaulichen Befindlichkeiten die fremdenfeindlichen Reaktionen hervorzurufen, die sich dann an den sichtbaren, baulichen Symbolen des Fremden entzünden. Insofern erscheinen die Diskussionen über Minarette und ihr Verbot eher als Stellvertreterdiskussionen, die in ihrem Kern gesellschaftlicher und politischer Natur sind. Immerhin rufen diese Diskussionen die Existenz unvermeidlicher repräsentativer Aspekte religiöser Bauformen wieder in Erinnerung. Die Exotik des 2002 in Hamm eingeweihten Sri-Kamadchi-Ampal-Tempels, des zweitgrößten hinduistischen Tempels in Europa, hat, soweit bekannt, jedenfalls nicht zu öffentlichen Diskussionen geführt. Schließlich ist die Art der Wahrnehmung von Unbekanntem offenkundig aber auch ein sich wandelnder Prozess.[2] Vor gut dreißig Jahren haben Bürgerproteste in Bochum und Marl die Aufstellung von Skulpturen des Amerikaners Richard Serra im öffentlichen Raum verhindert. Heute, nach einer Phase gesellschaftlicher Aufwertung, sind diese Arbeiten fast zu einer Art offizieller Staatskunst avanciert – und als sogenannte Landmarkenkunst ein Teil des Gedächtnisses des Reviers.

1 Vgl. auch den Beitrag von Oliver Karnau und Danae Votteler über die Rathäuser von Marl und Castrop-Rauxel in diesem Band.

2 Vgl. Bärbel Beinhauer-Köhler und Claus Leggewie, Moscheen in Deutschland, München 2009.

Blick von der Halde Beckstraße in Bottrop. Auf dieser Halde steht der Tetraeder als Landmarkenkunst.

Literaturauswahl

Grundlagen

Fremde Impulse – Baudenkmale im Ruhrgebiet. Ermunterungen zu historischen Streifzügen durch die Kulturhauptstadt RUHR.2010

Bade, Klaus J. u.a. (Hg.), Enzyklopädie Migration in Europa. Vom 17. Jahrhundert bis zur Gegenwart, Paderborn 2007.

Bade, Klaus J. und Jochen Otmer, Normalfall Migration, Bundeszentrale für politische Bildung, Bonn 2004.

Balke, Friedrich u.a. (Hg.), Schwierige Fremdheit. Über Integration und Ausgrenzung in Einwanderungsländern, Frankfurt 1993.

Boldt, Kai-William und Martina Gelhar, Das Ruhrgebiet, Darmstadt 2008.

Föhl, Axel, Architekturführer Ruhrgebiet, Berlin 2010.

Goch, Stefan und Karsten Rudolph (Hg.), Wandel hat eine Heimat. Nordrhein-Westfalen in Geschichte und Gegenwart, Oberhausen 2009.

Köllmann, Wolfgang, Werner Abelshauser und Franz-Josef Brüggemeier (Hg.), Das Ruhrgebiet im Industriezeitalter. Geschichte und Entwicklung, 2. Bde., Düsseldorf 1990.

Parent, Thomas, Das Ruhrgebiet. Vom goldenen Mittelalter zur Industriekultur, (4. Aufl.) Ostfildern 2007.

Baudenkmale im Ruhrgebiet – Denkmalpflege im Ruhrgebiet

Ahlers, Hubertus und Sabine M. Hoffmeister, Die Kokerei Hansa. Skulptur Kultur Natur im Aufbruch, hrsg. von der Stiftung Industriedenkmalpflege und Geschichtskultur, Dortmund 2001.

Bollerey, Franziska und Kristiana Hartmann, Im Grünen wohnen – im Blauen planen, Hamburg 1990.

Bollerey, Franziska und Kristiana Hartmann, Siedlungen aus dem Regierungsbezirk Düsseldorf, Essen 1983.

Bollerey, Franziska und Kristiana Hartmann, Siedlungen aus den Regierungsbezirken Arnsberg und Münster, Dortmund 1978.

Bollerey, Franziska, Kristiana Hartmann und Ursula von Petz, Bibliographie zum Arbeiterwohnungsbau im Ruhrgebiet, Dortmund 1982.

Denkmalpflegerischer Umgang mit großflächigem Einzelhandel, hrsg. von der Vereinigung der Landesdenkmalpfleger in der Bundesrepublik Deutschland, Göttingen 2008.

Denkmalschutz-Informationen, hrsg. vom Deutschen Nationalkomitee für Denkmalschutz, 26, 2002 (Sonderausgabe »30 Jahre Industriedenkmalpflege in Deutschland«).

Erhaltung von Arbeitersiedlungen, zusammenfassender Bericht des Kongresses am 12. September 1976 in Gelsenkirchen, hrsg. von der Stadt Gelsenkirchen.

Föhl, Axel, Bauten der Industrie und Technik in Nordrhein-Westfalen, hrsg. von der Stiftung Industriedenkmalpflege und Geschichtskultur, Berlin 2000.

Günter, Roland, Krupp und Essen, in: Martin Warnke (Hg.), Das Kunstwerk zwischen Wissenschaft und Weltanschauung, Gütersloh 1970, S. 128–174.

Hanke, Hans (Hg.), Vom neuen Nutzen alter Kirchen, Bochum 2003.

Internationale Bauausstellung Emscher Park (Hg.), IBA '99, Katalog der Projekte, Gelsenkirchen 1999.

Junker, Rolf und Holger Pump-Uhlmann, Notwendiger Schub oder maßloser Druck?, in: Denkmalpflege in Westfalen-Lippe, Münster, H. 2, 2008, S. 4–9.

Kleine, Helene, Die Internationale Bauausstellung Emscher Park. Strategien und Konzepte zur Erhaltung von Industriedenkmälern, in: Deutsche Kunst und Denkmalpflege, 50, 1992, S. 129–136.

Louis, Tatjana und Axel Scheibe, Lesebuch Zweckel. Bergbaugeschichte aus Gladbeck, hrsg. von der Stiftung Industriedenkmalpflege und Geschichtskultur, Essen 2001.

Mainzer, Udo (Hg.), Zeche und Kokerei Zollverein. Das Weltkulturerbe (Arbeitshefte der rheinischen Denkmalpflege, 70), Worms 2006.

Osses, Dietmar und Joachim Strunk, Kohle Koks Kultur. Die Kokereien der Zeche Zollverein, hrsg. von der Stiftung Industriedenkmalpflege und Geschichtskultur, Dortmund 2002.

Pfeiffer, Marita und Claus Stiens, Einblicke in Industriedenkmalpflege und Denkmalschutz, Schwerpunkt Nordrhein-Westfalen, hrsg. von der Stiftung Industriedenkmalpflege und Geschichtskultur, Dortmund 2003.

Pfeiffer, Marita, Von schweren Hinterlassenschaften. Über Gründung, Arbeitsweisen und Erfahrungen der Stiftung Industriedenkmalpflege und Geschichtskultur, in: Die Denkmalpflege, 65, 2007, H. 1, S. 45–53.

Reinke, Ulrich, Das Ruhrgebiet als Denkmallandschaft, in: Westfalen, 72, 1994, S. 1–20.

Sonne, Mond und Sterne. Kultur und Natur der Energie, hrsg. von der Ausstellungsgesellschaft »Feuer & Flamme« Ulrich Borsdorf u. a., Ausst.-Kat. Kokerei Zollverein, im Rahmen des Finales der Internationalen Bauausstellung Emscher Park, Essen 1999.

Wie viel Sicherung ist nötig? Beispiele aus der Praxis, Gemeinsame Tagung 1997 des SFB 315 und der Ruhrkohle Bergbau AG (Arbeitsheft 15 des SFB 315), Bergbau und Denkmal, 3, Karlsruhe 1998.

Zuwanderung und Differenzierung der konfessionellen Strukturen im Ruhrgebiet der Moderne

Asfur, Anke und Dietmar Osses, Neapel – Bochum – Rimini. Arbeiten in Deutschland, Urlaub in Italien, Italienische Zuwanderung und deutsche Italiensehnsucht im Ruhrgebiet, Essen 2003.

Bade, Klaus J., Ausländer, Aussiedler, Asyl. Eine Bestandsaufnahme, München 1994.

Brakelmann, Günter, Traugott Jähnichen und Norbert Friedrich (Hg.), Kirche im Ruhrgebiet, (2. Aufl.) Essen 1998.

Damberg, Wilhelm und Gisela Muschiol (Hg.), Das Bistum Münster. Eine illustrierte Geschichte 805–2005, Münster 2004.

Damberg, Wilhelm und Johannes Meier, Das Bistum Essen 1958–2008. Eine illustrierte Kirchengeschichte der Region von den Anfängen des Christentums bis zur Gegenwart, Münster 2008.

Erylmaz, Aytac und Mathilde Jamin (Hg.), Fremde Heimat. Eine Geschichte der Einwanderung aus der Türkei, Essen 1998.

Geldbach, Erich und Peter Noss, Vielfalt und Wandel. Lexikon der Religionsgemeinschaften im Ruhrgebiet, Essen 2009.

Herbert, Ulrich, Geschichte der Ausländerpolitik in Deutschland. Saisonarbeiter, Zwangsarbeiter, Gastarbeiter, Flüchtlinge, München 2001.

Hero, Markus, Volkhard Krech und Helmut Zander (Hg.), Religiöse Vielfalt in Nordrhein-Westfalen. Empirische Befunde und Perspektiven der Globalisierung vor Ort, Paderborn 2007.

Hunn, Karin, »Nächstes Jahr kehren wir zurück ...«. Die Geschichte der türkischen »Gastarbeiter« in der Bundesrepublik, Göttingen 2005.

Kleßmann, Christoph, Polnische Bergarbeiter im Ruhrgebiet 1870–1945. Soziale Integration und nationale Subkultur einer Minderheit in der deutschen Industriegesellschaft, Göttingen 1978.

Köllmann, Wolfgang, Frank Hoffmann und Andreas E. Maul, Bevölkerungsgeschichte, in: Wolfgang Köllmann u.a. (Hg.), Das Ruhrgebiet im Industriezeitalter. Geschichte und Entwicklung, 2 Bde., Bd. 1, Düsseldorf 1990, S. 111–197.

Motte, Jan (Hg.), 50 Jahre Bundesrepublik – 50 Jahre Einwanderungsland. Nachkriegsgeschichte als Migrationsgeschichte, Frankfurt a.M. 2000.

Motte, Jan und Rainer Ohliger (Hg.), Geschichte und Gedächtnis in der Einwanderungsgesellschaft. Migration zwischen historischer Rekonstruktion und Erinnerungspolitik, Essen 2004.

Rohe, Karl, Wolfgang Jäger und Uwe Dorow, Politische Gesellschaft und politische Kultur, in: Wolfgang Köllmann u.a. (Hg.), Das Ruhrgebiet im Industriezeitalter. Geschichte und Entwicklung, 2 Bde., Bd. 2, Düsseldorf 1990, S. 419–507.

Tenfelde, Klaus (Hg.), Religion in der Gesellschaft. Ende oder Wende?, Essen 2008.

Reflexe: Das Ruhrgebiet und die Welt

Arens, Josef, Zwischen Bosporus und Nordkap. Flottman-Werke 1869–1969, Neuwied 1969.

Dortmund-Hörder Hüttenunion Aktiengesellschaft, 100 Jahre Dortmund-Hörder Hüttenunion Aktiengesellschaft 1852–1952, Essen 1952.

Ellerbrock, Karl-Peter und Ralf Stremmel (Hg.), Westfalen und die Welt, Münster 2002.

Gussstahlwerk Bochumer Verein AG Bochum. 100 Jahre Stahlformguss, Bochum 1952.

Hanke, Hans H. (Hg.), Bochum. Wandel in Architektur und Stadtgestalt, Bochum 1985.

Harenberg, Bodo (Hg.), Chronik des Ruhrgebietes, Dortmund 1987.

Henning, Friedrich-Wilhelm, Die Industrialisierung in Deutschland, 3 Bde., (5. Aufl.) Paderborn u. a. 1979.

Jahn, Robert, Essener Geschichte, Essen 1952.

Joest, Hans-Josef, Pionier im Ruhrrevier. Gutehoffnungshütte, Vom ältesten Montan-Unternehmen Deutschlands zum größten Maschinenbau-Konzern Europas, Stuttgart 1982.

Kuske, Bruno, Monographien rheinisch-westfälischer Unternehmungen, Köln 1950.

Peters, Ralf und Annette Zehnter, Grenzen überwinden. 150 Jahre Th. Goldschmidt, Bottrop 1997.

Rasch, Manfred und Dietmar Bleidick, Technikgeschichte im Ruhrgebiet, Essen 2004.

Rother, Thomas, Gründer und Erben. Die großen Familien im Ruhrgebiet, Essen 1998.

Rüttermann, Johannes, Die Auswanderung einer Bochumer Familie nach Amerika 1853. Dokumentation, Idaho 2002.

Sachisthal, Kraft und W. F. Motekat, 100 Jahre westfälische Union. Aktiengesellschaft für Eisen- und Drahtindustrie Hamm, Mainz 1953.

Schnabel, Ernst, Westfälische Drahtindustrie 1856–1956. WDI, Hamm 1956.

Seebold, Gustav, Ein Stahlkonzern im Dritten Reich. Der Bochumer Verein 1927 bis 1945, Wuppertal 1981.

Töpfer, Klaus, Globalisierung und Regionalisierung. Bedeutung für Westfalen, in: Hans Wielens (Hg.), Westfalen im Europa der Regionen, Münster 2001.

Wagner, Johannes Volker, Bernd Bonwetsch und Wolfram Eggeling, Ein Deutscher am Zarenhof. Heinrich Graf Ostermann und seine Zeit 1687–1747, Essen 2001.

Das Ruhrgebiet und Westfalen. Die Bedeutung von Westfalen-Lippe für die Lebensverhältnisse der Ruhrgebietsbevölkerung

Becks, Friedrich, Die Agrarwirtschaft Westfalens und ihre räumliche Differenzierung, in: Erträge geographisch-landeskundlicher Forschung in Westfalen (Westfälische geographische Studien, 42), Münster 1986, S. 223–227.

Böttcher, Gregor, Die Umschichtung der Agrarproduktion im mittleren Ruhrgebiet durch den Einfluss der Industrie, in: Paul Busch und Helmuth Croon (Hg.), Bochum und das mittlere Ruhrgebiet, Paderborn 1965, S. 49–57.

Ditt, Karl, Rita Gudermann und Norwich Rüße (Hg.), Agrarmodernisierung und ökologische Folgen. Westfalen vom 18. bis zum 20. Jahrhundert, Paderborn u. a. 2001.

Exner, Peter, Ländliche Gesellschaft und Landwirtschaft in Westfalen 1919–1969, Paderborn 1997.

Gieselmann, F. J., Aufbau und Verflechtung der Wirtschaft, in: Der Raum Westfalen, III, Berlin 1932, S. 5–146.

Heese, Maria, Der Landschaftswandel im mittleren Ruhrindustriegebiet seit 1820, Münster 1941.

Kaspar, Fred, Der Ausflug aus der Stadt. Bürgerliches Freizeitleben zwischen dem 18. und dem 20. Jahrhundert am Beispiel der Stadt Minden, in: Ulrich Hermanns (Hg.), Souvenirs! Souvenirs aus Westfalen Lippe, Ausst.-Kat. Wanderausstellung des Westfälischen Museumsamtes, Münster 1996, S. 9–18.

Lange, Albert, Das Wohnhaus im Ruhrkohlenbezirk vor dem Aufstieg der Großindustrie, Reprint der Originalausgabe aus dem Jahr 1942, aktualisiert und mit einer kommentierenden Einleitung versehen von Christoph Dautermann und Thomas Spohn, Mainz 2005.

Linneweber, Gisbert, Die Landwirtschaft in den Kreisen Dortmund und Hörde unter dem Einfluß der Industrie, Stuttgart 1909.

Müller-Wille, Wilhelm, Westfalen. Landschaftliche Ordnung und Bindung eines Landes, Münster 1952.

Reif, Heinz, Landwirtschaft im industriellen Ballungsraum, in: Wolfgang Köllmann (Hg.), Das Ruhrgebiet im Industriezeitalter, 2 Bde., Düsseldorf 1990, Bd. 1, S. 338–393.

Sauermann, Dietmar (Hg.), Gute Aussicht. Beiträge und Bilder aus der Frühzeit des Fremdenverkehrs im Sauerland, Rheda-Wiedenbrück 1990.

Schumacher, Walter, Der Absatz der landwirtschaftlichen Erzeugnisse in der Provinz Westfalen mit besonderer Berücksichtigung genossenschaftlicher Tätigkeit, Diss. Halle 1925.

Spohn, Thomas, Farmhouses of the 17th to 20th Centuries: Mirrors of Cultural Landscape in the Ruhr District, in: Christoph Bartels und Claudia Küpper-Eichas, Cultural Heritage and Landscapes in Europe, Bochum 2008, S. 649–666.

Teuteberg, Hans Jürgen, Vom Agrar- zum Industriestaat (1850–1914), in: Wilhelm Kohl (Hg.), Westfälische Geschichte, 3 Bde., ein Registerband und ein Dokumentenband, Bd. 3, Düsseldorf 1984, S. 163–312.

Theine, Burkhard, Westfälische Landwirtschaft in der Weimarer Republik, Paderborn 1991.

Wolf, Gustav, Die Wandlungen des westfälischen Bauernhofes in der jüngeren Neuzeit, in: Josef Schepers, Haus und Hof westfälischer Bauern, Münster 1973, S. 531–544.

Kunst

**Von der Schelde an die Ruhr.
Antwerpener Retabel der Spätgotik**

Bertram-Neunzig, Evelyn, Das Altarretabel in der Dortmunder Reinoldikirche (Dortmunder Mittelalter-Forschungen, 10), Bielefeld 2007.

Boodt, Ria de und Ulrich Schäfer, Vlaamse retabels, Leuven 2007.

Hansmann, Wilfried und Godehard Hoffmann, Spätgotik am Niederrhein. Rheinische und flämische Flügelaltäre im Licht neuer Forschung (Beiträge zu den Bau- und Kunstdenkmälern im Rheinland, 35), Köln 1998, S. 117–292.

Huth, Hans, Künstler und Werkstatt der Spätgotik, (2. Aufl.) Darmstadt 1967.

Smedt, Herman J. de, Der Antwerpener Schnitzaltar zu Rhynern (Westf.) und eine Gruppe niederdeutscher Altäre aus dem ersten Drittel des 16. Jahrhunderts, in: Archivum Artis Lovaniense. Bijdragen tot de Geschiedenis van de Kunst der Niederlanden, Festschrift für J. K. Steppe, Leuven 1981, S. 197–214.

Welzel, Barbara, Thomas Lentes und Heike Schlie (Hg.), Das »Goldene Wunder« in der Dortmunder Petrikirche. Bildgebrauch und Bildproduktion im Mittelalter, Bielefeld 2003.

**Schloss Horst. Eine neue Bauidee
im 16. Jahrhundert an der Emscher**

Alshut, Elmar, Der Horster Historien-Kamin, in: Beiträge zur Stadtgeschichte, Bd. XVI 1990, S. 194–216.

Alshut, Elmar, Das ikonographische Programm des Horster Troja-Kamins, in: Beiträge zur Renaissance zwischen 1520 und 1570, Materialien zur Kunst und Kulturgeschichte in Nord- und Westdeutschland, Bd. 2, Marburg 1991, S. 77–101.

Alshut, Elmar, Guido von Büren und Marcell Perse, Ein Schloss entsteht ... Von Jülich im Rheinland bis Horst in Westfalen, Jülich 1997.

Alshut, Elmar und Hans-Werner Peine, Schloss Horst in Gelsenkirchen, Regensburg 2006.

Dann, Thomas, »... ein vortrefflich schöner Rittersitz ...«, Haus Kemnade und seine Ausstattung vom 16. bis zum 19. Jahrhundert, (2. Aufl.) Bochum 2001.

Gonska, Klaus, Dat Hueß zor Horst, Marburg 1994.

Klapheck, Richard, Die Meister von Schloss Horst, Berlin 1915.

Neumann, Hartwig, Zitadelle Jülich, Jülich 1986.

Haus Beck. Eine Maison de plaisance in Westfalen

Krause, Katharina, Die Maison de plaisance. Landhäuser in der Île-de-France (1660–1730) (Kunstwissenschaftliche Studien, 68), München und Berlin 1996, zugl. Habil.-Schr. Univ. Freiburg 1992.

Matzner, Florian und Ulrich Schulze, Johann Conrad Schlaun 1695–1773. Das Gesamtwerk, 2 Bde., hrsg. von Klaus Bussmann, Stuttgart 1995.

Snethlage, Rothger Michael, Wasserschloss Beck, München und Zürich 1989.

Zinkann, Karin Elisabeth, Der Typ der Maison de Plaisance im Werke von Johann Conrad Schlaun, Münster 1979.

Der Hagener Impuls. Hagen als Knotenpunkt eines europäischen Netzwerks der Moderne

Hesse-Frielinghaus, Herta, u.a., Karl Ernst Osthaus – Leben und Werk, Recklinghausen 1971.

Lotz, Rouven, Der Hagener Hohenhof. Das Landhaus für Karl Ernst Osthaus von Henry van de Velde, Hagen 2009.

Lotz, Rouven, Der Künstler als Lehrer für Handel und Gewerbe. Das Bahnhofsfenster von Johan Thorn Prikker in Hagen, in: Myriam Wierschowski (Hg.), »... mit der Sonne selbst malen ...«. Johan Thorn Prikker und der Aufbruch der Moderne in der Glasmalerei, Ausst.-Kat. Deutsches Glasmalerei-Museum, Linnich 2007.

Stamm, Rainer (Hg.), Karl Ernst Osthaus. Reden und Schriften, Köln 2002.

Tummers, Nic., Der Hagener Impuls. J. L. M. Lauweriks' Werk und Einfluss auf Architektur und Formgebung um 1910, Hagen 1972.

**Beginn des organischen Bauens im Ruhrgebiet.
Geschwister-Scholl-Gymnasium in Lünen von Hans Scharoun**

Balzer, Wolfgang, Scharouns Mädchenschule in Lünen als Baudenkmal, in: Denkmalpflege in Westfalen-Lippe, 1, 1995, Münster, S. 5–15.

Bartning, Otto (Hg.), Mensch und Raum, Darmstadt 1952.

Conrads, Ulrich und Peter Neitzke (Hg.), Mensch und Raum. Das Darmstädter Gespräch 1951, Braunschweig 1991.

Hoh-Slodczyk, Christine u. a., Hans Scharoun. Architekt in Deutschland 1893–1972, München 1992.

Jones, Peter Blundell, Hans Scharoun, London 2004.

Kieser, Marco, Heimatschutzarchitektur im Wiederaufbau des Rheinlandes (Beiträge zur Heimatpflege im Rheinland, 4), Köln 1998.

Machbarkeitsstudie zur Erhaltung, baulichen Instandsetzung und Weiternutzung der Geschwister-Scholl-Schule in Lünen, Wüstenrot Stiftung und Architekturbüro Professor Spital-Frenking und Schwarz, o.O., o.J. (2007).

Muscheler, Ursula, Haus ohne Augenbrauen. Architekturgeschichten aus dem 20. Jahrhundert, München 2007.

Pfankuch, Peter (Hg.), Hans Scharoun. Bauten, Entwürfe, Texte, Schriftenreihe der Akademie der Künste, Bd. 10, Berlin 1974.

Experimentelle Architektur und anspruchsvolle Selbstdarstellung. Die Rathäuser in Marl und Castrop-Rauxel

Buttlar, Adrian von und Christoph Heuter (Hg.): denkmal!moderne. Architektur der 60er Jahre. Wiederentdeckung einer Epoche, Referate der Sektion »die Bauten der 1960er Jahre – schon veraltet aber noch nicht historisch?« auf dem XXVIII. Deutschen Kunsthistorikertag unter dem Motto »Zeitgenossenschaft als Herausforderung«, Bonn, 16.–20.4.2005 (Forschungen zur Nachkriegsmoderne, Schinkel-Zentrum für Architektur, Stadtforschung und Denkmalpflege der Technischen Universität Berlin in Kooperation mit dem Verband Deutscher Kunsthistoriker e.V. Berlin 2007).

Gerber, Eckart, Das Rathaus Castrop-Rauxel, in: Der Architekt, 8, 1993, S. 462–465.

Graefe, Rainer (Hg.), Geschichte des Konstruierens, Stuttgart 1989.

Kleineschulte, Stefan, Das Rathaus in Marl. Zur Bedeutung der Architektur für die politische Sinnstiftung auf kommunaler Ebene, Univ.-Diss., Bochum 2003.

Otten, Heinrich, Sektionsberichte zum XXVIII. Deutschen Kunsthistorikertag, Bonn, 16.–20.4.2005: Bauten der 1960er Jahre, www.arthist.net/download/conf/2005/050401Otten.pdf.

Schöffel, Joachim, Symbol und Bühne der Stadt. Eine Untersuchung bundesdeutscher Städte seit ihrer Kriegszerstörung, Diss. Tech. Univ., Darmstadt 2003.

Scholz, Dietmar, Das letzte Kapitel. Wirtschaft, Gesellschaft und Politik in Castrop-Rauxel 1960–1996, Stuttgart 1996.

Wohnhügel Marl. Bau- und wohnwirtschaftliche Untersuchungen, im Auftrag des Bundesministers für Raumordnung, Bauwesen und Städtebau bearb. vom Institut für Bauforschung e. V., o. O. 1974 (Schriftenreihe »Bau- und Wohnforschung« des Bundesministers für Raumordnung, Bauwesen und Städtebau, 04.007).

Glaube

Einführung

Büttner, Nils, Thomas Schilp und Barbara Welzel (Hg.), Städtische Repräsentation. St. Reinoldi und das Rathaus als Schauplätze des Dortmunder Mittelalters, Bielefeld 2005.

Grübel, Monika und Georg Mölich (Hg.), Jüdisches Leben im Rheinland, Köln 2005.

Hero, Markus, Volkhard Krech und Helmut Zander (Hg.), Religiöse Vielfalt in Nordrhein-Westfalen, Paderborn 2008.

Jürgensmeier, Friedhelm und Regina Elisabeth Schwerdtfeger (Hg.), Orden und Klöster im Zeitalter von Reformation und katholischer Reform 1500–1700, Bd. 1, (Katholisches Leben und Kirchenreform im Zeitalter der Glaubensspaltung, 65), Münster 2005, S. 243–254.

Keller, Manfred, Konzeptionelle Entwicklungen im Kirchbau des Ruhrgebietes seit der Industrialisierung, in: Bernd Hey und Volkmar Wittmütz (Hg.), Evangelische Kirche an Ruhr und Saar, Bielefeld 2007, S. 183–224.

Kohl, Wilhelm, Das Zeitalter der Glaubenskämpfe (1517–1618), in: Wilhelm Kohl (Hg.), Westfälische Geschichte. Von den Anfängen bis zum Ende des Alten Reiches, 3 Bde., Bd. 1, Düsseldorf 1983, S. 471–532.

Lammers, Joseph und Thomas Spohn, Die Bauten des ehemaligen freiweltlichen, adeligen Damenstiftes Herdecke, in: Westfalen, 2010 (im Druck).

Meyer, Hans Chanoch (Hg.), Aus Geschichte und Leben der Juden in Westfalen, Frankfurt a.M. 1962.

Parent, Thomas und Thomas Stachelhaus, Kirchen im Ruhrrevier 1850–1935, Münster 1993.

Pracht(-Jörns), Elfi, Jüdisches Kulturerbe in Nordrhein-Westfalen, 5 Bde., Bd. 1: Regierungsbezirk Köln; Bd. 2: Regierungsbezirk Düsseldorf, Bd. 3: Regierungsbezirk Detmold, Bd. 4: Regierungsbezirk Münster, Bd. 5: Regierungsbezirk Arnsberg, alle Köln 1997–2005.

Zimmermann, Michael (Hg.), Die Geschichte der Juden im Rheinland und in Westfalen, Köln 1998.

Frühe Kirchen und Klöster im Ruhrgebiet

Albrecht, Christoph, Die Ausgrabungen in der Reinoldikirche und in der Peterskirche auf der Hohensyburg, in: Beiträge zur Geschichte Dortmunds und der Grafschaft Mark, 51, 1954, S. 127–135.

Ellger, Otfried, Frühe Kirchen im Ruhrgebiet, in: Früher Kirchenbau und die Anfänge der Romanik im Ruhrgebiet und in Westfalen, Essen 1999, S. 11–52.

Freise, Eckhard (Hg.), Die Vita Sancti Ludgeri (Codices selecti, 95), Graz und Bielefeld 1999.

Hömberg, Albert K., Studien zur Entstehung der mittelalterlichen Kirchenorganisation in Westfalen, in: Westfälische Forschungen, 6, 1943/52, S. 46–108.

Isenberg, Gabriele und Barbara Rommé (Hg.), 805: Liudger wird Bischof. Spuren eines Heiligen zwischen York, Rom und Münster, Ausst.-Kat. Stadtmuseum Münster 2005.

Jacobsen, Werner, Leo Schaefer und Hans Rudolf Sennhauser, Vorromanische Kirchenbauten. Katalog der Denkmäler bis zum Ausgang der Ottonen. Bd. 1, München 1966; Bd. 2, München 1991.

Kohl, Wilhelm, Bemerkungen zur Typologie sächsischer Frauenklöster in karolingischer Zeit, in: Untersuchungen zu Kloster und Stift (Veröffentlichungen des Max-Planck-Instituts für Geschichte, 68; Studien zur Germania Sacra, 14), Göttingen 1980, S. 112–139.

Schilp, Thomas und Beate Weifenbach (Hg.), Reinoldus und die Dortmunder Bürgergemeinde (Veröffentlichungen des Stadtarchivs Dortmund, 15) Essen 2000.

Stiegemann, Christoph und Matthias Wemhoff (Hg.), 799. Kunst und Kultur der Karolingerzeit, Karl der Große und Papst Leo III. in Paderborn, Ausst.-Kat. Museum in der Kaiserpfalz, Paderborn 1999.

Stiegemann, Christoph und Matthias Wemhoff (Hg.), Canossa 1077 – Erschütterung der Welt, Geschichte, Kunst und Kultur am Aufgang der Romanik, Ausst.-Kat. Museum in der Kaiserpfalz, Paderborn 2006.

Die Stiftskirche des hl. Victor zu Xanten: Grabfeld, Märtyrergrab und Bauten vom 4. Jh. bis um und nach 752–68 n. Chr., Bd. 1.1.1, Xanten 1985; Bd. 1.1.2, Xanten 1960.

Frauen greifen ein. Alpen und Dorsten im Zeitalter der Konfessionalisierung

Daebel, Joachim Kurfürstin Amalia von der Pfalz und ihre Kirche zu Alpen 1604–2004. Festschrift zum 400. Todestag der Kurfürstin Amalia von der Pfalz und zum 400-jährigen Bestehen der evangelischen Kirche zu Alpen 1604–2004, Regensburg 2004.

Daebel, Joachim, Die unbekannte Amalia, in: Jahrbuch des Kreises Wesel. 2004, S. 80–84.

Eichmann, Johanna, Angela Merici und die Entwicklung ihres Werks von der Laienbewegung zum Orden, in: 450 Jahre Ursulinen, Werl 1985, S. 41–56.

Eichmann, S. Johanna, Zur Geschichte der Schulen der Dorstener Ursulinen, in: Heimatkalender der Herrlichkeit Lembeck, 42, Dorsten 1983, S. 156–163.

Evelt, Julius, Beiträge zur Geschichte der Stadt Dorsten und ihrer Nachbarschaft, in: Westfälische Zeitschrift, 26, 1866, S. 63–176.

Fiege, Paul, Dorsten im Jahre 1699, dem Jahr der Gründung des Ursulinenklosters in Dorsten, in: Heimatkalender der Herrlichkeit Lembeck und Dorsten e.V., 46, Dorsten 1987, S. 34–48.

Hopmann, M. Maria Victoria, O. S. U., Geschichte des Ursulinenklosters in Dorsten, Münster 1949.

Jung, Martin H., Nonnen, Prophetinnen, Kirchenmütter. Kirchen- und frömmigkeitsgeschichtliche Studien zu Frauen der Reformationszeit, Leipzig 2002.

Leute

Einführung

Bade, Klaus J. (Hg.), Neue Heimat im Westen. Vertriebene, Flüchtlinge, Aussiedler, Münster 1990.

Bauman, Martin, Migration, Religion, Integration. Buddhistische Vietnamesen und hinduistische Tamilen in Deutschland, Marburg 2000.

Belchem, John und Klaus Tenfelde (Hg.): Irish and Polish Migration in Comparative Perspective, Essen 2003.

Brepohl, Wilhelm, Industrievolk im Wandel, Tübingen 1957.

Ditt, Karl, Was ist »westfälisch«? Zur Geschichte eines Stereotyps, in: Westfälische Forschungen, 52, 2002, S. 45–94.

Gerbaulet, Horst und Ulrike Spichal, Wege der Jakobspilger in Westfalen. In 12 Etappen zu Fuß und per Rad von Osnabrück über Münster und Dortmund nach Wuppertal-Beyenburg (Jakobswege, 6), Köln 2008.

Gerchow, Jan (Hg.), Das Jahrtausend der Mönche. Klosterwelt Werden 799–1803, Ausst.-Kat. Museumszentrum Essen und Schatzkammer der Propsteikirche Werden, Essen 1999.

Gerchow, Jan, Mittelalter vor Ort. Exkursionen in 800 Jahre Geschichte zwischen Ruhr und Lippe, Essen 1994.

Harenberg, Bodo (Hg.), Chronik des Ruhrgebietes, Dortmund 1987.

Heimsoth, Axel, Die Wiederentdeckung des Hellwegs, Essen 2006.

Jahn, Robert, Essener Geschichte, Essen 1952.

Jordan, Rüdiger, Von Kapitellen, Kanzeln und Taufsteinen. Ein spannender Führer zu 67 Kirchen und Klöstern im Ruhrtal, Essen 2006.

Kleinert, Uwe, Flüchtlinge und Wirtschaft in Nordrhein-Westfalen 1945–1961, Düsseldorf 1988.

Köllmann, Wolfgang u.a., Das Ruhrgebiet im Industriezeitalter, 2 Bde., Düsseldorf 1990.

Krum, Horsta, Preußens Adoptivkinder – Die Hugenotten. 300 Jahre Edikt von Potsdam, Berlin 1985.

Kurowski, Hubert, Im Westen geht's mir gut, Essen 1994.

Lipp, Wolfgang, Das Erbe des Jakobus. Zur Vorgeschichte und Geschichte, zur theologischen und religiösen Bedeutung der Jakobuswallfahrt, mit einem Anhang über die deutschen Pilgerwege, Laupheim 2008.

Mennecken, Kirsten und Andrea Zupancic (Hg.), Jüdisches Leben in Westfalen, Essen 1998.

Morr, Jost von (Bearb.), Ihre Heimat sind Wir. Die neue deutsche Wanderung von Ost nach West, Bonn 1989.

Murzynowska, Krystyna, Die polnischen Erwerbsauswanderer im Ruhrgebiet während der Jahre 1880–1914, Dortmund 1979.

Paillot, Pierre-Hippolyte-L., »Zuflucht Rhein/Ruhr«. Tagebuch eines Emigranten, Essen 1988.

Reininghaus, Wolfgang und Karl Teppe, Verkehr und Region im 19. und 20. Jahrhundert. Westfälische Beispiele, Paderborn 1999.

Seibt, Ferdinand u.a. (Hg.), Transit Brügge-Novgorod. Eine Straße durch die europäische Geschichte, Ausst.-Kat. Ruhrlandmuseum Essen 1997.

Seibt, Ferdinand u.a. (Hg.), Vergessene Zeiten. Mittelalter im Ruhrgebiet, Ausst.-Kat. Ruhrlandmuseum Essen 1990.

Strotdrees, Gisbert, Fremde in Westfalen und Westfalen in der Fremde. Zur Geschichte der Ein- und Auswanderung von 1200–1950, Münster 1996.

Timm, Willy, »... als Fremde in hiesiges Land gezogen«. Eine friderizianische Pfälzerkolonie bei Unna, in: Jahrbuch des Vereins für Orts- und Heimatkunde in der Grafschaft Mark, 97, 1997, S. 121–141.

Vedeler, Peter (Bearb.), Französische Emigranten in Westfalen 1792–1802, Münster 1989.

Welt, Jochen, Integration und Identität – Ausländer in Westfalen, in: Heimatpflege in Westfalen, 6, 2005, S. 1–4.

Wolter, Hans-Wolfgang, Wilhelm Girardet. Zur Biographie einer Unternehmerpersönlichkeit der Gründerzeit, Essen 1980.

Yildiz, Erol und Birgit Mattausch (Hg.), Urban Recycling. Migration als Großstadt-Ressource, Basel, Boston und Berlin 2008.

Zwangsarbeit im Ruhrgebiet, Industriedenkmalpflege und Geschichtskultur, 2, 2003.

Von den Einwanderern blieben die Namen. Eine Spurensuche

Grabe, Veronika, Polen und Polnischsprachige im Ruhrgebiet gestern und heute, in: Industriedenkmalpflege und Geschichtskultur, 2, 2007, S. 55–60.

Günter, Roland, Im Tal der Könige, Essen 1994, S. 86–92.

Jelich, Franz-Josef (Hg.), Wegweiser zu industrie- und sozialgeschichtlichen Museen, Essen 2005.

Nositschka, Gudrun, Die Hoffnung zog mit: von Ostpreußen ins Ruhrgebiet. Eine Familiengeschichte, (2. Aufl.) Bonn 1992.

Peters-Schildgen, Susanne, Schmelztiegel Ruhrgebiet, Essen 1997.

Schmidt, Georg, ... den arbeitenden Polen durch Lesen und Belehren in polnischen Schriften und polnischer Sprache mit Rat und Tat beizustehen, Beiträge zur Gladbecker Geschichte, Heft 2, Gladbeck 1990.

Vereine formen einen Ortsteil, Schriftenreihe zur Ortskunde, Heft 2, 1988, Verein für Orts- und Heimatkunde, Gelsenkirchen-Buer, S. 74–81.

Herrschaft

Einführung

Mölich, Georg, Meinhard Pohl und Veit Veltzke (Hg.), Preußens schwieriger Westen. Rheinisch-Preußische Beziehungen, Konflikte und Wechselwirkungen, Duisburg 2003.

Sensen, Stephan u.a. (Hg.), Wir sind Preußen. Die preußischen Kerngebiete in Nordrhein-Westfalen 1609–2009, Begleitbuch zur Ausstellungsreihe »Wir sind Preußen«, Essen 2009.

Spohn, Thomas, Die baulichen Spuren Preußens, in: Westfalen – Hefte für Geschichte, Kunst und Volkskunde, 73, 1995, S. 95–154.

Tenfelde, Klaus, Raumbildung als ökonomischer, sozialer und mentaler Prozess, in: Mitteilungsblatt des Instituts für soziale Bewegungen, 39, 2008, S. 5–19.

Römische Herrschaft zwischen Rhein und Weser. Die Funktion der Militärlager an der Lippe

2000 Jahre Varusschlacht. Imperium, Ausst.-Kat. LWL-Römermuseum, Haltern am See 2009.

Aßkamp, Rudolf, und Christoph Schäfer (Hg.), Projekt Römerschiff. Nachbau und Erprobung für die Ausstellung »Imperium, Konflikt, Mythos. 2000 Jahre Varusschlacht«, Hamburg 2008.

Kühlborn, Johann-Sebastian, Oberaden, Stadt Bergkamen, Kreis Unna, und Beckinghausen, Stadt Lünen, Kreis Unna, Münster 2008.

Müller, Martin, Hans-Joachim Schalles und Norbert Zieling (Hg.), Colonia Ulpia Traiana. Xanten und sein Umland in römischer Zeit, Geschichte der Stadt Xanten, Bd. 1., Mainz 2008.

Rom auf dem Weg nach Germanien. Geostrategie, Vormarschstraßen und Logistik, Internationales Kolloquium in Delbrück-Anreppen vom 4. bis 6. November 2004, Mainz 2008.

Schlüter, Wolfgang und Rainer Wiegels (Hg.), Rom, Germanien und die Ausgrabungen von Kalkriese (Osnabrücker Forschungen zu Altertum und Antike-Rezeption, 1), Osnabrück 1999.

Varusschlacht im Osnabrücker Land, Ausst.-Kat. Museum und Park Kalkriese 2009.

Wolters, Reinhard, Die Römer in Germanien, München 2000.

**Die Fossa Eugeniana.
Ein spanisches Kanalprojekt am Niederrhein**

Dassel, Wolfgang (Hg.), Fossa Eugeniana. Weltgeschichte in der Region, Ausst.-Kat Niederrheinisches Museum für Volkskunde und Kulturgeschichte, Kevelaer 1997.

Heimsoth, Axel und Beate Olmer, Wasserbauten, in: Ulrich Borsdorf und Jürg Steiner (Hg.), Wasser-Fälle. An Rhein und Maas, Ausst.-Kat. Medienhafen Düsseldorf 2002, S. 118–131.

Israel, Jonathan, Der niederländisch-spanische Krieg und das Heilige Römische Reich Deutscher Nation, 1568–1648, Münster 1998.

Pistor, Rolf-Günter und Henri Smeets, Die Fossa Eugeniana. Eine unvollendete Kanalverbindung zwischen Rhein und Maas 1626, Arbeitshefte 32, Landeskonservator Rheinland, Köln 1979.

Prinzessinnen brauchen ein Schloss. Schloss Borbeck – Residenz der Fürstäbtissinnen im Essener Norden

Dorn, Reinhard, Peter Joseph Krahe. Leben und Werk, Untersuchungen des zeichnerischen Nachlasses und beschreibender Katalog, 3 Bde., Bd. 2, Bauten und Projekte in Düsseldorf, Koblenz, Hannover und Braunschweig 1787–1806, Braunschweig 1971.

Küppers-Braun, Ute, Frauen des hohen Adels im kaiserlich-freiweltlichen Damenstift Essen (1605–1803). Eine verfassungs- und sozialgeschichtliche Studie. Zugleich ein Beitrag zur Geschichte der Stifte Thorn, Elten, Vreden und St. Ursula in Köln (Quellen und Studien. Veröffentlichungen des Instituts für kirchengeschichtliche Forschung des Bistums Essen, 8), Münster 1997.

Puppel, Pauline, »Mon mari« – »Ma chère femme«. Fürstäbtissin Maria Kunigunde von Essen und Erzbischof Clemens Wenzeslaus von Trier, in: Koblenzer Beiträge zu Geschichte und Kultur, 15/16, 2005/2006, S. 43–66.

Schloss Borbeck und sein Park. Oberhof – Wasserburg – Lustschloss – Residenz und Bürgerzentrum im Wandel der Jahrhunderte, hrsg. von Birthe Mafording für den Kultur-Historischen Verein Borbeck e. V., Essen 1999.

Schröter, Hermann, Zur Baugeschichte des Schlosses Borbeck, in: Das Münster am Hellweg, 13, 1960, S. 105–115.

Wesel zwischen Preußen und Franzosen. Stadtbildprägende Baudenkmale bezeugen die vielfältigen Herrschaftswechsel

Arand, Werner, Volkmar Braun und Josef Vogt, Die Festung Wesel. Darstellung ihrer Entwicklung anhand historischer Karten und Pläne (Weseler Museumsschriften, 3), Köln 1981.

Clemen, Paul, Die Kunstdenkmäler des Kreises Rees, Düsseldorf 1892.

Kretzschmar, Denis, Die Franzosenzeit im Rheinland (1794–1814) – Ein Beitrag zur Architekturentwicklung öffentlicher Bauten, Univ.-Diss. Bonn 2008.

Lorenz, Jörg, Dem Erdboden gleichgemacht. Zeugnisse zur Geschichte der alten Stadt Büderich, Ausst.-Kat. des Stadtarchivs und Städtischen Museums Wesel 1989 (Weseler Museumsschriften, 25).

Petri, Franz, und Georg Droege (Hg.), Rheinische Geschichte in drei Bänden, Bd. 2, Neuzeit, Düsseldorf 1976.

Kapital und Technologie

Einführung

Banken, Ralf, Die Gutehoffnungshütte. Vom Eisenwerk zum Konzern (1758–1920), in: Johannes Bähr, Ralf Banken und Thomas Flemming, Die MAN. Eine deutsche Industriegeschichte, München 2008.

Kuhn, Anja und Robert Laube, Henrichs Hütte – der Graf und sein Werk. Graf Henrich zu Stolberg-Wernigerode (1772–1854), Ausst.-Kat. Westfälisches Industriemuseum, Dortmund 2005.

Lubinski, Christina, Family Incorporated, Projektskizze, in: Akkumulation, 18, 2009, Nr. 28, S. 1–6.

Über die Wupper gehen ... Die Abwerbung von Klingenschmieden durch Kurfürst Friedrich Wilhelm von Brandenburg

Denzel, Ernst, Wirtschafts- und Sozialgeschichte der Stadt Wetter, Wetter 1952.

Gorißen, Stefan, Korporation und Konkurrenz. Die protoindustriellen Eisengewerbe des Bergischen Landes und der Grafschaft Mark, 1650–1820, in: Dietrich Ebeling und Wolfgang Mager (Hg.), Protoindustrie in der Region. Europäische Gewerbelandschaften vom 16. bis zum 19. Jahrhundert (Studien zur Regionalgeschichte, 9), Bielefeld 1997, S. 381–410.

Gorißen, Stefan, Vom Handelshaus zum Unternehmen. Sozialgeschichte der Firma Harkort im Zeitalter der Protoindustrie, 1720–1820, Göttingen 2002.

Hendrichs, Franz, Die Geschichte der Solinger Industrie, Solingen 1933.

Kramer, Walter, Die Klingen- und Messerindustrie im vormaligen Amte Wetter. Ein Beitrag zum Wirtschaftssystem des Merkantilismus, Univ.-Diss. Jena, 1924.

Messerschmidt, G., Das Schwertschmiedehandwerk. Ein Bild aus der Gewerbetätigkeit Solingens in den vorigen Jahrhunderten, in: Monatsschrift des bergischen Geschichtsvereins, 9, 1902. S. 210–220.

Reininghaus, Wilfried, Zünfte, Städte und Staat in der Grafschaft Mark, Münster 1989.

Rosenthal, Heinz, Solingen. Geschichte einer Stadt, 3 Bde., Bd. 1, Von den Anfängen bis zum Ausgang des 17. Jahrhunderts, Duisburg 1969.

Schmidt, Ferdinand, Die Ansiedlung der Klingenschmiede in Hagen-Eilpe 1661/65. Auf Grundlage der Akten des Geheimen Staatsarchivs in Berlin dargestellt, in: Westfalenland, Heimatbeilage zum Westfälischen Tageblatt, Nr. 11, November 1931, S. 161–176.

Thier, Dietrich, Die märkische Freiheit Wetter. Burgmannenhöfe, Verwaltung, Bebauung und Gewerbe vom Mittelalter bis zur Gegenwart, Hagen 1989.

Von Öfen, die kalt blieben. Der oberschlesische Kokshochofen auf der Osterfelder »St. Antony-Hütte« und ein früher Koksverhüttungsversuch der Wittenschen Eisenhütte

Ballestrem, Andreas-Marco Graf von, Es begann im Dreiländereck. Das Stammwerk der GHH – Die Wiege der Ruhrindustrie, Tübingen 1969.

Lange-Kothe, Irmgard, Die ersten Kokshochöfen in Deutschland, besonders im Rheinland und in Westfalen, in: Stahl und Eisen, 85, 1965, S.1053–1061.

Obladen-Kauder, Julia, Mit Spaten und Spitzhacke. Der Boden gibt seine Geheimnisse preis, in: Thomas Schleper, St. Antony – Die Wiege der Ruhrindustrie, Ausst.-Kat. Rheinisches Industriemuseum Oberhausen 2008, S.125–130.

Pirke, Klaus, »...der Hohofen blieb kalt.«, Wiederentdeckt: Der letzte Hochofen von St. Antony – Plante man 1842 den ersten Kokshochofen des Ruhrgebiets?, in: Thomas Schleper, St. Antony – Die Wiege der Ruhrindustrie, Ausst.-Kat. Rheinisches Industriemuseum Oberhausen 2008, S.130–133.

Priester, Hardy, Die Familie Lohmann und ihr Tiegelgussstahl, in: Märkisches Jahrbuch für Geschichte, 106, 2006, S. 143–155.

Rumpler, Irene, Erze vom Bilsteiner Berg in Ennepetal und der Aufbau der »Wittenschen Eisenhütte«, in: Märkisches Jahrbuch für Geschichte, 107, 2007, S. 165–184.

Englisches und niederländisches Know-how für die ersten deutschen Rheindampfschiffe. Die JHH-Werft in Duisburg-Ruhrort

Boldt, Hans (Hg.), Der Rhein. Mythos und Realität eines europäischen Stromes, Köln 1988.

Föhl, Axel, Der Hafen als Denkmal, in: Hafen-Zeit, hrsg. von der Franz Haniel & Cie. GmbH Duisburg-Ruhrort, Red. Dirk Appelbaum, Tübingen 1991, S. 131–163.

Franz Haniels Biographie, niedergeschrieben von 1858–1862, hrsg. von der Franz Haniel & Cie. GmbH, Ruhrort 1966, S. 45.

Gottwald, Vincent Colom, Der Ruhrorter Hafen. Technik und Innovation 1800–1870, (Duisburger Forschungen, 39), Duisburg 1991.

Haniel 1756–2006. Eine Chronik in Daten und Fakten, Jubiläumsgabe, hrsg. von der Franz Haniel & Cie. GmbH Duisburg-Ruhrort, Duisburg 2006, S. 79.

Herzog, Bodo, Der Besuch des englischen Dampfschiffes »Caledonia« unter James Watt Jr. auf dem Rhein im Jahre 1817, 1. Teil, in: Binnenschiffahrts-Nachrichten, 40/71, 1985, S. 562.

Napp-Zinn, Anton-Felix, Die Anfänge des deutschen Rheindampferbaues, Düsseldorf 1939.

Spethmann, Hans, Franz Haniel, sein Leben und seine Werke, Duisburg-Ruhrort 1956.

Ein Ire bringt den Bergbau in der Emscherregion in Schwung. William Thomas Mulvany

Bloemers, Kurt, William Thomas Mulvany, Essen 1922.

Entwicklungskonzept für die ehemalige Naturhindernisrennbahn in Castrop-Rauxel, Büro Grünplan/H.-P. Neumeyer im Auftrag der Stadt Castrop-Rauxel und der IBA Emscher Park, Dortmund 1997.

Henderson, William Otto, William Thomas Mulvany – ein irischer Unternehmer im Ruhrgebiet 1806–1885, Kölner Vorträge zur Sozial- und Wirtschaftsgeschichte, H. 12, Köln 1970.

Hoecken, Karl, Haus und Kamin Goldschmieding, o.O., o.J. (nach 1949).

Hoecken, Karl, Rauxel, in: Denkmale in Castrop-Rauxel im Kontext der Geschichte ihres Stadtteils, hrsg. von der Stadt Castrop-Rauxel, Castrop-Rauxel 2001, S. 30–32.

Meier, Norbert, Zeche Erin – Die Geschichte eines außergewöhnlichen Bergwerkes, hrsg. vom Förderverein Bergbauhistorischer Stätten Ruhrrevier e.V., Werne 2009.

Schmidt-Rutsch, Olaf, William Thomas Mulvany. Ein irischer Pragmatiker und Visionär im Ruhrgebiet, 1806–1885, Univ.-Diss. Bochum 2001 (Schriften zur rheinisch-westfälischen Wirtschaftsgeschichte, 42), Köln 2003.

Schmidt-Rutsch, Olaf, William Thomas Mulvany, in: War die Zukunft früher besser? Visionen für das Ruhrgebiet, Ausst.-Kat. Rheinisches Industriemuseum/Westfälisches Industriemuseum, Essen 2000.

Im Kadett zum One Stop Shopping. Opel, Ruhrpark und der Strukturwandel im Ruhrgebiet

Basten, Ludger, »Komm, wir fahren ins Einkaufszentrum« – der neue Einzelhandel, in: Achim Prossek u.a. (Hg.), Atlas der Metropole Ruhr. Vielfalt und Wandel des Ruhrgebiets im Kartenbild, Köln 2009, S. 152–155.

Basten, Ludger, Die Neue Mitte Oberhausen. Ein Großprojekt der Stadtentwicklung im Spannungsfeld von Politik und Planung (Stadtforschung aktuell, 67), Berlin 1998.

Croon, Helmuth und Kurt Utermann, Zeche und Gemeinde. Untersuchungen über den Strukturwandel einer Zechengemeinde im nördlichen Ruhrgebiet, Tübingen 1958.

Dierkes, Stefan, Opel Kadett A. Bochum, ich komm' aus dir, Bielefeld 2007.

Dörhöfer, Kerstin, Shopping Malls – ein neuer urbaner Raumtyp? Berlin 2004.

Gaigalat, Michael und Rolf Kania, Autos statt Kohle? Opel und Ford entdecken das Ruhrgebiet, in: War die Zukunft früher besser? Visionen für das Ruhrgebiet, Ausst.-Kat. Rheinisches Industriemuseum/Westfälisches Industriemuseum, Essen 2000, S. 271–286.

Hanke, Hans H., Wege zum Heil. Das Auto, das Ruhrgebiet, Bochum und Essen, in: War die Zukunft früher besser? Visionen für das Ruhrgebiet, Ausst.-Kat. Rheinisches Industriemuseum/Westfälisches Industriemuseum, Essen 2000, S. 231–250.

Heineberg, Heinz, Der Ruhr-Park in Bochum – das größte Shopping-Center Deutschlands, in: Heinz Heineberg (Hg.), Westfalen Regional. Aktuelle Themen, Wissenswertes und Medien über die Region Westfalen-Lippe, Festgabe für Prof. Dr. Klaus Temlitz zum 65. Geburtstag (Siedlung und Landschaft in Westfalen, 35), Münster 2007, S. 178–179.

Heineberg, Heinz, Einkaufszentren in Deutschland. Entwicklung, Forschungsstand und -probleme, mit einer annotierten Auswahlbibliographie (Münstersche geographische Arbeiten, 5), Paderborn 1980.

Hommel, Manfred, Shopping auf der grünen Wiese. Das Ruhrpark-Einkaufszentrum in Bochum, in: Vor Ort im Ruhrgebiet. Ein Geographischer Exkursionsführer, hrsg. vom Geographischen Institut der Ruhr-Universität Bochum und vom Kommunalverband Ruhrgebiet, Essen 1993, S. 164-165.

Mayr, Alois, Der Ruhr-Park in Harpen – ein zwischenstädtisches Shopping-Center, in: Jürgen Dodt und Alois Mayr (Hg.), Bochum im Luftbild (Bochumer Geographische Arbeiten, Sonderreihe, 8), Paderborn 1976, S. 78–79.

Nonn, Christoph, Die Ruhrbergbaukrise. Entindustrialisierung und Politik 1958–1969, (Kritische Studien zur Geschichtswissenschaft, 149), Göttingen 2001.

Verzeichnis der Objekte

Alpen	Pfälzer Ansiedlung Bönninghardt	Bönninghardter Straße und Umgebung, 46519 Alpen	L 6
	Evangelische Kirche	Burgstraße 43a, 46519 Alpen	G 14
Bergkamen	Römerlager Oberaden	Jahnstraße 31, 59192 Bergkamen	H 1
Bochum	Shoppingcenter Ruhrpark	Am Einkaufszentrum, 44791 Bochum	KT 29
	Straßenzug Am Kortländer	Am Kortländer 2–14, Bochum	L 14
	Bergmannshäuser	Am Rübenkamp 2, 6, 8, 44793 Bochum-Hordel	L 15
	Zwangsarbeiter-Barackensiedlung	Bergener Straße 116 a–i, 44807 Bochum-Hiltrop	L 24
	Evangelische Kirche	Brockhauser Straße 72 a, 44797 Bochum-Stiepel	G 6
	Ehemaliges Zwangsarbeiterlager der Zeche Lothringen	Gewerkenstraße 10 c, 12, 44805 Bochum-Gerthe	L 25
	Zeche Hannover und Siedlung Dahlhauser Heide	Günningfelder Straße 251, 44793 Bochum-Hordel (Zeche)	L 17
	Redemptoristenkloster	Klosterstraße 30, 44787 Bochum	L 13
	Adam Opel GmbH, Werk 1	Opelring 1, 44103 Bochum	KT 28
	Chinesischer Garten der Ruhr-Universität Bochum	Universitätsstraße 150, 44801 Bochum	K 27
	Kapelle St. Bartholomäus	Wattenscheider Hellweg 251, 44867 Bochum-Sevinghausen	L 3
Bottrop	Haus Beck	Am Dornbusch 39, 46244 Bottrop-Kirchhellen	K 10
	St. Cyriakus	Brauerstraße 21, 46236 Bottrop	G 31
	Gartenstadt Welheim	Zwischen Hugo-Stinnes-Str. und Am Kämpchen, 46238 Bottrop	K 17
	St. Josef	Im Flaßviertel 8, 46238 Bottrop	G 31
	Zeche Prosper II und Malakowturm	Knappenstraße 33, 46238 Bottrop	G 29
	Evangelische Martinskirche	Pferdemarkt, 46236 Bottrop	G 30
	Herz-Jesu-Kirche	Prosperstraße 32, 46236 Bottrop	G 31
Breckerfeld	Evangelische Jakobuskirche	Schulstraße 3, 58339 Breckerfeld	L 4
Büderich	Neu-Büderich	Marktstraße 7 und Umgebung, 46487 Büderich	H 19
Castrop-Rauxel	Hammerkopfturm Erin 3	Bodelschwingher Straße 3, 44577 Castrop-Rauxel	KT 22
	Naturhindernis-Pferderennbahn	Dortmunder Straße, 44575 Castrop-Rauxel	KT 19
	Haus Goldschmieding	Dortmunder Straße 55, 44575 Castrop-Rauxel	KT 18

	Renaissance-Kamin in Haus Goldschmieding	Dortmunder Straße 55, 44575 Castrop-Rauxel	K 8
	Fördergerüst Erin 7	Erinplatz, 44575 Castrop-Rauxel	KT 23
	Forum und Rathaus in Castrop-Rauxel	Europaplatz 1–10, 44575 Castrop-Rauxel	K 24
	Marktplatz mit Reiterbrunnen	Markt, 44575 Castrop-Rauxel	KT 20
Datteln	Katholische Pfarrkirche St. Maria Magdalena, heute: russisch-orthodoxe Kirche Boris und Gleb	Horneburger Straße 58/Schlossstraße, 45711 Datteln	G 35
Dinslaken	Israelitisches Waisenhaus der Rheinprovinz	Neustraße 43, 46535 Dinslaken	G 22
	Ledigenheim der Zeche Lohberg	Stollenstraße 1, 46537 Dinslaken-Lohberg	L 21
Dorsten	Ursulinenkloster und -schule	Ursulastraße 8–12, 46282 Dorsten	G 19
Dortmund	Tomson-Bock der Zeche Gneisenau	Altenderner Straße/Gneisenau-Allee, 44329 Dortmund-Derne	KT 24
	Grabmal Reiner Daelen	Am Ölpfad 39, 44263 Dortmund-Hörde	KT 25
	Serbisch-orthodoxe Hl.-Apostel-und-Evangelist-Lukas-Kirche	Engelbertstraße 5, 44379 Dortmund-Kley	G 36
	Preußischer Meilenstein der Staatschaussee zwischen Köln und Minden	Hermannstraße 188 (Nähe), 44263 Dortmund-Hörde	H 15
	Platz der Alten Synagoge	Hiltropwall/Hansastraße, 44137 Dortmund	G 25
	Burgruine Syburg und Vincketurm	Hohensyburg, 44265 Dortmund	H 25
	Kaiserdenkmal	Hohensyburg, 44265 Dortmund	H 26
	Sächsische Wallanlage	Hohensyburgstraße, 44265 Dortmund	H 3
	Evangelische Marienkirche	Kleppingstraße 5, 44135 Dortmund	G 8
	St. Reinoldi	Ostenhellweg 2, 44147 Dortmund	G 7
	Propsteikirche	Propsteihof 3, 44137 Dortmund	G 9
	St. Anna	Rheinische Straße 176, 44147 Dortmund	G 37
	Haus Husen	Syburger Dorfstraße 135, 44265 Dortmund	H 5
	Pfarrkirche St. Peter zu Syburg	Syburger Kirchstraße 14, 44265 Dortmund	H 4
	Flügelretabel in der evangelischen Pfarrkirche St. Petri	Westenhellweg, 44137 Dortmund	K 5
Duisburg	Magazin und Schmiede der Ruhrorter JHH-Werft	Alte Duisburger Straße 6, 47119 Duisburg-Ruhrort	KT 10
	Stadtmauer Duisburg	Am alten Wehrgang und Kuhlenwall, 47051 Duisburg	L 1
	Mercatorbrunnen	Burgplatz, 47051 Duisburg	KT 2
	Museumsdampfer Oskar Huber	Dammstraße 31, 47119 Duisburg-Ruhrort (Anlegestelle)	KT 11
	Denkmalbereich Bruckhausen	Dieselstraße und Umgebung, 44805 Duisburg-Bruckhausen	L 12
	Betsaal der Holländer	Dr.-Hammacher-Straße 6, 47119 Duisburg	L 10
	Dichtersiedlung Duisburg	Goetheplatz 1, 47166 Duisburg-Marxloh (Quartierbüro)	L 9
	Schifferbörse	Gustav-Sander-Platz 1, 47119 Duisburg	L 8
	Packhaus Haniel	Hafenstraße 10, 47119 Duisburg-Ruhrort	KT 5
	Griechisch-orthodoxe Kirche der Hl. Apostel Petrus und Paulus	Johanniterstraße 48, Duisburg	G 39
	Yildirim-Beyazid-Moschee	Reinerstraße 35, 47166 Duisburg	L 11
	Hebeturm der Ruhrort-Homberger Trajektanstalt	Rheinanlagen 12, 47198 Duisburg- Homberg	H 24
	Brückentürme der Friedrich-Ebert-Brücke	Richard-Hindorf-Platz 1 und 2, 47119 Duisburg-Ruhrort	H 24
	Duisburg, Jüdisches Arbeitsamt	Quergasse 4, 47051 Duisburg-Altstadt	G 28

	Epitaph für Gerhard Mercator	Salvatorstraße/Alter Markt, 47051 Duisburg	KT1
	Siedlung Josefs-Kolonie (»Jupp-Kolonie«)	Steigerstraße/Stollenstraße/An der Abtei, 47166 Duisburg	L7
	Neue Synagoge	Yitzhak-Rabin-Platz/Springwall 16, 47051 Duisburg	G40
Essen	Renaissance-Kamin in Haus Hugenpoet	August-Thyssen-Straße 51, 45219 Essen-Kettwig	K8
	Altkatholische Friedenskirche	Bernestraße 1, 45127 Essen	K15
	Münsterkirche	Burgplatz 2, 45127 Essen	G2
	Glocke von Johannes Paris in St. Lambertus	Frankenstraße 138, 45134 Essen	K2
	Glückaufhaus	Friedrichstraße 1, 45128 Essen	H27
	Kriegsgräberstätte Graf Beust	Gerlingstraße, 45139 Essen	L27
	Europahaus	Kennedyplatz 7, 45127 Essen	H28
	Villa Scheidt	Kirchfeldstraße 16, 45219 Essen-Kettwig	KT8
	Siedlung Margarethenhöhe	Kleiner Markt, 45149 Essen	L19
	Abtei Werden	Klemensborn 39, 45223 Essen-Werden	G1
	Aalto-Theater	Opernplatz 10, 45128 Essen	K25
	Ehemaliges »Mädchenheim«	Ringstraße 17–27, 45219 Essen-Kettwig	KT8
	Ehemalige Tuchfabrik	Ruhrstraße 87–89, 45219 Essen-Kettwig	KT8
	Schloss Borbeck	Schlossstraße 101, 45355 Essen	H9
	Alte Synagoge	Steeler Straße 29, 54127 Essen	G27
	Fürstin-Franziska-Christine-Stiftung	Steeler Straße 642–646, 45276 Essen	H10
	Grabmal des Ignatius Fortuna in der Kapelle der Fürstin-Franziska-Christine-Stiftung	Steeler Straße 642–646, 45276 Essen	L5
Fröndenberg	Stiftskirche	Kirchplatz, 58730 Fröndenberg/Ruhr	G12
Gelsenkirchen	Glückauf-Kampfbahn	Ernst-Kuzorra-Platz, 45881 Gelsenkirchen	L22
	Musiktheater im Revier	Kennedyplatz, 45881 Gelsenkirchen	K19
	Schloss Horst	Turfstraße 1, 45899 Gelsenkirchen	K7
Gladbeck	Ehrenmal im Wittringer Stadtwald	Harsewinkelstraße, 45964 Gladbeck	L23
Hagen	Eduard-Müller-Krematorium	Am Berghang 30, 58093 Hagen-Delstern	K11
	Bahnhofsfenster von Jan Thorn Prikker	Am Hauptbahnhof/Berliner Platz, 58089 Hagen	K14
	Synagoge	Jahnstraße 46, 58095 Hagen-Hohenlimburg	G21
	Bismarckturm	Kanzlerweg, 58091 Hagen	L18
	Handwerkersiedlung Lange Riege	Riegestraße 10, 58091 Hagen-Eilpe	KT4
	Hohenhof	Stirnband 10, 58093 Hagen-Eppenhausen	K12
	Gartenvorstadt Hohenhagen	Stirnband, 58093 Hagen-Eppenhausen	K13
Haltern	Wallfahrtsstätte Annaberg	Annaberg, 45721 Haltern	G34
	Haltern Römerlager	Weseler Straße 100, 45721 Haltern am See	H2
Hamm	Reformierte Kirche	Alte Salzstraße 6, 59069 Hamm-Rhynern	H11
	Ehrenmal für das Grubenunglück auf Zeche Radbod	Ermelinghofstraße/Am Wemhoff, 59075 Hamm-Bockum/Hövel	L20
	Ostenallee	Ostenallee, 59065 Hamm	H13
	Hindutempel Sri Kamadchi Ampal	Siegenbeckstraße 4, 59071 Hamm	G41

Hattingen	Renaissance-Kamin in Haus Kemnade	An der Kemnade 10 c, 45527 Hattingen	K 8
	Henrichshütte und Siedlung Haidchen	Werksstr. 31–33 und Henschelstr. 61-83, 45527 Hattingen	KT 15
Herdecke	Kanonissenstift	Spinngasse 3, 58313 Herdecke	G 3
Herne	Teutoburgia-Siedlung	Baarestraße und Umgebung, 44627 Herne	K 16
	Grabstein der Isabella Griffith	Behrenspark, Kirchhofstraße/Behrensstraße, 44623 Herne	KT 17
	Masurischer Betsaal	Düngelstraße 81, 44623 Herne	G 32
	Mulvany-Villa	Shamrockring 3, 44623 Herne	KT 21
	Arbeiterhäuser der Zeche Shamrock	seit den 1960er Jahren nicht mehr existent	KT 16
Holzwickede	Evangelische Kirche	Unnaer Straße 70, 59439 Holzwickede	G 13
Kamen	Lutherkirche	Kampstraße 4, 59174 Kamen	G 15
Kamp-Lintfort	Terrassengarten von Kloster Kamp	Abteiplatz, 47475 Kamp-Lintfort	K 9
	Zeche Friedrich Heinrich	Friedrich-Heinrich-Allee 63, 47475 Kamp-Lintfort	KT 27
	Kloster Kamp	Königstraße 1, 47475 Kamp-Lintfort	G 4
Lünen	Geschwister-Scholl-Gesamtschule	Holtgrevenstraße 2–6, 44532 Lünen	K 20
	Küsterhaus Rudolph Nagell	Laakstraße 45, 44534 Lünen	G 18
	Marienkirche	Marienstraße 21, 44534 Lünen	G 17
Marl	Glocke von Johannes Paris im Stadt- und Heimatmuseum	Am Volkspark 6, 45768 Marl	K 2
	Fatih-Moschee	Bachackerweg 197, 45772 Marl-Hamm	G 38
	Rathaus der Stadt Marl	Creiler Platz 1, 45765 Marl	K 22
	Wohnhügelhaus	Kreuzstraße 299 u. a., 45770 Marl	K 23
	Scharoun-Schule	Westfalenstraße 68a, 45770 Marl-Drewer	K 21
Moers	Denkmäler für Friedrich I. und seine Mutter	Kastell 1, 47441 Moers	H 7
	Wallanlage und Schloss	Kastell 9, 47441 Moers	H 6
Mülheim/Ruhr	Stadthalle Mülheim	Theodor-Heuss-Platz 1, 45479 Mülheim an der Ruhr	K 18
Oberhausen	St. Antony-Hütte	Antoniestraße 32–34, 46119 Oberhausen	KT 6
	Zinkfabrik Altenberg	Hansastraße 20, 46049 Oberhausen	KT 26
Recklinghausen	Neue Synagoge Schulgebäude mit Mikwe	Am Polizeipräsidium 3 Am Steintor 5, 45657 Recklinghausen	G 26
	Gustav-Adolf-Kirche	Herner Straße 6, 45657 Recklinghausen	G 16
	Katholische Propsteikirche St. Peter	Kirchplatz 7, 45657 Recklinghausen	K 2
	Evangelische Christuskirche	Limperstraße 13, 45657 Recklinghausen	G 33
	Henry Moore, »Two Piece Reclining Figure No. 5«	Otto-Burmeister-Allee 1, 45657 Recklinghausen	K 26
Rheinberg	Schleuse der Fossa Eugenia	Am Kanal, 47495 Rheinberg	H 8

Schwerte	Flügelretabel in der evangelischen Pfarrkirche St. Viktor	Am Kirchhof, 58239 Schwerte	K 4
	Jüdische Schule	Nordwall 7, 58239 Schwerte	G 23
Selm	Landsynagoge und jüdischer Friedhof Selm	Hauptstraße 12, 59379 Selm-Bork	G 20
	Prämonstratenserkloster	Schlossberg, 59379 Selm-Cappenberg	G 5
Unna	Israelitisches Altersheim für die Provinz Westfalen	Düppelstraße 7, 44532 Unna	G 24
	Katholische Pfarrkirche St. Peter und Paul	Friedhofsweg 3, 59427 Unna-Hemmerde	H 22
	Amtshaus der Saline Königsborn /Gradierwerk/Große Feuermaschine	Friedrich-Ebert-Straße 59, 59425 Unna	H 21
	Evangelische Stadtkirche	Kirchplatz, 59423 Unna	G 11
	Aufnahmestelle für Aussiedler, Zuwanderer und ausländische Flüchtlinge in Nordrheinwestfalen	Wellersbergplatz, 59427 Unna-Massen	L 28
	Großes Hilfshaus	Werler Straße 217, 59427 Unna	H 20
Waltrop	Zwangsarbeitersiedlung	Am Rapensweg 10, 13, 15, 16, 45731 Waltrop	L 26
Wesel	Kaserne VIII/Bäckereigebäude	An der Zitadelle 6/Schillstraße, 46483 Wesel	H 17
	Berliner Tor	Berliner-Tor-Platz, 46483 Wesel	H 12
	Willibrordi-Dom	Großer Markt, 46483 Wesel	G 10
	Schill-Denkmal	Schillwiese, 46485 Wesel	H 23
	Zitadelle Napoleon (Fort Blücher)	Weseler Straße, 46487 Wesel	H 16
Wetter	Fachwerkwohnhäuser und ehemalige Werkstätten	Freiheit, 58300 Wetter	KT 3
Witten	Haus Steinhausen	Auf Steinhausen 30, 58452 Witten-Bommern	KT 13
	Wärterhaus der Ruhrschleuse	Herbeder Straße, 58456 Witten	H 14
	Zeche Nachtigall	Nachtigallstraße 35, 58452 Witten-Bommern	KT 14
	Ziegelei Dünkelberg	Nachtigallstraße 35, 58452 Witten-Bommern	L 16
	Haus Crengeldanz/ Erbbegräbnis der Familie Müllensiefen	Otto-Seeling-Straße 6, 58455 Witten	KT 9
	Villa Berger	Ruhrstraße 69, 58452 Witten	KT 12
	Haus Witten (Burg Berge)	Ruhrstraße 86, 58452 Witten	KT 7
Xanten	Flügelretabel im katholischen St.-Viktor-Dom	Kapitel 8, 46509 Xanten	K 6
	Dom zu Xanten	Markt 17, 46509 Xanten	L 2
	Obelisk de Pauw	Markt 17, 46509 Xanten	H 18
	Hafentempel der Colonia Ulpia Traiana (LVR-Archäologischer Park Xanten)	Wardter Straße 2, 46509 Xanten	K 1